大田年鉴

DATIAN YEARBOOK

2021

中共大田县委　大田县人民政府　主办
中共大田县委党史和地方志研究室　编

方志出版社
Publishing House of Local Records

《大田年鉴》编辑部

主　　编　卢作福

副 主 编　陈源发

编　　辑　陈　妮　吴小华　郑祥果　陈吉浣

　　　　　潘　梅　林生钟

编　　务　刘少容

编辑说明

一、《大田年鉴》是由中共大田县委、大田县人民政府主办，中共大田县委党史和地方志研究室承编的，全面记述大田地情的大型综合性年刊。《大田年鉴》以马克思列宁主义、毛泽东思想、邓小平理论、“三个代表”重要思想、科学发展观、习近平新时代中国特色社会主义思想为指导，坚持辩证唯物主义和历史唯物主义的立场、观点和方法，实事求是，存真求实，遵循国务院《地方志工作条例》和中国地方志指导小组《地方综合年鉴编纂出版规定》进行编写，力求思想性、科学性、资料性三者有机统一。《大田年鉴》编纂宗旨是为国内外各界人士及时提供全面、准确的大田县情资料，坚持为大田县经济建设、政治建设、文化建设、社会建设、生态文明建设服务。

二、《大田年鉴（2021）》采用条目体，入鉴文稿务求观点正确、资料翔实、文风朴实、文字简洁，且突出本年度的地方特色和时代特色，符合国家保密规定。2021年卷《大田年鉴》为第二十四卷，结构为类目、分目、条目三个层次，主要记载2020年1月1日至12月31日大田县自然、政治、经济、文化、社会等方面的大事、要事、新事、特事，个别条目为了交代前因后果及保存资料的完整性，内容有适当的上溯或下延。

三、《大田年鉴（2021）》数据，原则上以统计局公布的数据为准，县统计局没有数据的，参照各专业部门提供的数据。记数与计量均使用阿拉伯数字，有小数的一般保留两位小数，百分数一般保留一位小数。

四、《大田年鉴（2021）》稿件资料由大田县各部门、各乡（镇）提供，单位负责人审稿，在类目下署责任编辑姓名，条目后署撰稿人姓名。所有稿件均经过中共大田县委党史和地方志研究室《大田年鉴》编辑部编辑加工，并经县有关领导、有关部门审定。

五、《大田年鉴（2021）》“先进人物”收录受到省委、省政府以上机关表彰的先进人物，或作出贡献、在全省范围有影响的人物；“逝世人物”收录曾担任过正科级以上（含正科级）的领导干部、离休干部及省级以上劳动模范；“先进人物”按表彰时间先后排列；“逝世人物”按卒月排列。

国家 AAAA 级景区大田大仙峰·茶美人日出（苏晋锻 摄）

2021 年 1 月 6 日，大田县第十七届人民代表大会第五次会议在县影剧院召开（郑宗栖 摄）

2021 年 1 月 5 日，中国人民政治协商会议第十届大田县委员会第五次会议在县影剧院召开（林璐 摄）

2 月 10 日，南山社区志愿者入户宣传新冠肺炎疫情防控知识（林建伟 摄）

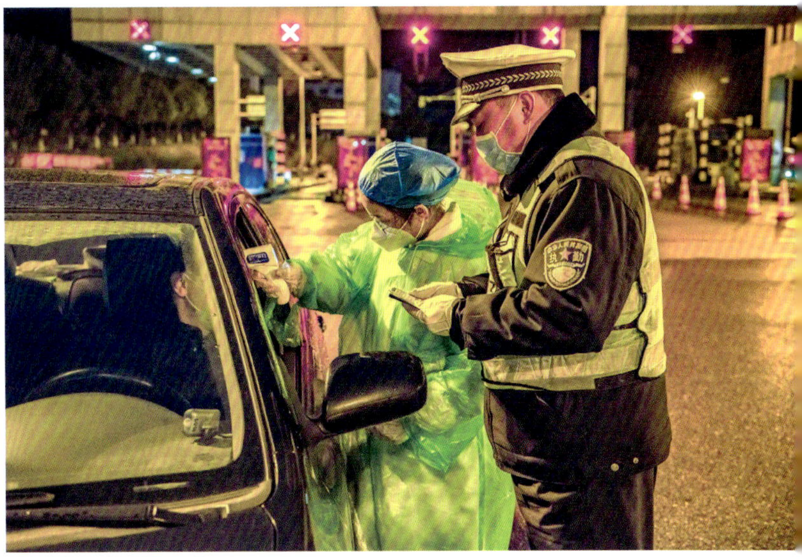

2 月 16 日凌晨，交警协同医务人员在石牌高速路口对过往车辆驾乘人员测量体温，守住疫情防控关口（陈庆合 摄）

4 月 7 日，县总医院援鄂抗疫护士肖晓梅（前排左四）平安凯旋，县领导陈文华（前排左五）接见（县总医院 提供）

5 月 16 日，中国影像志·福建名镇名村影像志大型高清纪录片开机仪式暨华兴镇第三届油茶旅游文化节启动，县领导陈文华（右二）等参加（林建伟 摄）

1 月 5 日，县总工会到兴泉铁路（大田段）工地慰问工人（林建伟 摄）

12 月 28 日，上京工业园区全貌（刘冬春 摄）

国道纵五线郭村段建设完工（林建伟 摄）

12 月 26 日，银锭岬废弃矿山生态修复现场（刘冬春 摄）

6月5日，首届大田美人茶开茶节在“大仙峰·茶美人”景区举办（林建伟 摄）

9月20日，福建省2020年中国农民丰收节系列活动——三明·大田“晒秋节”在济阳乡凤阳堡举行（林建伟 摄）

大田美人茶茶舞表演（涂江斌 摄）

第三批国家级抗战纪念设施、遗址名录大田“第二集美学村”均溪河师生跳水训练高台旧址（林建伟 摄）

11 月 29 日，中国传统村落杞溪举行舞狮民俗表演（刘冬春 摄）

省级非遗项目大田朱坂丰场戏进校园（林建伟 摄）

广平银杏公园风光（林建伟 摄）

1 月 1 日，大田县文旅局、总工会、卫健局等单位联合举办新年徒步登高活动，全程 10 公里，1500 人参加（刘冬春 摄）

屋顶布满霜花的济阳古街（陈庆合 摄）

目录

特载

专文

大事记

大田概貌

中共大田县委

大田县人民代表大会

大田县人民政府

政协大田县委员会

中共大田县纪委 大田县监委

群众团体

法治

军 事

外事 侨务 港澳台事务

应急管理

自然资源管理

金 融

农业 农村

林 业

工业建筑业

交通 邮政 通信

商业贸易

财政 税务

城乡建设

科学技术

教　育

文化 旅游 体育

卫生健康

社会生活

乡镇（社区）概况

人物

重要文件选编

统计资料

附录

索引

政府工作报告

——2021 年 1 月 6 日大田县第十七届人民代表大会第五次会议

林金龙

2020 年，面对新冠肺炎疫情带来的困难，全县上下深入学习贯彻习近平新时代中国特色社会主义思想和党的十九大、十九届二中、三中、四中、五中全会精神，按照上级党委政府和县委各项决策部署，全力做好“六稳”工作、落实“六保”任务，做实“四篇文章”、推进“四个着力”、深化“五比五晒”，以“十大攻坚会战”为抓手，全方位推动高质量发展超越，较好地完成了县十七届人大四次会议确定的目标任务。

——经济运行企稳。统筹推进疫情防控和经济社会发展，连续三个季度在全市“五比五晒”工作考评中得分位居第一，获得全省“五个一批”项目综合考评正向激励，获评全国县级财政管理绩效先进县。初步统计，全县地区生产总值 228 亿元，增长 5.1%；规模以上工业增加值增长 4.0%；地方一般公共预算收入 7.56 亿元，增长 4.8%，实现由负转正；城镇居民人均可支配收入 39325 元，增长 4.5%；农村居民人均可支配收入 19682 元，增长 7.5%。

——发展后劲增强。兴泉铁路（大田段）建设加快推进，莆炎高速（大田段）具备通车条件，国道纵五（大田段）二期全线贯通，总投资 12.5 亿元的新岩水泥技改项目顺利实施，总投资 3 亿元的科华石墨项目建成投产，“大田美人茶”被列入全市茶叶重点发展品牌、两次登上央视宣传报道，我县入选第二批福建特色农产品优势区，获“美丽中国·魅力文旅目的地”称号。

——生态环境变美。闽江流域山水林田湖草生态保护修复获省上绩效评价正向激励，废弃矿山生态修复治理试点项目通过验收，大田水土流失治理转型经验获《焦点访谈》报道，均溪河、文江河流域各监测断面水质年均值达标率连续五年为 100%，城区空气质量优良率达 100%，桃源获评福建“全域生态旅游小镇”，兰玉入选国家森林乡村，我县被授予“中国天然氧吧”称号。

——群众生活向好。大田一中被确定为普通高中新课程新教材实施国家级示范校，《线上线下相结合，农村老人笑开颜》被列入全国农村养老服务典型案例，县医养服务中心获评全国敬老文明号，全省农村养老服务业推进会在我县召开，“第二集美学村”旧址入选第三批国家级抗战纪念设施、遗址名录，“杂剧作场戏”列入第五批国家级非物质文化遗产代表性项目名录公示，林啟得在中央电视台《三明实践》系列报道中为“三明后生仔”代言，兰玉获评全国文明村镇，我县被列为首批国家“数字乡村”试点地区，被授予全国信访工作“三无”县称号。

一年来主要工作和成效

（一）着力抓防控稳增长，经济保持平稳运行。 疫情防控有力有效。坚持“外防输入、内防反弹”，全力做好常态化核酸检测、联防联控、物资保障、医疗救治和应急处置等各项工作，县总医院、疾控中心核酸检测实验室建成使用，全面落实重点人群“应检尽检”和冷链物流、农贸市场等重点场所物品环境检测，始终保持“零确诊”良好态势。县疾控中心被授予“福建省抗击新冠肺炎疫情先进集体”荣誉称号。全力落实“六稳”“六保”。不失时机推进复工复产，深入开展突破“难、硬、重、新”和“访、解、促”专项行动，及时出台支持中小微企业共渡难关、打通复工复产“五难”操作链工作方案等政策措施，3月10日起，全县重点项目和规模工业、限上商贸、农业龙头等企业全面复工，全年共落实减税降费9295.37万元，帮助企业节约用电成本5906.05万元、减租597.33万元，推动18家企业列入市融资担保企业“白名单”，发放小微企业纾困贷款6757万元，降低企业融资成本1850万元，办理应急转贷2.2亿元、政府性融资担保6070.5万元，通过开展“直播带货”活动，带动全县50家商贸企业参与线上线下促销，网上零售额销售增长10%，稳步推进23家县属国有企业整合重组，国有企业退休人员社会化管理工作基本完成。项目建设提速增效。抢抓中央支持振兴老区苏区发展政策的契机，进一步唱响“风展红旗·如画三明”品牌，将扶持政策转化为项目和资金，共向上争取各类补助资金16.08亿元；坚持早部署、早推动，持续深化“项目攻坚年”活动，新增省级“五个一批”项目228个、总投资467.14亿元，广建环保、超越科技等73个项目开工建设，聚丰铸造、腾达保温材料等58个项目建成或部分建成；组建县招商服务中心，新签约亿元及以上项目118个、总投资283.37亿元，凯沃铸件、冠耀环保建材等67个亿元以上项目落地建设。

（二）着力强攻坚破难题，三大攻坚成效显著。 脱贫攻坚取得全面胜利。扎实开展脱贫攻坚普查数据专项清洗及“补短板强弱项”大排查，“两不愁三保障”突出问题基本解决，投入2230万元实施创辉农业、茶天下旅游等69个重点扶贫项目，产业扶贫惠及2542户，华兴镇被评为全国“十三五”易地扶贫搬迁工作担当有为集体，全县建档立卡贫困人口2780户8566人全部脱贫，农村相对贫困家庭“239”精准帮扶工作机制得到有效落实。金融风险防控稳中向好。稳妥推进金融乱象和互联网金融风险专项整治，突出抓好重点行社、企业防控化险，共处置不良贷款1.3亿元，不良率下降至1.02%，为近五年最低，全县贷款余额突破100亿元，创历史新高；政府性债务规模控制在限额范围内。

污染防治攻坚成效明显。组织开展环保督察问题整改专项行动，两轮中央生态环保督察转办的86件信访件全部完成整改；打好“蓝天、碧水、净土”保卫战，环境空气综合指数保持全省前列，“河湖长制”持续深化，坑口水库饮用水源保护区搬迁安置工作如期完成，城区及乡（镇）集中式饮用水水源地水质达标率100%，闽湖国控高才断面水质稳定在Ⅱ类以上，山水林田湖草闽湖（大田）环境综合整治项目稳步实施，土壤风险防控试点县建设扎实推进，综合治理水土流失面积5.16万亩，武陵大石“河道治理案例”入选福建乡村生态振兴案例，生态综合执法案例荣获全省机关体制机制创新优秀案例二等奖。

（三）着力调结构促转型，质量效益明显提升。 工业进的势头不断增强。坚持改旧育新两手抓，实施省、市重点技改项目87个，完成技改投资29.83亿元，鑫鹭峰破产重整进入收尾阶段，将成为全市首例企业破产重整成功案例，出台铸造、水泥等行业扶持政策，实现县内省级龙头企业和专精特新企业“一企一策”全覆盖，新增规模以上工业企业13家，新培育国家级高新技术企业6家、科技型中小企业11家，新开发园区面积2100亩，铿锋螺丝、维真园医药等16个工业重点项目建成或部分建成。

农业稳的基础不断巩固。粮食安全省长责任制得到全面落实，成功举办首个国际茶日专场活动以及开茶节、丰收节、高山茶文化节等系列活动，“华兴茶油”“济阳黄花菜”获国家地理标志证明商标，元沙、昆山被评为省级“一村一码”示范村，大田新奇特水果联合体被评为农业产业化省级示范联合体，新培育家庭农（林）场82个、专业合作社45个，其中省、部级示范社3个，新增“三品一标”认证农产品24个，新种植青梅面积1200亩，大田美人茶文创园、五兴肉兔等9个重点特色农业项目顺利实施；持续深化农村产权制度、林票制改革，文江成为全市首个整镇推进林票制度改革的乡镇。

三产优的要素不断集聚。制定软件和信息产业扶持政策，大力发展数字信息产业，市网络生态治理中心落户我县，引进美亚柏科等6家网络科技行业龙头企业成立合资公司或设立分公司；翰霖泉森林康养基地、桃源最氧睡眠小镇分别获评省、市森林康养基地，济中获评第二批全国乡村旅游重点村，屏山大峡谷红色文化旅游、问佛谷生态旅游等10个项目动工建设，武陵大石欢乐谷景区、建设琵琶堡生态休闲旅游、福道鑫物流仓储中心3个项目建成运营；新增规模以上服务业、限上贸易企业39家，预计服务业增加值达62.5亿元，同比增长6.5%。

（四）着力补短板提品质，城乡建设协调推进。城市建设持续发力。坚持“依法和谐征迁”，原汽车站片区、原火电厂及福田桥头片区改造有力推进，完成商住用地征迁602.44亩，兴泉铁路客运站站前路及站前广场、城乡供水一体化（一期）工程等市政项目稳步实施，三远大爱城、美地福邸、源昌誉璟台等开发项目加快建设，新建改造城区给排水管网27.85公里、天然气管道13.8公里，城区智慧停车系统、地表水厂（二期）、河滨健身栈道（三期）、生活垃圾应急填埋场等设施建成投入使用。

城乡管理日益精细。持续开展市容市貌攻坚会战和城市管理“五难”治理专项行动，新增城市停车位180个，新建改造城乡农贸市场4个、城市公厕7座，整治背街小巷152条，完成老旧小区改造提升806套；坚决打好农村人居环境整治攻坚会战，深入开展“清沟扫地摆整齐”集中整治行动，整治裸房1159座，拆除旱厕1557座，新建村镇公厕31座、旅游公厕15座，无害化改造厕所600户，村庄绿化267亩。

乡村振兴稳步推进。高标准编制梅林、仙峰等22个试点乡村规划，强力推进10个省级乡村振兴试点村建设，阳春、上地被评为省级乡村振兴实绩突出村；统筹实施农村安全饮水、电网升级改造等项目，良元220千伏输变电工程基本建成，完成农村公路提档升级53.29公里，新开通城乡公交线路4条，实现18个乡（镇）生活污水处理设施全覆盖；桃源、广平被列为市级农村村民住宅规划建设管理典型示范乡镇，奇韬“五龙鼎珠”农村新型住宅小区集中建设试点工作经验做法在全市推广。

（五）着力惠民生增福祉，社会大局保持稳定。保障水平持续提高。全年民生投入24.94亿元，占一般公共预算支出的83%，22项为民办实事项目基本落实；新增城镇就业931人，发放创业担保贷款5567万元，带动就业1454人，城镇登记失业率2.04%，控制在市下达目标内；城乡低保、特困供养等人员社会救助水平进一步提高，城乡居民基本养老保险参保率达98.71%，城乡居民基本医疗保险参保工作全面完成。

社会事业加快发展。全年教育支出达8.41亿元，实施总投资2.3亿元教育补短板项目22个，建设中心小学新校区、第三实验小学、城关幼儿园赤岩分园等10个项目建成投入使用，新增学位7760个，石牌中小、大田三中等6所学校获评“省义务教育管理标准化学校”，中考、高考考场空调安装实现全覆盖，中考优秀率居全市前列，高考本科上线率居全市第二，大田学子杨欣摘取全市高考文科状元。有序推进疾病预防控制中心综合改革、医防融合服务体系建设，县域远程医疗服务100%覆盖，多学科诊疗模式建成运营，乡（镇）中医馆基本实现全覆盖，获评“省级慢性病综合防控示范区”。夕阳红闽中康养服务中心二期加快推进，新建农村幸福院10个、居家养老服务照料中心3个，完成162户特殊困难老年人家庭适老化改造，建成农村区域性养老服务中心2个，新增养老床位275张，山区养老工作在全省农村养老服务业推进会上作典型发言。“章公祖师”肉身坐佛像追索取得进展，新增宫边红釉窑群遗址等3处省级文物保护单位，梅林基层文化服务中心获评省级优秀示范点。

社会治理有效提升。扫黑除恶专项斗争取得胜利，“平安大田”建设深入推进，严厉打击电信网络新型违法犯罪，创建“六无”村（居）126个，“省级平安县”创建通过验收。全面开展安全生产专项整治三年行动和安全隐患大排查大整治，应急管理能力不断提高，食品药品安全保持稳定，精神文明创建持续深化，第七次全国人口普查顺利推进，“七五”普法工作圆满完成。《党建引领乡村治理现代化的“大田路径”》写入新华社政务智库报告，2个镇、10个村获评省级乡村治理示范村镇，吴山氏大人评理室获评省级十佳评理室。与此同时，人民武装、国防动员、双拥、民兵预备役、人民防空、地方志、档案、审计、统计、库区移民、民族宗教、外事、侨务、老龄、老体协、工会、青少年、妇女儿童、残疾人和关心下一代等各项事业取得积极成效。

（六）着力转作风优服务，履职能力不断增强。坚持以政治建设为统领，巩固深化“不忘初心、牢记使命”主题教育成果，深入推进政府系统党风廉政建设和反腐败斗争。严格落实中央八项规定及其实施细则精神和省、市、县实施办法，深入开展形式主义、官僚主义专项整治，持续改进文风会风，全年发文办会分别下降51%、62%。深化“放管服”改革，深入开展“六最”营商环境对标活动，审批时限压缩率达81.93%，群众办事实现“分散办”到“集中办”，行政服务中心管委会获得“福建省五一劳动奖状”。自党接受人大法律监督、政协民主监督和社会舆论监督，加大政务公开力度，认真办理人大代表意见建议和政协委员提案，全年共办理人大代表建议106件、政协委员提案110件。

2020年工作任务的圆满完成，标志着“十三五”规划的顺利收官。五年来，我们主动适应新常态，积极应对新挑战，推动高质量发展超越取得了新成就。

五年来，我们致力机制活，改革开放纵深推进。国家农村产权流转交易服务标准化、省级新型城镇化等一批试点任务落户大田，河长制工作被列为改革开放40周年“福建影响力”优秀案例，县行政服务中心在第二届全国行政服务大厅典型案例展示活动中荣获“综合十佳”称号，“生态综合执法”项目获得“中国法治政府奖提名奖”，“三化三全”山区养老服务模式编入国家发改委《全国养老服务业发展典型案例》，为全国、全省和贯彻新发展理念的“三明实践”提供了一批“大田样板”；铁路从无到有，国道纵五（大田段）一期、泉南高速上京互通口建成通车，累计投入78.5亿元新改建高速31.8公里、国道51.8公里、三四级道路268公里，开放合作空间进一步拓展。

五年来，我们致力产业优，结构调整成效显著。全县地区生产总值从143.22亿元增长到228亿元，年均增长7.4%，累计签约落地亿元以上项目113个。机械铸造、水泥建材等传统产业由弱到强，红狮水泥被列为省级龙头企业，省矿山机械及冶铸产品质量监督检验中心有效运营，国家开放大学铸造学院落户我县，我县被列为“中国铸造产业集群试点县”；上京、均溪、罗丰等工业园区从无到有、从小到大，清航无人机、科华石墨等一批新兴产业项目落地建成，新增高新技术企业17家、科技小巨人领军企业5家，“交叉双旋翼复合推力尾桨无人直升机”项目获中国“互联网+”大学生创新创业大赛总冠军。“两茶一硒”攻坚行动持续深化，主导制定《美人茶》等4个省级团体标准颁布实施，“三品一标”农产品实现成倍增长，获国家地理标志证明商标5个，获评“全国十大魅力茶乡”，被列为省级富硒农业产业开发重点县、农产品质量安全县、平安农机示范县。创建国家A级景区5个，大田创业创新产业园建成运营，获评国家级电子商务进农村示范县，网络生态治理、网络直播等数字经济悄然兴起。

五年来，我们致力百姓富，社会事业全面进步。“一家四业”产业扶贫模式成效显著，累计投入扶贫资金1.97亿元，如期完成新时代脱贫攻坚任务，城乡居民可支配收入年均增长8.8%，农村居民收入增幅超过城镇居民。民生支出106.25亿元，比“十二五”期间增长35.55亿元，建成45个教育提升工程，新增学位2.53万个、教师编制1246个，高考本科上线率由69.89%提升至77.97%。医药卫生体制改革不断深化，县域医共体组建运营，在全市率先成立医养服务中心，县总医院“六大中心”、疾控中心标准化实验室全面建成。在全省率先建成县级居家养老服务中心，牵头制定福建省“农村居家养老服务规范”，闽中康养服务中心等养老服务设施建成投入使用，新增养老床位1650张。“大田后生仔”文化品牌唱响全国，郭居敬“二十四孝”诗选及怜目唱本等3个项目入选省级非物质文化遗产代表性项目名录，东坂入选“中国历史文化名村”。获评国家公共文化服务体系示范区、全国群众体育先进单位，被授予“全国老年气排球之乡”称号。

五年来，我们致力生态美，城乡环境焕然一新。城区空气质量连续三年进入全省前十。完成困扰多年的闽湖（大田）库区网箱养殖清理，湖美高才国控断面水质年均值达到Ⅱ类水考核目标。治理水土流失面积27.41万亩，水土流失率从10.54%下降至8.91%，森林覆盖率从70.1%提升至73.43%。城区载客三轮车全面取缔，“一湖一站、两桥五路”等一批市政重大项目建成投入使用，城区建成区面积从8.9平方公里扩展到12.1平方公里，常住人口城镇化率从48.7%提高至53.5%；4个乡实现撤乡设镇，2个村入选“中国美丽休闲乡村”，16个村入选“中国传统村落”，荣获“全国生态旅游胜地”“睡眠康养示范基地”称号，获评省级生态县、森林城市。

各位代表，回顾过去五年，我们面临的形势比预计的更为严峻，遇到的困难比原想的更为复杂，取得的成绩比以往更为不易。这五年，我们顶住了压力挑战，以改革创新办成了一批实事，以责任担当解决了一批难事，以初心使命回应了群众的新期盼。这些成绩的取得，是在习近平新时代中国特色社会主义思想引领下，上级党委政府和县委正确领导、科学决策的结果，是县人大、县政协和社会各界有效监督、鼎力支持的结果，是全体党员干部和43万大田人民勠力同心、撸起袖子加油干的结果。在此，我代表县人民政府，向为大田建设发展付出辛勤劳动的全县人民，向给予政府工作有力支持、有效监督的人大代表、政协委员、工商联、各人民团体、无党派人士、离退休老同志及社会各界人士，向为大田发展作出积极贡献的人民解放军、武警官兵、民兵预备役部队、政法干警，向所有关心支持大田发展的同志们、朋友们，表示衷心的感谢并致以崇高的敬意！

在肯定成绩的同时，我们也清醒地看到存在的困难和问题，主要表现在：新冠肺炎疫情影响仍在持续，经济下行压力依然较大，新旧动能接续转换不足，产业层级总体偏低，龙头企业少，大项目不多；污染防治和生态保护任重道远，城乡基础设施存在不少短板；财政刚性支出增长过快，收支矛盾亟待破解；教育、卫生、文化等社会事业发展与人民群众需求仍有差距，社会保障水平还需提升；部分领域风险隐患不容忽视，社会治理水平有待进一步提高，政府治理体系还不健全；少数公职人员主动担当、敢于创新、攻坚克难的意识比较薄弱，执行效率和工作作风有待进一步加强，等等。对此，我们将坚持问题导向，采取有力措施，切实加以解决。

“十四五”时期主要目标任务和二〇三五年远景目标

“十四五”时期是高水平开启现代化建设、高质量向“第二个百年”目标奋进的第一个五年。根据县委十三届十二次全会通过的《中共大田县委关于制定大田县国民经济和社会发展第十四个五年规划和二〇三五年远景目标的建议》，县政府组织编制了《大田县国民经济和社会发展第十四个五年规划和二〇三五年远景目标纲要(草案)》(以下简称《纲要》)。《纲要》总结了“十三五”规划的实施情况，分析了“十四五”时期发展机遇和挑战，提出了二〇三五年远景目标和“十四五”时期经济社会发展的总体要求、主要目标任务。

二〇三五年远景目标是：到二〇三五年，我国基本实现社会主义现代化之时，我县全方位高质量发展超越各项目标努力达到全省平均水平，走在全市前列，新时代多彩大田建设再上新台阶。展望二〇三五年，我县经济实力将大幅跃升，经济总量迈上新的更高台阶，基本实现新型工业化、信息化、城镇化、农业现代化；创新环境更加优化，创新体系更加完备，县域科技创新能力显著增强；产业基础能力和产业链水平明显提升，基本建成现代化产业体系；基本实现县域治理现代化，人民平等参与、平等发展权利得到充分保障，建成法治大田、法治政府、法治社会；建成文化强县、教育强县、人才强县、体育强县和健康大田，市民素质和社会文明程度达到新高度；生态文明建设跃上新水平，基本形成生产空间集约高效、生活空间宜居适度、生态空间山清水秀的国土空间格局；形成对外开放新格局，开放型经济水平明显提升；人民生活更加美好，基本公共服务均等化基本实现，城乡、区域发展差距和居民生活水平差距显著缩小，全县居民收入总水平与经济发展水平相适应，共建共享格局基本形成；平安大田建设达到更高水平，人的全面发展、全体人民共同富裕取得更为明显的实质性进展。

“十四五”时期经济社会发展的总体要求是：高举中国特色社会主义伟大旗帜，深入贯彻党的十九大和十九届二中、三中、四中、五中全会精神，全面贯彻党的基本理论、基本路线、基本方略，紧紧围绕统筹推进“五位一体”总体布局和协调推进“四个全面”战略布局，增强“四个意识”、坚定“四个自信”、做到“两个维护”，坚持党的全面领导，坚持以人民为中心，坚持新发展理念，坚持深化改革开放，坚持系统观念，坚持稳中求进工作总基调，以全方位推动高质量发展超越为主题，以深化供给侧结构性改革为主线，以改革创新为根本动力，以满足人民日益增长的美好生活需要为根本目的，统筹发展和安全，牢记习近平总书记重要嘱托，持续推进以新思想新理念为指导的“三明实践”，做实做足“四篇文章”、推进“四个着力”、深化“五比五晒”、打好“十大攻坚会战”，创建闽西南协同发展示范区和三明改革开放先行示范区，实现经济行稳致远、社会安定和谐，不断增强人民群众获得感、幸福感、安全感，奋力谱写全面建设社会主义现代化国家的多彩大田篇章。

“十四五”时期经济社会发展的主要目标任务是：锚定二〇三五年远景目标，立足老区苏区山区实际，打造“两区四地”，即，闽西南协同发展示范区、三明改革开放先行示范区，铸造和装备制造基地、高山富硒产品集散地、网络安全信息产业基地、文旅康养理想目的地，今后五年经济社会发展要努力实现以下八个目标任务。

——综合实力跃上新台阶。坚持新发展理念，发展质量和效益与全省差距明显缩小，经济继续保持中高速增长，地区生产总值年均增长6.5%以上，到2025年总量超过320亿元。社会消费品零售总额年均增长7%以上，地方公共财政收入超过8.61亿元，居民人均可支配收入超过4.5万元。

——科技创新实现新突破。坚持创新驱动，围绕壮大制造业规模与提升发展质量的研发投入持续加大，全社会研究与试验发展（R&D）经费投入占地区生产总值（GDP）的比重达全市平均水平以上，到2025年国家级高新技术企业突破15家，高价值专利发明数持续增加，数字经济增加值和科技进步贡献率显著提高。

——产业发展取得新成效。铸造和装备制造、美人茶两大主导产业做大做强，水泥建材、特色种养业、文旅康养三大优势产业提档升级，数字信息、新材料、现代物流、建筑业四大重点扶持产业培育壮大，产业基础高级化、产业链现代化水平明显提高，构建“二三四”现代产业体系，产业综合实力和竞争力不断增强。

——改革开放迈出新步伐。重点领域和关键环节改革取得新突破，打造一批全国全省全市的改革“排头兵”和“试验田”。“放管服”改革和服务型政府建设持续深化，打造省内一流的营商环境。积极参与经济“双循环”，主动融入“海丝”核心区、福建自贸区建设，不断增强市场主体活力和发展动力，为建设台胞台企登陆的“第一家园”作出贡献。

——城乡面貌呈现新气象。中心城区辐射带动作用不断增强，城乡综合服务能力持续加强，市容市貌、农村人居环境更加美丽宜居。城镇化水平持续提升，到2025年常住人口城镇化率达60%以上。乡村振兴、新型城镇化发展同步推进，城乡一体化和区域协调发展的新格局基本形成。

——绿色发展达到新水平。生态环境质量继续保持全省前列，争创国家生态文明建设示范县。绿色发展导向全面树立，生态红利持续释放，绿色生活方式加快形成，资源能源利用效率大幅提高，污染物排放总量持续减少，生态安全屏障更加牢固。

——人民生活获得新改善。脱贫成果巩固拓展，实现更加充分更高质量就业，居民收入增长与经济增长保持同步，中等收入群体比例明显提升，农民收入显著提高。群众性精神文明创建活动深入开展，社会主义核心价值观深入人心，全民素质不断提升，社会文明程度再上新水平。民生社会事业短板明显改善，基本公共服务均等化水平稳步提高，多层次社会保障体系更加健全，卫生健康体系更加完善，教育质量水平保持全市全面领先。

——治理效能得到新提升。社会主义民主法治更加健全，社会公平正义进一步彰显，政府职能加快转变，行政体系更加完善，行政效率和公信力显著提升，扫黑除恶深入开展，社会治理水平特别是基层治理水平明显提高，防范化解重大风险制度机制不断健全，突发公共事件应急能力显著增强，自然灾害防御水平明显提升，发展安全保障更加有力，平安大田建设开创新局面。

2021年政府主要工作安排

2021年是实施“十四五”规划、开启全面建设社会主义现代化国家新征程的第一年，也是中国共产党成立100周年。全县经济社会发展主要预期目标是：地区生产总值增长7.5%；地方一般公共预算收入增长3%；农林牧渔业总产值增长4.1%；规模以上工业增加值增长6.4%；固定资产投资增长6%；社会消费品零售总额增长12%；城镇居民人均可支配收入增长6%，农村居民人均可支配收入增长8.5%。围绕上述目标，重点抓好七个方面工作：

（一）聚焦效率效益，推动发展质量不断提高

全力提升招商引资质量。立足大田产业定位和区位优势，紧盯国家产业政策和投资方向，围绕构建“二三四”现代产业体系，绘制产业链招商地图，开展精准招商，加快促成恒通精密铸造、铭冠石墨等项目落地，力争全年引进亿元以上项目25个，其中制造业项目18个，50亿元以上重大项目实现突破。深化项目评审会商机制，实行项目投资强度、用地规模、税收额度等招商引资关联评价，着力提高项目履约率和土地利用率。

全力提升项目投资质量。精准对接中央和省级预算内投资，做深做细前期工作，力争更多项目进入国家和省、市计划盘子，全年新增“五个一批”项目200个以上，实施省、市重点项目20个以上。持续深化项目攻坚，初步安排县级重点项目110个，年度计划投资95亿元以上，力争50个项目开工建设，40个项目建成或部分建成。完善项目建设“四个一”推进机制，紧盯项目谋划、开工、投产关键环节，及时协调解决用地、用林、融资和环境容量等问题，促成更多项目建成投产。

全力提升工业经济质量。加快传统产业改造升级，提升水泥建材、矿产品深加工、轻纺面料等产业规模和层次，实施省、市重点技改项目35个以上，完成技

改投资25亿元以上，力争新岩水泥技改、广建环保等10亿元以上项目建成或部分建成，加快推动鑫鹭峰、万华实业完成破产重组，确保全年新增规上工业企业10家以上。加快新旧动能接续转换，聚焦铸造和装备制造、石墨（烯）、数字信息等新兴产业，持续加大产业建链、强链、补链、稳链力度，力促清航无人机投产达产，抓好仲荣石墨、超越科技、三星消防等项目建设，推动金泰能源、展晖机械全面投产。

全力提升营商环境质量。继续深化“放管服”改革，全面推动线上“一网通办”，最大限度实现跨省通办、省内通办，持续优化企业开办时限、包容普惠创新等11项营商环境指标，力争营商环境评价进入全市前列。充分发挥政府性融资担保、应急转贷基金作用，做实红狮水泥、岩兴气体等企业“一企一策”精准帮扶，切实降低企业融资和生产要素成本。创新“互联网+监管”，高质量完成监管事项清单任务，健全“双随机、一公开”监管机制，严厉打击侵犯知识产权和制售假冒伪劣商品违法行为，营造公平公正的营商环境。

（二）聚焦乡村振兴，推动农业农村稳步发展

让农业产业旺起来。积极落实各项稳产保供政策，切实稳定粮食生产和生猪产能，保障重要农产品有效供给。大力发展效益农业，做大做强美人茶、油茶、肉兔、青梅等特色农业产业，加快推进美人茶集中加工区、五兴肉兔（二期）、济阳初阳蛋鸡等项目建设，建设青梅标准化种植基地3000亩以上；大力发展品牌农业，鼓励支持美人茶品种选育、改良和茶园改造，扩大“大田美人茶”“硒望之田”和国家地理标志产品等品牌影响力，支持龙头企业开展SC认证、绿色食品、有机加工认证，新增“三品一标”农产品30个以上；大力发展生态农业，积极发展民宿经济、共享农庄、田园综合体等新业态，重点实施国家茶叶公园、桃源共享农场等项目，实现休闲观光营业收入20亿元以上。

让农村面貌靓起来。统筹推进乡村建设行动，科学编制实用性村庄规划，合理布局推进“数字乡村”试点，严格落实《个人建房通用图集》，加强农村建房风貌管控，重点抓好桃源、广平等市级农村村民住宅规划建设管理典型示范乡镇建设。加大香坪、张坑等传统村落和历史文化名村的保护力度，着力打造一批美丽乡村精品示范村、美丽乡村特色景观带。加大农村基础设施建设力度，改造提升11个乡（镇）集镇污水处理设施。巩固提升农村环境整治行动成效，进一步完善乡贤引领、党员干部回乡、试点村示范等工作机制，常态化开展村庄清洁行动，确保266个行政村生活垃圾和污水得到有效治理。

让农民生活富起来。坚决守住脱贫攻坚成果，健全防止返贫监测和帮扶机制，继续落实好农村相对贫困家庭“239”精准帮扶工作机制，做好巩固拓展脱贫攻坚成果同乡村振兴有效衔接。深化农村综合改革，建立健全农村集体资产运营机制，通过集体资产经营、租赁、入股等方式，促进资源变资产、资金变股金，力争所有行政村村财自有收入达10万元以上。大力实施新型农业经营主体培育工程，新增省、市农民专业示范合作社、家庭农（林）场20家以上。持续开展“直播带货”“电商助农”等活动，力争特色优质农产品线上销售达3000万元以上，促进农民增收。鼓励各类人才返乡创业，引导社会资本参与农村建设，培养更多懂技术、善经营的新型农民100名以上。

（三）聚焦功能品质，推动城乡建设更加协调

坚持扩容提质，实现功能化提升。拓展城市空间，坚持“小县大城关”战略，有序推进枫坑垅片区、原石凤水泥厂（二期）、原火电厂及福田桥头片区（二期）等地块开发，增强辐射带动和综合服务能力。补齐设施短板，启动实施凤山东路改造、小南门提升工程，加快推进下岩水库等城乡供水一体化项目建设，新建改造城镇生活污水管网15公里以上、供水管网30公里以上、天然气管道10公里以上，实施县垃圾转运站及大件垃圾处理项目，力争完成湖美、谢洋35千伏输变电工程，确保站前广场建成投入使用。完善市政交通，加快推进凤山东路延伸段、南山路、毓秀路等市政道路建设，确保福兴路、白岩山北路至站前路建成投入使用。

突出建管并重，做实精细化管理。加快建设数字化城市综合管理服务平台，提升城市规划、建设、管理的智能化水平。深化省级文明县城创建，持续开展市民素质提升行动，巩固提升市容市貌整治和城市管理“五难”专项治理成果，力争治理和提升小区物业9个，改造提升农贸市场3个、城市公厕2座，整治背街小巷150条，新增智慧停车位100个以上。持续推进城市绿化美化亮化工程，不断提升白岩公园、河滨栈道、森林绿道等群众公共休闲活动场所，选址建设城区儿童游乐园，抓好下桥、牡丹新村等5个省级老旧小区改造试点项目建设。

注重融合发展，助推品质化升级。持续提升文旅康养业，深挖红色故事、绿色生态、特色文化等资源潜力，力争琵琶堡、含笑张坑、三江源森谷旅游、问佛谷生态旅游创评国家AAA级景区，花海乐园创评国家AAAA级景区，推动翰霖泉森林康养基地、桃源最氧睡眠小镇分别争创国家级、省级森林康养基地。大力扶持发展商贸物流业，加快腾睿物流、宸韬物流等项目建设，力争新培育AAA级物流企业2家以上；推动传统产业数字化转型，支持运用直播、短视频等新方式催生新消费业态，全年新增规上服务业20家以上、限上商贸企业18家以上。加快培育数字经济，坚持“事业+产业”的理念，依托市网络生态治理中心、大田（后生仔）实业有限公司，引进中国电子信息、安百科技等10家互联网公司开展深度合作。

（四）聚焦短板弱项，推动生态环境持续向好

加大生态保护力度。推动“三线一单”落地应用，强化国土空间规划和用途管控，落实生态保护、基本农田、城镇开发等空间管控边界，实施土地征收成片开发，实行“多规合一”管理。认真落实领导干部任期生态文明建设责任制，确保完成年度党政领导生态环境保护目标责任制各项任务。深化“河湖长制”和生态综合执法体制改革，总结提升“多长合一”“多员合一”成功经验，大力推广生态综合管护队工作模式。

加大生态建设力度。继续深化企业环境信用评价、排污权交易、环境污染责任保险三项环保改革，引导企业开展节能降耗、减排增效和清洁生产改造，确保全面完成上级下达的节能减排降碳各项目标。落实造林绿化目标责任，创建省级森林村庄3个以上，完成植树造林和森林质量提升9.2万亩以上。扎实做好松材线虫病等生物病虫防治，切实抓好森林防灭火工作，建设生物防火林带3200亩以上。加强生态文化建设，启动城区生活垃圾分类，大力倡导绿色出行，深入创建节约型机关，坚决制止餐饮浪费，充分发挥社会力量参与，形成共建共治共享的生态环保新格局。

加大生态治理力度。全力抓好中央和省级生态环境保护督察反馈意见整改落实。坚持治气、治水、治土力度不减，持续开展扬尘污染、露天焚烧秸秆和生活垃圾、柴油货车污染治理专项行动，确保城区空气质量继续保持在全省前列；持续开展问题小流域、农村生活污水垃圾、规模养殖污染、河湖生态环境、农村小水电生态影响等五项整治提升行动，加快完成山水林田湖草（闽湖）环境综合整治、坑口水库饮用水源保护区生态修复等项目，确保辖区水环境整体水质稳定达标；持续开展土壤污染防治行动，编制完成《大田县土壤污染防治实施方案》，有序开展废弃矿山综合治理，治理水土流失面积3万亩以上。

（五）聚焦改革创新，推动发展活力不断增强

改革再深化。全面落实国有企业改革三年行动部署，统筹推进县属国有企业改革改制、资产重组和资源整合工作。持续深化医疗卫生机制体制改革，有序推进医防协同融合、疾病预防控制中心综合改革，加快医共体资源共享信息化管理平台建设，着力提升应对突发重大公共卫生事件的水平。稳步推进“三票制”农村产权制度改革，制发林票600万元以上，新增林业规模经营面积6000亩以上。创新绿色金融改革，鼓励政府性融资担保机构提高绿色融资担保业务比重，积极推广“福林贷”“快农贷”等绿色普惠金融产品，绿色贷款年均增长20%以上。

创新再加力。加强企业科技与经济相结合，大力实施“小升高”“双倍增”培育计划，力争新认定省级以上高新技术企业5家以上，培育科技型中小企业10家以上。加速科技成果转移转化，力争实施科技“五新”项目20个以上，建设省市研发平台、工程技术中心3家以上，全年新增专利申请600件以上、授权380件以上。加大人才引进和培养力度，深化与清华大学、集美大学、中国铸造协会等高校协会的产学研合作，发挥好职业中专、国家开放大学铸造学院等平台作用，千方百计引进和培养一批“高精尖缺”和“工匠型”人才。巩固提升体制机制创新成果，努力在生态文明、乡村振兴、新型城镇化等方面打造一批“大田样板”，为全面贯彻落实新发展理念的“三明实践”增添更多大田篇章故事。

开放再扩大。建好开放平台，加大与闽西南集团合作力度，着力将广平工业园打造为闽西南协同发展共建园区，加快上京工业园及110千伏输变电、中期用水工程等基础配套设施建设，全年新开发园区用地2000亩以上。畅通连接通道，加快兴泉铁路（大田段）、田安高速（大田段）、国道横六（大田段）二期等重大交通基础设施建设，扎实开展国道纵五（大田段）三期、国道横六（大田段）三期等项目前期工作。加强交流合作，依托“6•18”海交会、“9•8”投洽会、“11•6”林博会等平台，深化田台、闽西南协同发展区交流合作，推动大仙峰•茶美人基地争创海峡两岸基层交流示范点；主动融入新阳中心片区建设，推动北部乡（镇）加快崛起。构建开放格局，主动承接“海丝”核心区外溢效应，鼓励引导南湖针织、硅光通讯等企业进一步拓展“一带一路”新兴市场，力争全年外贸出口增长3%以上。

（六）聚焦民生实事，推动人民福祉日益增进

提升民生保障能力。把稳就业放在更加突出的位置，重点关注和保障特殊困难家庭、残疾人、退役军人等群体就业，开展各类技能培训2000人以上，确保新增就业人员1000人以上，城镇登记失业率控制在3%以内。推进全民参保计划，做好特殊困难群体养老兜底保障工作，动态调整城乡低保和特困供养标准。完善养老服务设施，加快推进农村区域性养老服务中心、县老年人护理院等项目建设，争创国家康复辅助器具产业综合创新试点城市。继续深化农村殡葬改革，不断提升殡葬管理服务水平。落实各项拥军优抚政策，继续争创全省双拥模范县。全面推进2011—2020年妇女儿童发展纲要终期评估验收，扎实开展贫困留守儿童“雏燕”关爱行动，切实维护空巢老人、残疾人、妇女、未成年人等弱势群体合法权益。

推动社会事业发展。慎终如始抓好常态化疫情防控，强化物资保障、核酸检测、医疗救治等能力建设，提高传染病救治服务能力；改善医疗服务水平，加快推进县总医院传染病房综合楼、县妇幼保健院二期项目建设，实施11个基层卫生机构标准化建设项目，抓好神经内科、呼吸内科等5个重点特色专科建设，着力提升群众满意度。办好人民满意教育，继续推进一中东部校区、香山学村等13个教育补短板项目建设，全年新增学位4540个以上；深入推进基础教育均衡发展，扩大“总校制”改革，探索试行委托办学，落实好“1+4”正向激励措施，力争教师进修学校通过省级标准化验收，进一步提升教育质量；以更大力度办好职业教育、特殊教育、终身教育和老年教育。完善公共文化服务体系，深入挖掘和传承红色文化、孝廉文化、民俗文化等优秀文化，加大“第二集美学村”旧址保护开发力度，加快建设革命历史纪念馆，争取将杂剧作场戏、汤泉迎花灯等项目列入国家、省级非物质文化遗产代表性项目名录，推动杞溪争创全国地质文化示范村。开展全民健身活动，进一步完善体育公园、笼式足球场等体育设施，认真办好省青少年羽毛球锦标赛等体育赛事，注重发展老年人体育事业。

构建和谐稳定局面。巩固扫黑除恶专项斗争成果，开展打击电信网络诈骗犯罪和交通安全综合整治等专项行动，实施“综治视联网”“雪亮工程”“居安工程”“智慧安防小区”等项目，加强信访源头排查化解力度，推动阳光信访、法治信访、责任信访取得积极成效。深入开展安全生产专项整治三年行动和安全隐患大排查大整治，完善应急管理和防灾减灾救灾体系，确保安全生产形势持续稳定。加强食品药品监管，推进“餐桌污染”治理，守护群众“舌尖上”的安全。认真做好新一届村（居）委会换届选举工作。全面完成第七次全国人口普查工作，实施“八五”普法规划。密切与工商联、无党派代表人士联系，提高民族宗教、侨务工作水平，支持工会、共青团、妇联、残联等群团组织发挥作用，做好地灾治理、档案、气象、老龄和关心下一代等工作。

（七）聚焦自身建设，推动政府治理效能全面提高

始终坚持从严治政。深学笃用习近平新时代中国特色社会主义思想，巩固拓展“不忘初心、牢记使命”主题教育成果，不断提高政治判断力、领悟力、执行力，增强“四个意识”、坚定“四个自信”、做到“两个维护”。坚决贯彻党中央决策部署和省、市工作要求，认真落实县委各项决议决定，深入推进政府系统党的建设，严守政治纪律和政治规矩，坚持民主集中制，严肃党内政治生活，确保政府工作始终保持正确的政治方向。

始终坚持依法行政。以争创全国法治政府建设示范县为抓手，持续加强法治政府建设，全面推进行政执法“三项制度”，加强行政规范性文件监督管理，不断推进依法行政制度化。坚持重大行政决策公众参与、专家论证、风险评估、合法性审查和集体讨论决定，自觉接受县人大及其常委会法律监督、工作监督，主动提请人大对财政收支、预算决算、重大投资项目进行审议。诚恳接受政协民主监督、社会舆论监督，广泛听取工商联、无党派人士和人民团体意见，高质量办理代表建议和委员提案。

始终坚持为民执政。深入践行全心全意为人民服务的宗旨，大力推行“一线工作法”，始终同人民群众想在一起、站在一起、干在一起。牢记“取之于民、用之于民”，新增财力优先用于保障和改善民生，政策措施向困难群体和薄弱环节倾斜。发扬“马上就办、真抓实干”优良作风，突破一批“难、硬、重、新”问题。认真落实基层减负各项措施，力戒形式主义、官僚主义，大力精文减会，改进调查研究，统筹督查检查，让基层干部轻装上阵。

始终坚持廉洁从政。严格落实中央八项规定及其实施细则精神和省、市、县实施办法，认真履行全面从严治党主体责任，坚定不移把政府系统党风廉政建设和反腐败工作推向深入。牢固树立“过紧日子”思想，严控“三公”经费，压减一般性支出6%以上。加强重点部门、重点岗位、重点环节和公共资金审计监督。教育引导党员干部自觉净化社交圈生活圈朋友圈，积极弘扬新时代科学家精神、企业家精神，构建“亲”“清”新型政商关系。

各位代表！蓝图已经绘就，奋进正当其时！让我们更加紧密地团结在以习近平同志为核心的党中央周围，以习近平新时代中国特色社会主义思想为指导，在上级党委政府和县委的坚强领导下，只争朝夕，不负韶华，锐意进取，苦干实干，为全方位推动高质量发展超越、奋力谱写全面建设社会主义现代化国家的多彩大田篇章而努力奋斗！

政府工作报告主要目标任务分解一览表

表1

序号	重点工作	主要内容	牵头领导	责任单位	责任人
一、聚焦效率效益，推动发展质量不断提高					
1	全力提升招商引资质量	围绕构建“二三四”现代产业体系，绘制产业链招商地图	黄和新	发改局	温如凤
2		加快促成恒通精密铸造、铭冠石墨等项目落地，力争全年引进亿元以上项目25个，其中制造业项目18个，50亿元以上重大项目实现突破	詹冬华	招商服务中心	苏祎群
3		深化项目评审会商机制，实行项目投资强度、用地规模、税收额度等招商引资关联评价，着力提高项目履约率和土地利用率	詹冬华	招商服务中心	苏祎群
4	全力提升项目投资质量	精准对接中央和省级预算内投资，力争更多项目进入国家和省、市计划盘子，全年新增“五个一批”项目200个以上，实施省、市重点项目20个以上	黄和新	发改局	温如凤
5		持续深化项目攻坚，初步安排县级重点项目110个，年度计划投资95亿元以上，力争50个项目开工建设，40个项目建成或部分建成。完善项目建设“四个一”推进机制，促成更多项目建成投产	黄和新	发改局	温如凤
6	全力提升工业经济质量	实施省、市重点技改项目35个以上，完成技改投资25亿元以上，力争新岩水泥技改、广建环保等10亿元以上项目建成或部分建成，加快推动鑫鹭峰、万华实业完成破产重组，确保全年新增规上工业企业10家以上	吴文旗	工信局	杨维瓦
7	全力提升工业经济质量	聚焦铸造和装备制造、石墨（烯）、数字信息等新兴产业，持续加大产业建链、强链、补链、稳链力度，力促清航无人机投产达产，抓好仲荣石墨、超越科技、三星消防等项目建设，推动金泰能源、展晖机械全面投产	吴文旗	工信局	杨维瓦
8	全力提升营商环境质量	全面推动线上“一网通办”，最大限度实现跨省通办、省内通办，持续优化企业开办时限、包容普惠创新等11项营商环境指标，力争营商环境评价进入全市前列	詹冬华 黄和新	发改局 行政服务中心管委会	温如凤 郭秀完
9		充分发挥政府性融资担保、应急转贷基金作用，做实红狮水泥、岩兴气体等企业“一企一策”精准帮扶，切实降低企业融资和生产要素成本	吴文旗	工信局 财政局 金融办	杨维瓦 郑丁炫 王人勇

续表 1

序号	重点工作	主要内容	牵头领导	责任单位	责任人
10	全力提升营商环境质量	创新“互联网＋监管”，高质量完成监管事项清单任务，健全“双随机、一公开”监管机制，严厉打击侵犯知识产权和制售假冒伪劣商品违法行为，营造公平公正的营商环境	黄和新	市场监管局	林春忠
二、聚焦乡村振兴，推动农业农村稳步发展					
11	让农业产业旺起来	大力发展效益农业，做大做强美人茶、油茶、肉兔、青梅等特色农业产业，加快推进美人茶集中加工区、五兴肉兔（二期）、济阳初阳蛋鸡等项目建设，建设青梅标准化种植基地 3000 亩以上	陈秀达	农业农村局 林业局	郑成鑫 肖宏强
12		大力发展品牌农业，鼓励支持美人茶品种选育、改良和茶园改造，扩大“大田美人茶”“硒望之田”和国家地理标志产品等品牌影响力，支持龙头企业开展 SC 认证、绿色食品、有机加工认证，新增“三品一标”农产品 30 个以上	陈秀达	农业农村局 市场监管局	郑成鑫 林春忠
13	让农业产业旺起来	大力发展生态农业，积极发展民宿经济、共享农庄、田园综合体等新业态，重点实施国家茶叶公园、桃源共享农场等项目，实现休闲观光营业收入 20 亿元以上	陈秀达	农业农村局	郑成鑫
14	让农村面貌靓起来	科学编制实用性村庄规划，合理布局推进“数字乡村”试点，严格落实《个人建房通用图集》，加强农村建房风貌管控，重点抓好桃源、广平等市级农村村民住宅规划建设管理典型示范乡镇建设	吴文旗 陈秀达	自然资源局 住建局 农业农村局 桃源镇 广平镇	叶继樟 刘传贵 郑成鑫 陈建伟 柯永晋
15		加大香坪、张坑等传统村落和历史文化名村的保护力度，着力打造一批美丽乡村精品示范村、美丽乡村特色景观带	黄和新 陈秀达	农业农村局 文旅局	郑成鑫 叶增稳
16		加大农村基础设施建设力度，改造提升 11 个乡（镇）集镇污水处理设施。巩固提升农村环境整治行动成效，常态化开展村庄清洁行动，确保 266 个行政村生活垃圾和污水得到有效治理	吴文旗 陈秀达	农业农村局 住建局	郑成鑫 刘传贵
17	让农民生活富起来	坚决守住脱贫攻坚成果，健全防止返贫监测和帮扶机制，继续落实好农村相对贫困家庭“239”精准帮扶工作机制，做好巩固拓展脱贫攻坚成果同乡村振兴有效衔接	陈秀达	农业农村局	郑成鑫
18		深化农村综合改革，建立健全农村集体资产运营机制，力争所有行政村村财自有收入达 10 万元以上	陈秀达	组织部 农业农村局	杨玉全 郑成鑫
19		大力实施新型农业经营主体培育工程，新增省、市农民专业示范合作社、家庭农（林）场 20 家以上	陈秀达	农业农村局	郑成鑫
20	让农民生活富起来	持续开展“直播带货”“电商助农”等活动，力争特色优质农产品线上销售达 3000 万元以上，促进农民增收	詹冬华	商务局 农业农村局	苏祎群 郑成鑫
21		鼓励各类人才返乡创业，引导社会资本参与农村建设，培养更多懂技术、善经营的新型农民 100 名以上	陈秀达	农业农村局	郑成鑫

续表 1

序号	重点工作	主要内容	牵头领导	责任单位	责任人
三、聚焦功能品质，推动城乡建设更加协调					
22	坚持扩容提质，实现功能化提升	坚持“小县大城关”战略，有序推进枫坑垅片区、原石凤水泥厂（二期）、原火电厂及福田桥头片区（二期）等地块开发，增强辐射带动和综合服务能力	吴文旗	自然资源局	林清源
23		补齐设施短板，启动实施凤山东路改造、小南门提升工程，加快推进下岩水库等城乡供水一体化项目建设，新建改造城镇生活污水管网 15 公里以上、供水管网 30 公里以上、天然气管道 10 公里以上，实施县垃圾转运站及大件垃圾处理项目，力争完成湖美、谢洋 35 千伏输变电工程，确保站前广场建成投入使用	吴文旗 陈秀达	住建局 水利局 供电公司	刘传贵 林建明 尤国荣
24		完善市政交通，加快推进凤山东路延伸段、南山路、毓秀路等市政道路建设，确保福兴路、白岩山北路至站前路建成投入使用	吴文旗	住建局	刘传贵
25	突出建管并重，做实精细化管理	巩固提升市容市貌整治和城市管理“五难”专项治理成果，力争治理和提升小区物业 9 个，改造提升农贸市场 3 个、城市公厕 2 座，整治背街小巷 150 条，新增智慧停车位 100 个以上	吴文旗 姜　妍	住建局 商务局 城管局 交警大队	刘传贵 苏祎群 陈增达 苏　炉
26		持续推进城市绿化美化亮化工程，不断提升白岩公园、河滨栈道、森林绿道等群众公共休闲活动场所，选址建设城区儿童游乐园，抓好下桥、牡丹新村等 5 个省级老旧小区改造试点项目建设	吴文旗 黄和新	住建局 文旅局	刘传贵 叶增稳
27	注重融合发展，助推品质化升级	持续提升文旅康养业，力争琵琶堡、含笑张坑、三江源森谷旅游、问佛谷生态旅游创评国家 AAA 级景区，花海乐园创评国家 AAAA 级景区，推动翰霖泉森林康养基地、桃源最氧睡眠小镇分别争创国家级、省级森林康养基地	黄和新	文旅局 林业局	叶增稳 肖宏强
28		大力扶持发展商贸物流业，加快腾睿物流、宸韬物流等项目建设，力争新培育 AAA 级物流企业 2 家以上；全年新增规上服务业 20 家以上、限上商贸企业 18 家以上	吴文旗 詹冬华 黄和新	交通运输局 发改局 商务局	郑际楷 温如凤 苏祎群
29		坚持“事业 + 产业”的理念，依托市网络生态治理中心、大田（后生仔）实业有限公司，引进中国电子信息、安百科技等 10 家互联网公司开展深度合作	吴文旗	财政局 工信局	郑丁炫 杨维瓦
四、聚焦短板弱项，推动生态环境持续向好					
30	加大生态保护力度	推动“三线一单”落地应用，落实生态保护、基本农田、城镇开发等空间管控边界，实施土地征收成片开发，实行“多规合一”管理	吴文旗 詹冬华	自然资源局 生态环境局	叶继樟 林起雄
31		认真落实领导干部任期生态文明建设责任制，确保完成年度党政领导生态环境保护目标责任制各项任务	詹冬华	生态环境局	林起雄
32		深化“河湖长制”和生态综合执法体制改革，总结提升“多长合一”“多员合一”成功经验，大力推广生态综合管护队工作模式	陈秀达	生态综合执法局 生态环境局 水利局	林芳庆 林起雄 林建明

续表 1

序号	重点工作	主要内容	牵头领导	责任单位	责任人
33	加大生态建设力度	继续深化企业环境信用评价、排污权交易、环境污染责任保险三项环保改革，引导企业开展节能降耗、减排增效和清洁生产改造，确保全面完成上级下达的节能减排降碳各项目标	詹冬华	生态环境局 工信局	林起雄 杨维瓦
34	加大生态建设力度	落实造林绿化目标责任，创建省级森林村庄 3 个以上，完成植树造林和森林质量提升 9.2 万亩以上。扎实做好松材线虫病等生物病虫防治，切实抓好森林防灭火工作，建设生物防火林带 3200 亩以上	陈秀达	林业局	肖宏强
35	加大生态治理力度	全力抓好中央和省级生态环境保护督察反馈意见整改落实。持续开展扬尘污染、露天焚烧秸秆和生活垃圾、柴油货车污染治理专项行动，确保城区空气质量继续保持在全省前列	詹冬华	生态环境局 住建局 交通运输局	林起雄 刘传贵 郑际楷
36	加大生态治理力度	持续开展问题小流域、农村生活污水垃圾、规模养殖污染、河湖生态环境、农村小水电生态影响等五项整治提升行动，加快完成山水林田湖草（闽湖）环境综合整治、坑口水库饮用水源保护区生态修复等项目，确保辖区水环境整体水质稳定达标	詹冬华	生态环境局 水利局 自然资源局 住建局 农业农村局	林起雄 林建明 郑建生 刘传贵 郑成鑫
37	加大生态治理力度	持续开展土壤污染防治行动，编制完成《大田县土壤污染防治实施方案》，有序开展废弃矿山综合治理，治理水土流失面积 3 万亩以上	吴文旗 詹冬华 陈秀达	生态环境局 自然资源局 水利局	林起雄 郑建生 林建明
五、聚焦改革创新，推动发展活力不断增强					
38	改革再深化	全面落实国有企业改革三年行动部署，统筹推进县属国有企业改革改制、资产重组和资源整合工作	吴文旗	财政局	郑丁炫
39	改革再深化	持续深化医疗卫生机制体制改革，有序推进医防协同融合、疾病预防控制中心综合改革，加快医共体资源共享信息化管理平台建设，着力提升应对突发重大公共卫生事件的水平	黄和新	卫健局 总医院	陈永晶 温春水
40	改革再深化	稳步推进“三票制”农村产权制度改革，制发林票 600 万元以上，新增林业规模经营面积 6000 亩以上	陈秀达	林业局	肖宏强
41	改革再深化	创新绿色金融改革，鼓励政府性融资担保机构提高绿色融资担保业务比重，积极推广“福林贷”“快农贷”等绿色普惠金融产品，绿色贷款年均增长 20% 以上	吴文旗	金融办 林业局	王人勇 肖宏强
42	创新再加力	加强企业科技与经济相结合，大力实施“小升高”“双倍增”培育计划，力争新认定省级以上高新技术企业 5 家以上，培育科技型中小企业 10 家以上	詹冬华	科技局	林奕明
43	创新再加力	加速科技成果转移转化，力争实施科技“五新”项目 20 个以上，建设省市研发平台、工程技术中心 3 家以上，全年新增专利申请 600 件以上、授权 380 件以上	詹冬华	科技局 市场监管局	林奕明 林春忠

续表 1

序号	重点工作	主要内容	牵头领导	责任单位	责任人
44	创新再加力	加大人才引进和培养力度，深化与清华大学、集美大学、中国铸造协会等高校协会的产学研合作，发挥好职业中专、国家开放大学铸造学院等平台作用，千方百计引进和培养一批“高精尖缺”和“工匠型”人才	詹冬华 黄和新	人才办 科技局 教育局 人社局	杨玉全 林奕明 范承妙 温秀梅
45	开放再扩大	建好开放平台，加大与闽西南集团合作力度，着力将广平工业园打造为闽西南协同发展共建园区，加快上京工业园及 110 千伏输变电、中期用水工程等基础配套设施建设，全年新开发园区用地 2000 亩以上	詹冬华	经济开发区管委会 水利局 供电公司 自然资源局	郑际桂 林建明 尤国荣 叶继樟
46	开放再扩大	畅通连接通道，加快兴泉铁路（大田段）、田安高速（大田段）、国道横六（大田段）二期等重大交通基础设施建设，扎实开展国道纵五（大田段）三期、国道横六（大田段）三期等项目前期工作	吴文旗	交通运输局	郑际楷
47	开放再扩大	加强交流合作，依托“6•18”海交会、“9•8”投洽会、“11•6”林博会等平台，深化田台、闽西南协同发展区交流合作，推动大仙峰 • 茶美人基地争创海峡两岸基层交流示范点	詹冬华 黄和新 陈秀达	发改局 商务局 林业局	温如凤 苏祎群 肖宏强
48	开放再扩大	主动融入新阳中心片区建设，推动北部乡（镇）加快崛起	吴文旗	发改局 住建局 广平镇 奇韬镇 文江镇 梅山镇	温如凤 刘传贵 柯永晋 涂锦发 连华状 林昌儒
49	开放再扩大	鼓励引导南湖针织、硅光通讯等企业进一步拓展“一带一路”新兴市场，力争全年外贸出口增长 3% 以上	詹冬华	商务局	苏祎群
六、聚焦民生实事，推动人民福祉日益增进					
50	提升民生保障能力	开展各类技能培训 2000 人以上，确保新增就业人员 1000 人以上，城镇登记失业率控制在 3% 以内。推进全民参保计划，做好特殊困难群体养老兜底保障工作，动态调整城乡低保和特困供养标准	黄和新	人社局 民政局	温秀梅 黄桂珍
51	提升民生保障能力	完善养老服务设施，加快推进农村区域性养老服务中心、县老年人护理院等项目建设，争创国家康复辅助器具产业综合创新试点城市。继续深化农村殡葬改革，不断提升殡葬管理服务水平	黄和新	民政局 残　联	黄桂珍 周茂座
52	提升民生保障能力	落实各项拥军优抚政策，继续争创全省双拥模范县。全面推进 2011—2020 年妇女儿童发展纲要终期评估验收，扎实开展贫困留守儿童“雏燕”关爱行动	黄和新	退役军人事务局 妇　联 教育局	施正钻 林爱红 范承妙

续表 1

序号	重点工作	主要内容	牵头领导	责任单位	责任人
53	推动社会事业发展	抓好常态化疫情防控，强化物资保障、核酸检测、医疗救治等能力建设，提高传染病救治服务能力；加快推进县总医院传染病房综合楼、县妇幼保健院二期项目建设，实施 11 个基层卫生机构标准化建设项目，抓好神经内科、呼吸内科等 5 个重点特色专科建设，着力提升群众满意度	黄和新	卫健局 总医院	陈永晶 温春水
54	推动社会事业发展	继续推进一中东部校区、香山学村等 13 个教育补短板项目建设，全年新增学位 4540 个以上。扩大“总校制”改革，探索试行委托办学，落实好“1+4”正向激励措施，力争教师进修学校通过省级标准化验收；以更大力度办好职业教育、特殊教育、终身教育和老年教育	黄和新	教育局 老干局	范承妙 张春艳
55		加大“第二集美学村”旧址保护开发力度，加快建设革命历史纪念馆，争取杂剧作场戏、汤泉迎花灯等项目列入国家、省级非物质文化遗产代表性项目名录，推动杞溪争创全国地质文化示范村	黄和新	文旅局 华兴镇	叶增稳 林起洲
56		开展全民健身活动，进一步完善体育公园、笼式足球场等体育设施，认真办好省青少年羽毛球锦标赛等体育赛事，注重发展老年人体育事业	黄和新	文旅局 老体协	叶增稳 张友生
57	构建和谐稳定局面	开展打击电信网络诈骗犯罪专项行动，实施“综治视联网”“雪亮工程”“居安工程”“智慧安防小区”等项目，加强信访源头排查化解力度，推动阳光信访、法治信访、责任信访取得积极成效	姜　妍	公安局 信访局	陈光耀 罗　浩
58		深入开展安全生产专项整治三年行动和安全隐患大排查大整治，完善应急管理和防灾减灾救灾体系，确保安全生产形势持续稳定	陈秀达	应急管理局	魏初铭
59		加强食品药品监管，推进“餐桌污染”治理，守护群众“舌尖上”的安全	黄和新	市场监管局	林春忠
60		认真做好新一届村（居）委会换届选举工作	黄和新	民政局	黄桂珍
61		全面完成第七次全国人口普查工作，实施“八五”普法规划	姜　妍 黄和新	统计局 司法局	魏祥强 肖长祥
七、聚焦自身建设，推动政府治理效能全面提高					
62	始终坚持依法行政	全面推进行政执法“三项制度”，加强行政规范性文件监督管理，不断推进依法行政制度化	姜　妍	司法局	肖长祥
63		诚恳接受政协民主监督、社会舆论监督，广泛听取工商联、无党派人士和人民团体意见，高质量办理代表建议和委员提案	詹冬华	政府办	陈有明
64	始终坚持为民执政	认真落实基层减负各项措施，力戒形式主义、官僚主义，大力精文减会，改进调查研究，统筹督查检查，让基层干部轻装上阵	詹冬华	政府办	陈有明
65	始终坚持廉洁从政	牢固树立“过紧日子”思想，严控“三公”经费，压减一般性支出 6% 以上。加强重点部门、重点岗位、重点环节和公共资金审计监督	吴文旗	财政局 审计局	郑丁炫 肖明朗

大田县委十三届十一次全会报告

陈文华

（2020年9月18日）

这次县委全会的主要任务是，以习近平新时代中国特色社会主义思想为指导，全面贯彻党的十九大和十九届二中、三中、四中全会精神，深入学习贯彻习近平总书记对福建、对三明、对大田工作重要讲话重要指示批示精神，认真贯彻落实省委十届十次全会、市委九届十三次全会部署要求，科学谋划新的目标和举措，动员全县广大干部群众牢记重托、自找苦吃、担当实干，更好统筹常态化疫情防控和经济社会发展，做好“六稳”工作，落实“六保”任务，全方位推动高质量发展超越，为加快建设“机制活、产业优、百姓富、生态美”的新福建新三明作出新的更大贡献。经县委常委会研究，讲四个方面意见。

一、提高政治站位，深刻认识全方位推动高质量发展超越的重大政治意义、战略意义

全方位推动高质量发展超越，是习近平总书记亲自擘画、亲自部署、亲自推动的重大战略，是以习近平同志为核心的党中央赋予福建的重大历史使命和重大政治责任，是加快新时代新福建新三明建设的重大历史机遇。省委召开十届十次全会，对深入学习贯彻习近平总书记重要讲话重要指示批示精神，全方位推动高质量发展超越作出全面部署，审议通过了“1+3”政策文件，提出了九个方面的超越任务。市委召开九届十三次全会，立足三明实际，对深入学习贯彻习近平总书记重要讲话重要指示批示精神，落实省委十届十次全会部署要求，全方位推动高质量发展超越作了具体安排，审议通过了“1+4”政策文件，提出持续做实做足“四篇文章”、深化重点领域改革和“五比五晒”等重点任务。省委十届十次全会和市委九届十三次全会，为我们全方位推动高质量发展超越指明了方向、明确了目标、提供了路径，具有重大而深远的意义。

党的十八大以来，习近平总书记对福建工作作出一系列重要讲话重要指示批示，2014年来闽考察时，亲自擘画建设“机制活、产业优、百姓富、生态美”新福建的宏伟蓝图。去年3月10日，习近平总书记亲临全国人大福建代表团参加审议并作重要讲话，提出营造有利于创新创业创造的良好发展环境、探索海峡两岸融合发展新路、做好革命老区中央苏区脱贫奔小康工作、全面推进新时代党的建设等新要求。今年5月，习近平总书记对福建工作作出重要指示批示，充分肯定党的十八大以来福建经济总量赶超所彰显的制度优势和重要政治意义，深刻指出在科技创新、产业结构、居民收入等方面存在的短板，强调要保持战略定力，科学谋划新的目标和举措，全方位推动高质量发展超越。习近平总书记的重要指示批示，赋予全方位推动高质量发展超越的重大使命，为福建发展指明了前进方向、作出了新的战略指引，这是新时代新福建建设征程中又一件具有里程碑意义的大事。

习近平总书记在福建工作17年半，对八闽大地充满深厚感情，先后11次深入三明调研指导，对三明加快老区苏区脱贫奔小康、推进老工业基地转型、发挥生态优势、深化精神文明建设等方面作出了一系列重要指示，亲自指导和推动了“青山绿水是无价之宝”“画好山水画”等生动实践，并留下了一系列脍炙人口的鲜活故事。这期间，习近平总书记先后2次深入大田调研指导，作出了“把小康工作放在首要位置”“在茶产业方面加强引导，向生态、绿色、有机方向发展”“做好山、水、田、堡文章”“认真做好生态环境保护”等一系列重要指示，给我们留下了宝贵的精神财富，为我们做好各项工作指明了方向、提供了遵循。大田作为老区苏区，全县各级各部门和广大干部群众要深入学习贯彻习近平总书记对福建、对三明、对大田工作的重要讲话重要指示批示精神，以坚定的政治自觉、强烈的责任担当，增强“四个意识”、坚定“四个自信”、做到“两个维护”，切实把对习近平总书记的崇敬爱戴之情，转化为全方位推动高质量发展超越的实际行动。

二、找准发展定位，把握全方位推动高质量发展超越的总体要求和目标任务

全方位推动高质量发展超越，是当前和今后一个时期全县最重要的政治、经济、民生任务。“全方位”

是核心要义，是体现“五位一体”总体布局、“四个全面”战略布局的发展超越；“高质量”是内在要求，是贯彻新发展理念，坚持以人民为中心，实现更高质量、更有效率、更加公平、更可持续、更为安全的发展超越；“发展超越”是目标定位，着力推进科技创新、产业结构、居民收入等各方面超越。

全方位推动高质量发展超越，要坚定信心决心。党的十八大以来，福建经济总量连跨3个万亿元台阶，去年超过4.2万亿元，用7年多时间，实现总量赶超目标任务。三明2019年实现地区生产总值2601.56亿元、增长8.0%，比2014年增加980.35亿元，超额完成省上下达赶超目标任务。大田和全省、全市一样牢记习近平总书记重要嘱托，全面推进高质量发展落实赶超，各项工作取得新成效。

发展质量稳步提升。2019年全县实现地区生产总值217.81亿元、比增6.8%，比2014年增加69.13亿元；城镇、农村居民人均可支配收入达37678元、18309元，分别比2014年增加12655元、6548元。三大攻坚战扎实推进。全县建档立卡贫困人口2798户8437人全部脱贫，68个贫困（空壳）村、2个市级扶贫开发工作重点乡全部摘帽。环境空气质量综合指数常年稳居全省前十，均溪河、文江河两条主要流域断面水质按期次达标率100%，获省2019年度环境质量提升奖励前十名。增贷化险取得成效，去年不良贷款率降至1.3%，为近五年最低，新增贷款9.39亿元，货款余额首次突破百亿元，为近五年最高。

“五比五晒”不断深化。2019年，全县共争取上级各类资金16.1亿元、居全市首位；156个县级重点项目完成投资77.12亿元，47个项目开工建设，29个项目建成或部分建成。今年连续两个季度在三明市“五比五晒”工作考评中排名第一，获得一季度省“五个一批”项目正向激励。

十大攻坚会战实效更多。2019年，新签约落地项目65个、总投资34.15亿元；新报批征收工业用地5049.96亩、平整1850亩，新征收商住用地547.3亩、出让217.8亩，均为近五年最高；主导制定的美人茶省级团体标准颁布实施，被列为省级农产品质量安全示范县、“平安农机”示范县；红狮水泥获评省级龙头企业，新增高新技术企业、科技小巨人领军企业2家、省级“专精特新”企业认定3家；大仙峰•茶美人、五彩大石景区分别获批国家AAAA、AAA级景区，桃源最氧睡眠小镇被授予“全国森林康养基地试点建设单位”“中国睡眠康养示范基地”称号；兴泉铁路、莆炎高速（大田段）、国道纵五线二期等重大交通基础设施项目加快推进；香山北路、岩城新市场等市政设施投入使用，整治背街小巷108条，取缔1053辆非法载客三轮车，投放使用100辆微公交；创建美丽乡村14个，裸房整治657座，桃源镇入选省级乡村振兴特色乡镇，10个村入选省级乡村振兴试点村，2个村被省上评为2019年度乡村振兴实绩突出村；新增学位4480个，向上争取教师专项编制1246个，2019年全县普通高考本一上线率居10个县（市）第1，2020年全县本科上线率居全市第2；新增养老床位476张，医养服务中心被列为国家卫健委首批远程协同服务试点机构、全省第二批医养结合试点单位，省级慢性非传染性疾病综合防控示范区通过验收；荣获全市平安建设（综治工作）考评一等奖。

干部精气神持续提振。树立重一线、重实绩的用人导向，全面实施二级绩效考评，推行干部实绩记账办法，2019年提拔重用70名在“五比五晒”等工作一线实绩突出干部，为16名干部澄清正名。创新推行“专项巡察推动专项整治”模式，推动中央和省、市、县委决策部署有效落实。

全方位推动高质量发展超越，要认清短板差距。从我县看，主要表现在：经济总量不大。2019年全县地区生产总值、地方财政收入分别仅占全市的8.37%、6.69%；人均GDP约为0.97万美元，比全市低0.49万美元，比全省低0.59万美元，比台湾低1.62万美元。产业竞争力不强。产业结构不优，2019年三次产业占比19.9∶53.1∶27.0，第三产业偏低；产业科技水平不高，65家重点农业企业中装备先进的13家、占比20%，工艺先进的5家、占比仅7.7%；174家规上工业企业中，装备和工艺相对先进的仅占30%左右；2019年全县规模工业高技术产业增加值占规模工业增加值比重0.6%，居全市第10位，比全市低3个百分点；产业较零散，未形成产业链，集聚效应不强；缺少龙头企业，2019年税收5000万以上的企业仅4家。科技创新不足。2018年全县R&D经费投入占GDP仅为0.43%，比全市低0.62个百分点，比全省低1.37个百分点；2019年国家级、省级高新技术企业4家、2家，分别仅占全市的3.39%、3.77%；高端人才紧缺，全县无高层次ABC类人才。居民收入不高。2019年，全体居民人均可支配收入26938元，比全市低1764元，比全省低8678元；居民人均生活消费支出19049元，比全市低1283元，比全省低6265元。返贫风险依然存在。全县77户272人已脱贫但不够稳定、占比2.76%。民生短板依然突出。2020年全县尚有1.2万个学位缺口，语文、数学、物理等紧缺学科专任教师缺82人，全县小学至高中教师平均年龄45.1岁，50岁以上1126人、占比26.2%。全县基层医疗卫生机构中本科以上学历仅占17.25%，每千人均床位、儿科床位、卫技人员分别比全市平均少0.58张、0.56张、0.88人。每万名老年人配备养老护理员12.5人，比全市平均水平少3.8人。2019年我县人口城镇化率为52.8%，比全市低8.1个百分点，比全省低13.7个百分点；城区棚户区2.8万平方米、老旧小区47个（无物业楼幢占55.3%），公共停车泊位缺0.2万个，城区供水管网漏损率高达8.03%。交通基础设施薄弱。目前，境内没有航空、水路、铁路运行，仅有一条高速公路通车，系全市尚未通动车的少数县份之一。农村人居环境不优。农村村民住宅建设景观风貌管控不到位，超高、超量建房和裸房现象较多，生活垃圾收集率不高，8个乡镇生活污水处理设施存在未正常运行现象。社会治理还有弱项。道路交通事故频发，2019年全县发生一般以上道路交通事故75起；涉农、涉教、涉房地产、涉农民工欠薪等引发的信访问题突出，2019年到市赴省进京上访分别为14批48人次、8批12人次、8批8人次；群众网络安全防范意识不强，电信网络诈骗案件高发频发，2019年本地发案235起，损失金额高达360余万元。针对以上差距短板，要深入研究谋划，采取有力措施，认真加以解决。

全方位推动高质量发展超越，总的要求是：以习近平新时代中国特色社会主义思想为指导，全面贯彻党的十九大和十九届二中、三中、四中全会精神，深入学习贯彻习近平总书记对福建、对三明、对大田工作的重要讲话重要指示批示精神，牢记习近平总书记重要嘱托，统筹推进“五位一体”总体布局、协调推进“四个全面”战略布局，坚持发展第一要务、经济建设中心，坚持稳中求进工作总基调，坚持新发展理念，坚持以供给侧结构性改革为主线，坚持以改革开放为动力，按照省委十届十次全会、市委九届十三次全会部署要求，持续做实做足“四篇文章”、推进“四个着力”、深化“五比五晒”、打好“十大攻坚会战”，更好统筹常态化疫情防控和经济社会发展，不断深化两岸各领域融合，推进老区苏区脱贫奔小康，全方位推动高质量发展超越，为加快新时代新福建新三明建设作出新贡献。

目标任务是：按照省委、市委全会部署，立足大田实际，补齐短板弱项，保持定力，久久为功，努力为全省、全市全方位高质量发展超越作出大田贡献。到2025年，全方位高质量发展超越迈出重要步伐，经济总量不断做大，占全市、全省比重持续提高，发展质量和效益与全市、全省差距明显缩小。到2030年，全方位高质量发展超越取得明显成效，发展质量和效益稳步提升。到2035年，努力达到全省水平，走在全市前列，新时代多彩大田建设再上新台阶。

三、苦干实干巧干，加快全方位推动高质量发展超越步伐

深入学习贯彻习近平总书记重要讲话重要指示批示精神，加强前瞻性思考、全局性谋划、战略性布局、整体性推进，充分发挥优势，以“五比五晒”“十大攻坚会战”为主抓手，持续做实“四篇文章”、推进“四个着力”，全面补齐发展短板，努力建设更高质量、更高素质、更高颜值、更高品质的多彩大田。

（一）*深化“五比五晒”，助推发展更高质量。*把“五比五晒”作为主抓手、主赛场、主阵地，深入开展“项目攻坚年”活动，咬定目标、奋力攻坚，努力为全方位推动高质量发展超越提供强大动力。一要坚持“项目为王”。坚持工作项目化、项目责任化、责任具体化，把经济增长点落实到具体项目上，明确目标、压实责任，全力比拼项目，确保各项目标任务落实落细。二要坚持现场“比晒”。深化提升招商和项目工作现场比晒、交流表态等机制，激励先进、促动中间、鞭策后进，营造比学赶超、争先创优氛围。三要坚持实干实绩。优化“五比五晒”考评机制，坚持战场选拔、实时记功，引导广大党员干部把着力点放在抓经济、抓产业、抓项目上，“用项目来说话、以实绩论英雄”，以实实在在的工作成效推进全方位高质量发展超越。

近期，突出抓好五件事：一是用好中央苏区政策。做实做足中央苏区文章，抢抓国家发改委制定新一轮支持老区苏区振兴发展政策机遇，深挖政策“金矿”，积极争取一批老区苏区政策、项目、资金落户大田。二是抓好“十四五”规划编制。抢抓中央制定支持福建新一轮全方位推动高质量发展超越政策、“十四五”规划编制、闽西南协同发展区建设和中央、省上对口支援等机遇，坚持“事业+产业”，抓紧谋划一批重大产业项目和工作项目。用好国家政策红利，组建项目研究专班，聚焦“两新一重”“四篇文章”“两岸融合”等领域，策划一批重点项目，争取更多项目列入国家和省、市规划。三是全力攻坚项目建设。坚持重点抓、抓重点，以纳入市“项目攻坚年”活动的60项重点攻坚任务为突破口，重点抓好新岩水泥、科华石墨等重大项目建设，以点带面推动全县153个重点项目加快建设。认真梳理项目推进难题，整合资源力量集中攻坚，建立“难、硬、重、新”工作攻坚督办机制，确保重点项目有力有序推进。四是打好招商攻坚会战。坚持“合规合算”，全民出击、精准招商，主动对接粤港澳大湾区、长三角、闽西南等区域，聚焦新材料、装备制造、水泥建材、文旅康养、特色现代农业、网络安全大数据等重点产业，建链补链强链，重点抓好与泉州机械配件行业协会、上海东海华庆、苏州工匠等企业的对接洽谈，着力引进一批主导产业上下游企业，做大做强产业链，形成产业集群。五是打好征地拆迁攻坚会战。加大征迁报批力度，确保年内完成工业用地征收2200亩以上，出让商住用地300亩以上。全力盘活闲置资产，加快海和钢铁、化肥厂等低效用地、厂房的收储利用工作，实现“腾笼换鸟”。完善上京铸造园、罗丰石墨园、均溪陶瓷园等工业园区配套设施建设，做实广平工业园开发前期工作，为产业发展打下坚实基础。

（二）加快产业提升，助推经济更高素质。贯彻新发展理念，深入开展三次产业企业全面提升行动，推动产业高端化、绿色化、智能化、融合化发展，增强产业竞争力，着力构建现代化产业体系。一要深入实施创新驱动发展战略。建强科技创新平台，围绕产业链创新链联动发展，加强与中国纺织科学院、中国铸造协会、中科院福建物构所、厦门大学、集美大学等科研机构、高等院校产学研合作，共建一批产业创新平台，争创创新型县城。完善高技术企业成长加速机制，培育一批双高企业、单项冠军、专精特新企业。坚持企业主体，突出市场导向，建立健全研发投入激励、关键技术联合攻坚、科技成果孵化转化等机制，推动创新链、产业链、资金链、政策链“四链融合”。大力实施人才强县战略，坚持招商引资与招才引智一起抓，持续完善引才用才育才、科技特派员、县领导干部直接联系服务优秀人才等制度，用好每年1500万元人才发展专项资金，加强人才住房、医疗、子女入学等服务保障，推进县贰号、叁号人才公寓建设，提供金融信贷、配偶随迁、教育培训等方面优惠待遇，真正做到以感情留人、以待遇留人。二要做大做强主导产业。围绕美人茶、装备制造、水泥建材、轻纺面料等主导产业，建链补链强链，力争打造一批百亿主导产业，形成产业集群。坚持“合算合规”、优惠与贡献对等、定制服务原则，对接主导产业、龙头企业需求，持续深化拓展、及时督促兑现“一业一策”“一企一策”，扶持培育一批龙头企业，发展壮大主导产业。加强深化拓展，把石墨（烯）、网络安全大数据等有基础有特色有潜力的产业，培育成为新的主导产业。三要持续优化营商环境。开展工程许可、土地审批、房屋建设、水土保持、交通运输等领域前置审批事项清理行动，确保该取消的审批环节、审批事项坚决清理到位。常态化开展“访企业、解难题、促六稳”专项行动，健全完善县领导牵头协调和问题汇总、分解、督办、反馈工作机制，坚持“一事一策”“一难一策”，着力解决企业用地、融资、用工等难题，让企业有实实在在的获得感。

近期，突出抓好四件事：一是打好“两茶一硒”攻坚会战。实施农业特色产业企业提升行动，加快推进24个“两茶一硒”项目建设，力争年内实现“两茶一硒”全产业链产值超20亿元。①美人茶产业链，讲好元沙生态茶山故事，坚持向生态、绿色、有机方向发展，加强与台湾、安溪在茶叶种植、加工、包装、营销等方面的交流对接，合作建立现代化加工基地，健全完善“茶叶种植—生产—加工—销售—科研”的上下游产业链，重点抓好国家茶叶公园、省级现代茶业产业园和美人茶集中加工区、美人茶文创园等项目建设，全力打响大田美人茶品牌，争取入选第四批中国特色农产品优势区，持续夯实茶产业基础，全面提升茶产业层次和竞争力。②油茶产业链，实行“种苗培育与推广—高产油茶林种植—加工精炼—综合开发利用”的产业链循环发展模式，加快推进油茶公园、油茶标准化种植加工等项目建设，以三九军大为龙头发展油茶精深加工产业，进一步延长油茶产业链条，全力打响“大田华兴油茶”品牌，全面提升油茶产业附加值和竞争力。③青梅产业链，加快青梅生产基地建设，重点抓好宝瑞来青梅生产加工、梅山香坪青梅深加工等项目建设，持续扩大青梅种植规模，推进青梅零食、饮品、食品、调味品和大健康产品等精制品研发，全力打造“硒望之田·梅好生活”的大田青梅公共品牌。④肉兔产业链，以五兴肉兔、莱德旺肉兔为龙头，配套跟进肉兔深加工、冷链物流等项目，研究拓展肉兔食谱，开发烤兔、肉脯等零食产品，全力打响“武陵烤兔”等肉兔特色品牌。二是打好工业提升攻坚会战。做实做足老工业基地文章，实施工业主导产业企业提升行动，力争年内新增规上工业企业16家以上，每年新培育省级以上高新技术、“专精特新”等企业5家以上。①铸造和装备制造产业链，充分发挥省矿山机械及冶铸产品质量监督检验中心的质检功能，推动宝山机械、博实铸造等传统铸造企业向绿色铸造、精密铸造转型升级；持续完善上京铸造园、吴山、武陵铸造集中区建设，策划引进一批无人机、汽车零部件、智能机床等装备制造生产项目，加快清航无人机、展晖机械、超越中高端铸件等项目投产达产，全力打造“产品设计—金属材料—零部件制造—整车（机）”的装备制造产业链。②水泥建材产业链，依托红狮、新岩、鑫城等水泥企业，策划生成一批技术改造、固废处置、水洗飞灰、特种水泥等项目，完善“资源开采—水泥生产—特种水泥—水泥预制件一体化—装配式建设”的产业链条，全面提升产业竞争力。③矿产品深加工产业链，以鹭坪科技为重点，打造“锰铁矿产资源开发—富锰渣—硅锰合金—中碳锰铁—低微碳合金”的锰矿深加工产业链；以闽鹭矿业为龙头，打造“石灰石—活性石灰—电石—聚乙烯醇—高强高模工程纤维等精细化工产品”的石灰石深加工产业链；依托均溪陶瓷产业园，打造“高岭土矿开采—原料加工—日用陶瓷—陶瓷工艺品”为一体的陶瓷产业链；依托罗丰石墨园，打造“石英石矿开采—石英石板材生产—石英石板材深加工—建筑装饰材料”为一体的新型装饰材料产业链。④轻纺面料产业链，依托京口纺织园，支持新隆上超纤纺织、新盈彩铝、飞鹰实业、卓立达等企业做大做强，重点抓好新隆上超纤纺织生产线二期、卓立达箱包服饰二期等项目建设，加快推动万华实业破产重组，引进一批上下游配套企业，全力打造“超纤—无纺布—PU树脂—PU革—服装箱包”的轻纺面料产业链。⑤石墨（烯）产业链，加快罗丰非金属产业园建设，鼓励支持科华石墨等龙头企业做大做强，深化与北京石墨烯研究院、中科院福建物构所、厦门大学等科研院所对接合作，发挥电价政策优势，引进特种石墨、石墨烯导热膜、石墨烯增碳剂等产业上下游项目，全力打造“石墨矿开采—高纯石墨—石墨负极材料及产品应用”的石墨（烯）产业链。⑥5G新基建产业链，启动编制5G专项规划，依托硅光通讯、华腾光电等企业，开发生产5G通信基站相关设备和通讯基地小型化、轻量化5G应用产品，策划引进一批“5G+工业”场景应用、电子元器件、新材料等重点项目，支持基础电信企业、数字经济企业、传统企业等开展5G协同创新，力争到2030年初步形成5G产业链条。三是打好现代服务业攻坚会战。实施现代服务业企业提升行动，力争年内新增规上服务业和限上商贸企业20家以上，每年培育限上贸易企业6家以上、规模服务业企业3家以上。①文旅康养产业链，立足生态优势，深入挖掘红色、孝道、民俗等特色文化，加快推进桃源最氧睡眠小镇、问佛谷生态度假景区等项目建设，推动建设镇琵琶堡、吴山镇含笑张坑等景区获评国家AAA级旅游景区，桃源最氧睡眠小镇争创国家级森林康养基地，全力打造以屏吴济为核心的南部茶旅康养区和以桃源为核心的西部森林康养区。②网络安全大数据产业链，坚持“事业+产业”，创新市域社会治理，制定科学合理的信息化产业发展政策，重点抓好网络生态治理中心项目建设，深化与国内知名互联网公司的合作，全力打造网络安全大数据产业集群。③物流产业链，制定物流产业布局规划，布局建设现代物流园区，推动智慧物流、冷链仓储物流、电商物流发展壮大，重点加快腾睿物流园、宸韬物流服务集散中心、发昌冷链仓储配送中心等项目建设，全力打造现代物流产业集群。④电商产业链，推动国家级电子商务进农村综合示范县创建工作提质增效，依托创新创业产业园，引进一批电商龙头企业入驻，对接销售本地农产品和工业产品，全力打造大田特色电商产业链。⑤夜经济产业链，加快推进小南门步行街改造等项目建设，做活城市夜间经济商圈，开发乡村夜游线路，促进人气集聚、业态繁荣。四是深化国企改革。健全和完善国有资产经营管理机制，推进县属国有企业整合重组，组建县国投、城投、矿业投资经营等三大公司，加快企业（资产）划转移交，妥善安置人员，建立现代企业经营机制，完善人事、薪酬、管理等制度，确保三大公司高效运作。提升县属国有企业“造血”能力，推动国企参与文旅康养、新兴产业、特许经营等领域。加大县域矿产资源整合力度，推动矿产资源向国有企业集中、往产业方向延伸，努力把资源优势转化为产业优势，推动国有企业做大做强，力争到2025年三大公司总资产、净资产、营业收入、税收分别达88亿元、28亿元、2亿元、2700万元。

（三）坚持绿色发展，助推生态更高颜值。牢记习近平总书记重要嘱托，坚定不移走生态优先、绿色发展道路，做实做足绿色生态文章，让大田青山常在、绿水长流、空气常新。一要持续创新体制机制。讲好习近平生态文明思想重要孕育地实践地故事，深化提升河湖长制、生态综合执法制度、矿山水土流失开发式治理模式等创新做法，加快建设一批“绿盈乡村”，争创国家生态文明建设示范县。二要持续改善环境质量。打好污染防治攻坚战，突出精准治污、科学治污、依法治污，深入实施蓝天、碧水、净土工程，确保大田生态环境质量始终走在全省前列。三要持续释放生态红利。深入推进绿色生产、绿色制造，发挥好山好水好空气的生态优势，大力推进“生态+”，培育休闲康养、生态观光、培训研学等新业态，构建以产业生态化和生态产业化为主体的生态经济体系。

近期，突出抓好三件事：一是打好生态环境突出问题整治攻坚会战。认真抓好4项尚未完成的第一轮中央生态环保督察反馈意见整改，以及4类9项第二轮中央环保督察反馈意见整改，持续推进闽湖环境综合整治、山水林田湖草试点工程、坑口水库饮用水源地一级保护区居民搬迁等15项攻坚任务，深入开展“散乱污”企业专项整治行动，擦亮大田生态底色。二是打好市容市貌攻坚会战。以“一推进五整治”为抓手，深入实施城市管理“五难”治理专项行动，开展背街小巷整治“回头看”，强化城市水体污染防治，持续改善城区及周边生态环境，助力第六届省级文明城市创建。坚持“山水城”“人城市”融合发展理念，加快“小县大城关”建设，深入开展老旧小区微改造三年行动，扎实推进南门街、澹多桥改造、满田春市场改造、污水管网建设等基础设施补短板工程，建设智慧城市综合管理服务平台，持续抓好城市主要街道的绿化、美化，打造“城在山中、山在城中、绿水环绕”的生态岩城。三是打好农村人居环境整治攻坚会战。深入实施农村厕所革命和垃圾治理、污水治理、农房整治、村容村貌提升行动等“一革命四行动”，常态化组织党员干部带头回老家开展“清沟扫地摆整齐”集中整治行动，引导群众落实“五清楚”机制，全面整治房前屋后“脏、乱、差”等问题。加强农村建房规划建设管理，实施专项整治三年行动，确保三年内完成整治裸房5000幢以上，打造农村新型住宅小区18个以上，切实解决农村“有新房没新村、有新村没新貌”的问题，打造环境整洁、生态宜居的美丽乡村。

（四）增进民生福祉，助推生活更高品质。坚持尽力而为、量力而行，持续补齐民生短板，满足多层次多样化需求，不断增强人民群众的获得感、幸福感、安全感。一要在增加居民收入上下功夫。实施新型职业农民、小微创业者、技能人才和科研人员、企业职工、基层干部队伍、困难群体等六大群体激励计划，开展高质量就业和多渠道创收行动，增加居民工资性、经营性、财产性、转移性收入，实现居民收入增长与经济发展同步。二要在公共服务供给上下功夫。加强普惠性、基础性、兜底性民生建设，推进基本公共服务均等化，做到幼有善育、学有优教、病有良医、老有颐养、住有宜居，使改革发展成果更多更公平惠及全体人民。三要在精神文明建设上下功夫。做实做足精神文明文章，以创建第六届省级文明城市为契机，深化拓展文明创建的深度和外延，大力弘扬和践行社会主义核心价值观，抓好新时代文明实践中心试点建设，传承弘扬红色、“二十四孝”、廉政、美人茶等特色文化，持续增强文化软实力。

近期，突出抓好五件事：一是坚决打赢脱贫攻坚战。聚焦“两不愁三保障”，从严从实抓好问题整改。按照“四个不摘”要求，落实扶贫各项政策举措，建立完善致贫返贫动态监测机制，深化拓展“一家四业”产业扶贫模式，深入开展“114”村财增收行动，发挥村财发展基金作用，促进贫困群众稳定增收、村财持续增长，确保老区苏区人民脱贫奔小康。二是打好交通建设攻坚会战。争取昌厦高铁途经大田并设站，加快兴泉铁路、莆炎高速（大田段）及支线田安高速、国道纵五线（二期）、国道534线等重大交通基础设施项目建设，确保莆炎高速（大田段）年内基本完成，国道纵五线（二期）年内具备通车条件。实施农村公路提档升级行动，提升“四好农村路”创建水平，确保年内全县改扩建农村公路50公里以上，改善乡村群众出行条件。三是打好民生社会事业攻坚会战。加快推进大田一中新校区、总医院传染病防治综合楼、夕阳红闽中康养服务中心二期等31个民生社会事业补短板项目建设，确保年内新增学位7760个以上、养老床位130张以上。落实关于促进教育高质量发展的16条措施，深入实施学前教育“普惠”、小学“强基”、初中“壮腰”、高中“筑梦”、职业教育“精品”工程，加大紧缺学科专任教师招聘力度，完善提升教师成长机制，深化“总校制”“县管校聘”等改革，健全教育科研支撑、职业教育产教融合、校企合作等体系，办好人民满意的教育。健全公共卫生应急管理体系，提升应对重大突发公共卫生事件能力，全力做好新冠肺炎等重点传染病防控工作；加强医疗卫生人才队伍建设，落实“3+1”人才培养计划，抓好神经内科、消化内科、普通外科等重点学科建设，着力培养优秀学科带头人、青年骨干医师队伍；健全医联体联动机制，落实医生“驻乡驻村”办法，精准推动县域医疗资源均衡下沉乡、村；持续深化公立医院人事薪酬、补偿机制、运行机制等医药卫生体制改革，推进医防协同融合一体化服务模式，推动“三医联动”向“全联”“深动”发展。深化“三化三全”居家养老模式，构建居家社区机构相协调、医养康养相结合的养老服务体系。四是深化两岸乡村融合振兴。推动美人茶产业发展融合，依托大田美人茶和台湾东方美人茶的深厚渊源，加强田台在美人茶种植、加工、包装、品牌营销和茶文化等方面的交流合作，全力打响“大田美人茶”品牌。推动森林康养融合，以大仙峰·茶美人、桃源最氧睡眠小镇等为示范，在森林康养业态培育、基地建设、人才培养等方面深度融合，将大田打造成台胞入闽体验森林康养的理想目的地。推动交流合作平台融合，以两岸茶文化和宗亲文化交流为切入口，抓好连氏、萧氏、陈氏等宗亲文化交流基地建设，加快推进大仙峰·茶美人基地申报海峡两岸基层交流示范点，促进田台经贸、文旅、乡村建设等各领域融合发展。五是推进平安大田建设。把市域社会治理纳入“十四五”规划，探索具有大田特色的市域社会治理模式，推动市域社会治理体系和治理能力现代化。深化提升党建引领乡村治理现代化的“大田路径”，做足做实乡贤回引工程，引导社会治理和服务重心更多地向农村下移，资源向农村倾斜，人才向农村回流，提升乡村治理效能。加快县应急指挥中心建设，深入开展安全生产专项整治三年行动，抓好安全生产红色安全隐患整治，坚决遏制重特大事故发生。创新发展新时代“枫桥经验”，大力推行“四门四访”，减存量、控增量、防变量，重点抓好35件信访积案化解，从源头上预防和化解矛盾。扎实推进“六无”村（社区）建设、“五个专项”治理、公共安全领域突出问题大排查大化解大整治攻坚行动，深入开展扫黑除恶专项斗争，打好禁毒人民战争，保持打击治理电信网络新型违法犯罪高压态势，不断强化政法队伍建设，努力建设更高水平的平安大田，切实提升人民群众的获得感、安全感。

四、加强党的领导，为全方位推动高质量发展超越提供坚强政治保证

全方位推动高质量发展超越，绝不是轻轻松松、敲锣打鼓就能实现的。要充分弘扬老区苏区精神，全面贯彻新时代党的建设总要求和新时代党的组织路线，深化落实省委“五抓五看”“八个坚定不移”具体部署，切实把全面加强党的领导落实到全过程、各方面，以坚强有力的党组织确保各项工作任务落实。

（一）把党的政治建设摆在首位。深入贯彻落实中共中央关于加强党的政治建设的意见，推动各级党组织和党员干部增强“四个意识”、坚定“四个自信”、做到“两个维护”，始终在思想上政治上行动上同以习近平同志为核心的党中央保持高度一致。巩固拓展主题教育成果，系统学习《习近平谈治国理政》第一、二、三卷，用好《习近平在福建》等系列采访实录鲜活教材，努力学懂弄通做实习近平新时代中国特色社会主义思想。继承和发扬老区苏区革命传统、革命精神，讲好红色故事，传承红色基因，坚定不移听党话、感党恩、跟党走。严格落实省委“三四八”工作机制，确保习近平总书记重要讲话重要指示批示精神和党中央决策部署落地生根。强化政治监督，严明政治纪律和政治规矩，自觉做政治上明白人、老实人、正派人。

（二）打造高素质干部队伍。坚持敬业专业干事，深入开展“素质提升年”活动，以提升“八大本领”“六种能力”为重点，加强思想淬炼、政治历练、实践锻炼、专业训练，让广大党员干部政治素养、理论水平、专业能力、实践本领跟上时代发展步伐。坚持改革创新，大力发扬“大田后生仔”敢闯敢拼、敢为人先的精神，用足用好改革这个关键一招，着力提升干部解决制约大田高质量发展超越的各类问题的能力。坚持一竿子插到底抓落实，弘扬“马上就办、真抓实干”作风，以“功成不必在我”的精神境界和“功成必定有我”的责任担当，把中央和省委、市委各项决策部署抓紧抓实抓出成效。坚持发扬斗争精神，坚定斗争意志，增强斗争本领，敢于涉险滩、挑重担、打头阵，立足实际、把握实质、拿出实招、务求实效，努力在危机中育新机、于变局中开新局。

（三）激励党员干部担当作为。深入贯彻落实党中央和省委、市委激励干部担当作为系列措施，持续完善系统、立体、常态化激励机制，推动形成能者上、优者奖、庸者下、劣者汰的正确导向，引导广大党员干部愿干事、真干事、干成事。坚持“事上练、苦中学”，在战场中找战果、在战果中找战将，全面落实重大专项工作激励、实绩记账考评、单位内部二级绩效、实时记功嘉奖、激励性专用事业副科领导职数等正向激励措施，导向鲜明选拔任用实绩突出的“战将”、埋头苦干的“老黄牛”、优秀能干的“后生仔”，让“有为者有位、吃苦者吃香”。认真落实“三个区分开来”要求，健全完善容错纠错和澄清保护机制，严厉查处恶意中伤、诬告陷害行为，让干部放心做事、放手做事、放胆做事。

（四）坚定不移正风肃纪反腐。深化落实中央八项规定及其实施细则精神，用好巡察利剑，深入推进形式主义、官僚主义整治，持续开展“一季一警示”教育，通报违纪违法典型案例，巩固为基层减负成果。深化干部制度改革，完善管思想、管工作、管作风、管纪律的从严管理机制，加强干部“八小时之外”监督管理，把“严”的主基调长期坚持下去。坚持无禁区、全覆盖、零容忍，保持反腐败高压态势，一体推进不敢腐、不能腐、不想腐，深入整治基层“微腐败”、黑恶势力“保护伞”、政策落实“绊脚石”，进一步巩固发展反腐败斗争压倒性胜利，持续营造风清气正的良好政治生态。

同志们，让我们更加紧密地团结在以习近平同志为核心的党中央周围，坚持以习近平新时代中国特色社会主义思想为指导，认真贯彻省委十届十次全会、市委九届十三次全会决策部署，自找苦吃、担当实干、攻坚克难，全方位推动高质量发展超越，为加快新福建新三明建设做出新的更大贡献！

在县委十三届十二次全会第一次全体会议上的讲话

陈文华

（2020 年 12 月 30 日）

这次县委全会的主要任务是，以习近平新时代中国特色社会主义思想为指导，深入学习贯彻党的十九届五中全会和省委十届十一次全会、市委九届十四次全会精神，审议《中共大田县委关于制定大田县国民经济和社会发展第十四个五年规划和二〇三五年远景目标的建议》，确定我县“十四五”时期经济社会发展的指导思想、目标任务，加快新时代多彩大田建设，为全方位推动高质量发展超越、加快新福建新三明建设作出新贡献。

一 深入学习贯彻党的十九届五中全会精神

党的十九届五中全会是处在“两个一百年”奋斗目标历史交 汇点上召开的一次具有全局性、历史性意义的重要会议。大家在学习贯彻过程中，要把握好“七个新”：1. 新发展成就。如期全面建成小康社会、打赢脱贫攻坚战，使中华民族伟大复兴向前迈出新的一大步，实现了从大幅落后于时代到大踏步赶上时代的新跨越。2. 新发展阶段。起点是从“十四五”开始，突出主题是高质量发展，底线要求是安全发展，重要导向是共同富裕，落脚点是全面建设社会主义现代化国家。3. 新发展形势。当前和今后一个时期，我国发展具有多方面优势和条件，也面临不少困难和挑战。4. 新发展目标。2035 年基本实现社会主义现代化的 9 项远景目标，以及“十四五”时期我国经济社会发展的 6 项主要目标。5. 新发展部署。围绕科技创新、产业发展、国内市场、深化改革、乡村振兴、区域发展、文化建设、绿色发展、对外开放、社会建设、安全发展、国防建设 12 个重点领域，系统部署了我国“十四五”时期经济社会发展的重点任务。6. 新发展格局。坚持扩大内需这个战略基点，构建以国内大循环为主体，国内国际双循环相互促进的新发展格局。7. 新发展支撑。坚持党的全面领导，充分调动一切积极因素，广泛团结一切可以团结的力量，形成推动发展的强大合力。全县各级干部要深入学习研究中央文件，结合工作实际，认真抓好贯彻落实。

省委十届十一次全会是我省站在新的历史起点上召开的一次十分重要的会议，对于团结动员全省人民同心同德谋发展、沉心静气促超越，奋力谱写全面建设社会主义现代化国家的福建篇章，具有重大而深远意义。全会通过的《建议》体现了中央要求、时代特征、福建特色、人民期盼，明确了“十四五”时期我省经济社会发展的主题主线、历史使命、奋斗目标、重要原则、主要任务、重大举措和二〇三五年远景目标。特别是立足福建“山海亚侨台特”省情特点，提出了 12 条具体措施，这为我们制定规划、推动发展指明了方向。

市委九届十四次全会是在全市上下深入学习贯彻党的十九届五中全会、省委十届十一次全会精神之际召开的一次重要会议，对全方位推动高质量发展超越、加快建设机制活、产业优、百姓富、生态美的新三明作出全面谋划部署。全会结合三明实际，提出深化“三明实践”；持续做实做足红色三明、工业三明、绿色三明、文明三明“四篇文章”，打响“风展红旗如画三明”品牌；主动融入新发展格局；深化改革创新；强化产业支撑和项目带动；改善人民生活品质，推动老区苏区共同富裕；加强党的全面领导，为“十四五”时期发展提供坚强政治保证等七个方面工作，这为我们制定“十四五”规划、开启全面建设社会主义现代化新征程提供了具体实施路径。

各级各部门要把学习贯彻党的十九届五中全会和省委十届十一次全会、市委九届十四次全会精神作为当前和今后一个时期的首要政治任务，进一步增强“四个意识”、坚定“四个自信”、做到“两个维护”，确保中央和省委、市委决策部署在大田落地生根、结出硕果。

二、“十三五”大田发展取得重大成就

“十三五”时期，全县经济社会发展和各项事业取得新成就。2019 年全县实现 GDP 217.81 亿元、增长 6.8%，人均 GDP 6.77 万元，地方一般公共预算收入 7.21 亿元。着力机制活。生态文明、县级巡察、教育、山区养老、乡村治理等特色领域改革走在全省前列，河长制工作被列为改革开放 40 周年“福建影响力”优

秀案例，“生态综合执法”项目获得“中国法治政府奖提名奖”，被列为全国第二批农村综合改革标准化试点县、首批国家数字乡村试点地区、省级新型城镇化试点县。着力产业优。铸造和装备制造、美人茶两大主导产业蓬勃发展，水泥建材、特色种养业、文旅康养三大优势产业持续升级，数字信息、新材料、现代物流、建筑业四大重点扶持产业加快培育，高新技术企业实现“零”的突破，现有国家、省级高新技术企业9家、8家，上京铸造园、京口纺织园、罗丰石墨园、均溪陶瓷园等工业园区持续发展壮大，“三品一标”农产品实现成倍增长，建成国家AAAA景区1个、AAA级景区4个，被列为全国十大魅力茶乡、中国铸造产业集群试点县、首批全国生态旅游胜地、中国睡眠康养示范基地、美丽中国魅力文旅目的地。着力百姓富。高质量打赢脱贫攻坚战，全县现行标准下2780户8566名建档立卡贫困人口已全部脱贫，34个贫困村、38个空壳村和2个市级扶贫开发工作重点乡实现全部摘帽。民生事业稳步发展，文化事业和文化产业繁荣发展，教育、医疗、养老、交通基础设施等民生社会事业领域短板加快补齐，解决教师编制1246个，新增教育学位2.53万个、医疗床位180张、养老床位1650张，居民收入增长与经济增速基本同步，荣获国家公共文化服务体系示范区、全国群众体育先进县、全国信访“三无”县、省级文明县城、省级平安县等称号。着力生态美。森林覆盖率提升至73.12%，生态环境质量保持优良，大气、水环境质量常年居全省前列，荣获中国天然氧吧、省级生态县、省级森林县城等称号，林深水美茶香的优势更加明显。同时，全面从严治党向纵深推进，干部群众干事创业精气神进一步提振。

特别是，今年是极不平凡、很不容易的一年。面对百年未有之大变局和突如其来的新冠肺炎疫情，全县上下深入学习贯彻习近平总书记重要讲话重要指示批示精神，在中央和省委、市委的 坚强领导下，统筹疫情防控和经济社会发展，扎实做好“六稳”“六保”工作，持续做实做足“四篇文章”，坚决打好三大攻坚战，深化“五比五晒”项目攻坚，打好“十大攻坚会战”，坚定不移深化改革，纵深推进全面从严治党，疫情防控取得重大成果，保持经济持续健康发展和社会大局稳定。“十三五”规划主要目标任务即将基本完成，全面建成小康社会胜利在望，大田发展站在新的起点上。

这些成绩来之不易，根本在于习近平总书记的掌舵领航，在于习近平新时代中国特色社会主义思想的科学指导，在于习近平总书记长期关心关注老区苏区发展、给予我们极大关怀与激励，得益于省委、市委的正确领导和大力支持，得益于全县广大党员干部群众牢记嘱托、团结一心、苦干实干。

三、认清发展形势，把握目标任务

“十四五”时期我国将进入新发展阶段，大田将处于大有可为的重要战略机遇期。习近平总书记对福建、对三明、对大田的一系列重要讲话重要指示批示精神，是我们的宝贵精神财富，将始终指引我们奋勇前行；全方位推动高质量发展超越、探索海峡两岸融合发展新路、新一轮支持福建发展、革命老区振兴发展意见、中央对口支援政策顺利落地，多区叠加的政策优势持续显现，带来重要红利；“三明实践”深入推进，一系列改革红利持续释放，一大批重大项目即将落地大田，一连串重大交通基础设施建成后交通条件将历史性改变，这些各方面积极因素叠加效应将给我县经济社会发展创造历史性的新机遇。

我们也要清醒认识到，大田发展仍面临诸多困难和挑战，主要是经济发展水平总体不高，产业结构不优，行业规模经济效应不足，企业科技创新能力不强，财政收支矛盾加剧，居民收入偏低，民生社会事业短板仍然突出。

面对新发展阶段新形势，县委认真研究，集思广益，反复讨论，并对标省委、市委规划《建议》，制定了我县规划《建议》。总体考虑，到二〇三五年的远景目标是：我国基本实现社会主义现代化之时，我县全方位高质量发展超越各项目标努力达到全省平均水平，走在全市前列，新时代多彩大田建设再上新台阶。“十四五”时期经济社会发展的主要目标是：立足老区苏区山区实际，打造“两区四地”（闽西南协同发展示范区、三明改革开放先行示范区，铸造和装备制造基地、高山富硒产品集散地、网络安全信息产业基地、文旅康养理想目的地），为全省全方位高质量发展超越作出大田贡献。综合实力跃上新台阶，科技创新实现新突破，产业发展取得新成效，改革开放迈出新步伐，城乡面貌呈现新气象，绿色发展达到新水平，人民生活获得新改善，治理效能得到新提升。

四、主动担当作为，助力做实“三明实践”后半篇文章

11月23日至 27 日，由中宣部新闻局领导带队，人民日报、新华社、中央广播电视总台等19家中央和省内外媒体、180多名记者，深入三明开展采访报道。其中，11月底至12月初，共有7组50名记者来田采访，先后采访了我县茶产业发展、河湖长制、网络生态治理、废弃矿山生态修复治理、养老改革、基础教育改革等主题内容。

12月16日至19日，在中央经济工作会议窗口期，各大媒体在主要栏目、重要版面连续聚焦报道“三明实践”，讲述三明干部群众牢记习近平总书记嘱托，坚持统筹协调发展，努力建设“机制活、产业优、百姓富、生态美”新三明故事。其中，央视《新闻联播》聚焦“三明实践”播出的题为《全面贯彻新发展理念的“三明实践”——老工业基地的新发展之路》新闻报道中，以《大田后生仔》改编的《三明后生仔》开篇唱响；央视《焦点访谈》播出的《福建三明：新发展理念的生动实践》用了整整3分钟报道大田废弃矿山生态修复治理工作，《人民日报》发出的《三明胜景图》里展示了我县废弃矿山生态修复治理、生态茶园、教育项目、河长制、数字阳春、养老产业等画面；新华社客户端发布的微视频《〈延时·中国〉如画三明：和谐之城》《瞰中国——飞“阅”三明：绿水青山》中“屏山茶美人景区、灵动济阳景区、闽中工委会址”出现在全国用户视野；新华社刊发新闻通稿《绿色点亮未来——解码“中国绿都”福建三明》介绍了我县广平镇元山茶园谊华园家庭农场；《求是》杂志推出《大田县：以茶兴县走出新路子》以及我县“乡贤回引”助力乡村振兴的新闻；《光明日报》刊发的“三明实践”专题报道介绍了我县生态茶产业；《中国教育报》“三明实践”主题报道《瞄准突围的方向——福建省三明市基础教育改革启示录（上）》报道了我县教师编制改革成效；现代快报微博发稿《林深水美茶清香，让你醉倒在这片“绿”里》等。这些都是大田人民贯彻新思想新理念的生动实践，是“三明实践”的精彩大田篇章。大田作为三明的大县，大县就要有大担当、大贡献。

一要全面客观理解“三明实践”。“三明实践”是新思想新理念的实践，是长期以来三明广大干部群众牢记习近平总书记重要嘱托，统筹推进“五位一体”总体布局和协调推进“四个全面”战略布局，坚定不移贯彻新思想新理念的生动实践；“三明实践”是“两个维护”的实践，是三明老区苏区人民传承红色基因，弘扬听党话、跟党走、感党恩的优良传统，践行“两个维护”的具体行动；“三明实践”是福建故事之中的三明篇章，在省委、省政府的坚强领导下，三明全力以赴推进机制活、产业优、百姓富、生态美新福建建设，作出了三明贡献；“三明实践”是三明作为“中等生”交出的一份励志答卷，在全国300多个地级市中，三明的经济社会发展条件水平仅处于中等位次，在历届党委政府的带领下，广大干部群众探索创新了医改、林改、精神文明、国企改革、沙县小吃等可复制推广的经验做法，人民群众的获得感、幸福感、安全感不断增强。“三明实践”的启示在于，长期以来三明广大干部群众牢记习近平总书记重要嘱托，一以贯之、坚定不移贯彻落实新思想新理念，勇于改革创新，敢于攻坚克难，在条件并不优越的情况下，探索符合自身实际的发展路子，不断增强人民群众的获得感、幸福感、安全感。全县各级各部门和广大党员干部要认真学习领会，深刻把握精神实质，进一步增强责任感、使命感，助力深化“三明实践”，切实把对习近平总书记深厚的崇敬爱戴之情，转化为加快新时代多彩大田建设、全方位推动高质量发展超越的政治责任和担当。二要讲好“三明实践”大田篇章故事。全面梳理总结贯彻新思想新理念的大田生动实践，拓展“三明实践”内涵。主动对接中央和省、市媒体，持续配合做好延伸性宣传报道，多渠道、立体式宣传“三明实践”大田篇章故事，进一步提升“三明实践”大田篇章影响力。三要抢抓“三明实践”机遇。把握“三明实践”集中宣传报道带来的重大机遇，加强向上沟通对接，积极研究策划请求中央和省、市支持政策项目，借势借力争取一批政策、项目、资金落地大田。认真抓好“三明实践”大田参观点建设，开发一批考察参观线路、培训集训课程、文旅康养产品，提升接待培训、宣讲能力水平，争取各类教育培训基地挂牌，促进文旅康养和教育培训产业发展，助推大田全方位高质量发展超越。

五、绘好多彩底色，夯实高质量发展根基

红色是大田最深的烙印，绿色是大田最大的优势，“大田后生仔”精神是大田最可贵的特质，这些是大田在新发展阶段贯彻新发展理念，全方位推动高质量发展超越，谱写全面建设社会主义现代化国家的多彩大田篇章最需坚守、最可依靠的底气和本钱。一要传承红色基因。深入研究挖掘大田红色历史，常态化开展红色故事宣讲，传承红色精神，激励红色担当，让党旗在疫情防控、“五比五晒”、“十大攻坚会战”

等重点工作一线高高飘扬。加强红色遗址保护利用，推进红军长征文化公园、大田县革命旧址群等保护开发项目建设，打造红色精品线路。用好用足老区苏区政策，深挖政策“金矿”，确保老区苏区在现代化进程中一个都不掉队。二要弘扬“大田后生仔”精神。提炼升华和宣传发扬“大田后生仔”精神内涵，教育引导全县人民特别是广大年轻人青春无畏、爱拼会赢，主动投身创新创业创造实践。实施创新驱动发展战略，完善支持科技创新相关政策体系，对接科研院所和行业协会，共建科技创新“产学研用”平台，攻克高端装备、石墨（烯）新材料、网络安全信息等重点产业一批“卡脖子”技术，推动创新链、产业链、资金链、政策链“四链融合”。建立高新技术企业梯次培育机制，培育一批双高企业、单项冠军、专精特新企业。实施人才强县计划，健全完善人才引进、培养、激励机制，千方百计培养引进一批科技人才。三要厚植绿色优势。做好线下线上两个生态文明建设文章，努力闯出一条全方位生态文明建设的新路子。线下部分，巩固提升国家生态文明试验区建设成果，拓展提升河长制、生态综合执法制度、矿山水土流失开发式治理模式等生态文明创新做法，持续打好污染防治攻坚战，统筹推进山水林田湖草系统治理，确保生态环境质量持续位居全省前列，争创国家生态文明建设示范县。线上部分，坚持“事业＋产业”，拓展三明市网络生态治理中心成果运用，治理网络乱象，打击网络犯罪，净化网络生态，推进网络生态文明建设。

六、主动融入新发展格局，争创闽西南协同发展示范区

大田作为闽西南协同发展区中连接沿海和山区的重要节点，我们有机遇、有条件、有责任，创建闽西南协同发展示范区，在加快构建新发展格局中体现大田担当作为。一要推进产业协作发展。深度融入闽西南协同发展区建设，建立共建共享协作机制，主动承接沿海地区铸造和装备制造、新材料等产业转移，抓好与福建闽西南城市协作开发集团合作，加快推进广平工业园等协作项目落实落地，努力建成闽西南协同发展区制造基地。用好安溪对口帮扶我县等契机，深入推进茶、青梅等优势产业交流合作，推动现代特色农业做大做精做强。二要推进绿色消费供给。发挥林深水美茶香优势，用好“中国天然氧吧”牌子，做好“生态＋”文章，大力发展文旅康养和生态农业，提供森林康养、休闲旅居、文化体验等康养生态消费品，以及美人茶、油茶、富硒萝卜、富硒大米等绿色生态农产品，为沿海大都市提供高质量绿色消费品。三要推进乡村协同振兴。加强与闽南地区交流合作，在基础设施、文化交流、乡村治理等方面协同共享，实现两地乡村协同振兴。加强与尤溪互动协作，支持广平镇、奇韬镇、文江镇、梅山镇主动融入新阳中心片区建设，打造全市乡村振兴示范区和闽中区域协同发展示范区。

七、深化改革扩大开放，争创三明改革开放先行示范区

坚持问题导向、实效导向，持续开展“思想大解放、推动大发展”活动，全面深化改革，持续扩大开放，不断激发高质量发展动力活力。一要落实重点改革任务。按照上级部署要求，结合大田工作实际，认真落实医改、林改、农业农村改革、“放管服”改革等重点改革任务，确保高质量完成改革目标任务。稳步推进国资国企、园区管理体制改革，做强做优做大国有企业，打造新的经济增长极。二要深化特色领域改革。巩固提升生态文明、县级巡察、教育、山区养老等大田特色领域改革，力争取得更大突破。聚焦新发展阶段出现的新问题新矛盾，大胆改革创新，努力创造一批在全市全省乃至全国可复制、可推广的“大田经验”。三要加强对台交流合作。依托大田美人茶与台湾东方美人茶的深 厚渊源，加强田台在美人茶种植、加工、包装、品牌营销等方面的交流合作，推动大田美人茶做大做强、走向世界。依托田台两岸血缘相连的宗亲文化，搭建海峡两岸文化交流平台，促进田台经贸、文旅、乡村建设等各领域融合发展，争创两岸乡村融合振兴发展试验区。

八、狠抓项目攻坚，加快建设现代产业体系

坚持把发展经济着力点放在实体经济上，持续深化“五比 五晒”，深入开展“项目攻坚年”活动，推动产业建链补链延链强链，不断提高经济质量效益和核心竞争力。一要优化产业空间布局。加快构建“一核三带三区”产业空间布局。“一核”，即城市经济核心区，包括均溪、石牌、华兴等镇。“三带”，即以莆炎高速和国道534线为主轴的循环产业经济带，包括广平、奇韬、文江、梅山等镇；以省道217线和田安高速为主轴的先进装备制造产业经济带，包括上京、太华、建设、广平等镇；以兴泉铁路、泉南高速和国道235线、356线为主轴的现代物流产业经济带，包括桃源、上京、石牌、前坪、湖美、梅山等乡（镇）。

"三区"，即南部茶旅康养区，包括屏山、吴山、济阳、谢洋、武陵等乡镇；西部森林康养区，主要为桃源镇；新阳中心片区特色商贸区，包括建设、广平、奇韬、文江、梅山等镇。二要推动产业全面提升。做大做强铸造和装备制造、美人茶两大主导产业，提档升级水泥建材、特色种养业、文旅康养三大优势产业，培育壮大数字信息、新材料、现代物流、建筑业四大重点扶持产业，构建"二三四"现代产业体系，提升产业综合实力和竞争力。依托省级大田经济开发区，重点加快京口纺织园、上京机械园、太华石墨园、均溪 陶瓷园、广平工业园、福塘信息园等六个产业园区开发建设，推动产业集聚、要素集中、资源集约。三要全力做强项目支撑。坚持领导带头、一线"比晒"、末位表态，完善指标考评体系，引导广大党员干部把着力点放在抓经济、抓产业、抓项目上，营造"比学赶超、大干快上"的项目攻坚氛围，全力加快项目建设。聚焦"两新一重"、产业升级、群众"急难愁盼"、两岸融合发展、生态文明等重点领域，坚持"事业＋产业""红色＋""绿色＋"，无中生有策划项目，形成更多经济增长点、投资拉动点。坚持"合规合算"，聚焦重点产业，用好田商回归、以商招商、产业链招商等方式，全民出击、精准招商，着力引进一批大项目好项目。

九、改善人民生活品质，扎实推动共同富裕

坚持把实现好、维护好、发展好最广大人民根本利益作为发展的出发点和落脚点，尽力而为、量力而行，扎实办好民生实事和"关键小事"，不断增强人民群众获得感、幸福感、安全感。一要提高城乡居民收入。巩固拓展脱贫攻坚成果，严格落实"四个不摘"要求，完善致贫返贫动态监测机制，深化拓展"一家四 业"产业扶贫模式，深入开展"114"村财增收行动，推动巩固 拓展脱贫攻坚成果与乡村振兴有效衔接。千方百计稳定和扩大就业，落实援企、减负、稳岗、扩就业系列措施，实现更加充分更高质量的就业。推进六大群体激励计划，增加居民工资性、经营性、财产性、转移性收入，实现居民收入增长与经济发展同步。二要持续补齐民生短板。推进教育、卫生、养老、交通和城乡基础设施项目建设，加快补齐民生基础设施短板。推进教育强县建设，优化教育布局，健全教师招聘、培养、激励机制，提升教育质量水平，保持全市全面领先，顺利通过教育强县、优质均衡县评估验收。推进健康大田建设，加大医疗卫生人才引进培育力度，推动优质医疗资源扩容和均衡布局，提升医疗卫生质量和水平。深化提升山区养老服务 110模式，发展普惠型养老和互助性养老，培育养老新业态，构建居家社区机构相协调、医养康养相结合的养老体系，打造山区养老示范县。推进精神文明建设，抓好新时代文明实践中心试点建设，挖掘红色、孝道、民俗、戏曲等特色文化资源，保护历史文化遗产、传统村落，常态化开展志愿服务，推动精神文明建设上新水平。三要推进城乡融合发展。推进"大城关"发展战略，加大城区东拓南进北扩西延力度，加快旧城改造、新区开发，推进产城融合，抓好"城市双修"，常态化开展"五难"问题治理，做大做强中心城市。推进乡村建设，加强乡村建筑风貌管控，实施农村人居环境整治五年提升行动，推进新型农村住宅小区建设试点，打造美丽宜居乡村。推进国家 数字乡村试点地区建设，深化提升党建引领乡村治理现代化的"大田路径"和"五化融合"社区治理模式、"数字乡村"等社会治理创新做法，用好"e 三明"平台，及时解决群众关心关注 的"急难愁盼"问题，让发展更有温度、幸福更有质感。四要建设更高水平的平安大田。统筹发展与安全，深化安全隐患分色管理和整治，防范和化解各类风险。坚持和发展新时代"枫桥经验"，强化关口前移、源头治理，预防和化解个人极端事件、"民转刑"案件。深入贯彻习近平法治思想，办事依法、遇事找法、解决问 题用法，一体建设法治大田、法治政府、法治社会。严厉打击暴力恐怖、黑恶势力、新型网络犯罪、涉疫违法犯罪等，推动扫黑除恶长效常治，增强人民群众获得感、幸福感、安全感。

十、加强党的全面领导，为"十四五"时期发展提供坚强政治保证

充分发挥党委总揽全局、协调各方的作用，广泛团结一切可以团结的力量，凝聚形成推动发展的强大合力。一要加强党的政治建设。深入学习贯彻习近平新时代中国特色社会主义思想，与学习习近平总书记对福建、对三明、对大田工作的重要讲话重要指示批示精神相结合，进一步增强"四个意识"、坚定"四个自信"、做到"两个维护"。全面落实新时代党的建设总要求，按照 省委"五抓五看""八个坚定不移"具体部署，压实全面从严治党主体责任、监督责任，落实党委（党组）意识形态工作责任制，持续开展全面从严治党主体责任落实情况检查、集体约谈，推动全面从严治党向纵深发展。二要提升干部综合素质。

坚持敬业专业干事，持续开展“素质提升年”活动，事上练、苦中学，常态化选派干部到重点工作一线磨砺，增强“八个方面本领”“七种能力”，提高干部贯彻落实新发展理念、服务构建新发展格局的能力和水平。三要常态化激励担当作为。坚持在战场中找战果、在战果中找战将，用好干部实绩记账考评、重大专项工作奖励、“五比五晒”记功嘉奖等激励措施，用好职务职级两条通道，形成愿干事、真干事、干成事的激励机制。完善澄清证明、关心关爱机制，让干部放心、放手、放胆做事。四要强化正风肃纪反腐。严格落实中央八项规定及其实施细则精神，深化县委巡察制度，巩固提升“专项巡察推动专项整治”模式、“三色”督办等创新成果，坚决整治形式主义、官僚主义，推动各项决策部署落地落实。坚持严的主基调，一体推进不敢腐、不能腐、不想腐，完善管思想、管工作、管作风、管纪律的从严管理机制，加强干部“八小时之外”监督管理，深化“一季一警示”廉政教育，大力整治 群众身边“微腐败”，营造风清气正的政治生态。五要大力弘扬实干作风。坚持系统观念，注重科学思维、科学方法，把握远期 愿景、中期目标、近期工作，完善规划监测评估机制，深化督查 巡察审计协同行动，以细化的目标、实化的任务、硬化的措施，把“十四五”目标任务做细做实做成。

这里，再强调几项当前工作：一要抓好常态化疫情防控工作。克服麻痹思想、松劲心态，压紧压实属地、部门、单位和个人“四方责任”，落实“人”“物”同防，加快推动重点人群疫苗接种，加强防疫物资储备和应急演练，减少“两节”期间人员流动和聚 集，坚决守住今冬明春疫情防线。二要抓好“五比五晒”工作。各指标责任单位要坚定必胜信心，盯紧各项考评指标，加强沟通衔接，分分必争，坚决夺取全年全市“五比五晒”考评第一的目标。三要抓好扶贫开发工作成效考核迎检准备工作。市扶贫办初定1月10日，将到我县开展扶贫开发工作成效考核。各乡（镇）、各有关部门要对照考评细则要求，逐条逐项对标对表，加强沟通对接，抓紧补短板、强弱项，确保以优异成绩通过此次工作成效考核。四要抓好防寒防冻工作。近日，我县将出现强降温天气过程。各乡（镇）、各部门要始终把保障人民生命财产安全放在第一位，压实责任、靠前指挥，落实落细各项防寒防冻措施，加强隐患排查整治和应急处置，最大程度将灾害损失降到最小。五要抓好安全生产工作。各级各部门要深刻吸取教训、警钟长鸣，认真抓好道路交通、矿山、建筑工地、老旧房屋等重点领域安全隐患大排查大整治，坚决防范遏制各类生产安全事故发生。六要抓好社会稳定工作。时值“两会”“两节”重要节点，维护社会和谐 稳定至关重要。各级各部门要密切关注疫情防控常态化条件下影响社会稳定的突出问题，加强风险评估和预警研判，集中开展信访积案化解攻坚，严厉打击违法犯罪和非访闹访行为，全力维护社会和谐稳定。七要抓好“两节”廉洁自律工作。各级各部门要扛起党风廉政建设主体责任，严明廉洁过节各项纪律要求，引导党员干部自觉净化“三圈”，自觉抵制收受礼品、公款吃喝、私车公养等隐形变异问题，坚决杜绝“节日腐败”，营造风清气正的良好政治生态。

同志们，让我们更加紧密地团结在以习近平同志为核心的党中央周围，坚持以习近平新时代中国特色社会主义思想为指导，自找苦吃、担当实干，加快推进新时代多彩大田建设，全方位推 动高质量发展超越，奋力谱写全面建设社会主义现代化国家的多 彩大田篇章！

大田县新型农业经营主体发展

大田县政协调研组

（2020 年 10 月 30 日）

“谁来种地”“怎么种地”问题，已成为新时代“三农”工作重要主题。从国家决策看，解决这个问题的骨干力量是以家庭农场、农民合作社、农业龙头企业、专业大户为主的新型农业经营主体。今年来，县政协选定“新型农业经营主体”课题开展调查研究联动民主监督工作。调研组一行坚持问题导向，通过走访现场、听取汇报、调阅材料、座谈协商等开展调查研究，形成本调研报告。

一、我县新型农业经营主体概况

（一）整体数量快速增长。至 2020 年 6 月，全县共有新型农业经营主体 1255 户，注册资金 35.25 亿元。其中，企业设置 542 户（农业企业 220 户，注册资金在 500 万元以上的有 186 户；农民专业合作社 322 户），个体户设置 713 户（家庭农场 171 户）。如济阳乡油茶专业合作社年产值达 500 万元以上，2 个黑兔养殖大户饲养 1.1 万只以上、年可出栏 3 万只，回乡大学生创办已成基地规模的增强生态家庭农场主要养殖孔雀、种植时令蔬菜，黄花菜已获国家地理标识。

（二）示范创建初见成效。农业农村、市管等部门开展生产标准化、产品品牌化、经营规模化、管理规范化“四化”创建活动，主要围绕茶、果、蔬、菌、竹和肉兔、蛋鸡、鸭等种养殖产业。目前我县农业专业合作社获国家级示范社 6 家、省级 26 家、市级 29 家、县级 52 家；家庭农场获省级示范场 19 家、市级 19 家、县级 38 家；龙头企业省级 3 家、市级 16 家。

（三）带动效益日益明显。推动土地流转，如福旺水果专业合作社种植柑橘仅济阳境内就流转土地 500 亩以上，有效带动农户就业增收。优化社会服务，如桃源满田春、上京益平农机合作社，提供产前、产中和产后专业化、市场化服务，“让农民轻松种田”成为可能。促进农民增收，如广平镇谊华园家庭农场等家庭农场、专业大户都有常年雇工或者不定期雇工，农村留守人员实现就近就业。

（四）经营模式转变较大。规模经营化，由分散的家庭经营向集约化的适度规模经营转变，单个经营主体的实力有效增强。如济阳乡绿田生态农业有限公司猪养殖年规模 1 万头以上，年可出栏 3000 只。科技标准化，部分新型农业经营主体利用自身资金、信息和技术等优势，引进新品种、推广新技术、采用新机制等，加快产业转型升级，通过“三品一标”认证农产品 33 个，全国绿色食品原料（茶叶）标准化生产基地 1 个。农业高效化，如湖美乡盛丰农业专业合作社采取“公司 + 基地 + 农户 + 互联网”模式，与山瓜瓜农业有限公司合作，由公司提供苗木、技术指导，回购鲜果。经营组织化，如湖美乡新厝、汉口交界“林坑柄”处的 1000 亩油茶丰产示范基地，有 2 个村 48 户参与成立汉新油茶专业合作社，已列为县级示范基地。

二、存在的主要问题

（一）新型农业经营主体自身层面。一是发展理念滞后。缺乏现代管理理念，大部分经营主体负责人尽管是从事农业生产多年“老手”，但受年龄、学历、理念等影响，再学习能力和条件不足，发展缺乏系统规划，定位模糊，目标不明确，对发展项目、资金筹措、技术服务、产品销路等缺乏思路，处于“僵尸”管理状态。有的逐利心理严重，为享受优惠政策满足企业生产需要而设立合作社、家庭农场，合而不作，成为“空壳合作社”“空壳农场”，难以持续发展。二是运行管理不规范。内部管理混乱，绝大多数停留在传统家庭式经营，职责划分不清晰，财务管理制度不完善，运作管理随意性大；有的虽建立章程，制定制度，但缺乏执行力，流于形式。利益链接不稳定，有的与企业合作，但又过多依赖企业，实质上变成公司附属；有的合作社与社员之间的利益联结是松散型合作关系或口头合作关系，没有联结成稳定的利益共同体；有的签订相关协议只是形式约定，综合服务不到位，抱团发展优势没有充分体现。用工不规范，留在农村务工的多为50岁、60岁、70岁人员，效率不高，有的还不能及时兑现工资，难以“留工”。三是集约水平不高。发展同质化比重大，主要停留在传统的种、养殖业。发展规模偏小，产业基地辐射半径大都局限于本村、本组等小区域合作，存在“小龙偏多、中龙不强、大龙可数”现象。科技颜值差，大部分紧盯眼前利益，生产多、加工少，初加工多、深加工少，产品单一、附加值不高，难以做大做强。“小作坊”思想较重，普遍不重视品牌建设和商标意识，认为只要销售得了就行，难以确保农产品质量稳定，市场竞争力不强。不重视基础设施建设，“靠天吃饭”状况没有根本改变，遇上天干雨涝、气候变化、疫病袭击等自然灾害，直接影响效益及生存。

（二）政府服务层面。一是规划指导不足。协调机制未形成，部门之间因职能分工问题，各自为政，政策资金比较分散。精准发展不力，对空壳社、空壳农场、潜在发展专业大户底子不清，没有专门动态管理台账信息。缺少有效规划引导，没有新型农业经营主体高质量发展专项规划。土地流转引导不够，农村产权流转不够规范，设施农业用地申报审批手续烦琐，难以成片流转，特别是具有连片、较好田地的农民开始惜租，流出方与流入方期望值相差较大，规模扩大难。二是政策力度不够。专项扶持力度有限，专门针对新型农业经营主体的扶持资金总量少。资金扶持方式与需求吻合度不高，多数资金是以补贴和贴息的方式下发的，这对于在生产之初就面临资金压力的新型农业经营主体而言显然不够及时。政策宣传不够，导致信息不畅，有的未能及时享受政策带来的利好。三是服务保障滞后。专题培训有待跟进，近年来我县组织多批次不同层面、不同对象培训，但效果一般，特别是复合型人才培育模式落后。服务不到位，针对生产需求，从内部管理、技术指导、信息提供、产品销售、日常监管等方面没有形成“一盘棋”“一条龙”服务体系。服务本领不足，特别是懂法律、懂政策、会监管的指导人员很少，有的乡（镇）受体制编制影响农经人员少，人员老化，现有的基层指导服务机构和人员在农业科技推广、信息共享、市场营销、人才培训等方面的服务能力不足，与新型农业经营主体发展相配套的育种出苗、农资配送、收购处理等生产性服务业还有待健全。

（三）社会服务层面。一是金融服务创新不足。抵押物件难获认可，新型农业经营主体数量多、规模小，内控制度不健全，金融意识普遍淡薄，存在贷前评估难、贷后监管难，违约风险高等问题，可供抵押的权益大多是流转到的土地使用权、设施大棚和大型农机农具等财产所有权等，但其抵押价值难获金融机构认可。涉农贷款规模小、成本高，信贷规模与资金缺口不匹配、贷款期限与投资期限不匹配问题明显，贷款年化利率相对偏高。政策性农业保险保额低，市场接受度不高，防范风险的作用不强。二是社会化服务体系不健全。硬件方面，虽然我县加大农业基础设施的升级改造力度，但与发展需要相比仍有一定差距。软件方面，服务指导机制尚未建立，缺乏相应行业协会和中介服务组织。

三、对策建议

（一）强化机制保障。一是健全组织领导。农业农村领导小组加强新型农业经营主体培育发展的决策部署，统筹、协调、指导全县经营主体培育发展有关工作，审定相关政策措施，研究、协调解决重大事项、重大问题。二是健全联动机制。建立联席会议制度，明确各方的责任范围，加强协调沟通，定期或不定期地共同研究推动培育发展工作，及时指导、协调解决有关问题。三是健全考核机制。把新型经营主体培育发展工作纳入相关部门及乡镇的绩效考评指标，形成责任倒逼，合力推动发展。四是促进利益联结。探索分享产业链增值收益机制，探索保底分红、劳务增收、订单生产等链接模式，形成多方共赢格局，形成产业精准发展推动乡村振兴的“大合唱”。

（二）注重重点培育。一是坚持规划引导。全面调查摸底，结合产业发展，将新型农业经营主体培育工程纳入“十四五”规划，编制专项规划，做到有章可循，以规划引领发展。二是精选培育对象。摸底、评审、筛选出一批具备一定实力、产业链发展潜力大的经营主体，实行挂钩帮扶机制，建立一名县领导、一个单位、一名干部、一名技术人员＋一个经营主体的“4+1”包帮责任体系，重点进行扶持培育。三是探索土地流转。以农业合作社质量提升整县推进试点为契机，争取开展农村产权抵押融资改革试点范围，推进农村土地所有权、承包权、经营权“三权分离”，探索地票管理，探索设立县级农村产权交易中心，建立产权交易风险防控机制，推进农村产权要素流转公开、公平、公正。四是推动标准化。建议桃源等地建立现代农业产业园，开展农村产业融合发展示范建设，制定评选激励办法，倾注力量建设一批一、二、三产业融合发展的新型农业经营主体示范单位。

（三）加大政策扶持。一是坚持政策衔接。梳理现行政策，分类提出需要取消、接续、完善或强化的调整意见，走常规性和普惠性政策，健全新型经营主体和服务主体发展政策体系和乡村振兴政策体系、制度框架。二是完善扶持政策。建议尽早出台支持和促进新型农业经营主体发展的实施意见，在资金扶持、项目支持和用地用电、绿色通道、信贷等方面，建立全面、系统的政策扶持机制。三是强化投入保障。坚持在乡村振兴特别是脱贫攻坚中形成的财政优先保障、金融重点倾斜、社会积极参与的多元投入格局，整合农业综合开发、农业产业化发展等资金，设立专项资金，健全保障新型农业经营主体资金统筹整合使用和安全长效机制。涉农立项优先向规模新型农业经营主体倾斜，保障农村土地整理、农业综合开发、农田水利建设、特色农业产业示范基地建设、农技推广等涉农项目实施，推动资金“四两拨千斤”作用，促进新型农业经营主体健康发展。

（四）加强金融保险服务。一是落实好金融担保政策。建立新型农业经营主体金融担保和授信等机制，支持农村资金互助组织等新型农村合作金融。二是探索抵押融资模式。探索并推广土地经营农作物预期收益抵押贷款、流转土地收益权抵押等新模式，扩大新型农业经营主体产权抵押融资规模。三是健全政策性农业保险机制。建议县政府设立风险保证金、准备金、补偿金等风险分担机制，根据每批贷款总额度向指定金融机构缴纳一定比例的政府风险保证金，弥补新型农业经营主体信用不足，发挥财政资金杠杆效应。四是探索农村土地经营权抵押放开限制。推动厂房、生产大棚、大型农机具、农田水利设施产权抵押贷款和生产订单、农业保单融资。五是优化农业信用环境。推进基层职能部门会同金融机构建立农户信息共享平台，建立经营主体信用评价体系。

（五）强化人力科技支撑。一是培育农业企业家和工匠。统筹各类涉农培训，人社、农业农村等部门合理确定新型农业经营主体培训对象、培训内容、培训模式，着力培育有潜力、懂技术、会经营、善管理的新型农业经营主体业主，大力提升新型职业农民和中高级产业技术工人生产技术水平。二是引进农业人才。制定销售管理高端人才引进和激励措施，鼓励和支持大学生到农村，领办、参与创办新型农业经营组织，或者到农业专业合作社任职，鼓励有条件的新型农业经营主体通过聘请职业经理人等方式，提高经营主体的管理水平。三是激励农产品研发。设立新产品研发奖励专项资金，鼓励农业经营主体研究开发新产品、精深加工，支持开展技术改造，开发新技术、新工艺，提升科技含量。四是培育农业品牌。健全品牌培育机制，支持新型农业经营主体实施品牌战略，带动农产品质量提档升级，发挥品牌效应。五是培育农业“网红”。为农产品直播带货，弥补营销“短板”。

（六）构建社会化服务体系。一是优化基层农业服务。切实加大对公益性服务组织的财政资金投入，加强县、乡（镇）农业、畜牧、水产、农机、经管等所站建设，优化人员结构、改善硬件设施、完善服务内容、提高服务能力，切实发挥公益性农业服务作用。二是培育农业服务主体。鼓励引导多元主体创办经营性服务组织，整合同质经营主体，支持专业协会、农业科技服务公司、农业产业化龙头企业等参与社会化服务，开展农技推广、农机作业、电子商务、产品营销、农资配送、信息提供等各项服务，帮助用好、用足各项优惠政策，全力为培育发展全县新型农业经营主体提供优质服务。三是加大宣传服务。多形式宣传培育发展新型农业经营主体相关政策法规、成功典型等，引导更多人才加入和创办新型农业经营主体。树立扶持新型农业经营主体就是扶持“三农”工作的观念，对新型农业经营主体项目实行特事特办、急事急办、难事巧办，帮助用好、用足各项优惠政策，及时协调解决用地、用水、用电、用工、融资等实际问题，全力为培育发展新型农业经营主体提供优质服务。

加快培育发展新型农业经营主体是一项重大战略，是破解“未来谁来种地”问题、实现乡村产业兴旺、培育农业农村新动能、促进小农户和现代农业发展有机衔接的迫切需要，对于推进农业现代化、实现乡村全面振兴意义重大，只要我县有担当、有信心、有恒心、有措施就一定能走出一条好的发展路子。

1月

1日　“三远大爱城杯”2020年新年登高活动在体育中心举行，全程约10公里，全县1500人参加，县文旅局、县总工会、县卫健局联合主办，县马拉松协会协办。

8日　14时，均溪镇宋京村石尾坑头山场因村民农事违章用火引发森林火灾，镇村干部、村民和镇森林消防中队、县扑火队等220多人到现场扑救，于23时扑灭明火。火灾过火面积161.5公顷，受灾面积84.4公顷。镇村有关干部受到通报批评、经济处罚或撤换职务等处理；县人民法院依法判处肇事人有期徒刑四年六个月。

21日　县委书记陈文华主持召开县委常委会会议，传达学习习近平对新型冠状病毒感染的肺炎疫情作出的重要指示及李克强作出的批示精神等，研究县贯彻意见；研究讨论对中华人民共和国成立70周年安保维稳和扫黑除恶专项斗争先进集体和个人给予嘉奖有关事宜。

23日　县委、人大、政府、政协等县几套班子领导参加收听收看全省疫情防控视频会，召开全县新型冠状病毒防控工作会，进行工作动员和部署。

26日　有市民反映因突如其来的疫情，县城街上有人抢购大米，县市场监督管理局执法人员立即上街巡查，对正在抢购大米的群众进行宣传，及时制止了抢购大米的行为，保持了粮食价格的稳定；对市民反映的口罩、酒精等防疫物资供应紧缺和个别商贩抬高价格等问题，协调解决和严肃查办。

27日　县总医院副主任医师朱起储加入市医疗救治援助医疗队，参与三明市第一医院集中隔离治疗点新冠肺炎确诊病例医疗救治。

31日　县委书记、县应对新型冠状病毒感染的肺炎疫情工作领导小组组长陈文华主持召开县委专题会暨新型冠状病毒感染的肺炎疫情防控工作会，传达学习全市冠状病毒感染肺炎防控工作协调视频会议精神，听取县疫情防控工作进展情况汇报，对下一步疫情防控工作进行研究部署。县几套班子领导参加。

2月

2日　县委书记、县应对新型冠状病毒感染的肺炎疫情工作领导小组组长陈文华主持召开新型冠状病毒感染的肺炎疫情防控工作会，通报县疫情防控工作情况和物资储备情况，研究部署下一阶段工作。县几套班子领导参加。

4日　县总医院主管护师林笑容加入福建省第五批、三明市第二批支援武汉护理专业医疗队，参与武汉东西湖方舱医院新冠肺炎患者医疗护理。

11日　县委书记陈文华主持召开县委常委会会议，听取县应对新冠肺炎疫情工作和企业复工复产工作情况、莆炎高速支线大安高速（大田段）建设工作汇报；研究2019年度“五比五晒”竞赛活动考评、2019年度全县绩效管理工作综合考评，表彰2019年度纳税百万元以上企业等有关事宜，县几套班子领导参加。

18日　县总医院ICU（重症加强护理病房）护士长、主管护师肖晓梅加入福建省第二批驰援宜昌、三明市第四批驰援湖北医疗队，在宜昌市第三人民医院参与新冠肺炎重症患者医疗护理。

3月

9日　县委书记陈文华主持召

开县委常委会会议，组织学习习近平总书记在“不忘初心、牢记使命”主题教育总结大会、决战决胜脱贫攻坚座谈会、中央全面依法治国委员会第三次会议上的重要讲话精神；传达学习省、市疫情防控有关文件精神，研究我县贯彻意见；研究讨论我县打击治理电信网络新型犯罪有关事宜；传达学习全市创城迎检工作暨农村人居环境整治工作会议、中央、全省有关脱贫攻坚工作视频会议精神及省委办、省政府办印发的《关于加快推进重大项目建设促进稳投资的若干措施》文件精神，研究我县贯彻意见。县几套班子领导参加。

10日　县重点项目和规模工业、限上商贸、农业龙头等企业复工。

13日　市委书记林兴禄到大田县调研，就推动产业转型、项目建设、严防境外疫情输入、激励干部担当作为等方面进行交流，并讨论研究相关工作。县委常委、县政府领导参加。

18—19日　中铁二院专家组蔡宏一行到华兴镇仙峰村开展昌厦高铁项目踏勘并召开座谈会，县领导陈文华、林金龙、陈汉良、余真华、郑宜堆、吴文旗参加。

30日　县委书记陈文华主持召开五人小组会议、县委常委会会议，组织开展《习近平在福州》学习研讨，学习《党委（党组）落实全面从严治党主体责任规定》；开展“一季一警示”活动，分析通报典型案例；审定《2020年全县审计项目计划方案（送审稿）》（同时作为县委审计委员会会议议题）；研究讨论2019年“五比五晒”竞赛活动表彰奖励人选、2019年度科级干部年度考核等有关事宜。县几套班子领导参加。

4月

7日　县总医院举行援鄂抗疫一线医务人员平安凯旋欢迎仪式，县领导陈文华、林金龙、黄芳参加。

15日　副县长涂剑峰主持城乡供水一体化项目签约仪式，省水利投资开发集团党委书记、董事长夏让欣与县委副书记、县长林金龙签署《城乡供水一体化项目合作协议》。县领导陈文华、王怀斌参加。

24日　县委书记陈文华主持召开县委常委会会议，研究审定《2020年度大田县“五比五晒”推进高质量发展活动方案（送审稿）》《关于开展县委县政府重大决策执行情况督查巡察审计协同行动的方案（送审稿）》《大田县2019年度县委抓基层党建存在问题整改责任分解方案（送审稿）》。

4月　大田县福建茶天下度假旅游开发有限公司、福建好睡眠康养发展有限公司、大田县翰霖泉休闲健身有限公司等3家企业，入选为2020年三明市森林康养产业重点企业。

5月

1日　13时，石牌镇鳌江村枫树弯山场因村民野外烧杂引发森林火灾，县、镇专业和半专业森林消防队伍16支400余人、市森林消防队275人到现场扑救，至翌日20时将山火扑灭，过火面积91公顷，受害面积53公顷。事后，镇村和林业站有关人员受到行政或党内处分、解聘职务、诫勉等处理；肇事者被县人民法院依法判处有期徒刑五年六个月，并附带赔偿经济损失。

9—10日　县乡村振兴试点村村庄规划编制成果汇报工作会在县自然资源局六楼会议室召开，县直有关单位、有关乡镇负责人、编制单位代表等96人参加，邀请省规划设计研究院高级工程师陈树荣和福建工程学院建筑与城乡规划学院院长助理、城乡规划系主任曾献君（博士）作为工作会专家，指导点评吴山镇和洋村、济阳乡济中村等10个试点村村庄规划编制成果。

13日　省农业农村厅主办、省广播影视集团融媒体资讯中心承办的“县长直播带货”活动，在屏山乡内洋村江山美人茶体验馆、1108号茶山举办，县长林金龙在媒体上直播代言大田县农特产品。

14日　县委陈文华书记主持召开全县信访工作联席会、扫黑除恶“六清”行动暨挂牌督办案件推进会和反恐怖工作会，县领导茅有温、刘阳辉、陈钦梅、杨绍东、张春明参加。

16日　《中国影像志·福建名镇名村影像志》第三季·决胜小康开机仪式暨大田县第三届油茶旅游文化节，在华兴镇仙峰村举行。县领导陈文华、施正立、黄芳参加。

19日　首个国际茶日福建省系列活动暨三明“林深水美茶香”专场活动启动仪式，在屏山乡大仙峰·茶美人景区举行，市委副书记王进足、市海峡茶叶交流协会会长林纪承、市农业农村局局长王小坚，县领导陈文华、涂剑峰参加。

6月

5日　县委书记陈文华主持召开县委常委（扩大）会会议，研究审定《2020年度大田县绩效管理工作方案（送审稿）》《关于进一步加强和完善2020年度二级绩效考评工作有关事项的通知（送审稿）》及《中共大田县全面依法治县委员会2020年全面依法治县工作要点（送审稿）》（同时作为县委全面依法治县委员会会议议题）；研究讨论大田县森林公安机关管理体制调整有关事宜。

10日　省政协副主席杜源生到县调研武陵乡百束村雪山萝卜扶贫产业基地、食用菌扶贫车间、原闽西北特委书记林志群旧居，县委书记陈文华陪同，县长林金龙和副县长余维语、涂剑峰、吴文旗、詹冬华参加调研座谈会。

23日　县长林金龙，副县长余维语参加大田县“阳光1+1+N”社会组织与老区村签约仪式。

25日　首届大田美人茶开茶节系列活动在屏山乡举办，中央电视台CCTV－4频道《传奇中国节•端午》栏目直播该活动。

6月　文江镇与市农林发展集团合作协议推行林票改革，以空壳村和贫困村作为试点，是三明市首个整镇推进林票制度改革的乡镇。

7月

6日　大田县2020年“五个一批”项目二季度集中开竣工，副市长张元明出席大田红狮飞灰水洗预处理项目、大田县新岩水泥建设日产5000吨熟料水泥生产线技改项目、均溪香山学村建设项目等3个项目开工仪式。县领导陈文华、林金龙、陈剑生、余维语陪同。

27日　县委在龙山宾馆一楼会议室召开全国扫黑办特派督导汇报会，省公安厅原党委委员、副厅长杨建平和市政府副市长王锡章出席，县领导记陈文华、林金龙参加；全国扫黑除恶特派督导组组长杨建平等到县网络生态治理中心、金融办、公安局、自然资源局、太华镇等单位开展专项督导，县委常委、政法委书记茅有温陪同。

28日　县委书记陈文华主持召开县委常委（扩大）会会议，传达省市领导在新华社政务智库报告《党建引领乡村治理现代化的“大田路径”》上的批示精神，研究审定《大田县精神文明创建活动管理办法（送审稿）》《大田县迎接第六届（2018—2020年度）省级文明县城总评工作方案（送审稿）》《大田县残疾人联合会改革方案（送审稿）》《大田县乡镇机构改革实施方案（送审稿）》等。县几套班子领导参加。

8月

4日　将乐县委书记刘润宇到县考察交流，察看福建新隆上超纤纺织生产项目、城东小学、赤岩幼儿园建设项目、数字阳春信息化项目、屏山茶香小镇、后生仔（福建）实业有限公司，县委书记陈文华陪同。

9日　市长余红胜到乡镇调研，实地察看市级贫困村文江镇大安村、朱板村丰场戏项目建设点、中心幼儿园，奇韬镇西韬村五龙鼎珠新型农村社区项目，广平镇元沙村五龙山生态茶园、五龙山茶事体验区、冠耀新型环保节能建材项目，县委书记陈文华陪同。

23日　大田县第三实验小学（原城东小学）和大田县城关幼儿园赤岩分园举行揭牌仪式，县领导陈文华、黄芳、陈剑生、杨兴和、廖正楼参加。

28日　县委书记陈文华主持召开县委常委（扩大）会议，组织开展《习近平谈治国理政》第三卷专题研讨，学习闽宁对口扶贫协作援宁群体先进事迹；传达贯彻全市城镇工作会议精神落实情况督办会和农村农房建设机制改革专题会议精神，研究县贯彻意见；听取上半年关工委工作情况汇报；研究审定了《大田县属国有企业整合重组方案（送审稿）》。

9月

1日　国务院公布第三批国家级抗战纪念设施、遗址名录，大田县均溪镇玉田村大田“第二集美学村”为福建省唯一入选的项目。“第二集美学村”被誉为战时的福建“西南联大”，现保留抗战时期集美学校内迁的校舍28座。

8日　爱滴达（福建）文化产业有限公司与大田县政府签约，共同建设大田县国家茶美人茶叶公园，计划总投资5亿元。福建省农科院副院长余文权，县领导陈汉良等参加仪式。

20日　省农业农村厅、市人民政府主办，县委、县政府和市农业农村局承办的福建省2020年中国农民丰收节系列活动——三明·大田“晒秋节”活动在济阳乡举行。活动主题“晒秋晒丰年 迎福迎小康”，秉承“庆祝丰收、弘扬文化、振兴乡村”宗旨，以地理标志产品展、农特产品展、美人茶品鉴、民俗表演等方式，展现新时代多彩大田农业的丰硕成果和农村的崭新风貌；系列活动还举办“乡贤回引与乡村发展论坛”和“农村互联网+”分会场，邀请回乡乡贤分享交流乡村发展工作经验，出谋划策，推进乡村振兴。

9月　城东小学和赤岩幼儿园在均溪镇红星村黎坑垅建设，总投资1.08亿元。其中，城东小学总投资7800万元，建筑面积1.97万平方米，建有教学楼、办公综合楼及配套设施，可开设48个班，新增学位2160个；赤岩幼儿园总投资3000万元，建筑面积约5780平方米，建有教学楼、办公综合楼及配套设施，可开设18个班，新增学位540个。

9月　由福建省文化和旅游厅主办、福建省旅游发展集团、省旅游协会承办的2020年“全福游、有全福”最美福建·旅游产品创意设计大赛上大田县旅游产品喜获佳绩，东坂畲寨、林深水美茶香之旅分别获得旅游线路类最佳创意奖、优秀奖；大仙峰·茶美人景区获得旅游景区类优秀奖；古堡客栈获得旅游宿地类最佳创意奖。

10月

16日　县委书记陈文华主持召开县委常委会会议，研究审定《大田县平安建设领导小组及办公室工作规则（送审稿）》《大田县平安建设领导小组专门工作组组成方案（送审稿）》《大田县平安建设领导小组2020年工作要点（送审稿）》《大田县医防协同融合工作实施方案（试行）（送审稿）》《大田县疾病预防控制中心综合改革方案（送审稿）》《大田县农村村民住宅规划建设管理十条措施（送审稿）》，听取扫黑除恶专项斗争情况报告。

17日　县长林金龙赴集美大学参加陈嘉庚创办航海教育100周年纪念大会。

21日　县委开展2020年重阳节慰问百岁老人活动，慰问太华镇敬老院、太华镇百岁老人郑尚击、陈端使及建设镇百岁老人黄长沐，县领导陈文华参加。

24—25日　县政府举办三明市生态茶产业推介会暨大田县第十五届中国高山茶文化节，县领导陈文华、林金龙、陈汉良、王怀斌、涂剑峰参加。

11月

9日　省政协副主席杜源生带领省政协港澳台侨和外事委员会、省委党校相关负责人调研项目建设情况，实地察看县第三实验小学、城管幼儿园赤岩分园、福建新隆上超纤纺织生产项目、福建中工塑胶有限公司增资扩产项目、后生仔（福建）实业有限公司。县领导陈文华、黄春明陪同。

19日　福建省人民政府公布第十批省级文物保护单位名单，大田县有3处文物保护单位入选，即古遗址1处为宫边红釉窑群遗址；扩展项目2处为朱德率红四军第二、三纵队出击闽中大田史迹群举人厝、玉润堂、蛇形厝，抗战时期大田“第二集美学村”旧址群后池祠、磐山祠、青松堂。

27日　中央各新闻单位、部分省级媒体及所属新媒体共7组50多名记者，到大田开展“三明实践”集中采访活动，中央广播电视总台、《人民日报》、新华社、《求是》、《光明日报》等媒体集中报道大田茶产业发展、河湖长制工作、废弃矿山生态修复治理、养老改革、基础教育改革工作等典型经验做法，其中由《大田后生仔》改编的音乐短片《三明后生仔》24小时内全网阅读量破亿人次，央视《焦点访谈》播出的《福建三明：新发展理念的生动实践》栏目中有3分钟专题报道大田废弃矿山生态修复治理工作。

11月　县自然资源局会同发改局、财政局组织省级专家，对闽江流域山水林田湖草生态保护修复项目（大田县废弃矿山）银锭岬（银顶格）A、B、C标段、崩额前矿区、马头岬矿区标段等进行工程竣工验收，项目获得省闽江流域山水林田湖草生态保护修复试点正向激励资金500万元。

12月

4日　市中级人民法院对“章公祖师”肉身坐佛像追索案宣判，判令被告奥斯卡·凡·奥沃雷姆在判决生效之日起三十日内返还“章公祖师”肉身坐佛像。“章公祖师”肉身坐佛像自宋代以来供奉在吴山镇阳春村普照堂，1995年被盗流入海外，被荷兰公民奥斯卡•凡•奥沃雷姆收藏。

17日　县委书记陈文华主持召开县委常委会，研究讨论关于召开大田县第十七届人民代表大会第五次会议、政协第十届大田县委员会第五次会议有关事宜。

12月　县文体和旅游局在景区投入资金290万元，新建旅游厕所11座、改建4座。至此，全县共有新建和改建旅游厕所83座。

12月　县第七次全国人口普查办公室抽调、选聘普查员和普查指导员2308人，完成县辖区内19个普查区1752个普查小区入户登记。普查长表登记人数3.98万人，完成普查长表行职业等相关指标编码2.16条，通过国家统计局审核验收。

基本情况

【地理位置】 大田县位于福建省中部、戴云山脉西侧；地处北纬25°28′53″—26°09′42″，东经117°28′58″—118°03′13″；东临德化，西接永安，南靠永春、漳平，北连三元、沙县、尤溪；总面积2233平方千米。域内交通便利，兴泉铁路（大田段）、莆炎高速公路（大田段）、国道纵五线（大田段）开工建设，泉南高速公路穿境而过，县城至福州高速公路371千米、至厦门223千米、至泉州141千米、至三明126千米，经省道306线至三明105千米。

【建置沿革】 大田县域周至元朝先后隶属七闽地、吴越地、闽中郡、江南东道福州、福建路南剑州、福建道延平路；明嘉靖十四年（1535年）建县，隶属延平府；清雍正十二年（1734年）改属永春州；民国时期属福建南路道、厦门道和仙游、龙岩、永安等专署；1949年9月6日大田县解放，先后隶属永安、晋江和三明专区。1983年撤专区建市，大田属三明市至今。

【自然地理】 大田县境地处闽西南华力西—印支断裂拗陷带之大田—龙岩坳陷的东北部，政和—大埔断裂斜贯全境。地质构造复杂，可分为褶皱、断裂两大构造类型，岩性复杂。河流多年平均径流量19.79亿立方米；地下水总量3.54亿立方米，地下热水有石牌镇老厝、桃源镇广汤、太华镇汤泉、广平大竹林、华兴镇京口5处，水温29℃—79℃，总流量11.56升/秒。县境为中低山地带，地势大致由南向东北倾斜，山岭、谷地分布趋向与境内构造基本一致；境内千米以上山峰175座，大仙峰海拔1553.4米，居全县之首；溪流纵横，是闽江、九龙江和晋江支流发源地之一，汇水面积30平方千米以上河流25条，均溪河境内主干流长81.7千米，是街面水库电站的主要水源。

【气候概况】 气候属中亚热带季风湿润区，无严寒酷暑，雨量丰沛，日照充足。2020年，年平均气温异常偏高，其中1月、6月、11月异常偏高，7月显著偏高，4月偏低，其余月份正常或偏高；全年降水量正常，其中11月异常偏少，10月显著偏少，9月显著偏多，其余月份正常或偏多（少）；全年日照异常偏多，其中4月、6月、8月、9月、10月、11月异常偏多，3月异常偏少，其余月份正常或偏多。

气温　2020年，大田县年平均气温20.4℃，比常年偏高1.3℃；6月平均气温27.3℃，11月平均气温18.8℃，均为历年同期最高值；1月平均气温13.1℃，为历年同期次高值；年极端最高气温39.1℃，出现在7月24日；年极端最低气温-1.2℃，出现在12月31日；气温≥35.0℃的高温日数48天，比常年偏多28天；“23型”秋寒出现于9月24日，“20型”秋寒出现于10月19日。

降水　2020年，大田县年降水总量为1444.0毫米，比常年偏少7%；一日最大降水量为81.6毫米，出现在9月9日；降水量≥0.1毫米的降水日数有149天，比常年偏少13天；降水量≥50.0毫米的降水日数有6天，比常年偏多3天。

日照　2020年，大田县年日照总时数为2018.4小时，比常年偏多505.4小时；8月日照时数279.1小时，为历年同期最多值；11月日照时数206.2小时，为历年同期次多值。

气象灾害　2020年，影响大田县的灾害性天气有局部暴雨、冰雹、大风等，但无明显灾情。7月4—24日受副高控制，无有效降水，部分乡镇出现干旱，但未出现明显灾情；10月30日至12月13日无有效降水，气象干旱最高等级达重旱，无明显灾情。

水文　2020年，大田县均溪河年平均水位352.95米，年平均流量4.91立方米/秒，最高水位354.1米，发生于9月20日，相应流量80.7立方米/秒，最低水位352.8米，发生于11月12日，相应流量0.926立方米/秒，年径流量1.554亿立方米；年平均输沙率0.706千克/秒，最大日平均输沙率43.1千克/秒；年平均含沙量0.144千克/立方米，最大断面平均含沙量3.66千克/立方米，最小断面平均含沙量0千克/立方米，年输沙量2.23万吨。

【区划人口】　2020年，大田县设12个镇、6个乡，辖8个居委会和266个建制村。年末户籍人口41.48万人，其中城镇人口13.84万人，城镇化率33.37%；自然增长率6.02‰。

国民经济与社会发展

2020年，大田县完成地区生产总值228.72亿元，比上年增长5.1%，其中：第一产业增加值45.11亿元，增长4.4%；第二产业增加值115.26亿元，增长4.5%，其中工业增加值增长4.4%；第三产业增加值68.3亿元，增长6.9%。人均地区生产总值76187元，增长6.1%。规模以上工业产值增长4.0%。农林牧渔业总产值76.06亿元，增长4.5%。固定资产投资增长6.0%。社会消费品零售总额54.57亿元，增长2.4%。实际利用外资1642万元。一般公共预算总收入11.47亿元，增长3.8%，其中地方一般公共预算收入7.56亿元，增长4.8%。城镇居民人均可支配收入39325元，增长4.4%；农村居民人均可支配收入19682元，增长7.5%。

【农业产业】　2020年，大田县耕地面积2.02万公顷，完成粮食播种面积2.64万公顷，粮食产量12.27万吨；举办首个国际茶日专场活动及开茶节、丰收节、高山茶文化节等系列活动；“华兴茶油”“济阳黄花菜”获国家地理标志证明商标，元沙、昆山被评为省级“一村一码”示范村，大田新奇特水果联合体被评为农业产业化省级示范联合体，“大田美人茶”被列入三明市茶叶重点发展品牌；现代农业在规模经营中提效，新培育家庭农（林）场82个、专业合作社45个，其中省、部级示范社3个，新增“三品一标”认证农产品24个，新种植青梅面积80公顷，实施大田美人茶文创园、五兴肉兔等9个重点特色农业项目；持续深化农村产权制度、林票制改革，文江成为全市首个整镇推进林票制度改革的乡镇。

【工业产业】　2020年，大田县实施重点技改项目87个，完成技改投资29.83亿元，实施新岩水泥技改项目总投资12.5亿元，科华石墨项目建成投产总投资3亿元；新增规模以上工业企业13家，新培育国家级高新技术企业6家、科技型中小企业11家，新开发园区面积140公顷，铿锋螺丝、维真园医药等16个工业重点项目建成或部分建成；抢抓中央支持振兴老区苏区发展政策的契机，进一步唱响“风展红旗·如画三明”品牌，将扶持政策转化为项目和资金，向上争取各类补助资金16.08亿元；出台铸造、水泥等行业扶持政策，落实减税降费9295.37万元，帮助企业节约用电成本5906.05万元、减免房租597.33万元；推动18家企业列入市融资担保企业“白名单”，发放小微企业纾困贷款6757万元，降低企业融资成本1850万元，办理应急转贷2.2亿元、政府性融资担保6070.5万元；稳步推进23家县属国有企业整合重组，国有企业退休人员社会化管理工作基本完成。

【第三产业】　2020年，大田县制定软件和信息产业扶持政策，大力发展数字信息产业，三明市网络生态治理中心落户县城，引进美亚柏科等6家网络科技行业龙头企业，成立合资公司或设立分公司；翰霖泉森林康养基地、桃源最氧睡眠小镇分别获评省、市森林康养基地，济中获评第二批全国乡村旅游重点村；屏山大峡谷红色文化旅游、问佛谷生态旅游等10个项目动工建设，武陵大石欢乐谷景区、建设琵琶堡生态休闲旅游、福道鑫物流仓储中心3个项目建成运营；开展“直播带货”活动，带动全县50家商贸企业参与线上线下促销，网上零售额增长10%；新增规模以上服务业、限上贸易企业39家，服务业增加值62.5亿元，同比增长6.5%。

【重点项目】　2020年，大田县新增省级“五个一批（谋划一批、签约一批、开工一批、投产一批、增资一批）”项目228个，总投资467.14亿元，广建环保科技矿业与工业固体废弃物资源化再利用项目、超越科技中高端铸件生产及机械铸造建设项目等73个项目开工建设，聚丰铸造中高端铸铁件机械加工及涂装生产线项目等58个项目建成或部分建成；县招商局服务中心新签约亿元及以上项目118个，总投资283.37亿元，凯沃中高端铸件生产加工及整机装备建设项目、冠耀新型环保节能建材生产项目等67个亿元以上项目落地建设；推进兴泉铁路（大田段）建设，莆炎高速（大田段）具备通车条件，国道纵五（大田段）二期全线贯通。

【基础设施】 2020年，大田县商住用地征迁40.16公顷，新建改造城区给排水管网27.85千米、天然气管道13.8千米；兴泉铁路客运站站前路及站前广场、城乡供水一体化（一期）工程等市政项目稳步实施，三远大爱城、美地福邸、源昌誉璟台等开发项目加快建设，城区智慧停车系统、地表水厂（二期）、河滨健身栈道（三期）、生活垃圾应急填埋场等设施建成投入使用；新增城市停车位180个，新建改造城乡农贸市场4个、城市公厕7座，整治背街小巷152条，完成老旧小区住房改造提升806套。

【城乡建设】 2020年，大田县农村人居环境整治裸房1159座，拆除旱厕1557座，新建村镇公厕31座、旅游公厕15座，无害化改造厕所600户，村庄绿化17.8公顷；高标准编制梅林、仙峰等22个试点乡村规划，推进10个省级乡村振兴试点村建设，阳春、上地被评为省级乡村振兴实绩突出村；统筹实施农村安全饮水、电网升级改造等项目，良元220千伏输变电工程基本建成；农村公路提档升级53.29千米，新开通城乡公交线路4条，实现18个乡（镇）生活污水处理设施全覆盖；桃源镇、广平镇被列为市级农村村民住宅规划建设管理典型示范乡镇，奇韬镇“五龙鼎珠”农村新型住宅小区集中建设试点工作的经验做法在全市推广。

【社会事业】 2020年，大田县民生投入24.94亿元，占一般公共预算支出的83%，22项为民办实事项目基本落实；新增城镇就业931人，发放创业担保贷款5567万元，带动就业1454人，城镇登记失业率2.04%，控制在市下达目标内；城乡低保、特困供养等人员社会救助水平进一步提高，城乡居民基本养老保险参保率98.71%，城乡居民基本医疗保险参保工作全面完成。教育支出8.41亿元，实施总投资2.3亿元教育补短板项目22个，建设中心小学新校区、第三实验小学、城关幼儿园赤岩分园等10个项目建成投入使用，新增学位7760个，当年高考本科上线率居三明市第二，石牌中心小学、大田县第三中学等6所学校获评“省义务教育管理标准化学校”。县域远程医疗服务100%覆盖，乡（镇）中医馆基本实现全覆盖，新建农村幸福院10个、居家养老服务照料中心3个，完成162户特殊困难老年人家庭适老化改造，建成农村区域性养老服务中心2个，新增养老床位275张，获评“省级慢性病综合防控示范区”，县疾控中心被授予“福建省抗击新冠肺炎疫情先进集体”称号，山区养老工作在全省农村养老服务业推进会上作典型发言。新增宫边红釉窑群遗址等省级文物保护单位3处，梅林基层文化服务中心获评省级优秀示范点。

【生态文明】 2020年，大田县加强生态文明建设，深化“河湖长制”，坑口水库饮用水源保护区搬迁安置工作完成，城区及乡（镇）集中式饮用水水源地水质达标率100%，闽湖国控高才断面水质稳定在Ⅱ类以上，闽江流域山水林田湖草生态保护修复获得省绩效评价正向激励；废弃矿山生态修复治理试点项目通过验收，综合治理水土流失面积3440公顷，治理大田水土流失治理转型经验获《焦点访谈》报道；均溪河、文江河流域各监测断面水质年均值达标率连续五年100%，城区空气质量优良率100%；桃源镇兰玉村入选国家森林乡村，武陵乡大石村“河道治理案例”入选福建乡村生态振兴案例。

（林建发）

中共大田县委

□编辑 陈 妮 吴小华

综 述

【概况】 2020年，中共大田县委坚持以习近平新时代中国特色社会主义思想为指导，学习贯彻中共十九大及十九届二中、三中、四中、五中全会精神，打赢新冠肺炎疫情防控阻击战，新冠肺炎疫情“零确诊”。做实做足“四篇文章”（中央苏区、老工业基地、绿色生态、文明城市）、推进“四个着力”、深化“五比五晒”，全县地区生产总值居全市第三位，城镇居民人均可支配收入39325元，比上年增长4.4%，农村居民人均可支配收入19682元，同比增长7.5%；在全市“五比五晒”活动考评中连续四个季度居小组第一位，其中“比增长点、晒质量”“比补短板、晒三产”两个单项居全市第一位，获一季度省“五个一批”项目正向激励。打好招商、征地、“两茶一硒”、工业提升、现代服务业、交通建设、生态环境整治、市容市貌、农村环境整治、民生社会事业等“十大攻坚会战”，全年新签约项目317个、落地开工项目180个。完成商住用地出让16.63公顷，工业用地征收166.67公顷、平整134公顷。新培育家庭农（林）场82个、专业合作社45个，新增规模以上工业企业13家、服务业企业15家、限额以上贸易企业25家，新培育国家级高新技术企业6家、科技型中小企业11家。实施重点扶贫项目181个，产业扶贫惠及2542户，全县建档立卡贫困人口全部脱贫，34个贫困村、38个空壳村和2个市级扶贫开发工作重点乡全部摘帽退出。被省委、省政府评为第六届省级文明县城，在全市平安建设考评中获一等奖、全国信访“三无”（无进京越级上访、无大规模集体上访、无因信访问题引发极端恶性事件和舆论负面炒作）县。

【上级党委决策部署贯彻落实】 2020年，县委召开十三届十一次全会，通过《关于深入学习贯彻习近平总书记重要讲话重要指示批示精神全方位推动高质量发展超越的决定》，持续掀起习近平新时代中国特色社会主义思想“大学习”热潮，制定推动学习新思想走深走实24项任务清单，县委中心组集中学习33次，开展学习研讨51人次。制定坚持科技创新优化产业结构、促进居民增收、两岸乡村融合振兴等3个行动计划。召开县委十三届十二次全会，制定大田县国民经济和社会发展“十四五”规划及二〇三五年远景目标的建议，确定大田县“十四五”时期经济社会发展的指导思想、目标任务，加快新时代多彩大田建设。全面落实省委“三四八”（“年初研究部署、年中协调推进、年底总结提升”三个具体阶段，“全面学习领会、深化细化举措、扎实贯彻执行、检验落实成效”四个重点，“严格对标对表、夯实主官主责、精细分解分工、强化盯办推进、确保落细落实、接受干群监督、加强激励奖惩、推进持续深化”八个环节）贯彻落实机制，开展习近平总书记重要讲话重要指示批示落实情况“回头看”，形成51项报告事项上报市委，召开全县情况通报会，总结通报学习贯彻落实情况，部署学习贯彻落实工作。配合做好“三明实践”主题采访活动，根据中宣部新闻局和市委统一部署，成立工作领导小组，全面梳理总结大田贯彻新思想新理念的好经验好做法，编制“三明实践”主题采访大田素材汇编，做好“三明实践”集中采访活动大田采访工作。

【党的建设推进】 2020年，县委在中共十九届五中全会召开后，及时召开县委常委会会议、理论中心组学习会等各类会议传达学习，研究部署贯彻落实具体措施，推动全会精神内化于心、外化于行。贯彻落实新时代党的组织路线，建立县委常委党支部工作联系点制度，整顿转化14个软弱涣散基层党组织，创新党建引领乡村治理现代化的“大田路径”，探索实施社区“五化治理”（区域化统筹、标准化建设、网格化联动、协同化治理、常态化服务）工作法，得到省委领导肯定。成立县委宣传思想（意识形态）工作领导小组，强化思想文化建设，坚持党管宣传、党管意识形态、党管媒体，县委常委会专题研究意识形态工作4次，进行18个单位意识形态巡察整改“回头看”，推动责任落实落细。开展“素质提升年”活动，分层分类分专题加强干部教育培训，提升党员干部综合素质，培训干部1964人次。推行干部实绩记账办法，落实单位二级绩效考评，对在“五比五晒”工作中表现优秀的干部，记三等功和嘉奖各20人，提拔重用一线优秀干部58人。强化正风肃纪反腐，推行“专项巡察促进专项整治”模式，创新“三色”督办（红色督办、黄色督办、绿色督办）工作模式，开展2轮4批常规巡察，脱贫攻坚及“六稳”（稳就业、稳金融、稳外贸、稳外资、稳投资、稳预期）、“六保”（保居民就业、保基本民生、保市场主体、保粮食能源安全、保产业链供应链稳定、保基层运转任务）等5次专项巡察，发现问题458个，本届县委巡察全覆盖任务高质量完成，县纪委监委被省直机关工委、省发展和改革委员会、省机关效能建设领导小组办公室评为第三届全省机关体制机制创新优秀案例二等奖。

【新冠疫情防控工作】 2020年，全县学习贯彻习近平总书记重要讲话重要指示批示精神，落实中央和省、市相关部署要求，坚持人民至上、生命至上，全面做好“外防输入、内防反弹”工作，做到新冠肺炎“零确诊”。按照上级部署，根据疫情变化，做好人物同防，落实“两方案一预案”，完善常态化疫情防控机制，摸排7月12日以来进入大田人员249人，接送境外入大田人员105人，集中隔离200人，境外入大田人员核酸检测197人次，均为阴性。发放宣传资料15.2万份，简办丧事183场次，缩小或取消婚宴喜宴317场次。县疾控中心被省委和省政府授予“福建省抗击新冠肺炎疫情先进集体”称号。开展“访企业、解难题、促‘六稳’”专项行动，落实减税降费9295.37万元，帮助企业节约用电成本5906.05万元、减免房租597.33万元，推动25家企业列入市融资担保企业“白名单”，发放小微企业纾困贷款6757万元，降低企业融资成本1850万元，办理应急转贷2.2亿元、政府性融资担保6070.5万元。

【社会经济发展】 2020年，县委统筹疫情防控与经济社会发展，开展“项目攻坚年”活动，营造大抓招商、狠抓项目氛围，推动经济运行持续恢复向好。全年地区生产总值228.72亿元，同比增长5.1%；农林牧渔业总产值76.06亿元，同比增长4.5%、居全市第三位；规模以上工业增加值增长4%、居全市第二位；固定资产投资增长6%、居全市第三位；地方公共财政收入7.56亿元，同比增长4.8%、居全市第六位；处置不良贷款1.96亿元，不良贷款率1.02%，为近五年最低，全县贷款余额112.5亿元，同比增长17.29%。深化“项目攻坚年”活动，每月分片区组织乡镇开展招商和项目现场“比、晒”活动，整合资源力量集中攻坚项目建设。新签约项目317个、总投资350.93亿元，其中亿元及以上118个、总投资283.37亿元；新落地开工180个、总投资189亿元，完成投资105.6亿元。新增省级“五个一批”项目228个、总投资468.47亿元，广建环保、超越中高端铸件、美人茶集中加工区等73个项目开工建设，聚丰铸造等58个项目建成或部分建成。组建工作专班，主动对接中央和省、市相关部门，争取中央苏区政策支持，全年向上争取各类转移支付补助资金16.08亿元，向上争取各类债券4.1亿元。新培育家庭农（林）场82个、专业合作社45个，新增“三品一标”（无公害农产品、绿色食品、有机农产品和农产品地理标志）认证农产品24个。开展新一轮企业技改提升工程，87个省市重点技改项目有序推进，完成技改投资29.83亿元。实施企业梯度培育工程，新增规模以上工业企业13家，新培育高新技术企业国家级6家、省级5家，科技型中小企业11家。新增规上服务业企业15家、限上贸易企业25家。做好上京铸造园、罗丰石墨园、均溪陶瓷园等园区征迁报批工作，完成工业用地林地报批137.93公顷，土地征收166.67公顷，平整土地140公顷。推进大田一中新校区、夕阳红闽中康养服务中心二期等31个民生补短板项目，新增学位7760个、养老床位275张。

【交通建设】 2020年，县委、县政府加快推进兴泉铁路（大田段）

建设，莆炎高速（大田段）正式通车，国道纵五（大田段）全县贯通，国道534线大田广平铭溪至栋仁段路线开工建设，建设“四好”（建好、管好、护好、运营好）农村公路40.6千米，新开通城乡客运一体化线路4条，建设兴泉铁路客运站站前路及站前广场、栋山支路等市政项目。

【城市建设】 2020年，县委继续推进城市建设，做好鸭蛋山、福田桥头、坪尾仑等片区的土地收储及开发工作，完成商住用地征收40.08公顷，出让16.63公顷。白岩山北路、澹多桥等市政项目有序推进，改造老旧小区806套，新建改造城区给排水管网27.85千米、天然气管道13.8千米，改造智慧路灯1.05万盏，河滨健身栈道三期、生活垃圾应急填埋场建成并投入使用。常态化开展“五难”（停车难、如厕难、农贸市场整治难、背街小巷通行难、小区物业管理难）问题治理，新建改造城乡农贸市场4个、城市公厕7座，新增城市停车位225个，建成城区智慧停车系统，完成背街小巷环境整治152条，清理“僵尸车”472辆。

【脱贫成果巩固】 2020年，县委巩固脱贫成果。实施创辉农业、茶天下旅游等69个重点产业扶贫项目，投入2230万元；用好专项资金，扶持2542户脱贫户因地制宜发展产业，全县建档立卡贫困人口2780户8566人全部脱贫，69个贫困（空壳）村、2个市级扶贫开发工作重点乡全部摘帽，华兴镇政府被国家发改委地区振兴司评为全国“十三五”易地扶贫搬迁工作担当有为集体，吴山镇党委被国务院评为全国脱贫攻坚先进集体。

【农村人居环境整治】 2020年，县委抓好“一革命四行动”（农村“厕所革命”和垃圾治理、污水治理、农房整治、村容村貌提升行动），拆除旱厕1557座，新建乡村公厕31座、旅游公厕15座，无害化厕所改造600户；266个建制村均建立垃圾治理常态化机制，配齐卫生保洁员，乡镇生活垃圾转运系统全覆盖；整改完成建设镇、屏山乡、桃源镇、梅山镇等4个污水处理设施，全县农村生活污水治理率81.25%；整治裸房1159座、祖房众房399座，村庄绿化17.8公顷。在全市率先制定出台《大田县机关企事业单位工作人员带头回村参与农村人居环境整治工作制度》，党员干部回村带头参与农村人居环境整治2万余人次。组织“五好”农家创建评比活动，完成农村人居环境整治三年行动目标任务，通过省、市评估组考核验收。

（廖尚炬）

重要会议与活动

【概况】 2020年，中共大田县委十三届委员会召开全体（扩大）会议17次，常委会会议18次，专题会议3次，专门研究新冠肺炎疫情防控、扫黑除恶专项斗争、步行街改造等工作。

【县委全委会议摘录】 9月18日，县委十三届十一次全体（扩大）会议在县影剧院召开。县委书记陈文华主持并代表县委常委会作报告。审议通过《中共大田县委关于深入学习贯彻习近平总书记重要讲话重要指示批示精神，全方位推动高质量发展超越的决定》《中国共产党大田县第十三届委员会第十一次全体会议决议》。

12月30日，县委十三届十二次全体（扩大）会议在县影剧院召开。县委书记陈文华主持并代表县委常委会作报告。审议通过《中共大田县委关于制定大田县国民经济和社会发展第十四个五年规划和二〇三五年远景目标的建议》《中国共产党大田县第十三届委员会第十二次全体会议决议》。

【县委常委会议摘录】 1月21日，传达学习习近平总书记对新冠肺炎疫情作出的重要指示及李克强作出的批示精神，研究贯彻意见；听取县人大常委会、县政府、县政协党组及县总工会、团县委、县妇联工作汇报；研究讨论嘉奖中华人民共和国成立70周年安保维稳和扫黑除恶专项斗争先进集体和先进个人有关事宜，2020年省五一劳动奖章推荐人选。

2月11日，学习贯彻全市促“六稳”暨“五比五晒”总结表彰视频会议精神，听取应对新冠肺炎疫情工作和企业复工复产工作情况，研究2019年度“五比五晒”竞赛活动考评、2019年度全县绩效管理工作综合考评、表彰2019年度纳税百万元以上企业等有关事宜。

3月9日，传达学习省、市新冠疫情防控有关文件精神，研究贯彻意见；研究讨论推进省委巡视提出问题的整改工作，2020年县委、县政府为民办实事工作计划，2020年财政预算支出，“新时代新三明百名担当作为青年先进”推荐人选，2019年度“五比五晒”项目竞赛活动奖励名额分配等有关事宜。

3月30日，研究讨论2019年“五比五晒”竞赛活动表彰奖励人选、2019年度科级干部年度考核等有关事宜。

4月24日，传达学习省委常委周联清、省政府副省长林宝金到县调研讲话精神，研究贯彻意见；审定《2020年度大田县“五比五晒”推进高质量发展活动方案》《关于开展县委县政府重大决策执行情况督查巡察审计协同行动的方案》《大田县2019年度县委抓基层党建存在问题整改责任分解方案》；讨论2019年“五比五晒”竞赛活动表彰奖励人员公示复议有关事宜。

6月5日，通报市对县扶贫开发成效考核和全县蹲点调研进展情况，开展集体约谈；研究审定《2020年度大田县绩效管理工作方案》《关于进一步加强和完善2020年度二级绩效考评工作有关事项的通知》《中共大田县全面依法治县委员会2020年全面依法治县工作要点》；研究讨论县森林公安机关管理体制调整有关事宜。

7月6日，研究审定《全县安全生产专项整治三年行动实施方案》等有关事宜。

7月28日，传达学习市委上半年经济形势分析暨“五比五晒”“项目攻坚年”推进会议精神、省市领导在新华社政务智库报告《党建引领乡村治理现代化的“大田路径”》上的批示精神，研究贯彻意见；审定《关于深化党建引领乡村治理现代化的实施方案》《2020年全县党的建设工作要点》《大田县残疾人联合会改革方案》《大田县乡镇机构改革实施方案》《中共大田县委国家安全委员会工作规则》《中共大田县委国家安全委员会办公室工作规则》。

9月16日，研究审定县委十三届十一次全会等有关材料；审定《市委巡察二组对大田县脱贫攻坚工作开展专项巡察“回头看”反馈》《县扶贫开发领导小组关于全县脱贫自查验收专项小组问题反馈》的整改任务和分解方案。

10月16日，研究审定《大田县平安建设领导小组及办公室工作规则》《大田县平安建设领导小组专门工作组组成方案》《大田县平安建设领导小组2020年工作要点》《大田县医防协同融合工作实施方案（试行）》《大田县疾病预防控制中心综合改革方案》《大田县农村村民住宅规划建设管理十条措施》；听取扫黑除恶专项斗争情况报告。

11月9日，研究讨论推荐省、市脱贫攻坚专项奖励人选及推荐市生态文明建设先进集体和先进个人奖励人选；研究审定《大田县经济发达镇（均溪镇）行政管理体制改革方案》。

12月17日，研究推荐县脱贫攻坚工作中表现突出的集体和个人奖励、县委部分领导工作分工等有关事宜；讨论关于召开大田县第十七届人民代表大会第五次会议、政协第十届大田县委员会第五次会议相关事宜；传达学习省委常委、政法委书记罗东川到县调研讲话精神，提出贯彻意见；审定《关于当前大田县意识形态领域情况的通报》。

12月23日，传达学习省委常委、组织部部长杨贤金到大田调研讲话精神，研究贯彻意见；研究申报2021年度县级党委政府表彰项目有关事宜。

12月28日，研究审定《大田县计划生育协会改革方案》《大田县贯彻落实〈中共三明市委 三明市人民政府印发关于争创全国法治政府建设示范市的意见〉的实施方案》以及县委十三届十二次全会、县十七届人大五次会议、县政协十届五次会议等有关材料。

【县委专题会议摘录】 1月18日，县委书记陈文华主持召开县委专题会议，研究茶产业、东街口至小南门步行街改造有关工作。

8月6日，县委书记陈文华主持召开县委常委议军会议，听取县人武部工作情况汇报，研究讨论县人武部提请研究解决的有关问题。

同日，县委书记、县委巡察工作领导小组组长陈文华主持召开县委“五人小组”会暨县委巡察工作专题会议。会议传达学习中央纪委常委、中央巡视办主任王鸿津在市县巡察工作西北中南及华北东北片区调研座谈会和在全国市县巡察办主任提级培训班上的讲话精神，专题听取县委第十二轮对县市场监管局、司法局、文明办、编办、退役军人事务局、审计局、行政服务中心管委会、信访局、供销社、老干局、旅游发展中心、机关事务保障中心、招商服务中心等15个单位常规巡察，对屏山乡、文江镇等2个乡镇巡察“回头看”和桃源镇翁厝村、谢洋乡坑口村、武陵乡上岩村、文江镇大中村等4个重点村常规巡察，以及民生领域和落实“六稳”“六保”任务专项巡察的综合情况，就巡察发现的问题提出处置意见和整改要求。

【上级领导调研】 1月2日，省政协副主席、市委书记杜源生到县慰问贫困户并召开座谈会，市领导朱昌贤、黄鹤麟，县领导陈文华、林金龙、余真华、连仁魁、陈剑生、王怀斌、余维语、涂剑峰陪同。

3月12日，省交通运输厅厅长黄详谈到县调研莆炎高速公路项目，县委副书记、县长林金龙参加。

3月13日，市委书记林兴禄到县就推动产业转型、项目建设、严防境外疫情输入、激励干部担当作为等方面开展座谈交流，并讨论研究相关工作，县委常委、县政府领导参加。

4月1日，省委常委周联清、副省长林宝金到桃源镇聚贤农业、桃源城市副食品（蔬菜）基地、福建（大田）机械产业聚集区、大田一中东部校区、大田一中等地调研，市领导黄建波，县领导陈文华、蔡兴山、茅有温、涂剑峰陪同。

4月23日，省人大常委会副主任黄琪玉到屏山乡、吴山镇调研，县委书记陈文华陪同。

6月10日，省政协副主席杜源生到县调研武陵乡百束村雪山萝卜扶贫产业基地、食用菌扶贫车间、原闽西北特委书记林志群旧居并召开座谈会，市领导黄鹤麟，县领导陈文华、林金龙、施正立、王怀斌、余维语、涂剑峰、吴文旗、詹冬华、陈庆建参加。

8月3日，教育部基础教育司司长吕玉刚到大田一中调研，县领导陈文华、陈剑生陪同。

8月4日，市长余红胜到大田一中调研，并参加座谈会，县领导陈文华、陈剑生陪同。

8月9日，市长余红胜到县调研市级贫困村文江镇大安村、朱板村丰场戏项目建设点、文江镇中心幼儿园、奇韬镇西韬村五龙鼎珠新型农村社区项目、广平镇元沙村五龙山生态茶园、五龙山茶事体验区、冠耀新型环保节能建材项目，县委书记陈文华陪同。

10月15日，省税务局党委书记林京华到石牌税务分局、县税务局办税服务厅、税务局调研税务工作，县委书记陈文华陪同。

11月9日，省政协副主席杜源生一行到县调研大田县第三实验小学、城关幼儿园赤岩分园、福建新隆上超纤纺织生产项目、福建中工塑胶有限公司增资扩产项目、后生仔（福建）实业有限公司项目建设情况，市领导黄鹤麟，县领导陈文华、黄春明陪同。

11月12日，省高级人民法院院长吴偕林到法院审判大楼工地、后生仔公司、法院扫黑除恶专项斗争工作室调研，县领导陈文华、茅有温、黄春明陪同。

11月17日，全国减轻企业负担和促进中小企业发展专项督查组现场核实金光道项目，县委副书记、县长林金龙陪同。

12月8日，市委书记林兴禄到县调研吴山镇阳春村、新隆上超纤纺织生产项目、中工塑胶有限公司增资扩产项目、市网络生态治理中心项目，县领导陈汉良、蔡兴山、姜妍陪同。

12月15日，省委常委、组织部部长杨贤金到县调研基层党建、农村人居环境整治、抓党建促乡村振兴和近邻党建工作，市领导刘宝怀，县领导陈文华、林金龙、黄春明陪同。

【疫情防控会议召开】 1月21日，县委常委扩大会在县政府四楼会议室（下同）召开，县委书记陈文华主持，县几套班子领导参加，会议传达国家、省、市新冠疫情防控工作会议精神，再安排再部署防控工作。同月23日，疫情防控专题会议召开，县委书记陈文华主持，县几套班子领导参加，会议安排部署疫情防控工作，调整充实县新冠肺炎疫情防治工作领导小组组成人员。同月25日，县疫情防控领导小组召开防控专题会议，县委书记陈文华主持，在县四套班子领导、县疫情防控工作指挥部领导、乡镇和各单位主要领导参加，会议再明确再部署疫情防控工作的属地责任、信息报送、收治隔离、物资调度、安全稳定以及组织纪律等。

【全省农村养老服务业推进会议在大田召开】 12月8日，全省农村养老服务业推进会议暨城乡养老服务体系建设培训班在龙山宾馆七楼会议室召开，省政府办公厅副主任林依钦主持，民政部养老服务司副司长李邦华，省民政厅党组书记、厅长池秋娜，厅党组成员、副厅长赵荣生，市领导余红胜、翟超，县领导陈文华、林金龙，各设区市、平潭综合实验区分管民政领导及部门负责人141人参加。

（廖尚炬）

组织工作

【概况】 2020年，中共大田县委组织部做好干部队伍建设、培训教育和监督工作，树立先进典范，促进人才队伍建设；用党建引领乡村治理，回引乡贤返村助力乡村振兴，促进基层党组织建设。全县基层党组织839个（党委38个、总支45个、支部756个），其中乡镇党委18个、建制村党组织282个、社区党组织16个。党员19621人，其中，女性4292人，占党员总数的21.87%；文化程度高中及以上12670人，占党员总数的64.57%。

【干部队伍建设】 2020年，县委组织部坚持新时期好干部标准，以党管干部、选贤任能为导向，全面打造忠诚干净担当的高素质干部队伍，全年集中调配干部58人，其中，提拔正科15人、副科27人，转任16人。实施干部素质提升工程，加大年轻干部培养选拔力度，下派18名年轻干部到乡镇挂职扶贫副乡镇长，提拔重用35岁及以下年轻干部34人，占全年总数的58.62%，调任试用期满考核合格的激励性专用事业副科领导8人，推动乡镇领导班子年龄结构持续优化。统筹抓好选调生、公务员和大学生村官教育培养管理工作，接收省组选调生7人、新招录公务员47人，指导大学生村官有序流动25人（考录选调生5人、公务员1人、县直事业单位2人，统筹分配安置17人）。常态化落实干部正向激励措施，启用关心关爱干部专项资金68.32万元，慰问干部114人。实行单位二级绩效考评，从全县绩效管理奖总额中提取100万元，用于奖励征迁工作指挥部和挂包单位。

【干部培训】 2020年，全县开展干部精准化培训和专业化培养，开设培训班17期，参训2183人次；举办岩城大讲堂2场，受众141人次；组织42名优秀年轻科级干部到省委党校参加治理能力提升专题培训班；在福建干部网络学院注册学习的干部2609人，总学分16.47万分。

【干部监督】 2020年，县委组织部加强干部选任监督，全程记录拟进一步使用干部的选任过程168人次，严格执行任前廉政对照检查和知识测试、个人有关事项公开、任前公示等制度，受理信访问题16个。加强国家工作人员出国（境）管理，重新备案登记120人，集中保管出国（境）证照160本。办理干部学历（学位）变更手续4人。严把干部社团兼职，批复离退休干部在社团兼职8人。规范股级干部选拔任用程序，结合县委第十三轮常规巡察，专项检查县公安局等单位13个。续聘干部德情观察员44人，动态收集、汇总干部特别是“一把手”、关键岗位干部8小时以外生活圈、社交圈的德行情况。持续开展任期和任中经济责任审计以及领导干部自然资源资产离任审计工作，乡镇领导、县直部门主要领导任中经济责任审计各2人，县直部门主要领导自然资源资产离任（任中）审计1人，乡镇领导干部任中经济责任审计及自然资源资产管理和生态环境保护专项审计2人。

【基层组织建设】 2020年，县委组织部加强基层党建工作，固化提升“依托党群服务中心开门搞教育”“设立服务站解决流动党员教育管理难题”“以专项巡查推动专项整治”等有效的特色做法，形成长效机制。强化村级组织建设，结合软弱涣散村、换届难点村整顿，落实县级领导班子包村联户制度，逐村摸底排查，集中化解纠纷矛盾，清退曾受过刑事处罚的村干部27人，列入村级后备干部库876人，设立乡镇驻城区流动党员服务站18个，组建驻外流动党员党组织15个，实现1076名流动党员教育管理全覆盖。排查整顿农村发展党员中“带病入党”、违规入党等问题。建立“百里百村党建示范走廊”，培育中工塑胶、华宇集团等新经济组织党建工作先进典型。组建新冠肺炎疫情防控党员先锋队、党员先锋岗541个，实行村（社区）党员联系挂包群众网格化管理。设置企业党员责任岗、党员监督岗，推动企业复工复产。通报表扬防疫先进个人17人、先进集体10个，划拨党费26.7万元慰问基层一线防疫工作人员，培养入党积极分子17人，发展党员1人。标准化规范化建设274个村（社区）组织活动场所，选派“住村特派员”42人，回引乡贤任村党组织负责人35人，其中县处级以上退休干部13人。

【人才队伍建设】 2020年，县委组织部举办招聘会8场次，招聘紧缺急需专业人才63人；新培育省级、市级技能大师工作室各1个，国家级、省级高新技术企业各6家，科技型中小企业11家；鑫城水泥工业有限公司设计完成的“铝型材厂污泥和铅锌尾矿高值化利用项目”获省科技进步一等奖；委培卫生技术人才77人，走访慰问各类人才156人次，装修改造县贰号、叁号人才公寓50套，在县融媒体开播《人才之窗》栏目23期，吸引一批专业人才来田创业就业，其中清华大学本科生2人和台湾地区人才1人，兑现各类人才政策经费500.9万元。

【公务员职级晋升】 2020年，县委组织部做好公务员职级晋升工作，晋升干部110人。优先晋升近五年年度考核优秀3次以上，在“五比五晒”活动中获市县记功或市嘉奖，任科级满15年或一级科员满

12年，近两年到退休年龄且一贯表现优秀的干部。

【先进典型表彰奖励】 2020年，县委组织部推荐表彰奖励在市县“五比五晒”工作中表现优秀的干部，记三等功25人、嘉奖24人；推荐嘉奖中华人民共和国成立70周年安保、扫黑除恶专项斗争的先进集体16个、先进个人44人；推荐评选脱贫攻坚县级先进个人60人、先进集体25个，推荐省市先进个人16人、先进集体1个；通报表扬在疫情防控期间表现突出的先进个人16人、先进集体14个。

【干部“八小时之外”管理监督】 2020年，县委组织部加强干部“八小时之外”管理监督，召开党组（委）会、党员大会、职工大会124场次，3125人参加，452名干部自觉主动向党组织报告个人有关情况。

【党建引领乡村治理】 2020年，县委组织部提升农村基层党组织的组织力，推进乡村治理体系和治理能力现代化，推动村级阵地建设“提档升级”。促进“住村特派员”队伍发挥作用，推进优秀人才返村任职，走出一条党建引领乡村治理现代化的“大田路径”。该做法在《八闽快讯》《组工通讯》《人民日报》《福建日报》《新闻启示录》等媒体报道，新华社编写的政务智库报告《党建引领乡村治理现代化的“大田路径”》总结这一做法，得到省市领导的批示肯定。

【“乡贤回引”工程】 截至2020年，全县回引乡贤35人返村担任党组织负责人，其中，厅局级退休领导干部4人、县处级9人。乡贤带领村民脱贫致富，助力乡村振兴发展，培育出军地共建、数字村庄、农旅融合、交通小镇等先进典型，实现“回引一个人，改变一个村”。

【社区“五化治理”工作法】 2020年，大田县践行习近平总书记“远亲不如近邻”重要理念，推进近邻党建工作，发挥均溪镇赤岩社区示范带动作用，构建“社区党总支—小区党支部—楼栋党小组—党员中心户”四级网格体系，做到“邻里事、邻里议、邻里定”，实现“小事不出小区、大事不出社区”，2427名在职党员进社区小区报到服务。探索实施区域化统筹、标准化建设、网格化联动、协同化治理、常态化服务的社区“五化治理”工作法，打造山区县城社区治理新格局，提升城市基层党建工作水平。该做法在《八闽快讯》《三明组织工作》《福建日报》《三明日报》等媒体报道，并得到省委常委、组织部部长杨贤金肯定。

（池　正）

宣传教育

【概况】 2020年，大田县宣传思想文化工作坚持以习近平新时代中国特色社会主义思想为指导，全面贯彻中共十九大和十九届二中、三中、四中、五中全会精神，学习贯彻落实《中国共产党宣传工作条例》（以下简称《条例》），紧扣“举旗帜、聚民心、育新人、兴文化、展形象”使命任务，坚持稳中求进、守正创新，为决胜全面建成小康社会、决战脱贫攻坚和全面打赢新冠肺炎疫情防控阻击战，推进新时代多彩大田建设提供坚强思想保障和强大精神动力。大田县社科联在“深入学习贯彻《习近平谈治国理政》第三卷”第13期网上有奖竞答活动中被省社科联授予“优秀组织奖”。9月，大田县被中央网信办列为国家数字乡村试点县。

【意识形态工作】 2020年，中共大田县委宣传部（以下简称县委宣传部）以贯彻落实《条例》为主抓手，成立县委宣传思想工作领导小组（意识形态工作领导小组），建立领导小组议事规则和领导小组办公室工作细则，县委常委会专题研究意识形态工作4次，推动《条例》、“四张名片”（红色三明、工业三明、绿色三明、文明三明）宣传等重点项目工作落实。严格执行将《条例》“四个纳入”（纳入党建工作责任制、纳入监督执纪问责、纳入领导班子、领导干部目标管理、纳入意识形态工作责任制），全县各单位按照落实《条例》责任分工和刚性要求，按图施工、挂图作战，宣传主阵地不断巩固。全县18个乡镇全部配备宣传委员，专职配备率72%；党政机关、人民团体宣传工作机构或者岗位全覆盖；10个国有企业设有专门宣传工作机构或者岗位；全县118个非公有制经济组织和社会组织党组织的宣传员配备率100%；274个村（居）党组织和277个县直机关党支部实现宣传员配备全覆盖。

持续深化巡察督查联动机制，开展18个单位意识形态巡察整改“回头看”，推进问题整改规范化。推行“一化三抓”机制（工作清单化，重点抓责任落实、抓督查通报、抓问题整改），有效督促基层党委（党组）落实好主体责任。

加强自媒体监管，定期巡查县内网站、微信公众号等媒体，确保网络安全。

【理论学习与宣传】 2020年，县委中心组发挥示范带头作用，组织集中学习33次，开展学习研讨51人次，学习系列采访实录心得体会《解放思想 自找苦吃 增强“造福一方”的责任担当》在《三明日报》专版发表。持续兴起“大学习”热潮，制定推动学习新思想走深走实任务清单24项，采取党校培训、集体学习、理论宣讲、网上推送、文艺宣演等多种载体形式，强化以习近平新时代中国特色社会主义思想武装党员干部头脑。扩容壮大乡村讲师团队伍，建立美人茶文化宣讲队。持续抓线上学习宣传，在县级主流媒体推送《习近平在福建》系列采访实录等内容，印发《〈条例〉专题应知应会理论知识汇编》等应知应会9期。持续推广运用“学习强国”学习平台，组织拍摄“学实录、讲故事”系列宣讲微视频。全县6000余人参加市“学实录、悟真理”理论知识网上竞答，位居全市第三。6月，田阳文化宣讲队被省艺术馆评为“福建省文化馆志愿者联盟优秀团队”。

【新闻宣传】 2020年，县委宣传部将媒体深度融合进入“快车道”，传统媒体原创优势和新媒体传播优势实现一体化发展。县融媒体中心获省互联网信息办公室颁发的互联网新闻信息服务许可证。巩固传统媒体优势，围绕“四篇文章”“脱贫攻坚”“五比五晒”“抗击疫情”等县委、县政府中心工作，采写、播出相关报道2178条（次），县电视台新闻频道实现日播。中央广播电视总台5次报道大田美人茶开茶节、首个国际茶日、兴泉铁路项目等特色亮点工作。全年，稿件在《福建日报》刊发20篇、东南网刊发27篇、福建电视台播发93篇、《三明日报》刊发277篇、三明电视台播发350篇、“学习强国”刊发231篇，月排名均居全市前列。加强新媒体运用，建成新大田App手机客户端，实现“新闻+服务+便民”等功能服务，短视频、公益专题片制作水平显著提升。“大田融媒”微信公众号发布新闻信息2990条，浏览量1758.2万次；头条号“大田TV”发布新闻信息240条；大田新闻网发布新闻2840条，市级转载195条，省级转载26条；开设专题、专栏40个，播发400多条；央级播发18条；制作精品专题32部、公益广告20个，电视专栏26期。录制音频广播《大田之声》126期，点击浏览量超过10万人次，短视频超过90条，其中《大田：让美丽在乡村绽放》点击浏览量174.2万人次。

【社会宣传】 2020年，县委宣传部组建融媒传播矩阵，推动媒体融合发展。借助“网红”自媒体，立体式开展“四张名片”宣传，录制音乐短片《楼高山茶歌》，拍摄电影《禅茶》，举办茶诗茶歌茶故事征集、茶摄影大赛、“小康生态茶•大田美人茶”故事宣讲比赛，全面打响大田美人茶品牌。举办“中国绿都·最氧三明”全省自媒体大V大田行采风活动，向外推介多彩大田，发起“大田美人·贵雅天成”话题，关注阅读人数1600多万人。“决胜全面小康、决战脱贫攻坚”等重大主题宣传有声有色开展，策划采编主题宣传260多篇（条）。疫情防控宣传接地气深入人心，运用顺口溜、硬核标语、移动广播、三字经、大田方言、山歌等“土味”宣传载体形式，提升群众科学防疫意识和水平。围绕纪念中国人民抗日战争暨世界反法西斯战争胜利75周年，开展系列群众性主题教育活动。

【“第二集美学村”入选国家级抗战纪念设施和遗址名录】 9月1日，纪念中国人民抗日战争暨世界反法西斯战争胜利75周年，大田县“第二集美学村”被国务院选入第三批国家级抗战纪念设施和遗址名录，是福建省唯一入选项目。

【“三明实践”集中采访活动】 11月27日，中央各新闻单位、部分省级媒体及所属新媒体7组50多名记者到大田开展“三明实践”集中采访活动，央视、《人民日报》、新华社、《求是》、《光明日报》等媒体集中报道大田茶产业发展、河湖长制工作、废弃矿山生态修复治理、养老改革、基础教育改革工作等典型经验做法。《大田后生仔》改编的音乐短片《三明后生仔》，24小时内全网阅读量破亿；央视《焦点访谈》播出的《福建三明：新发展理念的生动实践》栏目，有3分钟专题报道大田废弃矿山生态修复治理工作。

【十九届五中全会精神宣讲】 12月2—17日，学习贯彻中共十九届五中全会精神县委宣讲团在各乡镇、县直有关单位、社区、学校开展宣讲活动，作报告22场，听众1300余人。宣讲团由县委宣传部、县委组织部、县纪委监委、县委政法委、县社科联及县委党校派员组成。

（田成烨）

统一战线

【概况】 2020年，中共大田县委统一战线工作部（简称县委统战部）深化基层统战工作标准化建设，筑牢统一战线思想政治基础，提升统一战线工作贡献率，提高统一战线工作科学化水平，推进统战各项工作，做好新冠肺炎疫情防控，倡导民营企业家争做典范，动员企业、商会捐款捐物抗击新冠肺炎疫情。

【党外干部培养】 2020年，县委统战部注重“育才”，推荐35名党外干部参加市社会主义学院第15期党外干部进修班及县委党校第35和36期科级干部进修班、第25期青年干部培训班、第6期优秀年轻干部培训班。向组织推荐4名优秀党外干部任部门正职。推荐7人参加市党外知识分子联谊会。

【少数民族工作】 2020年，县委统战部争取民族资金22万元，建设东坂畲族村畲药体验工坊和巫家拳传统体育训练基地。出具中考考生少数民族身份证明31份；帮助1名回族大学生申请助学金3000元，3名少数民族群众申请困难补助金9000元，慰问20户少数民族群众，发放慰问金6000元。

【宗教工作】 2020年，县委统战部加强宗教领域规范化管理，指导宗教领域做好疫情防控工作；对宗教活动（民间信仰）场所实行季度巡察制度，确保安全生产落到实处。支持宗教团体加强自身建设，分别向3个宗教团体拨付工作经费各5000元，慰问宗教界人士39人，发放慰问金1.17万元；指导县佛教协会完成换届工作，督促宗教界人士发挥积极正向作用，引导信教群众践行社会主义核心价值观，维护宗教领域和谐稳定。

【新的社会阶层人士工作】 2020年，县委统战部号召新的社会阶层人士联谊会（简称新阶联）会员捐资捐物，助力抗击新冠肺炎疫情。12月8日，新阶联会员、大田县韵达快递服务有限公司董事长连宝洲被交通运输部授予“全国交通运输系统抗击新冠肺炎疫情先进个人”称号，4家企业疫情防控获市政府通报表扬。组织新阶联会员参与志愿服务和社会公益活动，开展为环卫工人送爱心早餐活动。会长姚军、副会长余有祜参加民法典义务宣讲进机关、进社区、进校园、进社团等活动17场，1300余人次听讲。

【非公经济领域工作】 2020年，县委统战部实施企业家素质提升工程，举办民营企业法律法规政策解读会5场、普法讲座4场；组织民营企业家、涉企干部49人到厦门大学参加企业管理人才高级研修班培训；在县融媒体中心有线电视台开设《五湖四海大田人》专栏，播出8期，宣传大田乡贤先进事迹。

新冠肺炎疫情期间，县委统战部为20多家企业争取各类补助130多万元，金融部门为县工商联（商会）会员企业提供信用优惠贷1500多万元。建立县处级领导重点企业联络员制度，33名县处级领导挂钩服务33家年纳税50万元以上企业。建立检察官与重点民营企业家结对制度，8名检察官与企业家对接挂钩，开展帮扶。全县18个乡镇商会组织全覆盖，30多家商会企业参加厦门“9·8”国际投资贸易洽谈会、福州大田商会创投大会。召开项目推介会，成立“田商创投基金”，筹集基金500万元。

【田台茶文化交流】 2020年，大田县深化田台茶文化交流，推进屏山乡大仙峰·茶美人基地建设，基地被评为福建省海峡两岸基层交流示范点；邀请台湾茶产业专家为茶培训班授课、评审“大田美人茶”斗茶赛；组织茶企参加2020（闽台）两岸茶文化交流暨“三雅道”茶叶展示连线交流活动。

【两岸融合发展调研】 10月13—14日，市委常委、统战部部长肖明光，携同市台港澳办副主任吴秀华等一行3人，到大田走访台资企业，调研两岸乡村融合发展情况。

【民进省委捐赠图书】 12月17日，民进福建省委到吴山中心小学开展慈善光明行活动，捐赠图书343类、1219册，价值3万多元，建立吴山中心小学“漂流自助书吧”。

（张钦谋）

精神文明建设

【概况】 2020年，大田县精神文明建设工作坚持习近平新时代中国特色社会主义思想，创建省级文明城市，实施公民道德建设工程，培育和践行社会主义核心价值观，提供强大精神力量和良好社会环境，推进新时代多彩大田建设。2月18日，县委文明办被省委文明办评为

2019年度全省精神文明创建信息工作先进集体。

【文明单位创建活动】 8月10日，县文明委修订《大田县精神文明创建活动管理办法》，规范县级精神文明创建评选表彰工作。11月，桃源镇蓝玉村、建设镇被评为第六届全国文明村镇，中国人民银行大田县支行被评为第六届全国文明单位；参评省级文明村镇7个，单位12个，学校4所，社区、家庭各1个；市级文明村镇22个，单位64个，学校23所，社区4个；县级文明村镇132个，单位47个，学校26所，社区（小区）15个。

【公民思想道德建设】 2020年，县委文明办以“防疫有我，爱卫同行”“爱卫同行·文明城市再提升”“征集抗疫作品传递人间大爱”为主题，开展市“我的战役日记”征文活动，征集作品210件，其中《来年，树下尽是赏花人》《你若安好，便是晴天》均获三等奖，《从部队“三长”到战役“三员”：我不上，谁上！》获优秀奖。4月7—8日，协助省广播影视集团拍摄省级见义勇为道德模范唐名高《善心、善德、善举，道德模范抗疫在前线》专题片。

【未成年人思想道德建设】 2020年，县委文明办组织开展“新时代好少年”推选活动，评出21名县级“新时代好少年”。城关第三小学林玥获三明市2020年“新时代好少年”称号。推进2020年度乡村学校少年宫项目建设，丰富未成年人课外文化生活，上京中心小学被列为中央专项彩票公益金支持乡村学校少年宫项目承建校，第一期投资15万元，建设学生活动场所和配备器材。

【志愿服务活动】 2020年，依托“志愿三明”网上平台，全县实现志愿服务供需精准对接，注册志愿服务用户1139户，团队247个，审核志愿服务项目1032个。组织开展“实践新文明满意在大田——奋进2020年”主题志愿服务系列活动，1万多人次参加。

（叶高千）

党校教育

【概况】 2020年，县委党校坚持党校姓党，围绕中心，服务大局，主动履职，发挥作用，完成年度教育培训、科研资政、后勤保障和自身建设等工作任务。年内，在编在岗15人，其中，专职教师12人中，研究生学历1人、本科学历10人、大专学历1人；高级讲师4人、讲师5人、助理讲师3人。全年派员外出培训学习8人次。当年，被评为2020年度县“平安先进单位”。

【干部培训】 2020年，县委党校举办各类培训班、进修班17期，培训各类干部1215人次。创新教学模式，开展调研周活动，学员提交调研报告20篇。聘请专家学者和省市县乡及县直部门领导授课64人次，其中，省市专家学者10人次，县领导11人次，县直部门和乡镇领导41人次，企业管理人员2人次。9月16—25日，省委党校举办首个县级专题班“大田县优秀科级干部治理能力提升专题培训班”，科级干部44人参加培训。

【现场教学基地建设】 2020年，县委党校向福建省委党校、福建行政学院争取帮扶资金30万元，建设生态文明现场教学点11个，开设《习近平生态文明思想的大田实践》《从“矿业立县”到“生态兴县”》2个现场专题课。9月4日，与厦门海洋职业技术学院马克思主义学院签订“校校共建”合作协议。大田美人茶生态茶园、武陵大石“党建+河长制”、生态环境保护指挥中心、广平五龙山生态茶园等4个点被列入“三明实践”现场教学基地。全年接待省市县各类现场教学活动8个班、350余人。

【理论宣传】 2020年，岩城大讲堂举办专题讲座2场，党员领导干部参加210多人次。邀请省委党校副校长、行政学院副院长温敬元，福建师范大学经济学院副教授、博士张业圳分别作专题报告。选派理论骨干教师郭立新等6人到基层宣讲习近平新时代中国特色社会主义思想、中共十九大和十九届四中全会精神22场次，听讲1100多人次。

【科研咨政】 2020年，县委党校教师发表论文6篇。获课题立项5项，其中省委党校课题2项，市委党校课题3项。提交咨政成果16件，其中获县委书记陈文华批示2件，《回引优秀人才，助推乡村振兴》获2020年度三明市（县）（咨政件）三等奖，县委党校获科研组织奖三等奖。《“突出三服务三联动，推进新型智库建设”的工作模式》在省委党校《工作通讯》第38期发表，并纳入全省党校行政学院贯彻落实《党校工作条例》“好经验好做法”。教师王志斌讲授的专题课《习近平生态文明思想在大田的实践探索》获三明市县（市）委党校、行政学校“用学术讲政治”理论教育精品课三等奖。

（王娇华）

党史和地方志研究与编撰

【概况】 2020年，县委党史和地方志研究室（简称县委党史方志室）突出主业，发挥宣传阵地作用，抓好党史征编、志鉴编纂、红色文化传承保护、方志资源开发利用等工作，以史鉴今，资政育人，宣传多彩大田。当年，协助县老促会、县文旅局汇编《大田红色故事》，完成初稿；协助县老促会编纂《大田革命老区发展史》，于11月出版发行；《中共大田县委大事记（1949年9月—2018年12月）》完成初稿；《中共大田县历次代表大会》完成资料搜集；《大田年鉴（2020）》交付出版。当年，向县直机关、企事业单位、乡镇、学校等发行《大田年鉴》124册、赠送100余册，发行《大田县志》121册、赠送60余册。

【《中共大田县历史第二卷（1949—1978）》出版发行】 5月，县委党史方志室编纂的《中共大田县历史第二卷（1949—1978）》出版发行，该书编纂启动于2018年，分为4编，16章，45节，22万字，图28帧，主要记载和反映中华人民共和国成立至十一届三中全会召开期间，中共大田县委带领全县人民进行社会主义革命和建设，以及加强党的自身建设的历史进程。年内，向县直机关、企事业单位、乡镇、学校等赠送《中共大田县历史第二卷（1949—1978）》300余册。

【学术研讨与交流】 10月11—12日，县委党史方志室陈源发参加在江苏省苏州市举办的第十届中国地方志学术年会，其撰写的论文《地方综合年鉴乡镇栏目的编写》一文入选年会论文汇编，并在会上交流。

【影像方志拍摄】 2020年，县委党史方志室争取省党史方志办、省广播电视局、省广播影视集团到大田拍摄《中国影像志·福建名镇名村影像志》（第三季·决胜小康）华兴镇纪录片，全省共拍摄8个县，三明仅入选2个，并于5月16日在县举行整部纪录片开机仪式暨大田县第三届茶油旅游文化节启动仪式，展示古法压榨茶油技艺和参观华兴镇的“七彩小镇”。纪录片拍摄时长38分钟，10月，在省电视台主要频道和学习强国平台播出，展现华兴镇国家级历史文化名镇名村的“名”“特”风采，记录华兴镇脱贫攻坚和乡村振兴实践。

【红色遗址和文物入选】 2020年，县委党史方志室协助做好红色遗址和文物申报工作。9月，“第二集美学村”抗战纪念设施、遗址入选第三批国家级抗战纪念设施、遗址，全省仅2处。11月，朱德率红四军第二、三纵队出击闽中大田史迹群举人厝、玉润堂、蛇形厝，及抗战时期“第二集美学村”旧址群后池祠、磐山祠、青松堂入选第十批省级文物保护单位。

【红色展馆建设】 2020年，县委党史方志室协助县老促会在武陵乡新建林大蓄烈士纪念馆，完成林大蓄雕像、文物征集，内容布馆等；协助均溪镇建设大田县城区革命红色主题馆（翰林泉），完成红色氛围布置。全年，依托大田中央苏区革命历史陈列馆等16个党史教育基地，开展红色革命教育接待5000余人次。

【党史宣讲】 2020年，县委党史方志室干部学习党史、宣讲党史，全年受邀到县委办、县委党校、中国人民银行大田县支行等7个单位，为党员干部讲授党课“大田革命斗争史”“中央红军在大田”等，受众1000余人。

（吴小华）

档案工作

【概况】 2020年，县档案馆推行纸质档案与电子数据档案“双套制”进馆，59个立档单位委托具备档案数字化服务资质的公司，开展档案数字化服务，29个单位完成档案数字化，占72个应接收单位的40.28%；档案数字化验收合格，以档案实体和数字化成果“双套制”进馆的单位22个，占30.56%。推动档案工作服务农村基层社会治理，到乡镇进行业务指导41人次。9月，开展乡镇档案试点工作调研，要求整改存在问题，并向县档案局汇报调研情况。12月，《大田县档案馆藏抗战档案选编》一书通过国家档案局终审，批准交付出版。年底，县档案馆藏档案资料51678卷（册），其中档案43664卷、资料8014册。抢救破损档案122卷、0.57万页，查阅档案1731人次、1441卷，打印档案资料全文3389页，抄录59页，复印64页，出具证明77份，提供档案咨询服务125人次。

【档案馆内部业务建设评价】 11月30日至12月1日，市档案局专家组根据《福建省档案局关于加强市、县级综合档案馆内部业务建设相关工作的通知》要求，进行县档案馆的内部业务建设评价，检查馆内建筑与设备、经费与人员、档案基础业务、开发利用服务、工作落实五个方面，评价成绩名列全市第四名。

【疫情防控档案收集整理】 2020年，县档案馆加强自身疫情防控，及时发布闭馆公告，实行查档电话预约。同时配合社区入户宣传。县档案馆工作人员18人次到县疫情防控指挥部、县融媒体中心、县疾控中心、县卫生健康局、县交通运输局等5个疫情防控相关单位，指导收集整理疫情防控档案资料。2月，到县疾控中心开展疫情防控档案业务培训，医务人员24人参训。

【馆藏档案数字化】 2020年，县档案馆推进档案数字化项目二期建设，完成馆藏纸质档案数字化扫描38795卷，占馆藏总数的95.5%，银盐感光材料照片档案数字化2038张，馆藏档案数字化与电子目录完成挂接。按照《福建省数字档案共享管理办法》要求，建立招工登记、婚姻登记等7类涉民档案机检专题目录，方便群众查阅利用档案。

（李建忠）

老干部管理

【概况】 2020年，县委老干部局加强队伍和阵地建设，开展业务培训20期，岗位轮换3人；修缮整治老干部活动中心、老年大学教室、党员之家、楼道等2000余平方米，并安装电梯；拓展户外基地，与“第二集美学村”旧址陈列馆、武陵乡中共闽中工委会址、叶炎煌烈士故居、吴山乡推广普通话展览馆、检察院初心馆、屏山茶美人党员实训基地等共建共享合作。服务管理离休干部15人（享受处级待遇4人），其中行政机关9人、事业单位4人、企业2人、“5·12”（1949年10月1日至1950年5月12日参加工作）退休干部19人；原任副处级以上职务退休干部21人。当年亡故3人（林新钟、郑钟选、林克春）。

【交流现场会召开】 9月30日，全市老党员工作室建设暨助力脱贫攻坚经验交流现场会在大田龙山宾馆召开，各县（市、区）老干局局长等35人参加，市委老干部局局长伍武林主持，县老干部局局长张春艳会上作发言，与会人员参观阳春村乡贤老党员工作室和范立洋老党员工作室。

【离退休干部党工委建设】 2020年，县委离退休干部工作委员会抓好离退休党支部规范化建设，半年召开一次党建工作分析会，落实支部书记工作联席会制度。7月中旬，县离退休干部党工委、县委老干部局组织离退休干部观摩“党建引领乡村治理的示范村”3期，300多人参加。当年，县农业农村局、供销社、供电公司、商务局、水利局、林业局离退休干部党支部被市委离退休干部工作委员会授予“示范党支部”称号；县林业局离退休干部职工第一党支部、商务局离退休干部党支部、供电公司退休干部党支部被中共福建省委离退休干部工作委员会授予“示范党支部”称号。

【老干部服务】 2020年，县委老干部局以“常常联系、事事办好、人人满意”为宗旨，加强离退休干部服务。老干部出席县重大会议14场、105人次；参加县委工作通报会1次。坚持服务联系卡制度，抓好白岩社区、东门社区老干部就近学习、就近活动、就近关心照顾、就近发挥作用“四就近”示范点建设。为老干部送学上门，赠送《习近平在厦门》等丛书；全县离休干部、“5·12”退休干部生活待遇按时足额发放，为34人购买50元·人·月的老年人政府社会服务。组织原任副处级以上职务离退休干部6人到前坪乡上地村蛋鸡产业园、吴山镇阳春村农村电商直播间、屏山乡屏山村茶美人景区等视察工农业生产建设。在敬老月期间，组织系列敬老活动，全面走访离退休干部，为11对钻石婚、橡木婚的离退休干部制作纪念相册。全年，走访慰问老干部（含遗属）106人次，发放慰问金11.92万元、困难补助0.6万元，探视住院老干部30余人次，协助筹办3位离世老干部的追思活动。

【老党员工作室创建】 2020年，县委老干部局探索联接—齐动、联心—互动、联合—行动“三联三动”工作模式，培育老党员工作室11个。范立洋老党员工作室挖掘整理集美职校抗战内迁史料等红色资源，依托“德育”报告团宣讲大田革命斗争史、大田“第二集美学村”播迁故事等。林乐坚、林佳山等乡贤老党员工作室，组成老党员乡村振兴人才团队，参与家乡建设，推进乡村现代化治理，引领乡风文明，助力乡村振兴。

（陈娟）

机构编制管理

【概况】 2020年，大田县坚持严控机构编制总量和优化机构编制资源配置的原则，创新体制机制，深化机构改革，推动机构编制管理规范化。

【县乡管理规范】 6月，县委编委会议研究同意，县委办、县政府办印发《大田县关于明晰县乡职责范围规范“属地管理”的意见》，县委编委制定《大田县关于明晰县乡职责规范“属地管理”八个配套文件》，明晰县乡职责、规范“属地管理”；建立“乡呼县应 上下联动”工作机制，强化县乡联动配合，乡镇利用“乡呼县应”通道，监管辖区内日常事务。全年，均溪、桃源2个试点镇及县级职能部门办结诉求件10件。

【综合执法改革】 3月，县编委根据中央、省、市有关综合行政执法改革有关文件精神，整合组建文体和旅游、农业、市场监管、交通运输、生态环境五个领域综合执法大队，实行“局队合一”执法体制，以主管部门名义执法。6月底，五个领域综合执法大队挂牌成立，人员到位，推动执法资源合理利用。

【机构编制工作条例宣传】 8月，县委理论中心组邀请市委编办主任余迭荣作学习贯彻《〈中国共产党机构编制工作条例〉全面提高机构编制工作服务改革发展稳定大局水平》精神宣讲报告，86人参加。

【乡镇机构改革】 7月28日，县委制定《大田县乡镇机构改革总体方案》，提请市委批复同意并实施。9月底，除均溪镇外17个乡镇机关内设机构和事业单位整合完成，人员转隶到位，设置党政办公室、党建工作办公室、经济发展办公室（挂财政所牌子）、社会事务办公室、社会治理办公室、综合执法办公室等6个内设机构。整合农业服务中心、文体广电服务中心、人力资源和社会保障服务中心、村镇规划建设服务中心、卫生计生服务中心等5个事业单位为乡村振兴综合服务中心、社会事务综合服务中心（挂退役军人服务站牌子）、村镇建设综合服务中心，经费来源财政核拨，机构规格升格为相当副科级，人员编制统筹调剂。

【均溪镇行政管理体制改革】 2020年，县委推进经济发达镇均溪镇行政管理体制改革，改革用编用人制度，配齐配强各类人才，在编制总量内，赋予均溪镇灵活用人自主权。均溪镇设党政办公室、党建工作办公室、经济发展办公室（挂财政所牌子）、社会事务办公室、社会治理办公室、综合执法办公室（挂生态综合执法分局、城市管理分局牌子）、城区管理工作办公室等7个内设机构。整合镇所属事业单位，设置乡村振兴综合服务中心、社会事务综合服务中心（挂退役军人服务站牌子）、村镇建设综合服务中心、社区综合服务中心等4个公益性事业单位，机构规格为相当副科级；赋予均溪镇县级经济社会管理权限63项；均溪镇政府行使法律法规规定依法赋予或委托的行政处罚、行政监督检查等职权。

【机构编制资源配置】 2020年，县委编办优化配置编制资源，保障教育、医疗卫生等重点领域的编制需求，补齐民生领域短板，提高编制资源使用效益。当年，成立事业单位11个，调剂核定事业编制92名；增设县直行政单位内设机构1个，调整行政编制11名；加挂牌子3个（县司法局社区矫正管理科加挂社区矫正管理局、乡镇经济发展办公室加挂乡镇财政所、县社会事务综合服务中心加挂退役军人服务站）；涉及确权登记管理职责人员转隶14名；19个单位重新核定科级领导职数28名，其中正科级6名、副科级22名；办理机关、事业单位申请入编事项691人次，其中，非教育系统104人次，教育系统211人次，新招录（招聘）申请用编331人次（公务员47人次、县直和乡镇事业单位54人次、医疗卫生系统35人次、教育系统195人次），安置选调生和大学生村官25人次，安排卫生系统临床医学委培生17人次。

（周庆锋）

县直机关党的工作

【概况】 2020年，中共大田县委县直机关工作委员会（简称县直机关党工委）以开展“亮灯行动”创建“模范机关”为抓手，深化“党建服务品牌”创建，提升机关党建质量。指导支部换届工作，完成14个党委197个支部换届选举；做好党费管理，全年收缴党费172.18万元，拨补县自然资源局等6个党委和检察院等7个党组织阵地建设21万元，培育标准化、规范化党支部示范点10个，走访慰问生活困难党员148人次，发放慰问金11.56万元。年底，县直机关党工委下辖党委20个、党总支18个、党支部280个，党员4637人（年内新发展党员52人）。机关事业单位在职干部职工党员3603人，离退休干部职工党员1034人；女党员1181人，少数民族党员28人；大学以上学历3609人，30岁以下345人。

【领导调研】 9月3—4日，市直机关工委常务副书记龚其明，工委委员、组织部部长范成火一行到县调研党建工作，参观县网络生态文明治理中心、县检察院初心馆（党员之家），实地调研县市场监督管理局开展“亮灯行动”创建“模范机关”活动情况和吴山镇阳春村党建引领乡村治理现代化。

【党务干部培训班举办】 9月22—25日，县直机关党工委在县委党校举办县直机关和企事业单位党务干部培训班2期，每期2天。参加培训的有县直各机关党委、供电公司党委、东风农场党委及所属的基层党支部党务工作人员280人，培训内容有习近平新时代中国特色社会主义思想、《中国共产党章程》、中共十九届四中全会精神、党建工作实务和党规党纪等党建党务知识。

【美人茶故事宣讲比赛举办】 11月20日，县直机关党工委在县融媒体中心举办大田县“小康生态茶·大田美人茶”故事宣讲机关专场比赛，19个机关党委22名选手参赛（除教育系统机关党委外），评出一等奖1名、二等奖2名、三等奖3名、优秀奖4名。

【党建创新探索】 2020年，全县机关党委开展“亮灯行动”创建“模范机关”活动，引导机关党组织和党员干部在疫情防控、巩固省级文明城市创建成果、脱贫攻坚、“五比五晒”、“十大攻坚会战”等工作中，当先锋、作表率，涌现出县市场监督管理局机关党委、县行政服务中心管委会党支部等优秀典型。开展在职党员“进社区、亮身份、强服务”活动，2427名党员到社区报到，认领服务岗位2682个。

【意识形态工作责任落实】 2020年，县直机关党工委贯彻落实《中国共产党宣传工作条例》和意识形态工作责任制，夯实主体责任，把意识形态工作纳入季度督查、年终绩效考评和述职报告等内容，意识形态与机关党建工作同部署、同落实、同检查、同考核。在重大活动、重点工作、重要时间节点，加强思想教育和舆论引导，强化问题研判分析和处置，防范化解风险。组织机关各级党组织开展机关党建13个重点课题调研，县纪委监委、县生态综合执法局的调研课题在第三届“推进机制活、建设新福建”全省机关体制机制创新优秀案例征集评选活动中均获二等奖。

【机关监督执纪加强】 2020年，县纪委县直机关纪检监察工委组织学习《中华人民共和国公职人员政务处分法》，到县总医院为医护人员作廉政警示教育宣讲1场。完善联络员机制，召开联络员联席会3次。配合县纪委监委，督促县司法局做好巡察整改工作。督促各联系监督单位建立健全全面从严治党主体责任清单、廉政风险防控机制，全年开展监督检查21次，参加或列席各联系监督单位“三重一大”（重大事项决策、重要干部任免、重要项目安排、大额资金的使用）会议9次，党风廉政意见回复182条，监督县总医院选人用人情况和股级干部提拔程序。抓好各联系监督单位在脱贫攻坚、扫黑除恶及疫情防控等专项领域工作，运用“四种形态”（党内关系要正常化，批评和自我批评要经常开展，让咬耳扯袖、红脸出汗成为常态；党纪轻处分和组织处理要成为大多数；对严重违纪的重处分、作出重大职务调整应当是少数；而严重违纪涉嫌违法立案审查的只能是极少数），开展监督检查18次，办结巡察发现移交的问题线索4条、上级转交信访件2件，提醒谈话26人，行政警告处分3人。

【党建责任制落实】 2020年，县直机关党工委强化责任落实，用责任制管责任人，党建工作重点纳入党建工作责任书，明确党委工作职责和工作任务。完善机关党建考评机制，建立健全党工委成员挂钩联系基层党委和各党委委员联系基层党支部制度，加强对基层党组织的指导和调研，确保党建工作有人抓、有人管。全年督导90个基层单位党建业务。执行党的组织生活制度，机关党委书记抓基层党建工作述职评议会，指导和督促机关各党委及时召开支部书记述职评议会，通过公开述职、领导点评、现场测评，层层传导责任压力，促进党建工作责任落实。建立党建工作季度督查机制，督促指导机关各党委落实季度调阅台账制度，建立党建督查和问题整改台账，并实行整改销号制度，确保“三会一课”（支委会、党员大会、党小组会、党课）、组织生活会、民主评议党员等党内基本制度落到实处。

（方新花）

机要保密

【概况】 2020年，中共大田县委机要局、县国家保密局坚持党管保密，严格执行机要、保密工作责任制，实现全县机要保密工作“零差错”。县委机要局被市委机要局评为2020年度全市党政系统机要密码工作绩效优秀单位，机要干部年度业务考核优秀率100%。

【机要制度落实】 2020年，县委机要局梳理完善机要密码工作制度，优化流程，细化应急预案，为密码工作开展提供制度保障。严肃24小时值班和面对面交接班制度，严格办报规程和时效，杜绝压报、误报现象。在新冠肺炎疫情期间，全体机要干部坚守岗位，确保党中央和上级党委政令畅通。全年，没有发生工作责任事故。

【保密管理】 2020年，县委保密局根据“以岗定人、先审后用、定期复审”的原则，加强保密人员管理，明确保密分管领导，配齐保密人员，保证单位保密工作有人管、有人做。规范保密场所建设，各单位结合实际，设置保密室，配备“三铁一器”（铁门、铁窗、保密柜、灭火器和报警器）阅读、存放涉密文件。先后5次组织人员到17个县直机关单位、18个乡镇检查指导涉密场所、人员管理情况，提高全县保密水平。做好中、高考保密工作，会同公安、教育等部门巡视检查试卷保密室，确保考试各环节保密安全，严防失窃密事件发生。

（陈富光）

大田县人民代表大会

□ 编辑 郑祥果

综述

【概况】 2020年，县人大常委会全面贯彻习近平总书记关于坚持和完善人民代表大会制度的重要思想，把统筹疫情防控和经济社会发展与人大履职有效结合起来，认真履行宪法和法律赋予的各项职权，以实际行动诠释责任担当，扎实做好“六稳”工作，落实“六保”任务，为加快新时代多彩大田建设、全方位推动高质量发展贡献人大智慧和力量。全年共召开常委会会议9次、主任会议21次，听取和审议“一府两院”专项工作报告20项，开展调研、视察、执法检查34项，组织满意度测评13次，配合省市人大常委会开展调研、视察、执法检查等活动15次。

【加强自身建设】 2020年，县人大常委会自觉坚持党的全面领导，在把牢政治方向中保持定力，在深化改革创新中释放活力，推进人大工作和建设与时俱进。坚持党组、常委会和机关各项学习制度，把学习贯彻习近平新时代中国特色社会主义思想作为首要政治任务，学习研讨习近平法治思想、《习近平在福建》等系列采访实录，落实省委《关于加强新时代人大工作和建设的决定》，为做好人大工作筑牢思想基础、注入精神动力，确保人大工作行稳致远。学习贯彻中共十九届五中全会精神，扎实开展本县“十四五”规划编制工作情况调研，做好审查批准前期工作，把中央和省、市、县委的要求落实到规划纲要中。贯彻全面从严治党总体要求，严格落实党风廉政建设责任制，加强意识形态工作，积极营造风清气正的政治生态和干事创业的良好环境。执行中央八项规定及其实施细则精神，弘扬“马上就办、真抓实干”之风，以县委巡察为契机，持续加强作风建设。制定《县人大机关干部实绩记账和二级绩效考评工作方案》，进一步激励干部担当作为。密切与乡镇人大联系，组织召开乡镇人大工作座谈会，开展乡镇人大工作和建设专题调研，加强对乡镇人大的指导，乡镇人大工作制度化、规范化、程序化水平进一步提升。

【服务经济社会发展】 2020年，县人大常委会领导和机关干部积极参与全县重点项目、茶产业发展、文明创建等中心工作，深入企业、项目一线，现场指导、现场推动，协调解决发展中遇到的困难和问题。认真开展精准扶贫，深入挂包贫困户，在政策宣传、产业引进等方面积极出力，确保脱贫攻坚目标任务如期完成。面对前所未有的新冠肺炎疫情，常委会发挥人大制度优势、职能优势和工作优势。第一时间发出倡议，号召全县各级人大代表全力参与和支持打好疫情防控阻击战。各行各业人大代表积极响应，勇于担当，带头踊跃捐款捐物、参与联防联控，以实际行动践行“人民选我当代表、我当代表为人民”的庄严承诺。常委会领导主动走访企业，帮助解决实际困难，推动政策落地、有序复工复产；常委会组成人员加强对相关法律法规和全国、省、市人大决定贯彻落实情况的监督检查，推进依法防控、精准防控。机关干部全员抗疫，积极参加全县各类防疫志愿服务，为统筹抓好疫情防控和经济社会发展贡献力量。常委会始终把稳定经济增长摆在监督工作的首位。听取审议县2020年上半年国民经济与社会发展计划执行情况报告，要求政府积极应对严峻复杂的经济形势，持续优化营商环境，培育经济增长新动能。高度重视国企发展，听取县属国企改革情况报告，建议加快配齐重组企业管理人员、完善现代企业管理制度、强化行业绩效考核管理，促进国有企业总体效益最大化。积极策应“六稳”要求，专题调研县稳就业工作情况，围绕结构性用工矛盾、就业技能培训、政策宣传落实等方面提出针对性建议，促进经济增长和稳定就业良性循环。

【人大代表主体作用发挥】 2020年，县人大常委会始终尊重代表主体地位，高度重视代表工作，不断完善工作机制，创新工作方法，提升代表履职服务水平，促进代表作用有效发挥。坚持“建好、管好、用好”代表活动阵地，强化18个乡镇“代表联系群众活动室”、75个“代表小组活动室”建设，确保规范运行，使之成为代表履职的加油站、服务群众的连心桥。认真落实“双联系”制度，进一步密切常委会与代表、代表与群众的联系，邀请代表列席常委会会议、参加视察调研、执法检查、工作评议等活动，实现常委会与代表的良性互动。推动互联网代表履职，运用“福建省三级人大代表履职服务网络平台”，完善“大田县人大代表在身边”微信公众号功能，畅通群众诉求渠道，发布人大工作动态，展现代表履职风采。坚持把高质量办理代表建议作为发挥代表履职实效的重要抓手，采取常委会领导挂包督办、相关委室对口督办、重大问题集中督办、跨年度问题跟踪督办等方式，着力提高代表建议办理实效。县十七届人大四次会议以来的106件代表建议，均在法定期限内办结，问题解决率为35.8%。如郑玉兰等9位代表提出的《关于广平中学（广平点）独立成校的建议》、田昌伟等3位代表提出的《关于降低省道217线交通安全隐患的建议》等一批事关人民群众切身利益的建议，得到较好的办理。注重代表履职能力提升，坚持通过开展网络专题学习、寄送报纸杂志等形式，定期向代表宣传法律法规，提高代表素质。深化代表活动，围绕实体经济发展、脱贫攻坚、绿色发展、历史文化遗产保护等主题，组织代表集中视察、调研，为代表审议各项工作报告、提出意见建议打好基础。持续深入开展“助力群众奔小康”主题活动，夯实监督检查、走访选民、产业帮带措施，发挥代表在全面建成小康社会中助推引领和模范带头作用。重视代表履职激励和管理，坚持代表向选民报告履职情况、履职登记制度，落实代表履职补助、活动经费，更好地支持和保障代表依法履职。

【人大常委会机关党支部主题党日活动】 3月20日，县人大常委会机关支部开展“清洁家园，清扫街道”主题党日活动，组织党员对天山路段进行清理。7月2日，开展“重温入党誓词，不忘初心使命”主题党日活动，县人大常委会机关支部24名党员干部参观太华镇汤泉革命斗争史迹展览馆，聆听革命斗争的英雄事迹，重温入党誓词。组织参观习近平在闽工作期间到过的村——建设镇建忠村。

【市人大常委会领导到大田调研】 3月23—24日，市人大常委会副主任王立文一行9人到县开展《三明市城乡建设风貌管理条例》立法调研。调研组实地调研桃源镇翁厝大湾新村、桃源镇兰玉村建设、均溪镇城东村、华兴镇仙峰村建设风貌管控情况，县人大常委会党组副书记、副主任章玲、副县长吴文旗陪同调研。5月9—10日，市人大常委会副主任廖小华一行9人到县开展《三明市红色文化遗址保护管理条例》立法调研。调研组实地察看武陵乡桃溪村西河祠，百柬村林笏隆故居、林志群故居，并召开座立法调研座谈会，县人大常委会副主任张爱兰、副县长余维语陪同调研。5月12—13日，市人大常委会副主任张知通一行8人到县开展茶叶和油茶产业发展情况调研。调研组实地察看三九军达生物科技公司、吴山镇和洋村茶叶体验一条街，并召开茶农代表座谈会，县人大常委会副主任章玲、副县长涂剑峰陪同调研。7月16日，市人大常委会副主任肖长根一行9人到县开展市级安全生产红色隐患整改工作情况调研，调研组实地察看大田县太华玉井村路段、省道217线k24+900—k29+100段整改情况以及省永安煤业有限责任公司仙亭煤矿整改情况，县人大常委会副主任刘永生、副县长陪同调研。9月22日，市人大常委会副主任廖小华一行6人到县开展“十四五”专项规划编制情况调研。调研组实察看玉凤社区居家养老服务中心、东升包装制品有限公司、南湖针织时装有限公司、县残疾人综合服务中心，县人大常委会副主任郑宜堆、副县长余维语陪同调研。11月20日，市人大常委会环城工委主任江长虹带领调研组到县开展《三明市餐厨垃圾管理条例》立法调研。调研组实地查看大田县餐厨垃圾处理厂和龙山宾馆餐厨收集点，召开《三明市餐厨垃圾管理条例》立法调研座谈会，县人大常委会党组副书记余维语，县政府常务副县长陈剑生陪同调研。

【省人大常委会领导到大田调研】 4月21—22日，省人大常委会人事代表工作室二级巡视员林镇毅一行3人和市人大常委会人事代表工作室主任罗玮一行2人到县开展关于县乡人大组织建设、县乡人大换届选举专题调研，调研组深入桃源镇、屏山乡、济阳乡进行走访调研，县人大常委会副主任张爱兰陪同调研。5月27—28日，省人大常委会副主任吴洪芹一行6人到县开展公共卫生立法暨重点建议督办调研，市人大常委会副主任廖小华、市人大常教科文卫工委主任池明流、县人大常委会主任陈汉良、副县长陈剑生、县人大常委会副主任张爱兰陪同调研。6月11—12日，省人大常委会副主任檀云坤一行10人和市人大常委会副主任刘万年一行4人到县开展代表建议督办工作调研，调研组实地走访桃源最氧睡眠小镇森林康养基地、南街社区居委会、泽惠养老服务中心、屏山生态休闲康养基地，县人大常委会主任陈汉良、副主任郑宜堆陪同调研。8月13—14日，省人大常委会办公厅副主任张定洲一行4人和市人大常委会副秘书长、办公室主任苏玉振一行2人到县开展人大信息化建设情况调研，县人大常委会副主任郑宜堆陪同调研。

【柘荣县人大常委会领导到大田考察】 6月17日，柘荣县人大常委会副主任朱丹率考察学习组一行5人到县考察学习油茶产业发展工作，调查组实地察看吴山镇梓溪村丰秋油茶合作社基地、三九军大生物科技有限公司（油茶企业）、武陵乡五彩大石。县人大常委会副主任章玲陪同考察。

【市人大代表在大田调研】 9月15日，市十三届人大代表（尤溪团）一行22人在尤溪县人大常委会主任柯德忠的带领下到县开展农业产业化及脱贫产业发展情况调研。调研组实地察看了屏山乡茶旅融合项目、武陵乡光伏扶贫产业园项目、大石村渔家晚钓项目、泽惠养老服务中心项目等，详细了解县农业产业化及脱贫产业发展情况，县人大常委会主任陈汉良、副县长涂剑峰陪同调研。11月6日，市十三届人大代表（大田团）一行23人在市人大常委会副主任廖小华的带领下在本县开展视察活动，视察组到均溪镇赤岩社区、城东村，武陵乡大石村、仕洋村，桃源镇兰玉村、最氧睡眠小镇，详细了解在社区治理、乡村振兴等方面取得的成效、存在问题及下一步计划。县人大常委会副主任张爱兰陪同调研。

（钟岑 杨棋）

人民代表大会与人大常委会会议

【概况】 2020年，召开县人大常委会会议9次、主任会议21次，听取和审议“一府两院”专项工作报告20项。

【县第十七届人大常委会第二十九次会议】 1月19日召开第29次会议，在县人大会议室召开（下同），副主任张爱兰主持，会期半天。县人大常委会全体委员，副县长詹冬华、县监察委副主任黄丽玲、县检察院副检察长蒋原成、县法院院长杨绍东、各乡镇人大主席、市人大代表9人、县代表11人参加会议。会议主要内容：开展部门工作评议。

【县第十七届人大常委会第三十次会议】 3月18日召开第30次会议，副主任刘永生主持，会期半天。县人大常委会全体委员，副县长涂剑峰，县纪委副书记、监察委副主任许志鹏，县法院院长杨绍东，县检察院检察长张春明，县政府办负责人参加会议。会议主要内容：人事事项，听取和审议县政府关于2020年县本级财政预算及部门预算细化方案的报告，组织学习全国人民代表大会常务委员会、福建省人民代表大会常务委员会《关于全面禁止非法野生动物交易、革除滥食野生动物陋习、切实保障人民群众生命健康安全的决定》。

【县第十七届人大常委会第三十一次会议】 7月6日召开第31次会议，副主任郑宜堆主持，会期半天。县人大常委会全体委员，副县长詹冬华、县监察委副主任许志鹏、县法院院长杨绍东、县检察院副检察长蒋原成、县政府办负责人参加会议。会议主要内容：学习习近平总书记重要讲话精神和《中华人民共和国民法典》，听取和审议县政府关于文物保护工作情况报告，听取和审议县政府关于城市规划建设管理工作情况报告，听取和审议县政府关于打击治理电信网络新型违法犯罪工作情况报告，人事任免事项，宪法宣誓仪式。

【县第十七届人大常委会第三十二次会议】 7月30日召开第32次会议，副主任章玲主持，会期半天。县人大常委会全体委员，副县长余维语，县监察委副主任许志鹏，县法院副院长陈晶，县检察院检察长张春明，县政府办负责人参加会议。会议主要内容：听取和审议县政府关于2020年上半年国民经济及社会发展计划执行情况报告，听取和审议县政府关于2020年上半年财政预算执行情况报告，听取和审议县检察院关于未成年人检察工作情况报告，人事任免事项。

【县第十七届人大常委会第三十三次会议】 8月13日召开第33次会议，副主任张爱兰主持，会期半天。县人大常委会全体委员，副县长余维语，县监察委副主任许志鹏，县法院副院长杨绍东，县检察院检察长张春明，县政府办负责人参加会议。会议主要内容：人事事项。

【县第十七届人大常委会第三十四会议】 10月30日召开第34次会议，副主任郑宜堆主持，会期半天。县人大常委会全体委员，副县长詹冬华，县监察委副主任许志鹏，县法院院长杨绍东，县检察院副检察长蒋原成，各乡镇人大主席和部分乡镇人大副主席，市人大代表郑花榕，县人大代表吴新荣、刘美气、田美依、林莲凤、陈亨国、陈学创、陈美华，县政府办负责人参加会议。会议主要内容：听取和审议县政府关于小流域综合治理情况报告，听取和审议县政府关于2019年度县财政收支决算草案的报告及2019年度县本级财政预算执行和其他财政收支情况的审计工作报告，人事任免事项。

【县第十七届人大常委会第三十五次会议】 12月1日召开第35次会议，副主任郑宜堆主持，会期半天。县人大常委会全体委员，副县长詹冬华，县监察委副主任许志鹏，县法院院长杨绍东，县检察院副检察长蒋原成，县政府办负责人参加会议，会议主要内容：听取和审议县政府关于小流域综合治理情况报告，听取和审议县政府关于2019年度县财政收支决算草案的报告及2019年度县本级财政预算执行和其他财政收支情况的审计工作报告，人事任免事项。

【县第十七届人大常委会第三十六次会议】 12月16日召开第36次会议，副主任张爱兰主持，会期半天。县人大常委会全体委员参加会议。会议主要内容：审议有关代表辞职事项，补选市十三届人大代表。

【县第十七届人民代表大会第三十七次会议】 12月29日召开第37次会议，副主任刘永生主持，会期半天。县人大常委会全体委员，副县长吴文旗，县监察委副主任许志鹏，县法院院长杨绍东，县检察院副检察长蒋原成参加会议，会议主要内容：听取和审议县政府关于提请调整2020年县本级财政收支预算的议案；审议关于召开大田县第十七届人民代表大会第五次会议的决定（草案）；审议代表资格审查委员会关于代表变动情况的报告；听取大田县第十七届人民代表大会第五次会议筹备工作情况的报告，提请大会预备会议通过；审议大田县第十七届人民代表大会第五次会议议程和日程（草案），提请大会预备会议和主席团第一次会议通过；审议财政经济审查委员会和议案审查委员会名单（草案），提请大会预备会议通过；审议各代表团划分及团长名单（草案），提请大会预备会议通过；审议大田县第十七届人民代表大会第五次会议主席团和秘书长、副秘书长、主席团常务主席、执行主席分组名单（草案），提请大会预备会、主席团第一次会议通过；审议邀请上主席台就座人员和列席会议人员名单（草案）；审议大田县第十七届人民代表大会第五次会议选举办法（草案），提请大会第一次全体会议通过；审议关于设立大田县第十七届人民代表大会专门委员会的决定（草案），提请大会第一次全体会议通过；审议大田县第十七届人民代表大会专门委员会组成人员人选的表决办法（草案），提请大会第一次全体会议通过；审议县人大常委会工作报告（草案）；人事任免事项。

（钟岑 杨棋）

重大事项审议决定

【概况】 2020年，县人大常委会贯彻中央和省市委的重大决策部署，落实有关法律规定，对本行政区域改革开放、经济建设、民主法制建设及召开重要会议、人事任免等进行审议，并作出决议或决定。全年作出决议3项、决定1项。

【批准财政预算及部门预算细化方案决议】 3月18日，县第十七届人民代表大会常务委员会第30次会议，听取县人民政府《关于大田县2020年本级财政预算及部门预算细化方案的报告》，对草案进行审查。会议同意县人民代表大会财政经济审查委员会的审查结果报告，决定批准2020年本级财政预算及部门预算细化方案。

【批准调整财政收支预算议案决议】 7月30日，县第十七届人民代表大会常务委员会第32次会议，听取《县政府关于2020年上半年国民经济及社会发展计划执行情况报告》和《县政府关于2020年上半年财政预算执行情况报告》，对议案进行审查。会议同意县人民代表大会财政经济委员会的审查结果报告，决定批准调整2020年县本级财政收支预算的议案。

【召开县第十七届人民代表大会第五次会议决定】 12月29日，县第十七届人大常委会第36次会议决定：大田县第十七届人民代表大会第五次会议于2021年1月6—8日召开。建议会议主要议程：听取和审议大田县人民政府工作报告，审议大田县2020年国民经济和社会发展计划执行情况及2021年国民经济和社会发展计划草案的报告，审查和批准大田县2020年国民经济和社会发展计划执行情况的报告及2021年国民经济和社会发展计划，审议大田县2020年预算执行情况及2021年预算草案的报告，审查批准大田县2020年预算执行情况的报告及2021年预算草案，审查和批准大田县国民经济和社会发展第十四个五年规划和二〇三五年远景目标纲要草案，听取和审议大田县人大常委会工作报告，听取和审议大田县人民法院工作报告，听取和审议大田县人民检察院工作报告；选举有关事项；大会主席团决定提请大会审议的其他事项。

（钟岑 杨棋）

监督工作

【概况】 2020年，县人大常委会履行宪法和法律赋予的职责，坚持正确监督、有效监督，服务经济社会发展，提升监督实效。全年，听取和审议“一府两院”专项工作报告20项，组织开展调研、视察、专题询问、执法检查34项，组织满意度测评13次，配合省、市人大常委会开展调研、视察、执法检查等活动15次。

【部门工作满意度测评】 1月19日，县十七届人大常委会第29次会议召开，根据《中共大田县委转发〈大田县人民代表大会常务委员会关于开展部门工作评议的办法（试行）〉的通知》（田委〔2017〕72号）、《大田县第十七届人大常委会工作评议实施方案》（田人大〔2017〕46号）和《大田县人大常委会关于开展部门工作评议活动的通知》（田人大〔2019〕62号）的规定，县人大常委会认真组织开展对县法院、县教育局等20个部门及单位的工作评议，并将测评结果通过县电视台向社会公布。

【企业复工复产专题调研】 2月中旬，县人大常委会领导到吴山岩兴气体有限公司、前坪乡下地村、兴泉铁路建设指挥部等地了解疫情防控和企业复工复产情况。县人大常委会主任陈汉良要求企业要贯彻落实好中央、省、市、县各级指示精神，一手抓防控、一手抓复产，确保防疫有效、运营有序。

【环境保护目标完成情况调研】 4月中旬，县人大常委会组成以副主任章玲为组长，部分人大常委会委员、人大代表、乡镇人大主席为成员的调研组一行11人，对全县2019年环境状况和环境保护目标完成情况进行调研。调研组到石牌、桃源、均溪、华兴等乡镇的重点项目建设水保方案落实、工业企业污染防治、水土流失治理、矿山生态恢复治理等十多处项目点，就大气、水、土壤等方面环境状况提出意见和建议。

【文物保护工作情况调研】 4月中旬，县人大常委会组成以副主任张爱兰为组长、部分人大常委会委员和乡镇人大主席为成员的调研组一行10人，通过实地察看、查阅资料等形式，对全县文物保护工作情况进行调研。调研组到均溪镇、华兴镇、建设镇、广平镇、吴山镇等地，实地察看国家、省级、县级文物保护单位9处。调研组强调，要更加重视文物保护工作，及时研究处理新形势下文物保护工作中遇到的问题，进一步增强全民共识，加强共同保护，切实让弥足珍贵的历史文物和历史文化代代传承。

【城市规划建设管理和社区设置情况调研】 5月上旬，县人大常委会组成以副主任章玲为组长，部分人大常委会委员和乡镇人大主席为成员的调研组一行10人，对全县城市规划建设管理和社区设置情况进行调研。调研组到城区的保障性住房建设、旧城棚改、新城区拓展、老旧小区改造、城市管理、社区设置等10多处项目点实地查看，在均溪镇召开城市规划建设管理和社区设置座谈会，听取县自然资源局、住建局、城管局等部门的情况汇报。调研组针对调研发现的问题提出意见建议。

【治理电信网络新型违法犯罪专题调研】 5月中旬，县人大常委会组成以副主任郑宜堆为组长，部分人大常委会委员、人大代表、乡镇人大主席为成员的调研组一行11人，开展打击治理电信网络新型违法犯罪工作专题调研。调研组到广平镇、均溪镇等地，与一线公安干警、镇村干部座谈交流，了解打击电信网络新型违法犯罪工作的主要做法、成效，并针对存在的问题和困难提出对策建议。

【稳就业工作情况调研】 6月上旬，县人大常委会组成以副主任刘永生为组长，部分人大常委会委员、人大代表、乡镇人大主席为成员的调研组一行10人，开展全县稳就业工作情况调研。调研组到县人社局、财政局、职业中专、建设镇、济阳乡、县经济开发区及建华纺织有限公司、大联新型材料发展有限公司等单位，了解劳动就业工作、企业用工情况，2017年以来就业专项资金使用、就业人员培训情况等。调研组针对当前普遍存在的企业结构性用工矛盾、疫情防控期间复工稳岗难、就业培训及校企合作方式有待创新、就业补助资金绩效不够明显等问题提出对策建议。

【新型农业经营主体培育工作专题调研】 6月中旬，县人大常委会组成以副主任章玲为组长，部分人大常委会委员、人大代表、乡镇人大主席为成员的调研组一行9人，开展新型农业经营主体培育工作专题调研。调研组到广平、上京、桃源等乡镇的部分农业合作社、家庭农场实地走访，并召开县农业农村局、财政局、市场监管局等部门参加的座谈汇报会，广泛了解和征求了各方面意见和建议。

【《中华人民共和国慈善法》实施情况执法检查】 7月中旬，县人大常委会组成以副主任郑宜堆为组长，部分人大常委会委员、人大代表、乡镇人大主席为成员的执法检查组一行10人，开展《中华人民共和国慈善法》实施情况执法检查。检查组先后到县民政局、慈善总会、华正义工联合会、红十字会，详细了解慈善登记、募捐、信息公开、活动监管等工作情况，听取县政府有关部门负责人对全县贯彻实施《中华人民共和国慈善法》工作情况的汇报，并进行座谈交流慈善工作面临的问题以及对更好贯彻落实慈善法的意见建议。

【《中华人民共和国大气污染防治法》执法检查】 7月中旬，县人大常委会组成以副主任章玲为组长，部分人大常委会委员、县人大代表，乡镇人大主席为成员的执法检查组一行9人，开展《中华人民共和国大气污染防治法》贯彻实施情况执法检查。执法检查组实地察看广联木业、新泉包装制品有限公司、东方红新型建材有限公司、长胜汽车尾气检测站、恒丰工贸有限公司、磊源矿产品有限公司、老车站建筑工地、京口工业园区集中供热项目等企业和项目，与部分企业有关人员进行座谈，并听取县生态环境局、工信局、住建局等部门的情况汇报，了解法律实施情况。

【未成年人检察工作情况调研】 7月中旬，县人大常委会组成以副主任郑宜堆为组长，部分人大常委会委员、县人大代表，乡镇人大主席为成员的调研组一行8人，开展未成年人检察工作情况调研。调研组实地考察了县检察院“一站式”取证救助中心、一中法治教育基地，详细了解县检察机关未成年人案件管理工作流程和保护未成年人相关工作开展情况，并专题听取检察院开展未成年人检察工作情况和县公安局、司法局、教育局、团委、妇联、关工委等相关部门开展未成年人保护工作的情况汇报。

【《中华人民共和国中医药法》执法检查】 7月20—22日，县人大常委会成立以副主任张爱兰为组长，部分人大常委会委员、县人大代表，乡镇人大主席为成员的执法检查组一行8人，开展中医药法贯彻实施情况执法检查。检查组一行到县总医院、县中医院、桃源镇卫生院、上京镇卫生院及部分村级卫生所、个体中医诊所、药店进行实地察看，召开卫健、市管、人社等相关部门参与的座谈会，详细了解法律贯彻实施情况。针对存在的法律宣传不到位、对中医药事业重视不够、基层中医药服务能力不强等问题提出意见建议。

【“七五”普法工作情况专题调研】 8月中旬，县人大常委会成立以副主任郑宜堆为组长，部分人大常委会委员、县人大代表、乡镇人大主席为成员的调研组一行8人，开展“七五”普法工作情况专题调研。调研组先后实地察看县青少年法治教育基地、消防主题公园、一中法制教育基地、梅山镇香坪村等普法工作现场，并召开座谈会，听取县直相关部门工作汇报，针对全县普法工作中存在的一些问题和不足提出建议意见。

【小流域综合治理工作调研】 9月上旬，县人大常委会成立以副主任张爱兰为组长，部分人大常委会委员、县人大代表、乡镇人大主席为成员的调研组，对全县小流域综合治理工作开展专题调研。调研组到石牌、建设、太华、前坪等乡镇实地察看，并召开由县水利局、生态环境局、林业局等部门参加的座谈汇报会，广泛了解和征求各方面意见和建议。

【《三明市城市园林绿化管理条例》贯彻实施情况执法检查】 9月中旬，县人大常委会组织部分人大常委会委员、县人大代表，在县人大常委会副主任刘永生的带领下，开展《三明市城市园林绿化管理条例》贯彻实施情况的执法检查。执法检查组实地察看了宝山路两侧、均溪河道（如意桥至镇东桥）、三远大爱城小区、第二实验小学、香山北路（双龙路）两侧等绿化情况，并听取县住建局、自然资源局、生态环境局等11个部门的情况汇报，了解法律实施情况，针对检查中发现的问题提出意见建议。

【县属国有企业改革情况调研】 10月中旬，县人大常委会组成以副主任刘永生为组长的调研组，开展县属国有企业改革情况调研。调研组召开县国资、工信、财政、审计、商务、住建、文旅、水利、交通运输、农业农村、林业、自然资源等部门领导参加的座谈会；走访县国投公司、国新建材公司、煤炭工业公司、城投公司、大田水泥厂、矿产开发公司、商业总公司、锦田公司等企业，重点了解当前县属国有企业改革进展情况及存在的困难和问题。针对部分企业干部职工存在养老保险、住房公积金缴交不及时、企业资产产权不清、未来发展方向不明等问题提出意见建议。

【人大代表建议办理情况视察活动】 10月下旬，县人大开展人大代表建议办理情况视察活动，视察组一行到岩城新市场、桃源镇、医保局等地，通过听取汇报、查阅相关资料、座谈交流、实地察等方式，组织人大代表对医保局、商务局开展县十七届人大四次会议代表建议的办理情况视察，同时了解督促本届以来代表建议办理存在的问题和落实情况。视察中，代表们对医保局、商务局代表建议办理落实情况表示满意，希望县政府和各承办部门要进一步强化为民尽责的使命担当，积极回应群众呼声，通过办理一件代表建议、解决一个实际问题、促进一项工作，全面提高建议办理质量。

【国土空间规划编制工作情况调研】 10月下旬，县人大常委会副主任张爱兰带领部分人大常委会委员、人大代表、乡镇人大主席，对全县国土空间规划编制工作情况开展调研。调研组到均溪、广平、上京、华兴等乡镇，实地查看广平镇工业园区及集镇规划、均溪镇北部新城规划、东部新城规划建设等10多处项目点，组织县自然资源局、生态环境局、农业农村局等17个部门领导召开座谈会。座谈会上，调研组与各部门人员进行交流讨论，并对国土空间规划编制工作存在的问题提出意见和建议。

【“基本解决执行难”工作情况调研】 11月中旬，县人大常委会组成以副主任郑宜堆为组长的调研组一行8人对县人民法院“基本解决执行难”工作情况开展专题调研。调研组到省四方置业有限公司、福建鑫鹭峰实业有限公司、县金鹏矿业有限公司等企业，采取实地察看、听取汇报、召开座谈会等方式，对县人民法院2016年以来执行工作的情况进行调研。调研组肯定县人民法院“基本解决执行难”工作取得的阶段性成效，并提出意见建议。

（钟岑 杨棋）

人事任免

【概况】 2020年，县人大常委会坚持党管干部与依法任免有机统一，全年任免县政府副县长9人次，县政府工作部门人员10人次，县监委工作人员1人次，县法院审判人员15人次，县检察院检察人员5人次。

【免去监察委员会委员职务】 7月6日，县第十七届人大常委会第三十一次会议审议通过，免去柯永晋县监察委员会委员职务。

【任免县政府工作部门人员职务】 7月6日，县第十七届人大常委会第三十一次会议审议通过，任命范承妙为县教育局局长，郑丁炫为县财政局局长，温秀梅为县人力资源和社会保障局局长，肖明朗为县审计局局长。免去涂林瑢县教育局局长职务，林永田县财政局局长职务，吴高勇县人力资源和社会保障局局长职务，严建忠县审计局局长职务。7月30日，县第十七届人大常委会第三十二次会议审议通过，任命姜妍为县公安局局长，免去刘阳辉县公安局局长职务。

【任免县人民法院审判委员会委员、审判人员职务】 7月6日，县第十七届人大常委会第三十一次会议审议通过，任命刘涌泉为县人民法院审判员、审判委员会委员、副院长，田宝玲为县人民法院民事审判庭（家事少年审判庭）副庭长，林华杉为县人民法院民事审判庭（家事少年审判庭）副庭长，邓锦军为县人民法院生态环境审判庭（综合审判庭）副庭长，陈夏瑛为县人民法院立案庭副庭长，陈源肖为县人民法院建设人民法庭副庭长，叶聿僚为县人民法院审判员、刑事审判庭副庭长，杨玉香为县人民法院审判员、建设人民法庭副庭长。免去田宝玲县人民法院少年与家事审判庭副庭长职务，林华杉县人民法院执行庭副庭长职务，邓锦军县人民法院生态环境审判庭副庭长职务，陈夏瑛县人民法院行政审判庭副庭长职务，陈源肖县人民法院执行庭副庭长职务，杜超勇县人民法院民事审判第二庭副庭长职务，陈成祯县人民法院建设人民法庭副庭长职务。

【选举部分乡镇人大主席、副主席、乡（镇）长、副乡（镇）长】 7月22日至8月5日，县18个乡镇先后召开人民代表大会，依法选举方亮为武陵乡人大主席，高花琴为石牌镇人大副主席，刘威为建设镇人大副主席，廖正楼为均溪镇人民政府镇长，黄坤为吴山镇人民政府镇长，林惠萍为武陵乡人民政府乡长，柯永晋为广平镇人民政府镇长，胡应善为均溪镇人民政府副镇长，吴长相为华兴镇人民政府副镇长，涂双锋为石牌镇人民政府副镇长，吕摩西为屏山乡人民政府副乡长，严少杰为吴山镇人民政府副镇长，王有铭为济阳乡人民政府副乡长，詹维谋为武陵乡人民政府副乡长，肖瑞尧、郑莹莹为谢洋乡人民政府副乡长，林起安、邱悦、周有烜为桃源镇人民政府副镇长，林起涛为太华镇人民政府副镇长，张兆峰为建设镇人民政府副镇长，陈进社为广平镇人民政府副镇长，卓祖建为奇韬镇人民政府副镇长，陈灿强为文江镇人民政府副镇长，吴利玲为前坪乡人民政府副乡长，郑占静为湖美乡人民政府副乡长，周调产为梅山镇人民政府副镇长，杨作锟为上京镇人民政府副镇长。

【任命、接受辞去县人民政府副县长职务】 7月30日，县第十七届人大常委会第三十二次会议审议通过，任命姜妍为县人民政府副县长。8月13日，县第十七届人大常委会第三十三次会议审议通过，任命陈博天为县人民政府副县长。10月30日，县第十七届人大常委会第三十四次会议审议通过，任命黄和新为县人民政府副县长。12月29日，县第十七届人大常委会第三十七次会议审议通过，任命陈秀达为县人民政府副县长。7月6日，县第十七届人大常委会第三十一次会议审议通过：接受涂林瑢辞去县人民政府副县长职务的请求。7月30日，县第十七届人大常委会第三十二次会议审议通过，接受刘阳辉辞去县人民政府副县长职务的请求。10月30日，县第十七届人大常委会第三十四次会议审议通过，接受余维语辞去县人民政府副县长职务的请求。12月29日，县第十七届人大常委会第三十七次会议审议通过，接受陈剑生、涂剑峰辞去县人民政府副县长职务的请求。

【任免县人民检察院检察委员会委员、检察员职务】 7月30日，县第十七届人大常委会第三十二次会议审议通过，免去陈建彪县人民检察院检察员职务，高玲玲县人民检察院检察委员会委员、检察员职务。12月29日，县第十七届人大常委会第三十七次会议审议通过，任命应学军县人民检察院检察员、检察委员会委员、副检察长，接受张春明辞去县人民检察院检察长、检察委员会委员、检察员职务的请求，任命大田县人民检察院副检察长应学军代理县人民检察院检察长职务。

【接受辞去县人大常委会副主任职务】 10月30日，县第十七届人大常委会第三十二次会议审议通过，接受章玲辞去县第十七届人民代表大会常务委员会副主任职务。

（涂婉琴）

代表工作

【概况】 2020年，县人大常委会始终高度重视代表工作，不断完善工作机制，创新工作方法，指导乡镇开展代表向原选区选民报告履职、开展“人大代表走基层，助力群众奔小康”、召开乡镇人大代表工作座谈会、组织各级人大代表开展调研视察活动，提升代表履职服务水平，促进代表作用有效发挥。

【补选市第十三届人民代表大会代表职务】 3月18日县第十七届人大常委会第三十次会议审议通过，接受叶清松辞去市第十三届人民代表大会代表职务的请求。12月16日，县第十七届人大常委会第三十六会议补选翟超、林坚为市十三届人大代表。

【乡镇人大工作和建设座谈会】 11月19日，县人大常委会在龙山宾馆7楼会议室召开全县乡镇人大工作和建设座谈会， 县十七届人大常委会组成人员，县人大常委会党组副书记余维语，各乡（镇）人大主席、副主席，县人大常委会机关副科级以上干部参加会议。会议主要议程有：各乡镇人大主席就主席团建设、活动室规范化建设及加强代表履职、发挥代表作用等3个方面作了交流发言，介绍了各自有关做法和成效，以及对工作中存在的问题和不足作出反思并提出意见建议；县人大常委会副主任张爱兰总结当年乡镇人大工作成效；县人大常委会主任陈汉良总结讲话。

【接受辞去县第十七届人民代表大会代表职务】 12月16日，县第十七届人大常委会第三十六次会议审议通过，接受连仁魁辞去县第十七届人民代表大会代表职务的请求。

【补选县第十七届人民代表大会代表】 12月18日，县人大常委会依法补选余维语（均溪镇选区）、郭振椿（上京镇选区）为县第十七届人民代表大会代表。

【代表履职载体建设】 2020年，县人大常委会坚持“建好、管好、用好”代表活动阵地，强化18个乡镇“代表联系群众活动室”、75个“代表小组活动室”建设，确保规范运行，使之成为代表履职的加油站、服务群众的连心桥。认真落实“双联系”制度，进一步密切常委会与代表、代表与群众的联系，邀请代表列席常委会会议、参加视察调研、执法检查、工作评议等活动，实现常委会与代表的良性互动。

大力推动互联网代表履职，充分运用“福建省三级人大代表履职服务网络平台”，完善“大田县人大代表在身边”微信公众号功能，畅通群众诉求渠道，发布人大工作动态，展现代表履职风采。

【代表履职服务】 2020年，县人大常委会注重代表履职能力提升，深化代表活动，围绕经济发展、脱贫攻坚、绿色发展等主题，组织各级人大代表开展活动，全力做好各项服务和保障工作。开展“人大代表走基层，助力群众奔小康”主题活动，夯实监督检查、走访选民、产业帮带措施，发挥代表在全面建成小康社会中的助推引领和模范带头作用。引导各级人大代表参与和支持打好疫情防控阻击战。重视代表履职激励和管理，落实代表向选民报告履职情况、履职登记制度，落实代表履职活动经费、代表履职补助，支持和保障代表依法履职。

【代表建议办理】 2020年，县十七届人大四次会议期间，代表提出建议101件，闭会期间代表提出的建议5件，计106件。其中主任会议研究确定的重点督办件8件。3月31日，县人大与县政府召开县十七届人大四次会议代表建议交办会。县人大常委会坚持把高质量办理代表建议作为发挥代表履职实效的重要抓手，采取常委会领导挂包督办、相关委室对口督办，重大问题集中督办、跨年度问题跟踪督办等方式，着力提高了代表建议办理实效，当年解决率为35.8%。

（涂婉琴）

大田县人民政府

□编辑 陈 妮

综 述

【概况】 2020年，大田县人民政府按照上级党委政府和县委各项决策部署，做好“六稳”工作，落实“六保”任务，做实“四篇文章”，推进机制活，着力产业优、百姓富、生态美，深化“五比五晒”（比增长点、晒质量，比拉动点、晒投资，比税收点、晒效益，比补短板、晒三产，比真招商、晒服务），继续开展“十大攻坚会战”，完成县十七届人大四次会议确定的目标任务。全县地区生产总值228.72亿元，比上年增长5.1%；规模以上工业增加值同比增长4%；地方一般公共预算收入7.56亿元，同比增长4.8%；城镇居民人均可支配收入39325元，同比增长4.4%；农村居民人均可支配收入19682元，同比增长7.5%。大田县被财政部评为县级财政管理绩效先进县。兰玉村被中央文明办评为全国文明村镇，大田县被中央网信办、农业农村部、国家发展改革委、工业和信息化部、科技部、市场监管总局、国务院扶贫办列为首批国家“数字乡村”试点地区，被国家信访局授予全国信访工作“三无”（无重复上访、无集体上访、无信访积案）县称号。

当年，大田县坚持“外防输入、内防反弹”，做好新冠肺炎疫情防控，严格常态化核酸检测、联防联控、物资保障、医疗救治和应急处置等各项工作。全面落实重点人群“应检尽检”和冷链物流、农贸市场等重点场所物品环境检测，始终保持“零确诊”良好态势。

全县开展脱贫攻坚普查数据专项清洗及“补短板强弱项”大排查，“两不愁三保障”（不愁吃、不愁穿，保障义务教育、基本医疗和住房安全）突出问题基本解决，投入2230万元实施创辉农业、茶天下旅游等69个重点扶贫项目，产业扶贫惠及2542户，做好建档立卡贫困人口2780户8566人脱贫巩固工作，农村相对贫困家庭“239”（两类困难家庭认定、三步识别程序、九种帮扶措施）精准帮扶工作机制得到有效落实。

【产业发展】 2020年，县政府巩固农业基础，全面落实粮食安全省长责任制。深化农村产权制度、林票制改革，文江镇成为全市首个整镇推进林票制度改革的乡镇。入选第二批福建特色农产品优势区，被文化和旅游部中国旅游出版社授予“美丽中国·魅力文旅目的地”称号。举办首个国际茶日专场活动和开茶节、丰收节、高山茶文化节等系列活动。“济阳黄花菜”获国家地理标志证明商标，元沙村、昆山村被省农业农村厅评为省级“一村一码”示范村，大田新奇特水果联合体被省农业农村厅评为农业产业化省级示范联合体。新培育家庭农（林）场82个、专业合作社45个，其中省、部级示范社3个，新增“三品一标”（无公害农产品、绿色食品、有机农产品和农产品地理标志）认证农产品24个，新种植青梅80公顷，实施大田美人茶文创园、五兴肉兔等重点特色农业项目9个。“大田美人茶”被列入全市茶叶重点发展品牌。

实施省、市重点技改项目87个，完成投资29.83亿元。出台铸造、水泥等行业扶持政策，实现县内省级龙头企业和专精特新企业“一企一策”全覆盖。新增规模以上工业企业13家，新培育国家级高新技术企业6家、科技型中小企业11家，新开发园区140公顷。铿锋螺丝、维真园医药等16个工业重点项目建成或部分建成。总投资3亿元的科华石墨项目建成投产。

新增规模以上服务业、限上贸易企业39家。制定软件和信息产业扶持政策，发展数字信息产业，市网络生态治理中心落户大田，美亚柏科等 6 家网络科技行业龙头企业在大田成立合资公司或分公司。翰霖泉森林康养基地、桃源最氧睡眠小镇分别获评省、市森林康养基地。济中村被文化和旅游部、国家发展改革委评为第二批全国乡村旅游重点村，屏山大峡谷红色文化旅游、问佛谷生态旅游等 10 个项目动工建设，武陵大石欢乐谷景区、建设琵琶堡生态休闲旅游、福道鑫物流仓储中心 3 个项目建成运营。新增建设镇宫边红釉窑群遗址，朱德率红四军第二、三纵队出击闽中大田史迹群举人厝、玉润堂、蛇形厝，抗战时期大田“第二集美学村”旧址群后池祠、磐山祠、青松堂等 3 处省级文物保护单位，梅林基层文化服务中心被省文旅厅评为省级优秀示范点。“第二集美学村”旧址入选国务院第三批国家级抗战纪念设施、遗址名录，大田籍歌手林启得在中央电视台《三明实践》系列报道中为“三明后生仔”代言。

【项目建设】 2020 年，县政府坚持“依法和谐征迁”，改造原汽车站片区、原火电厂及福田桥头片区，完成商住用地征迁 40.16 公顷，实施兴泉铁路客运站站前路及站前广场、城乡供水一体化（一期）工程等市政项目，建设三远大爱城、美地福邸、源昌誉璟台等项目，新建改造城区给排水管网 27.85 千米、天然气管道 13.8 千米，城区智慧停车系统、地表水厂（二期）、河滨健身栈道（三期）、生活垃圾应急填埋场等设施建成投入使用。持续开展市容市貌攻坚会战和城市管理“五难”（停车难、如厕难、农贸市场整治难、背街小巷通行难、物业管理难）治理专项行动，新增城市停车位 180 个，新建改造城乡农贸市场 4 个、城市公厕 7 座，整治背街小巷 152 条，完成老旧小区改造提升 806 套；改善开展“清沟扫地摆整齐”行动，农村人居环境，整治裸房 1060 户，拆除旱厕 1557 座，新建村镇公厕 31 座、旅游公厕 15 座，厕所无害化改造 600 户，村庄绿化 17.8 公顷。规划梅林村、仙峰村等 22 个乡村振兴试点村，推进 10 个省级乡村振兴试点村建设，阳春村、上地村被省委实施乡村振兴战略领导小组评为乡村振兴实绩突出村；统筹实施农村安全饮水、电网升级改造等项目，良元 220 千伏输变电工程基本建成，提档升级农村公路 53.29 千米，新开通城乡公交线路 4 条，实现 18 个乡镇生活污水处理设施全覆盖；桃源镇、广平镇被市自然资源局、市住房和城乡建设局、市农业农村局列为市级农村村民住宅规划建设管理典型示范乡镇，奇韬镇“五龙鼎珠”农村新型住宅小区集中建设试点工作的做法在全市推广。

【民生事业发展】 2020 年，县政府民生项目建设投入 24.94 亿元，占一般公共预算支出的 83%，22 项为民办实事项目基本落实；新增城镇就业 931 人，发放创业担保贷款 5567 万元，带动就业 1454 人，城镇登记失业率 2.04%，低于市下达目标 1.56%；城乡居民基本医疗保险参保工作全面完成，参保率 98.71%。

当年，教育支出 8.41 亿元，教育补短板项目 22 个总投资 2.3 亿元，建设中心小学新校区、第三实验小学、城关幼儿园赤岩分园等 10 个项目建成投入使用，新增学位 7760 个，石牌中心小学、大田三中等 6 所学校被省教育厅评为“省义务教育管理标准化学校”，中考、高考考场安装空调，中考优秀率居全市前列，高考本科上线率居全市第二，大田学子杨欣为全市高考文科状元。大田一中被省教育厅确定为实施普通高中新课程新教材国家级示范校。

进行疾病预防控制中心综合改革、建设医防融合服务体系，县域远程医疗服务 100% 覆盖，多学科诊疗模式建成运营，被省卫生健康委列为“省级慢性病综合防控示范区”。

新建农村幸福院 10 个、居家养老服务照料中心 3 个，特殊困难老年人家庭适老化改造 162 户，建成农村区域性养老服务中心 2 个，新增养老床位 275 张，全省农村养老服务业推进会在大田召开，山区养老工作的做法在会上作交流发言。《线上线下相结合，农村老人笑开颜》被农业农村部列入全国农村养老服务典型案例，县医养服务中心被国家卫生健康委、全国老龄办授予全国“敬老文明号”称号。

【生态治理】 2020 年，县政府组织开展环保督察问题整改专项行动，整改完成两轮中央生态环保督察转办的信访件 86 件。打好“蓝天、碧水、净土”保卫战，环境空气综合指数保持全省前列，“河湖长制”持续深化，坑口水库饮用水源保护区搬迁安置工作如期完成。城区及乡镇集中式饮用水水源地水质均达Ⅲ类，闽湖国控高才断面水质稳定在Ⅰ—Ⅱ类，实施山水林田湖草闽湖（大田）环境综合整治项目，推进土壤风险防控试点县建设，综合治理水土流失面积 3440 公顷，武陵大石“河道治理案例”入选福建乡村生态振兴案例，生态综合执法案例被省直机关工委、省发改委、省效能办评为全省机关体制机制创新优秀案例二等奖。闽江流域山水林田湖草生态保护修复获省上绩效评价正向激励，废弃矿山生态修复治理试点项目通过验收，大田水土流失治理转型经验被央视《焦点访谈》报道，均溪河、文江河流域各监测断面水质年均值连续五年达标率100%，城区空气质量优良率100%，桃源镇被省文化和旅游厅评为“全域生态旅游小镇”，兰玉村入选国家林业和草原局公布的第二批国家森林乡村，大田县被中国气象局公共气象服务中心授予“中国天然氧吧”称号。

【社会治理】 2020年，全县推进扫黑除恶专项斗争，建设“平安大田”，严厉打击电信网络新型违法犯罪，创建“六无”（无犯罪、无涉毒、无赌博、无邪教、无失信、无群体性上访）村居126个，“省级平安县”创建通过省综治委考评组验收。开展安全生产专项整治三年行动和安全隐患大排查大整治，全县安全生产形势总体保持稳定。第七次全国人口普查和“七五”普法工作。《党建引领乡村治理现代化的“大田路径”》写入新华社政务智库报告，2个镇、10个村被省农业农村厅评为省级乡村治理示范村镇，吴山镇“氏大人”评理室被省信访工作联席会议办公室列为十佳评理室。

（范训局）

县政府常务会议

【概况】 2020年，县政府召开常务会议14次，主要研究精准扶贫、疫情防控和企业复工复产、安全生产及隐患排查整治、道路交通建设、产业发展、政府采购、扫黑除恶专项斗争、资源利用和环境生态保护等重大事项。

【第一次常务会议】 1月19日，在县政府二楼会议室召开（下同）。会议研究落实县人大常委会审议全县精准扶贫工作的意见，创建“中国天然氧吧”相关事项，采矿权新立和延续、变更登记，地名命名变更等问题。同意县农业农村局（县扶贫办）《关于大田县人大常委会对全县精准扶贫工作情况审议意见落实情况》的意见，建设标准化空气负氧离子浓度监测站，县民政局提交的《大田县地名拟命名更名方案》。

【第二次常务会议】 2月28日，听取全县新冠肺炎疫情防控和工业企业开复工情况汇报，审议《2020年财政预算支出草案》《2020年县委、县政府为民办实事工作计划》，研究河道专管员队伍管理模式、河道采砂开采销售权拍卖、县人大常委会关于进一步加强乡村旅游发展建议落实情况、坪尾仓片区配套市政基础设施建设、大田县鑫岩融资担保有限公司业务开展、大田县国有融资担保有限公司融资担保业务管理办法、县国投公司国开行贷款资产、成立后生仔（福建）实业有限公司、市网络生态治理中心建设、县城投公司使用县企业贷款应急转贷基金等问题。

【第三次常务会议】 3月25日，传达贯彻中央、全省脱贫攻坚和国家、省市安全生产、森林防灭火、房屋安全隐患大排查大整治百日攻坚专项行动、自然资源工作会议精神，部署县人大代表建议和政协委员提案办理工作，研究社会福利中心B宗地等3宗地块出让，城区市政基础设施建设，四、五级河道岸线及河岸生态保护蓝线规划报告，三九军大生物科技公司使用县企业贷款应急转贷基金和《城乡供水一体化项目合作协议》等问题。

【第四次常务会议】 4月20日，听取道路交通安全工作情况汇报，审议《2020年“五比五晒”推进高质量发展活动方案》《大田县扶持现代物流业发展的实施意见》，研究国道534线大田县文江大中（尤溪界）至广平铭溪段公路项目设计招标、县道华石线秋竹隧道上方滑坡治理、锦田公路建设有限公司运营管理、国道356线桃源兰玉至岭头段公路提升改造配套资金、县域联合成立PPP（政府相关部门向私人部门购买公共设施等公共产品从而形成的合作项目）项目公司、福建展晖重型机械制造有限公司位于京口工业园1—C宗地收储补偿、县市场服务中心主管单位调整和招聘劳务派遣人员充实扶贫队伍等问题。

【第五次常务会议】 5月22日，审议《大田县支持高技术产业发展的若干措施》《大田县加快施工劳务企业发展暂行办法》《大田县利用外资奖励办法（试行）》，研究终止力天环保科技公司生活垃圾资源化处理项目特许经营权协议、大田经济开发区配套设施建设项目采用PPP模式实施、拨付大圣瓷业公司一期项目基础设施建设和中工塑胶公司扩大生产奖励资金、拨付上京工业园供水项目费用、后生仔（福建）实业公司运营管理、征收昌盛机械公司国有土地使用权及房屋所有权、“一村一警务助理”工作经费、采矿权延续变更登记、大田县水利投资公司等2家企业申请使用县企业贷款应急基金、龙山宾馆公司购买商务用车和县消防救援大队购置高层建筑消防车等问题。

【第六次常务会议】 6月8日，审议《大田县加快软件和信息技术服务业发展的实施意见》《大田县财政性采购软件和信息技术服务项目工作机制（试行）》，研究县属国有企业出资人变更等问题。

【第七次常务会议】 7月1日，听取县扫黑除恶专项斗争十大重点行业领域突出问题专项整治行动情况汇报，审议《全县安全生产专项整治三年行动方案》《大田县国有企业退休人员社会化管理工作实施方案》，研究自然资源统一确权登记工作、园区路（秋竹隧道至仙峰转盘）两侧土地不再作为工业项目预申请用地、推广个人建房通用图集、闽通公交公司车辆更新、2020年重点流域生态补偿金分配、桃源最氧睡眠小镇森林康养基地规划编制、林业有毒有害岗位津贴、大田县茶叶批发零售中心项目移出专项行动问题清单等问题。

【第八次常务会议】 7月31日，听取市委生态环境领域专项巡察整改事项暨大田县石板材集中加工区项目进展情况的汇报，审议《大田县扶持铸造产业提升发展十六条措施》《大田县水泥产业提升发展工作方案》《大田县县属国有企业整合重组方案》，研究2020年扶贫等9个专项资金安排方案，废止和修改部分规范性文件，网安工作经费保障，推进养老服务业发展，提高城乡低保和特困人员供养标准，城区东部坪尾仑片区命名，金鸡园工业区场地平整及废弃渣石利用，均溪镇溪曲坂等3宗地块出让，收储大田县长鑫船舶配件制造公司国有土地使用权及房屋所有权，县污水处理厂新增税费，帮扶铁合金企业恢复生产，市级新型住宅小区试点建设专项投入，民办幼儿园经费补助，更新公务用车等问题。

【第九次常务会议】 8月12日，审议《大田县贯彻落实中央生态环境保护督察报告整改方案》。

【第十次常务会议】 8月24日，审议飞鹰实业公司等4家企业“一企一策”备忘录，研究上坪矿区建筑用花岗岩矿拍卖出让，大田县茶叶批发零售中心项目历史遗留问题涉诉，优秀人才返村任职相关待遇保障，社区矫正社会工作者队伍建设，“七五”普法总结检查验收，县城投公司购买车辆，与福建一建集团公司合作等问题。

【第十一次常务会议】 9月25日，传达贯彻中央关于加强统计工作精神，听取从严管党治警和扫黑除恶专项斗争工作情况，全县禁毒工作，县公安局智慧执法中心项目建设，审议《落实＜三明市审计组关于大田县“两不愁三保障”落实情况和中央革命老区扶贫建设资金“最后一公里”专项审计调查报告＞的整改任务与分解方案》，研究县人大常委会全面提升生态环境质量和文物保护工作审议意见落实情况，建设大田县综治视联网，县国投公司购买岩城水泥有限公司股权，县总医院（南院区）申请使用县企业贷款应急基金等问题。

【第十二次常务会议】 10月10日，听取全县农村乱占耕地建房整治专项行动工作情况汇报，审议《大田县加强农村村民住宅规划建设管理十条措施》《大田县疾病预防控制中心综合改革方案》，研究落实县人大常委会审议全县打击治理电信网络新型违法犯罪工作的意见、凯天龙项目后续开发建设、原石凤水泥厂片区（一期）宗地出让等问题。

【第十三次常务会议】 12月1日，听取进一步健全县防灾减灾救灾体制机制和鳗鱼养殖污染专项整治工作情况汇报，审议《大田县生物防火林带建设总体规划（2021—2025年）》，研究落实县人大常委会审议乡村振兴战略实施、精准扶贫、进一步提升城市规划建设管理水平的意见，申报2021年度市县级党委政府表彰项目，解决金鸡园工业区历史遗留问题，县京口工业园开发建设公司与福建闽西南城市协作开发集团公司合作，调配解决城关派出所业务办公用房，东坑商住小区（二期）等2宗地块出让方案，采矿权延续变更登记，拨付大田五中省一级达标校创建经费，补助34个贫困村村级集体经济发展试点资金等问题。

【第十四次常务会议】 12月24日，审议《2020年政府工作报告》《2020年财政预算执行情况及2021年预算安排草案的报告》《大田县2021年财政预算支出情况》《2020年国民经济和社会发展计划执行情况及2021年国民经济和社会发展计划草案的报告》《国民经济和社会发展第十四个五年规划和二〇三五年远景目标纲要》《大田县深化开发区体制机制改革推进开发区高质量发展十一条措施》《大田县贯彻落实＜中共三明市委三明市人民政府印发关于争创全国法治政府建设示范市的意见＞的实施方案》《大田县露天焚烧秸秆垃圾、扬尘污染、工业企业冒黑烟等问题专项整治方案》《进一步规范政府投资小规模工程招投标的若干意见》，研究“十四五”教育提升工程项目建设PPP模式，批复大田县城乡供水一体化规划，采矿权延续登记，城投公司申请使用应急转贷基金，调整卫生防疫津贴标准，京口工业园开发建设有限公司等3家公司购置车辆，妇女儿童事业发展，出让建设镇原集镇粮站等4宗地块和《三明市新阳中心片区经济社会发展规划》等问题。

（叶长春）

其他重要会议

【县政府全体会议暨廉政会议】 1月1日，县政府全体会议暨廉政工作会议在县政府五楼会议室召开。县长林金龙主持，常务副县长陈剑生，副县长余维语、涂林瑢、涂剑峰、吴文旗、詹冬华、刘阳辉和政府成员单位负责人参加。会议要求提高政治站位，狠抓工作落实，改进工作作风，强化廉政建设，自觉廉洁修身，勤勉尽责，严守纪律底线，筑牢思想防线，始终做到清白做人、干净做事，切实树立起政府为政清廉的良好形象。

【矿业管理体制和涉矿县属国有企业改革工作会】 1月19日，全县矿业管理体制和涉矿县属国有企业改革工作会在县政府五楼会议室召开。县长林金龙主持，常务副县长陈剑生、副县长余维语，县政府党组成员、财政局局长林永田，县工信局和自然资源局负责人，涉矿县属国有企业改革工作组成员参加。会议要求加快推进矿产品行业和矿产品流通领域管理改革、涉矿县属国有企业改革，依法维护职工合法权益，加强所涉改革人员管理和宣传解释工作，防止改革期间矿山企业和矿产品加工企业管理弱化，切实做到思想和队伍不乱、工作不断。

【安全隐患大排查大整治行动推进会】 5月18日，全县安全隐患大排查大整治行动推进会暨安全生产专项整治三年行动、森林防灭火、防汛抗旱工作部署会在县政府四楼会议室召开。县长林金龙主持，常务副县长陈剑生、副县长吴文旗，各乡镇和县政府安委会成员单位主要负责人参加。会议要求贯彻落实国家和省、市一系列部署要求，把全县安全生产和森林防灭火、防汛备汛工作抓紧抓实，营造良好的夺取新冠肺炎疫情防控和经济社会发展“双胜利”安全生产环境。

【水泥用石灰岩勘查问题研究会】 8月24日，县政府在四楼会议室召开水泥用石灰岩矿地质勘查项目有关问题专题研究会。县长林金龙主持，常务副县长陈剑生，副县长余维语、吴文旗、詹冬华、姜妍、陈博天，县政府办、财政局、审计局、司法局、自然资源局、生态环境局、工信局、应急局等单位负责人参加，县监委、县委办等有关人员列席会议。会议要求县自然资源局对接有关部门，综合考虑生态红线、自然保护地、交通运输、开采条件等因素，统筹做好地质勘查工作；严格落实责任，做好相关协议签订，及时跟踪督促项目进度，有序推进地质勘查工作，切实为县水泥产业发展提供稳定的资源保障。

【广平镇农村住宅建设试点推进会】 10月9日，县政府在四楼会议室召开广平镇农村村民住宅规划建设管理试点镇专题推进会。县长林金龙主持，副县长涂剑峰，县自然资源局、住建局、农业农村局、民政局、财政局和广平镇等单位负责人参加。会议原则同意，优先安排农村村民住宅规划建设管理试点镇的土地增减挂钩指标交易收入。要求县农村信用合作社开展裸房装修贷业务，给予月利率5‰的优惠，在示范乡镇推出月利率4.65‰的信贷产品，加快推进农村裸房整治。

（叶长春）

政务活动

【概况】 2020年，新型冠状病毒肺炎疫情肆虐全球，县政府全力抗击疫情、帮助企业复工复产，创新招商引资方式方法，呼吁乡贤反哺家乡。全年召开现场办公会议40余次，外出考察培训15次，专家、学者、副厅级以上及相关部门领导到县考察调研、指导工作40余次，外出招商引资14次。5月13日，县长林金龙参加省农业农村厅主办、福建广播影视集团承办的“县长带你买好货”系列网络直播大田站节目录制，向广大网友推荐大田美人茶、茶油、和财米粉、富硒大米等农副产品，当日销售额100多万元。

【新冠肺炎疫情防控】 1月28日，常务副县长陈剑生，副县长余维语、涂林瑢、涂剑峰、吴文旗、詹冬华，分别到华兴镇、上京镇、梅山镇、广平镇、石牌镇、桃源镇检查指导新冠肺炎防疫工作。29日，县长林金龙到上京镇、县卫健局察看新冠肺炎防疫工作。30日，林金龙到文江镇、奇韬镇、梅山镇、前坪乡察看防疫工作；涂林瑢到留置观察点察看防疫工作落实情况。31日，林金龙到县市场监管局、玉凤社区、均溪卫生服务中心、闽通公司、交警大队察看新冠肺炎疫情防控工作；副县长涂林瑢到均溪镇、华兴镇、石牌镇察看疫情防控工作落实情况；吴文旗到闽通公司大田分公司检查指导汽车站防疫工作。2月1日，林金龙到城区察看防疫工作，吴文旗到县高速办、锦田公司、石牌镇、上京镇、桃源镇、吴山高速路口、国道纵五指挥部督查指导防疫工作，詹冬华到桃源镇督查指导防疫工作，吴文旗到县铁路建设办公室督查指导防疫工作并召开交通检疫工作协调会；副县长刘阳辉陪同县委书记陈文华到公安局督查指导防疫工作。

【上级领导调研】 3月12日，省交通运输厅厅长黄详谈到县调研莆炎高速公路建设情况，县长林金龙陪同。4月2日，省应急厅副厅长邓冈到县调研房屋结构安全情况，副县长吴文旗陪同。6月10日，省政协副主席杜源生带领挂钩帮扶单位负责人到县开展挂钩帮扶工作，肯定大田县在经济社会发展、抗击新冠肺炎疫情、“五比五晒”、环境整治等方面的成绩。6月13日，市长余红胜到县推进“项目攻坚年”、脱贫攻坚、高考中考备考、学校常态化疫情防控等工作。8月3日，教育部基础教育司司长吕玉刚到大田一中调研，常务副县长陈剑生陪同。11月23日，省委常委、政法委书记罗东川到县调研网络生态治理中心建设和扫黑除恶工作，副县长姜妍陪同。

【考察培训】 7月1—3日，常务副县长陈剑生到福州参加省委党校“推进应急管理体系和能力现代化专题研讨班”；8月13—14日，副县长吴文旗到安溪县、厦门市学习考察生活垃圾处理工作；8月27日，陈剑生到厦门市罗普特科技集团和翼加云软件有限公司考察；9月14—18日，副县长余维语到福州市参加“数字经济创新发展”专题培训班；10月19—22日，县长林金龙、副县长吴文旗到三明参加市委组织部、市委党校、市自然资源局、市城管局举办的第二期“山水城融合”规划建设管理培训班；12月9—11日，副县长涂剑峰到市委党校参加森林康养专题培训班；12月10日，副县长黄和新参加全省农村养老服务业务培训会。

【招商引资】 9月8日，县长林金龙到厦门参加“9·8”中国国际投资贸易洽谈会，走访福建省职业经理服务行业协会、厦门麦尔迪电子科技有限公司、南安铁牛精密铸造有限公司、福建省通远阀门制造有限公司、南安梅鑫机械配件有限公司。9月17日，林金龙到福州市参加福州大田商会招商项目推介会，呼吁乡贤成功不忘故土，致富心系家乡，以实际行动反哺家乡建设，为大田改革发展作出积极贡献。11月8日，林金龙到上海参加三明市（长三角）招商推介座谈会，走访上海中产集团、上海吉康供应链管理有限公司，通过实地调研、座谈交流，详细了解企业主营项目、经营情况、规划布局和投资需求，探讨合作事宜。

（叶长春）

政府信息公开

【概况】 2020年，县政府健全完善《大田县人民政府信息公开制度》《大田县人民政府信息公开工作考核办法（试行）》等制度规定，抽查各乡镇和政府信息公开责任部门工作开展情况。将政府信息公开工作列入县政府年终绩效考评内容，提高监督保障实效。坚持以“公开为常态，不公开为例外”原则，健全政府信息公开机制、提升政府信息公开质量，加强政策解读回应、深化重点领域公开，营造有利于创业创新创造的良好发展环境。完善县政府信息公开领导小组，各级各部门明确分管领导、工作人员各1人，严格落实“三审”（初审、复审、终审）制度，确保公开信息的收集、编辑、审核、发布及时到位，上网文件均经过规范性和保密性审查，完成县直部门26个领域和各乡镇政府信息公开标准化规范化标准目录发布工作。设立政府、部门预决算公开专栏公开政府预决算信息。建成县政府门户网站（www.datian.gov.cn）、档案馆、图书馆等政府信息公开查阅渠道和场所。全年，各级各部门通过网站公开政府信息808条，档案馆和图书馆接受43个政府信息公开单位送交公开信息808条。公开民生领域信息，其中教育类87条、民生物价类63条、医疗卫生类25条、食品药品安全类26条。

【政府信息主动公开】 2020年，全县各级各部门制作政府信息933条，其中主动公开信息808条，占86.6%；依申请公开信息5条，占0.54%；不予公开信息120条，占12.86%。主动公开信息中，机构职能类209条，占25.87%；政策、规范性文件类105条，占13%；规划计划类68条，占8.41%；行政许可类38条，占4.7%；为民办实事类32条，占3.96%；民政扶贫救灾社会保障就业类37条，占4.58%，国土资源城乡建设环保能源类57条，占7.05%；科教文体卫生类41条，占5.07%；安全生产、应急管理类113条，占13.99%；其他信息108条，占13.37%。

【政策文件解读回应】 2020年，县政府及时公开、精准解读政策文件，切实做到政策性文件与解读方案、解读材料同步组织、同步审签。通过网络公开发布规范性文件46份，主要涉及统筹经济发展和新冠肺炎疫情防控、高质量发展超越、三大攻坚战（防范化解重大风险、精准脱贫、污染防治）、“六稳”“六保”工作和县委县政府中心工作。全年开展在线访谈7次、政策宣传活动76场，解读回应重要改革措施、涉及群众切身利益等社会关注的政策文件。

【重大决策预公开】 2020年，县政府通过发布征求意见公告、召开听证会等形式，广泛听取群众在城乡公交线路、供水一体化项目建设、中小学招生及划片问题等涉民生工作的意见。设立专栏公开专项资金的相关政策及使用、绩效情况，全年公开扶贫类信息196条、应急救援类信息23条。

（叶长春）

政务督查

【概况】 2020年，县政府督查室围绕县政府的各项决策部署，有计划、有重点、有针对性地开展各项督查活动。专项督查新冠肺炎疫情防控、值班带班、保护发展森林资源目标责任制、中央环保督察提出问题的整改、重点项目推进、“五比五晒”等工作。

【事项督办】 2020年，县政府督查室开展重要会议议定事项督办102次，重要文件确定事项督办195次。办理县政府领导批转请示件686件、批办信访件122件，全部按时限要求办复，做到“件件有着落、事事有结果、项项有回声”。

【建议提案督办】 2020年，县政府督查室将人大代表提出的106件建议和政协委员提出的110件提案分别落实到部门和乡镇办理，动态更新办理进度，促使各承办单位按期限、高质量地办理。全部人大建议和政协提案均在法定时限内办结。

【联合督查】 2020年，县政府督查室增强督查工作的力度和权威性，联合发改、政法、应急、信访、农业、住建、环保等部门就生态环保、新冠肺炎疫情防控、项目推进、安全生产、电信防诈、创城等工作开展督查活动30余次。

【《督办情况》编发】 2020年，县政府督查室编发《督办情况》6期，通报各乡镇2019年森林资源目标责任制执行情况；1—2月专项督查县政府常务会议议定事项落实情况并汇总通报；督促相关单位按县人大代表建议办理期限安排好办理、答复工作；2020年县政府工作报告主要目标任务督查通报、上半年为民办实事项目进展情况；1—8月专项督查县政府常务会议议定事项落实情况、第三季度为民办实事项目进展情况；督促县人大代表建议未办复的承办单位于6月30日前完成办理答复工作。

（叶长春）

事业单位人事管理

【概况】 2020年，全县事业单位工作人员6471人，其中干部6154人。县人力资源和社会保障局加强事业单位人事管理，做好人员聘用、考核、专业技术人员职称评定、奖惩和继续教育等工作。完成全县机关事业单位工作人员2020年度考核。县内外人员调动161人，其中县内调整139人，县外调入3人，县内调出19人。全年招聘机关事业单位工作人员300人，占计划的83.7%，其中，管理人员11人，专业技术人员272人，定向委培人员17人。以远程网络继续教育培训形式，开展工勤人员继续教育，全县参加继续教育培训学习6000多人。

【评选表彰奖励】 2020年，县委县政府综合表彰奖励项目1个和专项表彰项目2个。其中，教育系统集体记功1个、集体嘉奖5个，个人记功6人、嘉奖53人；脱贫攻坚工作记集体三等功4个、嘉奖11个，通报表扬成绩突出单位10个，个人嘉奖60人。

【档案管理服务】 2020年，县人社局管理人事档案2632册，其中按单位管理的部分县直机关事业单位在职干部档案1729册，死亡干部档案709册。移送新任干部档案审核88人。接待县直机关事业单位查阅档案62册，收集归档零星材料2036份。通过专人送达、机要渠道转递档案，接收转入干部档案72册，转出23册，县人才服务中心接收大中专毕业生档案999件，转出541件。

【事业单位工资福利管理】 2020年，县人社局做好事业单位工作人员工资福利管理。核算全县事业单位和机关工勤人员工资收入，审核事业单位人员追加绩效工资总量、发放文明奖及综治奖的工资基数。全县事业单位工作人员工资变动8361人次，办理调出、调入人员核增核减工资757人次，办理退休手续并核定退休金227人，审批机关工勤及事业单位在职、离退休人员死亡抚恤54人。

【专业技术职务评审】 2020年，县人社局委托推荐全县企事业单位专业技术人员参加职称评审654人，获批专业技术职务任职资格584人，其中高级职称59人、中级104人、初级521人。年底，全县事业单位在职专业技术职务人员5854人，其中高级职称863人、中级2812人、初级2179人。

（施发谱）

信访工作

【概况】 2020年，大田县信访局全面贯彻落实习近平总书记关于加强和改进人民信访工作的重要指示批示精神。按照中央信访工作部署和省委、省政府信访工作要求，坚持稳中求进工作总基调，统筹推进新冠肺炎疫情防控和信访工作。完善信访工作机制，夯实工作基础，抓好矛盾化解，推动信访形势持续向好。连续两年被国家信访局授予全国信访“三无”县称号，获全市信访工作考评第二名。全年接到来信来访866批905人，其中网上信访649件687人。到省上访2批6人，到市上访4批7人次。保证群众合理合法诉求，全县信访事项“最多投一次”率87.3%，高于全市平均水平，“最多投一次”一次性办结率96.4%；“最多投一次”平均办理天数10.2天。全县18个乡镇建立乡镇信访工作联席会议机制、完善办公场所，各乡镇党委书记担任联席会议召集人。

【信访工作研究部署】 1月21日，县委召开人大常委会会议学习习近平总书记对信访工作的重要指示精神，研究持续深化“公共安全领域突出问题大排查大化解大整治攻坚行动”和信访攻坚“三百行动”（百日攻坚化积案、百位主官抓信访、百个单位大接访）。8月28日，县委人大常委会会议传达全市信访工作联席会议暨推进“四门四访”（开门接访、进门约访、登门走访、上门回访）信访工作机制专题会议精神，研究贯彻意见，决定在县委党校每年开设一期党政领导干部学习“习近平关于加强和改进人民信访工作重要思想”专题班。

【省市领导接访调研督导】 9月18日，省信访局二级巡视员陈建辉一行4人到县开展省领导包案信访积案当事人走访调研，市信访局副局长黄祥丰、副县长姜妍陪同。12月11日，陈建辉一行4人到县调研开展治理重复信访化解信访积案专项行动情况，市信访局副局长黄祥丰，县委常委、县政法委书记茅有温陪同。

【县信访工作联席会议召开】 5月14日，全县信访工作会议在县政府五楼会议室召开，县领导陈文华、陈剑生、茅有温及公检法主要领导出席会议，各乡镇主要领导、分管领导，县直有关单位负责人等78人参加。会议部署全国“两会”期间的信访工作。

8月28日，全县信访工作联席会议暨推进“四门四访”信访工作机制专题会议召开，县长林金龙主持，县委书记陈文华到会并作重要讲话。会议通报信访工作情况，部署各乡镇成立乡镇信访工作联席会议和做好“四门四访”工作。县领导陈汉良、余真华、陈剑生、茅有温和公安局、检察院、法院主要领导出席会议，信访工作联席会议成员单位负责人、各乡镇主要领导等69人参加。

9月25日，全县治理重复信访化解信访积案专题会暨中秋国庆和中共十九届五中全会期间信访维稳工作部署会召开，部署集中治理重复信访、化解信访积案专项工作和重要节点信访维稳工作，将国家信访局交办的39件重复信访积案，列出问题清单、化解清单、责任清单，分解到各责任单位，陈文华到会并讲话。县领导陈剑生、茅有温和公安局、检察院、法院主要领导出席会议，信访工作联席会议成员单位负责人和各乡镇主要领导、分管领导等62人参加。

【信访积案化解】 2020年，县信访局开展服务中央"三大攻坚战"（防范化解重大风险、精准脱贫、污染防治）、支持企业发展、解决涉疫情防控工作信访事项、整治政府承诺未兑现、反对官僚主义漠视群众利益、破解住建领域难题、整治进京越级上访、深入推进扫黑除恶、解决民生领域痛点难点信访积案专项行动，推进重点领域、重点群体、重点问题、重点人员信访矛盾化解攻坚。化解省市级信访积案6件、重复信访积案专项行动交办件26件。

【信访评理室创建】 2020年，县信访局弘扬新时代"枫桥经验"，引入和发挥社会力量，在信访办理和基层调解过程中启动信访评理，辨明是非、释法析理、定纷止争。全县设立信访评理室293个，开展信访评理524件（县级组织评理6件），化解499件，化解率95%。

（章高乾）

行政服务工作

【概况】 2020年，县行政服务中心开设窗口120个，入驻行政审批单位和服务部门54个，入驻人员236人，入驻事项1828项。中心优化服务流程、规范审批行为、创新服务方式，让企业和群众办事像"网购"一样方便、"最多跑一趟"。中心贯彻执行国务院颁布的《优化营商环境条例》，围绕市行政服务中心的工作部署和县委、县政府决策部署，坚持以问题为导向、以服务为主线、以满意为标准，持续深化"放管服"改革，不断优化营商环境。健全完善汇编交易平台内部管理制度，按制度办事、用机制管人。信用认定代理项目过程中的代理行为，认定结果计入代理机构诚信档案。保证金缴纳人在平台指定专户缴纳。全年受理各类行政审批和公共服务事项12.48万件，办结12.16万件，承诺件提前办结率97.43%。

【公共资源交易】 2020年，县行政服务中心优化公共资源交易平台，加强内部管理，规范运行，服务发展，完成交易项目452场次，其中流标39场次，总成交额27.79亿元，分别比上年增长8.65%、41.35%，增收2.94亿元，节支3.43亿元。工程建设和产权交易、拍卖及政府集中采购实现零质疑、零投诉，处理政府采购网上超市投诉件10件。

【惠企政策精准推送】 2020年，县行政服务中心整合分散在发改、工信、科技、商务、财政等部门的惠企政策和资金兑现业务，服务大厅设立惠企政策兑现窗口，惠企政策申报、奖励资金兑现公开透明、规范运作、便捷高效，打通便民惠企服务"最后一公里"，提升企业获得感和满意度。至年底，梳理16个部门46项惠企政策，办理1.36万件，兑现金额9697.44万元。

【"12345"便民服务】 2020年，"12345"便民服务平台受理有效诉求5763件，办结5675件，期限内在办理88件。办件及时查阅率和回复率均100%，群众满意率99.96%。10月，该平台获得省总工会"福建省五一劳动奖状"。

【工程项目审批提速】 2020年，县行政服务中心对接省市工程建设项目审批管理系统，落实多评合一、多图联审、联合验收、多规合一等工作要求，实行房建和市政工程项目"一家牵头、并联审批、限时办结、全流程电子监察"。并联办理314个项目，促进项目快速落实，解决工程建设项目审批工作时间长等问题。

【"五级十五同"事项梳理】 2020年，县行政服务中心围绕群众和企业到政府办事"最多跑一趟"的目标，通过事项梳理、流程再造、化繁为简、细化服务指南等举措，梳理"五级十五同"（实现省、市、县、乡、村五级面向企业群众依申请办理的政务服务事项的事项名称、颗粒度、基本编码、实施编码规则、事项类型、设立依据、申请材料、办事流程、业务经办流程、事项办理深度、承诺时限、表单格式、审查要点、办理条件、收费项目等要素在全省范围内规范统一）事项2814项，平均压缩时限90.35%，行政许可事项跑动比为0.03，平均审批环节2.64个，即办比69.3%，一趟不用跑和最多跑一趟96.27%，全流程可网办的事项占92.08%。

【"好差评"制度推行】 2020年，

县行政服务中心采取问卷调查、电子评价器、电子监察、电话回访办事企业、收集信息等评价方式接受群众建议及意见。每月汇总公布满意度评价结果，确保全县政务服务工作取得实效。全年评价8614件，其中，非常满意7740件、占89.85%，满意701件、占8.14%，基本满意173件、占2.01%，非常不满意0件。

【服务平台升级优化】 2020年，县行政服务中心提升优化平台建设，更新改造网络监控设施，开标室、评标室、抽专家室的监控实时存储时长提高到三个月。400万元以上的建设工程项目全部实行网上交易，投标人在网上投标，实时了解开标过程、交易结果。实行预约服务、点对点精准服务，提前对接掌握场地申请信息，科学调配场地资源。

（苏晋平）

机关事务保障

【概况】 2020年，县机关事务保障中心做好巡察整改、政府大院新冠肺炎疫情防控、政府大院及生活区提质改造、创建节约型机关等工作。理清机构改革后全县公共机构基本情况，修订完善公共机构名录库，全县公共机构名录由82个增至186个。推进全县党政机关开展节约型机关创建活动，创建节约型机关单位15个。

【后勤保障】 2020年，县机关事务保障中心完善县政府机关大院保安管理制度，加强巡防和值班，重点巡查机关大院和后院可能出现安全隐患的重要环节，完善门禁管理。做好新冠肺炎疫情防控工作，按规定测量来访人员体温并扫码登记。翻新维修改造县政府大院部分老旧公共设施、办公用房及办公设施。将政府生活区纳入县老旧小区改造项目，投资700多万元，重新规划设计小区布局，埋设雨污水管、强（弱）电网及燃气管道，翻新小区水泥砼路面，改造绿化带，规划停车位，设置智能门禁。

【公有房产管理】 2020年，县机关事务保障中心制定《已接收管理的办公用房、公有住宅、店面等国有资产管理办法》，规范公有房产管理，实行动态化管理实时更新房产台账。理清移交到保障中心的公有房产产权并分类处置管理。经常性巡查空置的办公用房、住宅、店面、场地等国有资产，防止公有房产被违规占用、私自转租、改变用途、改变房屋结构和人为破坏等行为。

【公务用车管理】 2020年，县机关事务保障中心制定《大田县公务用车平台管理办法》，加强公务用车平台管理，坚持安全、规范、优质、高效原则，打造一流的用车服务平台，平台管理做到统一调配使用、统一集中管理、统一公务用车标识、统一安装GPS监管、统一办理保险，以制度管车、以制度管人。更新平台公车5辆，保证各参改单位公务出行需求。做好公务用车统计报告数据报送系统填报，明晰全县公务用车使用情况。

（王珺珏）

政协大田县委员会

□编辑 陈 妮

综述

【概况】 2020年，政协大田县委员会（简称县政协）学习贯彻习近平新时代中国特色社会主义思想和关于加强和改进人民政协工作的重要指示精神，引导政协委员树立“四个意识”、坚定“四个自信”、坚决做到“两个维护”，促进政协工作质量提升。践行“马上就办”、“四下基层”（信访接待、现场办公、调查研究和宣传党的方针政策下基层）、“五到一线”（项目推进、矛盾化解、帮扶济困、富民强村、政策宣传到一线）优良作风，引导广大委员、机关干部和乡镇政协委员联络组助力做实做足“四篇文章”（中央苏区、老工业基地、绿色生态、文明城市）、推进“四个着力”、深化“五比五晒”、打好“十大攻坚会战”，服务“六稳”“六保”，展现政协委员和政协干部担当作为。县政协领导靠前协调服务，挂包的第三实验小学、城关幼儿园赤岩分园建设项目竣工投入使用；仙峰温泉养生、金象温泉城、展晖机械等11个重大项目有序推进。引进福建木南工程管理、合鑫金属制品等项目落户大田。指导挂钩乡镇、村新冠肺炎疫情联防联控，协调解决防控物资，帮助30多家企业复工复产，政协委员捐资捐物70多万元。

【领导考察调研】 1月2日，省政协副主席杜源生到县开展春节前慰问活动，县政协主席余真华陪同。

1月10日，市政协副主席李茂胜到桃源镇调研岜峰山泉项目，县政协副主席杨兴和陪同。

1月30日，市政协主席黄鹤麟到县调研新冠肺炎疫情防控工作，余真华陪同。

4月8日，黄鹤麟到华兴镇京口工业园区调研，余真华陪同。同日，李茂胜到县开展“培育茶文化提升茶产业”和“培育新型农业经营主体”主题调研，县政协副主席阮芳陪同。

4月16日，市政协副主席陈欣到县调研“提升省级以上开发区综合发展水平”工作，阮芳陪同。

4月27日，市政协副主席包萍到县开展“加强野生动物资源保护”调研，县政协副主席陈庆建陪同。

7月7日，市政协副主席谢家芹到县开展“推动三明老工业基地老树发新枝”专题调研，阮芳陪同。

8月21日，李茂胜到县开展重点提案跟踪督导，阮芳陪同。

9月4日，黄鹤麟到武陵乡、第二集美学村调研乡村振兴工作，余真华陪同。

【政协委员及小组活动】 2月13日至3月25日，县政协主席余真华到均溪、吴山、湖美、太华、济阳、谢洋、建设、广平等乡镇调研新冠肺炎疫情防控工作，并走访开复工企业。

9月3日，余真华到桃源镇东风农场调研，走访政协委员苏顺荧的八峰天然菌业专业合作社。

9月23日，县政协副主席陈钦梅参加第二委员活动小组活动，到安溪县学习考察。

10月29日，县政协副主席陈庆建参加县政协第五委员活动小组活动，考察学习惠安县特色乡土文化和城市风貌。

11月12日，县政协副主席杨兴和参加第四委员活动小组活动，到县第三实验小学、城关幼儿园赤岩分园、建设镇中心小学调研视察。

12月2日，余真华带领住大田县的省、市政协委员到沙县学习考察城市建设等工作的经验做法。

12月17日，县政协副主席杨兴和参加县政协第一、第六委员活动小组活动，学习考察宁化县红色文化和城市建设。

12月25日，县政协副主席阮芳参加县政协第一委员活动小组活动，到建设镇中国酒曲时光小镇、广平镇五龙山生态茶园及兴泉铁路站前广场视察。

【联谊交流】 5月8日，建宁县政协副主席陈朝利带队到县考察文旅融合、生态康养产业发展工作，县政协副主席杨兴和陪同。

7月15日，南平市延平区政协副主席吴跃春到县考察“推进医养结合促进养老事业发展”工作，杨兴和陪同。

10月14日，宁德市柘荣县政协副主席林武带队到县考察医养结合有关工作，杨兴和陪同。

10月28日，长泰县政协主席曾剑平带队到县调研生态文明建设工作，县政协主席余真华陪同。

11月4日，福鼎市政协副主席陈苏闽到县考察医养服务、森林康养等工作，县政协副主席陈钦梅陪同。

11月9日，广西壮族自治区河池市政协副主席黄大东带队到县考察康养产业发展，余真华陪同。

12月12日，厦门市政协副主席李钦辉带队到县调研生态茶产业发展及乡村旅游开发等工作，陈钦梅陪同。

【委员学习培训】 5月26日，县政协领导班子余真华、陈庆建、陈钦梅、杨兴和、阮芳听取市委党校社科党建教研室主任陈锦琪《风展红旗如画的中央苏区》主题党课。

8月12日，县政协领导班子余真华、陈庆建、陈钦梅、杨兴和、阮芳参加市管干部研讨交流会。

8月13日，县政协领导班子余真华、陈庆建、陈钦梅、杨兴和、阮芳收听市管干部学习贯彻中共十九届四中全会精神轮训主题报告视频会。

8月17日，县政协领导班子余真华、陈庆建、陈钦梅、杨兴和、阮芳参加市管干部理论研讨会。县政协领导班子参加市管干部贯彻中共十九届四中全会精神学习。

8月18日，县政协领导班子余真华、陈钦梅、杨兴和、阮芳参加市管干部学习贯彻中共十九届四中全会精神专题辅导报告会。

8月26日，县政协领导班子余真华、陈钦梅、杨兴和、阮芳参加市管干部中共十九届四中全会精神轮训工作考核交流暨结业式。

9月19—28日，县政协副主席阮芳到北戴河全国政协干部培训中心参加第148期地方政协干部培训班。

9月27—29日，县政协副主席陈钦梅参加市计生协会综合改革培训班。

（杨景洲）

重要会议

【县政协十届十五次常委会】 6月23日，县政协召开十届十五次常委会，副主席陈庆建主持，县政协主席余真华，副主席陈钦梅、杨兴和、阮芳，秘书长陈德强等29人参加。会议传达学习十三届全国人大三次会议和全国政协十三届三次会议精神、市委政协工作会议精神及县委常委扩大会议精神，简要通报县政协当年重点协商课题和主要工作安排，协商通过有关人事事宜。

【县政协十届十六次常委会】 10月30日，县政协召开十届十六次常委会，副主席陈钦梅主持，县政协主席余真华，副主席陈庆建、杨兴和、阮芳，秘书长陈德强等31人参加。会议传达学习习近平总书记在深圳经济特区建立40周年庆祝大会上的讲话精神，围绕助推县教育事业发展建言献策，协商通过《关于大田县新型农业经营主体发展的调研报告》。

【县政协十届十七次常委会】 12月4日，县政协召开十届十七次常委会，副主席杨兴和主持，县政协主席余真华，副主席陈庆建、陈钦梅、阮芳，秘书长陈德强等27人参加。会议围绕助推县公共卫生事业发展建言献策，协商通过《关于进一步推进我县城区老旧小区改造工作的调研报告》《关于提升乡村医疗卫生服务能力的建议》，协商通过陈庆建、巫育来请求辞去政协第十届大田县委员会委员以及陈庆建请求辞去副主席职务有关事宜。

【县政协十届十八次常委会】 12月29日，县政协召开十届十八次常委会，副主席阮芳主持，县政协主席余真华，副主席陈钦梅、杨兴和，秘书长陈德强等30人参加。会议讨论《大田县国民经济和社会发展第十四个五年规划和2035年远景目标纲要》，协商通过召开政协第十届大田县委员会第五次会议的决定、会议议程、日程、列席人员、邀请上主席台就座人员组成原则及委员增补、委员辞去职务等有关事宜，协商通过《政协第十届大田县委员会常务委员会工作报告》《政协第十届大田县委员会关于十届四次会议以来提案工作情况的报告》《关于加大新经济培育力度的调研报告》。

（杨景洲）

政治协商与参政议政

【概况】　2020年，县政协秉持“参政履职要与发展大局靠紧靠实，协商民主要和人民群众贴得更近更亲”工作理念，围绕县委、县政府中心工作，开展协商议政、建言献策。做好县社会经济发展各项调研，在新经济发展、提升乡村医疗卫生服务能力、新型农业经营主体发展、农业产业发展等方面，形成调研报告2篇、建议文章4篇，提出建议98条。

【新经济培育专题调研】　2020年，县政协经济和港澳台侨委员会围绕“加快新经济培育力度”议题开展协商调研，全面了解县新经济发展培育情况。12月29日，县政协十届十八次常委会会议协商通过《关于加大新经济培育力度的调研报告》。

【乡村医疗卫生专题调研】　2020年，县政协社会事业委员会围绕“提升乡村医疗卫生服务能力”议题成立调研组，专题调研各乡镇卫生院、均溪镇社区卫生服务中心及部分村卫生所（室）医疗现状，到尤溪县学习考察有关工作经验做法。协商调研存在问题并分析原因，形成《关于提升乡村医疗卫生服务能力的建议》，从服务环境改善、乡村医防融合发展、村卫生所一体化管理等方面提出17条建议，助力提升乡村医疗卫生服务水平。12月4日，《关于提升乡村医疗卫生服务能力的建议》在县政协十届十七次常委会上协商通过。

【新型农业经营主体发展专题调研】　2020年，县政协文史学习和民族宗教委员会围绕“促进新型农业经营主体发展”议题，开展调查研究联动民主监督工作。形成《关于我县新型农业经营主体发展的调研报告》，围绕破解能人、资金、土地等发展制约因素，从机制保障、金融保险服务、社会化服务体系等6个方面提出24条建议。10月30日，《关于大田县新型农业经营主体发展的调研报告》在县政协十届十六次常委会上协商通过。

【农业产业发展专题调研】　2020年，县政协农业和农村委员会视察上京镇黄城村省级农作物品种试验基地和太华镇小华村烟叶、槟榔芋等种植示范片，调研农业产业发展状况及存在的困难问题，形成《关于我县农业产业发展的建议》，为农业产业发展提供决策参考。

（杨景洲）

民主监督

【概况】　2020年，县政协围绕党政重视、群众关心关注的重要领域开展民主监督、围绕提升乡村医疗服务水平，石牌镇金象温泉城、仙峰温泉养生度假区等项目，农业农村工作等研和民主监督，指导新冠肺炎疫情防控工作。通过民主监督，让群众感到政协就在他们身边，政协委员在为大家说话。

【新冠肺炎疫情防控监督】　2月4—5日，县政协领导余真华、陈庆建、杨兴和、陈钦梅、阮芳分别到挂钩乡镇指导监督新冠肺炎疫情防控工作。12月24日，县政协主席余真华到县总医院指导县“两会”疫情防控有关工作。

【乡村医疗工作民主监督】　6月19日，县政协副主席杨兴和到屏山乡调研指导乡村医疗工作。7—8月，杨兴和遍访全县18个乡镇，开展提升乡村医疗服务水平民主监督。

【项目工作监督】　2020年，县政协主席余真华分别于5月8日、7月16日、9月17日、12月21日到开展石牌镇金象温泉城、仙峰温泉养生度假区项目调研与民主监督工作。4月23日，县政协副主席杨兴和到太华镇调研太华卫生院迁建项目。5月18日，杨兴和到城东小学、赤岩幼儿园项目筹建处调研。5月25日，县政协副主席阮芳到上京机械铸造园调研。6月12日，县政协副主席陈庆建到双创园调研。6月15日，余真华到上京机械铸造园展晖重型机械项目调研。9月9日，余真华到均溪镇、前坪乡、太华镇协调督导银锭岬水土流失治理项目。11月3日，阮芳到上京机械铸造园展晖重型机械等项目调研。

【农业农村工作指导监督】　3月18日，县政协主席余真华到建设镇大同村、建忠村调研美丽乡村和特色小镇建设工作。4月15日，县政协副主席陈庆建到太华镇调研红色文化保护工作。4月24日，陈庆建到均溪镇太山崎调研新型农业发展经营主体发展情况。4月27日，县政协副主席陈钦梅到谢洋乡、县政协副主席杨兴和到屏山乡调研精准扶贫工作。7月1日，余真华到华兴镇京口村调研红色文化保护工作。7月8日至8月3日，余真华到石牌镇、吴山镇、桃源镇、建设镇走访调研新农村建设。8月4日，陈庆建到济阳乡调研新型农业经营主体发展工作。8月6日，县政协副主席杨兴和到屏山乡调研精准扶贫工作。8月18日，陈庆建到湖美乡、谢洋乡调研调研农业新型经营主体发展情况、传统村落保护情况等。8月19—20日，县政协副主席阮芳到上京镇、桃源镇、广平镇、奇韬镇调研新型农业经营主体发展情况。9月14日，余真华到谢洋乡上珍村、焦坂村调研新农村建设。11月10日，余真华到桃源镇兰玉村等村调研农村人居环境建设工作。12月1日，陈钦梅到湖美乡调研新农村建设工作。

（杨景洲）

提案工作

【概况】 2020年，县政协提案委收到委员提案119件，立案101件，立案率84.87%。所立提案中，个人提案53件，联名提案47件，界别提案1件，10月底全部办复。所提问题年内解决或基本解决的55件占54.5%。正在解决或计划解决的36件占35.6%，因条件限制留作参考的10件占9.9%。委员对办理结果表示满意的90件、基本满意的11件，满意和基本满意率100%。

【优秀提案】 2020年，县政协评选全年优秀提案5件：关于做优做强大田美人茶品牌的建议；关于规划建设农副产品批发交易市场的建议；加快大田红色文化资源“保护式”开发，为市委打响“风展红旗如画”品牌贡献大田力量；关于保护好澹多桥与疏导赤岩片区通行的提案；关于规范大田县城区道路两旁停车位的建议。

（杨景洲）

文史与宣传

【概况】 2020年，县政协文史学习和民族宗教委员会做好抗击新冠肺炎疫情、古村落、非物质文化遗产、土堡文化等文史资料征集工作。调研报告《大田县传统村落保护发展》专文入编《大田年鉴（2020）》。

【《大田县革命老区发展史》出版】 2020年，县政协与县老区建设促进会联合出版《大田县革命老区发展史》，以老区发展为主线，按编年体与纪事本末体相结合架构，记录历史进程特征，全书共13章、22万字。协助市政协组织做好27组红色遗址图片和组稿工作，促进老区苏区精神深入研究和宣传。

（杨景洲）

中共大田县纪委 大田县监委

□编辑 陈 妮

综述

【概况】 2020年，中共大田县纪委、大田县监委落实党委主体责任和纪委监督责任“两个责任”。贯彻落实中央纪委和省市纪委全会精神，坚持稳中求进的总基调，把“严”字长期坚持下去，巩固发展反腐败压倒性胜利，推动全县党风廉政建设和反腐败工作。

【纪检监察干部队伍建设】 2020年，县纪委监委严格履行系统自身建设主体责任和班子成员“一岗双责”，分级分层进行“暖心家访”及谈心谈话，开展系统全员警示教育3轮次，坚决防止“灯下黑”。坚持用制度管权管事管人，集中修订10项机关内部管理制度，健全干部监督工作机制，完善纪检监察干部正负面清单和廉政档案，强化对“八小时以外”的监督管理，净化社交圈、生活圈、休闲圈“三圈”。建立岩城清风讲坛、云比晒、青年读书会三个主平台，实施年轻干部“蹲苗育才”工程，28名年轻干部到委机关锻炼，9名系统干部得到提拔或重用，营造干事创业浓厚氛围。

【宣传信息稿件刊用】 2020年，县纪委信息报道稿件在市级以上各类媒体刊发452篇（条），其中，刊登在《中国纪检监察报》10篇，中央纪委国家监委网站38篇（单篇16篇），省纪委网站66条，省纪委微信公众号28条，市纪委网站208条，市纪委微信公众号53条，《三明清风》杂志24篇，其他中央省市党报党刊25篇，宣传信息工作连续三年保持全市第一。

重要会议

【概况】 2020年，中共大田县纪委委员20人，其中常委7人；监委委员6人。召开纪委全委会1次，常委会、常委扩大会27次。

【县纪委十三届五次全会】 1月22日，中共大田县纪律检查委员会第十三届五次全体会议在县影剧院召开，县纪委委员20人出席会议，县委、县人大常委会、县政府、县政协领导，乡镇党委书记、乡镇长、纪委书记，县直单位和纪检监察机构主要负责人参加会议。会议听取并审议通过县委常委、县纪委书记、县监委主任黄家发代表县纪委常委会作《坚持完善监督体系　深化全面从严治党　为全面建成小康社会提供坚强保障》的工作报告。县委书记陈文华作讲话。

【县纪委常委会】 2020年，县纪委召开常委会、常委（扩大）会议27次，部署全县纪检监察工作；研究制定2020年度乡镇纪委和派驻（出）纪检监察机构工作考评办法；传达学习中共十九届五中全会和十九届中央纪委五次全会精神；研究审查调查案件的有关意见和其他问题。

党风廉政监督和反腐败工作

【概况】 2020年，全县乡镇纪委（监察组）18个，县纪委监委派驻（出）纪检监察机构10个，全县纪检监察干部129人，其中乡镇纪检监察干部46人。纪检监察机关加强党风廉政监督和反腐败工作，落实从严治党两个责任清单，重视信访线索调查，严厉查处违规违纪和腐败行为。

【“两个责任”清单落实】 2020

年，县纪委协助县委开展2019年度全面从严治党主体责任检查及2020年度上半年交叉“回头看”，反馈问题清单34份，协助县委主要领导对排名靠后的3个乡镇开展“点对点”约谈，推动党委（党组）主体责任、书记第一责任人责任和纪委监委监督责任贯通融合、一体落实。探索委托党委（党组）书记以谈话方式处置问题线索7件、7人，该做法在中央纪委国家监委网站“读数半年报”栏目中刊介。

【信访线索调查】 2020年，县纪委监委推进信访举报“制度规范落实年”活动，实现检举举报平台建设全覆盖，创新“三个双向”（双向接收渠道、双向诚信承诺、双向质量评估）、“三色预警”（把矛盾纠纷信息按照严重程度，处置难易划分为蓝、黄、红三个等级）等工作机制，全年受理检控类初信初访114件，办结率94.49%，比上年提高7.12%，重复件同比下降65.64%。全面落实“十百千”（省纪委监委班子成员全年努力化解60件信访难题积案；市纪委监委班子成员努力化解600件信访难题积案；县纪委监委班子成员努力化解1000件信访难题积案）“找差距、抓落实、解难题、化积案”专项行动，专班攻坚“多年、多头、多层”积案，化解信访积案13件。把握政策策略，运用“四种形态”批评、教育、帮助、处理352人次，其中第一至第四种形态分别为60.8%、30.7%、2%、6.5%。

【违规违纪查处】 2020，县纪委坚持惩治腐败态度不变、决心不减、尺度不松，紧盯“关键少数”、重点领域、薄弱环节，建立片区协作“三个中心”工作机制（在协作区设立中心镇，赋予研判中心、调度中心、协作中心三项职能），查处不收敛不收手的腐败问题，全年立案131件，涉案131人，其中科级干部15人。“明察暗访+突击检查”查处违反中央“八项规定”精神问题12起。坚持“一季一警示+警示教育周”活动、旁听庭审、案后整改“五个一”（写一份案件剖析，制发一份建议书，进行一次警示教育，提交一份整改报告，开展一次案件评估）等工作机制，开展4轮“警示教育周”，案后整改42件，发出纪检监察建议书38份，督促有关部门深化改革、加强管理、完善制度。

巡察工作

【概况】 2020年，全县通过常规巡察、专项巡察、巡察“回头看”等方式，139个巡察对象巡察全覆盖，发现问题621个，移交问题线索51条，给予党纪政务处分20人，督促完善村级财务监管、招投标管理等制度17项，推动县委县政府公有房产清理专项整治。以专项巡察促进专项治理，开展“六保”“六稳”、脱贫攻坚、民生保障、安全生产等领域专项巡察，率先开展脱贫攻坚专项巡察“回头看”并在全市推广。巡察经验做法多次得到市纪委监委、县委主要领导批示肯定。

【巡察工作创新】 2020年，大田县在全省率先开展“重点村”巡察，采取以乡带村延伸巡、统筹力量交叉巡、围绕中心专项巡等做法，运用“开放式”“问卷式”“点穴式”“即改式”“台账式”及墟日接访等方法，全年巡察6个重点村，巡乡带村32个，发现问题122个，解决一批群众最关心、反映最强烈的重点问题。建立巡察整改多部门联动监督工作机制，坚持定期梳理、联动监督、通报约谈等做法，梳理112个单位的整改情况，实地督查22个单位，发现问题96个，下发巡察整改督办单24份，督促巡察整改政治责任落实到位。大田县巡察工作先进典型做法在《中国纪检监察报》、《福建日报》、东南网、《三明日报》等媒体刊发报道。

（叶德墩）

大田县总工会

【概况】 2020年，大田县总工会新增工会组织19个、会员637人。年底，全县有工会组织573个，其中非公企业工会411个、国企工会20个、乡镇（园区）工会19个，会员2.9万人。当年，县总工会被省总工会和省应急厅联合授予“安康杯”竞赛组织工作优秀单位称号，被省总工会评为2019年度县级工会经审工作规范化建设“A级单位”，县职工服务中心医疗互助窗口被省总工会授予“五一先锋号”称号。

【县总工会十六届二次全委（扩大）会议召开】 6月22日，县总工会十六届二次全委（扩大）会议在县龙山宾馆召开，县委常委、统战部部长、总工会主席施正立出席会议。会议表决通过王景活等人替补为县总工会第十六届委员会委员、经审会委员，选举黄圣洁为县总工会第十六届委员会常务副主席。

【宣传培训班举办】 11月30日至12月2日，全市工会宣传思想和意识形态暨中共十九届五中全会精神宣讲骨干培训班在屏山大仙峰·茶美人职工疗休养基地举办，来自全市各县（市、区）总工会分管副主席、宣教部负责人、微信公众号编辑或新闻宣传通讯员及市总工会机关及直属单位相关人员40余人参加。市总工会党组成员、副主席、二级调研员陈映哲出席开班仪式。

【闽西南联盟“大学习”读书会举办】 12月14—15日，省总工会闽西南联盟“大学习”暨职工书屋主题读书会在屏山大仙峰·茶美人职工疗休养基地举行。省总工会宣教部领导、闽西南联盟市总分管宣教工作领导和宣教部负责人及县供电公司、华宇置业集团有限公司一线职工代表50余人参加活动。

【县政府与总工会联席会议召开】 12月24日，县政府与县总工会在县政府二楼会议室召开第13次联席会议。会议议定县财政拨付“金秋助学”补助资金10万元；在建党100周年开展“岩城工匠”评选表彰活动，由县新时代产业工人队伍建设改革工作领导小组负责组织实施。

【职工“五小”创新获奖】 2020年，县总工会组织87个职工创新项目，参加全省百万职工“五小”（小革新、小发明、小改造、小设计、小建议）创新大赛活动，获奖项目14个，其中一等奖2个、二等奖3个、三等奖9个，申报数和获奖数全市第二。

【劳动技能竞赛举办】 2020年，县总工会先后在县供电公司、公安局、消防救援大队、县烟草局、永安煤业有限责任公司、屏山乡政府等单位开展“中国梦·劳动美”技能竞赛，参与职工1000多人，评选出市“五一”劳动奖章1人、劳动标兵6人、劳动能手35人。

【职工关爱活动】 2020年，县总工会开展“四季四送”（春送岗位、夏送清凉、金秋助学、冬送温暖）、城镇困难职工帮扶、职工医疗互助等活动。为重点项目和环卫、交警等15家单位从事高温一线工作的职工送去防暑降温慰问品900余份、价值5.43万元。资助困难职工子女66人、价值11.9万元。医疗互助活动受益职工2222人次、补助金287.25万元。县总工会职工服务中心向企业发出《农民工工资支付提示函》《夏季防暑降温提示函》等526份，为职工提供法律援助10次，参与劳动争议案件调解38件。组织100名职工开展实用型技能培训，举办1场青年职工交友活动，建设1间医生休息室，向71名护工护理员等群体赠送爱心礼包，创建1个户外劳动者示范休息站，帮助30名环卫工人实现微心愿；组织4批次15名劳模参加省市级劳模异地疗休养，组织108名职工参加县示范性疗休养，安排21名县“十大攻坚会战”项目组一线职工参加省级职工疗休养；为“八大群体”一线女职工专项体检48人，为职工学龄前子女心脏病筛查4200人；举办困难职工子女暑托班2期；以城南小学为试点开展“四点半”课后服务，受益职工子女1296人。

【新冠疫情防控】 2020年，县总工会筹措专项资金7.19万元慰问疫情防控一线医务人员、援鄂医疗队员家属及参加疫情防控和监测的一线职工，筹集2万元慰问受疫情影响造成生活困难的职工，筹集3.46万元为在档困难职工发放一次性疫情生活补助；基层工会助力疫情防控，采购扶贫农特产品1.53万份，价值347.1万元，用于职工节日慰问；助力企业复工复产，减免店面租金22.5万元，全额返还小微企业工会经费21.3万元。

【工会成员荣誉获评】 2020年，国网大田县供电公司被中华全国总工会、应急管理部和国家卫生健康委员会联合授予“安康杯”竞赛活动优胜单位称号；省总工会授予县行政服务中心管委会省“五一”劳动奖状，授予屏山乡东方美人茶叶专业合作社茶叶加工班组省“工人先锋号”称号，授予大田五中体育教师李晓华省“五一”劳动奖章，授予县公安局干警陈君与宋建芬2020年福建省“职工最美家庭”称号，授予大田红狮水泥工会省级“模范职工之家”；龙山宾馆工会等8家工会被市总工会评为市级“模范职工之家”，县福乐盲人推拿中心按摩师范祯现被市人社局、市总工会授予2020年“三明工匠”称号。

（蒋鹏　曾玉珠）

共青团大田县委

【概况】 2020年，共青团大田县委围绕县委、县政府中心工作，以服务大局、服务社会、服务青年为宗旨，适应群团改革创新要求，推动团的各项工作。全县有基层团委44个，团员8700人。新发展团员601人，超龄退团56人。

【义务植树活动】 1月3日，团县委35名志愿者与县几套班子领导一起，在桃源镇赤头坂开展义务植树活动，累计植树3000多棵。活动倡议全县青少年广泛参与义务植树，共建绿色大田。

【快递从业青年服务月慰问】 1月16日，团县委工作人员到韵达快递开展2020年“快递从业青年服务月”慰问活动，了解快递网点春节期间工作安排和服务保障情况，并为快递小哥送去新年年货，鼓励他们加强学习，提升自己。同时，展示团组织的关怀与温暖，聆听新兴青年群体诉求，帮助解决困难和问题，维护青年权益。

【青晨社工入选集美大学实习机构】 4月22日，大田县青晨青少年社会工作服务中心入选集美大学社会工作专业2020年度专业实习机构，是厦门市外唯一入选的社工机构。集美大学与大田县签订对口支持协作框架协议，深化校地合作，传承和发扬陈嘉庚教育精神，续写集美师生与大田人民的历史情缘。

【法治知识网络竞赛】 5月1—4日，团县委联合县总工会、县融媒体中心，开展主题为“提高法治意识，共筑安全防线”的“庆五一、迎五四”法治知识网络竞赛宣传活动，全县青年团员、职工4300多人次参与。通过活动，营造法治学习氛围，推动平安大田建设。

【主题团日活动开展】 5月26—27日，团县委组织基层团委、青年文明号、青年突击队等团员代表30多人，赴永安安砂开展“绽放战疫青春·坚定制度自信”主题团日活动。代表们参观安砂镇红军渡口和苏维埃政府旧址，开展重温入团誓词仪式，进行“青春故事汇”事迹分享等。

【十佳小孝星颁奖活动】 6月2日，团县委联合县委宣传部、文明办、教育局、民政局、融媒体中心在城三小举行第三届“孝道故里·十佳小孝星”颁奖活动。王延等10名学生获“十佳小孝星”称号，连欢等7名学生获“十佳小孝星”提名奖。

【青年工作联席会议第一次全体会议召开】 6月18日，县青年工作联席会议第一次全体会议在县委党校一楼会议室召开。县委常委、统战部长、县青年工作联席会议第一召集人施正立，副县长、县青年工作联席会议召集人余维语，团县委书记黄璟岘，以及联席会成员单位分管领导参加会议。会议传达省、市青年工作联席会议第一次全体会议精神，对《议事规则》起草进行说明，审议通过《大田县青年工作联席会议议事规则（审议稿）》。

【禁毒防艾教育专项资助】 6月15日，团县委开展“无毒青春，绚丽人生”禁毒防艾宣传，参与2020年度全国青少年法治宣传、禁毒防艾教育专项资助网络投票活动。团县委团属青晨社工机构以3856票、第11名，从全国301家申报单位中脱颖而出，正式入围团中央2020年度青少年禁毒防艾教育专项资助范围。

【职工子女暑托班举办】 7月13日至8月7日，团县委联合青晨社工，为50余名职工子女提供暑期免费托管服务。根据不同年级的孩子分别设置语文、数学、英语、国学经典、书法、绘画手工、篮球训练、安全教育等课程，“教育”与“托管”相结合，寓教于乐，让职工子女过个有意义的假期。

【“围棋少年”公益围棋培训班举办】 8月26日，团县委举办“围棋少年”公益围棋培训班开班仪式，40余名围棋少年和11名围棋志愿教师参与培训，培训班以建档立卡贫困户儿童为对象，以志愿教师为服务输出主体，“扶贫必扶志”，通过“志愿教师培训+贫困儿童培训”的“双培训”模式，提升师生“边学边教”能力，帮助贫困家庭儿童了解围棋、学习围棋。

【第二集美学村主题教育活动】 10月16日，团县委联合县教育局、少工委、城二小在第二集美学村开展“从小学先锋，长大做先锋”主题教育活动，80多名少年儿童参加。活动以大田抗战文化为切入点，重温集美师生坚持抗战、烽火办学的故事，弘扬“爱国、诚毅、共建、勤俭”的嘉庚精神。

（王尧钦 陈敏敏）

大田县妇女联合会

【概况】 2020年，全县妇联组织305个，其中乡镇妇联18个、村（居）274个、非公经济组织6个、县直系统妇委会7个，县妇联专职妇干6人，乡镇妇联主席18人、村（居）妇联主席274人。当年，县总医院南院区针灸康复科、县职工服务中心被市妇联评为“三明市巾帼文明岗”；林笑容、肖晓梅、肖美超、黄宇婷、陈春梅、郑淑梅等6人被评为“三明市三八红旗手”。

【家庭家风建设】 1月10日，县妇联联合实验小学举办“大手牵小手——把好家风带回家”送春联活动；同月11日，联合县纪委、玉凤社区举办大田县“送春联、传家风、廉万家”廉洁文化进家庭活动。全年举办送春联活动4场，送出手写对联1000多副、“平安三率”年画500多份；线上线下开展普法宣传12期，巾帼志愿服务活动23场，发放维权宣传册3000余份。3月6日，县妇联在县妇联微信公众号展播5期《我们的节日》分享“五好家庭”故事，传承优良家风活动；3月8日，联合县法院、大田晋农商村镇银行开展“网上妇女儿童法律知识有奖竞答”活动，累计1079人次参与竞答。全年，县妇联发挥县级家庭教育讲师团30人队伍作用，把习近平总书记关于家庭、家风建设和社会主义核心价值观的论述融入，让科学的家庭教育理念得到传播，开展讲座83场，1.2万个家庭受益。当年，唐名高、连明琴家庭被评为“福建省文明家庭”，陈春梅、陈志锰家庭被评为“福建省最美家庭”，乔彩华、郑庆金家庭被评为“福建省五好家庭”，林笑容、肖晓梅、黄建钦、张丽美、陈君5个家庭被评为“福建省最美抗疫家庭”。

【疫情防控参与】 2月24日，县妇联走访慰问援鄂医务人员家属，为3户家庭送去慰问金和慰问品；6月30日，走访慰问疫情期间因公殉职村干部家属，送去妇联组织的关爱。当年，县妇联联合县融媒体中心联合制作《把好家庭防疫关》《大田嫂，请听着》《大田抗疫人》等视频，宣传疫情防控；全县各级妇联发挥妇联执委作用，组建巾帼劝导队376支，巾帼志愿者2300多人深入大街小巷开展巡回宣传和劝导工作，累计发放宣传材料15万份。制作宣传微信40期，总阅读量超过8万人次。

【妇女技能培训】 6月15日，县妇联联合县人社局、大田职业中专学校在广平镇元沙村举办的首期村级育婴员（月嫂）公益培训班。全年举办育婴员（月嫂）、保育员培训班19期，培训妇女1174人，获高级育婴员职业资格证30人、中级证164人，高级保育员职业资格证15人、中级证126人。县妇联联合县商务局、团县委举办电商培训班9期、510人，其中女性350人。

【“春蕾计划”活动】 8月，县妇联继续开展“春蕾计划”活动，3名女生获省2020年度“精准扶贫·春蕾圆梦”助学金1.8万元；1名女生获市2020年度“精准扶贫·春蕾圆梦”助学金5000元；1名学生获县妇联救助金2000元。

【县妇联十五届三次执委会召开】 12月4日，县妇联十五届三次执委会在县妇联会议室召开，县妇联常执委、乡镇妇联主席等30多人参加。会议选举副主席1人，执委会常委2人，增补执委委员7人。

【慰问关爱活动】 2020年，县妇联争取全国、省“两癌”（宫颈癌和乳腺癌）救助金15.7万元，救助农村“两癌”贫困妇女27人。以创新形式开展贫困留守儿童“雏燕”关爱行动暨“爱心家长”结对帮扶工作，发动各级三八红旗集体、巾帼文明岗、机关企事业干部、爱心人士245人结对帮扶全县191名贫困留守儿童。“六一”国际儿童节期间，募集到5家企业捐赠的关爱贫困留守儿童爱心物质200份。联合县妇幼保健院到广平、建设、济阳、谢洋、吴山、前坪等乡镇开展“两癌”免费筛查，为农村妇女免费筛查乳腺癌7244人、宫颈癌7064人。

【巧妇贷金融帮扶】 2020年，县妇联为支持妇女在疫情期间创业，创新推出“巧妇贷·家”产品，通过提升贷款额度、降低贷款利率，扩大贷款范围等举措服务妇女、服务家庭，全年发放“巧妇贷·家”贷款68笔，贷款金额675万元，其中妇女创业贴息11笔、155万元。

【巾帼助力茶产业提升行动】 2020年，县妇联组织人员采访县茶产业女能人，利用微信公众号宣传6名茶产业创业女性事迹，其中，2名制茶女能手事迹被《海峡姐妹》采用；2名制茶女能手事迹被学习强国采用。当年联合县农业农村局、县总工会开展茶艺培训5期、240余人；5月27日，联合举办大田县首届“大田美人茶”个人茶艺赛，评选县十佳茶艺师；7月3日，组织18名选手参加市个人茶艺大赛，3名选手进入市总决赛，分获一、二、三等奖；10月25日，组织2支茶艺队参加市妇联牵头举办的茶艺团体赛，均获二等奖。

【妇联组织创建】 2020年，县妇联围绕“党建带妇建”，在党组织“跨村联建”试点中推进片区妇联建设，成功组建片区妇联2个。当年在金融、家政、新媒体、农业产业发展等领域创建各具特色的“巧妇微家”6个。全县评选出五星级村（居）妇联14个，四星级村（居）妇联55个，三星级村（居）妇联96个。

（叶秀蓉）

大田县科学技术协会

【概况】 2020年，大田县科学技术协会（简称县科协）弘扬科学精神，普及科学技术知识，传播科学思想和方法，提高公众的科学文化素质。开展文化科技“三下乡”、全国科普日等科普宣传、青少年禁毒、全民科学素质网络竞赛活动，组织全县青少年科技爱好者参加各项科技赛事。

【文化科技“三下乡”活动】 1月16日，县科协在建设镇举办文化科技卫生“三下乡”活动，捐赠发放营养科学、农药施肥等科普书籍500多册，科普瓜刨150个，捐资5000元支持建设镇、村完善宣传文化硬件设施，开展宣传文化科技工作。

【禁毒宣传进校园】 6月23日，县科协联合县禁毒办、公安局、法院、总工会等单位在大田职专开展“无毒青春，绚丽人生”禁毒宣传进校园活动。活动采取参观禁毒展板和仿真毒品、设立禁毒宣传咨询台、设置禁毒知识有奖竞猜、学习禁毒手语操、小组互动游戏、集体宣誓与签名等方式开展禁毒宣传教育，县禁毒委成员单位分管领导、职专师生600余人参加活动。

【全民科学素质网络知识竞赛】 6—9月，县科协通过微信朋友圈、“福建科普”“科普中国”微信公众号，引导全县市民积极参与全民科学素质网络竞赛活动，参赛2万余人，参赛人次位居市第一，县科协获评福建省2020年“全民科学素质网络知识竞赛优秀组织单位”。

【青少年科技活动】 8月14日，县科协开展高校科学营活动，由县一中选派出10名学生参加复旦大学“云上科学营”分营活动。11月27日，市科协、市科技馆、县科协联合在均溪中心小学开展科普大篷车进校园活动，现场展示科技展品10余件、防疫宣传展板10余幅，派发防疫宣传手册300余册，吸引400余名师生参观体验。

【全国科普日宣传系列活动】 9月22日，县科协联合县委宣传部、县教育局、科技局、玛酷机器人科普教育基地等10个单位的科普志愿者在时代广场开展主题为“决胜全面小康，践行科技为民”的大田县全国科普日活动。9月24日，县科协联合县科技局等10个单位在武陵乡中心街开展2020年“全国科普日”乡镇宣传活动，发放宣传资料2000余份、宣传品500余份，群众咨询40余人次。

【科技辅导员培训】 10月22日，县科协选送1名优秀科技教师，参加2020年福建省青少年科学调查体验暨人工智能科普活动辅导教师培训班。当月，推荐3名科技教师申报省青少年创意编程与智能设计比赛评委人选。

【青少年科技类比赛获奖】 2020年，县科协选送的参赛项目在第35届三明市青少年科技创新大赛中，获青少年科技创新成果竞赛项目二等奖1个、三等奖1个，科技辅导员科教创新成果竞赛项目获三等奖1个，科幻画项目获三等奖2个。在福建省首届青少年创意编程与智能设计比赛中，县参赛项目获Scratch创意编程项目三等奖2个。

（廖凌凌）

大田县归国华侨联合会

【概况】 2020年，大田县归国华侨联合会（简称县侨联）以侨为本，为侨服务，履行群众工作、参政议政、维护侨益、海外联谊职能，发挥桥梁作用。全年接待华侨华人和考察项目客商2批、7人次，接待海内外客人5批、11人次。向上级争取贫困归侨侨眷帮扶资金5.06万元，资助贫困对象8人，慰问归侨侨眷21户次。

【县第七次归侨侨眷代表大会召开】 4月28日，大田县第七次归侨侨眷代表大会在县委党校一楼会议室召开，全县归侨侨眷代表60多人参加。县委常委、统战部部长施正立出席会议并讲话。连宝聪当选侨联第七届委员会主席，林廷喜当选为侨联第七届委员会专职副主席兼秘书长，陈滢、苏志坚、郑名胜、翟永昌、洪静文当选为兼职副主席。

【新冠疫情防控】 2020年，县侨联通过微信、新型传媒传递新冠肺炎疫情防控措施和入境隔离政策，及时向海外华侨华人发出“致大田海外乡亲的一封信”，宣传注意安全少出门，建议调整出行计划，引导暂缓回乡，做好解释工作，等等；登门入户走访侨胞亲属，通过他们向境外侨胞宣传疫情政策。入户走访侨胞亲属63人次，联系海外侨胞41人，协助对接海外侨胞返乡及落实观察措施8人，引导侨胞28人取消或暂缓回国。

【贫困户挂钩帮扶】 2020年，县侨联开展“百侨帮百村——联村助户”精准帮扶工作，争取帮扶款2.1万元，扶助挂钩村湖美乡旺建村7人。帮扶贫困归侨侨眷陈某、低保户章某争取省贫困侨专项资金4600元。争取华侨事务费2.5万元，用于宣传侨法、资助特殊困难侨眷和患病归侨。

【侨爱心公益活动开展】 2020年，县侨联开展“侨爱心365行动”等公益活动，鼓励、引导侨界热心人士为公益和慈善事业捐赠款物，年初新冠疫情防控期间，侨联兼职副主席陈滢为大田红十字会捐赠疫情防控消毒物品价值12万元。

（郑桂珠）

大田县工商业联合会

【概况】 2020年，大田县工商业联合会（简称县工商联）发挥工商联统战性、民间性、经济性的优势和桥梁、纽带、助手作用，促进全县非公有制经济发展。当年，新发展会员21个（人），至年底，有会员482个（人），其中，企业会员252个，个人会员208个，团体会员22个。会员中有省人大代表1人、市政协委员3人、市工商联执委14人、县人大代表7人、县政协委员30人。县工商联（商会）有大田永春、大田兴化、大田南安、大田安溪等4个直属商会，有福州大田、泉州大田、厦门大田、广东大田等4个异地商会，当年新增乡镇商会9个及商会乡镇分会9个。

【非公经济发展】 2020年，全县非公经济新增个体工商户4.11万户、注册资金14.72亿元、从业人员2.46万人，总数分别为6.63万户、33.26亿元、8.20万人；新办私营企业883家，新增注册资金

44.97 亿元、从业人员 4723 人，总数分别为 4640 户、255.08 亿元、4.21 万人。纳税超百万元民营企业 78 家，其中超 1000 万元的 15 家。167 家规模以上民营企业完成工业增加值 111.53 亿元，缴纳税金 5.64 亿元。15 家出口创汇企业出口创汇 2.22 亿美元。当年，全县非公经济产值（销售收入）371.77 亿元，比上年增长 3.79%。上缴税收 8.18 亿元，比上年增长 8.78%。

【非公有制经济人才培养】 2020 年，县工商联以县委“素质提升年”活动中为契机，多次利用主席轮值会、常执委会，对民营企业家进行主题教育，学习中共十九届五中全会精神、习近平总书记在企业家座谈会上讲话、全国民营经济统战工作会议精神。教育引导民营企业家永葆“闯”的精神，“创”的劲头，“干”的作风；多渠道开展“守法诚信经营、坚定发展信心”“亲”“清”政商关系教育等主题教育；搭建企业家沟通交流平台，组织企业家参加福州大田商会创投大会、“9·8”厦门投洽会，与永安市、安溪县工商联开展横向交流学习活动；组织县民营经济人士赴厦门大学开展为期 5 天培训研修，系统强化企业家的管理能力，提升民营企业家素质。

（李建政　郑彩虹）

大田县残疾人联合会

【概况】 2020 年，大田县残疾人联合会继续抓好残疾人扶贫、康复、就业、教育、宣传、辅具适配、文体、维权、专项调查等工作。9—12 月，开展二代残疾证到期核查及第三代残疾人证（智能卡）换发工作，年内换证 12283 本，新办 1913 本，注销 910 本。

【残疾人专门协会活动】 5 月，县残疾人联合会在“全国助残日”期间，联合福建居敬泽惠养老产业发展有限服务公司、县盲人协会等共同举办“助残脱贫，决胜小康”活动；县税务局慰问康贝启智教育中心的儿童；县特殊学校举行助残日欢庆活动。7 月，县智力亲友协会依托康贝启智教育中心开展“用爱传递心声”为主题的特殊儿童及家长心理讲座；开展第十四次“全国特奥日”活动，紧扣“参与特奥，促进健康”的主题，采取“小小特奥运动会”的线上比赛方式，设置丢沙包、纸杯运球 2 个比赛项目，智障儿童在家长们的指导参与下完成活动。

【残疾人就业】 8 月，县残疾人联合会举办残疾人实用技术培训 1 期、参训 50 人。当年，选送视力残疾人参加市级盲人按摩手法提高班培训 2 人、市级盲人推拿继续教育和业务培训 2 人。审核认定残疾人就业保障金征收的机关企事业单位 33 家，安置残疾职工 194 人，征收入库残保金 600 余万元。落实省残疾人联合会扶持残疾人就业创业政策，发放奖励金 58.85 万元；落实市残疾人联合会扶持残疾人就业创业政策，8 名残疾人获市级就业创业补助 4 万元；2 名发展生产经营的残疾人获小额贷款贴息 4325 元。

【公益助残活动】 9 月，县残疾人联合会在第 36 个教师节组织盲人协会志愿服务队在县特校开展“一双手推出健康，一颗心回报社会”公益按摩服务活动。当年，县盲人协会组织盲人推拿师在县社会福利院和县特校开展公益按摩 6 场。11 月，在建设镇开展精准康复辅具适配整乡推进服务活动，适配辅具 11 件、维修辅具 12 件，为 38 名残疾人办理残疾评定服务，辅具评估 130 人次，辅具适配宣传 130 人次。当年，全县助残志愿者队伍 1500 余人，服务残疾人 2000 余人次。

【疫情救助】 2020 年，县残疾人联合会对残疾人特殊群体的疫情防控和涉残机构复工复产指导，做好残疾人综合服务大厅、办公区域、公共区域等日常通风、消毒和办事人员体温检查、日报告等疫情防控制度落实。扶持受新冠肺炎疫情影响存在返贫风险贫困残疾人 30 户、43 人，补助 7.3 万元；慰问建档立卡户残疾人 42 户、63 人，补助 2.1 万元；扶持盲人按摩、辅助性就业、康复服务机构复工复产 7 家，补助 3.18 万元。

【残疾人康复服务】 2020 年，县残疾人联合会实施残疾人精准康复服务，将残疾儿童、建档立卡的重度残疾人和精神病人列为重点对象，优先纳入服务范围，提供辅助器具和支持性服务。帮助 148 名智力残疾儿童接受定点机构康复训练，补助 133 万元；为 280 名贫困精神病患者提供门诊服药补贴，补助 14 万元；为 68 名贫困精神患者提供住院医疗救助，救助 10 万元；为 2 名儿童实施人工耳蜗康复救助，为 6 名残疾儿童适配助听器、矫形器。全县有需要康复服务的残疾人全部得到康复服务，其中辅助器具适配 497 件，补助 41 万余元。

【残疾人教育】 2020 年，县残疾人联合会继续实施“助学工程”，为 4 名低保残疾人家庭子女和残疾学生提供就学补助 9000 元。实施国家彩票公益金助学项目（学前教育），补助 20 名儿童、6 万元。帮助残疾考生报名参加普通高考 5 人，其中申请合理便利（使用助行器、优先进入考点考场）2 人。支持县特殊教育学校和康贝启智教育中心发展，捐资 5000 元。

【残疾人精准扶贫】 2020 年，全县建档立卡残疾人 1390 户、1806 人（国定标准 1324 人、省定标准 482 人）均已脱贫。继续实施农村贫困残疾人安居工程项目，为 23 户残疾人家庭补助 27.6 万元，每户 1.2 万元。对 21 户符合无障碍改造条件的给予改造项目资金补助，符合省级改造的每户补助 1000 元，符合县级改造的每户补助 2000 元，合计发放补助金额 3.7 万元。

【残疾人保障】 2020 年，县残疾人联合会落实残疾人生活补贴或护理补贴 11.46 万人次，发补助资金 1015.97 万元；为 338 户、753 名“一户多残”残疾人发放补贴 45.18 万元；为 104 名一级重度肢体低保残疾人发放护理补贴，每人 2000 元，合计 20.8 万元；为 108 名残疾人发放燃油补贴 2.81 万元。全县参加居民养老保险残疾人 5571 人，持证残疾人均免费参加医疗保险，纳入城乡低保残疾人 1732 人，纳入农村“五保”328 人。灵活就业残疾人社会保险补贴 151 人，补助资金 54.14 万元。建立意外伤害保险残疾人 6726 人，理赔 52 人、15.99 万元。继续实施为民办实事项目“重度残疾人团体疾病保险”，全县符合条件 3560 人、每人保额 87.2 元，共 31.04 万元，至年底，理赔到位残疾人 244 人、补助 25.59 万元。

【残疾人托养服务】 2020 年，县残联实施省委、省政府为民办实事项目。为重度肢体、智力、精神残疾人提供居家养护补贴，每人补助 2000 元，机构托养每人补助 5000 元，市级叠加补助 5000 元。至 10 月底，为 200 名贫困重度残疾人发放居家托养补助金 40 万元；机构托养 12 人，补助 12 万元。

【组织建设】 2020 年，县残疾人联合会加强机关、事业单位、5 个专门协会及乡镇残联、村残协建设。18 个乡镇残联配有专（兼）职理事长和 294 个残疾人工作联络员，有 275 个村（社区）成立残协，东风农场因属企业性质划分为 4 个片区，新增 1 个专职残疾人联络员。乡镇和村级联络员工资补贴均列入县财政预算，残疾人工作列入乡镇政府年度绩效考核，并给予一定的工资补助；乡镇专职残疾人联络员工资每月提高至 1560 元，村级联络员每月补贴 100 元。

【残疾人专项调查】 2020 年，县残疾人联合会开展残疾人动态更新调查工作，完成持证残疾对象调查 1.2 万人，其中，手机终端信息采集完成 1.18 万人、电话调查 173 人，查无此人 6 人，已搬迁 18 人，外出 10 人，注销 287 人，无空挂户，手机终端信息采集率 98.59%。对 18 个乡镇随机各抽 1 个村（居）进行验收，均符合调查标准。

【残疾人维权】 2020 年，残疾人法律救助工作站聘请法律顾问 1 人，开展法律救助，健全残疾人信访工作机制，打造“968891”残疾人服务专线平台，做好日常信访接待工作。年内，会同县司法局法律援助中心为 3 名残疾人提供维权服务，办理法律援助案件 1 起，回复信访件 4 件。

【福乐家园建设】 2020 年，县残疾人联合会规范综合服务设施管理，继续扶持康贝启智教育中心、福乐盲人推拿中心，做好福乐家园入驻机构（福乐盲按中心）的公开招投标事宜，完善健全机构管理制度，充分发挥“福乐家园”最大效益。

（颜晓斌）

大田县国际贸易促进委员会

【概况】 2020 年，县国际贸易促进委员会（简称县贸促会），有会员企业 38 家，委员单位 40 个。会员企业涉及机械、电子、轻工、纺织、建材、商业、农业等行业。当年通过机构改革，县贸促会与商务局合署办公，实行统一领导、统一管理。

【理事会换届选举】 1 月 10 日，县贸促会按照省、市贸促会系统深化改革的部署，召开换届选举大会，参加会议的会员企业 38 家。选举产生新一届理事 10 人，企业副会长 3 人，专职会长、副会长各 1 人，并推荐 6 家企业担任市贸促会理事，1 家企业担任市贸促会副会长。

【贸促大讲坛培训】 1月17日，县贸促会组织2家企业参加三明贸促大讲坛第一期培训活动，指导县木制品出口企业积极应对反倾销和反补贴“双反”，避免在国际贸易摩擦中遭受不必要的损失。9月24日，组织2家企业参加在泰宁县举办的三明贸促大讲坛第三期培训活动，企业提出的办理海关相关业务的问题得到现场解答。12月4日，参加市贸促会与商务局联合举办“商务贸促大讲坛暨外商投资项目实操分享交流会”。

【经贸活动参加】 9月11—13日，组织大田县天香草木橼茶叶公司和江山美人茶业有限公司参加“第27届海上国际茶文化旅游博览会”，推介的大田美人茶获金奖，天香草木橼茶叶公司被中央电视台专访。11月6—8日，推荐2家企业参加“第17届中国（厦门）国际食品博览会”的“全闽乐购•乐购三明”特色展；12月5—6日，推荐3家企业参加在福州三坊七巷举办的“全闽乐购•乐购三明”有机食品展销会。当年，组织13家企业参加由中国贸促会主办的“中国—东南亚（缅甸）国际贸易数字展览会”“中国—中美洲及南太平洋地区国际贸易数字展览会”，由省贸促会主办的“第二届海峡两岸工商合作论坛”“2020福建—海上丝绸之路国际经贸合作对接会”等8场线上展、博会，为企业寻找合作伙伴，搭建新的交流平台。组织县特色企业参加“21世纪海上丝绸之路博览会暨海峡两岸经贸交易会”“中国（福建）消费品全球采购交易会”“中国国际投资贸易洽谈会”“福建—海上丝绸之路国际经贸合作对接会”“中国国际进口博览会”等经贸活动。参与省贸促会主办的“海峡两岸工商合作论坛”，邀请台湾相关商协会和企业家代表到大田考察，拓展闽台经贸交流，促进两岸经贸成效。

【经贸预警和外诉排查】 2020年，大田县菲得美机械制造公司由省贸促会新设立经贸预警联络点，全年推送各类经贸预警信息300余条。县贸促会配合县重大招商活动，开展外诉案源潜况排查工作，营造良好的营商环境。组织企业参加“优化营商环境政企对话（福建专场）”线上活动、“中美经贸摩擦应对和法律风险防范（福州）培训班”线下讲座等各类线上线下商事法律培训服务，帮助企业加深对国际贸易法律知识及相关政策的理解。

（陈燕秋）

计划生育协会

【概况】 2020年，大田县计划生育协会（简称县计生协）落实全面两孩政策，鼓励按政策生育。推进计生法律援助，开展计生户法律维权5起，调解民事纠纷20件，为计生户挽回经济损失35万元。县、乡镇计生协会走访慰问计生户200多户，发放慰问金20多万元，分发优生优育优教、生殖健康“蓝氧”、计生法规等宣传资料8万份，接受优生优育、法律咨询3000多人次。

【计生宣传服务活动】 1月，县计生协联合县卫健局开展“把健康带回家”流动人口卫生计生关怀关爱专项行动，以及“健康幸福过大年”宣传活动。结合“文化科技卫生”三下乡活动、健康扶贫、农村留守儿童健康关爱等活动，举办启动仪式2场，开展关怀关爱活动7场，组织健康讲座6场，开展义诊活动12场，发放健康包2360个，现场问卷回访420人次，走访慰问回访73人次，留守儿童健康体检62人次、心理辅导59人次、家长培训辅导48人次，免费为群众测量血糖血压240人次，发放避孕药具2000余盒，发放健康宣传资料3300多份。

“5•29”会员活动日期间，联合县卫健局在建设镇、桃源镇开展以“会员心向党，建功新时代”为主题的义诊宣传服务活动，义诊260余人次，免费提供价值1.5万元的药品，接受现场咨询450余人次，发放宣传资料1800份、宣传品1000余件。

“7•11”世界人口日期间，联合县卫健局、均溪镇人民政府、县妇幼保健院、县疾病预防控制中心、均溪镇社区卫生服务中心等部门开展以“共建婚育文明、共享美好生活”为主题的宣传服务活动，发放宣传资料3500余份，解答群众咨询400余人次，为群众测量血压血糖等服务280人次，发放宣传品1500余份，发放避孕药具1200余份。

【市计生协领导到县调研】 10月27日，市计生协会党组书记、会长吴金容与常务专职副会长陈荣得等一行14人以及市各大医疗机构医生专家7人到桃源镇开展“五送”（送医药、送法援、送文艺、送知识、送温暖）等宣传服务活动。会长吴金容还组织市、县两级协会领导干部到赤头坂森林康养基地调研。

【计生家庭关爱工作】 2020年，县计生协实施安居工程，为12户农村二女户家庭发放建房补助金27万元，其中为3户农村二女贫困家庭争取省、市、县计划生育协会建房补助金18万元。开展“金秋助学”活动，为3名贫困二女户学生争取省计划生育协会助学金，每人每年资助5000元；为9名农村二女户学生争取市计划生育协会“圆梦女孩”助学金，每人3000元；为11名农村二女户学生发放县计划生育协会“圆梦女孩”助学金，每人2000元。

【计生保险】 2020年，县计生协推进计生保险工作，为8.67万户符合条件的计生投保对象办理意外伤害保险456.37万元；为3100户符合条件的计生投保对象办理意外伤害保险手续，投入保险资金31万元。开展计生失独家庭父母住院护理补贴保险，为30户计生失独家庭父母投保住院护理补贴保险金合计9万元，为计生失独家庭提供保障。

【儿童早期教育示范】 2020年，县计生协依托均溪、石牌、广平、文江等4个镇当地幼儿园创建儿童早期教育示范项目点，结合“六一”儿童节等重要节日，开展科学育儿知识讲座和亲子活动。全年开展科学育儿知识讲座20次，接受人口早期教育感觉统合训练儿童2000人次。

【青春健康俱乐部建立】 2020年，县计生协在县一中建立青春健康俱乐部，在职业中专、六中、鸿图中学、五中、一中举办讲座8场，1000余人次参与；开设“青春健康成长之道”课程8期，受益414人；举办“沟通之道”培训8期、受益424人；发放青春健康宣传品5000余份。

【生殖健康咨询服务】 2020年，县计生协利用妇幼保健院开展生殖健康咨询服务，继续承担国家计生协会“创建幸福家庭——生殖健康援助行动‘蓝氧’项目”试点工作，免费为800名育龄妇女“蓝氧”治疗927人次。

（詹静）

红十字会

【概况】 2020年，县红十字会弘扬“人道、博爱、奉献”的红十字精神，紧扣 “三救”（应急救援、应急救护、人道救助）、“三献”（献血液、造血干细胞捐献、人体器官捐献）的工作重点，开展应急救护“六进”（进社区、进农村、进学校、进企业、进机关、进家庭）活动，开展应急救护知识，普及培训12场，培训3527人次，发放宣传材料3500份，营造“人人学急救、急救为人人”的良好氛围，推进社会救助活动，促进红十字事业发展。当年，组织2017人次无偿献血69.69万毫升；为4名患有白血病的本县贫困家庭儿童，申请中国红十字基金会“小天使基金”。

【"博爱送万家"活动】 12月，县红十字会根据市红十字会“99公益日”募捐与配捐款拨付的4500元，开展“红十字博爱送万家”活动，慰问均溪镇上华村9户、36人，每户500元；接收市红十字会“博爱进万家”慰问物资5件，慰问奇韬镇5户、20人。

【新冠疫情捐赠】 2020年，县红十字会有序开展疫情防控工作，向社会公开募捐。至年底，共接受疫情防控社会捐赠311.45万元，其中资金103.19万元，物质价值198.26万元。款物除有特定捐赠意向的，其余县疫情防控指挥部统筹安排使用。

【“99公益日”募捐】 2020年，县红十字会开展2020年“99公益日”募捐活动，“爱过年·在三明”项目266人募捐2842.89元，“救在身边·三明可以”项目315人募捐1.34万元。

（范玉娟）

大田县关心下一代工作委员会

【概况】 2020年，大田县关心下一代工作委员会（简称县关工委）围绕健全“党建带动关工委建设”工作机制，推进基层工作提升年活动，提升基层关工委领导班子、组织覆盖面、“五老”队伍、工作保障。年底，全县有基层组织关工委357个，其中，乡镇18个、县直机关11个、民营企业10个、村265个、社区8个、中小学45个；报告员、校外辅导员、帮教员、家教员、科教员、文化市场督导员等“六大员”1200余人。基层关工委80%达到或基本达到“五好”活动要求。

【青少年法制教育】 2020年，

县关工委收集青少年关切的问题160个，制成学校法治教育“菜单”，由24名兼职法律教师分题备课，举办各类法治讲座、报告会25场。牵头组建县青少年法律咨询室，由14名兼职法律教师为师生提供全天候、全义务、全过程、全方位法律服务。开办“本周说法”法治教育电视节目，其中《为青春护航》《为了花儿不再凋零》《用安全呵护未来》等节目成为反复使用的法治经典教材。结合扫黑除恶、电信诈骗等主题持续开展“带法回家”活动。以全国宪法日、全国普法宣传日和禁毒日、道路交通安全日以及消防安全日等为契机，开展《中华人民共和国宪法》及《中华人民共和国未成年人保护法》等宣传活动。

【“中华魂”主题教育】 2020年，县关工委宣讲团到学校开展“中华魂——科技托起中国梦”主题教育宣讲活动，开展“中华魂”主题宣讲活动13场，参与师生和家长4000余人次；联合县教育局举行“中华魂”主题演讲比赛，选拔优秀选手代表3人参加市关工委举办的“中华魂”演讲比赛。

【青少年思想道德建设活动】 2020年，县关工委与有关部门联合建设“大田县闽中康养中心孝道敬老志愿服务实践基地”，开展孝道敬老志愿服务活动，利用国庆节、重阳节等节假日，组织学校师生到“孝道敬老志愿服务实践基地”闽中康养中心开展节日慰问、文艺演出活动7场次。利用清明、“七一”、国庆，以“清明祭英烈”、传唱革命歌曲、讲革命故事、开展“党史国史”讲座等形式，开展革命传统教育，传递革命精神；利用“西河祠（中共闽中工委会址）传承红色基因教育基地”和“第二集美学村”国家级抗战遗址、全省关心下一代传承红色基因教育基地，开展传承红色基因教育。通过文娱表演、宣讲、演讲比赛等活动，开展“风展红旗如画，传承红色基因”系列活动；通过“新时代好少年”“中华优秀传统文化传承”“学雷锋”“阳光成长”心理健康教育、“爱心圆梦”等开展“扣好人生第一粒扣子”主题教育实践活动。新冠疫情期间，联合民政、法院、公安、教育、团县委等部门和县一中、鸿图中学、梅山中学等学校老师，为青少年提供疫情防控常识、心理辅导、学习和生活等方面帮助；以疫情防控期间的实践和抗疫“逆行者”的先进事迹为主教材，开展爱国主义教育活动。

【扶贫助学】 9月，福建省关心下一代“福光助学金”2020年度大田县发放仪式在县一中举行，为10名品学兼优的一中家庭困难学生发放每人2000元的助学金。当年，县关工委为12名家庭困难学生发放助学金1.08万元，为2名特困学生向“福万通慈善基金会”争取到助学捐赠金各1000元。

【未成年人关爱帮扶】 2020年，县关工委与有关部门联合，发动社会各界力量，对留守、困境“两童”进行“一对一”“多对一”帮扶。协助服刑人员家属办理低保手续和事实无人抚养儿童生活定补手续，并联络1名中学女教师和3名女法官分别担任心理辅导老师和“代理家长”，构建“家庭—社会—学校”三位一体的关爱机制。协助石牌、梅山、广平、湖美等乡镇7名“两童”办理低保和孤儿补助，送县福利院抚养1人；为遭受校园欺凌的留守学生提供法律援助和心理辅导1人；协助解决上户口、入学、报考等困难的儿童4人。10月18日，牵头厦门等地爱心企业家来县开展“扶志助学”活动，为52名特困学生提供精准帮助，赠送励志图书、开展心理疏导、发放慰问款和物品。

【未成年人帮教转化】 2020年，县关工委经过多年的帮教工作经验总结，形成“担任合适成年人—结对子—监所探访慰问—帮助重返学校或安排工作—跟踪帮教”的“二龙合一”(司法一条龙、社会一条龙)工作机制。对问题未成年，通过配合学校对学生进行心理干预、不定期慰问关怀、帮忙解决实际问题等形式，取得良好效果。11月27日，帮助1名刑满获释未成年人解决复学问题。当年，担任合适成年人3次。

（周调产）

大田县老科技工作者协会

【概况】 2020年，县老科技工作者协会（简称县老科协）团结和组织县离退休老科技工作者继续发挥自身潜能和优势，为建设大田献智出力。当年，有农林水、工业企业、水利水电、医疗卫生、科教文化5个专业分会和均溪、桃源、上京、建设、广平5个乡镇分会。会员276人，其中，高级职称56人，中级职称173人。女科技工作者43人。建有兴峰生态农业发展有限公司、济阳泮林农林场、谢洋珍山农林开发有限公司、早兴昆山油茶合作社、永岩家庭农场和永强家庭农场科普示范基地6个。

【县老科协三届三次理事会召开】 1月6日，县老科协召开三届三次理事会，顾问、理事20人参加。会议学习习近平总书记对老科协工作的重要批示，学习中共十九届四中全会精神和孙春兰副总理在纪念中国老科协成立30周年座谈会上的重要讲话，传达贯彻省、市老科学年会精神，总结2019年工作，部署2020年工作。会议通过5名新会员，选举增补蒋丽华、柳奕积为三届理事。

【省老科协领导到县调研】 7月20—21日，省老科协副会长陈竹丛一行5人到均溪镇温镇村、华兴镇仙峰村考察农业科技示范项目实施情况及工作调研，市老科协秘书长杨家鑫，县委常委、县统战部部长施正立，县科协主席田仁芳陪同调研。

【林业科技示范项目调查研究】 8月13日，县老科协组织12名中、高级职称老科技工作者对林业科技示范项目开展调查研究。调研组到桃源国有林场调研杉木大径材培育技术、杉木速生丰产林栽培技术和套种珍贵树种营林技术。到赤头坂调研林下种植铁皮石斛、金线莲、富贵子等中药材，食用菌和森林康养旅游项目。

【台湾水果示范基地建设】 2020年，县老科协向省老科协申请专项资金10万元，扶持兴峰生态农业发展有限公司在华兴镇仙峰村建立台湾水果示范基地，引种台湾红心火龙果1公顷，天黄星百香果1.67公顷。

（郑月明）

大田县老区建设促进会

【概况】 2020年，县老促会本着“当好配角，有为不越位，量力而行”的原则发挥自己的参谋助手、桥梁纽带、平台载体作用，当好党政老区工作的智囊团、助推器和老区人民的知心人，建言献策，拾遗补漏，努力化解社会矛盾，促进社会和谐。

【《大田县革命老区发展史》出版】 2020年，县老促会与县政协联合出版《大田县革命老区发展史》，以老区发展为主线，按编年体与纪事本末体相结合架构，分别为新民主主义革命时期、社会主义革命和建设时期、改革开放和社会主义现代化建设新时期3个部分记录历史进程，全书13章、22万字，图片60多幅。

【林大蕃烈士纪念馆装修竣工】 2020年，县老促会向省民政厅老区办争取到20万元，市老区办10万元，对原中共闽中工委遗址上建设的林大蕃烈士纪念馆完整装修，已竣工验收；筹款4万元，雕刻林大蕃烈士半身石像一尊，置放于馆前以供瞻仰。

【协助武陵老区铸造集中区建设】 2020年，县老促会筹款2.5万元，对武陵老区大石铸造集中区道路两旁进行种树绿化；并牵头组织协调该区6家企业筹款15万元，建造大石铸造集中区门牌1座、集中区党员活动室1间。

【老区革命后代及贫困学生助学】 2020年，县老促会争取黄仲咸助学金8万元，发放到县一中、五中、鸿图中学80名品学兼优的革命（烈士）后代学生及贫困学生手中。

（林生钟）

大田县个体私营企业协会

【概况】 2020年，全县新增个体工商户4.11万户，注册资金14.7亿元；个体户总数6.63万户、注册资金33.25亿元。分别比上年增长131%、64.93%。新增私营企业883家，注册资金44.97亿元；私营企业总数4650家，注册资金355亿元，分别比上年增长0.26%、33.46%。

【会员服务】 2020年，县个体私营企业协会搭建服务平台，实施商标和标准化战略，引导特色农业经营企业申报地理标志产品、地理标志证明商标等，扶持农特产品发展。年底，共有“大田高山茶”“大田雪山萝卜”“大田金阳生姜”“大田华兴茶油”“大田济阳黄花菜”等地理标志证明商标5件。组织走访企业200多户，接受咨询1000多人，分发宣传材料1500余份，通过微信和短信平台发送年报信息2万多条。

【非公党建工作】 2020年，县个体私营企业协会注重发挥党建在个私经济发展中的引领作用，倡导会员企业成立党支部，强化非公有制党建工作。年底，全县有非公企业409家，已组建党组织173家，（单独组建55个、联合组建118个），覆盖企业354家，覆盖率86.55%，共有党员813人。

【抗疫防疫】 2020年，县个体私营经济抗击新冠疫情，积极履行社会责任，落实防控措施，做好员工抗疫防疫工作和宣传引导，捐款（捐物）75万多元。

（范宜瑞）

大田县消费者权益保护委员会

【概况】 2020年，县消费者权益保护委员会（简称县消委会）加大《中华人民共和国消费者权益保护法》《中华人民共和国反不正当竞争法》《中华人民共和国产品质量法》等法律法规的宣传力度，开展纪念"3·15"国际消费者权益日、"3·15"绿色家装消费宣传等活动，提高消费者消费风险防范意识和自我保护能力。

【新冠疫情防控】 2月13日，在新型冠状病毒疫情期间，县消委会工作人员在春节假期坚守岗位，及时受理涉疫投诉举报。根据消费者来电反映市面抢购大米的情况，立即上街巡查，配合城关、均溪市管所执法人员对抢购大米的群众进行宣传，及时制止抢购大米的行为，保持粮食价格的稳定。并对消费者反映的口罩、酒精价格等问题，在第一时间内解决。疫情最严重期间，共受理涉疫投诉举报64起，为消费者挽回经济损失280元。

【"3·15"国际消费者权益日活动】 3月15日，县市场监督管理局、消委会应对新冠疫情期间的特殊性，改变以往组织各有关部门和企业及个体户开展现场宣传咨询活动的形式，召集城关、均溪市管所执法人员到城区各商店进行以"凝聚你我力量"2020年消费维权年主题及有关法律法规的宣传活动，发放宣传材料300多份、接受消费者咨询6人次；在县电视台和城区各大LED屏幕滚动播出新《中华人民共和国消费者权益保护法》及消费维权知识，在各辖区及各大超市门口悬挂"3·15"宣传条幅12条，发放宣传材料200多份。

【绿色家装宣传活动开展】 3月，县消委会围绕2020年"凝聚你我力量"消费维权年主题，聚焦消费难题，通过微信平台的线上方式在全县范围内开展"3·15"绿色家装消费宣传活动。主要内容有"绿色家装"消费知识网络有奖竞答、行业热点问题有奖问卷调查、专家咨询团网络直播咨询等，活动约300人次参与，提高消费者在家装消费方面的风险防范意识和自我保护能力。

（涂联文）

大田县老年人体育协会

【概况】 2020年，全县有老年人体育协会（简称县老体协）332个，其中县老体协1个、直机关部门15个、社区8个、各行业俱乐部15个、乡级19个（东风农场1个）、村（居）级274个。老体协会员3.21万人，其中城区6251人。县老体协遵循"促进城市，发展农村，重在基层，面向全体"的老年体育工作方针，弘扬"献爱老心，架康乐桥"的老体协精神，开展康乐家园创建工作，创建率达91.7%；辅导员站（点）建设实现全覆盖；广平镇气功八段锦代表队参加市气功八段锦展示获优胜奖；县老体协气排球女队参加市老年人女子气排球交流活动获优胜奖（第一名）。

【老年人健身康乐家园创建】 6月18日、23日，县老体协第37次年会暨创建"老年人健身康乐家园"工作推进会分别在太华镇镇政府和县老体协会议室召开，县领导陈剑生、王怀斌、杨兴和到会指导。会后，全县18个乡镇均召开老体协工作会议，传达贯彻会议精神，对当年的创建工作精心组织、全面规划、分步实施、制定政策措施，明确责任人员，具体落实到创建村（居）。至年底，全县19个乡镇（场）、274村（居）创建"康乐家园"254个，创建率92.7%，9个乡镇创建率达100%。其中，获省级康乐家园称号27个，市级称号59个。

【健身培训机构与队伍建设】 2020年，全县老年人健身培训机构组织网络基本形成。19个乡镇、场，县直机关、企事业系统老体协共设立老年健身辅导站34个，15个项目俱乐部主任系县老体协总站成员负责培训，274个村（居）设老年健身辅导点。至年底，全县有健身辅导员895人，其中，国家级社会体育指导员6人、一级17人、二级92人、三级491人，基本实现平均每个村有2—3名的健身辅导员。

【健身展示交流活动开展】 2020年，老体协在疫情防控进入常态化阶段，在保证健康和安全基础上，逐步恢复各项活动的开展。城区每季度举办“六球一棋一牌”流动展示，华兴镇、建设镇、上京镇、屏山乡、济阳乡承办各自大片区联谊活动。重阳节前后，县老体协在仙亭山森林公园举办“全民健身促健康，同心共筑中国梦”重阳节健步走活动。气排球俱乐部举办荣获“全国老年气排球之乡”称号五周年气排球展示交流活动，全县19支球队，近150名气排球爱好者参展。管弦俱乐部在老年文体休闲中心开展“迎中秋、庆国庆”管乐合奏、四重奏及各种器乐的独奏展示交流活动。拳剑俱乐部在体育中心篮球馆举办2020年会员年会，来自各晨练点和部分乡镇会员160多人参加。广平镇老体协、桃源镇老体协和县老体协拳剑俱乐部三家联欢活动在广平镇镇政府篮球场举行。拳剑俱乐部在县体育场组织会员开展庆祝第四个“世界健身气功日”八段锦展示活动，有健身气功爱好者100多人参加。

【老年体育信息宣传工作】 2020年，县老体协刊发《老体协简报》12期，报送省、市老体协资讯40篇，被省老体协刊物采用7篇、被市老体协采用38篇。2020年度信息工作评比，拳剑俱乐部获一等奖，梅山镇、奇韬镇获二等奖，太华镇、广平镇、乒乓球俱乐部获三等奖。

（林克雄）

政法和平安建设

【概况】 2020年，大田县政法各单位以建设更高水平“平安大田”为主线，以实施“六大攻坚战”（维护政治安全稳定、优化法治社会环境、扫黑除恶专项斗争、打击治理电信诈骗、基层社会综合治理、新冠疫情社会稳定）为抓手，全力以赴战疫情、防风险、保安全、护稳定、促发展，开创平安建设新局面。完成全国、全省、全市“两会”等重大活动安保和教育转化试点工作任务。全年没有发生重大公共安全案（事）件、无精神障碍患者肇事肇祸案（事）件。下半年，全县群众安全感、扫黑除恶成效评价率、执法工作满意率分别达99.08%、97.94%、99.36%，其中执法工作满意率位居全省第一位。大田县在全市平安县（市、区）考评中获一等奖、全市第一名。

【平安建设与维稳工作】 2020年，县政法各单位主动投身疫情防控工作，牵头负责社会安定稳定组并全力配合交通检疫组工作，推进依法防疫抗疫，运用大数据精准防控，实行网格化群防群治，为疫情防控取得“零感染”“无疫区”成果作出贡献。开展信访工作“三百行动”（百位主官大接访、百家单位大排查，百日攻坚化积案）“四门四访”（开门接访、进门约访、登门走访、上门回访）活动，省市级交办的5件信访积案100%息访息诉，无发生进京到非接待场所上访事件，信访秩序持续好转，连续两年被国家信访局授予信访工作“三无县（市区）”称号。坚持和发展新时代“枫桥经验”，深化提升品牌调解室、特色调解室和乡贤评理室，全年排查调处矛盾纠纷1879件，成功化解1874件，成功率99.7%。建成大田县平安建设宣传教育基地，平安建设基础不断夯实。推进“六无”村（社区）建设，获评“六无”村（社区）126个，同比增长43.2%。

【扫黑除恶专项斗争】 2020年，县政法各单位深入开展“六清”行动和“八个专项”治理，全县共破获涉黑涉恶刑事案件93起，抓获涉黑涉恶犯罪嫌疑人117人，打掉涉黑组织1个、涉恶犯罪团伙1个，查封、扣押、冻结涉案资产近13.5亿元，处理党员和公职人员涉黑涉恶腐败等“五类问题”18人（次）。创下打掉涉黑组织、破获涉黑涉恶刑事案件、涉黑涉恶腐败和“保护伞”案件立案、查封冻结扣押的各类涉黑涉恶案件资产数量“四个全市第一”的战果。

【涉网违法犯罪打击】 2020年，县政法各单位主动承接三明市网络生态治理中心建设，配套成立网络生态治理保障中心和后生仔（福建）实业有限公司，集中网安、技侦、图侦等各类警力资源，全力开展“断卡”行动，打深、打透、打断网络违法犯罪，实现末端打击向源头治理、单纯打击向生态治理转变，得到省委常委、政法委书记罗东川的批示肯定。全县立案电信网络诈骗案件205起，同比下降33.9%；抓获犯罪嫌疑人98人，同比上升15.3%。

【违法犯罪打击】 2020年，全县公安机关破现行刑事案件536起，破案率45.7%，比升5个百分点。检察机关全年共办理各类案件1454件，其中，依法审查逮捕各类刑事犯罪218人，审查起诉389人，办理民事、行政诉讼、刑事执行监督及公益诉讼案件112件。审批机关全年共受理各类案件5510件，审执结5302件，结案率96.23%。

【打击网络新型违法犯罪工作会召开】 1月21日，全县打击治理电信网络新型违法犯罪工作会议在县政府五楼会议室召开，37个联席单位及18个乡（镇）主要领导参加。县委书记陈文华出席会议并讲话；县委常委、政法委书记茅有温传达中央政法工作会议和全国打击治理电信网络新型违法犯罪工作电视电话会议精神，通报大田县打击治理工作情况；县政府副县长、公安局局长刘阳辉安排部署打击治理电信网络新型违法犯罪工作。县长林金龙主持。

【平安建设（综治工作）责任书签订】 2月12日，县委、县政府在县政府五楼会议室召开2020年度平安建设（综治工作）和生态环境保护目标责任书签订仪式。县委书记陈文华、县长林金龙、县委副书记连仁魁及县几套班子分管领导出席会议。会上，连仁魁宣读《关于表彰2019年度平安乡（镇）和平安先进单位、平安单位的决定》，县委常委、政法委书记茅有温通报2019年度平安建设（综治工作）责任书落实情况，县委书记陈文华就做好2020年度平安建设（综治工作）作强调讲话。

【县委政法工作会议召开】 3月11日，全县召开县委政法工作暨推进市域社会治理现代化和扫黑除恶专项斗争会议。县委常委、政法委书记茅有温，县人大常委会副主任郑宜堆，副县长、公安局局长刘阳辉，县政协副主席陈钦梅等领导出席会议。县委政法委员会委员、县直有关部门分管领导、各乡（镇）党委政法委员等63人参加会议。会上，县委常委、政法委书记茅有温总结回顾2019年全县政法工作，分析当前形势，安排部署2020年县委政法工作。县人大常委会副主任郑宜堆主持。

【省委、市委政法委领导到大田调研】 4月27日，市委常委、政法委书记纪熙全到大田调研。纪熙全对三明市网络生态治理中心（大田）项目建设给予肯定。7月2日，省委政法委副书记、省扫黑办主任马必钢一行3人到大田调研。马必钢对大田开展扫黑除恶专项斗争所取得的成绩给予肯定。11月23日，省委常委、政法委书记罗东川到大田调研平安建设工作。罗东川对三明市网络生态治理中心（大田）项目建设给予肯定。市委常委、政法委书记纪熙全，县委常委、政法委书记茅有温陪同调研。

【信访、扫黑除恶和反恐怖工作会召开】 5月14日，全县信访工作联席会、扫黑除恶“六清”行动暨挂牌督办案件推进会和反恐怖工作会在县政府五楼会议室召开。县平安建设领导小组成员单位、各乡（镇）党委书记等64人参加。县委书记陈文华主持会议并讲话。副县长、公安局局长刘阳辉传达全市反恐工作视频会议精神，部署2020年反恐怖工作；县委常委、政法委书记茅有温传达全国和全省、全市扫黑除恶专项斗争工作有关会议精神，部署二、三季度扫黑除恶专项斗争工作；会议传达全市信访工作会议精神，通报全县信访工作情况，部署全国“两会”期间信访工作。

【全国扫黑办特派督导组到大田调研】 7月27日，全国扫黑办特派督导组组长杨建平一行3人到大田调研扫黑除恶专项斗争工作并召开座谈会。调研组一行在副市长、公安局局长王锡章，县委常委、政法委书记茅有温陪同下，到扫黑办、经融办、公安局、自然资源局、太华镇实地督导扫黑除恶工作开展。杨建平对大田开展扫黑除恶专项斗争所取得的成绩给予肯定并作出下一步的工作要求。

【政法综治维稳工作会召开】 8月14日，县委政法委召开县委政法委员（扩大）会议暨上半年全县政法综治维稳工作会议。县委政法委员会委员、乡（镇）党委政法委员、县政法各单位等有关领导38人参加会议。县委常委、政法委书记茅有温主持会议。学习了习近平新时代中国特色社会主义思想和《中国共产党政法工作条例》，总结了上半年政法工作，分析面临形势和存在问题，研究部署下半年政法工作。

【集中警示教育活动动员会召开】 8月18日，县委政法委召开全县政法队伍开展“五查五看”（查政治站位不高、政治敏锐性不强的问题，看是否做到守入党初心、保持奋斗精神；查党性觉悟不高、纪法观念不强的问题，看是否严守党纪法规底线、接受道德约束；查作风效率不高，宗旨意识不强的问题，看是否树立群众观念、立足本职奉献；查严管标准不高、监督责任不强的问题，看是否做到履行“一岗双责”、强化监督制约；查群众满意度不高、工作推进不强的问题，看是否做到严格执法公正司法、履行岗位职责）集中警示教育活动动员部署会议。全县政法各单位、信访局班子及相关科室负责人共186人参加会议。县委常委、政法委书记茅有温主持会议并作动员讲话。

【省见义勇为基金会领导到县走访】 9月21日，省见义勇为基金会副会长张琦一行4人实地走访华兴镇张墘村见义勇为先进模范邱斯煌，并送上慰问金。市见义勇为协会会长黄子林，县委常委、政法委书记茅有温等陪同。经现场走访确认，11月，省见义勇为基金会下拨5万元救助金，帮助邱斯煌解决生活困难。

【县领导调研政法队伍建设工作】 9月25日，县委书记陈文华到县政法各单位调研政法队伍建设工作并召开座谈会。县委常委、政法委书记茅有温汇报了全县政法队伍建设工作总体情况，县法院、检察院、公安局、司法局、信访局等单位主要负责人分别汇报本单位队伍建设工作情况。县委书记陈文华对全县政法队伍建设方面的特色、亮点以及成效予以肯定。县委常委、政法委书记茅有温参加调研。

【全县信访工作联席会召开】 9月25日，全县信访工作联席会议暨中秋国庆期间安全稳定工作部署会在县政府五楼会议室召开，各乡（镇）党委书记、县直有关单位主要负责人等64人参加。县委书记陈文华出席会议并讲话。县委常委、政法委书记茅有温对开展集中治理重复信访、化解信访积案专项工作和中秋国庆期间安全稳定工作、中共十九届五中全会保障工作安排部署。副县长、公安局局长姜妍主持会议。

【全县平安建设业务培训班举办】 9月27—28日，县委政法委在县委党校举办为期2天的平安建设业务培训班，各乡（镇）政法委员，县政法各单位、信访局分管领导，干警代表等40余人参加培训。县委常委、政法委书记茅有温出席开学式并讲话。

【推进市域社会治理现代化经验】 10月21日，大田县推进市域社会治理现代化经验被人民网“共建共治共享·守护福建平安”系列访谈专访，当日群众点击阅读量突破10万人次。

【第四轮省级平安县创建工作验收】 11月24—25日，省委政法委委务会议成员、省平安办成员郑辉一行3人到县开展第四轮省级平安县验收。郑辉对县在夯实基层基础、创新社会治理、推进扫黑除恶专项斗争和打击涉网犯罪等方面取得的良好成效给予肯定。市委政法委副书记方艺，县委常委、政法委书记茅有温等陪同验收调研。

【全县平安建设工作现场会召开】 12月30日，县委政法委在广平镇召开全县平安建设工作现场会。县直有关单位分管领导、各乡（镇）党委政法委员等48人参加会议。县委常委、政法委书记茅有温出席会议并讲话。副县长、公安局局长姜妍主持。

（刘利佳）

法治政府建设

【概况】 2020年，县司法局全面落实《法治政府建设实施纲要（2015—2020）》，着眼于政策要求、群众关注热点、实践工作难点，加强行政复议应诉工作，规范行政执法行为，加大行政规范性文件备案审查力度，全面提升法治政府建设水平。全年报备重大行政处罚案件107件，向市政府和县人大报备县政府行政规范性文件各11件，办理行政复议案件6件、行政诉讼案件3件。

【行政复议应诉工作加强】 2020年，县司法局积极探索行政复议“1+N”模式，通过行政复议+以案说法、政策宣传、调解、行政复议建议书、专家论证等，不断提高办案质量。加强行政复议规范化，完善行政复议工作流程，实行一次性告知制度。加强行政复议信息化建设，行政复议案件信息全部录入全国行政复议工作平台。建立与永安法院的良性互动机制，推动落实行政机关负责人出庭应诉制度。建立行政应诉败诉分析制度，推动行政机关依法行政。

【行政执法“三项制度”落实】 2020年，县司法局全面落实行政执法“三项制度”，督促全县各行政执法机关根据执法实际，突出问题导向，全面落实行政执法公示制度、执法全过程记录制度、重大执法决定法制审核制度三项制度，实现执法权力清单化、执法过程透明化、执法监督全程化、法制审核制度化，保障和监督依法履职，促进严格规范公正文明执法。开展《福建省行政执法条例》实施一周年宣传学习活动，通过LED屏、举办宣传活动、开展专题培训、参与优秀案件评选、组织考试等多渠道、全方位宣传学习条例，提高行政执法水平。

【行政规范性文件监督管理】 2020年，县司法局加强行政规范性文件备案工作，及时向市政府和县人大常委会报备县政府行政规范性文件。建立行政规范性文件动态清理机制，组织开展涉及优化营商环境、食品药品安全、野生动物保护、民法典等领域行政规范性文件专项清理工作4次，及时修改和废止不符合法律法规、规章的行政规范性文件7件。

（苏秀琴）

公安

【概况】　2020年，大田县公安局学习贯彻习近平总书记在全国公安工作会议上的重要讲话和在中国人民警察警旗授旗仪式上的重要训词精神，以市局党委提出的“打防管控建，严廉精爱锻”要求为主线，全力推进打击整治、治安管控和疫情防控工作，确保全县社会大局持续安定稳定。年内，全局受到各级表彰的单位集体20个次，个人106人次。其中，县局被市公安局评为2019年度县级公安机关综合考评优胜单位；刑侦大队、治安大队及交警大队等9个单位获集体三等功；局工会委员会获评“市模范职工之家”；民警詹成晰入选全国刑事情报研判“111”人才工程第二批专家、人才名单（研判人才）库，陈君、宋建芬家庭获“2020年抗疫最美家庭”“2020年最美职工家庭”称号，姚炳炎被省总工会评为“省金牌工人”，陈光耀、陈乘立立个人二等功。

【疫情防控】　2020年，县公安局立足公安职责积极开展疫情防控工作，设置5个检查站，检查车辆4万余辆，检查人员5.5万余人，核查车辆信息600余条，协助卫健部门管理重点疫区、高中风险返田人员2万余人，核查上级下发涉疫情工作指令500余条，处置涉疫情通知通报300余条，核查数据1万余条。

【治安管理】　2020年，县公安局查处治安案件2001起，结案1689起。查处违法嫌疑人1485人次，其中警告11人次、罚款1318人次、治安拘留136人次；破获赌博类刑事案件17起，查处赌博治安案件308起；破获涉黄刑事案件5起，查处卖淫嫖娼案件93起；查处吸毒人员24人次，破获涉毒刑事案件1起，提起涉毒公诉1人；破获“食药品”刑事案件16起，涉枪刑事案件16起，涉爆刑事案件1起；破获污染环境案1起；查处涉疫情治安案件7起。

【刑事侦查】　2020年，县公安局立刑事案件1172起、破案536起，抓获逃犯175人，提起公诉犯罪嫌疑人413人；破获电信诈骗案件41起，抓获电信诈骗嫌疑人98人，其中破获涉疫诈骗案件10起，追回损失10万余元；核查“断卡”嫌疑对象351人，成案141起，破案43起，采取强制措施140人；破获各类经济犯罪案件26起，抓获犯罪嫌疑人66人；破获涉黑刑事案件93起，抓获涉黑恶犯罪嫌疑人122人，查封、扣押、冻结非法资产13.4亿余元。

【森林资源保护】　2020年，县公安局森林警察大队受理各类森林案件99起，查处94起。其中刑案立29起、破22起；林政案件受理71起，查处71起，清理林地面积4.35公顷，没收木材125.6立方米，为国家挽回经济损失188.41万元。

【交通管理】　2020年，县公安局交通警察大队接处道路交通事故3111起；其中，一般程序处理的道路交通事故61起，死亡25人，受伤74人，财产损失21.66万元；发生1起死亡2人的较大交通事故。四项指数比上年分别下降18.67%、19.35%、17.78%、9.5%。查纠各类严重交通违法行为2.52万起，其中，查处超载货车661辆次，查处“百吨王”65辆次，切割非法改装车200余辆次。

【户籍管理】　2020年，县公安局进一步深化户籍制度改革，完善户籍窗口建设，规范办理事项和办理流程，简化户籍办理手续，拓展便民服务举措，提升办事效力和服务水平。全县户籍人口41.48万人，其中城镇人口13.84人，城镇化率33.4%；解决无户口人员764人，办理居住证82张（涉港澳台3张），受理办结户政微信业务64笔。

【监所管理】　2020年，县公安局投入600余万元，完成“铁桶工程”“智慧磐石”“智慧监管”工程建设。受疫情影响，全县拘留人员统一在永安市拘留所执行。县看守所严格按照“监所防疫标准高于社会面”的要求，将监所防疫工作作为重点，落实新收押人员排查甄别、体温检测、单独关押等措施，在县看守所内实行战时勤务和封闭式管理，实现疫情“零”感染、安全“零”事故；县看守所全年羁押409人次，没有发生监管安全事故。

【出入境及往来港澳台管理】 2020年，县公安局受理审核公民出国（境）及往来港澳台申请632人次，其中普通护照209人次，内地居民往来港澳通行证及签注292人次，大陆居民往来台湾通行证81人次，自助签注机办理签注50余件。全面开展896名大田籍在境外人员和在大田的151名外国人（越南141人）对接跟踪，开展法律和防疫宣传工作；破获组织他人偷越国边境罪、运送他人偷越国边境罪1起，抓获犯罪嫌疑人3人；查处“三非”案件10起、12人，劝返、接回大田籍非法出境82人，给予治安处罚并纳入非法出境“黑名单”。

【法制工作】 2020年，县公安局推进执法办案管理中心建设，投入1400余万元建设执法办案管理中心，该项目完成线上验收；持续强化执法监督，查阅考评案件卷宗823件，其中行政卷宗537件、刑事卷宗286件，抽取全局案件办理全流程视音频材料203起；依托省公安机关执法监督平台，常态化推行执法常态考评机制，年内警情及时处置率100%，涉案财物管理率99.41%，案件材料扫描率99.01%，完成风险点排查整治42个。

【“百万警进千万家”活动启动仪式举行】 1月20日，县公安局举行“百万警进千万家”活动启动仪式，相关警种及城区派出所民、辅警参加，副县长、公安局局长刘阳辉出席启动仪式并为派出所授旗。“百万警进千万家”活动是公安部党委围绕坚持发展新时代“枫桥经验”、服务保障全面建成小康社会作出的重要部署，是深入开展“枫桥式公安派出所”创建活动的重要抓手，对化解风险隐患、密切警民关系、巩固基层政权具有重要意义。

【三明网安情报侦查中心在大田成立】 2月，三明市公安局（大田）网安情报侦查中心揭牌成立，为市公安局内设正科级机构。该中心是推进治理体系和治理能力现代化的重要载体，也是市数字治理基地建设的组成部分，集打击涉网违法犯罪、创新社会治理、服务地方经济发展等“三大功能”为一体。至年底，共打掉10个特大跨境网络赌博犯罪集团，抓获涉案成员423人，扣押、冻结资金、资产近16亿元；在抗击新冠肺炎疫情中，创新性的数据核查方式被国务院联防联控机制和公安部在全国推广。

【非法屠宰生猪窝点取缔】 2—4月，犯罪嫌疑人郭某群等人在广平镇元沙村多次购买外地生猪，屠宰完后未经检疫销售到三明各地，涉案金额250多万元。4月，县公安局经核查取缔该非法屠宰生猪窝点，现场扣押屠宰生猪10头、1383.9千克，未屠宰的生猪22头，抓获犯罪嫌疑人员4人。

【监所民警家属座谈会召开】 3月27日，县公安局召开监所民警家属座谈会，副县长、公安局局长刘阳辉，监所民警代表及家属32人参加。自新冠肺炎疫情以来，县看守所、县拘留所严格贯彻落实上级防控疫情工作部署和要求，在高墙之内坚守特殊阵地，用实际行动守护监所平安，全力打好疫情防控阻击战。

【“一般都是站式”救助取证中心揭牌】 4月10日，大田县被害人、证人“一站式”救助取证中心揭牌仪式在县公安局刑侦大队举行。县检察院、公安局、教育局、民政局、司法局、卫生健康局、团县委和县妇联联合成立，设立未成年被害人、证人“一站式”询问工作机制。该机制是司法机关在办理侵害未成年人案件时，考虑未成年人的身心特点，专设办案场所，采取缓和方式，对未成年被害人及证人开展权利告知、询问取证、心理疏导和其他救助于一体的工作机制。

【领导调研】 4月22—23日，省公安厅党委委员、副厅长许耀鹏率网安总队队长钟国新等一行到县公安局调研，先后参观市公安局（大田）网安情报侦查中心、后生仔（福建）实业有限公司，肯定大田公安工作取得的成绩，对县公安局“3·31”跨境网络赌博案侦办工作提出要求，市公安局党委委员、总工程师郭毅强陪同调研。6月24日，省民政厅厅长池秋娜一行到吴山镇阳春村对智慧阳春“居安工程”建设调研指导。11月11日，市委常委、政法委书记纪熙全一行到建设派出所调研。11月12—13日，省公安厅治安总队队长陈小兵到县公安局调研指导。11月18日，省公安厅副厅长黄华安一行到县公安局调研民爆物品管理、市公安局（大田）网安情报侦查中心类案机制建设、打击跨境网赌工作，副市长、公安局局长王锡章陪同调研。11月23日，省委常委、政法委书记罗东川到大田调研数字化社会治理和扫黑除恶专项斗争工作，市委常委、政法委书记纪熙全，副市长、公安局局长王锡章陪同调研。12

月8日，市委书记林兴禄到市网络生态治理中心（大田）调研。

【森林警察大队转隶入列】 6月2日，根据全省森林警察部门转隶文件精神，县公安局森林警察大队完成转隶入列暨揭牌仪式，县公安局设置森林警察大队，为县公安局副科级内设执法勤务机构。

【11年命案逃犯落网】 6月3日，县公安局在四川省德昌县麻栗镇某工地处抓获一名2009年度网上列逃的命案逃犯杨某。经查，该案系系列杀人骗赔案，公安部指定大田县公安局管辖。2007年8月，杨某伙同他人将人杀害后伪造成矿难现场，进行骗赔。

【特大跨境网赌案告破】 6月13日，县公安局告破以苏某境为首的特大网络跨境赌博案，抓获涉案人员69人，查扣冻涉案资金11亿余元。经查，2012年以来，以苏某境为首的特大网络赌博犯罪集团，在境外柬埔寨、菲律宾等地非法经营“百丽宫娱乐城”等赌博网站，招募王某灿、王某明、沈某婷等人为赌博犯罪集团成员，向境内招揽赌客，非法获利16.39亿元；2020年2月，市公安局指定该案由大田县公安局主办，被公安部、国家“122”机制办挂牌督办。

【禁毒宣传进校园活动】 6月23日，由县禁毒办会同县公安局、法院、总工会、科协联合主办，检察院、教育局、团县委共同协办，“无毒青春，绚丽人生”禁毒宣传进校园活动在大田职专举行，参加600余人。活动采取参观禁毒展板和仿真毒品、设立禁毒宣传咨询台、设置禁毒知识有奖竞猜、学习禁毒手语操、小组互动游戏、集体宣誓与签名等方式，实现“学生不涉毒、校园无毒品”的目标。

【侦办注水牛案件技战法介绍】 7月3日，省厅举办全省公安机关“昆仑2020”第一期练兵大讲堂活动。县公安局治安大队大队长陈长裕受邀到讲堂介绍侦办注水牛案件技战法。

【“一村一警务助理”机制创建】 7月15日，县公安局与石牌镇联合举行“一村一警务助理”配备启动仪式，治安大队和石牌派出所民警及16名村警务助理代表参加仪式。“一村一警务助理”社会治理新机制是对“枫桥经验”的创新，在依靠群众的基础上，通过建立辅警力量，运用“法治思维和法制方式”，打通农村警务“最后一公里”，就地解决群众切身相关的矛盾问题。全县共聘请警务助理278人。

【县公安局主要领导调整】 7月，根据（田委干〔2020〕61号文）县公安局主要领导调整。刘阳辉不再担任县公安局党委书记、局长、督察长，姜妍任县公安局党委书记、局长、督察长；10月，根据（田委干〔2020〕130号文）倪明任县公安局党委副书记、政委。

【巡察组进县公安局开展巡察工作】 9月15日，县委第十三轮第四巡察组进驻县公安局开展巡察工作。巡察组对县公安局制度建设、财务管理、工程管理等事项开展为期45天巡察。通过巡察，对县公安局进一步抓好思想政治、党风廉政、组织制度、工作作风等各项工作起到有效监督和促进作用。

【黑社会性质组织案告破】 9月30日，县公安局告破以翁某耀为首的黑社会性质组织案，抓获涉案人员16人，查扣冻该组织资产共约2.6亿元。经查，2005—2020年，以翁某耀为首，刘某盛、严某、龙某东等人为骨干成员的涉黑组织团伙，在建阳、邵武等地有组织、有计划的以暴力、威胁等手段进行非法高利放贷、逼债，并查明该涉黑组织涉嫌诈骗、非法拘禁及寻衅滋事等10种个案罪名，非法攫取经济利益2亿余元。

【全县政法干警心理健康教育专题讲座】 10月13日，全县政法干警心理健康教育专题讲座在县公安局七楼会议室举行，市委党校心理学讲师茅飞珠老师作心理健康教育方面的专题讲座，听讲70余人。内容围绕压力的来源、压力对身心健康的影响以及如何管理压力维护身心健康等方面敞开授课，引导政法干警重视心理健康，以更加积极、健康、向上的心态投入工作，努力提高全县平安建设工作水平。

【反洗钱领域“红蓝对抗”福建战队集结】 10月29日，经侦“论剑2020”反洗钱领域全国总决赛“红蓝对抗”福建战队在大田首次集结。省公安厅，厦门、福州、漳州、宁德、莆田、三明等地经侦部门骨干到三明网络生态治理中心（大田），开展为期近一个月的线索研判及决赛准备。该赛事由省厅经侦总队组建协调指挥部，组织参赛人员综合运用数据武器拓展研判，开展线索集中研判。

【“断卡”行动开展】 10月，国务院部署在全国范围内开展严厉打击电话卡、银行卡违法犯罪行动。11月13日，县反诈联席会在中国人民银行大田县支行召开“断卡”行动工作部署会。至年底，县公安局集全警之力开展“断卡”行动，对1274名大田籍涉及“银行卡”失信人员进行惩戒，对162名大田籍涉卡犯罪人员进行刑事打击。

【“居安工程”试点工作】 10月，县公安局对农村实施农户安装监控“居安工程”试点工作，为常住人口达千人以上、治安相对复杂、报警数及可防性案件发生较多或较易发生案件的农村农户家门口安装视频监控。年内完成吴山镇阳春村、上京镇隆美村、太华镇小华村、温坑村试点建设，安装监控探头633个，安装率70%以上，云存储时限30天，在线率90%。

【新浪三明微博微访谈】 11月25日，县公安局开展“践行训词精神，守护万家平安”新浪三明微博微访谈活动。副县长、公安局局长姜妍就“文明交通 安全出行”等内容与各位网友进行在线互动交流。访谈活动1个小时，话题的阅读量13.1万人次，回答网友提问17次。

【全国交通安全日暨农村教育基地启用】12月2日，第九个“12·2”全国交通安全日暨农村教育基地启用仪式在太华中心小学举行。副县长、公安局局长姜妍和县公安局、文明办、应急管理局、司法局、交通运输局、教育局、高速交警、团县委等单位负责人，及全县各小学（幼儿园）师生代表600人参加活动。活动以“知危险会避险、安全文明出行”为主题，通过开展学生练习交通指挥手势操，参观（启用）交通安全教育基地，交通安全承诺签名，上交通安全课等形式，倡导交通安全法治意识和文明意识，引导广大交通参与者自觉遵守交通安全法规，共同营造文明安全出行的良好氛围。

（吴美华）

检察

【概况】 2020年，县检察院践行“讲政治、顾大局、谋发展、重自强”的检察工作总要求，主动更新司法理念，积极服务“六稳”“六保”，深耕监督主责主业，努力破解发展难题。全年办理各类案件1454件，其中，依法审查逮捕各类刑事犯罪218人，审查起诉389人，办理民事、行政诉讼、刑事执行监督及公益诉讼案件112件。组织干警到社区、街道开展巡逻劝导，开展疫情防控志愿服务280人次，一名干警家庭被授予“福建省抗疫最美家庭”称号。当年，全院获县级以上表彰荣誉31个，其中，市委、市政府授予“扫黑除恶专项斗争集体三等功”称号，两名干警被县委政法委评为大田县扫黑除恶专项斗争先进个人。县检察院被市委、市政府表彰为2016—2020年度生态文明建设先进集体。

【刑事检察工作】 2020年，县检察院发挥“捕诉一体”优势，以打击电信网络等新型犯罪为重点，办理公安部督办的苏某明等54人特大跨境网络赌博案，涉案金额10亿余元，全案批捕46人，已起诉12人；办理李某航跨境走私、贩卖毒品案被省检察院列为毒品犯罪典型案例。开展刑事执行检察工作，加强对刑罚执行、监管执法、社区矫正、财产刑执行等监督，针对存在问题发出《纠正违法通知书》和《检察建议书》18份，开展判处实刑未交付执行、维护在押人员合法权益等专项活动，确保刑罚执行得到统一正确实施。

【刑事诉讼监督】 2020年，县检察院用好立案监督、追捕、追诉、纠正违法和检察建议等监督措施，完善刑事诉讼活动全覆盖监督机制，发出《纠正违法通知书》22份，纠正漏捕漏诉7人，发出《退回补充侦查提纲》67份。落实“少捕慎诉”司法理念，不捕27人，不诉8人。注重健全办案机制，提前介入、引导公安机关侦查案件24件、136人，全面落实认罪认罚从宽制度，共办理认罪认罚案件227件、353人，适用率90.75%，量刑采纳率88.55%。针对认罪认罚案件中刑事判决未采纳量刑建议未说理的问题，向审判机关发出检察建议1份并被采纳。

【民事行政检察】 2020年，县检察院贯彻精准监督理念，受理各类民事行政检察监督案件21件，发出检察建议19份。开展协助农民工讨薪活动，向责任部门发出检察建议2份，督促追回拖欠工资67万余元。针对行政机关防汛备汛不当履职，向相关部门发出督促履职检察建议、风险提示函，均得到采纳。加强审判监督和执行监督，就朱某金融借款合同纠纷一案发出再审检察建议，县法院启动再审程序判决免除朱某连带清偿责任1200

万元，及时化解矛盾，取得良好社会效果。

【公益诉讼监督】 2020年，县检察院履行公共利益保护职责，全年办理公益诉讼12件，发出行政公益诉讼诉前检察建议9件。针对食品药品安全监管问题，督促市管局将20名受到刑事处罚经营者全部列入食品药品严重失信“黑名单”，并对应实施市场和行业禁入措施。开展服刑人员违规领取基本养老金专项核查活动，向县人社局发出国有财产保护检察建议，督促追回违规发放养老金1.44万元。稳妥推进公益诉讼等外领域探索，对违法销售冥币以及土堡文物保护问题发出检察建议2份，督促有关部门落实整改。

【未成年人检察司法保护】 2020年，县检察院联合8部门会签《对未成年被害人、证人实行“一站式”取证救助实施办法》，成立市首家被害人、证人“一站式”取证救助中心。积极探索未成年人保护新方式，向9名涉罪未成年人家属发出《督促监护令》，责令家属加强对未成年人的监管。继续贯彻落实最高检“一号检察建议”，在疫情期间采用网络授课、微信宣传等形式开展校园法治教育，举办“同舟共济，检护明天”为主题的网上“检察开放日”活动。院领导和干警分别担任城区8所中小学法治副校长，针对性地开展未成年人保护。

【涉疫犯罪惩治】 2月，县检察院第一时间成立疫情防控工作领导小组，制定防控工作应急方案，切实做好疫情防控。严格依法从快惩治涉疫犯罪，提前介入涉疫违法犯罪案件15件、20人，批准逮捕4件、5人，提起公诉3件、5人，监督公安机关撤案2件、2人。联合发布《关于大田县全面禁食禁售野生动物的通告》，办理3件涉野生动物刑事附带民事公益诉讼案件。

【助力民营企业发展】 10月，县检察院举办“服务‘六稳’‘六保’护航民企发展”主题检察开放日活动，邀请工商联和民营企业代表座谈并听取意见建议。开展“联百企、结百亲、解百难”活动，建立检察官与民营企业家结对机制，全年走访企业15次，为企业争取一次性用工补助20余万元，办理合同诈骗、非法经营、破坏生产经营等危害营商环境建设案件6件，助力民营企业有序复工复产。

【扫黑除恶案件办理】 2020年，县检察院落实“六清”行动（线索清仓、逃犯清零、案件清结、伞网清除、黑财清底、行业清源）部署，针对翁某耀等16人涉黑案、牛某龙等4人涉恶案，组建专门办案组提前介入，引导侦查取证夯实证据体系，涉恶案一审判决，涉黑案提起公诉。陈某观、连某萃等21人涉黑案被列入全国全省检察机关扫黑除恶专项斗争典型案例；向金融部门和公安机关制发的检察建议书被评为全省检察机关优秀检察建议提名名单，被市扫黑办评为市级优秀检察建议书。

【生态检察工作】 2020年，县检察院确立“捕、诉、监、防”一体化专业化的办案模式，全年办理生态案件40件、69人。针对300余吨危险废物被非法倾倒至吴山镇金鸡崎山场的情况，提前介入并发出《建议移送涉嫌犯罪案件函》。全面深化推进“河（湖）长+检察长”协作机制，对广平镇大吉村垃圾随意倾倒、堆放可能造成河流污染问题，及时发出检察建议督促整改。深化跨区域生态司法协作，就仙峰溪上游德化境内水库高密度投饵养殖可能造成水体污染问题，主动联系德化县检察院督促当地行政部门整改，推进水资源跨区域保护。

【社会治理共建】 2020年，县检察院拓展深化新时代“枫桥经验”，注重社会治安“源头治理”，推进“12309”检察服务中心一站式便民服务功能建设，开展检察长接待日活动19次，落实“群众信访件件有回复”制度，对本辖区受理的群众来信来访案件38件分流情况及办理结果及时答复信访人，让信访纠纷在检察环节得以有效化解。疫情期间，启动国家司法救助程序2件、6人，妥善处理2起恶性校园欺凌信访件，做好释法说理。

【司法责任制度完善】 2020年，县检察院围绕健全完善司法责任制为重点，制定出台《大田县人民检察院业绩评价办法》，对员额检察官、检察辅助人员、司法行政人员分类开展业绩评价。完善入额院领导办案制度，院领导带头办理涉黑涉恶、网络开设赌场等重大案件，全年院领导共办理批捕起诉、立案监督等案件39件，办理案件评查等管理类案件65件，检察长列席涉黑涉恶案件审委会2次。利用流程监控和案件评查、数据监管有机结合的三位一体模式，提升案件办理质效，共发起流程监控99件，案件质量评查74件，“案—件比”为1∶1.45。

【检务公开推进】 2020年，县检察院制定完善《大田县人民检察院关于加强代表委员联络工作实施意见》，健全院党组分片区联络人大代表常态化机制。当年7月，向县人大常委会专题汇报未成年人保护工作开展情况，并认真落实审议意见。利用检察开放日、案件公开听证等方式邀请县人大代表、政协委员和社会各界代表100余名走进检察机关。积极推进检务公开，及时主动公开案件信息和法律文书，全年公开程序性信息826条，公开法律文书225份。检察宣传稿件被各级媒体采用198篇，其中，国家级56篇，省、市级142篇。联合县司法局出台《关于保障律师执业权利工作会商和妨碍律师执业权利线索移送工作办法》，积极构建良性互动的新型检律关系，全年接待辩护人、诉讼代理人130人次，安排阅卷126次。

（林琳　陈成炯）

法院

【概况】 2020年，县法院受理各类案件5510件，审结5302件，结案率96.23%，比上年上升0.14个百分点。其中，受理刑事案件270件，审结254件；受理民商事案件2738件，审结2663件；受理行政案件39件，审结39件；执结执行案件2334件，执结率95.27%，同比上升1.13个百分点，执行标的额2.15亿元。1月，县法院在新中国成立70周年和扫黑除恶专项斗争工作中表现突出，被市委、市政府授予“嘉奖”；6月，县法院被评为“2019年度全市法院宣传工作先进集体”；7月，建设法庭党支部被评为“全市法院系统先进基层党组织”；9月，县法院与三明中院联合拍摄的微电影《何以为家》在全省法院“砥砺奋进70年”为主题的评选活动中获三等奖；12月，县法院2篇审判实务案例入选《中国法院2020年度案例》，1篇案例入选《福建法院司法协同创新案例汇编》。当年，县法院4个集体、9人受到市级以上表彰。

【农民工工资集中发放】 1月，县法院举行农民工工资案款集中发放仪式，为37名农民工集中兑付工资283万余元。

【司法拍卖方式创新】 2月，县法院创新举措，开展多渠道宣传和24小时接受电话微信咨询，并提供多种线上“看房”方式，拍摄了标的物介绍短视频，让群众足不出户就能在线了解被拍物品的详细信息，促进拍品成交。仅半个月成功拍卖39套房产，成交价236.46万元，13人参与竞价次数190次，溢价率113.1%。

【音视频调解案件排行全国第二】 2月，全国人民法院调解平台发布音视频调解使用数量当月第三周排行榜，县法院使用音视频调解案件数量37件，位列全国法院第2位，两名调解员分列全国法院个人第6名、第7名。

【网络贷款诈骗案宣判】 3月，县法院一审宣判一起电信诈骗案件，林某等14名被告分别被判处有期徒刑10年至2年4个月不等，并处罚金7000元至5万元不等。

【两起涉民生纠纷案件线上化解】 3月，县法院通过“移动微法院”在线平台帮助4名农民工“讨薪”，成功化解两起劳务合同纠纷案件。在疫情期间，法院全面开启“云”诉讼模式，第一时间设立并运行互联网法庭，运用网上诉讼服务中心、移动微法院、人民调解等平台开展线上司法服务，有效保障群众合法权益。

【禁食禁售野生动物通告发布】 4月，县法院与县检察院、公安局联合发布《关于全面禁食禁售野生动物、依法严惩破坏野生动物资源犯罪的通告》，要求全面禁食禁售野生动物、依法严惩破坏野生动物资源犯罪。通告明确，凡法律禁止猎捕、交易、运输、食用野生动物的，必须严格禁止，对违反上述规定的行为，在现行法律规定基础上加重处罚。通告鼓励、支持单位和个人积极检举揭发非法猎捕、杀害珍贵、濒危野生动物等破坏野生动物资源违法犯罪线索。

【法检“两长”在县法院同庭办案】 4月，一起涉疫情口罩诈骗案在县法院公开开庭审理，县法院院长杨绍东担任审判长，县检察院检察长张春明出庭支持公诉，案件当庭宣判，被告人陈某塔因犯诈骗罪，被判处有期徒刑1年8个月，并处罚金1万元。

【妇女维权在线指导】 5月，县法院法官田宝玲受邀到省三级妇联主席维权在线服务中心，参加“倾听妇女心声观护妇女权益”妇联主席接听热线活动。活动现场通过电话连线的形式，法官与县妇联主席一起变身“普法主播”“隔空”接受群众咨询，解答群众疑问，在线指导妇女维权。

【“事实孤儿”走访慰问活动】 5月，县法院与县关工委、民政、妇联、教育等部门共同开展“关爱事实孤儿”走访慰问活动，为3名“事实孤儿”送去慰问金、学习用品和零食等儿童节礼物，祝福孩子们过上一个开心快乐的“六一”儿童节。

【全省首个驻供电公司法官工作室成立】 6月，县法院院长杨绍东与县供电公司总经理尤国荣，共同为县法院驻供电公司法官工作室揭牌。该工作室是全省首个进驻供电企业的法官工作室，由法院选派2名法官进驻，针对供电公司不特定人电费回收难、越权经营等问题，以及供电企业监管合规、合同履行等法律风险，提供“零距离”法律咨询服务，并定期就地开展矛盾化解、巡回审判和法治宣传活动。

【防范非法集资宣传】 6月，县法院联合县检察院、县公安局、中国人民银行大田县支行等部门到时代广场开展以“守住钱袋子·护好幸福家”为主题的防范非法集资宣传活动，发放宣传彩页500余张，解答法律咨询30余人次。

【诉非联动中心正式成立】 7月，县法院举行诉非联动中心揭牌仪式，该中心依托“大田综治中心建设”和“两个一站式”诉讼服务体系而建立的，旨在建立健全“非诉解纷挺前、司法协同保障”的诉非联动机制，具有纠纷分流、诉非对接、司法确认、诉讼服务等多项功能，中心将成为党委领导的社会治理大格局中的重要平台、人民法院预防化解矛盾纠纷的重要阵地、诉非联动内外衔接的重要枢纽。

【民法典宣讲】 8月，县法院院长杨绍东受邀走进县“政法讲坛”作民法典专题讲座，为190余名政法干部上一堂法治课。杨绍东结合长期从事法律工作的经验和积累，从民法典的出台背景、重大意义和体系创新等方面，对《中华人民共和国民法典》作系统、全面的诠释，重点解读如居住权、离婚冷静期、遗嘱继承等法条。

【生态巡回审判进乡村】 8月，县法院巡回法庭走进屏山乡和坑村，公开开庭审理一起“留守老人”失火案，部分村民旁听庭审。且当地留守老人、儿童较多，法治观念不强，防火意识淡薄，野外违法用火行为时有发生，该案具有较强的典型教育意义。被告人陈某年纪大，行动不便，承办法官决定将庭审“搬进”和坑村村部，变“坐堂问案”为“送法上门”。

【法官为人民调解员授课】 9月，县法院建设法庭庭长吴佳强受县司法局邀请，为全县150余名人民调解员、各乡镇司法所工作人员上业务培训课，培训课就实际调解工作中遇到的复杂、疑难问题进行交流与探讨。

【诉非联动推进全域纠纷治理】 10月，县委办、政府办联合下发《深入推进诉非联动中心建设实施意见》，要求在县法院设立诉非联动中心，融入辖区“四级平台”（村居社区调解平台、乡镇调解平台、县级调解平台、行业调解平台），法院与辖区乡镇（村居）、公安派出所、交警、司法所、市场监督、劳动仲裁等24家平安建设责任单位共建，同时吸收律师、行业协会、公证、学校、心理咨询等公共服务力量参与，推进多元解纷、诉调对接，完善“横向到边、纵向到底”的辖区社会矛盾纠纷治理体系。

【“反电信诈骗”普法宣传活动】 10月，县法院在时代广场开展以“铸就防骗长城，擦亮识骗慧眼”为主题的防范电信网络诈骗宣传活动，活动针对网上办理贷款、信用卡被诈骗、冒充公检法等各类型的诈骗案件进行集中宣传，发放宣传资料500余份，接受群众咨询20余人。

【执行力度加大】 10月，县法院开展凌晨突击集中执行行动，当天共约谈被执行人5人，查找9人，成功拘传3人，3个案件全部履行完毕或达成执行和解协议，执行到位标的3.25万元。11月，县法院先后对6起拒执犯罪案件进行宣判，有效打击“老赖”的嚣张气焰，在全社会营造惩治拒执罪的强大舆论氛围。

【省法院党组书记、院长吴偕林到县调研】 11月，省法院党组书记、院长吴偕林到县法院进行调研，强调要坚持以习近平新时代中国特色社会主义思想为指导，深入学习贯彻中共十九届五中全会精神，依法忠实履责，加强执法办案，不断提高审判质量效率和司法公信力，为辖区经济社会发展提供强有力司法保障。中院党组书记、院长姚丽青，县委书记陈文华陪同调研。

【“根治欠薪”主题宣传】 11月，县法院与根治拖欠农民工工资工作领导小组成员单位在时代广场开展以“根治欠薪”为主题的法治宣传活动。活动现场，设立法律咨询台、受理举报投诉台，通过现场解说答疑、发放保障农民工工资支付法律法规宣传材料、讲解典型事例等方式，为群众现场解答劳动法律法规、《保障农民工工资支付条例》等法律知识，共发放宣传资料500余份，接受群众咨询20余人。

【破坏生态环境刑事附带民事公益诉讼案审结】 12月，县法院公开开庭审理一起非法猎捕珍贵、濒危野生动物，非法狩猎和非法持有枪支刑事附带民事公益诉讼案。判处詹某樑、詹某楂、詹某钦有期徒刑2年3个月，并处罚金8000元；判处詹某护有期徒刑1年8个月，并处罚金8000元；判处被告人暨附带民事公益诉讼被告詹某樑等4人赔偿国家野生动物资源损失2.05万元，被告人在判决生效后十日内在案发地市级以上媒体刊登道歉公告，向社会公众赔礼道歉。

【涉黑案公开宣判】 12月，县法院依法公开宣判由省高院指定管辖的被告人翁某耀等16人涉嫌组织、领导、参加黑社会性质组织等罪一案。主犯翁某耀因犯组织、领导黑社会性质组织罪，诈骗罪、非法拘禁罪等，数罪并罚，决定执行有期徒刑23年，剥夺政治权利5年，并没收全部个人财产，同时宣告禁止翁某耀自刑罚执行完毕之日起五年内从事金融领域相关职业。其余15名被告人分别被判处有期徒刑9年10个月至10个月不等的刑期，并处数额不等的罚金。

（刘娇佑）

司法行政

【概况】 2020年，县司法局围绕全县中心工作，发挥司法行政法治宣传、人民调解、社区矫正、安置帮教、法律服务等职能作用，开展各项工作，促进社会和谐稳定。排查调处矛盾纠纷1879件，调解成功1874件，调解成功率99%；接收社区矫正对象265人，解除矫正271人，开展社会调查评估235份，无脱管、漏管现象发生；接收刑满释放人员落实安置帮教355人；办理法律援助案件270件，受援人数604人，为受援群众挽回经济损失806万元，已办结案件受援人满意率达99%；律师担任党政机关、企事业单位法律顾问113家，办理案件1031件；基层法律服务工作者担任法律顾问10家，办理案件593件；县公证处办理各类公证680件。1月，法制科科长苏秀琴被司法部评为全国公共法律服务先进个人。

【法治宣传】 2020年，县司法局统筹推进“七五”普法总结检查验收工作，持续深化“谁执法谁普法”普法责任制落实，开展县级“民主法治示范村（社区）”评选命名活动，组织全县公务员及参公人员参加全省年度国家工作人员学法考试，以学生“带法回家”、线上学法考试、网络有奖知识竞答等方式丰富普法宣传形式，加强《中华人民共和国民法典》、《中华人民共和国社区矫正法》、疫情防控等法律法规宣传，全年共组织开展各类法治宣传活动近150场次，制作发放法治宣传材料1.4万份、解答群众法律咨询1000余人次；新评选命名县级“民主法治示范村（社区）”71个，新建法治宣传阵地6个；在均溪镇白岩社区成立全县首个普法工作室，组建由法官、律师、法治辅导员组成的普法工作队。

【人民调解】 2020年，县司法局在吴山镇试点推广“评理＋调解”纠纷化解模式，建立完善评理员数据库，总结出评理团“先评后调”“本村事外村评”“同宗事外姓评”等经验做法。开展“坚决遏制重大‘民转刑’案件，提升社会治理水平”专项攻坚行动，加强矛盾纠纷案件源头摸排，细化项目攻坚，完善调解机制，切实减少重大“民转刑”案件的发生。全县建立调解委员会301个，配备调解员1342人，排查调处矛盾纠纷1879件，调解成功1874件。

【社区矫正和安置帮教】 2020年，成立大田县社区矫正管理委员会，设立社区矫正管理局，召开社区矫正管理委员会会议，开展社区矫正规范执法监督检查活动，采取线下实地交叉互查、线上远程视频督查相结合的办法，规范社区矫正执法活动。全年开展审前社会调查235份，接收社区矫正对象265人，解矫271人，在册312人；落实刑满释放人员安置帮教355人次，无缝衔接监狱重点刑满释放人员6人。

【法律援助和法律服务】 2020年，县司法局完善县级公共法律服务中心、法律援助中心等平台建设，指导成立全县首家个人律师事务所，设立退役军人法律援助工作站，简化法律援助办案程序，开展刑事案件律师辩护全覆盖和认罪认罚工作，扎实推进“律师助力脱贫攻坚”“根治农民工欠薪”等公益法律服务。组织实施“法润童心”计划，以学校法律顾问参与学校建章立制、律师志愿者开发学生法治教育活动课程、为全县中小学配备法治辅导员、编印《法润童心、呵护成长——大田县中小学校法律顾问工作选编》等方式，推动法治文化渗透青少年文化教育。全年共受理刑事案件律师辩护全覆盖53件，办理认罪认罚334件，法律援助270件，受援人数604人次，为受援群众挽回经济损失806万元，先后组织5名律师参与8起涉黑涉恶案件辩护和代理；全县基层法律服务工作者担任法律顾问10家，办理案件593件；县公证处办理各类公证680件。

【县社区矫正委员会成立】 3月9日，根据《中华人民共和国社区矫正法》规定，经县委研究决定，成立大田县社区矫正委员会（田委办〔2020〕14号）。

【人民调解“三争”活动】 4月16日，在全市开展的“争写金牌调解书、争当金牌调解员、争创金牌调委会”三争活动中，县《高某潘和高某呈之间损害赔偿纠纷调解书》《肖某通与张某通损害赔偿纠纷调解书》等2份调解书被市司法局评为金牌调解书；郭传协、田仁石等2名调解员被市司法局评为金牌调解员；济阳乡人民调解委员会、均溪镇赤岩社区人民调解委员会、建设镇建丰村人民调解委员会等3个调委会被市司法局评为金牌调委会。

【司法行政机构编制调整】 6月10日，经县编委研究决定，划出县司法局广平司法所行政编制1名至县直机关纪检监察工委，实行单列管理；同意县司法局社区矫正管理科加挂“大田县社区矫正管理局”牌子，承担政府社区矫正工作职责，所需人员编制在局机关内部统筹调剂（田委编〔2020〕10号）。

【福建友富律师事务所成立】 6月30日，福建友富律师事务所挂牌成立，为县首家个人律师事务所。年底，全县共有福建岩城律师事务所、福建宏岩律师事务所、福建协胜律师事务所等合伙制律师事务所3家，个人律师事务所1家。

【县退役军人法律援助工作站成立】 7月28日，县司法局在县退役军人事务局设立法律援助工作站，工作站主要承担为来访退役军人及其他优抚对象提供免费法律咨询，对申请法律援助事项进行初步审查，组织开展法治宣传和法律援助宣传等工作。

【市领导翟超到大田调研】 9月9日，市委常委、副市长翟超到县调研指导司法行政工作。翟超一行先后实地察看县青少年法治教育基地、社区矫正人员入矫教育和刑满释放人员安置就业培训基地、社区矫正中心、公共法律服务中心和均溪司法所，详细了解工作开展情况，对下一步工作进行指导。市司法局副局长郑仁武、副县长余维语等陪同调研。

【郑仁武到大田县作专题讲座】 12月3日，市司法局党组成员、副局长郑仁武到县作《以示范创建为抓手，全面推进法治政府建设》专题讲座，县委理论学习中心组成员，各乡镇、县直有关单位主要负责人80余人参加听讲。

【遏制重大“民转刑”案件攻坚】 12月，县司法局组织各司法所、基层调解组织开展“坚决遏制重大‘民转刑’案件，提升社会治理水平”专项攻坚行动，加强矛盾纠纷案件源头摸排，细化项目攻坚，完善调解机制，切实减少重大“民转刑”案件的发生。

【社区矫正规范执法交叉检查】 12月，县司法局组织开展社区矫正规范执法监督检查活动，在前期工作自查的基础上，将全县18个乡镇司法所分为3组，通过A查B、B查C、C查A的方式开展交叉互查，全面分析2016年以来社区矫正对象重新违法犯罪情况，剖析犯案原因，提出整改措施，规范执法工作。

【宪法宣传活动】 12月，在第七个“国家宪法日”和第三个“宪法宣传周”期间，县司法局牵头部署推进法律进机关、社区、乡村、校园、企业、军营、网络等“七进”活动，共组织律师、法律工作者开展集中宣传、法治宣讲40场次，接受法律咨询120余人，发放宣传单3000余份、宣传品2600余份。

（吴武熇）

劳动人事争议调解仲裁

【概况】 2020年，大田县劳动人事争议仲裁院处理、化解各类劳动纠纷，加强对基层调解组织的帮扶指导，落实调解仲裁信息化建设，加大劳动争议裁审力度和仲裁信息化应用。全年，受理各类劳动争议案件528件，涉及职工531人，金额1733.8万元。裁决结案248件，调解、撤诉等280件。其中劳动报酬案件109件，社会保险案件197件，确认劳动关系案件121件，解除终止劳动合同案件100件，其他案件1件。

【“流动仲裁庭”下基层】 12月15日，县劳动人事争议仲裁院“流动仲裁庭”走进县太华汤泉甲魁矿业有限公司，现场合议审理一起工伤待遇劳动争议纠纷案件。庭审结束后，仲裁员就案件涉及的相关法律问题对参加观摩庭审的用人单位管理人员和企业职工进行讲解和点评，与企业管理人员、职工交流互动，现场进行答疑解惑。通过“流动仲裁庭”进乡镇、进企业服务群众的庭审方式，让企业和职工更加直观地了解劳动法律及职工维权相关程序，更好地方便企业和职工，维护企业和劳动者双方的合法权益。

【农民工维权法律援助活动】 2020年，县劳动人事争议仲裁院与县司法局法律援助中心联合开展农民工维权法律援助活动，引导广大农民工通过法律途径表达诉求，维护自身合法权益。全年通过法律援助办理劳动争议案件62件。

（柳青）

人民武装

【概况】 2020年，中国人民解放军福建省大田县人民武装部（简称县人武部）以习近平新时代中国特色社会主义思想为指导，全面贯彻习近平强军思想，深化民兵调整改革、国防动员组织建设与兵役工作调整改革，抓好国防动员各项工作落实等工作。当年，县人武部被福建省军区评为“战备训练先进单位”。

【思想政治建设】 2020年，县人武部组织全体干部职工开展“传承红色基因，担当强军重任”和“不忘初心、牢记使命”主题教育，落实理论学习。做好巡视巡察反馈问题整改，梳理党委班子问题清单，明确整改时限。通过集中整改和常态抓建，做好存在问题的纠治。坚决执行上级命令与指示。

【国防动员】 2020年，县人武部做好国防潜力数据调查、民兵组织科学整顿和兵员征集等基础性工作。翔实开展动员潜力数据调查，掌握辖区动员底数。科学组织民兵组织整顿，完成上级明确的基干民兵队伍建设组建任务，所有基干民兵和民兵营连长登记建档。做好适龄青年兵役登记，完成年度兵员征集任务，提高大学生士兵占比，实现“无纠纷、无退兵、无违规违纪”目标。加强基层武装机构正规化建设，均溪镇、华兴镇人武部被三明军分区评为“基层规范化建设先进单位”。

【战备训练】 2020年，县人武部围绕动员备战中心，落实深化国防和军队改革新要求。聚焦国动援战使命，抓实战备训练工作。广泛开展安全形势、职能使命、法规制度、战斗精神、防奸保密等6个专题教育。调整民兵信息员队伍并组织培训，连接舆情监督系统，与协作单位保持密切联系，及时了解辖区情况，做好应对处置。落实训练指标，组织民兵营连长和基干民兵训练，定期组织民兵应急分队抢险救灾和应急处突演练，不断提高应急能力。

【国防教育】 2020年，县人武部给武陵乡八一希望小学国防教育拨付3万元，暑期派员协助组织开展中小学生军事夏令营活动和国防教育。5月4日，县人武部会同团县委，组织新团员入队仪式，开展军训和国防教育；8月，协调派遣民兵骨干协助鸿图中学、大田六中等学校开展学生军训。结合征兵宣传，到社区、村庄开展国防教育，提升适龄青年应征热情。

【安全管理】 2020年，县人武部依法从严治部，落实安全工作检查，检查干部职工履职尽责和遵规守纪情况，确保各项规章制度落到实处。围绕人、车、枪、弹、密、网、酒、疫等重点问题，抓好燃爆危险品、枪弹大清查和信息安全保密清理。通过走访了解社会动态，提前预判情况、及时发现苗头、尽早解决问题。

【双拥共建】 2020年，县人武部与军分区共同挂钩武陵乡桃溪村和吴山镇梓溪村，开展扶贫帮困和助学兴教活动。协调前坪乡上地村、吴山镇阳春村与部队开展军民共建、医疗下乡、文化下乡等活动。春节前夕，会同退役军人事务局和各乡镇政府为现役立功人员家庭送喜报、发放奖励慰问金。

（陈灿）

武警大田中队

【概况】 2020年，武警大田县

中队完成执勤建设，抓好军事训练，提升中队正规化建设水平。中队班子形成合力，保障能力明显提升。做好县看守所的外围武装警戒工作，完成元宵节、国庆节、“两会”期间安全巡逻等临时勤务和各类突发事件处置、反恐、抢险救灾及防卫作战等任务。

【执勤环境完善】 2020年，武警大田县中队清除执勤硬隐患、完善执勤环境，贯通巡逻道，更换钢网墙，封闭护栏，硬化监区混凝土地面，改造哨位墙体、线路，更换哨位执勤室空调。

【军事训练】 2020年，武警大田县中队按军事训练大纲要求完成相关科目训练；在支队勤训轮换竞赛中取得第八名；培养“四会”（会讲、会做、会教、会做思想政治工作）教练员2名。

【正规化建设】 2020年，武警大田县中队按正规化建设标准规范各库室场所，更换各类职责牌；严密查找并整改30个各类安全隐患，完善安全环境；严格落实《中国人民解放军纪律条令》，增强按章办事、按规行事意识。

【保障能力提升】 2020年，武警大田县中队改造士官公寓楼，重修水管线路，解决官兵用水问题；培养厨师两名，保障提升伙食水平；加强专业兵训练管理，增强能力素质，在总队网管员集训比赛中取得第一名。

（曾文祥）

人民防空

【概况】 2020年，大田县人民防空办公室（简称县人防办）持续做好平战结合人防工程建设，受理人防工程就地、易地建设审批，移交一批结建式人防工程。做好人防工程质量监督管控，加强在建人防工程质量管理。修订完善网上办事大厅审批流程，实行行政审批服务事项动态管理，按平台要求做好“双公示”（行政许可、行政处罚等信用信息自作出行政决定之日起7个工作日内上网公示）、信用承诺和“互联网＋监管”工作。

【防空警报鸣响】 4月4日，大田县按照国务院办公厅要求，为抗击新冠肺炎疫情牺牲的同胞举行哀悼活动，县人防办做好哀悼活动的保障工作，防空警报鸣响三分钟。做好警报器维修，9月20日防空警报试鸣日，进行警报试鸣演练。

【防空警报点新增】 12月，县人防办继续做好城市新区防空警报盲区补点工作，规划新增警报点，确保城区警报音响覆盖率。

（林贵斌）

外事

【概况】 2020年，大田县人民政府外事办公室（简称县外事办）贯彻执行中央的对外方针、政策和法规，做好外事管理工作，服务全国全省对外工作大局和全县经济社会发展。依托商务局、侨办等部门，以各类招商活动为契机，介绍大田投资环境。加强同公安等部门联动配合，全面排查和甄别境外非政府组织在县内活动情况，未发现境外非政府组织在县设立代表机构。

【外事管理体制机制建设】 2020年，县外事办加强“党管外事”，推进落实本地区外事管理体制机制建设。贯彻执行上级关于规范因公出国（境）管理规定要求，并向各单位宣传相关政策，做好外国人入境邀请政策解读。受新冠肺炎疫情影响，建议各部门如非紧急工作，暂缓邀请外国人入境。

【疫情防控涉外工作】 2020年，县外事办学习贯彻习近平总书记重要指示批示精神，落实中央和省委、省政府关于新冠肺炎疫情防控涉外工作的决策部署，立足工作实际，做好疫情防控工作。安排专人跟踪对接滞留在境外的人员，引导境外人员在大田的家属参与联防联控，劝导境外人员暂缓回国返田。紧密对接公安、卫健等部门，掌握入境人员信息，统一安排专车专人实行“点对点”对接到指定隔离场所，进行14天集中医学观察48人。

（叶长春）

侨务

【概况】 2020年，县委统战部落实中央、省、市委新时期侨务工作方针政策，不断拓宽工作思路，创新工作方式，切实做好侨务工作，实现侨务工作服务全县工作大局和服务侨胞侨属相统一。开展基础侨情调查，补充完善归侨侨眷代表人士信息资料，完成全县华侨、涉侨社团、侨企、侨捐等资料的收集整理。

【归侨侨眷服务】 2020年，县委统战部以《中华人民共和国归侨侨眷权益保护法》颁布30周年为契机，开展“侨爱工程”义诊暨侨法宣传活动，发放慰问及补助款10.09万元，惠及归侨侨眷135人次；为县内“三侨子女”1人升学出具身份证明，接待来电来访的群众60多人次。

【侨文化作用发挥】 2020年，县委统战部着力发挥大田“第二集美学村”的侨文化作用，以大田“第二集美学村”旧址入选国务院公布的第三批80处国家级抗战纪念设施、遗址名录为契机，全年迎接海内外宾客184批次，2.32万人次。

【新冠疫情防控服务】 2020年，县委统战部配合做好境外疫情输入防控工作，开展人文关怀和政策宣传咨询服务，电话微信联系海外侨胞、国内的归侨侨眷，协助返乡海外侨胞落实观察措施，引导侨胞取消或暂缓回国。

（杨爱武）

港澳台事务

【概况】 2020年，中共大田县委台港澳工作办公室（简称县委台港澳办）贯彻执行中央、省、市决策部署，学习领会习近平总书记关于对台工作的重要论述，贯彻落实党中央对台工作部署和省、市对台工作会议精神，应对新冠肺炎疫情对两岸交流的客观影响，明确目标任务，凝聚力量推动田台融合发展工作。

【田台经贸合作交流】 2020年，县委台港澳办挖掘本地气候、生态、文化资源，依托大田美人茶和台湾东方美人茶一脉相承优势，建设屏山乡大仙峰·茶美人基地。12月，大仙峰·茶美人基地被省委台港澳工作办公室确定为福建省基层对台交流示范点。在田台商、制茶能手彭安源被共青团福建省委授予“福建省青年岗位能手（标兵）”称号。

【茶文化交流】 2020年，县委台港澳办加强海峡两岸茶文化交流，邀请台湾茶产业专家张庆泉、翁朝亮等人到大田为美人茶培训班授课，参加“大田美人茶”斗茶赛评审活动。部分大田茶企参加2020（闽台）两岸茶文化交流暨“三雅道”展示连线交流活动、十四届海峡两岸茶业博览会。田台茶商赴屏山乡参加首个国际茶日、首届大田美人茶开茶节，茶日、茶节活动在福建新闻频道等多家媒体、网站集中报道，中央广播电视总台CCTV-4中文国际频道在《传奇中国节·端午》栏目直播。

【台胞、台属和台企服务】 2020年，县委台港澳办了解掌握并挂钩帮扶台资企业面临的主要困难和突出问题，协调解决台商与村民纠纷事件1件，办理台港澳居住证2张，出具台湾籍考生证明1份。

新冠肺炎疫情防控期间，县委台港澳办工作人员到优客里邻网店等台资企业宣传解读有关政策法规4次，收集建议2条。通过微信、电话等方式及时告知台胞福建省疫情防控形势变化，解读相关政策文件，点对点接送台胞及其台属入境2人，全程提供贴心服务并持续跟踪，引导1位台胞在厦门就地隔离14天后返大田。

开展台胞台属春节慰问活动，慰问前坪闽台生态茶园、福建锵锋精密螺丝制造有限公司等台企。

（方瑶）

应急管理

□ 编辑 陈吉浣

综 述

【概况】 2020年，中共大田县委、县人民政府贯彻落实习近平总书记关于防灾减灾救灾的有关论述和重要批示、指示精神，坚持“人民至上、生命之上”，落实“两个坚持”（坚持以防为主、防抗救相结合，坚持常态减灾和非常态救灾相统一）、“三个转变”（从注重灾后救助向注重灾前预防转变，从应对单一灾种向综合减灾转变，从减少灾害损失向减轻灾害风险转变）工作。县应急管理工作按照中央和省、市党委、政府的决策部署，开展安全生产专项整治三年行动和安全隐患排查整治，做好防汛抗旱、消防救援、森林防火灭火、防灾减灾救灾等各项工作，应对山体滑坡、洪涝等自然灾害，最大限度减少灾害造成的损失，保障受灾群众基本生活。下发《关于进一步健全防灾减灾救灾体制机制的通知》，修订和完善自然灾害救助应急预案，加强消防、安全生产宣传和培训；配备县、乡镇村（社区）三级灾害信息员305名，完善灾情信息报送和管理工作机制，整合充实应急救援队伍。全县未发生较大以上安全生产事故和重特大火灾事故。当年，县应急管理局调拨帐篷26顶、棉被9床、折叠床12张，支持基层一线开展新冠肺炎防疫工作。

【自然灾害救助】 2020年，华兴镇恒鑫铸钢厂西侧（位于华安村）发生“3·15”山体滑坡，死亡1人。“6·9”洪涝灾害，18个乡镇受灾269人，农作物受灾面积209.61公顷，直接经济损失370万元。县应急管理局（简称“县应急局”）联合财政局下达中央、省级自然灾害生活补助资金56万元，调拨棉被640床、棉大衣170件、羽绒服230件、毛毯254床、取暖器80个、帐篷20顶、折叠床60张、发电机3台等救灾物资，帮助受灾群众渡过难关。

（田民洵）

防汛抗旱

【概况】 2020年，全县强降雨导致10个乡（镇、场）不同程度出现严重洪涝灾害和地质灾害，公路中断、堤防决口、农田受淹，交通、水利、电力等基础设施损毁严重。全县受灾人口8523人、转移375人，直接经济损失2195万元。其中，农作物受灾面积580公顷，成灾94.67公顷，因灾减产粮食1800吨，农牧渔业直经济接损失574.5万元；主要公路中断1条次、停产工矿企业2家、供电线路中断17条次、通信中断15条次，损坏堤防26处、护岸78处、灌溉设施92处。

【县、乡两级防汛机构健全】 4月，县水利局防汛抗旱职能转隶县应急管理局，及时调整充实县防汛抗旱指挥部成员，全县18个乡镇及东风农场防汛抗旱指挥机构相应调整到位。

【防汛责任制落实】 2020年，县防汛抗旱指挥部按分级管理原则，逐级落实以行政首长负责制为主要内容的各项防汛责任制，汛期前落实防汛各类责任人，重新核实确定县、乡（镇、场）、村三级防汛联络人员。确认42座水库的防汛行政责任人、主管部门责任人、防汛防守安全管理责任人及工程专管人员。

【防汛预案修订】 2020年，县应急局强化“预警到乡、预案到村、责任到人”的工作机制，修订完善各乡（镇、场）、村级防台风、暴雨、洪涝应急预案，提高预案的针对性、实效性和可操作性。当年完成266个村级预案修编。

【防汛抢险物资储备】 2020年，县应急局根据防汛预案要求备足防汛物资，提高全县防灾减灾的应对能力。各乡镇提前做好防汛物资储备工作，逐一检查对照，及时补充更换，做到数量充足、品种齐全、质量可靠。县级储备一线防汛物资冲锋舟3艘、橡皮艇2艘、编织袋3.5万条、救生圈400个、救生衣518件、安全绳3900米、强光手电筒300把等。组建应急抢险队伍8支290多人。

（肖日旭）

抗震救灾

【概况】 2020年，大田县贯彻落实习近平总书记关于灾害防治救援工作的重要论述和指示精神，夯实农房保险、避灾避难及监测预警等基础建设，创新科普宣传，推进地震监测预报、地震灾害防治、地震应急救援“三大体系”建设。当年，县应急局在全省市县防震减灾工作综合考评中，被省地震局评为“县级先进单位”。

【农房政策保险持续实施】 2020年，大田县推进农村住房100%保险工作，采用基础险全省统保、叠加险“农户投保财政补贴”的方式（省、县财政分别补贴7元、2元，农户自缴3元）承保农户7.57万户，保费90.83万元。全年赔付金额47.35万元，其中农村住房保险20.17万元、附加室内财产保险27.18万元。

【减灾基础设施建设】 2020年，县应急局争取省级补助资金50万元，提升改造华兴镇政府避灾点（大田县社会实践基地）等13个省级自然灾害避灾示范点建设。新建大田六中等9处地震应急避难场所。完成地震预警信息发布终端安装，涵盖全县公立学校及重点村居。

【防灾减灾科普宣传】 2020年，县应急局结合“5·12”防灾减灾日、安全生产月、“7·28”唐山地震纪念日、国际减灾日（每年10月第二个周三）等重要节点，在人员密集场所、村镇圩场等开展防灾减灾科普宣传，通过LED屏视频播放、发送宣传视频短信、宣传展板、现场咨询、发放宣传资料、应急工具使用及应急医疗处置示范等形式，向公众宣传普及防灾减灾知识及应急避险、救援专业知识。同时开放县防震减灾科普馆，组织上京镇政府工作人员、上京中心小学、上京幼儿园及周边居民进馆参观，体验VR“地震来了怎么办”，增强公众防震减灾意识及应急避险能力。联合三明市地震局在广平镇丰庄小学和苏桥小学建设防震减灾科普室，以学生带动家庭、以学校辐射社会，推动农村防震减灾工作全面提升。全年推送视频短信5万余条、展出宣传展板30余块、发放防灾减灾宣传手册2500余册、宣传挂图180余张，组织500多人（次）分期、分批参加科普馆（室）体验。

（陈国栋）

应急救援

【概况】 2020年，县应急局修订安全生产、森林防灭火、防汛抗旱等应急预案。开展各类应急演练，举办隧道坍塌、有限空间、施工触电、森林防灭火等大型综合性应急救援演练，提高突发事件应急处置水平，为第一时间有效稳控和稳妥处理突发事件打下坚实的基础。将县属森林火灾扑火队5支150人提升为县综合应急救援队伍，成立水泵中队1支130人，探索兼顾危险化学品、工贸行业、防汛救灾、自然灾害的应急救援，由县应急局统一指挥调度。

【应急演练】 2020年，全县各级有关部门和企业举办专项、现场处置应急救援演练210场次，参加9000余人次，其中，6月23日，在莆炎高速公路三明段YA16合同段文笔山1号隧道举办省级隧道坍塌应急救援演练，参加200余人次；8月13日，举行防汛抗洪抢险救灾暨城区超标准洪水、地震地灾应急救援演练，参加1000余人次；11月13日，三明市在大田举办2020年秋冬森林防灭火一体化安全培训和演练，参加200余人次。通过演练提升突发事件应急处置能力。

【“6·2”作业人员高处坠落事故】 6月2日，均溪镇福建卫斯特环保科技有限公司发生1名作业人员高处坠落，“120”救护车到场抢救无效死亡。经县应急局、公安局、住建局、总工会等部门组织相关人员到现场调查了解，事故直接原因为员工安全意识淡薄，对现场作业环境危险性判断不足，工作前虽系好安全带，但未将安全带的绳子挂在结实牢固的构件上，脚踩在锈蚀槽钢上的彩钢瓦顶棚进行登高作业，彩钢瓦顶棚折弯而坠落。

县应急局依法给予负有领导责任和事故主要责任人行政处罚，建议施工单位按内部管理制度给予项目负责人及监管人员作相应的处理。

【“9·26”车辆伤害事故】 9月26日，前坪乡大田县和晟机械制造有限公司发生车辆伤害1人死亡事故，经县应急局、工信局、公安局、总工会等部门组织相关人员到现场调查了解，事故直接原因为装载机驾驶员安全意识淡薄，明知驾驶的装载机无驻车制动装置（手刹），存在安全隐患，冒险作业，将车停在坡度较陡的斜坡上作业，且仅用耐火砖垫在车轮处，耐火砖强度不够，未采取防止溜动的其他措施，而导致一段时间后装载机溜动、滑行。县应急局依法给予负有领导责任和事故主要责任人行政处罚，事故直接责任人移送司法机关追究刑责，负有监管责任者由企业依规作相应处理。

【上京镇工业园区工地坍塌事故】 11月23日，上京镇工业园区福建建工集团PPP项目工地发生土方坍塌事故。事故发生后县园区指挥部、上京镇政府、上京派出所、建岩公司和县消防救援大队立即组织人员到现场，会同福建建工集团展开救援，事故造成1人死亡。经县应急局、公安局、住建局、总工会等组织人员调查了解，事故直接原因为挖土装车作业时，渣土车左侧边坡突然坍塌，大量砂岩残积黏土掩埋渣土车驾驶室，由于渣土车驾驶员违反机动车辆装卸安全要求，装车时未离开驾驶室撤离到作业安全距离外，致被突然坍塌土方掩埋。县应急局依法给予负有领导责任和事故主要责任人行政处罚，现场管理和监管人员由业主单位按内部管理制度作相应处理。

（田民洵）

安全生产监督管理

【概况】 2020年，大田县应急管理局按照中央和省、市的决策部署，开展安全生产专项整治三年行动和安全隐患大排查大整治，抓好安全生产各项工作。全县发生各类生产安全事故14起，死亡10人，受伤5人，其中，生产性道路交通事故11起，死亡7人，受伤5人，建筑施工事故2起、死亡2人，工矿商贸事故1起、死亡1人。事故起数比上年增加2起，死亡、受伤人数同比分别下降9.1%、61.5%，未发生较大以上生产安全事故，全县安全生产形势总体保持稳定。

【安全生产宣传教育】 2020年，县应急局以“安全生产月”和“风展红旗如画·八闽安全发展行”活动为契机，开展以“消除事故隐患、筑牢安全防线”为主题的安全宣传教育。举办各类安全生产主题宣讲和警示教育讲座161场，开展安全知识技能竞赛123场，参加2000多人次；各单位企业悬挂横幅和张贴标语2000余条。开展安全宣传“五进”（进社区、农村、企业、校园、家庭）工作，向群众发放《应急避险知识读本》《安全宣传进社区，防灾减灾入人心》宣传折页，森林用火、生活用电安全宣传挂图等2000余份。

【重点安全风险管控整治】 2020年初，县应急局组织各乡镇、县政府安委会成员单位全面排查本辖区、本行业领域重点安全风险点，摸排重点安全风险管控点61个，其中市级管控点12个、县级49个；列出各风险点管控措施、责任单位，企业采取有效措施加强风险管控并落到实处。摸排红色隐患19项，由县委办、县政府办制定下发《关于切实做好2020年市、县级安全生产红色隐患整改工作的通知》（田委办〔2020〕25号），每项红色隐患由一名县领导挂钩，明确整改措施、责任、资金投入、时限和预案，每项红色隐患按序时进度整改，至年底全部销号。

【安全生产领域专项巡察】 9月，县委巡察五组开展全县安全生产领域专项巡察，调研走访责任部门10个、乡镇6个、企业32家。县委巡察办向县委提交《关于安全生产领域专项巡察发现的重点关注问题及整改建议》呈阅件，提出5个重点关注问题及整改建议。县安委会制定下发《安全生产专项巡察发现的重点关注问题清单整改任务与分解方案》，督促各乡镇和有关部门切实抓好问题的整改，推动安全生产专项整治三年行动和安全隐患大排查大整治工作“横向到边，纵向到底”。

【安全隐患排查整治】 2020年，县安全生产管理委员会办公室（简称县安办）组织协调全县各领域开展安全隐患大排查大整治行动，列入监管清单生产经营单位、场所2003处，组织1.28万人次检查企业、场所4012家次，排查发现隐患4957项。其中，红色隐患53项，橙色隐患87项，黄色隐患582项，蓝色隐患4235项。至年底完成整改4893项，限期整改64项，隐患整改率98.7%。其中，红色隐患整改50项，橙色隐患76项，黄色隐患558项，蓝色隐患4209项。县安委会责成491家生产经营单位限期整改，给予行政处罚38家，停业停产整顿46家，取缔关闭1家；约谈生产经营单位51家次、生产经营单位负责人54人次；约谈通报乡镇、部门负责人6人次。

【安全生产业务培训】 2020年，县应急局出台《大田县安全生产业务培训工作计划》，11月起，由县安办牵头，行业主管部门业务骨干或者邀请专家授课，每周召开视频会议开展安全生产业务培训，内容涉及乡镇、安全监管职能部门安全生产责任制落实要求，安全检查基本知识和方法，煤矿、非煤矿山、危险化学品和烟花爆竹、工贸、交通运输、消防、建筑施工、森林防灭火、防灾减灾、防汛抗旱等领域安全生产业务知识，参训人员有县、乡镇、村三级各行业领域的分管领导、工作人员，包括村（居）安全协管员、灾害信息员、护林员、森林消防队伍等1500多人次。

（田民洵）

森林消防

【概况】 2020年，全县林地面积17.6公顷，森林蓄积量1607.5万立方米，森林覆盖率73.43%。境内有桃源、梅林两个市属国有林场和县属国有赤头坂林场，经营面积1.53万公顷。全县森林消防队伍28支840人，其中县级专业森林消防队伍2支61人，半专业森林消防队伍26支779人。层层建立森林防火责任制，开展野外火源和森林火灾隐患排查，及森林防火督导检查，查处违章野外用火，健全森林消防队伍，配备灭火机具。全年发生森林火灾4起，过火面积261公顷，受灾面积143.2公顷。

【森林防灭火】 2020年，全县开展野外火源专项整治和森林火灾风险隐患大排查大整治活动，梳理多次发生森林火灾的村、地点，找准隐患原因，提出治理方案，建档10处重大火险隐患，即时完成整改7处、限期整改3处；推进高火险期“双网双线全覆盖”（一二级网格，乡镇村领导和责任区人员两条线）工作机制运行，召开专题会议，科学划分网格巡护、宣传责任片区，把森林防火工作纳入试点乡镇村重点工作月考评内容，制定森林防火绩效奖惩机制，以百分制形式进行考评。县政府与各乡镇签订《2020年度森林防火责任书》，坚持24小时值班和领导带班制度，发现火情及时上报、快速处置。重点做好元旦、春节、清明、国庆期间森林防灭火工作，常态化开展森林防火督导，结合打击森林草原火灾违法行为专项行动的开展，在发布森林防灭火颜色预警后，及时组织森林防灭火指挥部成员单位开展“四不两直”（不发通知、不打招呼、不听汇报、不用陪同接待，直奔基层、直插现场）督导，全年开展督导检查17次，查处违章用火3起，给6名违章用火人员行政处罚，制止违法用火471起。制订《大田县2021—2025年生物防火林带建设总体规划》，做好生物防火林带建设，当年，新建生物防火林带36.47公顷，抚育生物防火林带46.33公顷；做好森林消防队伍建设，新组建一支30人森林消防水泵队伍，为6支县级专业、半专业消防队伍、水泵队伍配备无人机1台、新式风力灭火机24台；做好森林防火应急物资储备，储备库储备风力灭火机20台、扑火把100把、劈刀100把、手电筒300支、移动探照灯6组等。承担上级应急演练任务，11月13日，三明市2020年秋冬森林防灭火一体化安全培训和演练在县举办。

【宋京村森林火灾】 1月8日14时，均溪镇宋京村石尾坑头山场，因村民农事违章用火引发森林火灾。镇党委、政府启动预案，组织镇村干部、村民和镇森林消防中队、县扑火队等220多人，到现场奋力扑救，于23时扑灭明火。尔后安排村干部和村扑火队巡查2个多小时以防死灰复燃，确认安全后方全部撤离。火灾过火面积161.5公顷，受灾面积84.4公顷。事后，镇村有关干部作出深刻检查，受到通报批评、经济处罚或撤换职务等处理；县人民法院依法判处肇事人有期徒刑4年6个月。

【鳌江村森林火灾】 5月1日13时，石牌镇鳌江村枫树弯山场，因村民野外烧杂引发森林火灾。县、镇专业、半专业森林消防队伍16支400余人和市森林消防队275人到现场奋力科学扑救，镇政府干部、村民和志愿者200余人配合做好扑火机具准备和物资保障等工作，翌日20时终将山火扑灭，过火面积91公顷，受害面积53公顷。事后，镇村和林业站有关人员受到行政或党纪处分、解聘职务、诫勉等处理；肇事者被县人民法院依法判处有期徒刑5年6个月，并附带赔偿经济损失。

（范建伟）

消防救援

【概况】 2020年，大田县消防救援大队开展“两严两准”（严格的纪律、严格的管理，准军事化、准现役化）和应急管理部消防救援局队列条令、内务条令和纪律条令及国家综合性基层消防队伍建设纲要等主题教育，攻坚克难，处置各类火灾事故，完成各类急难险重任务，得到社会各界一致好评。全年接警出动202起、消防车416辆次、消防指战员2506人次，抢救被困人员29人，疏散群众50人，抢救财产价值4250万元，无发生参战人员伤亡；完成全国“两会”、“五一”、中秋、国庆等重大节日和活动的消防安全保卫任务，年内未发生重特大火灾事故，实现火灾形势和队伍管理“双稳定”。6月29日，京口小型消防站揭牌投入使用，满足京口工业园区及周边乡村灭火及抢险救援需要。

【消防宣传】 2020年，县消防救援大队开展消防宣传进企业、农村、社区、学校、家庭“五进”工作，向社会开放消防站、制作发放宣传资料、编发手机短信、举办大型现场咨询活动等，营造消防舆论氛围。斥资18万余元在岩城文化广场建成消防主题公园1000余平方米，为全市最大、投入最多、距消防站最近的主题公园，为“一站式”消防科普宣传教育试点。政府购买服务，聘请消防培训学校针对不同人群和场所开展针对性培训，全县70%社区民警、网格员、物业管理人员、单位消防安全责任人和管理人，30%村居委工作人员、安保人员、重点单位员工、小企业主等接受消防安全教育培训。联合县文旅局举办“119”消防宣传月启动仪式暨习近平总书记授旗训词两周年宣传活动，参与“110”宣传日、“5·12”防灾减灾日、“安全生产月咨询日”“12·5”国际志愿者日等现场咨询活动5场次，开展宣传教育和培训演练50余次，为社会单位培训5000余人次；组织消防志愿者活动12次，参加100余人次；张贴、发放宣传海报和宣传单3万余份，发送消防公益短信3万余条，在县电视台播出消防公益广告200余次，上百家沿街单位LED显示屏投放消防公益广告1000余条。

【防火监督】 2020年，县消防救援大队结合新冠肺炎疫情防控和消防监督抽查“双随机一公开”模式，对涉疫涉医、复工复产企业、人员密集场所、复学复课学校和生产、住宿、经营“三合一”场所、危险化学品企业、高层建筑、文物古建筑等场所及大队责任监管的114家消防安全重点单位，开展消防安全隐患排查整治。定期联合县应急局、公安局、教育局、文旅局、卫健局、商务局、住建局、民政局、市场监管局等部门，对疫情物资生产企业、疫情集中留置观察点、酒店、校园及校园周边、居住出租屋、文物古建筑、厂房仓库、“多合一”场所等开展消防安全联合检查执法行动。每月联合交警、电视台、住建、社区等，检查小区消防车道违法停放车辆，曝光堵塞消防通道的行为，处罚违法行为人。全年，检查社会单位560家（次），发现火灾隐患（或违法行为）169处，督促整改火灾隐患158处，下发“责令整改通知书”142份、“行政处罚决定书”11份、“临时查封决定书”1份，处罚款7.51万元，约谈企业26家。县市场服务中心被列为重大火灾隐患单位，由县政府挂牌督办。

【经费保障】 2020年，县消防救援大队争取地方消防经费918.23万元。其中业务经费548.3万元、人员经费216万元，比上年增长19%。额外追加综治、绩效、精神文明“三大奖”经费138.93万元，超额完成经费保障任务。根据《福建省地方消防救援经费管理暂行办法》（闽财建〔2020〕28号）等文件的规定，与县政府、县财政沟通新形势下消防队伍经费保障工作，为改革转隶后的消防事业发展提供坚实保障。

【后勤保障】 2020年，县消防救援大队在年初疫情最严重期间，筹集口罩、手套、消毒液等防疫物资，备好防护服、护目镜等应急物资，大队储备口罩4000余个、“84”消毒液120升、75%医用酒精60升。满足战“疫”需要。为两个单位购置口罩2000个，为支队其他单位购置“84”消毒液850升、75%医用酒精700升。在大田县京口工业园区成立小型消防站，争取消防车1台。投入200余万元改造修缮营房和老旧场所，增配公寓房5套，推进“消防员之家”建设。增强专职消防队执勤力量，弥补消防警力的不足，落实经费每人12.7万元。年底，合同制、文职人员54人，为全市最多。

（池志添）

自然资源管理

□ 编辑 陈吉浣

综述

【概况】 2020年，大田县自然资源局贯彻落实全国、省、市自然资源工作会议精神和县委、县政府决策部署，保护自然资源、节约集约利用自然资源、维护群众权益。实行“一清单两保障”（制作重点项目清单保证高质量发展用地和用矿）工作机制，推进资源集约节约利用；强化“三条红线”（生态保护、永久基本农田、城镇开发边界线）底线约束，形成国土空间规划体系；完善自然资源政府价格体系，深化项目审批制度改革；实施国土空间分区分类用途管制，严格落实耕地保护制度；序时完成山水林田湖草综合治理，组织开展绿色矿山建设，加强防灾和监测调查与确权登记，推进督察清查整改整治，完成专项监管综合治理任务；开展“监管年”载体活动，建立健全标准化权力运行机制；坚持以政治建设统领业务工作，不断提升管理能力和水平。当年，省自然资源管理监测评价及辅助决策系统显示，大田县自然资源管理工作位处全省第十二名，全市第五名；县自然资源局被评为县平安先进单位，获县“五比五晒”综合协调服务部门三等奖和工作绩效综合考评一等奖。

【法律法规宣传】 2020年，县自然资源局加大自然资源法律法规宣传，以“节约集约用地，严守耕地红线”为主题，举办第六届“自然资源杯”篮球赛，县消防救援大队、供电公司等8支男子代表队参加。先后开展“世界地球日”“全国土地日”和宪法宣誓、新修订的《中华人民共和国土地管理法》下基层宣传等系列活动，发放自然资源法律法规宣传材料1.5万余份，布设宣传海报900余份、横幅90余条。组织开展《中华人民共和国民法典》普法讲座和《福建省行政执法条例》考试各1次，完成国家“七五”普法总结验收工作，提高群众珍惜自然资源、保护生态环境意识。

【局机关党委、纪委成立】 3月，中共大田县自然资源局机关委员会成立，下设局机关第一、第二支部委员会，不动产登记中心支部委员会、矿业流通服务中心支部委员会、局退休干部职工支部委员会5个党支部，林宗镇当选第一届局机关党委书记，叶继樟当选第一届机关纪委书记。

【权责清单调整】 2020年，县自然资局根据省政府推进简政放权放管结合优化服务工作要求，做好权责清单梳理调整，经县委编办、县发改局、县司法局审核、审查，县自然资局权责事项139项，其中行政许可9项、行政确认2项、行政处罚64项、行政强制3项、行政征收9项、行政裁决2项、行政监督检查9项、行政奖励3项、公共服务4项、其他权责事项34项。

【行政审批和服务事项精简】 2020年，县自然资源局持续精简行政审批事项，开展行政审批服务事项细化梳理工作（简称五级十五同）。根据法定权限，梳理细化行政审批事项清单，关联绑定并及时挂网发布全省统一的标准目录，精简审批事项，编制标准化办事指南，推进“扫码办事”“网上办事”。整合同一部门实施的管理内容相近或者同一办理阶段的多个审批事项，经梳理在福建省网上办事大厅发布行政许可事项22项、其他行政权力事项11项、行政确认事项105项。进一步简化办事流程，减少审批环节，压缩审批时限，精简申请要件。

（陈燕萍）

土地管理

【概况】 2020年，县自然资源局开展新修订的《中华人民共和国土地管理法》宣传，举办培训2次，局全体干部职工、自然资源所负责人和乡镇分管领导等160多人参加。依法加强用地计划管理，推进土地资源集约节约利用，继续开展批而未供土地、闲置土地处置和城镇低效用地再开发利用专项行动，盘活批而未供土地、处置闲置土地，确保全县项目建设用地需要，落实耕地占补平衡。按照“尊重历史、实事求是、积极稳妥、依法处理”的原则，妥善处理工业项目建设用地历史遗留问题，受理工业用地预申请39宗，鼓励31家企业按现行政策规定上报审批；供地30宗，面积61.45公顷，其中工业用地16宗，37.96公顷。

【耕地保护】 2020年，全县耕地保有量保持2.02万公顷，其中永久基本农田1.59万公顷，占78.71%；逐级签订县、乡、村三级耕地保护责任书，落实自然资源部“保增长保红线行动”和基本农田“五不准”的要求，补充耕地72.31公顷。

【建设用地管理】 2020年，县自然资源局办理建设项目用地预审和选址意见书19宗，面积109公顷；经省政府批准农转用和征收土地7个批次1个单独选址19个项目42.86公顷（耕地14.95公顷），上报市政府批准农转用和征用土地7个批次7个项目，面积11.01公顷（耕地5.72公顷）；经营性房地产用地拍卖7宗17.14公顷，成交价8.95亿元；工业用地挂牌出让31宗61.8公顷，成交价0.61亿元；划拨公益性建设用地使用权32宗50.85公顷，全年入库土地出让金11.1亿元。城乡建设用地增减挂钩指标对外交易11.79公顷，交易金额0.53亿元。县土地储备中心完成昌盛机械、长鑫船舶等18宗土地征收补偿，新增储备土地13.86公顷。

【测绘管理】 2020年，县自然资源局配合重点工程建设项目的土地出让图件制作，如县京口工业园区和均溪东毂坑、上京铸造、太华罗丰工业区及石凤、香山北路片区、福塘洋头小区建设，以及相应的安置点等35个宗地，上京铸造、太华罗丰工业区和大田一中东部片区、白岩山北路、火车站站前广场等县重点工程119个宗地建设项目用地测量；完成400个宗地的土地登记地籍图测绘、2018年度卫片执法检查项目和信访等5个宗地地图的测量，面积约3.5万平方米，建筑指标测算37宗，建筑面积约50万平方米，规划放样核样建筑面积约40万平方米，规划核实9宗。

【新一轮城镇基准地价修编】 3月，县自然资源局开展县新一轮城镇（乡）基准地价更新工作，考虑县城市总体规划、城镇建设情况，围绕科学、合理、便于操作的原则调整土地级别，测算各种用地类型基准地价，编制相关的基准地价修正体系。7月，《大田县新一轮城镇（乡）基准地价修编成果》听证会在县自然资源局六楼会议室召开，县人大、政协、政府相关部门、各乡镇人民政府、房地产行业等单位代表50余人参加，听取县城镇（乡）基准地价更新调整工作情况汇报，同意报市级评审。

【卫星遥感监测图斑执法检查】 2020年，县自然资源局对照检查自然资源部下发的土地卫片执法图斑1111个，总面积473.48公顷，其中耕地85.18公顷（永久基本农田22.55公顷）。经实地核实分割图斑为1337个，核实确认：违法用地的图斑197个，总面积21.98公顷，其中耕地6.63公顷（永久基本农田1.53公顷），其他15.35公顷；合法用地的图斑229个，总面积180.12公顷，其中耕地24.14公顷（永久基本农田1.37公顷），其他155.98公顷；其他用地的图斑911个，总面积271.38公顷，其中耕地54.41公顷（永久基本农田19.65公顷），其他216.97公顷。

【旧村复垦和土地整理项目实施】 2020年，县自然资源局在太华等9个乡镇实施12个旧村复垦项目并通过市级验收，验收规模40.57公顷，产生耕地增减挂钩指标38.29公顷；新申报项目5个，规模8.35公顷。对外交易城乡建设用地增减挂钩指标11.79公顷，交易金额0.53亿元。华兴等7个乡镇11个土地整理项目经市级验收，规模554.95公顷，新增耕地25.83公顷。

【执法监察】 2020年，县自然资源局受理有关自然资源的信访件153件（重复19件），反馈率100%；接待群众来访7批15人次；依法立案查处土地行政案件60宗，涉及土地面积9.94公顷（耕地1.55

公顷），处罚款102.21万元。

（陈燕萍）

矿产资源管理

【概况】 2020年，县自然资源局做好矿产资源勘查开发、矿产品流通管理，建设绿色矿山。全县登记在册地质勘查项目64个，按勘查主矿种划分：煤矿6个、铁矿18个、铅锌多金属矿28个、银多金属矿3个、其他矿产资源9个。登记在册采矿权75个，按储量规模划分：中型规模矿山3个，小型及以下规模矿山72个；按开采主矿种划分：煤炭9个、铁矿21个、铅锌矿3个、铜矿和锰矿各1个、水泥用石灰石矿15个、其他非金属矿25个。

【水泥用灰岩矿地勘开展】 9月，县自然资源局委托闽西地质大队在县境内开展水泥用灰岩矿地质勘查调查评价工作，选定广平狮牯洞南、龙凤场东、桃源广汤、铭溪矿区外围、上京梅林矿区外围、奇韬半重洋、永丰、铅山等8个水泥用灰岩矿空白靶区，开展选定靶区踏勘路线确定、测量填图、样品采样、化验分析等前期地质工作。全年完成部分靶区钻孔3个，钻探进尺1500多米。

【矿产勘查开发管理】 2020年，县自然资源局实施矿产资源“探、储、采、冶、查”一体化监管模式，建立矿山黑名单和矿业权人勘查开采信息公示随机抽查、实地核查等制度，开展矿山专项整治行动。全县有效探矿权证20本，有效采矿权证48本，矿产品经营许可证85本；受理上报省、市级发证矿山2宗，新立、延续矿山发证2本，注销采矿许可证5本；81个全国矿业权人勘查开采信息全部公示，随机抽检矿山3个，均无异常；办理矿业权抵押登记2宗，抵押金额3280万元；催缴采矿权出让收益1宗，金额2790.83万元。建立勘查项目台账，督促探矿权人提交开工报告、地质资料17份；开展动态检测29个矿山储量，提交年报18份，11个矿山停产储量无变化。

【矿产品流通监管】 2020年，县自然资源局加强矿产品流通监管，开出矿产品流通销售准运单据19.28万份，准运矿产品793.66万吨。其中，煤炭153.75万吨（地方煤炭76.02万吨、永安煤业公司77.73万吨），冶金化学矿172.59万吨（褐铁矿72.21万吨、低品位粉矿20.85万吨、铁精矿17.64万吨、铅锌精矿2.85万吨、硫铁矿9.62万吨、入选矿13.12万吨、锰矿1.26万吨、富矿粉 1.87万吨、尾矿渣33.17万吨）；非金属矿类467.32万吨（石灰13万吨、石灰石244.98万吨、石英石18.72万吨、石墨3.13万吨、瓷土4.81万吨、砂石81.02万吨、页岩79.86万吨、萤石精矿0.49万吨、工程渣石21.31万吨）。

【矿业权竞争出让制度完善】 2020年，县自然资源局严格矿产资源规划和矿业权出让范围，全面推进矿业权竞争性出让，建立净矿业权出让制度，设定矿业权出让前置条件及收益底价，加强矿业权出让信息发布及出让交易监管，实施矿业权出让合同管理，创新矿业权经济调节机制，改革矿业权出让收益管理。组织县级发证采矿权招标出让1宗，经33轮举牌竞标，最终由三明市交发龙韬建材有限公司竞得，人民币1820万元，溢价640万元。

【绿色矿山遴选】 2020年，县自然资源局组织全县有效采矿权证矿山开展绿色矿山建设及省级绿色矿山申报，委托技术单位对福建惠峰矿业有限公司东井田煤矿、大田县丰源煤业有限公司西井煤矿等5家矿山开展绿色矿山遴选，进行第三方评估工作。经矿山自评、县级检查及第三方评估等程序，大田县5家矿山企业被省自然资源厅列入省级绿色矿山名录，绿色矿山达标数量位居全省第一。

（陈燕萍 乐景田）

规划编制

【概况】 2020年，县政府成立县国土空间规划编制协调工作领导小组，县自然资源局有序推进国土空间规划编制，确定福建省城乡规划设计研究院承担编制任务；实施工程建设项目用地规划审批改革，做好“双评估、双评价”（国土空间开发保护现状、规划实施评估，接受组织、群众评价）工作，进行原有城乡规划、土地利用总体规划实施情况评估；完成矿山生态修复和地质灾害整治、山区村庄布局、人口和产业数据等七大课题研究；建立驻地办公“一事一议”制度，启用用途管制系统、多规合一系统，对接县工程建设项目审批制度改革系统，简化申报材料、办理程序，进一步缩短审批时间。全年审批有条件建设区项目25个，涉及调整面积38.55公顷。

【乡村振兴试点村规划编制】 6月9—10日，县乡村振兴试点村村庄规划编制成果汇报工作会在县自然资源局六楼会议室召开，县直有关单位、有关乡镇负责人、编制单位代表等96人参加，邀请省规划设计研究院高级工程师陈树荣和福建工程学院建筑与城乡规划学院院长助理、城乡规划系主任曾献君（博士）作为工作会专家，指导点评吴山镇和洋村、济阳乡济中村等10个试点村村庄规划编制成果。之前先后召开村庄规划技术和编制审查会，湖美乡高才村村庄规划成果入选全省第四期优秀成果案例。

【国土空间规划体系编制】 2020年，县自然资源局制定国土空间总体规划（2020—2035年）编制工作方案，明确全县国土空间规划范围、期限、主要内容和进度计划安排等内容，推进“阳光规划”系统应用，建立“多规合一”业务协同平台；启动城镇开发边界划定，分为城镇集中建设区、城镇弹性发展区、特别用途区；初步完成基于大数据的区域协同与城镇空间格局优化研究、资源型地区转型背景下的矿山生态修复与地灾综合防治研究、乡村振兴背景下的县域村庄布局研究等七大专题。完成桃源镇兰玉村、上京镇梅林村等22个村的村庄规划，批复湖美乡高才村、屏山乡内洋村等12个乡村振兴试点村村庄规划。《大田县城关通风廊道研究》编制完成；编制《大田“第二集美学村”历史文化街区保护规划》，完成《大田县停车设施布局专项规划》《大田县充（换）电设施专项规划》等4个专项规划，以及《香山北路片区（郭村）控制性详细规划》《大田县经济开发区均溪工业园控制性详细规划》《大田县东部坪尾仑片区修建性详细规划》《大田县东部新城温镇片区修建性详细规划》等7个详细规划，结合大田古堡、传统民居等地域特色，推广省建筑设计研究院编制的《大田县城区和农村个人建房通用图集》。开展“十四五”时期国土空间开发保护战略和格局研究，统筹全县国土空间保护和合理开发利用。

【生态保护红线划定】 2020年，县自然资源局从基础数据真实性、划定边界合理性、应划尽划、矛盾冲突四个方面科学划定县生态保护红线，制定评估工作计划，收集生态保护红线原划定成果、双评价成果、自然资源调查、高分遥感影像、相关规划、自然资源产权数据等相关资料，坚持保护优先、保障发展的原则，组建技术专班，确定评估调整工作方案，对接自然保护地划定工作，在基础数据真实性、划定边界合理性等方面开展评估，在确保生态功能不降低、面积不减少、性质不改变的前提下，调整优化图斑356个，大幅降低图斑破碎度，提高生态红线的完整性、连通性。经评估调整，全县生态保护红线图斑862个，面积3.47万公顷，占全县陆域面积的15.51%。

【农村村民住宅建设管理】 2020年，县自然资源局按照“产业兴旺、生态宜居、乡风文明、治理有效、生活富裕”的总要求，成立农村村民住宅规划建设管理工作领导小组，制定下发《大田县农村村民住宅规划建设管理三年行动方案（2020—2022）》《大田县农村村民住宅规划建设管理十条措施》，构建“乡呼县应”的执法工作机制，开展全县农村宅基地管理培训，奇韬镇农村新型住宅小区132户房屋主体统建和98户房屋外墙统装完成，广平镇大仁新村农村新型住宅小区14户完成主体第二层。

【城乡规划行政许可办理】 2020年，县自然资源局办理单位建设项目用地预审和选址意见书19件，用地面积109公顷；单位建设用地规划许可证42件，用地面积68.8公顷；单位建设工程规划许可证46件（项目37个），用地面积59.9公顷，建筑面积70.8万平方米。办理个人建房建设规划用地许可证19件，用地面积0.22公顷；个人建房建设工程规划许可证39件，用地面积0.84公顷，建筑面积4.2万平方米。

（陈燕萍）

国土空间生态修复与地质灾害防治

【概况】 2020年，县自然资源局开展全县54本有效采矿证“边开采、边治理”GNSS巡查，督促采矿证到期关闭矿山开展矿山闭坑生态恢复治理，历史遗留的废弃矿山，向上级争取资金实施福建省闽江流域山水林田湖草生态保护修复项目（大田县废弃矿山）、“青山挂白”及福建省大田县银顶格—川石矿区矿山地质环境治理示范工程等项目。年初，编制地质灾害防治方案，开展328个地质灾害隐患点及2025个房前屋后高陡边坡点的汛前检查及四至范围调查，地质灾害应急处置，安装地质灾害自动化监测设备58台。

【地质灾害治理】 2月25日，石牌镇下坂桥头边坡崩塌治理工程开工，项目审核预算847万元，采用分级削坡，截、排水，植被绿化等综合治理措施，12月6日工程通过县山水林田湖草生态保护修复试点领导小组办公室、自然资源局、财政局联合组织专家组验收；年内，完成华兴镇大田县恒鑫铸钢有限公司西侧崩塌治理勘察、设计、预算编制及招投标工作。

【地质灾害应急救援演练】 8月13日，县防汛抗旱指挥部在均溪镇兴田路珠宝山桥段举行防汛抗洪抢险救灾暨地质灾害应急救援演练活动。县自然资源局、民政局、气象局、人武部、卫健局、均溪镇政府等17个部门及地质灾害应急专家组等210人参加。模拟短时强降雨等极端气候现象，河水超警戒水位2米，2处低洼地带受淹，河水漫堤，滑坡体开裂，桥梁主体受损，道路、交通、电力、通信和供水出现中断等，演练按设置的实战步骤有序进行，紧急转移群众20人。

【有效证矿山巡查】 2020年，县自然资源局委托福建省197地质大队开展2020年度54个有效证矿山地质环境GNSS巡查，对“边开采、边治理”义务履行不到位的矿山企业下发限期整改通知书3份，督促其在期限内完成整改，年底，完成整改矿山1个，正在整改矿山2个。督促36家矿山企业设立矿山生态环境治理恢复基金账号，并对基金的计提和使用进行监管。

【关闭矿山地质环境恢复治理】 2020年，县自然资源局督促已关闭的矿山企业开展矿山闭坑生态环境恢复治理，督促受政策影响的涉铅锌矿山开展矿山分阶段生态环境恢复治理，20个完成生态环境恢复治理矿山通过县自然资源局验收；对未完成矿山闭坑生态环境恢复治理的18家矿山企业的21个关闭矿山，下发限期治理通知单。

【废弃矿山地质环境恢复治理】 2020年，县自然资源局在武陵乡等4个乡镇实施4个废弃矿山土地复垦项目，通过市自然资源局、农业农村局验收，新增耕地8.17公顷，产生城乡建设用地增减挂钩指标5.72公顷；太华镇等2个乡镇实施2个废弃矿山复垦项目，预计新增耕地8.21公顷。实施《福建省大田县废弃矿山地质环境综合治理规划（2018—2025）》，治理广平、建设、太华、均溪的6处废弃矿山，完成野外踏勘、现场测量与治理设计编制。建设镇罗城废弃采石场“青山挂白”治理工程、银顶格—川石矿区矿山地质环境治理示范工程（三期项目5个标段、二期项目鳖坑岬1个标段）项目，通过市自然资源局验收。指导实施闽江流域山水林田湖草生态保护修复项目（大田县废弃矿山）银锭岬（银顶格）A、B、C标段、崩额前矿区、马头岬矿区5个标段工程，11月，会同县发改局、县财政局组织省级专家进行工程竣工验收，并获得省闽江流域山水林田湖草生态保护修复试点正向激励资金500万元。

（陈燕萍）

不动产登记

【概况】 2020年，县自然资源局简化登记手续，优化办理流程，压缩业务办结时限，建立“统一受理、并联审批、实时流转、信息共享”工作机制，梳理制定权责清单和“一趟不用跑”“最多跑一趟”办事项目清单，创新林权不动产抵押登记模式。全年办理不动产各类登记2.34万宗，其中办理不动产权证书4515份，不动产登记证明7323份；出具不动产登记信息查询证明9000余份；生成电子证书2850份、电子信息证明2540份，截至年底累计分别为8491份、1.7万份；抵押登记3015笔，协助社会和企业融资贷款35.3亿元；协助税务部门收缴房屋交易契税0.28亿元。完成林权类不动产登记179宗、面积1037.89公顷，其中首次登记41宗、217.43公顷，转移登记45宗、273.22公顷，变更登记15宗、284.37公顷，注销18宗、170.07公顷，抵押登记4宗、金额150万元，补发登记23宗；完成2.44万宗地林权移交、扫描、数据整合。

【自然资源调查与确权管理】 2020年，县自然资源局推进第三次全国国土调查工作。自然资源部下发全县图斑18.22万个，总面积2233.13平方公里，进行实地调查图斑15.09万个，举证图斑调查3.13万个，数据成果通过自然资源部核查；全面开展大仙峰省级自然保护区的自然资源统一确权登记发证有关工作，有序开展农村宅基地和集体建设用地使用权确权登记发证；按照国家、省、市部署要求，开展农村地籍和房屋调查，完成辖区内266个村的农村地籍和房屋调查，完成率100%。

【错漏林权证纠错工作机制建立】 2020年，县自然资源局制定错漏林权证纠错工作方案并进行宣传动员，开展摸底和勘界测绘，建立健全错漏林权证纠错申请、受理、办理及撤销等工作机制，形成摸底调查报告。调动各方积极性，稳定农户林地承包权，盘活林地经营权，推进集体林地林权证发放纠错工作。通过诉讼确认3宗、面积24.33公顷，切实保障公民、法人和其他组织的合法权益。

【自然资源统一确权登记方案制定】 2020年，县自然资源局坚持“资源公有、物权法定、统一确权登记”的原则，以不动产登记为基础，利用国土调查和自然资源专项调查成果，由县一级负责开展的自然资源所有权和所有自然生态空间统一进行确权登记。清晰界定各类自然资源资产的产权主体，逐步划清全民所有、集体所有之间的边界，全民所有、不同层级政府行使所有权的边界及不同集体所有者的边界，划清不同类型自然资源的边界，推进确权登记法治化，建立国土空间规划体系并监督实施，统一行使全民所有自然资源资产所有者职责、所有国土空间用途管制和生态保护修复职责。

（陈燕萍）

生态环境

□ 编辑 陈吉浣

生态环境保护

【概况】 2020年，三明市大田生态环境局贯彻习近平生态文明思想，以改善环境质量为核心，以“五比五晒”活动为抓手，持续推进蓝天、碧水、净土三大保卫战，开展饮用水水源地环境整治、“散乱污”企业整治、入河排污口专项整治、柴油货车路检等行动；完成机制砖行业工业炉窑和挥发性有机物行业整治，及1048台非道路移动机械编码登记等。实施闽湖水质提升工程、闽湖山水林田湖草综合整治工程等重点生态环保项目71个，完成周田溪小流域水环境综合整治工程和《大田县农村生活污水治理专项规划》编制；实施《大田县高背景值区风险防控制度和历史遗留废弃矿山地质环境治理制度》。

当年，县党政领导生态环境保护目标责任考评获全市优秀档次，为“十三五”期间首次；大田县在全省年度环境质量提升考评获得第4名，奖励金2950万元。大田生态环境局和大田县检察院、融媒体中心被评为2016—2020年度三明市生态文明建设先进集体，詹冬华、李序扶、陈蕃武、廖生抬被评为先进个人。

【环境质量】 2020年，大田县城区空气质量优良天数比例100%，环境空气综合指数在全省58个县级城市综合排名列第5位，比2016年上升30位；被中国气象局公共气象服务中心授予“中国天然氧吧”称号；辖区内均溪、文江流域各监测断面水质按期次评价达标率100%，城区及乡镇集中式饮用水源地水质均符合Ⅲ类考核要求，闽湖国控高才断面水质稳定在Ⅰ—Ⅱ类（10月份为全省唯一的Ⅰ类断面），城区区域环境噪声总体水平符合二级标准，土壤环境质量整体稳定。

【环境执法】 2020年，大田县加强环境监管，开展“环境执法大练兵”“清水蓝天”和“双随机”等专项检查，推进各项环境执法工作。查办环境行政案39件，处罚款306.79万元；查办违反配套办法案5件，其中，移送公安部门行政拘留的3件，查封扣押供电设施的2件；查处涉嫌环境违法污染案2件。执行24小时环保“110”联动值班制度，办理省、市、县批办件和“12369”环保举报、三明市“12345”政务服务、福建省网上信访信息系统等各类平台书面答复信访件172件，处理率和办结率均100%。督促16家企业编制突发环境事件应急预案，交大田生态环境局备案。

【建设项目环境管理】 2020年，大田生态环境局围绕环评审批、排污交易和排污许可等，实行环保简政放权、提质增效改革“十条措施”。审核、审批建设项目环境影响报告表和报告书53个、登记表80个；依据建设项目环境影响登记表备案管理办法撤销无效备案项目32个，审批夜（午）间建筑施工作业许可项目389个（次）；审核排污许可证67本，共缩短审批流程时间2400天。

【环境监测】 2020年，大田环境监测站开展常规监测、污染源监督性监测、执法监测以及城区空气质量、降尘、酸雨常规监测等工作；完成城区饮用水源水质监测每月1次、省小流域9个断面双月采、送样工作，监测18个乡镇集中式生活饮用水源地水质；定期开展高才尤Ⅰ国控交接断面、城口村上游新增国控断面地表水预警监测，监测18个河长制小流域乡镇交接考核断面；开展13家省控重点企业和27家重金属防控企业监督性监测、

4家污染物减排监测，出具监测报告137份。

【生态环境执法大队和环境监测站成立】 3月26日，三明市大田生态环境保护综合执法大队、大田环境监测站在均溪镇建山路76号成立并揭牌，副县长詹冬华参加。执法大队和环境监测站隶属于大田生态环境局。

【省级生态环境保护例行督察】 10月16日起，福建省生态环境保护督察组进驻三明，开展为期15天的生态环境保护例行督察。期间，全县接到信访交办件11件，涉及环境问题13个（涉水类5个、气类3个、土壤类1个、生态类3个、其他类1个），均在规定时限内反馈，办结率100%。

【第二次全国污染源普查】 2020年，大田县完成第二次全国污染源普查工作，根据普查结果，全县污染源普查对象552个，其中工业企业源465个，农业源40个，移动源36个，集中式污染治理设施11个。

【“绿盈乡村”创建】 2020年，大田生态环境局围绕“山更好、水更清、林更优、田更洁、天更蓝、业更兴、村更美”等目标，策划生成21个重点生态振兴项目，继续推动80个建制村 “绿化、绿韵、绿态、绿魂”绿盈乡村建设。至年底累计完成 “绿盈乡村”认定170个村，占64%，其中初级版162个；梅山镇西书村、前坪乡上地村、石牌镇拱桥村、太华镇万湖村、吴山镇张坑村被市生态环境局认定为中级版“绿盈乡村”，武陵乡大石村、石牌镇长溪村、建设镇建忠村通过省生态环境厅高级版“绿盈乡村”认定。

【企业环境信用评价】 2020年，大田生态环境局开展两批次强制参评的企业环境信用评定，纳入环保评价企业106家。经评价，评定环保诚信企业2家，良好企业89家，环保警示企业3家，环保不良企业12家，守信企业占85.8%。

【新冠疫情防控】 2020年，大田生态环境局做好生态环境领域新冠肺炎防控应对处置相关工作，开展执法检查和环境应急监测，监测监控定点医院医疗废水的达标排放情况，防止次生环境污染。出动检查人员212人次，检查单位81家次，监测实验数据130个，督促指导县总医院、港湾宾馆规范处置医疗废物70吨，其中涉及疫情医疗废物1.68吨。

【全省首单“水质指数”责任险投保】 2020年，大田县借力绿色金融，开展水质保险试点建设，以全县流域面积2004.44平方公里的主要小流域“水质指数”（CWQI）为保险标的，投保全省首单“水质指数”责任保险，保费6.4万元/年，每次事故赔偿限额2万元，年限额500万元。

【乡镇生态综合管护队成立】 2020年，全县开展生态综合执法管护队试点改革，在湖美乡、太华镇成立生态综合管护队，整合河道专管员、环保网格员、道路协管员、护林员、土地协管员等“五大员”职能，构建横向到边、纵向到底的环境监管体系，进一步夯实基层生态环境管护基础。

（林青霞）

生态综合执法

【概况】 2020年，大田县生态综合执法局依法履职，对生态环境违法行为保持高压态势，查处制止生态环境违法行为162起，其中，情节轻微现场制止85起、责令整改34起，立案查处生态环境行政案件43件（涉矿类19件、涉水类24件），收缴罚没款197.3万元。涉嫌犯罪移送公安机关立案侦查4件、移送公安机关行政拘留3件3人，移送违法线索1条，申请人民法院强制执行2件。开展集中普法宣传11场（次），办理督办件、信访件38件，受理举报电话并处理落实11起（次）。

【体制机制创新案例获奖】 11月，县生态综合执法局介绍生态综合执法《从“九龙治水”到“攥指成拳”》的做法获省直机关党工委、省发改委、省直机关效能办第三届“推进机制活、建设新福建”全省机关体制机制创新优秀案例征集评选活动二等奖。

【生态环境保护指挥中心平台改造】 2020年，县生态综合执法局投资150万元（上级拨款100万元，自筹50万元），建立完善指挥中心视频监控系统和入侵检测系统，开发生态执法APP和环境监管信息平台，配备4G执法记录仪10台，手持执法终端设备20台，在全县范围内重点企业和重点污染源进行实时视频监控，有效提升指挥中心管理调度能力。

【闽湖（大田）库区管理加强】 2020年，县生态综合执法局依托闽湖大田库区管理中心，开展闽湖库区高才片、香坪片、卓坑里片日常巡查，在双溪口卡口实行24小时值班制，加大整治巡查监管力度，及时发现、报告、处理影响库区水环境的问题，杜绝库区网箱养殖回潮，使清网成果得以长期巩固。

【石板材加工集中区建设】 2020年，县政府在均溪镇红星村芹菜坑（秋竹隧道往华兴公路边）建设石板材加工集中区，项目占地约1.53公顷，年底完成土地征迁补偿和用地相关手续报批、土地招拍挂工作，并开始基建施工。石板材集中加工区建成后，将对县城区石材加工作坊进行全面整治，全部进入集中区，依法依规予以关闭取缔无照经营的加工作坊。

（柯双根）

发展计划管理

【概况】 2020年，大田县发展和改革局（简称“县发改局”）按照中央和省、市、县决策部署要求，做好“六稳”，全面落实“六保”任务，深化“五比五晒”活动，打好“十大攻坚会战”（招商、征地拆迁、“两茶一硒”、工业提升、现代服务业、交通建设、生态环境突出问题整治、市容市貌、农村人居环境整治、民生社会事业），抓好发展和改革工作，统筹推进新冠肺炎疫情常态化防控和经济社会平稳发展。全县地区生产总值增长5.1%，增幅居全市第3位；第一产业、第二产业、第三产业增加值分别增长4.4%、4.5%、6.9%，增幅分别位居全市第3、第8、第2位；城乡居民人均可支配收入增长6.2%，增幅位居全市第1位。

【年度计划编制与实施】 2019年12月，县发改局完成2020年大田县国民经济和社会发展年度计划编制，提交县第十七届人民代表大会第四次会议审议通过。2020年大田县国民经济和社会发展各项主要指标的预期目标及完成情况：地区生产总值增长7.8%，当年完成228.72亿元，比上年增长5.1%；农林牧渔业总产值增长4%，当年完成76.06亿元，同比增长4.5%；规模以上工业增加值增长8%，当年完成同比增长4.0%；固定资产投资增长8%，当年完成同比增长6.0%；社会消费品零售总额增长10%，当年完成54.57亿元，同比增长2.4%；实际利用外资（验资口径）增长3%，当年完成2728万元（人民币）；地方公共财政一般预算收入增长2%，当年完成7.56亿元，同比增长4.8%；城镇居民人均可支配收入增长7.8%，当年实际39325元，同比增长4.4%；农村居民人均可支配收入增长8.5%，当年实际19682元，同比增长7.5%；城镇登记失业率控制在3.6%以内，全年城镇登记失业率2.04%。

【投资项目审批】 2020年，县发改局衔接中央和省、市下放审批权限，审批（核准、备案）建设项目418个，总投资548.69亿元，办结率100%。其中，审批（核准）项目146个，总投资197.82亿元；备案项目272个，总投资350.87亿元。

【项目竞赛活动】 2020年，县发改局继续协调组织开展“五比五晒”活动，获全市考评一等奖，在全市“比补短板、晒三产”“比增长点、晒质量”两个单项考评中获第一名，在全省一季度“五个一批”项目正向激励考评名列第二。实施市重点项目27个（含省重点项目12个），总投资89.11亿元，当年完成投资29.88亿元。实施县重点项目168个，总投资602.64亿元，当年完成投资118.2亿元，开工建设项目73个，竣工投产项目58个，其中，新岩水泥、美湖湾农旅小镇（一期）等3个项目提前开工建设，莱德旺肉兔生态养殖产业化、岩兴气体生产线技改等10个项目提前竣工投产或建成使用。

【项目资金补助】 2020年，县发改局加强与省、市沟通对接，争取中央和省级预算内资金支持，全年向上级申报获批项目30个，争取到补助资金1.02亿元，连续5年超亿元。其中，2019年闽江流域山水林田湖草生态保护修复绩效评价正向激励资金500万元，老旧小区改造工程配套基础设施建设项目245万元、（二期）项目295万元，屏山乡集镇供水工程项目200万元，广平镇集镇供水提升工程改扩建项目280万元，上京林业站标准化建设项目80万元，奇韬中心幼儿园480万元，广平镇万筹村和武陵乡居家养老服务照料中心各100万元，梅山镇标准足球场180万元，重大项目前期经费15万元，夕阳红康养服务中心项目958万元，乡村振兴试点示范资金167.79万元，县公安局建设派出所中央和省级预算内分别补助154万元、27.5万元，县公安局业务技术用房中央和省级预算内分别补助2304万元、411.5万元，“五个一批”项目前期工作奖励经费100万元，山水林田湖草试点项目中央基础奖补结余资金200万元，县总医院传染病防治综合楼1100万元，综合性生态保护提升性补偿资金（第二批）1450万元，2020年森林质量精准提升示范项目150万元，2020年闽江流域山水林田湖草生态保护修复绩效评价正向激励预拨资金500万元，县赤头坂国有林场、东风农场木材战略储备基地建设各75万元，屏山、广平林业站标准化建设各20万元。

【第三产业发展】 2020年，县发改局牵头制定现代服务业攻坚会战组工作方案，组织实施重点建设项目22个，完成投资4.83亿元；新增规模以上服务业企业15家。全县完成第三产业增加值68.35亿元，同比增长6.9%。

【生态修复治理】 2020年，县发改局统筹推进闽江流域山水林田湖草生态保护修复试点工作，持续抓好8个重点项目建设，累计完成投资6.27亿元，其中废弃矿山生态修复治理项目被列入省级精品示范工程，获得正向激励补助资金1000万元。

【“6·18”项目成果对接】 6月18日，县发改局牵头组织参加第十八届“6·18”中国海峡创新项目成果交易会云上展会，活动期间开展专场对接活动8场次，征集东方美人茶、博德眼镜和博实铸件等展品41个，项目成果对接20项，征集企业技术需求36项。

【“五个一批”项目建设】 2020年，全县纳入市“五个一批”项目库管理项目220个，总投资457.95亿元。其中，谋划一批项目40个，总投资133.26亿元；签约一批项目69个，总投资98.59亿元；开工一批项目47个，总投资92.16亿元；投产一批项目60个，总投资131.31亿元；增资一批项目4个，总投资2.63亿元。

【“十四五”项目策划】 2020年，县发改局围绕基础设施、产业发展、民生短板和红色文化等重点领域，组织策划生成县“十四五”时期重点建设项目700个，总投资1769.6亿元，其中，农林水利项目113个，总投资217.8亿元；工业项目159个，总投资392.6亿元；服务业项目143个，总投资464.9亿元；社会事业项目140个，总投资152亿元；交通能源项目31个，总投资284亿元；生态环保项目40个，总投资72.1亿元；城建项目74个，总投资186.2亿元，为“十四五”规划实施提供有力项目支撑。

（林子琨）

物价管理

【概况】 2020年，大田县发展和改革局（简称县发改局）围绕“稳价控价，惠及民生”总目标，稳妥推进价格改革，疏导价格矛盾，做好价格和收费管理、价格监测、成本监审及成本调查、价格认定、价格服务等工作，保持城乡市场价格总水平基本稳定。开展新冠肺炎疫情防控期间县城主要食品价格监测，县城区超市（市场）“价比三家”等民生商品价格监测、预警、分析及信息发布253期。

【价格管理】 2020年，县发改局会同县水利部门做好农业综合水价综合改革及171个上县网水电站上网电价核对等各项工作，会同县供电部门巩固电网和转供电环节清理规范收费工作成果；配合市发改、水利、生态环境部门开展水电站下泄流量审核监督工作。

【收费管理】 2020年，县发改局根据省、市发改部门和县政府有关优化营商环境要求，加强收费清单管理，6月11日重新公布《2020年大田县政府定价管理涉企收费清单》，10月29日公布《大田县县级政府定价管理的经营服务性收费目录清单》，并在县政府门户网站公开发布；6月11日及9月9日两次公布《大田县本级2020年行政事业性收费单位名单及收费项目》；完成55个行政事业性收费单位2019年度收费情况报告，收费报告金额6799.4万元；4月30日，制定出台大田县保障性住房物业服务收费标准；落实国家、省发改委发布的各项收费改革及降费政策措施，及时将有关收费政策文件送达执收单位；加强对涉企行政事业性收费、政府定价管理的经营服务性收费、中介组织服务收费、社团收费的跟踪管理。

【价格监测】 2020年，县发改局继续开展民生商品价格监测、预警、分析及信息发布。1月28日至3月15日，开展县新冠肺炎疫情防控主要食品价格应急监测48期；3月18日至10月23日，开展全县生猪及猪肉价格监测27期；发布县城区超市（市场）“价比三家”监测58期，全县重要商品价格、工业品报价价格监测、其他重要商品价格上报各36期，城镇化相关商品价格监测上报12期。

【价格认定】 2020年，县发改局提供价格认定公共服务，提高涉纪、涉案、涉税等重要事项价格认定水平。县价格认证中心全年办理各类价格认定业务81件，标的金额632.11万元。

【价格临时补贴发放】 2020年，县发改局会同民政、财政、人社部门，实行社会救助和保障标准与物价上涨挂钩联动机制，全年向保障对象和领取失业保险金人员6.22万人发放价格临时补贴227.35万元。

（林子琨）

市场监督管理

【概况】 2020年，大田县市场监督管理局坚持商事管理改革，优化营商环境，全县市场主体比上年增加94.8%，注册资金增加18.14%。加强产品质量、计量、特种设备、企业信用等监督管理，在标准化、实施品牌战略、智能监管网络建设和名优商标培育等多方面工作取得新成效；做好新冠疫情防控期间市场监管，保障餐饮、食品药品、医疗器械等领域安全，市场稳定。当年，企业信用信息归集工作保持全市首位，企业年报率95.28%，农民专业合作社年报率96.13%，个体工商户年报率52.58%。县市场监管局获评福建省2018—2020年度省级文明单位，局党组成员吴伟建获省政府福建省标准贡献二等奖。

【商事管理】 2020年，全县市场主体总数7.23万户，注册资本总额355.2亿元，分别比上年增加3.52万户、54.56亿元，分别增长94.88%、18.15%；新增市场主体4.21万户，注册资金68.08亿元，其中，新登记注册企业949户，注册资金52.84亿元。简易注销企业191户，依申请简易注销个体工商户1763户，依职权注销个体工商户40户。全年颁发记载有社会统一信用代码的企业营业执照949张；记载有社会统一信用代码的个体营业执照4.11万张。

【质量计量管理】 2020年，县市场监管局加强道路交通安全领域等计量器具隐患排查和安全监管，未发现安全隐患。为30所中小学免费检定27台红外测温仪、379个额温枪；持续落实强检计量器具停征收费政策，检定计量器具6114台次，其中免费检定5890台次，免征检定费57.08万元。开展2家列入全省重点用能单位企业能源计量审查并通过省市场监督管理局验收。加强定配眼镜、贸易结算计量器具管理，开展定量包装商品监督，维护市场秩序和群众利益。实施乡村血压计检定模式改革，强化强检意识，提高检定效率，全年检定血压计1100台件，同比增长8.4%。

【药品安全监管】 2020年，县市监管局宣传贯彻新修订的《中华人民共和国药品管理法》《化妆品监督管理条例》和新颁布的《中华人民共和国疫苗管理法》，举办执法人员现场教学1场，参加25人，普法宣传活动5场，受教育1000余人次。针对新冠肺炎疫情防控，专项整治县防疫物资中涉药、涉械产品，持续做好非医保渠道销售退热止咳药登记上报工作。开展中药饮片、国家组织集中采购和使用中选药品及无菌植入性医疗器械专项检查，较大规模美容美发机构经营使用化妆品安全专项检查等。检查药械经营企业112家次，药械使用单位301家次，上报药品不良反应259例、医疗器械不良事件51例、化妆品不良反应30例，查处药品案9件，医疗器械案18件，罚没款24.08万元，药品安全满意率在全市位居第三。

【食品餐饮安全监管】 2020年，县市场监管局落实常态化新型冠状病毒肺炎疫情防控与食品安全相结合措施，开展各类专项联合检查40余次，出动执法人员860余人次，发放相关疫情防控措施倡议书、告知书2500余份。持续深化校园及周边食品安全治理，出动执法人员512人次，检查学校（含幼儿园）食堂205家次、供应学校食材（品）及校园周边食品经营单位289家次；坚持食品安全“一品一码”追溯体系，督促指导7家大型餐馆和98家学校（含幼儿园）食堂建立“一品一码”追溯体系，定时通报未及时录入行为，下达责令整改通知书15份，立案查处学校食堂1家；

开展餐饮具消毒效果检测，检测各类餐饮具60批次，责任约谈检测不合格的餐饮单位7家，责令整改；推进农村集体聚餐食品安全管理，联合县农业农村局举办全县275名食品安全协管员食品安全知识和农村集体聚餐管理知识集中培训，进行农村集体聚餐食品安全指导、登记备案62场次，现场检查指导32场次；加强监督抽检，打击非法添加和滥用食品添加剂行为，监督抽检餐饮服务环节食品170批次，立案查处制售不符合食品安全标准食品餐饮经营单位2家，处罚没款5万元；持续开展“明厨亮灶”提质扩面行动，福田御华圆酒楼为县第五家“明厨亮灶”省级示范单位，全县餐饮单位明厨亮灶覆盖率82.32%。

【特种设备监察】 2020年，县市场监管局开展特种设备隐患排查治理，检查使用单位160家次，排查安全隐患24条；开展“清网行动”，接到检验机构报告的重要问题并完成闭环整改47条；组织指导碧桂园生活服务集团股份有限公司大田分公司、大田县港田燃气有限公司、福建岩兴气体有限公司等重点单位举行电梯、压力容器等应急演练9场次；进行压力管道摸排整治，摸排使用单位20余家，查出未检验的压力管道2000多米，扫除监管盲区，保持县内特种设备安全零事故。

【标准化工作】 2020年，大田县2个省级标准化示范区“雷笋栽培种植农业综合标准化示范区”“原生态富硒水稻种植综合标准化示范区”通过省农业标准化工作领导小组验收。福建居敬泽惠养老产业发展有限公司申报的国家社会管理和公共服务标准化试点项目“互联网＋居家养老服务标准化试点”，经省市场监管局上报国家标准委并通过初审，县市场监管局制定完成《河湖长制工作管理规范》。争取省政府标准化工作专项补助经费51万元，居全市第二。

【名优商标培育】 2020年，县市场监管局继续指导“江山美人”“留芳园”申报中国驰名商标。当年新申报注册商标944件，被国家知识产权局注册及注册公告419件；“济阳黄花菜”地理标志证明商标获国家知识产权局核准注册；“三宝腊鸭”“三宝酒曲”“大田美人茶”申报地理标志证明商标并进入审查。

【消费维权】 2020年，县市场监管局受理群众投诉、举报、咨询1539件，其中，受理e三明平台和“12345”便民服务平台转批件、投诉举报件162件，按时办结率100%；受理商品、服务消费申诉399件，争议金额17.88万元，经调解、协商和解全部办结，为消费者挽回经济损失10.69万元，维护消费者合法权益；给群众解释、答复789件。

【企业信用监管】 2020年，县市场监管局加强企业信用监管，建立完善信用记录公示和联合惩戒制度，推动“一处失信，处处受限”落到实处，联合评优评先和优惠政策享受等30余户次。依法列入经营异常名录企业366户，严重违法失信企业名单内资企业79户，农民专业合作社8户。不良信用信息全部通过国家企业信用信息公示系统（福建）向社会公示。与县法院、人社局等开展失信联合惩戒，冻结股权等8户次，列入严重违法失信负有责任的企业法人实行任职限制；建立信用修复机制，被列入经营异常名录的企业，有意向修复的进行行政约谈，全年按规定移出经营异常名录企业141户次。同时，牵头组织40个部门将全县企业注册、监管、惩罚等各类企业信息归集到国家企业信用信息公示系统（福建），截至12月31日，归集企业行政许可、行政处罚等相关信息1.69万条，居全市第一，全部信息向社会公示。

【行政执法】 2020年，县市场监管局继续开展扫黑除恶专项斗争，摸排上报涉黑恶势力线索4条。开展食品药品安全最严谨标准、最严格监管、最严厉处罚、最严肃问责“四个最严”要求和打击市场销售长江流域非法捕捞渔获物，开展防疫物资产品质量和市场秩序、市场流通领域突出问题专项整治行动，进口冷链食品和非法野生动物交易、成品油市场专项执法行动、知识产权执法“铁拳”行动11次（项），查办违法案件193件，案值62.69万元，罚没款金额165.87万元，其中食品安全案79件、药品案21件、医疗器械案10件，其他方面案83件。查处成品油案2件，涉案汽（柴）油6.61吨，案值3.78万元，罚没款金额1.55万元。

【智网管理系统建设】 5月，县市场监管局按照国务院《关于加快推进“互联网＋政务服务”工作的指导意见》要求，依托北京鸿蒙网科技有限公司，开发“互联网＋政务服务”的市场监管实践应用平台。10月，项目签约落地建设，12月投入试运行，进行现场数据采集。该系统是建立在客户端、服务器、业务数据、第三方数据的全端采集和建模基础上，开发全方位全天候辅助监管工具，可实现广告（线上线下）、特种设备、食品药品等市场主体线下到全网的监测功能，精准有效打击各类市场监管领域违法行为，是全国2800多个县级市场智网的试点县。

【疫情防控市场监管】 2020年，县市场监管局做好全县新冠肺炎疫情防控市场监管工作，发放宣传材料2万余份，悬挂条幅10条；落实进口冷链食品24小时报备制度和从业人员核酸检测、餐饮从业人员佩戴口罩、进店扫描八闽健康码、减少人员集聚等防控措施，打击市场各类违规涨价、违法售假等行为，受理涉疫投诉举报58起，为消费者挽回经济损失5万余元。疫情期间食品、药品等市场稳定安全。

【专项督查】 2020年，县市场监管局全面推行"双随机、一公开"（在监管过程中随机抽取检查对象、随机选派执法人员，抽查及检查结果及时间社会公开）联合检查。牵头组织县发改局、公安局、人社局、交通运输局、商务局、卫健局、自然资源局、生态执法局、应急局、住建局、水利局、林业局、统计局、税务局、网信办、消防大队16个部门，开展关系人民群众身体健康和生命财产安全的重点行业、重点领域或行业、企业，不同信用级别和各联合抽查部门所监管领域行业、企业的登记（备案）事项，行政许可、信用信息公示和相关经营行为及"1+X"专项督查。做到全流程整合监管和监管全覆盖、常态化，市场监管领域相关部门与覆盖率100%。6次检查各类市场主体286户，列入企业经营异常名录42户。市场执法中，做到"进一家门，查多项事"，克服"任性""随意"检查，实行"阳光""公正"文明执法。落实《无证无照经营查处办法》，牵头在全县查处无证无照案件55起，涉案金额42.54万元，没收26.86万元，罚款42.83万元。其中，与烟草专卖局协作，建立卷烟市场证照管理长效监管工作机制，联合执法，立案查处无证无照经营烟草制品案10起，罚没款1.29万元。

（黄清渊　叶德潮　张　珍　陈德薪　江萍萍　陈美玲　林昌济　叶德绵　涂联文　郑承惠　肖应铭　柳树海　乐首装）

审　计

【概况】 2020年，大田县审计局贯彻落实上级各项决策部署，依法履职尽责，为推进国家治理体系和治理能力现代化发挥更大作用。全年审结项目（单位）23个，其中，重大政策措施落实情况跟踪审计项目4个，预算执行审计项目5个，经济责任审计项目8个，自然资源资产审计和固定资产投资审计项目各2个、民生审计和企业审计项目各1个。配合上级审计机关完成审计项目1个。审计查出问题金额3.83亿元，其中违规金额0.14亿元、管理不规范资金3.69亿元；损益收支不实金额2.86亿元。审计处理的资金中应上缴财政1214万元、应归还原渠道429万元、应调账处理2.86亿元。审计促进整改落实有问题的资金2.92亿元。向上级审计机关和县委、县政府提交审计报告及专项审计调查报告32篇，被采纳的审计建议39条；提交审计信息、专题48篇，其中被上级审计机关采用的审计信息27篇。

当年，县审计局获2020年度县直机关单位工作综合考评优秀等次和县综治平安先进单位称号，被中国时代经济出版社评为2020年度审计通联工作先进集体。

【重大政策措施落实情况跟踪审计】 2020年，县审计局围绕"六稳""六保"工作要求，对接发挥三明四大优势，做实"四篇文章"（发挥中央苏区优势，唱响"凤展红旗如画品牌"；发挥老工业基地优势，推进"老树发新枝"；发挥绿色生态优势，打造"中国绿都·最氧三明"品牌；发挥文明城市优势，提升"满意在三明"品牌）和"五比五晒"项目竞赛活动，推动上级各项决策部署和重大政策措施贯彻落实。聚焦新冠肺炎疫情防控政策措施落实、资金管理使用、社会捐赠款物分配，跟踪审计县政府应对新冠肺炎疫情防控资金和捐赠款物，跟踪审计调查应对疫情"六稳"措施落实情况等六个专项，及时向本级人民政府和上级审计机关报送审计（调查）报告，并督促相关部门单位整改专项资金支出不够及时、捐赠物资手续不够完整等问题，为打赢疫情防控阻击战提供审计监督保障。

【县本级财政预算执行情况审计】 2020年，县审计局对2019年度县本级预算执行情况和其他财政收支情况进行审计。主要审计县财政局组织县本级预算执行情况及决算草案和县人力资源和社会保障局、大田职业中专学校等部门预算执行情况及决算草案。重点核查财政预算执行总体情况、部门预算执行效率效果，项目资金分配管理及使用绩效、政府性债务管理和财政专户资金管理、分配、使用等情况。审计查出主要问题资金1.84亿元，其中，未按规定征收缴纳收入807.8万元，未按规定纳入预算管理485万元，未落实收支两条线8万元，资金滞留闲置1333.72万元，扩大开支范围6.14万元，会计核算不实 1.57亿元，其他问题金额59.34万元。县审计局对存在的问题提出并被采纳的审计建议12条，依法依规出具审计报告，下达审计决定，责成有关单位整改。同时，向县人大常委会、县政府提交审计工作报告和审计结果报告。

【领导干部任期经济责任审计】 2020年，县审计局制定《2020年大田县经济责任审计工作方案》，围绕履行重大经济事项决策、重大项目安排、大额资金支出情况等开展审计，加强对领导干部权力运行的监督，促进领导干部更好地履行经济管理职责。全年审结领导干部任期经济责任审计项目8个，审计查出主要问题资金1539.23万元，其中，违规金额296.84万元，管理不规范金额1242.39万元。提交审计报告和审计结果报告16篇，提出审计建议7条，督促落实整改的资金206万元，促进增收节支183万元。

【自然资源资产和生态环境保护审计】 2020年，县审计局关注自然资源资产管理和开发利用过程中，贯彻执行生态文明决策部署，遵守法律法规、重大决策及目标任务完成、履行监督责任情况等重点内容，开展县水利局局长和文江镇自然资源资产管理和生态环境保护专项审计。审计查出问题资金368.51万元，项目管理不规范等非金额计量问题7个。审计督促被审计单位补缴水资源费263.3 万元，归还原渠道资金16万元，建立健全项目建设管理制度3项。审计促进领导干部践行绿色发展理念，提高节约集约利用自然资源资产和生态环境保护意识。

【固定资产投资审计】 2020年，县审计局依法开展县第二实验小学建设项目专项审计调查和县第二实验幼儿园建设项目竣工决算审计。重点审计（调查）履行基本建设程序、投资控制和资金管理使用、建设管理、土地利用和征地拆迁、工程造价以及投资绩效等情况。通过投资审计，揭示政府投资项目管理不规范等问题，提出整改意见和审计建议，促进政府投资规范管理，提高财政资金使用绩效。

【民生事项审计】 2020年，县审计局把民生领域、重大民生项目和重点民生资金纳入审计重点，加大对重点民生资金和项目的审计力度，开展保障性安居工程资金投入和使用绩效审计，商务局2015年省级电子商务进农村示范资金、“两不愁三保障”（不愁吃不愁穿，保障义务教育、基本医疗、住房安全）落实情况、扶贫资金等项目专项审计，促进强农惠农政策贯彻落实。

【县委巡察意见整改落实】 6月，县委巡察二组对县审计局党组进行巡察。局党组针对巡察反馈的四个方面10项22个具体问题，落实《关于对县审计局党组巡察情况的反馈意见》的整改任务分解方案，制定和完善机关9项工作制度，把巡察成果与加强党的政治建设、助推审计事业发展相结合，落实全面从严治党责任。

【审计回访督查】 2020年，县审计局执行县政府《关于进一步加强审计监督做好审计决定执行工作的意见》，印发《大田县审计局关于进一步加强审计发现问题整改督促工作的通知》，梳理2017年以来审计发现主要问题整改台账，对未整改到位的问题，采取书面通知、电话催办等，督促被审计单位落实整改，持续做好审计整改“后半篇文章”。

【内部审计】 2020年，县审计局加强内部审计工作指导和监督，提高内审工作质量。全县内审单位审结项目39个，查纠各类违纪违规资金196.35万元，提出合理化建议19条。县农村审计总站及所属基层审计站履行内部监督职能，按照《福建省农村集体经济审计工作规程》规定，抽调18个乡镇纪委、经管站、财政所干部，专项督查266个村村级财务“监督+内审”，发现问题364个，移送问题线索35条，受理信访件3件，处罚法人3个，处罚金额0.6万元。县教育局审计中心围绕教育中心工作履行职责，专项审计2018年度教师继续教育经费收支情况和5个单位6个在建项目，抽查绩效工资发放、学生营养餐收支、学校食堂账目、“三公”经费支出等情况，对全县各学校资金运作进行有效监督与服务。太华、均溪、上京、广平等乡镇开展内部审计，县民政局、林业局、自然资源局、住建局、县总医院、县人社局、县工信局等单位开展专项审计、任期经济责任审计和财政财务收支审计。县供销社加强内审和完善财务管理制度，促进增收节支与效益提高。

（林起昌）

统计管理

【概况】 2020年，大田县统计局开展第七次全国人口普查，抓好统计知识和统计法律法规宣传；做好统计服务和统计基础建设，建立数据质量审核管理长效机制，加强统计巡查，开展执法稽查，提高源头数据质量。跟踪培育拟入库企业，实地核查固定资产投资项目，从源头加强数据产生流程节点管理和质量管控。夯实基层统计基础，推进统计工作，为县委、县政府科学决策提供统计服务。

【统计业务】 2020年，县统计局执行国家统计报表制度，上报各种统计数据，完成县地区生产总值核算，工业、农村社会经济、建筑业、批发零售和住宿餐饮业、固定资产投资、房地产经营业、劳动工资、外经贸易、能源、文化产业、服务业等统计；完成第七次全国人口普查录入、审核和验收工作。城市和农村社会经济调查队分别完成城乡住户、工业品价格、粮食播种面积和产量、小微企业、畜禽监测等调查，为县委、县政府及有关部门、社会公众提供统计服务。

【统计执法】 2020年，开展第七次全国人口普查和“12·8”统计法宣传日统计法律法规宣传，加强统计法制建设，统计执法检查落实到月、季和年报表的审核及重大统计数据的评估，严格各环节质量标准，加强数据质量管控，确保应统尽统、应报尽报。严格统计报表报送登记制度和执法错案责任追究制度，健全统计法律文书送达制度和统计执法程序。制订统计巡查方案，对9家企业进行执法检查，立案查处统计违法单位3家。

【城乡社会经济调查】 2020年，县城调队和农调队开展城乡居民生活收支情况、工业生产者价格情况调查，全县居民人均可支配收入28618元，比上年增长6.2%，其中，城镇居民人均可支配收入39325元，同比增长4.4%；农村居民人均可支配收入19682元，同比增长7.5%。开展35家工业企业36种工业品价格调查。

【统计信息服务】 2020年，县统计局做好经济运行预警监测，分析研究主要经济指标运行情况。全年发布年度统计公报1篇，编制《大田统计年鉴（2020）》1册，编印《大田统计月报》11期，编辑分县（市区）、分乡镇主要经济指标对比表11期，向县委、县政府和有关部门提供统计分析、统计报告、统计调查75篇，统计信息188条，接待数据查询143人（次），出具统计证明5份。统计信息被省市刊物采用29条（次），被县委办、县政府办刊物采用1条（次）。

【人口普查通过验收】 2020年，县第七次全国人口普查办公室抽调和选聘普查员和普查指导员2308人，完成县辖区内19个普查区1752个普查小区入户登记，前期摸底登记51.57万人，其中，住本户28.15万人，未住本户但户口在本户的23.42万人。正式入户时，全县普查登记短表人数539999人次，其中登记出生4526人、死亡2034人；普查长表登记人数39807人，完成普查长表行业职业等相关指标编码21599条。大田县第七次全国人口普查工作通过国家统计局审核验收。

（黄钟煊）

金 融

□ 编辑 陈吉浣

综述

【概况】 2020年，全县各类金融分支机构29家，员工614人（不含15家保险营销部及代理业务员），其中，中国人民银行大田县支行1家，设5个股室，员工27人；银行保险业监督管理派出机构1家。县金融办（2014年成立）围绕县委、县政府中心工作，协调银行业防范化解金融风险和服务地方经济发展，从大田县情出发，引导银行业探索推出形式多样的信贷产品，人行县支行贯彻执行稳健的货币政策，引导金融机构按照《关于深化中小微企业金融服务提高福建企业持续发展能力的专项行动方案》，加大民营企业、小微企业、“三农”和民生领域的信贷投放力度。在新冠肺炎疫情防控期间，推广“快农贷”“云义贷”等7个金融产品，帮助企业复工复产，各项贷款余额112.5亿元，比上年增加16.58亿元。处置不良贷款1.96亿元，不良贷款率从1.3%降至1.02%，风险防控绩效管理居全市第4位。年底，金融机构本外币存款余额138.27亿元，同比增长9.09%。保险业保费收入3.16亿元，证券业交易量162.49亿元。人行县支行获第六届全国文明单位称号，全省人民银行系统仅此1家；调研文章《人行福建大田县支行让茶乡开出金融文明花》在《金融时报》刊载，支行领导防疫期间坚守金融抗疫一线事迹被福州中心支行党委组织部列为宣传案例。

【存款增加】 2020年，全县金融机构本外币各项存款余额138.27亿元，比上年增长9.09%，其中储蓄存款94.35亿元，同比增长9.05%。

2020年大田县金融机构本外币存款余额情况表

表1

项目	年底余额（万元）	比上年增减	
		增减额（万元）	增减幅度（%）
一、境内存款	1380842	114180	9.01
1.住户存款	944100	78217	9.03
(1)活期存款	433684	16290	3.90
(2)定期及其他存款	510416	61927	13.81
2.非金融企业存款	190359	39447	26.14
(1)活期存款	122902	18235	17.42
(2)定期及其他存款	67457	21212	45.87
3.广义政府存款	243197	7667	3.26
4. 财政性存款	3172	-11156	-77.86
5. 非银行业金融机构存款	14	5	55.56
二、境外存款	1880	1094	138.88
合计	1382722	115274	9.09

【贷款发放】 2020年，全县金融机构本外币各项贷款余额112.5亿元，同比增长17.29%，其中，住户贷款余额81.82亿元，同比增长17.85%；非金融企业及机关团体贷款30.67亿元，同比增长15.78%。县金融办协调重大项目贷款融资12.3亿元，7家企业转续贷5.36亿元，新增政策性融资担保企业151家、金额6070.5万元，66家中小微企业纾困28批次授信29笔6757万元；补充修订惠企政策47条，为企业复工复产金融支持5亿多元，分产业、区域和特色专项融资达成意向2.46亿元；推动4家企业园区资产按揭贷款7446.53万元，推广无间贷、无还本续贷等系列产品，年底小微企业贷款余额56.41亿元，占各项贷款总额的51.14%。

2020年大田县金融机构本外币贷款余额情况表

表2

项目	年底余额（万元）	比上年增减	
		增减额（万元）	增减幅度（%）
一、境内贷款	1124958	165768	17.28
1.住户贷款	818239	123940	17.85
(1)短期贷款	141560	-51433	-34.66
(2)中长期贷款	676679	175373	41.67
2.非金融企业及机关团体贷款	306719	41828	15.79
(1)短期贷款	107573	18106	20.24
(2)中长期贷款	183597	26497	16.87
(3)票据融资	15549	-2775	-15.14
二、境外贷款	51	51	100.00
合计	1125009	165819	17.29

【金融服务】 2020年，人行县支行出台《大田县防疫期间金融服务指南》《各金融机构信贷产品汇编》等各项惠民利企政策，及时开通国库、支付等业务绿色通道，保障新冠肺炎疫情防控的金融需求，推进全国3000亿元+5000亿元+1万亿元资金政策在大田精准落地，落实稳企业保就业，支持企业复工复产。增加扶贫贷款总量，增强建档立卡贫困户自身“造血”功能，至12月末，全县1264户扶贫对象小额贷款余额1.1亿元，贫困户贷款覆盖面58.76%，全县2798户贫困户全部脱贫。推动金融机构利用人民银行征信中心组织建设的应收账款融资服务平台等金融基础设施，开展各类质押融资业务，疏通企业融资堵点。当年，全县174个农村普惠金融服务点进行改造，100%受理“云闪付”，在乡镇卫生院推行全市首个移动支付终端，“云闪付”缴纳城乡医保交易量辖区第一。联合县金融办制定《大田县政银企合作机制工作方案》，引导金融机构对接重点企业和关键群体。推进存量浮动利率贷款定价基准向LPR（贷款市场报价利率）转换，小微企业贷款加权平均利率同比下降0.77个百分点，降低企业融资成本。呈阅件《政策加码奏响金融支持稳企业保就业大风歌》得到县委书记、分管副县长的批示肯定，并被省委办公厅《八闽快讯》采用。

【征信管理】 2020年，人行县支行贯彻落实《中国人民银行征信中心关于为打赢疫情防控阻击战提供征信服务支持的通知》精神，制作疫情防控告示牌，公示网上征信查询渠道及操作指引，公告征信咨询电话，鼓励群众线上查询；同时安排专人值守，按防疫要求受理日常征信查询。全年查询个人信用报告1.7万份，同比增长9.65%，查询企业信用报告17份，与上年持平；制作“6·14”信用记录关爱日主题宣传短视频。

【支付结算】 2020年，人行县支行坚持“两个加强，两个不减”（优化企业服务、账户管理要加强，企业便利度和风险防控力度不减）的原则，加强取消企业银行账户许可后的账户监管；持续推进移动支付便民工程和农村助农取款点建设。通过对辖内银行卡存量排查和新增账户管控，打击电信网络新型违法犯罪，遏制“两卡”（手机卡和银行卡）犯罪上升趋势。对辖内公安机关移送的1274个个人涉案银行账户实行5年内暂停非柜面业务和不得开立新账户的惩戒。

【国库管理】 2020年，人行县支行围绕加强核算和监督，提升国库管理水平，执行预算资金收支运行的监督，固守资金和系统安全两条底线；普惠金融服务，提升国库工作质量，创新形式载体，开展国库宣传和国库普惠金融示范乡镇建设，体现金融为民的宗旨；制定实施《大田县支库人才建设三年(2019—2021)规划》，通过党建引领、岗位优化、青年培育、作风建设等，提升国库工作水平。全年办理预算收入20.49万笔、金额28.74亿元，支出9412笔、金额43.65亿元，退库7486笔、金额0.56亿元，更正调库58笔、金额0.78亿元。

【硬币存取服务】 2020年，人行县支行开展硬币预约兑换服务，利用“三明市现金综合管理服务平台”，将农村普惠金融服务点逐步纳入预约兑换管理，提升农村现金便民服务质量，完成市行下达23个农村普惠金融服务点的链接；建立银行网点、重点企业、社会群众参与的现金综合管理服务平台“互联网+”管理模式，解决硬币兑换、缴存等环节预约的时空限制；配备硬币兑换机1台，硬币清分机8台，解决群众硬币存取不方便的问题；全年完成1315个客户的硬币存取服务。

（刘福琪 柳继呈）

金融监督管理

【概况】 2020年，三明银保监分局大田监管组（简称“银保监大田监管组”）围绕防风险、促发展、保稳定和贯彻落实中央“六稳”“六保”等工作重点，做好金融支持防控新冠肺炎和企业复工复产，辖区银行保险业持续稳健发展，存贷款呈现两位数增长态势，年底全县存贷款余额分别比年初增长9.09%和17.29%；保险业持续稳健运行，保费收入和理赔支出呈现同步增长态势。银行保险业金融秩序明显好转，内控案防和消保维稳工作良好，实现零案件和无发生重大风险事件；不良贷款呈现持续下降态势，全县不良贷款余额和比率分别比年初减少986万元和下降0.28%。两家重点风险机构全部实现预定监管目标，摘帽脱困。

【重大决策落实】 2020年，银保监大田监管组及时组织本单位和辖区各银行保险业机构主要负责人学习和贯彻党中央、国务院关于“六稳”“六保”工作的一系列决策部署，及银保监会和省局、分局下发的一系列文件，召开6次专题会议研究部署，3次发出通知布置，参加县委县政府部署会、协调会、对接会20次，开展企业调研9次，走访督导银行业机构10次，开展约谈8次，银行业机构落实疫情防控和支持复工复产情况专项统计1次，会同金融办等部门制定辖区银行业机构服务地方经济考核办法，推动辖区银行保险业机构支持中小微企业复工复产。

【实体经济金融服务】 2020年，银保监大田监管组加强窗口指导和监管引领，加大金融服务实体经济力度。督促各银行业机构与市分行、省分行沟通，早计划、早争取、早发放，做好信贷投放工作，重点加大对县重点项目、民营经济和小微企业、涉农贷款、普惠金融和精准扶贫等方面的信贷支持。督导辖区银行业机构贯彻落实“两增两控”[单户授信总额1000万元以下（含）小微企业贷款增速不低于各项贷款同比增速、贷款户数不低于上年同期水平，合理控制小微企业贷款资产质量水平和贷款综合成本]的小微企业服务目标，确保小微企业贷款稳步增长，推广无还本续贷等模式降低贷款周转成本，减轻企业负担。结合新经济特点，创新推出小微企业“成长贷”“易速贷”“云税贷”，以及农户“易家贷”“幸福贷”等金融信贷产品，创新推广“园区企业资产按揭贷款”模式，纾解小微企业和农户及解决部分园区企业贷款难、担保难问题。

【不良贷款压降】 2020年，银保监大田监管组围绕县委县政府金融工作目标，会同金融办，将不良贷款压降指标分解至银行机构，并对重点监控机构加强日常监管督导；推进政府、司法、银行、企业“四位一体”信用风险联防联控，加大重大债权案件部门间协调沟通力度；督促指导银行业机构主动配合相关部门，推进打击恶意逃废债、公职人员贷款清欠、金融案件执行等风险防控“三大攻坚”行动。全年处置不良贷款1.96亿元，风险暴露匹配度103.16%，年底，全县贷款不良率1.02%，降幅居全市前列。

【法人机构监管加强】 2020年，银保监大田监管组加强农村中小银行法人机构监管，按照非现场监管信息系统中的要求进行数据异常变动分析及趋势风险分析，进行风险提示，做好年度监管评级，召开审慎监管会谈，针对存在问题提出监管意见。建立2家法人机构流动性风险监测机制，加强现金流预测和限额管理，做好流动性压力测试，完善应急计划。加大关联交易监测和排查，开展法人机构不规范股权调查，督促加强股东股权管理和内控案防工作。督促指导银行业机构做好信用风险防控工作，推进农村信用联社和晋农商村镇银行实施三年风险处置规划，信用联社和晋农商银行年底贷款不良率分别为1.7%和2.77%，不良贷款余额和占比均大幅下降，实现摘帽脱困。

【行业管理】 2020年，人行县支行承担金融管理牵头抓总和统筹协调职责，强化央行评级结果运用，推动政府履行属地责任。开展国务院颁布的《存款保险条例》实施五周年宣传。做好央行金融机构评级工作，根据两家法人机构评级结果，对存保保费实施差别费率，督促投保机构进一步提高风险管理水平，促进投保机构稳健经营和健康发展。持续助力法人投保机构稳健发展；强化风险监测，督促大田晋农商村镇银行化解金融风险；落实金融突发事件报告制度，开展“学法、懂法、知法，依法维护金融稳定”活动；做好存款保险标识启用工作。推动全县不良贷款率从年初的1.3%降至年末的1.02%。

【外汇管理】 2020年，人行县支行应对新冠肺炎疫情，开辟“绿色通道”，助力涉外企业复工复产，落实资本项目收入支付便利化等外汇政策，配合“五比五晒”活动，外商资本金大幅流入。受中美贸易战加关税和疫情影响，贸易进出口大幅下降，全县对外贸易出口额367.1万美元，同比下降74.7%；对外贸易进口2.8万美元，同比下降99%。进出口顺差364.3万美元。全县银行结汇614.3万美元，同比上升145%；售汇72.05万美元，同比下降26.6%；资本金流入522.82万美元。支行定期开展非现场核查，并对1家金融机构开展数据现场核查，规范银行国际收支与结售汇管理；做好辖区外汇指定银行外汇业务合规与审慎经营评估，推动银行加强内控。

【反洗钱管理】 2020年，人行县支行与检察、公安、税务等部门联合制定合作备忘录，就“3·31”跨境赌博专案等召开省、市、县人行和公安部门三级会商，提供金融支持；加强反洗钱资金监测，筛查甄别重点可疑交易线索，全年接收重点可疑交易线索10条，向公安部门报案2条。辖内两家法人机构开展风险自评估，发现并杜绝相关风险；落实扫黑除恶专项斗争，配合有关部门开展涉黑线索、非法金融放贷等排查。各银行业金融机构协助查询账户484个，冻结账户4514个，申请冻结金额26.15亿元，扣划账户421个、金额1037.16万元。

（余泽霖　刘福琪）

银行业

【概况】 2020年，全县商业银行8家（含信用合作联社），员工491人。各行（社）做好新冠肺炎疫情防控，执行国家金融政策，防范化解金融风险，服务地方社会经济发展；创新金融产品，支持实体经济，重点支持民营企业、“三农”、小微企业，发放小微企业纾困贷款6757万元，帮助复工复产，扶持农村巩固脱贫成果。年底，全县银行业机构各项存款余额138.27亿元，比上年增长9.09%；各项贷款余额112.5亿元，同比增长17.29%，其中扶贫对象小额贷款余额1.1亿元、小微企业贷款余额56.41亿元，占各项贷款余额的51.12%。全年处置和清收不良贷款1.96亿元，不良贷款率1.02%，同比下降0.28%，为5年来最低。

【工行大田支行】 2020年，中国工商银行股份有限公司大田支行（简称工行大田支行），围绕支行竞争力考核指标存款和中间业务收入两个核心，加强对经营目标执行情况的监测与分析，针对存贷款和中间业务市场份额较低，个贷不良率偏高，客户总量不足、结构不优等问题，调动和集中全行力量，提高储蓄存款的稳定性，提升对公存款。全年零售业务重点领域增加，对公存款时点和日均全年增量县内同业双第一，经营发展效益提升。全部存款时点余额10.44亿元，比上年增长29.53%，时点增量2.38亿元，增量同业第一，其中，储蓄存款增加1.19亿元，年底余额5.4亿元，同比增长20.27%。本外币各项贷款余额6.7亿元，增加2.13亿元，同比增长46.61%，其中，个人贷款余额4.71亿元，比年初增加2400万元，同比增长5.37%；公司贷款余额8400万元，比年初增加7700万元，同比增长7倍多。不良贷款余额796万元（均为个人贷款），不良率1.19%，较年初下降0.09个百分点；实现中间业务收入1376万元，综合经营效益实现拨备前利润2704万元、净利润2294万元。

【建行大田支行】 2020年，中国建设银行股份有限公司大田支行（简称建行大田支行）增强服务国家建设、防范金融风险、参与国际竞争“三个能力”，推进普惠金融、住房租赁、金融科技“三大战略”，围绕“多彩大田”建设，服务实体经济，防范化解不良风险，发展态势良好。普惠金融申贷客户365户，授信客户新增103户，贷款余额1.77亿元，比年初增加8093万元，完成全年任务的147%，全区排名第2，新增个体工商户经营贷76户，新增金额6000万元；在全区率先完成公租房数据迁移，通过住房租赁平台转化的新增76户；党群平台对公客户52户，居全区第四位；STM政务服务交易用户2400户，居全区第一位。向公众提供更加高效稳定快捷的支付结算服务、扩大支付结算网络覆盖面，在50个村开办“裕农通”业务，为农村客户提供助农取款、转账汇款、消费结算、理财等业务，交易898笔，交易额128万元。年底，一般性存款余额16.72亿元，比上年增长3.79%，其中个人存款余额8.3亿元，同比减少66万元。各项贷款余额18.93亿元，比年初新增1.89亿元，同比增长11.09%。不良贷款余额940万元，比年初下降435万元，不良贷款率0.50%，同比下降0.31%。中间业务收入2292万元，实现营业收入5944万元，利润4726万元。支行内设办公室、客户部和营业部，辖营业网点镇东支行，员工38人。

【农行大田县支行】 2020年，中国农业银行股份有限公司大田县支行（简称农行县支行）坚持改革和稳定并行、发展和风险并重、管理和服务并举，存款实力持续增强，对公存款和个人存款实现“双增”，各项存款时点余额15.75亿元，比上年增加1.39亿元，增长9.68%，其中，对公存款余额5.74亿元，同比增加1.49亿元、增长24.24%；个人存款余额10.01亿元，同比增加2747万元、增长2.77%。贷款投放持续加快，对公贷款和个人贷款实现“双增”，各项贷款余额16.55亿元，同比增加2.38亿元、增长16.8%，其中，法人贷款余额5.72亿元，同比增加1.49亿元；个人贷款余额10.83亿元，同比增加8905万元。资产质量持续提升，不良贷款余额和占比实现“双降”，不良贷款余额749.85万元，同比减少62.48万元，不良贷款率0.45%，同比下降0.14个百分点；经营效益持续向好，实现拨备后利润4407万元，净利润3408万元，完成市分行下达计划的109.9%。11月，按照市分行《关于优化分支行内设机构和人员结构的通知》要求，对相关或相近职能部门进行整合、更名，设置个人金融部/农户金融部，运营财会部，风险管理部/综合管理部/工会工作部/纪委办公室，业务部/“三农”对公业务部4个部门。辖5个营业网点，在册员工87人。

【中国银行大田支行】 2020年，中国银行股份有限公司三明大田支行（简称中行大田支行）围绕县委、县政府的战略部署，以党建引领，做好队伍管理、营销攻坚、内控管理、服务拓展等工作，分别成立信贷文化建设、信贷领域腐败问题专项整治、深化整治市场乱象、信用风险防控等工作小组，自查自纠各项可能存在的问题，确保各项业务合规开展。为重点企业科华石墨新增授信贷款、重点行业铸造类企业聚丰铸造以在建工程抵押的固定资产贷款投放，突破行业固定资产贷款融资；为美地福邸和源昌誉璟台房地产项目的69户业主提供住房按揭贷款4270万元。各项金融服务工作量质并重，资产与负债结构持续优化，各项业务得到平稳增长，进一步提高服务实体经济的能力。各项存款日均余额3.89亿元，比上年增加2640万元，增长4.57%，其中公司存款减少950万元，储蓄存款增加3590万元。各项贷款余额5.85亿元，同比增加7849万元，增长20.12%，其中，零售贷款增加1081万元，公司贷款增加6767万元。不良贷款余额439.72万元，不良率0.75%，同比下降0.12个百分点，实现不良贷款率控制在1%以内的目标。

【邮储银行大田县支行】 2020年，中国邮政储蓄银行股份有限公司大田县支行（简称邮储银行县支行），开展送惠农贷、金融下乡、金融结算、金融知识、征信、反洗钱宣传、国债和收集普惠金融服务需求金融下乡“七送一收”活动，设立农村普惠金融服务站16个，建立信用乡镇1个、信用村45个，评定信用户1678户，授信1038户，授信金额8561万元，放款6034万元。推进“百乡千村工程”金融业务覆盖266个村。防控新冠肺炎疫情出台“抗疫贷”，为2家抗疫法人企业和2家个体工商户提供授信3400万元；优化“信易贷”产品，推出多种纯信用、信用+抵押、信用+平台合作、抵押加成、无还本续贷等新产品，并在上年低利率的基础上再降低利率50BPS（降息50%），全面执行贷款基础利率（LPR）定价，为企业降低融资成本200余万元，全年为小微企业法人发放贷款1.5亿多元。60多人次到学校、企业、农村开展疫情防控、征信、反洗钱、“断卡”、反电信诈骗等宣传千余小时，并手持线上PAD入户办理相关金融服务。年底各项存款余额19.43亿元，比上年增长9.84%，其中储蓄存款余额18.05亿元，同比增长10.74%。各项贷款余额11.43亿元，同比增长19.81%。不良贷款余额932万元，不良贷款率0.82%。向挂钩的广平镇西园村教育基金捐款3000元，为2个困难户献上爱心大礼包1000元。

【兴业银行三明大田支行】 2020年，兴业银行三明大田支行做好利民惠民的个人创业担保贷款，服务个体工商户创业，财政全额贴息，全年发放贷款44笔、金额840万元，余额1055万元。支持民营小微企业新增贷款5000万元，支持县公路等基础设施建设贷款近2亿元。年底，本外币各项存款余额10.78亿元，比上年下降4.6%，其中，对公存款5.42亿元，储蓄存款5.36亿元，同比分别下降14.91%、增长11.9%。各项贷款余额13.66亿元，同比增长13.96%，其中，对公贷款12.21亿元，同比增长18.29%；个人贷款1.45亿元，同比下降13.17%。不良贷款余额548万元，不良贷款率0.4%。支行内设综合科、业务科、营业厅、运营科，员工18人。

【晋农商村镇银行】 2020年，大田晋农商村镇银行股份有限公司（简称晋农商村镇银行）坚持服务“三农”、支农支小的市场定位，加强对表内外不良贷款的清收、处置，发展普惠金融，增加第二批客户经理担任31个村、居委会金融特派员，成立客户经理外拓营销小组，在大田县广平镇铭溪村、栋仁村、元沙村、苏桥村开展外拓营销活动。针对城乡妇女家庭创业就业，重点推进“巧妇贷、小微宝”等信贷产品，推出“寿星宝”如意存单产品，优化存款结构，推动存款业务的发展。稳步推进审慎合规经营与健康有序发展，各项存款余额2.05亿元，其中，对公存款1.34亿元，比年初增加5725.28万元；储蓄存款7088.02万元。各项贷款余额3.36亿元，比年初增加8102.47万元，其中，涉农贷款2.93亿元，占各项贷款余额的87.31%。贷款农户1479户，同比减少76户，余额2.7亿元，同比增加0.58亿元。全行户均贷款19.76万元，同比增加4.72万元。实现利润51.42万元。内设营业部、业务部、综合部，年底员工24人。被三明市总工会授予“工人（五一）先锋号”称号。

【县农村信用合作联社】 2020年，大田县农村信用合作联社（简称县农信联社），围绕省农信联社“三个结合”（坚持党的领导与完善公司治理有机结合、坚持将外部宏观形势与内部微观战略有机结合、坚持将业务发展与风险防控有机结合）工作部署，推动发展转型。加强内部管理，将监事会办公室挂靠至监察审计部，审计委员会改设为理事会下设专门委员会，进一步规范公司治理，有效制衡决策权、执行权、监督权的组织架构；理事会新设立战略决策委员会，强化理事会对重大事项的决策职能。出台客户经理助理、业务营销员等管理办法和特殊专业技术岗位人员管理实施细则。对接乡村振兴战略，做好金融服务，开展整村授信活动，聘用农村金融信息员，为乡村振兴提供金融支持，精准建档4.09万户，个人贷款3.65万户，贷款覆盖面41.17%；抓好新冠肺炎疫情防控信贷投放，推出“雪中红·同心贷”“战疫支农贷”等优惠产品，为772户发放相关贷款2.02亿元，让利1140万元；支持中小微企业复工复产，为41户发放相关贷款6368万元，让利74.64万元。提高电子银行业务的覆盖率和使用率，电子交易占98.6%，比上年增长5.7%；普惠金融卡存量3.23万张，居三明市农信系统第一位，授信15.37亿元；手机银行客户存量12.12万户，微信用户关注数11.69万户，微信用户绑定银行卡14万张，二维码收单1.28万户，同比分别增长10.99%、27.48%、56.6%、58.33%；银行自助机具50台，小额支付便民点156个。

年底，各项存款余额59.27亿元，比上年增长12.41%，占市场份额的42.92%，其中，个人储蓄存款44.73亿元，同比增长10.63%。各项贷款余额36.01亿元，同比增长16.14%，占市场份额的32%，其中，涉农贷款余额30.04亿元，占各项贷款余额的83.43%；普惠小微企业贷款余额9.04亿元，同比增长16.29%。联社机关职能部门12个，营业部1个，信用社16个，分社7个，员工228人，其中研究生学历1人、本科166人、专科49人，中级职称54人、初级32人。当年，经监管部门批复同意2019年度股金按既定方案分红；省联社发文将县农信联社移出“困难行社”名单，完成“2年摘帽”目标。县农信联社参加审计业务技能比赛，获全省农信系统个人三等奖1人；参加优秀审计项目评比，重点领域风险点专项审计项目获全省农信系统二等奖、三明市农信系统第一名；快捷审计采集项目获三明农信系统第二名。

【党组织建设和党员活动】 2020年初，县农信联社党委在完善党支部“123”工作机制和日常运行的同时引入积分惩戒机制；“七一”期间，开展庆祝建党99周年活动，组织党员赴屏山乡、华兴乡瞻仰朱德出击闽中纪念园、朱德旧居、无名红军墓、叶炎煌旧居等红色教育基地，开展以“寻红色足迹、重温革命情怀”主题党日活动。9月8日，成立机关第三支部委员会，支部党员8人。12月17日，组织部分党员干部到龙岩古田、连城等地，开展以“初心与使命 责任与担当”为主题实践活动，激发党员干部的凝聚力与战斗力，推动农信社高质量发展。

【员工活动和关心加强】 “五四”青年节期间，县农信联社以“我的农信我的家”为主题，开展营造浓厚“以社为家”的文化氛围。10月18日，以“比拼激扬梦想 共创活力农信”为主题，分2场举办首届全员职工趣味运动会，项目涵盖老中青各年龄段职工。当年，加大“五小”（小食堂、小宿舍、小阅览室、小活动室、小菜园或小花园）建设，投入51.46万元，建成标准化“五小”网点6个，占35.29%。

【小微贷款中心投入运营】 6月9日，县农信联社小微贷款中心投入运营，发挥“快贷—快审—快批”的特色平台优势，落实中央“六保”“六稳”政策和为中小微企业提供专业化、流程化的金融服务，助推新冠肺炎疫情防控期间企业复工复产。全年为163户发放贷款2207.16万元，贷记卡181张、授信1120.7万元，二维码241户。

【社场金融合作】 6月18日，县农信联社与大田梅林国有林场就林地经营等领域加强金融合作，签订3000万元《战略合作方案》，深化林权改革、实现乡村振兴。6月24日，结合三明市发行首张“林票”之际，县农信联社推出“林融金”全新特色贷款产品，与三明市农林发展集团有限公司签订《战略合作意向书》，发挥森林生态功能在保护生态环境、促进村财增收、林农增效等发挥更大作用；其间，向文江镇政府林改项目授信5000万元。

【“三社”融合机制建立】 7月15日，县农信联社与县供销联社签订《战略合作协议》，并向两家农民专业合作社各授信1000万元，建立县农信联社、县供销联社、农民专业合作社“三社”融合发展机制。

【“三农”服务】 10月15日，县农信联社“福农e政”平台首次发放县4项扶贫资金，扶贫（惠民）资金在线监管系统通过“互联网+大数据+监督”结合，提高资金发放效率，缓解柜面压力。12月13日，县农信联社上线三明市首个完整架构农村“三资”（资产、资源、资金交易开发）服务平台，锁定县域267个村级集体的账户，加强农村财务管理，规范农村集体资产交易行为。11月11日，在广平镇元沙村举行助力乡村振兴暨“裸房整治”项目授信启动仪式，助推打造具有地域特色、生态宜居的美丽乡村。

【稳企业、保就业政策落实】 2020年，建行大田支行采取多项举措落实抗击新冠肺炎疫情稳企业、保就业政策。2月，推出“云义贷”贷款产品，纾解受疫情影响企业复工复产的资金困难，两周内为18家企业新增“云义贷”额度2218万元。为暂时还款困难的普惠型小微企业，提供延期付息服务，截至9月底，办理21家小微企业延期还款1200万元；逐户梳理纾困企业名单，一户一策，投放“纾困贷”480万元。对线上信用快贷降息让利，优惠75个BPS（降息0.75%，降幅15%）优惠利息22.25万元；对抵押快贷优惠73个BPS（降息0.73%，降幅20%）优惠利息54.29万元；同时免除贷款产生的抵押品评估费、保险费、抵押登记费等，由支行自行承担。精准帮扶上下游企业供应链，确保核心企业正常运行，至年底，为大田红狮水泥有限公司1家上游企业和5家下游企业分别提供贷款200万元、286万元。

【金融新产品推出】 2020年，中行大田支行推出普惠金融产品贷款年利率低至3.55%，具高额度、长期限、50万元以内手机提款超便捷、多种还款方式供客户选择等特点。家装分期年利率低至2.3%、优客消费分期低至2.4%；公司类贷款新投放西埔医药全县第一笔新冠疫情防控专项再贷款200万元，聚丰铸造普惠金融贷款750万元，重点企业科华石墨民营企业贷款2000万元。发挥专业优势，服务外商投资企业，为广建环保提供便利化外汇资本金结汇200万美元。

【振兴乡村贷发放】 2020年，邮储银行县支行与县政府、均溪镇政府、武陵乡政府签订乡村振兴战略合作协议，做好吴山镇和洋村、建设镇建国村、桃源镇兰玉村、广平镇栋仁村等重点村落的新农村建设，立足当地特色产业，继续推出“振兴乡村贷”专属产品，解决3151个农户资金短缺问题，发放小额贷款4.85亿元。以产业扶贫、农产品销售帮扶等方式帮助和鼓励贫困户自主创业，避免返贫，年底涉农贷款余额3.45亿元，占全部贷款余额的30.18%

（范锦茂 姚诚 林纪伟 吴开斌 肖玉玲 洪新阳 陈艳艳 范荣伟）

保险 证券

【概况】 2020年，全县保险业分支机构17家，其中支公司2家，员工77人、代理业务员285人。保费收入3.16亿元，其中，平安财产保险、太平洋财产保险、大地财产保险、大家财产保险、长安责任保险、中华联合财产保险、华安财产保险、中国人寿财产保险、阳光财产保险、紫金财产保险10家财产类保险营销部，保费收入6252.91万元；平安人寿保险、太平洋人寿保险、泰康人寿保险、新华人寿保险、生命人寿保险5家寿险类营销部，保费收入7250.67万元。证券营业部2家，员工17人，开户3885户、交易量162.49亿元。

【人保财险大田支公司】 2020年，中国人民财产保险股份有限公司大田支公司（简称人保财险大田支公司）保费收入4856.75万元，比上年增长7.2%，保单数33161件，其中，企财险保费200.58万元、同比下降6.31%，工程险保费68.03万元、同比下降7.53%，车辆交强险保费821.22万元、同比增长13.22%，车辆商业险保费1932.22万元、同比增长3.21%，责任险保费276.93万元、同比下降4.79%，意外险保费361.05万元、同比增长14.39%，健康险保费25.73万元、同比增长21.71%，家财险保费185.75万元、同比下降3.3%，农业保险保费984.08万元、同比增长19.81%，货运险保费1.08万元、保证险0.08万元。全年理赔结案4116件，赔款2610.11万元，简单赔付率53.74%。其中，企财险赔款64.17万元，工程险11.63万元，车辆交强险533.36万元，车辆商业险969.15万元，责任保险112.77万元，意外险145.37万元，健康险4.47万元，家财险51.53万元，农业保险702.21万元。

6月，经市分公司批准，人保财险大田支公司撤销营销服务部，年底公司内设有综合部、理赔分部、非车险团队、农险部、续保团队、车商团队等6个部门，下辖建设保险营销服务部。各类性质用工53人，其中，总公司和地方劳动合同员工分别7人、16人，劳务派遣人员30人。

8月，范婷婷代表福建队参加总公司第四届全国营销技能大赛，获个人赛亚军，是三明取得全国系统竞赛最高奖项、历史最好成绩，福建省队获团体二等奖。

【中国人寿大田县支公司】 2020年，中国人寿保险股份有限公司大田县支公司（简称中国人寿县支公司）坚持新发展理念，按照总公司重振国寿的战略部署，适时推出分红产品系列“鑫福至尊”“国寿鑫祥宝年金保险”“国寿乐盈一生终身寿险”等新险种；提升保障型保险业务占比，开展多渠道深度合作，在巩固学生保险、小额保险、计生保险、残疾人保险等重点项目之外，开拓企业员福等创新项目；全年为3560人提供残疾人保险，生效保费31万元，与人保大田支公司共同承保大田县公务员出行保险，生效保费39.59万元。全年保费收入1.32亿元，占市场份额64.6%，居全县首位。其中，首年新单保费1887.56万元，短期性保费1053.23万元。年纳税77.08万元。全年办理各类赔案1994件，赔付金额899.27万元，其中赔付相关险种大案4件、163万元（意外身故险1件50万元）。年底，设有营销服务部6个，员工24人，代理业务员285人。

【兴业证券大田营业部】 2020年，兴业证券大田营业部主营证券经纪，证券投资咨询，与证券交易、证券投资活动有关的财务顾问，证券承销与保荐，融资融券，证券投资基金、金融产品代销等业务。每周三晚举办一次腾讯会议，全新模式开展股市线上沙龙约1小时，每次参加100多人。投顾团队研判大盘，通过基本面和技术面双重分析精讲个股，为客户答疑解惑，引导客户理性投资与产品配置。当年，新开账户数2152户，全年股基交易量 45.87 亿元，年底，正式员工 10 人。

【华福证券大田营业部】 2020年，华福证券大田营业部主营证券经纪及代销基金等权益类产品，发展目标客户，开发潜在客户，提高服务客户质量，每周三晚组织股市沙龙活动，全年 22 次，参加 210 多人次，向新入市投资者普及证券投资基础知识，与新老客户交流股市行情变化、及时向投资者解读国内外发生的大事件，进行融资融券、个股期权、港股通和新三板等业务培训，向投资者揭示“飞单”、非法证券活动和反洗钱犯罪等相关投资风险，引导投资者理性投资，减少盲目跟风投机炒作，引导客户适当性投资。当年，资金账户开立 1733 户，A 股交易量 116.6 亿元，员工 7 人。

【新保险业务开办】 12 月，人保财险大田支公司承保区域内各流域 2004.44 平方公里“水质指数（CWQI）”保险业务，为全省首单，保费收入 6.4 万元。承保区域内各流域水质类别下降至Ⅲ类以下且水质指数（CWQI）恶化超过 5%，保险承担为调查水质恶化等原因而产生的调查和服务费用，每次事故赔偿限额 2 万元，年累计事故赔偿限额 500 万元。此事被总公司关注并报道。当年首次收取 1 单地震巨灾保险保费 900 元，精神病患者肇事保险保费 9 万元，蛋鸡保险保费 45 万元。

（陈开篇 范婷婷 林万春 林媛）

综述

【概况】 2020年，大田县农业农村部门贯彻落实中央一号文件和中央、省、市农村工作会议精神，实施乡村振兴战略，践行精准扶贫精准脱贫方略，推进农业农村现代化。全县农林牧渔业总产值76.06亿元，比上年增长4.5%；农村居民人均可支配收入1.97万元，同比增长7.7%。粮食播种面积2.64万公顷，产量12.27万吨；茶园面积6353.33公顷，产量1.31万吨，产值12.6亿元；烟叶种植面积813.33公顷，产量1429.5吨，产值4621.49万元；蔬菜种植面积1.73万公顷，产量49.7万吨，蔬菜（含菜用瓜）总产值27.52亿元。食用菌生产1.49亿袋。大田美人茶列入福建红茶优势产业集群，大田县被省农业农村厅认定为第二批福建特色农产品优势区。

【乡村振兴】 2020年，县委、县政府贯彻落实中央和省委、市委实施乡村振兴战略各项决策部署，紧扣全面建成小康社会目标，落实“五级书记”抓乡村振兴责任机制，召开乡村振兴工作现场推进会2场。统筹整合省、市、县试点示范资金3300万元，推进华兴镇仙峰村、石牌镇上坡村、屏山乡内洋村、吴山镇和洋村、济阳乡济中村、武陵乡大石村、桃源镇兰玉村、上京镇梅林村、建设镇建国村、广平镇元沙村10个省级乡村振兴试点村，按照先规划后建设的原则，通盘考虑土地利用、产业发展、居民点布局、人居环境整治、生态保护和历史文化传承，编制实施多规合一的实用性村庄规划。建设实绩突出村前坪乡上地村、吴山镇阳春村，培育军地共建、“数字村庄”、农（茶）旅融合等一批具有示范带动效应的特色村庄。

成立美丽乡村精品示范村创建工作领导小组和6个专项工作组，制定出台《大田县美丽乡村精品示范村创建工作方案》，实施美丽乡村精品示范提升工程，桃源镇兰玉村创建市美丽乡村精品示范村工作在考评验收中获二等奖。制定并实施《大田县机关企事业单位工作人员带头回村参与农村人居环境整治工作制度》，组织“五好”（卫生保洁好、庭院整理好、房屋建设好、家风培育好、产业发展好）农家创建评比活动，完成农村人居环境整治三年行动目标，通过省市考核验收。

【脱贫攻坚】 2020年，县委、县政府围绕全面建成小康社会，严格落实“摘帽不摘责任、不摘政策、不摘帮扶、不摘监管”要求，解决“两不愁三保障”（实现农村贫困人口不愁吃、不愁穿，保障其义务教育、基本医疗和住房安全）及饮水安全问题，紧盯高质量脱贫，推动脱贫攻坚与乡村振兴有机衔接。全县建档立卡贫困人口2775户8562人，34个贫困村、38个空壳村（集体经济薄弱、财政亏空的村子）。筹集扶贫小额信贷担保基金1612.4万元，2016年12月到2020年12月，发放担保贷款1.19亿元，扶持贫困户1956户，贴息1272.92万元。

完成雨露计划培训，向就读中职、高职或技工院校的223个建档立卡贫困家庭子女补助67.65万元。当年培训创业致富带头人152人、贫困农户60人。动员1668户建档立卡贫困户参加产业扶贫保险，投保2178户次。识别和帮扶农村相对贫困家庭607户2220人，607名干部挂钩帮扶。监测脱贫不稳定贫困户128户470人，123名副科级以上干部挂钩帮扶，124名本村党员或创业致富带头人结对帮扶，落实专项扶贫资金166.44万元，各类帮扶措施620项。

克服新冠肺炎疫情影响，通

过“互联网+”、县长带货网络直播、消费推介会等方式，开辟爱心助农通道，销售贫困户农产品，保障贫困户收入。发放一次性生活补贴64.97万元，帮助27名贫困户如期续聘并获得基本工资，推送就业岗位2018个，帮助贫困群众解决就业难、产品滞销、基本生活保障等问题。华兴镇政府被国家发展和改革委员会地区振兴司评为“十三五”易地扶贫搬迁工作担当有为集体，中共大田县吴山镇委员会被党中央、国务院评为全国脱贫攻坚先进集体。

【农产品质量安全监管】 2020年，县农业农村局开展农产品质量安全线上巡查8800家次、现场检查38家次，农产品质量安全大检查1次、检查主体147家（户），检测农产品样品355个，发现并解决问题24个，发出责令改正通知书6份。建立农产品名录库及主体备案档案，备案主体纳入监管279家。快速检测种植业食用农产品样品1.03万个，其中，蔬菜8206个，合格率98.6%；水果1207个，合格率99.4%；茶叶899个，合格率96.4%。养殖业食用农产品样品1000个，合格率98.6%。省级农产品监督抽查3次，取样检测样品51个，合格率100%，其中蔬菜样品18个、食用菌2个、水果3个、茶叶12个、畜肉1个、禽肉7个，禽蛋8个。市级农产品监督抽查4次，抽取检测样品42个，合格率97.6%，其中蔬菜样品20个、水果5个、食用菌3个、茶叶12个、禽肉1个、禽蛋1个。县级农兽药残留定量监测，抽取检测种植业农产品样品111个，合格率95.5%，养殖业农产品样品40个，合格率100%。重金属检测，抽取检测样品460个，其中蔬菜10个。

【农业品牌认证】 2020年，全县“三品一标”（无公害农产品、绿色食品、有机农产品和农产品地理标志）认证产品49个。当年新认证无公害农产品7个、绿色食品3个；提交绿色食品认证申请23个，续报全国绿色食品原料（茶叶）标准化生产基地。

【农科教工作】 2020年，全县组织收听收看农村远程实用技术培训12期266场次，农户、种养大户、合作社社员、家庭农场主、新型职业农民等参训1.13万人次。举办高素质农民培训班6期11班次、508人参训，培育农村创新创业带头人102人，派选115人参加省、市、县基层农技人员业务培训班。特聘农技员2人，遴选农业科技示范主体541户。全县农技人员使用中国农技推广App平台，遴选农业主推技术15项。

【中国农民丰收节举办】 9月20日，省农业农村厅、市人民政府主办，县委、县政府和市农业农村局承办的福建省2020年中国农民丰收节系列活动——三明·大田“晒秋节”活动在济阳乡举行。活动主题“晒秋晒丰年 迎福迎小康”，秉承“庆祝丰收、弘扬文化、振兴乡村”宗旨，以地理标志产品展、农特产品展、美人茶品鉴、民俗表演等方式，展现新时代多彩大田农业的丰硕成果和农村的崭新风貌。系列活动还举办“乡贤回引与乡村发展论坛”和“农村互联网+”分会场，邀请回乡乡贤分享交流乡村发展工作经验，出谋划策，推进乡村振兴。桃源、前坪、屏山、建设、广平等乡镇举办特色“晒秋”专场活动7场。

（林兴铃 郑炜 李代胜）

农业农村工作

【概况】 2020年，全县加快美丽乡村创建，推进乡村振兴。实施江山美人文创园、共享农场康养、银顶生态循环农业科技园、九超小分子团水等重点项目22个。组建大田县农业综合执法大队，统一执法。基本完成农村集体产权制度改革，强化农村经济管理。开展农业信息化服务和农产品质量安全培训。加强农村集体资金、资产、资源“三资”监管，促进农业增效、农民增收。

【农业综合行政执法大队成立】 7月31日，大田县成立农业综合执法大队，办公地点位于赤岩路10号，隶属于县农业农村局，机构规格相当于副科级，核定编制36名，暂核定财政核拨事业单位32人，核定大队长1人，副大队长2人，下设3个中队。具有农药、肥料、种子、渔政、动物卫生监督、牲畜屠宰管理、农机监理及农村宅基地管理等相关的行政处罚、行政强制职能。

【土地承包经营权流转】 2020年，县农业农村局引导和规范农村土地流转。指导农户土地流转合同签订，鼓励土地经营权向新型农业服务主体规范流转和适度集中经营。发挥乡镇土地流转服务平台作用，指导流转合同的签订、备案、见证。当年结合农业生产社会化服务工作完成土地流转面积881.33公顷，签订合同914份。

【产权制度改革】 2020年，县委、县政府制定《稳步推进农村集体产权制度改革的实施方案》（田委发〔2018〕8号），完成清查、登记、核实、公示、确认、建立台账、审核备案、汇总上报、纳入平台等工作。全县集体资产总额14.88亿元，债权总额0.92亿元，债务总额2.16亿元，所有者权益12.72亿元；农村集体土地面积16.46万公顷；成员数38.03万人，股权量化266个村，农户9.15万户，村股份经济合作社267个。

【农产品质量安全培训】 2020年，县农业农村局举办“一品一码”全程追溯监管体系等知识培训班9期、参训666人次，发放资料2.07万份。举办食品安全知识网络有奖竞答、食品安全知识现场竞赛各1场，开展放心农资下乡进村宣传周、食品安全宣传周等活动2次，发放宣传材料3800份。

【农业生产社会化服务】 2020年，县农业农林局规范实施农业生产社会化服务项目。建立县域农业社会化服务主体名录，动态管理，扩展社会化服务市场。实地验收核实服务主体服务环节、面积。举办社会化服务业务培训会、现场观摩会各2场，农机手培训1期，参训260人。推广大型农机具安装北斗终端57台。全县参与社会化服务的合作社16家，从业人员402人，服务收入835万元（服务小农户收入523万元），服务农户1577户（服务小农户数1308户）；完成水稻及其他作物服务面积905.4公顷、茶叶622.2公顷，补助资金230万元。

【农业“三项补贴”改革】 2020年，县农业农林局落实省市县出台的各项扶农惠粮措施，做好农业“三项补贴”改革，即农作物良种补贴、种粮农民直接补贴、农资综合补贴，进一步抓好粮食生产。鼓励规模种粮，在完成耕地地力保护补贴资金1814万元发放的基础上，实行耕地地力保护补贴资金向171户规模种粮户倾斜，总面积540.1公顷，每公顷补贴900元。向年内种植并收获两季粮食作物的种粮户，除按耕地地力保护补贴外，每亩再奖励100元，总面积45.07公顷。加大水稻种植保险补贴力度，完善水稻保险政策，提高水稻种植保险金额，每亩由400元提高到500元。

【“三资”监管】 2020年，县农业农村局做好农村“三资”监管，加强村级民主理财和账前审计工作，剔除手续不完整发票1008张、金额109.31万元；剔除并全额收回违纪发票215张、金额8.13万元。重点审计文江镇大中村、桃源镇翁厝村、广平镇丰庄村，审计总金额899.89万元。公开招投标资产、资源的拍卖、转包、转让、工程发包，资产处置招投标19件，标的金额313.63万元，中标金额330.17万元，增加村财收入16.54万元；工程项目247件，标的金额6187.52万元，中标金额5753.19万元，减少村财支出443.34万元。

【沼气安全保障】 2020年，县农业农村局加强农村沼气安全保障，举办沼气安全生产培训班2期，参训85人次。组织农业技术人员和沼气管理人员200多人次，排查治理全县户用沼气6140户、联户沼气1座、大中型沼气工程22座。发现并整改大中型沼气工程安全隐患1处、户用沼气140处。

【农业信息服务】 2020年，县农业农村局通过益农信息社开展防疫公益活动，捐款3.58万元，口罩2000个，消毒水1.65吨，参与新冠肺炎疫情防控1920次，发布疫情防控微信2160条、供求信息460条，产销对接金额26.43万元，农资销售1960吨，农田服务覆盖面积98%，发布用工信息68条，协助农民工外出就业1020人。农业“12316”服务窗口受理各类咨询236人次，专家现场指导220人次，科技人员下乡156人次。向三明农业信息网报送信息200条，被采用192条。

【数字农业】 2020年，县农业农村局制定农业物联网技术应用三年发展规划，天润现代农业有限公司列入省农业农村厅2020年省级农业物联网应用基地名单。组织农业专家、益农信息社部分成员、专业大户、家庭农场主、农民合作社成员、农业产业化龙头企业工作人员等86人参加市“12316”战疫助农春耕信息服务公益培训班。8月20—26日，组织开展手机应用技能培训活动7场，推广福建“12316”微信小程序，培训新型农民362人，使用手机直播、电商销售。

（章赞德 陈晓明 魏初时 乐长军）

种植业

【概况】 2020年，县农业农村

部门贯彻全国、省、市农业农村工作会议精神，培养家庭农场，建设农业标准化示范区，推进无公害、绿色和有机农产品生产，落实增产措施。建立果蔬设施农业示范基地，提升食用菌产业发展水平，推广优质、绿色农作物新品种和商品有机肥，提升耕地质量，做好测报指导农作物病虫害防治，完成2019年度立项的高标准农田建设任务。

【果蔬生产】 2020年，县农业农村部门继续推广适合本地气候特点的温室建造技术、先进实用的加温降温系统、专用品种与栽培技术、改进型水肥一体化技术，建立果蔬设施农业示范基地。建成智能温控大棚2.42公顷，温室大棚0.73公顷。调整果树品种结构，发展名优果树新品种。通过高接换种、新植优质种苗等措施，提高春香橘柚、脐橙、特早熟蜜柑、芙蓉李、百香果、青梅、火生果、黑老虎、猕猴桃、设施葡萄、草莓等新品种水果比重，引进推广青梅、金秋沙糖橘、红美人、特早蜜品种由良、甘平等柑橘新品种200公顷。年末水果面积5592.47公顷，采摘面积5324.53公顷，总产量9.83万吨，当年新植119.8公顷。

【食用菌生产】 2020年，全县栽培食用菌1.49亿袋，鲜品产量8.06万吨、产值5.25亿元。大田县天润现代农业有限公司在均溪镇宋京村工厂化栽培海鲜菇，首期建设规模占地1.73公顷，新建温控培养房、出菇房2600平方米，装备自动化菌包生产线、全自动电脑控制高压蒸汽灭菌柜和现代的净化接种设施，应用多功能冷风机、第四代菌房环境整体机等新装备，日产海鲜菇1万袋。福建绿然菌业有限公司在武陵乡百束村新建毛木耳（香菇）菌包生产自动化流水线，专业化生产菌包，日产菌包2万袋，为食用菌种植户加工优质菌包，改变原有小农生产落后栽培方式，降低劳动强度，提高菌包质量、成品率，提升产业发展水平。

【烟叶生产】 2020年，全县种植“云烟87”烟叶品种，面积813.33公顷，比上年减少46.67公顷；烟农462户，同比减少82户；户均种烟规模1.76公顷，同比增加0.18公顷，最大单户种烟面积6.13公顷。全年收购烟叶1429.5吨，同比增加71.1吨，烟农售烟叶总收入4621.49万元（含补贴），同比增加123.43万元。实施烟叶生产基础设施项目3个，投入资金44.93万元，受益农户285户、面积38.67公顷。建设灌溉Ⅰ型支渠2条、1441.8米；田间道路1条、638.3米。

【良种工程实施】 2020年，全县实施优质、绿色农作物新品种示范推广工程，建立省级农作物主推品种核心展示示范片点5个、面积48.73公顷；县级核心示范点24个、143.33公顷，带动农作物新品种推广1.61万公顷，农作物良种覆盖率98.6%、品种优质专用率86.8%，水稻优质率82.9%，高档优质稻推广率38.2%。引进农作物新品种93个，其中水稻58个、高效蔬菜12个、旱作23个，筛选出水稻品种12个、玉米5个、蔬菜5个、甘薯3个、花生1个，可供全县推广应用。

【测土配方施肥】 2020年，全县实施提升耕地质量、化肥减量增效项目，做好紫云英绿肥种植、商品有机肥推广、耕地土壤监测等工作。采集土样55个，分析793项次，田间肥效试验4个，推广测土配方施肥技术4.6万公顷次，稻草回田5400公顷，农用化肥施用量减少2.09%，集成一批地力培肥、化肥减量增效技术模式，提升耕地质量。采购紫云英种子9804公斤，播种666.67公顷，其他经济绿肥4800公顷，建立百亩以上示范片3片20公顷。建立商品有机肥推广示范片2片31.07公顷，补助资金2.8万元，推广各类有机肥2.97万公顷。完成7个耕地土壤质量监测点监测任务，其中，省级点3个（代码分别为D044、D060、D185），市级点2个（代码分别为SJD11、SJD14），县级点2个（代码分别为DJD01、XJD01）。

【病虫害测报与防治】 2020年，县植保站发布《病虫情报》18期，指导农作物防治面积3.54万公顷次。其中，水稻病虫发生8000公顷次，防治1.42万公顷次，挽回损失稻谷4100吨；茶叶病虫发生1400公顷次，防治2000公顷次；柑橘病虫发生6600公顷次，防治1.16万公顷次。专业化统防统治组织5家，植保无人机35架，水雾机和烟雾水雾机10台，日作业能力400公顷。专业化统防统治示范面积5300公顷次，辐射推广面积2.13万公顷次，农药利用率40%。建立茶叶病虫害全程绿色防控核心示范片88公顷，辐射带动面积1.2万公顷。农作物病虫害绿色防控面积4.13万公顷次。全县使用农药586吨，比上年减少14.4吨、下降2.4%。加强红火蚁监测与防控工作，上京、华兴、均溪、石牌等4个乡镇发生红火蚁危害面积0.6公顷，采购红火蚁应急防控专用药10件100千克，防治面积1.2公顷次。

【高标准农田建设】 2020年，全县完成2019年度立项高标准农田建设任务440公顷（高效节水灌溉73.33公顷、新增耕地3.6公顷），总投资1136.8万元。其中，梅山镇—前坪乡133.33公顷、总投资320万元，太华镇133.33公顷、总投资362万元，广平镇—奇韬镇173.34公顷、总投资454.8万元。完成2020年度高标准农田建设项目申报立项1706.67公顷、总投资4149.1万元，其中示范项目160公顷、总投资234万元。完成“十二五”期间高标项目清查评估和上图入库，收集项目竣工数据并形成工作底稿46个，全县建成高标准农田面积5933.33公顷，总投资1.7亿元，亩均投资1900元。“十四五”期间高标准农田建设完成项目规划41个、面积81.67公顷，总投资1.89亿元。

（郑景生 刘连生 谢锦秀 田新湖）

茶产业

【概况】 2020年，全县茶园面积6473.3公顷，年产毛茶1.37万吨，产值12.6亿元，其中大田美人茶2160吨，产值4.86亿元。全产业产值35亿元，链产值比上年增长21.02%。茶园绿色防控覆盖率80%，施用农药9.5吨，比上年下降2.1%，化肥使用量1930吨，同比下降2.2%，茶产品合格率100%。生态茶园面积占茶园面积的70.5%。举办大田美人茶茶叶种植培训3次，受训120多人次。培育省级龙头企业2家、市级4家、县级10家。江山美人和高峰茶业2个基地被市农业农村局认定为市十佳优质茶叶基地，大方广美人茶示范基地被省农业农村厅认定为闽台农业融合发展示范基地。10月，大田县东方美人茶叶专业合作社茶叶加工班组被省总工会授予“福建省工人先锋号”称号。12月，县茶叶技术推广站被省人力资源和社会保障厅、省农业农村厅授予“全省农业农村系统先进集体”称号。

6月24日下午，在龙山宾馆七楼会议室召开“大田美人茶产业发展研讨会”，省农科院副院长余文权、省农业农村厅教授级高级农艺师苏峰教参加并讲话。

【展示展销】 5月13日，省农业农村厅主办、省广播影视集团融媒体资讯中心承办的“县长直播带货”活动在屏山乡内洋村江山美人茶体验馆、1108号茶山举办。5月19日，首个国际茶日福建省系列活动启动式暨三明“林深水美茶香”专场活动在屏山乡内洋村江山美人茶业有限公司金币茶山举办。6月25日，首届大田美人茶开茶节系列活动在屏山乡举办，中央电视台CCTV－4频道《传奇中国节•端午》栏目直播该活动。11月16—18日，在第十四届海峡两岸（武夷山）茶业博览会三明馆举办三明市生态茶展示活动暨大田美人茶品鉴会。

【茶事活动】 5月20日，大田县乡下人茶叶专业合作社选送的“步乡客金牡丹”茶获市农业农村局和市海峡茶业交流协会、市融媒体中心共同举办的2020年三明市春季茶王赛活动银奖。9月8日，爱滴达（福建）文化产业有限公司与大田县政府签约，共同建设大田县国家美人茶公园，计划总投资5亿元，福建省农科院副院长余文权、县领导陈汉良等参加仪式。9月18—20日，大田县举办2020年大田美人茶斗茶赛，福建省江山美人茶业有限公司的1只茶样被推评为2020年美人茶斗茶赛茶王。10月14—16日，市秋季茶王赛在大田县举办。大田县选送美人茶样44只，闽北乌龙茶样4只，获美人茶组茶王1只、金奖1只、银奖2只、铜奖1只、优质奖3只，闽北乌龙茶组优质奖1只。

【茶文化传播和推广】 9月6—11日，县农业农村局在厦门国际投资贸易洽谈会举办大田美人茶“无我茶展”活动。10月24—25日，在福州三坊七巷光禄吟台举办大田县第十五届中国高山茶文化节。12月27—29日，中央省市主流媒体采访广平五龙山生态茶园。

【项目建设】 2020年，县政府在宝山路原县农机中心和商业总公司地块，建设大田美人茶文化创意园，占地面积0.9公顷，引导茶叶企业、文创、抖音短视频营销、茶艺表演培训等不同业态入驻，加快形成集茶叶展示、销售、互联网线上营销、茶艺表演培训、茶叶包装设计、物流配送、仓储等为一体的茶文化创意园，当年完成一期工程建设。在国家AAAA级大仙峰—茶美人旅游景区建设大田美人茶主题馆，展示大田美人茶的文化及产区地理风貌。在屏山乡建设大田美人茶初制加工集中区，规划建设清洁化茶叶加工厂、茶叶烘焙中心。

【品牌建设】 2020年，县委、县政府制定实施《大田美人茶公用品牌策划方案》《大田县美人茶文创园初步方案》，持续打造大田美人茶区域公共品牌，带动大田茶产业走品牌化发展之路。巩固创建全国绿色食品原料（茶叶）标准化生产基地3400公顷，转换绿色食品标志使用权认证面积1746.67公顷。

（陈益存、涂苹林、陈联双）

畜牧业

【概况】 2020年，全县出栏生猪21.62万头，比上年增长20.71%；牛1961头，同比增长9.13%；羊5.87万只，同比增长19.31%；禽461.16万羽，同比增长36.97%；兔305.36万只，同比增长32.7%。肉类产量3.04万吨，同比增长26.67%，禽蛋产量1.44万吨，同比增长87.57%。畜牧业产值12.03亿元，同比增长10.67%。福建省创辉农业开发有限公司投资4000万元在前坪乡新建标准化蛋鸡舍8幢1.15万平方米，可存栏蛋鸡40万只，试点动物疫病强制免疫“先打后补”政策，存栏蛋鸡38.86万羽，获得“先打后补”资金19.43万元。全县畜禽规模养殖场环保设施配套率100%，畜禽粪污资源化利用率98.52%。无害化处理病死猪近1.2万头，补助经费95.68万元。

【动物防疫】 2020年，全县分别完成生猪和牛羊口蹄疫免疫13.68万头、2.62万头（只），禽流感免疫263.32万羽，小反刍兽疫1.62万头，应免率100%；春秋季集中免疫抗体效价合格率90%。全面进行鸡新城疫、猪瘟免疫，适应非洲猪瘟常态化防控新形势要求，制定《大田县非洲猪瘟防控强化措施指引实施方案》，建立并落实兽医机构人员到场责任制，全年排查生猪1930.5万头，年出栏2000头以上规模养殖场入场采样监测全覆盖21场，年出栏500—2000头猪场采样10场。

【动物疫情测报】 2020年，全县完成省市下达检测和送检任务棉拭子450份，组织样品120份，开展口蹄疫、高致病性禽流感等动物疫病血清学检测2632份，口蹄疫和禽流感抗体检测结果合格率100%。非洲猪瘟病原学检测1460份，检测结果阴性。定期开展流行病学调查，确保及时掌握了解各种动物疫病流行动态。

【动物检疫】 2020年，全县出具动物检疫合格电子证明1522份，其中，省内1444份，跨省78份。检疫活畜禽32.41万头（只）、肉类产品5396.25吨，出具产品检疫证明5.29万份。无害化处理不可食用肉类8616.53千克。

【生猪屠宰监管】 2020年，三家生猪定点屠宰场（点）按要求完成非洲猪瘟实验室建设，自检非洲猪瘟。县牲畜定点屠宰办开展专项行动16次，出动执法人员42人次，联合执法3次，取缔生猪非法屠宰点1个，检查屠宰企业21家次，举办培训3场次、参加21人次。

【质量安全监管】 2020年，县动物卫生监督所加强“瘦肉精”等违禁药品的监管，检测“瘦肉精”2500头份，其中屠宰场2000头份，养殖场500头份，结果均为阴性。开展兽药、饲料整治行动18次，检查兽药经营企业、养殖场72家次，抽取20个兽药、饲料样品送检，均未检出违禁物质。

（温兴攀 郑名喜 黄其苗）

渔业

【概况】 2020年，全县水产养殖面积1446公顷，其中池塘114公顷，占人工养殖面积7.88%；山塘水库1322公顷，占91.42%；工厂化设施养殖面积10公顷，占0.7%。水产品产量8355吨，比上年增长2.89%。全县渔业产值（现行价计算）1.58亿元，同比增长2.2%，渔业产值占农业总产值2.1%。全县渔业专业劳动力1279人，渔农兼业劳动力455人。

【设施渔业项目建设补助】 2020年，全县完成上年省下达渔业油价补贴省级统筹部分项目建设补助资金100万元。峰达养殖有限公司和启农地热养殖有限公司分别获得项目补助资金62万元38万元。

【基层水产技术推广】 2020年，全县开展水技人员业务能力培训，14名水技人员参加省水产技术推广总站在厦门、霞浦、延平等地举办的连续5天异地脱产业务培训，11名水技人员参加市农业农村局在沙县举办的连续5天脱产业务培训。在福建省启农地热养殖有限公司、大田县隆锦顺生态养殖有限公司建立2个渔业科技试验示范基地。遴选30个渔业科技示范主体，主推技术入户率100%。基层水技推广项目补助资金32万元。

【水产品禁用药物残留检测】 2020年，全县检测草鱼、鲤鱼、鲢鱼、鳙鱼、鲈鱼、罗非鱼、三角鲂、黄金鲫等品种样品55个，检测氯霉素、孔雀石绿、呋喃唑酮代谢物、呋喃西林代谢物，样品检测合格率100%。

【渔政管理】 2020年，县农业农村局宣传《中华人民共和国渔业法》《中华人民共和国野生动物保护法》《中华人民共和国农产品质量安全法》等法律法规。发放宣传资料256份，接受群众咨询和问题解答130人次。检验渔船76艘（捕捞渔船31艘，养殖渔船45艘），督促配备救生设备18件，消防水桶22个，76艘船名船号模糊及标定不规范的渔船业主重新制作船名牌。发放上年度油价补贴款28.69万元，办理渔工人身意外伤害互助保险58份。开展渔业安全巡查检查14次，发现并督促整改安全隐患13项；开展水上执法巡查8次，陆上岸边巡查12次，制止、驱赶电鱼等破坏渔业资源行为10起，立案查处渔业案件3起，没收电鱼机5台，罚款1.5万元；开展水产品质量安全执法检查11次，检查水产养殖企业8家，水产品禁用药物快速抽样检测55份。

（陈仁收）

农业机械

【概况】 2020年，县农业农村局做好农机推广和农机安全监管工作，使用购机补贴资金472.75万元（中央资金300.23万元、省级172.52万元），补贴各类机具4198台套，受益农民3327户。

【农机安全监管】 2020年，县农业农村局落实农机安全生产责任制，与各维修网点、经销商、农机合作社签订《农机安全生产责任书》54份。开展农机安全生产大整治大排查和联合专项整治活动，在建设、太华、上京、桃源等乡镇检查农机作业、转移安全。县农业综合执法大队与交警大队配合，查处拖拉机无牌无证驾驶、超速、超载行驶和人货混装、私自改装等违法行为10起。年检多功能拖拉机102台、收割机23台，注册登记履带拖拉机2台、联合收割机19台，联合收割机申领驾驶证51台，拖拉机到期换证72本。全年没有发生农机事故。

（王立新）

县农（良种）场

【概况】 2020年，全县国有农场有东风农场和良种场，总户数1171户、4271人。耕地面积412.33公顷，工农业总产值9643.6万元。种植粮食、蔬菜、水果，重视林业生产和抚育，实施国家无公害蔬菜标准园建设，调整农业产业结构，发展多种经营，建设现代农业。良种场实施省农业农村厅种子站玉米高产示范片6.67公顷和植保站农业病虫定点测报。

【东风农场】 2020年，县东风农场1118户、4092人。耕地面积399公顷，粮食产量156万公斤，工农业总产值9323万元，其中，农林牧渔业产值8987万元，工业产值336万元。农民人均可支配收入2.1万元。粮豆播种面积288公顷，蔬菜玉米种植413.33公顷，烟叶种植33.33公顷、收购1118担；特色产业种植面积300公顷，其中，雷竹200公顷，芙蓉李66.67公顷，柠檬柑33.33公顷。投入林业生产资金159.49万元，幼林抚育133.33公顷、中央财政抚育139.87公顷、省级财政抚育81.6公顷、国家储备林改培104.07公顷、林分修复16.67公顷、造林29.6公顷。投入10万元编制完成《森林经营方案（2021—2030年）》。调查卫星图斑19块；抚育间伐9.33公顷，林木采伐主、择伐面积27.8公顷，销售收入412.6万元。

【良种场】 2020年，县良种场53户、179人。耕地面积13.33公顷，农业总产值320.6万元，农民人均可支配收入2.2万元。种植玉米11公顷，产量24.75万公斤，产值79.2万元；种植蔬菜23.33公顷（含复种），产量115.2万公斤，产值172.8万元；种植大棚花卉1公顷，产值3万元；种植温州蜜柑3.33公顷，产量3.5万公斤，产值5.6万元。其他多种经营收入60万元。

【共享农场项目建设】 2020年，福建桃之源旅游产业投资有限公司在东风农场建设梦幻桃源·共享农场项目，总投资1.6亿元。规划面积133.33公顷，含红旗山杨梅山、广桥头农用地、木材货场等3块农用地、面积5.4公顷。

建设垂钓区鱼塘、木栈道、凉亭等投入使用，建设场内东岭公路长3.46千米，征地2.21公顷，投入41万余元。配套县农地资源可持续利用东风农场片项目，投入100万元，完成梼塘至乾元水库1.46千米路面混凝土硬化，排吉至盂坂1.97千米道路拼宽，梼塘至八专300米、泼水村周边1.5千米机耕路混凝土硬化，新开机耕路1.2千米。

【人居环境整治试点】 2020年，东风农场泼水村被列入全县农村人居环境整治试点村之一，投入60万元改造村内道路两侧居民住宅围墙1000多平方米，文化上墙900平方米，村内道路两侧加铺鹅卵石800米，绿化1500平方米。

【基础设施建设】 2020年，县东风农场投入基础设施建设28.73万元，其中养护和改造三门、泼水安全饮用水工程13.6万元，完善水利设施4万元，村道维修4.52万元，烤烟房改造等5.28万元，泼水电站安装生态流量监测系统1.33万元。

【社会保障】 2020年，东风农场农村低保户35户、71人，发放低保金33.97万元；特困供养14人，发放生活补助及护理费24.36万元；临时救助11人，发放补助金3.77万元；享受残疾人两项补贴72人，发放补助金7.32万元；发放高龄补贴7.97万元；城乡居民医保参保率98.3%，续缴2297人；新型农村养老保险402人，参保率100%。

（郑春莲 林生游）

水利建设

【概况】 2020年，大田县水利局抓好重大水利项目建设、治理水土流失、保护饮用水源地、提升农村饮水工程等各项工作，完成水利建设项目14个，总投资3.13亿元，占市下达任务的101.5%。争取上级补助资金1.18亿元，专项债券2500万元。

【水资源管理】 2020年，县水利局落实建设项目水资源论证、取水许可、水资源有偿使用三项核心制度，换发和新办取水许可证7本，核查取水工程（设施）180个，征收水资源费329.6万元。

【水土流失治理】 2020年，全县实施水土流失综合治理面积3440公顷，占省、市下达任务的108.63%，完成投资2163.38万元，大田水土流失治理典型经验在中央广播电视总台《焦点访谈》报道。完成2019年国家重点水土保持建设工程（均溪、湖美）、省级水土流失治理重点县（文江民主）、省级水土流失治理重点乡镇（文江温厝、武陵大石）等项目验收工作，推进2020年国家重点水土保持建设工程（石牌、屏山）、省级水土流失治理重点县（华兴、赤头坂）等项目建设，新建清洁型小流域（安全生态水系）5.5千米。

【水土保持监督】 2020年，全县审批水土保持方案44份，检查生产建设项目32个，验收报备9个，查处水保违法案件2起，处罚金额31万元，征收水土保持补偿费476万元，促进生产建设单位按照水土保持方案做好水土流失防治工作。

【河道治理】 2020年，县水利局重点实施文江溪广平段、新桥河西安段、仙峰溪屏山和坑段等河道治理工程，总投资4381万元，中央补助2410万元，综合治理河道长5.8千米，新建护岸7452米。

【重大水利项目建设】 2020年，全县重大水利项目4个，完成投资0.93亿元，占年计划100%。城乡供水一体化（一期）工程城区地表水厂扩建工程建成通水。奇韬溪安全生态水系项目、仙峰溪屏山和坑段河道治理工程、太石及广湖中型灌区节水配套改造等工程建设，新建安全生态水系26.14千米，综合治理中小河流6.5千米，新改扩建城区供水管网12千米，新增农业水价综合改革实施面积5920公顷。

下岩水库建设工程完成省水利厅行业审查批复，总库容1319.5万立方米，当年完成勘测设计大纲、地形测量、可研阶段地质勘探、水资源配置规划专题、流域规划修编、可行性研究报告编制；完成水资源配置规划专题、流域规划专题的审查批复，可研报告通过省水利厅行业审查批复，并提交省发改委评估审查；完成规划选址及用地预审报批、社会风险稳定评估、建设征地移民安置规划大纲和报告等相应前置工作，初步设计和施工图设计等前期工作。

【降水和灾情】 2020年，据县气象部门统计，全年降雨量1444毫米，比前30年平均降雨量1563毫米少119毫米。降雨时空分布不均，最大建设站（1676.2毫米）

是最小华兴站（1199.5毫米）的1.4倍。1—3月降雨量384.3毫米，比多年平均值314.7毫米多5.5%；4—6月降雨量455.6毫米，比多年平均值642.6毫米少34.4%；7—9月降雨量549.6毫米，比多年平均值461.9毫米多62.7%；10—12月降雨量54.5毫米，比多年平均值144毫米少161%。上半年降雨正常，下半年尤其是第四季度出现特旱，全年无台风雨影响。

水库水位正常，最高水位坑口水库9月27日607.96米（正常蓄水位614.5米），六角宫水库9月21日533.21米（正常蓄水位539米）。要河流最高水位均未超警戒水位，文江溪8月27日256.28米（警戒水位256.3米，保证水位258.8米），均溪河9月20日354.1米（警戒水位355米，危险水位357米）。

强降雨致6个乡（镇、场）出现不同程度的洪涝和地质灾害，公路中断、堤防决口、农田受淹，交通、水利、电力等基础设施损毁严重。全县受灾人口4321人、转移112人，直接经济损失1358万元；其中，农作物受灾面积166.67公顷，成灾面积31.33公顷，粮食减产410吨，农牧渔业直接损失344.1万元；公路中断1条次（指主要公路，不含村道）、供电中断2条次，工业交通经济损失320.5万元；堤防损坏12处、护岸21处、灌溉设施33处，水利设施经济损失693.4万元。10月份后期基本无有效降雨，因旱致1.45万人饮水困难。

【农村饮水安全保障】 2020年，县水利局打好脱贫攻坚战，保障2775户8562人建档立卡贫困人口饮水安全，建成农村饮水安全巩固提升工程17个，上级补助资金555万元，惠及华兴镇仙峰村、济阳乡砚坑村、武陵乡桃溪村和百束村、屏山乡玉屏村和瑞美村、均溪镇金岭村和周田村、桃源镇前村村、太华镇魁城村、奇韬镇东佳村、吴山镇阳春村和梓溪村，上京镇三阳村、建设镇建忠村和建国村、石牌镇拱桥村，解决1.99万人饮水安全问题。

【城区饮用水源地保护区搬迁安置】 2020年，大田县坑口水库城区饮用水源地保护区搬迁安置项目总投资约2.3亿元，拆除一级保护区内房屋49座10026.31平方米、规模养殖场28家，在石牌镇铁籽坂新建安置房3栋300套36701平方米，完成搬迁安置户选房工作。

【河长制工作推进】 2020年，县水利局整改河湖乱建、乱占、乱采、乱堆问题80起，立案查处非法采砂案件8起，罚没款12.63万元；完成水电站泄流设施改造152座，在线监控装置安装153座，生态泄流数据接入环保平台153座。均溪河、文江河流域各监测断面水质年均值达标率100%。推行河道专管员、环保网格员、护林员、土地协管员、道路专管员"多员合一"治河模式，武陵大石"河道治理案例"入选福建乡村生态振兴案例，生态综合执法案例获全省机关体制机制创新优秀案例二等奖，大田河湖长制工作经验被《人民日报》、澎湃新闻等媒体报道，县水利局被市水利局评为第一批水利行业节水机关单位。

【城区地表水厂扩建通水】 4月，福建省水利投资开发集团有限公司与大田县签订城乡供水一体化合作协议，共同投资13.07亿元建设城乡供水一体化项目。6月29日，大田县城乡供水一体化（一期）工程——县城区地表水厂扩建工程开工，总投资4325万元，项目位于石牌镇斗界山，扩建后水厂日供水6万吨，供水能力可覆盖城区周边乡镇。12月29日，该项目建成通水。

（郑新镱 邱建森）

库区移民工作

【概况】 2020年，大田县库区移民局实施移民后扶项目和监督管理，做好农村饮水安全、道路硬化及村庄亮化工程等基础设施建设，改善库区村容村貌，提升移民人居环境质量。精准帮扶促进移民脱贫解困，创建"平安库区"，保持安定稳定。

【后期扶持项目实施】 2020年，省市水利部门和移民发展中心批复实施库区移民后期扶持扶助项目6个、资金1264.4万元，其中，移民后期扶持资金1119.96万元（直补资金337.26万元，项目资金782.7万元），清理往年结余资金144.44万元。全县库区家园落实后期扶持扶助政策，居住环境实现"路畅、水清、灯亮、村美"。湖美、吴山、谢洋、梅山4个乡镇集中安置移民自然村的饮水安全问题得到解决，湖美乡后平村、梅山镇卓坑里村道路混凝土硬化1.9千米，谢洋乡珍山村安装路灯120盏。

【城东轻工业标准厂房一期工程建设】 2012年7月1日，县政府在均溪镇城东村后山谷开工建设1

幢5层框架结构的标准厂房，总投资约1100万元，占地面积804.62平方米，建筑面积4154平方米，配备给排水、消防、电气、围墙、排水沟等附属设施；硬化厂房外场地1211.8平方米。2013年4月6日完工，2016年8月8日通过竣工验收并投入使用。引进劳动密集型企业4家，移民就地就业520人。2020年，厂房全部出租，投入使用，带动第三产业发展，促进库区和安置区经济发展。

【慰问帮扶活动】 2020年，县水利水电工程移民发展中心开展“温暖在库区、倾情为移民”慰问活动，慰问城东村、高才村的五保户、低保户、因病因灾困难移民（含孤寡老人、孤儿、残疾人）和老年人585人（户）、发放慰问金15.5万元。

（李求景）

森林资源培育

【概况】 2020年，大田县林业系统践行“绿水青山就是金山银山”理念，投入各类营造林资金2123万元，建设速生丰产林基地和生态油茶基地，着力做好绿色延伸和绿色增长工作，为全方位推动经济高质量发展超越提供坚强的生态保障。

【营林造林】 2020年，全县完成植树造林面积1466.1公顷，占省市下达任务的114.9%。其中，“两沿一环”（省级以上公路和高速铁路沿线、沿河及城镇周边一重山）森林景观带面积33.4公顷，占任务的100.2%，村庄绿化17.8公顷、占任务的111.3%；珍贵用材树种造林134.2公顷，占任务的100.7%；木本油料示范基地建设（含新造、低改）134.1公顷，占任务的100.6%；林分修复面积136.8公顷，占任务的102.6%；其他造林更新面积1009.8公顷，占任务的122.2%。森林抚育面积1979.3公顷，占任务的108%；封山育林2189.9公顷，占任务的102.7%。

【苗木花卉培育】 2020年，全县育苗面积4.7公顷，产苗412.5万株，其中，马尾松0.2公顷24万株，杉木3.5公顷324万株，木荷0.3公顷17.5万株，其他阔叶树0.7公顷47万株。保有苗木花卉面积485.3公顷，其中，观赏苗木（绿化苗木）342公顷，盆栽植物3.7公顷，花卉（鲜切花）20公顷，食用药用花卉119.6公顷。当年苗木花卉种植业总产值6.58亿元，比上年增长16.7%。

【竹业开发】 2020年，全县巩固“两高一优”丰产竹林面积2333.3公顷，新发展“两高一优”毛竹笋竹两用林300公顷，完成竹山机耕路维护（宽2.5米以上）20公里。全年生产原竹364万根，中小径竹材产量56吨，鲜笋11489吨，清水笋285吨，笋干440吨。竹业总产值2.25亿元，同比下降1.75%。

【油茶开发】 2020年，全县新造油茶林20公顷，抚育3533公顷，低产林改造1020公顷，争取木本油料（油茶）示范基地建设项目资金80万元；全县油茶林总面积1.02万公顷，干油茶籽产量6800吨（折茶油1800吨），油茶产业产值3.73亿元，同比增长3.6%。县林业局组织油茶栽培技术专家到华兴、屏山、吴山等9个乡镇，实地进行油茶低产林改造施工指导、开展丰产栽培和油茶修剪技术培训，受训农户和技术骨干300多人。

【全民义务植树活动】 3月，县委、县人大常委会、县政府、县政协四套班子领导及绿化委员会成员单位部分人员，在桃源镇赤头坂赤峰山义务植树基地，以“春节回家种棵树”为主题，开展全民义务植树活动。新建县级义务植树基地1个，面积30公顷。全县参加义务植树19.25万人次，植树73.8万株。开展“互联网+全民义务植树”，推进全县机关事业单位干部职工采用网络捐赠等便捷形式尽责义务植树，参捐尽责1121人，捐赠资金 5.05万元。

【速丰林基地建设】 2020年，全县完成速生丰产林基地建设面积581.5公顷，其中，速生丰产林工程造林143.3公顷（含森林质量精准提升集约人工林栽培和珍贵树种用材树种培育造林），比上年增加6.2公顷；现有林改造培育速生丰产林438.2公顷（含森林质量精准提升退化人工林修复），同比增加121.4公顷。

（林伟才　方来毅　陈光畏　乐景传 张锦斌）

森林资源保护

【概况】 2020年，县林业局落实保护和发展森林资源目标责任制，强化林木采伐、林地审批、森林防火和森防检疫等工作，严厉打击各类破坏森林资源违法犯罪行为。全县森林覆盖率73.43%，林地保有量17.6万公顷，森林蓄积量1607.5万立方米，比上年增长28.04%。当年，按照“先易后难、分年度建设、达标申报验收”的原则，创建“福建省森林村庄”。华兴镇柯坑村、桃源镇翁厝村和武陵乡仕洋村被省绿化委员会和省林业局命名为“福建省森林村庄”。

【商品林采伐】 2020年，县林业局执行省林业局下达的商品林采伐计划，确保年度采伐消耗量及分项结构不突破指标。全县分解下达各乡镇、场采伐蓄积量保持29.45万立方米，办理商品材林木采伐证726份，蓄积量12.1万立方米，出材8.8万立方米；完成松林优化改造面积64.13公顷，林下补植套种120公顷。

【林业执法】 2020年，县林业局执法部门受理各类林业行政案件108起，查处100%，其中，滥伐林木24起，毁坏森林、林木6起，违法使用林地48起，非法运输木材2起，违反森林防火法规27起，其他林业行政案件1起。行政处罚21个单位109人次，清理林地10.58公顷，没收木材10.99立方米，没收非法所得1000元，补种林木1.69万株，为国家挽回经济损失157.65万元。办理植物检疫证2642份，检疫调运木材19.1万立方米、苗木15万株，检疫率100%。

【林地管理】 2020年，县林业局受理林地征占用68个项目，审核审批用地68宗，面积150.53公顷；林业执法部门开展专项清查行动，发现和处理非法征占用林地行政案件5起，清理非法占用林地1.18公顷，处罚5个单位，责令限期恢复森林植被或补办林地征占用审批手续。

【有害生物防治】 2020年，全县召开部署防火工作会议112次，县乡出动宣传车3300车次，新设固定宣传牌88块，群发警示短信14.6万余条，发放纸质宣传材料6.2万份。梅林林场新组建一支30人的专业森林消防队伍。年底，全县森林消防队伍28支840人。县林业局联合多部门举办县、乡森林消防队伍和护林员队伍培训会，参训1410人；制定《大田县生物防火林带建设总体规划（2021—2025年）》。年内，完成生物防火林带抚育46.33公顷，占任务100%，全县未发生重大森林火灾。

【森防检疫】 2020年，县林业局组织林业有害生物防控知识培训156人次，新增专职检疫员4名、无人机驾驶员2名；发放通告和宣传材料1520份；开展林业有害生物常规监测预报，指导开展马尾松毛虫和刚竹毒蛾生物防治198.8公顷；对重点防控区的松墨天牛进行综合防治，挂设诱捕器130套、诱杀天牛1.81万只，喷施白僵菌粉剂生物防治230.6公顷，有害生物防治率100%。

【山林纠纷调处】 2020年，县山林处理纠纷工作服务站受理和调处县内森林和林木林地纠纷2起，面积38.7公顷。接待群众来访18人，受理群众信访件10件、“12345”平台13起，全部办结，办结率100%。

（陈思伟 邱光樟 颜志强 叶德杨 苏晋伙 苏荣城 郭行泽 郑文增）

林业产业

【概况】 2020年，县林业局推进林业改革，促进林业适度规模经营，不断发展木材经营、竹木加工、林下经济、森林康养等相关林业产业，实现林业增效、林农增收、生态保护多赢。全县实现林业总产值77.9亿元，比上年增长5.41%，其中，第一产业产值13.6亿元，同比增长3.65%，第二产业产值61.7亿元，同比增长6.23%，第三产业产值2.6亿元，同比增长3.12%。年底木竹加工企业71家。

【林票制度推行】 2020年，县林业局推动省属国有林场与行政村、企业合作，推行林票制度，发行林票总金额204万元。协助三明市农林发展集团有限公司与大田县文江镇签署推进林票改革战略合作协议，在全镇所辖20个村开展林票制度改革，是全市首个整镇推进林票制度改革的乡镇。

【林业经营组织培育】 2020年年底，全县组建的新型林业经营组织493家，涉及农户1.8万多户、林地面积6.93万公顷，林地面积覆盖面60.3%。新型林业经营主体大田县旺兴林业农民专业合作社被评为国家级示范单位（2018年评），林业经营组织被评为省级示范社（场）9家、市级示范社（场）4家、县级示范社（场）12家。

【林下经济发展】 2020年，县林业局实施省、市级林下经济发展建设项目4个，获省级项目补助资金50万元。全县发展林下经济涉林面积1.98万公顷，年产值6.02亿元，同比增长2.91%，农民人均创收2576元。其中，林下种植中药材、林菌（红菇、梨红菇）6713公顷，产值0.68亿元；林下养殖鸡、鸭、鹅、牛、羊4367公顷，产值1.19亿元；采集加工笋竹（含小径竹）6480公顷，产值3.87亿元；森林景观利用森林公园、森林人家2193公顷，产值0.28亿元。

【全域森林康养产业发展】 2020年，瀚霖泉森林康养基地被省林业局认定为省级森林康养基地，桃源睡眠森林康养基地被市林业局认定为市级第一批森林康养基地，并在全省森林康养产业发展现场会作典型发言。全县森林康养基地实现营业额3000.9万元，税收980.5万元，在全市森林康养产业“五比五晒”（比谋划晒前期、比招商晒签约、比开工晒进度、比投产晒成效、比服务晒质量）考核排名第一，小组第一。

【林博会参展】 2020年，县林业局组织参加第十六届海峡两岸（三明）林业博览会，邀请参会客商148人，策划项目15个，签约项目8个，投资总额8.66亿元；茶叶、油茶、富硒农产品、林下经济和木结构等系列产品现场销售及贸易订单交易总额1956.8万元；三九军大、高氏药材、竞源生物等企业的铁皮石斛、金线莲入围三明道地药材“明八味”，并在道地药材“明八味”展示馆展示。

（严千墩 颜志强 吴占武 高上品）

国有场圃

【概况】 2020年，县境内国有场圃4个，其中，省属、市管林场2个，县属林场、苗圃各1个。经营面积1.53万公顷（苗圃用地1.2公顷），其中林地1.43万公顷，森林蓄积量250.09万立方米。当年迹地更新造林145.6公顷，森林抚育1532.27公顷，森林病虫害防治522.73公顷，木材生产3.72万立方米，销售3.76万立方米，业务收入3703.57万元。年底，在职职工157人，专业技术人员70人。其中，中级职称22人，高级以上职称24人。

【国有桃源林场】 2020年，全场经营面积6469.6公顷，其中林地5953.33公顷，森林覆盖率93.62%，林分蓄积量101.49万立方米。育苗0.13公顷，迹地更新造林67公顷，平均成活率96.93%，当年树苗长高面积综合达标率、速丰林面积达标率均100%；实施“一场一景”项目5.87公顷，其中，桃源管护站全锄施肥3.2公顷，丁板管护站间伐2.67公顷，施工质量通过市林业局检查验收。完成中幼林抚育522.6公顷，林道维修61.13千米，新开集材道25条、长11.47千米，使用林地面积3.44公顷。防火林带维修57.25千米，森林消防队伍有桃源、湖美两个分队，队员51人，并组织扑火队员参加森林火灾扑救、安全知识及器械使用培训。松材线虫病、松突圆蚧踏查3000余公顷，施放白僵菌粉剂500公斤，森林病虫害防治67.4公顷。做好巡山护林，查获盗伐林木16株，处理林业行政案2起，收取林木补偿费300元。全年主伐皆伐林木面积85公顷，抚育间伐157.5公顷，生产木材1.48万立方米，销售1.37万立方米，木材销售综合单价每立方米1000元，年营业务入1500万元。主营业务利润675万元，管理费支出980万元，分别比上年下降24.27%、5.46%。林场实行科技兴林、兴场，寻求与科研院校合作，当年，策划《江南油杉优良种质造林应用与推广示范》的中央财政林业推广示范项目，与省林业科学院签订技术指导协议。4名职工参加市林业局、市总工会组织的营造林技能大赛获团体二等奖，1名职工参加省闽东北、闽西南片区营造林技能大赛决赛获团体二等奖。全场内设职能部门6个，管辖5个森林管护站，在职职工59人，专业技术人员29人，其中中级职称10人、高级以上职称14人。在全市国有林场年度绩效考核获一等奖。

【国有梅林林场】 2020年，全场经营面积6300.8公顷，其中林地面积5887.87公顷（生态公益林436.1公顷），森林蓄积量107万立方米，森林覆盖率89.45%。在森林资源培育与保护、林业科研和生态建设等方面发挥示范和推广作用，发挥森林资源与技术优势，推进“一场一景”和“四个林场”（品牌、特色、制度、平安）建设。

全年迹地更新造林 35.13 公顷，其中培育珍贵树种福建柏混交林 15.4 公顷。森林抚育 673.27 公顷，其中，中幼林抚育 463.67 公顷，中央森林抚育 209.6 公顷。抚育间伐 141.33 公顷，森林病虫防治 135.33 公顷，林道维修 61 千米，防火林带抚育 34.4 千米，冬整地 45.8 公顷。木材生产 1.65 万立方米，销售 1.8 万立方米，销售收入 1607.92 万元，亏损 16.83 万元。当年争取上级专项拨款 328.93 万元，留场国有林价 40.27 万元；营林投资 428.78 万元。在职干部职工 65 人，其中专业技术人员 29 人（高级以上职称 10 人、中级职称 12 人、初级职称 7 人）。

9 月 8 日，林场与桂坑村协议铺设良溪界至黄城岬混凝土道路，长 1.51 千米，由林场出资建设，投资 50 万元。12 月 8 日，省林业局有关专家对林场承担的中央财政 “福建柏良种栽培技术推广示范”项目 39.4 公顷进行验收，其中，福建柏良种推广示范林 20 公顷，福建柏无节材培育推广示范林 19.4 公顷。12 月 15 日在黄城管护站 227 林班 26 大班 3 小班的木荷马尾松混交林培育示范基地内打造“一场一景”建设项目 13.33 公顷，投资 25 万元。当年，在全市国有林场工作绩效评比中，林场基础工作、“四个林场”和“一场一景”建设居全市前列；县绩效管理综合考评为优秀，县综治考评为平安单位，获市委、市政府颁发的“三明市文明单位”。林场职工林东典在市林业局、总工会举办的营林造林技能大赛中获得林因分子调查第三名，并参加市代表队在省林业厅、总工会举办的闽东北、闽西南营造林技能大赛，获团体二等奖。全体干部职工向见义勇为基金会捐款 650 元；支持白岩社区共建费 5000 元；慰问林场困难职工 32 人次，支出慰问金 1.8 万元，为大病职工捐款 1.26 万元。

【赤头坂国有林场】 2020 年，大田县赤头坂国有林场经营面积 2550 公顷，其中有林地 2479.8 公顷，森林覆盖率 96%，林分蓄积量 41.6 万立方米，分别完成中央和省财政森林抚育补贴项目面积 99.47 公顷、94.87 公顷。当年迹地更新造林种植檫树、红椎、杉木等混交林 43.47 公顷；幼林抚育 296.87 公顷，抚育间伐、透光伐 39.53 公顷；维修防火路 57.03 千米，森林病虫害防治 320 公顷，森林质量精准提升项目 210 公顷，林分修复套种酸枣 18.87 公顷。全年木材生产、销售 5880 立方米，销售收入 595.65 万元，上缴财政利润 18 万元，财务收支节余 48.88 万元；年底，干部职工 31 人，其中专业技术人员 12 人。根据市、县领导关于加快推进“大田县桃源睡眠小镇”森林康养基地各项运营管理工作和要求，4 月 15 日，林场出资注册登记成立福建好睡眠康养发展有限公司，注册资本人民币 1000 万元。

【汤泉苗圃】 2020 年，苗圃地 1.2 公顷，其中，水田 1.07 公顷、旱地 0.13 公顷，在职职工 2 人。

【场村、场企合作造林】 5 月 20 日，梅林国有林场与上京镇上平村举行合作造林签约暨林票发行仪式，双方合作造林 52.13 公顷，发行林票金额 88.06 万元，由林场全额投资，占 70% 股权；上坪村以林地入股，占 30% 股权。8 月 21 日，林场与福州灿丰实业有限公司在大吉林业采育有限公司采伐迹地合作造林 25.87 公顷，林票总额 65.95 万元。

【森林医学实证项目实施】 10 月 16—18 日，国家林业和草原局《中国南方主要森林类型医学实证指标与评价研究》项目，“森林环境改善失眠人群睡眠效果作用及机制研究”医学实证在赤头坂桃源睡眠小镇实施。该项实证是国家自引进国际社会森林疗养理念和模式后，由国家长期开展森林医学循证研究专家团队，开展的第一例有关森林环境改善睡眠的实证研究，也是福建省首例森林疗养示范基地森林医学实证研究。

【森林康养基地建设项目推进】 截至 2020 年 12 月，位于赤头坂国有林场的大田县桃源睡眠小镇康养基地，投入资金约 1800 万元。旧办公楼（综合楼）改造 26 间 30 床，生态木屋改造 6 间 10 床，62 张客房床位在改造，建成旅游公厕 4 座和小镇景观石标志及周边配套景观绿化；健身中心配备运动器材，完成负氧离子在线监测屏建设和改善睡眠健康管理中心（10 间）配置，三明市第一医院睡眠专科门诊挂牌；创办文创书法室、图书室、阅览室、棋牌室等，引种有助睡眠和驱蚊的植物—柠檬香茅；改造提升后山 3 公里森林步道，配置路灯及助眠音乐；在多个交通路口设置广告牌、指路牌、基本完成十八溪停车场等旅游设施。北京北林地景园林规划设计院编制的睡眠小镇《森林康养基地总体规划》经县政府常务会研究通过，3 种森林康养课程初稿由福建农林大学编制完成。设立“桃源最氧睡眠小镇”百度页面和微信公众号，康养基地为中国林业产业联合会及森林康养分会会员单位。

【平安林场建设】 2020年，桃源国有林场在全市率先提出“分级管控，双重预防”安全生产管理新方案，并协助市林业局国有林场工作站制定《三明市国有林场安全风险分级管控与隐患排查治理双重预防机制实施方案》，在全市国有林场推广实施。全场开展安全生产风险辨识、评估、分级、控制、预警、应急处置和安全生产事故隐患排查治理及其相关监督管理活动，将隐患消除在萌芽状态，建设平安林场，当年被大田县评为年度综治平安单位。

（陈森森 田立丰 余瑞真 颜志强）

工业建筑业

■编辑 潘 梅

综述

【概况】 2020年，大田县工业信息化局（简称县工信局）统筹疫情防控和企业复工复产，完成全工业运行指标任务，工业总量增长保持回稳向好的良好态势。“五比五赛”十项指标总分122.27分，得分率81.5%，小组第一，全市排名第二。组织企业申报有关惠企补助项目，落实用工专项补助、电费优惠等各项惠企政策；推进工业产业项目建设，落实招商引资工作；主持企业破产重整，推进煤炭、建材、矿产开发等国有企业改革进程；完善企业服务体系，落实企业减负政策，降低企业生产成本和税收成本；强化能源消费总量控制、单位产品能耗标准约束等。

【各项惠企政策落实】 8月，县政府办出台《大田县铁合金企业恢复生产财政补助措施》，帮助铁合金企业减少亏损面，促进2家铁合金企业恢复生产。为降低企业用电成本，省市县电力企业对全县一般用户电费实行95折优惠政策，累计为2万多个非高耗能用户优惠电费1600多万元；组织符合条件的企业参与电力市场化交易，为106家企业节省电费1000多万元。

【经济运行】 2020年，全县174家规模以上工业企业完成现价产值539.37亿元，比上年增长6.17%，实现利税总额9.65亿元，其中实现利润5.17亿元，税收4.48亿元。全年工业用电12.76亿千瓦时，同比增长1.85%；规模以上工业综合能源消费量50.85万吨标煤，同比增长1.82%；工业万元产值能耗0.09吨标煤，同比下降7.62%。

【项目投资】 2020年，全县工业实施重点建设项目61项，投资总额170.74亿元（其中产业项目55个，投资总额162.6亿元）；工业企业完成技改投资额32.41亿元，同比增速66.51%；新列入省重点技改项目的7项，总投资额18.32亿元，均已开工建设；申报民企产业项目21个，总投资31.3亿元，录入省工信项目库的民企产业项目18个，投资总额29.75亿元；申报省战略性新兴产业重点项目7项。工信局引资的新岩水泥日产5000吨水泥熟料生产线及配套建设发电量7.5兆瓦的余热发电系统技改项目，累计完成投资4.5亿元；科华石墨技改项目建设完工，进入试生产。

【招商工作】 2020年，全县先后引进装备铸造、水泥建材、石墨（烯）等产业项目，完成招商引资项目87个，总投资104亿元。其中县工信局招商引资的大田鑫岩城铅锌尾矿渣固体废物资源化项目，投资3.53亿元。工信局首次组织人员，到广东佛山参观考察科达洁能股份有限公司深加工事业部、生产陶瓷设备工厂、液压机械有限公司等企业；2次拜访对口帮扶单位安溪县工信局，考察了解当地工业企业发展状况，寻找合作项目；3次前往福州、厦门等地，对接省冶金（控股）集团、厦门罗普特科技集团、厦门翼加云软件有限公司等省企、厦企项目。

【企业服务】 2020年，县工信局梳理权责清单126项，调整后行政许可事项3项，公共服务事项3项，办理企业技改备案41项；行政处罚54项，行政监督检查14项，其他权责52项，压缩服务时限50%以上；完成全县174家规模以上企业“政企直通车”平台录入工作，工业企业诉求环境得到改善。当年，全部清偿上年排查的全县累计拖欠民营企业中小企业账款841.98万元，清欠率100%；协商审计完成1起企业投诉案件，进入清偿阶段。全年通过降低生产要素成本和税收成本，减轻企业负担1.64亿元；使用应急周转资金6笔计2.2亿元；组织上报申请技改基金1000万元；全年减少企业工伤保险、失业保险、养老保险和医疗保险计6496.7万元，支持企业稳岗补贴254.5万元。

【国有企业改革】 2020年，县工信系统根据县委县政府涉矿县属国有企业改革实施意见精神，煤炭、建材、矿产开发“三大公司”经过一年的改革，改革目标基本完成，解除劳动合同人员166人，分流到其他岗位人员33人，发放经济补偿金427万余元，资产审计工作结束，新的矿业公司筹建工作稳步推进。

【新冠疫情防控】 2020年，县工信局在疫情防控初期，摸清县内医疗物资库存情况，多渠道采购各类医疗防护物资，并发动社会捐赠。在短时间内实现口罩、消毒液、体温枪等物资从十分紧缺到需求平衡再到充足转变，筹集口罩194万个，消毒液、消毒水25.8吨，医用手套2.2万双，防护服2000多套，体温计、体温枪6000支。11月，副局长连峰获省委、省政府“福建省抗击新冠肺炎疫情先进个人”表彰。

【工业企业防疫复工】 2020年，县工信局全体工作人员与乡（镇）、园区的分管领导和干部组成3个工作组，以“多人一企”“多策一企”的挂包形式，多次走访企业，发放《工业企业员工健康防护手册》923份、《防控疫情促进工业企业复工复产政策简编》289份。开展深化“访企业、解难题、促‘六稳’”专项行动，解决48个挂牌问题，先后牵头出台保障工业稳定运行6条、促进工业企业复产达产13条措施，有效落实“六稳”24条、复工复产21条、复工稳岗12条、支持企业恢复发展16条政策，稳定企业生产；1—4月，全县174家规模以上工业企业复工170家，产值恢复率99.5%。

【节能减排】 2020年，县工信局组织实施发展循环经济项目15项，其中节能项目5项、资源综合利用10项。对华阳光电、金阳矿业2家企业开展国家重点高耗能行业专项监察；对红狮水泥、新岩水泥、鑫城水泥3家企业开展水泥行业能耗限额标准和阶梯电价政策执行情况等监测监察，推进其开展单位能耗在线监测数据传输端系统建设；对科华石墨、恒丰工贸进行固定资产投资项目节能审查制度执行情况监察；对4家重点用能企业能源管理负责人进行网上备案。当年，工业企业进行电能替代，合计电量1600万千瓦时，从根本上解决煤灰排放超标的问题；全县新增公共充电桩（站）2家，投入使用充电终端11个，新增纯电动出租车100辆。

【37家企业获省市资金奖补】 2020年，县工信局组织企业申报有关惠企补助项目，鑫城水泥和金门油压机制造等16家企业获市人社用工专项补助资金20万元；恒丰工贸和鑫鹭峰2家企业获得省上第一季度增产增效用电奖励13.57万元；恒丰工贸、鑫华铸造、昇辉建筑材料和岩盛铸造等7家企业获得省上第二季度增产增效用电奖励39.66万元；京融建材、新盈彩铝和硅光通讯科技等12家企业获省级工业增长正向激励21万元。

【企业破产重整见成效】 2020年，福建鑫鹭峰实业股份有限公司破产重整，完成债权异议表整理、现场矿产盘点等工作；大田县鹭坪科技有限公司富锰渣项目用电增容申请获批，开展富锰渣试验生产工作；福建万华实业有限公司破产重整工作形成消防、环保、安全等验收问题整改方案，与投资意向企业浙江天豪革业有限公司及万华实业承租方沟通洽谈。

【新型纺织面料业初具规模】 2020年，纺织行业不断延伸和补齐产业链，突破产业链薄弱环节，引进纺织产业相关配套企业，推动产业向价值链高端发展，形成以“超纤—无纺布—PU树脂—PU革—服装、箱包”等为主的产品线。通过飞鹰实业、宇隆超纤、浩特纺织、南湖针织、中工塑胶等骨干企业的带动，引进沿海地区在服装、鞋帽、箱包等方面档次高、配套能力强的核心企业，形成集纺纱业、化纤业、织造业、印染业、服装业为一体的纺织体系。当年，全县纺织、服装和皮革制品企业有38家，轻纺面料产业规模以上企业18家。主要产品为箱包及用于家居用品生产的各种PU合成革、无纺布、超纤面料等，以及服装针织、箱包等成品。全年实现工业产值44.92亿元，占全县规模以上工业总产值8.3%，行业上缴利税1.05亿元，占全县规模以上工业企业上缴税收9.48%。

（王翀）

电力工业

【概况】 2020年，国网大田县供电公司（简称县供电公司）践行新时代“双满意”工程，创建新时代“人民满意供电单位”。全县水电站142处，总装机容量15.78万千瓦，年发电量3.22亿千瓦时，比上年下降38.89%。实现连续安全生产5166天；完成售电量16.82亿千瓦时，同比增长7.48%；综合线损率2.78%，同比下降0.79%。

【电网建设】 2020年，县供电公司结合县域经济发展趋势，科学制定目标网架，完成县“十四五”配电网规划编制，将电力设施空间布局规划纳入县国土空间规划。完成良元220千伏输变电工程和7条共计294基兴泉铁路配套线路青苗赔偿属地协调；提前开工建设铸锻110千伏输变电工程；完成罗丰工业园、上京铸锻园、吴山万华园3条共6回10千伏线路建设，保障园区用电需求；开工建设奇韬、梅山35千伏变电站扩建工程及湖美、谢洋35千伏输变电工程；完成配网建设资金5246万元，投产配网项目106个，新建和改造高压线路72千米，配变94台。

【电力服务】 2020年，县供电公司推进“党建+线长制”高故障线路整治，配网故障停运次数同比降低15.48%；优化检修计划管理，开展带电作业387次，减少停电1.5万时/户，提升县域电网供电可靠性。制定五大类、38项服务管控措施指导书，规范服务行为；深化“阳光业扩”服务，提升办电效率，高、低压平均办电27.01个、1.35个工作日，分别同比缩短4.66%、3.05%。

【服务经济社会发展】 2020年，县供电公司主动作为、抗击疫情，实现12家重点防疫单位“零停电”；执行降价政策，惠及用户2.04万个，累计减免电费6424万元。服务脱贫攻坚和乡村振兴，光伏扶贫电费1127.39万元，按时兑现“低保户、五保户”电量补贴31.82万元；助力污染防治攻坚，消纳清洁能源3.45亿千瓦时。

（陈荣辉）

矿物采选工业

【概况】 2020年，全县矿物采选工业规模以上企业61家，比上年减少8家；实现产值241.53亿元，同比上年增加15.96%。全县规模以上煤炭采掘企业8家，比上年减少3家；实现产值18.09亿元，同比增长19.56%。矿山分布在广平、上京、建设、太华、文江5个乡镇。全县规模以上非煤采选企业53家，比上年减少5家；实现产值223.44亿元，同比增长15.68%。矿产品有铁矿、铅锌矿、石灰石、钾长石、石墨矿等，矿山分布在广平、奇韬、建设、均溪、华兴、上京、太华、梅山、文江、济阳、前坪等乡镇。

【涉矿国企改革】 2020年，县煤炭工业公司、县矿产开发公司和县建材工业公司打破现行管理体制和架构，组建集全县矿产资源地质勘查勘探、国有和民营矿山矿产资源收储与兼并、矿产资源综合利用、矿产品研发加工及生产销售为一体的大田县宝田矿业有限责任公司。经过整合重组，县属国有企业的定位更清晰、结构更优化、管理更顺畅、市场化程度更高，国有企业的活力、控制力、影响力和抗风险能力更强。

【煤矿安全管理】 2020年，县工信局开展安全隐患大排查大整治百日攻坚行动，检查企业80家次，发现安全隐患638条，已全部整改，做到责任、措施、资金、时限和预案“五落实”；5家年产15万吨煤矿实行“一矿一档”，大田县丰源煤业有限公司西井田煤矿制定“一矿一策”监管方案。

（王翀）

建材工业

【概况】 2020年，建材产业作为县传统支柱产业之一，在“十三五”期间，呈现发展速度较快，经济效益提高，结构逐步优化，布局得到调整、企业机制得到改善的良好发展局面。当年，全县有机制砖企业26家、水泥企业4家，生产机制砖约10.3亿块（折合为标准砖计算），销售熟料、水泥530.6万吨，行业实现产值56.99亿元，利税2.83亿元。

【新岩水泥技改项目】 2020年，县政府成立新岩水泥技改项目工作领导小组，全面负责新岩水泥余热发电系统技改项目建设各项工作的协调与跟进。当年投资4.5亿元，完成窑体、中控楼、熟料库等土建项目施工，办公楼、仓库、汽轮机房等项目施工中。

【水泥产业节能监控】 2020年，县节能监控（监测）中心对红狮水泥、新岩水泥、鑫城水泥3家企业开展水泥行业能耗限额标准和阶梯电价政策执行情况等监测监察，单位能耗在线监测数据传输端系统建设，全面推进水泥产业实现绿色工业发展。

（王翀）

铸造和装备制造业

【概况】 2020年，全县铸造和装备制造业初具规模，形成比较完善的冶炼铸造、机械加工、热处理、整机装配等机械制造体系。行业主要龙头企业有福建省宝山机械有限公司、福建省大田县金门油压机制造有限公司、三明市菲得美机械有限公司、福建省大田县博实铸造有限公司、福建省大田县恒丰工贸有限公司、福建省大田县岩盛铸造有限公司等。主要产品有市政铸件（消防栓、水暖器材等）、工程机械铸件（配重铁、电机壳等）、矿山机械铸件（衬板等耐磨铸件）、机床铸件、矿山设备铸件、艺术铸造精密铸造件以及采茶机系列产品配套铸件、V法造型设备配套铸件等。全县铸造和装备制造企业60余家，其中规模以上24家，实现产值79.7亿元，占全县规模工业产值14.8%，实现利税总额9407.3万元。

【产业扶持】 2020年，县委、县政府按照“一业一策”原则，出台《推进铸造和装备制造产业发展三年行动方案》和《扶持大田县铸造产业提升发展十六条措施（试行）》。将铸造和装备制造产业列为全县重点支柱产业，加快推进产业结构调整和转型升级，在原有“一企一策”的基础上扩大政策覆盖面，梳理出台《铸造和装备制造企业/项目（第一批）》提升清单，共惠及企业/项目65家（个）。

【项目工程建设】 2020年，展晖机械铸件生产加工及设备制造建设项目，进入厂房建设阶段。超越中高端铸件生产及机械制造建设项目超额完成年度投资计划，进入5#、6#车间场地打桩和浇筑地基等工作。

（王翀）

石墨（烯）产业

【概况】 2020年，县石墨矿资源储量丰富，位居全国、全省前列，主要分布于上京、建设、太华、文江和济阳等乡镇，石墨矿成矿条件良好，矿石品位较为稳定，具有固定碳高、低硫的特点。福建省大田县兆丰矿业有限公司文江琼口石墨矿是县唯一持有石墨采矿权企业，年生产规模2万吨；上京镇赤水石墨开采区块探明储量10万吨、文江镇朱坂石墨开采区块探明储量45万吨。

【石墨（烯）产业园区规划】 2020年，县石墨（烯）产业园纳入三明市石墨（烯）产业发展总体规划，按照“一园三点、功能联动”的产业布局，规划建设太华镇罗丰石墨烯主导产业区、上京新材料产业应用区和上京煤矿小华石墨提纯加工区，总规划面积400公顷，其中太华镇罗丰石墨烯主导产业区规划面积255.6公顷（工业用地178.87公顷）。

【石墨（烯）项目】 2020年，福建科华石墨科技有限公司是石墨锂电负极材料，石墨、石墨烯/硅碳复合负极材料一体化生产、研发、销售及服务于一体的龙头企业，拟投入资金3.47亿元，年产1.5万吨石墨锂电负极材料生产线3条，年产5万吨煅烧焦及焙烧成型系统，形成从原料到终端产品的循环经济。9月，科华石墨科技有限公司石墨化二期，石墨化车间等项目完成安装调试投入生产；10月，石墨化锂电池负极材料生产项目进入调试；12月，进入试生产和产品检测。新引进福建仲荣冶金材料有限公司年产5万吨石墨新材料建设项目，总投资1.2亿元，主要生产石墨球、石墨增碳剂、无水炮泥等产品。

（王翀）

生物科技工业

【概况】 2020年，全县规模以上生物医药企业有福建华灿生物科技有限公司，实现产值1.16亿元，比上年增长48.72%。福建华灿制药有限公司专业从事生物制药和生物制剂中医药酶和试剂酶等精细化酶及其制剂的研发生产，设有全国工具酶标准化工作组秘书处、博士后工作站及福建省工具酶企业工程技术研究中心。已研发工具酶产品

53种，完成工具酶国家标准制定13个，正在立项5个；有酶产品发明专利5个、注册商标25个、水针剂注册批件15个、片剂批件2个、医疗器械批件1个、保健食品批件1个、报备化妆品产品19个。

【工具酶标准化工作组年会召开】 11月28—30日，由福建华灿制药有限公司承担的全国工具酶标准化工作组2020年年会在厦门大学召开。会议通过数个新的工具酶标准草案，来自全国各高等院校及有关大型高科技企业的教授、专家32人参加。

【酶产品生产】 2020年，福建华灿制药有限公司自主研发的体外诊断试剂凝血酶、脱氧核糖核酸酶、核糖核酸酶等原料酶、超氧化物歧化酶及其衍生品进入产业化生产。

（林芳镇）

个体与私营工业

【概况】 2020年，县市场监督管理局持续简化市场主体办理注册登记事项，营造便捷市场准入环境。全年新登记个体、私营工业企业316家，比上年增长9.34%；注册资金6.12亿元，同比减少15.24%。全县个体私营工业企业1990户，同比增长1.79%，注册资金50.81亿元，同比减少8.32%；其中，私营工业企业786家，注册资金49.63亿元；个体工业企业1204户，注册资金1.18亿元。

【印刷工业】 2020年，全县个体私营印刷工业企业17家（自2015年以来数量不变），注册资金3393.2万元，其中注册资金500万元以上的有4家、100万元以上的3家，不足100万元的10家。17家印刷企业均分布于城区。

【农副产品加工业】 2020年，新登记个私农副产品加工56家，注册资金2037.3万元。全县个体私营农副产品加工业267家，同比增长12.66%，注册资金5810.1万元，同比增长41.09%。

【食品制造业】 2020年，新登记个私食品制造46家，注册资金2677万元。全县个体私营食品制造业企业232家，注册资金2.65亿元。

【造纸工业】 2020年，全县个体私营造纸业28家，注册资金1.67亿元，主要生产工业用纸、生活用纸、机制纸和包装纸。其中规模企业有华闽纸业有限公司、闽发纸业有限公司、弘惠纸业有限公司、兴洲纸业有限公司、华闽特种纸科技股份有限公司等5家，完成工业产值3.83亿元，销售收入9.37亿元。

【陶瓷工业】 2020年，全县规模以上陶瓷企业有福建省大田县宝通瓷业有限公司、大田县宝丰陶瓷有限公司、福建顺天来彩陶制品有限公司、大田县永大工艺制品有限公司等4家企业，主要从事工艺陶瓷生产，园林、陈设艺术及其他陶瓷制品制造。全年工业产值10.74亿元，销售产值10.33亿元。

【股权出质登记】 2020年，县市场监督管理局注册股向金融部门和企业宣传股权质押贷款模式，拓展企业融资渠道。全年办理股权出质登记1件，出质股权份数30万股，被担保债权数额30万元。

（黄清渊）

工业园区建设

【概况】 2020年，大田经济开发区以“创新驱动、绿色发展”为工作主题，按照“三打造”（打造创业乐园、安居家园、美丽花园）、“五坚持”（坚持高标准规划、全配套基础、产业链招商、投融资服务、产学研对接）的发展模式，推进“产业聚集、配套完善、管理先进、运营高效”的现代工业园的建设工作。全年经济开发区规模以上工业15家，产值47.57亿元，同比增长26.95%，实现税收3470万元。规模以上企业用电3.63亿千瓦时，同比增长2.5%；企业固定资产投资9.04亿元，增长14.58%；实际利用外资285万美元。

【项目攻坚年活动】 6月27日，大田县积极参加全市“项目攻坚年”活动，县经济开发区新隆上超纤纺织生产项目和中工塑胶增资扩产项目被列为全县唯一工业调研点。新隆上超纤纺织生产项目拥有专利30多项，生产的高档仿真超纤皮革，是目前人工制革的最高端产品，当年完成一、二期生产线投产，固定投资5亿元。中工塑胶有限公司生产设备全自动化、生产工艺先进，生产的涂布和配套胶黏制品质量高、竞争力强。新冠肺炎疫情期间，中工塑胶公司把脉市场走向，拓展网络营销、线上销售等方式，全年实现销售额4.53亿元。11月9日省政协副主席杜源生对新隆上超纤纺织项目调研；12月8日，市委书记林兴禄到中工塑胶有限公司调研。

【项目建设】 6月，京口工业园的锂锋精密螺丝制造项目建成投产；8月，上京工业园清航无人机项目一期厂房建成交付使用；12月，维真园医药科技项目建成投产；新岩水泥自5月供地以来，完成投资6.1亿元，创造近年来县民企投资速度记录和项目建设进度记录。罗丰工业园的福建科华石墨科技有限公司自主研发的石墨化锂电池负极材料中试成功，开始量产；展晖机械、凯沃科技、超越科技、恒右实阀门等项目建设有序推进。

【园区项目集中开（竣）工】 7月6日，上京工业园举行项目集中开（竣）工仪式，新岩水泥生产线技改项目开工，项目总投资12.5亿元；清航无人机产业化建设一期项目竣工，项目投资1.5亿元。市政府副市长张元明、县委书记陈文华，县长林金龙等参加活动。12月24日，京口工业园举行集中供热项目、维真园生物药剂和卫生用品生产项目竣工仪式，县委书记陈文华，县委常委蔡兴山、黄春明，县委常委、组织部部长陈磊等参加。

【园区建设】 2020年，县经济开发区参加“十大攻坚会战”，抓好园区征迁会战，全年完成征迁报批462.27公顷，新开发平台140公顷，其中上京园区103.33公顷、罗丰园区36.67公顷。京口工业园新建消防站、绿地公园、快递服务站等，完善基础配套设施。上京工业园实行标准化园区建设，推动“八通一平”（煤气、热力、电力、电讯、上水、下水、雨水、道路通及场地平整）建设，同时启动生活配套设施和园区数字化建设，将工业园区建设成为工业小镇和智慧园区。罗丰工业园“三通一平”（水通、电通、道路通和场地平整）逐步完善，均溪工业园基建有序推进和广平工业园规划工作顺利推进。

【招商引资】 2020年，县经济开发区年签约落地项目37个，上京工业园签约落地项目34个，总投资57.1亿元，其中铸造和装备制造项目32个，总投资43.5亿元。通过“腾笼换鸟”方式，完成三明旭日纺织有限公司和福建三井科技有限公司2家停产企业的资产盘活，完成新盈彩铝有限公司和浩特纺织科技有限公司闲置厂房再招商，推进浩特纺织科技有限公司和华盈塑胶有限公司资产盘活，实现增资增效不增地。

【投融资服务】 2020年，县经济开发区开展银企对接，做好项目融资服务，提高服务实效，促成科华石墨项目按揭贷款2700万元，集中供热项目贷款3000万元，全年开发区完成20家企业贷款额度2.92亿元。

（吴丞鈆）

建筑业

【概况】 2020年，县住房建设局把好建筑安全关，实现建筑业有序发展。通过招商活动，全年引入二级房建市政企业3家、三级房建市政企业6家、三级水利行业企业5家。依法发放施工许可证44项，建筑面积64万平方米，工程造价16.95亿元，其中县内企业施工37项，工程造价15.14亿元。依法竣工备案20项，工程造价4.73亿元，建筑面积18.05万平方米，建设市政工程路管网等长度5028米。

【消防审验】 2020年，县住建局办理建设工程消防设计审查15个，办结消防验收项目11个，消防验收备案项目4个。审查绿色建筑项目18个，建筑面积49.21万平方米，均达到绿色建筑一星或二星标准。

【施工质量与安全监督】 2020年，县住建局组织开展常态化质量安全季度检查，检查全县在建工程项目65家次，发出整改通知单65份、局部停工通知单3份，排查一般隐患255条，给予项目经理动态记分42人次、661.7分，总监动态记分25人次、302.9分，施工单位动态记分27家次、661.7分，监理单位动态记分15家次、302.9分。配合市住建局住建行业行风整治专项行动，自查自纠县内建筑企业40个、2091人次，招标代理机构15家、项目61个。

（廖士幸）

城镇集体工业

【概况】 2020年，城镇集体工业联合社（简称城镇联社）开展新冠疫情防控工作，部署安全监管的造纸企业复工复产工作，组织人员对全县造纸企业开展安全生产检查，下发安全隐患整改通知书8份；开展招商引资工作，引进2家公司入驻大田。

【工艺美术参展参赛】 1月8日，城镇联社组织县工艺美术企业、工艺美术师创作优秀作品参加厦门市第十三届海峡两岸（厦门）文化产业博览交易会和招商工作。9月5日，选送县工艺美术大师艺人优秀木雕作品参加第七届（2020）福建文创奖世遗文创大赛。11月11日，组织县工艺美术人员选送优秀作品到惠安参加第三届工艺美术创意设计大赛，工艺美术师许生炜创作的汉白玉雕刻《海韵》获得大赛优秀奖。

【造纸企业安全生产检查】 1月9日，城镇联社组织安检人员4人到闽发纸业公司、弘惠纸业公司、华闽纸业公司、兴洲纸业公司开展安全检查，传达县政府安全生产工作会议精神，部署岁末年初安全生产工作，现场检查下发隐患整改通知书4份。4月10日，根据县“安全隐患大排查大整治百日攻坚行动”的部署，组织安办人员对全县造纸企业开展安全生产大检查，查出安全生产隐患16处，下发安全隐患整改通知书4份。8月4日，组织安检人员4人，对弘惠纸业有限公司、华闽纸业有限公司、兴洲纸业有限公司3家企业开展安全生产大检查，向企业传达县政府第三季度防范遏制重特大生产安全事故会议精神，部署安全生产专项整治三年行动工作及防汛防台风工作。

【招商引资工作】 5月20日，城镇联社引进大田县逸龙实业有限公司入驻大田，注册资本3000万元；12月25日，引进三明市大田县强盛矿业有限公司，注册资本金1000万元。

（庄家乐）

交通 邮政 通信

□ 编辑 郑祥果

交通建设

【概况】 2020年，大田县铁路、公路建设总投资32.09亿元。其中，铁路投资6.26亿元、高速公路20.9亿元、国道3.66亿元、县乡道路5710.1万元，其他投资7040万元。续建兴泉铁路（大田段）全长60.28千米，莆炎高速公路（大田段）31.08千米，国道纵五线梅山德州至均溪柏林段公路41.7千米；完成四级公路改造42.1千米，其中，县道拓宽改造5条（段）、8.86千米，乡道拓宽改造8段、16.92千米，村道改造9段、5.48千米。年底，全县有公路322条、1810.43千米。其中，高速公路1条、60.61千米，国道3条、136.27千米，省道1条、79.05千米（含国道G356线重合31.89千米）；县道18条、322.31千米；乡道142条、816.76千米；村道157条、395.43千米；全县有高级（混凝土、沥青）路面1555.38千米，中级（泥结碎石）143.72千米；晴雨通车1732.63千米。县专业养护班站（养护组）9个，员工55人，配备高空作业车1辆、扫地车2辆、洒水车4辆、挖掘机2台、划线机1套、装载机、沥青洒布车各1台及公路养护自卸车14辆、轻型货车7辆。县、乡、村道养护站18个、养护工295人，配备割草机60台、清缝机、灌缝机各2台，装载机、洒水车、小挖掘机、破碎镐、切割机、扫路机、发电机、无人机各1台，照明车、小型自卸车各1辆。

2020年大田县乡村公路建设改造情况表

表3

序号	路线起讫地点	组织实施单位	路基宽（米）	混凝土面（米）	里程（千米）	总投资（万元）	动工时间	竣工时间
1	科山至锦山（乡道）	锦山村	7	6	4.9	811	2019年6月	2020年10月
2	建成至半路（村道）	建成村	5.5	4.5	0.9	86.6	2019年7月	2020年9月
3	后坂洋至金岭（牛狗岭）二期（乡道）	金岭村	5.5	4.5	1.89	267.4	2019年9月	2020年9月
4	黄城至新宅（村道）	黄城村	5.5	4.5	2.5	240	2019年7月	2020年5月
5	笋仔坑至赤坂（村道）	赤水村	4.5	3.5	2.8	221.6	2020年2月	2020年6月
6	温坑至上坪（乡道）	小华村	7	6	6.17	1060.8	2019年3月	2020年7月
7	楼梯岭至魁城（乡道）	魁城村	7	6	3.77	568.7	2019年11月	2020年6月
8	东埔至永春交界（乡道）	东埔村	7	6	1.48	197.9	2019年11月	2020年5月
9	下坑路口至下地（乡道）	下地村	5.5	4.5	1	35.3	2020年3月	2020年8月
10	瑞美至内山（乡道）	瑞美村	7	6	5.96	1003.1	2019年6月	2020年10月
11	洋地至永德（乡道）	洋地村	5.5	4.5	2.23	81.6	2019年7月	2020年4月
12	下岬坑自然村至下岬坑路口（村道）	洪坑村	5.5	4.5	0.87	97.9	2019年9月	2020年3月
13	鸿图至宋京（县道）		5.5	4.5	2.45	72	2019年7月	2020年5月

续表 3

序号	路线起讫地点	组织实施单位	路基宽（米）	混凝土面（米）	里程（千米）	总投资（万元）	动工时间	竣工时间
14	汤泉至黄沙村入点（乡道）	汤泉村	7	6	2.28	507.1	2019年12月	2020年5月
15	建设至前坑（县道）	建设村	7	6	3.03	459.1	2019年6月	2020年7月

注：新建村道4条7.07千米；乡道1段1.89千米，改建乡道8段27.79千米；拓宽改建县道2段5.48千米。总里程 42.07千米。总投资5710.1万元。

【国道534铭溪一桥重建】 3月，县公路分中心组织续建国道534线铭溪一桥，上部拆除重建完工，更换主梁27片。福建亿达工程勘察设计研究院有限公司设计，县鹏程公路有限责任公司、大田中交建设工程有限公司施工，县公路分中心监理。完成投资184万元，

【国道桥梁加固改造续建】 3月，县公路分中心组织续建国道235线宽田桥，国道356线厝坑三桥、牛田洋一桥、小湖六桥及小湖二桥粘贴钢板加固改造完工。福建亿达工程勘察设计研究院有限公司设计，县鹏程公路有限责任公司、大田中交建设工程有限公司施工，大田公路分中心监理。完成总投资364万元。

【国省干线公路绿化】 3—6月，县公路分中心组织对新管养国道235线溪柏林至长溪段10.06千米，省道217线太华集和其他国道主干线实施公路绿化，种植香樟、 广玉兰、红叶石楠、茶梅等乔灌木及地被9.6万株。完成投资144万元。

【莆炎高速支线广平至安溪官桥技术评审】 4—11月，县交通运输局完成莆炎高速支线广平至安溪官桥高速路线方案技术评审，初勘初测外业验收，工可批复前置条件的社会稳定风险性评估文本编制，土地预审环节的基本农田补划方案听证。经市委（〔2020〕58号）备忘录同意采用规范的PPP建设模式，引入国有企业参与项目建设。

【农村公路养护】 4—12月，全县18个乡镇组织实施农村公路养护工程建设，完成错车道436个，修复水泥路面8131.9平方米，边沟硬化26.48千米，波形护栏2221.9米。完成投资426.5万元。

【国省道路面整治】 6—10月，县公路分中心组织对国道356线、省道217线、国道534线实施路面病害处置、路容路貌整治及内业资料收集整理。整治期间，完成热沥青修补1.25万平方米，冷补沥青砼修补842.93平方米，乳化沥青修补154平方米；贴缝带修补94.8千米，开槽灌缝3320米，错台铣刨27.2千米，水泥结块清除1916平方米。投资 262 万元。

【县道路面改造】 6—10月，县交通运输局组织对县道管吴线（尤溪界至奇韬、文江至川石）18.9千米，纵纵线（秀岭至上地）7.99千米，德大线（德化界至华兴乡政府）8千米路面置换工程改造，完成混凝土路面置换2.03万平方米。投资360.5万元

【城关公路站续建完工】 7月，县公路分中心城关公路站（应急抢险基地）办公楼及应急抢险车库续建完工。完成办公楼内外装修，投资800万元，完成项目总投资2200 万元。

【省道公路安全生命防护工程建设】 7月，县公路分中心组织对省道217线K24+900—K29+100事故多发路段安全隐患整治，建紧急停车道1处，长下坡路段设警示标志、防撞护栏、路灯等安保设施。三明市永达设计公司设计，三明盛达公路有限责任公司施工，大田公路养护分中心监理。投资421万元。

【国道534线铭溪至栋仁段开工】 7月，国道534线铭溪至栋仁段公路工程项目开工。起点铭溪村与县道131广铭线顺接，经铭栋中学、栋仁村，与莆炎高速广平互通E匝道相连，终点栋仁村西侧，全长3.1千米。按二级公路标准建设，双向双车道，路基（路面）宽10米，水泥混凝土路面。省交通规划设计院有限公司设计，厦门中平工程监理咨询有限公司监理，市路桥集团昌盛公路工程有限公司施工，业主单位县锦田公路建设有限责任公司。年底，完成路基挖方33.2万立方米、填方20.4万立方米，路基清表2.5千米，涵洞5道，砌边沟、排水沟、截水沟1500米，砌

筑边坡防护800立方米；挡墙防护2200立方米，草种喷播7800平方米，路面完成1.2万平方米。完成投资1787万元。项目预算总投资9508万元，

【莆炎高速广平互通连接线开工】 7月，县道7B2莆炎高速广平互通连接线工程开工。起点S217栋仁村铭溪桥头处，沿老路改建约300米后路线右转，沿地形展线至K1+060接上国道534线，沿国道534线286米左转至互通收费站广场端头处，全长1.61千米。按二级公路标准建设，双向双车道，路基（路面）宽度10米。省交通规划设计院有限公司设计，厦门中平工程监理咨询有限公司监理，市路桥集团昌盛公路工程有限公司施工，业主单位大田县锦田公路建设有限责任公司。年底，完成路基挖方33.2万立方米、填方20.4万立方米，路基清表2.5千米，涵洞5道，砌边沟、排水沟、截水沟1500米，砌筑边坡防护800立方米；挡墙防护2200立方米，草种喷播7800平方米，路面1.2万平方米。完成投资613万元。项目预算总投资3349万元，

【国道356线路面修复】 7—10月，县公路分中心对国道356线桃源镇兰玉至岭头路段8.49千米、混凝土路面7.71万平方米碎板置换加铺改造。项目由市永达设计公司设计，三明盛达公路有限责任公司施工，县公路分中心监理。投资1660万元。

【国省干线水毁修复】 8—10月，县公路分中心组织对国道356、534，省道217线8处水毁进行修复，卸载边坡3.1万立方米，三维网植草4800平方米，增设挡墙约450立方米。修复工程共投资129.62万元。

【公路预防性修复】 8—10月，县公路分中心组织对国道356、534线，省道217线重点桥涵、排水系统等构造物实施修复，修复水沟50.39立方米，花池7.82立方米，涵洞169.38立方米，路缘95.26立方米，围墙7.21立方米。投资129.62万元。

【国道隧道改造工程】 8—12月，县公路分中心组织对国道356、534、省道217线石门格隧道、梓溪隧道、中华岭隧道进行提质升级改造，规范隧道标志牌，完善机电设施，增强进出口防护设施。市永达公路勘察设计有限公设计，县鹏程公路有限责任公司施工，县公路分中心监理。工程共投资81.44万元。

【农村公路安全生命防护工程建设】 9—12月，县交通运输局组织对青大线、德大线、纵纵线、文均线、郭翰线、东上线、武纵线等7条，全长11千米，实施农村公路安全生命防护工程建设，完成防撞护栏19米，波形护栏472米，反光镜11面，安全警告标志16块，猫眼道钉1.09万个，路面标线2.21万平方米。投资165.3万元。

【国道桥梁加固改造】 11—12月，县公路分中心组织对国道356线长溪二桥、国道534线铭溪二桥危桥加固改造。市永达设计公司设计，三明盛达公路有限责任公司施工，公路养护分中心监理。总投资290万元。

【莆炎高速公路（大田段）工程续建】 2020年，莆炎高速公路（大田段）工程项目续建，梅山璞溪至广平西园31.08千米，除广平文笔山隧道外，奇韬互通房建机电外的土建路面、交安、绿化、机电工程基本完成。完成路基填方318.02万立方米、挖方361.76万立方米，涵洞通道64道，桥梁桩基712根、墩柱339根，隧道掘进2.27万米，防护工程8.65万立方米。投资20.9亿元，累计完成投资37.42亿元。

【国道纵五线德州至溪柏林段工程续建】 2020年，国道纵五线梅山德州至均溪溪柏林段工程续建。完成路基挖方20.1万立方米、填方13.7万立方米，铺设路面14.1千米，完成桥梁桩基146根、墩柱111根、T梁完成660片、桥面护栏2297米，隧道开挖796米、二衬1584米。3月姜坑4号大桥、万银场隧道动工，8月高才2号中桥动工、通尾隧道完工，9月万银场隧道贯通后德州至溪柏林段全线隧道贯通。完成投资3.42亿元，累计投资12.55亿元。

【兴泉铁路（大田段）工程续建】 2020年，兴泉铁路（大田段）项目续建工程完成总工程量完成27.8%。中铁十七局承建桃源镇赤头坂将军架至桃源镇广汤村4标段11.72千米，完成工程量29%，其中完成路基30%、桥梁0.54%、隧道23%。完成投资1.32亿元。中铁隧道局承建桃源镇广汤村至华兴镇华安村第5标段33.27千米，完成工程量19.7%，其中完成桥梁26.4%、隧道13%（路基100%），完成投资2.32亿元。中铁十八局承建华兴镇华安村至屏山乡内山

村、济阳乡大儒村至大嵊村第6标段15.29千米，完成工程量31%，其中完成路基19%，桥梁12%，隧道9%。完成投资2亿元。中铁二十四局承建的大田、小湖车站，完成工程量54.07%。完成投资4045万元。其中，大田站完成工程量42.83%。完成投资4073.08万元，小湖站完成工程量48.65%，完成投资2098.33万元。土地征迁工作主线征用土地完成1公顷；小湖红湖新村市政道路、饮水、电力等工程建设有序推进，高陡边坡治理工程完成65%，安置房用地交付建设。大田车站三电迁改、坟墓迁移全部完成，站前广场已开工建设，牵引变电站线路建设基本完成。土地征迁完成投资0.45亿元。铁路工程项目完成投资投资6.26亿元，占总投资10.5%。

交通运输

【概况】 2020年，全县营业性货车（含危货）2718辆、4.23万吨位。全年完成货运量1441.19万吨，周转量14.47亿吨公里。营业性客车163辆（含旅游、出租车）、3336座，平均日发客车231班次、运送乘客2149人次，全年完成客运量78.45万人次，周转量0.44亿人公里。营业性公交班车47辆，全年完成客运量490万人次。至年底，省内跨地（市）线路10条，市内跨县（市）区线路10条，县内线路18条，学生周末班车线路8条，城区公交客运线路13条。年内，湖美仁东，太华万湖候车亭续建完工投入使用，闽通大田公交公司5台电动车快充电桩建设完成。

【春运组织工作】 1月10日至2月18日，县交通运输部门按照“平安春运、便捷春运、温馨春运、诚信春运、绿色春运”指导原则，抓好春运组织工作，合理调控运力，采取长短客运经营，多班、双班、包车和卸载分流相结合抓好客运业务。春运40天，组织客车109辆，发车3178班次，安全运送旅客1.23万人次（不含县内短途客运），完成周转量12万人公里。发送客车班次、运送旅客、完成客运周转量比上年度减少67%、55%、53%。

【新冠疫情交通影响】 1月26日至2月16日，受新冠肺炎疫情防控影响，全县交通运输中断317辆运营客车（客运班车、出租车、公交车、微公交车、旅游车）和36辆网约车和9家快递企业全部暂停营业。造成闽通大田公司直接经济损失334.26万元（客运班车205万元，微公交车100万元，公交车29.26万元）。2月17日恢复运营。

【机动车驾驶员考训培训资质许可】 10月，县交通运输局依照交通行业标准JT/T433-2004《机动车驾训机构条件》对永兴达机动车驾驶员考训培训有限公司进行准入资质审核，经审核符合三级普通机动车驾驶员培训资质，准予许可三级普通驾训。

【纯电动新能源出租车投入营运】 11月，闽通大田公司购置20辆纯电动新能源小型客车，采取公车承包模式，经营县内出租车客运。投资206万元，企业和社会融资比分别60%、40%。

【充电桩建设】 12月，闽通大田公司与大田金山加气有限责任公司合资在大田汽车站一层后车库，新建120千瓦一体双充直流充电桩5台。项目投资31.68万元，双方投资比分别51%、49%。

【县汽车站迁建二期工程续建】 12月，位于均溪镇温镇村兴田路边“井美”，汽车站迁建二期A宗块职工安置房和商品房建设项目续建工程，职工安置房和商品房大楼主体、外墙完工，进入场地硬化基础设施建设阶段。完成投资8000万元。

【汽车修理厂备案】 2020年，县运输发展中心按照国务院《关于取消一批行政许可等事项的决定》（国发〔2018〕28号）文，有福建闽通长运股份有限公司大田分公司、宝荣汽车修理有限公司、俊杰车业有限责任公司、鼎鑫汽车修理厂、三星汽车运输站石牌修理厂、周永汽车修理厂、圣辉轿车养护中心 速捷汽车服务中心、广平镇恒众汽车维修中心、李松涛油泵维修服务部、永周轮胎店等11家机动车维修企业经营备案。

【物流有限公司资质审核】 2020年，县交通运输局依照《道路货物运输及站场管理规定》，对弘尚、宸韬、鹏城、腾睿、毓秀、嘉通、龙通、盛腾、宏通、锦飞、周永、源通、乐顺、辅友、京丰等15家物流公司经营资质进行审核，准予经营普通货运。

表 4

2020 年大田县客运班线一览表

线别	序号	营运班线	里程（千米）	客车（辆）
县内	1	大田—广平东景	80	1
	2	大田—广平丰庄	82	1
	3	大田—广平万筹	77	1
	4	大田—桃源	51	4
	5	大田—梅山	50	5
	6	大田—梅山秀岭	48	1
	7	大田—上京	32	5
	8	大田—奇韬	64	3
	9	大田—广平	75	10
	10	大田—太华魁城	36	1
	11	大田—桃源东风农场	60	1
	12	大田—武陵	26	2
	13	大田—济阳	46	2
	14	大田—谢洋	30	1
	15	大田—屏山	23	2
	16	大田—湖美	24	3
	17	大田—太华大合	51	1
	18	万宅村—栋仁村	12	1
市内跨县（市）区	1	大田—永安（高速）	87	6
	2	大田—沙县（高速）	150	1
	3	大田—沙县（县道 732、省道 304）	125	2
	4	大田—尤溪	114	1
	5	大田—三明	105	10
	6	大田—三明（经奇韬）	150	1
	7	建设—永安	107	2
	8	梅山—沙县（乡道 076、县道 723、省道 308）	150	1
	9	上京—永安	55	1
	10	桃源—永安	44	2
省内跨地（市）	1	大田—泉州（高速）	141	3
	2	大田—福州（高速）	297	4
	3	大田—石狮（高速）	164	5
	4	大田—厦门（高速）	223	5
	5	大田—漳州	248	1
	6	大田—龙岩	218	1
	7	大田—晋江（高速）	154	1
	8	大田—安溪	132	1
	9	大田—莆田（高速）	230	1
	10	建设—厦门枋湖	298	1
合计				95

交通管理

【概况】 2020 年，全县营业性客运企业 2 家，客车 163 辆（含旅游、出租车），公交客车 47 辆。道路运输证持证率、年审合格率 100%；客运驾驶员从业资格证办证 26 人，办证率 100%；乘务员从业资格证办证率 99%。营业性货车 2718 辆，年审合格率 70.6%。普通货运质量信用考核 66 家，其中 AA 级 42 家、A 级 17 家，B 级 7 家，货运汽车驾驶员从业资格证办证 173 人（危货

66人）、办证率96.6%。汽车维修经营业户21家，其中二类2家、三类19家。维修质量信誉考核21家，其中AAA级2家、AA级16家、A级3家。机动车综合性能检测站2家。机动车驾驶员培训企业5家，其中二类1家、三类4家，驾培质量信誉考核达到AA级4家（当年新增1家免考核）。教练车196辆，其中小型汽车181辆、摩托车15辆。教练员240人，其中理论教练员35人、实际操作教练205人。培训机动车驾驶员5255人，其中小型汽车3584人、摩托车1671人。

【新冠病毒疫情防控】 1月27日至2月21日，县交通综合执法大队配合县公安交警、卫生防疫部门和当地乡（镇）政府，在桃源、上京、石牌、吴山4个高速路口和广平东景、吴山石门格、桃源分水格3个市际普通公路路口设卡，开展新冠病毒疫情防控，每天24小时，对进入县辖区的各类车辆、人员进行检查登记，引导司乘人员进行体温检测，防控期间，共出动检查人员31人次，发放疫情防控宣传材料687份，检查登记车辆2.88万车次，其中客车331辆；查处涉嫌非法营运5起，做到“疫情防控”和“打非治违”工作两手抓两不误。

【安全生产隐患排查整治】 3—12月，县交通运输局着力防范化解重大风险，突出行业重点领域、重点企业、重点部位开展安全生产隐患整治行动。整治期间，共出动执法人员1539人次，检查企业经营场所421家次，发现隐患145条、整改145条。

【车辆超限超载治理】 5月，县交通综合执法大队与县公安交警大队联合开展货运车辆超限超载治理行动。采取固定设卡、机动巡逻、联勤轮班、昼夜值勤，严密布控国省干线公路超限超载易发路段，严查货车超限超载、非法改装、货物扬撒等各类交通违法行为。整治期间，开展联勤治超行动37次，签订治超责任状81份，查处超限运输车辆54起，对非法改装车辆32起送移公安交警处理，卸载超限货物2677.43吨。

【公路路域环境查处】 2020年，县交通综合执法大队与生态环境局、林业局、市场监管局等部门联合开展公路路域环境整治行动，重点对设置非公路标志、随意占用公路、公路用地堆放物品及种植作物、滴洒漏等污染公路等违法行为进行整治。整治期间，开展路域环境整治行动11次，清理占道种植123处、边坡种植（油茶、竹子）180处，占道堆物21处，拆除非公路标志78面，检查桥涵10处，查处违章建筑1起，处理违法案件27起。

【车辆超限检测治理】 2020年，石牌超限运输检测站共出动执法人员3747人次，检测车辆19.02万辆次，查获超限车辆207辆次，卸载货物3533.52吨，检测和查处超限车辆居全市首位，立案率、结案率均100%。

【交通公安联合治超】 2020年，县交通执法与公安交警部门共同实施新型联合治超，由公安交管部门负责指挥引导车辆和实施行政处罚，交通执法部门负责货车超限检测认定和监督消除违法行为，共同打击超限运输。全年公安交警、交通执法联合执法行动471次，检查车辆19.02万辆次，查获违章超限车辆207辆次，卸载货物3533.52吨。

（林加兴）

邮政

【概况】 2020年，中国邮政集团有限公司福建省大田县分公司（简称“县邮政分公司”）业务总收入3879万元，同比上升4.1%。公司内设办公室、市场部、寄递部、金融中心、渠道中心、集传中心6个部门。报纸订阅469.08万份、杂志订阅26.62万份，出口函件11.65万件、进口函件39.08万件，出口包件15.09万件、进口包件89.86万件。全县邮政代理金融网点10个，邮政支局所23个（3个在村级）。城乡邮路59条，总长1785.65千米。

【抗疫助农邮政服务】 2—3月，县邮政分公司在抗疫期间重点抓电商扶贫工作，开展“线上线下”营销宣传，无偿为解决农产品滞销问题助力，帮助种植养殖户5家，销售老鸭、雷笋、百合花、橙子等2.1万元。提供“助农·为农·惠农”的邮政服务，华兴果园送来感谢信一封。

【捐赠“爱心月饼”倡议活动】 9月，县分邮政公司在中秋节前夕结合“思乡月”项目，续写“爱心亮点”，与县慈善总会联合开展向贫困户捐赠“爱心月饼”倡议活动。乡村两级及有关企事业单位给挂点扶贫户捐赠食用油、月饼等物品1151份，价值14.3万元。

【电商节活动开展】 11月28日至12月3日，县邮政分公司与县商务局联合组织“大田县2020硒望之田农产品线上线下展销暨邮政邮乐购电商节”活动，助力县农产品销售，6万多人次参与。

【社区邮局建设】 12月，县邮政分公司分别在“碧桂园天玺”小区、均溪镇温镇村、牡丹新村小区三处设立社区邮局，包裹代投自提、方便社区居民取件寄件，提升投递效率，降低投递成本。

【政务图书销售】 2020年，县邮政分公司销售《习近平在厦门》《习近平在宁德》526套，销售《习近平在福州》《习近平关于统筹疫情防控和经济社会发展重要论述选编》各6267套。

【邮烟合作试点】 2020年，县邮政分公司与县烟草公司在建设邮政支局进行惠农助农合作试点，功能区集合邮烟渠道惠农产品展示销售，开展快递代收代投，生日礼仪兑换，金融积分兑换、大客户接待等。

（郑园园）

通信

【概况】 2020年，大田县通信企业有中国电信大田分公司、中国移动通信大田分公司、中国联合网络通信有限公司大田分公司。全年营业收入2.65亿元。

【中国电信大田分公司】 2020年，中国电信大田分公司电信业务收入6588万元，全县265个行政村开通光宽带100%，城区全光网区域达100%。拥有固话4.02万部，天翼7.98万户，宽带5.73万户；光缆6842皮长公里，杆路4764杆程公里；天翼4G基站496个、5G基站50个，信号覆盖率99.99%，通话村265个，通话面100%；营业网点33个。当年，分公司获中国电信福建公司2020年职工之家公众号运营竞赛工会优秀运营单位，网络运行维护竞赛优等奖，获市对县绩效考核二等奖。公司连续24年实现“三无”（无通信责任事故、刑事案件、治安案件）工作目标。

【中国移动通信大田分公司】 2020年，移动通信大田分公司，通过岗位练兵、市场竞赛等方式，加快企业转型步伐，取得较好成绩。全年运营收入1.51亿元，收入份额66.9%，全市第一。全县移动客户20万余户，占全县通信用户67.7%。当年，5G站点开通37个，基本实现主要城区道路的连续覆盖；新增宽带小区52个，端口数2035个，补点扩容端口数9042个，总端口数11.23万个，宽带的覆盖率95%以上，端口达到58%；快速开通专线215条。当年，上桃网格、广奇网格分别获“集团级优秀网格”“质量达标 和格行动”主题实践活动十大“示范”网格称号；移动支部获评“中国移动福建公司三明分公司党委2019—2020年度先进基层党组织”“最佳（党建和创）党支部”，“岩鹰部落”获移动通信集团福建有限公司卓越班组称号；陈连捷获2019—2020年度中国移动通信集团福建有限公司党委“优秀共产党员”称号，林兴诗获三明市创建青年文明号“优秀号长”称号。

【中国联通有限公司大田分公司】 2020年，中国联合网络通信有限公司大田分公司（简称“联通大田分公司”），全年完成业务收入4761万元，比上年增长2%。全县联通基站 375个，联通3G/4G用户3.82万户，5G用户7347户。优质的网络服务、客户服务使企业的核心竞争力得到加强，为改善大田投资环境、促进经济发展提供通信保障。

【新冠疫情防控】 2月，春节期间疫情突如其来，电信大田分公司把“智慧音箱”安装到桃源镇、武陵乡、华兴镇、奇韬镇、吴山镇等多个乡镇，打通新冠防疫最后一公里，用“硬核”技术展现疫情防控的基层力量。在全国疫情防控的关键时期，在“不集中、不面对面”的情况下，电信大田分公司借天翼云会议打造抗疫沟通利器。天翼云会议注册简单、使用方便，在用户的工作圈形成非常好的口碑。

【防控抗疫攻坚活动】 2—3月，移动通信大田分公司组织11支党员自愿服务队，参与67次防控疫情攻坚活动，入户摸排返田人员162户，签订承诺书25份，发放宣传单2355份，引导劝返未戴口罩人员1273人次，为辖区群众筑牢疫情防控安全防线。网络部成立青年突击队，立足本职岗位，抓好区域通信保障，确保疫情特殊时期内工业区等区域通信畅通，助力企业复产复工。主动对京口工业区、石牌小汤泉工业区、电商园等重要区域基站进行梳理，及时排障，确保复工企业通信顺畅。到已复工企业进行通信信号测试，优化网络覆盖，同时对专线、集团宽带进行检测，确保复工企业正常办公，累计进行网络优化15次，测试专线及集宽23条。组织突击队员防疫志愿者随队进企业入社区，协助复工企业进行防疫检查和劝导，累计参与20人次。

【“云课堂”助学】 3月，电信大田分公司通过云专线与校园三大系统进行互联互通，保证学校系统访问通畅、安全，联合玄武盾云安全厂家，在学校数字校园系统部署玄武盾云安全，通过县公安局网络安全的测评，有效处理原有的人脸识别系统、资产管理系统、后勤管理系统存在的各种安全隐患问题。当年，电信大田分公司响应教育部门“停课不停学”需求，为一中、鸿图中学80名教师、1357名学生提供“云课堂”在线教学服务，实现远程授课，学生们在家也能听老师讲课，保证师生健康安全，不耽误教学进度。

【“县长带你买好货”通信保障】 5月，由省农业农村厅主办，通过多媒体智慧系统智能化应用，完成学校、智慧校园、平安校园信息化建设。省广播影视集团融媒体资讯中心承办的“县长带你买好货”网络直播活动在屏山乡内洋村和华兴镇杞溪村同步直播。电信大田分公司组织网络部人员到两个直播现场进行勘察测试、安装、上电、跳纤，于当天完成基站信号开通，下行速率远超直播要求，现场通信保障任务完成。

【“国际茶日”大田站通信稳定】 5月，首个“国际茶日”福建省系列活动启动仪式在屏山乡举行，开启网络直播活动。电信大田分公司网络全程传送的直播现场视频信号流畅稳定，通信畅通，运行稳定，达到预期效果，县农业农村局发来感谢信表示感谢。

【5G基站二期建设完成】 7月，电信大田分公司完成5G基站二期建设任务，站点开通入网39个（102个AAU），实现大田城区5G信号全覆盖。

【高考防无线干扰客保障】 7月，移动通信大田分公司多举措将无线干扰影响高考降到最低，高考期间无发生无线干扰事件。发布公告，沟通协同，网络优化调整，通过新增2个、调整2个抗干扰能力强的FDD站点来覆盖干扰影响区域。

【5G站点建设】 8月，移动通信大田分公司通过准确规划、高效协同、组织到位等多方面措施，确保5G站点施工顺利，到货的4套设备仅在一天内全部完成安装，天面位置均优于竞对。规划初期，设计、工程建设、铁塔公司人员逐一到达现场，确保规划设计的准确，避免后续配套整改、工程安装出现问题。调动一切可用资源，公司领导、客户经理、铁塔公司加强站点的协调工作。网格长参与到5G工程建设中，督促各项配套施工、及时完成路由跳纤、转供电改造，为后期施工进度提供有力保障。

【通信保障助力乡村旅游发展】 9月19日，移动通信大田分公司早准备重落实，吴山阳春“赛秋节”准时开幕。提前与乡镇政府、村委联系沟通，确定活动时间、场地等细节；提前现场勘查，预测活动当天通信峰值，新建临时站点，确保主活动场所通信畅通；对其他区域通过通信应急保障车进行补充。通信保障工作有效落实，提升移动通信服务感知，保障活动进行和通信畅通，得到主办方和游客的一致好评。

【5G正式商用】 10月，联通大田分公司新建5G基站45个，正式开通。同时，作为全省2个5G关键技术“边缘云计算”的试点单位，主动配合相关产商做好“边缘云”的布局及产业应用试点，各项指标均达到预期要求。

【2020年居安工程建设】 12月，移动通信大田分公司通过前期沟通、洽谈、方案设定、现场营装，在隆美、小华村共安装近3000个摄像头，完成2020年居安工程建设项目，得到县公安局及当地领导肯定。

【消费扶贫】 2020年，电信大田分公司开展消费扶贫，参与消费定点对口扶贫产品和省公司定点扶贫村产品2.5万元。

【爱心捐款】 2020年，电信大田分公司组织员工为困难员工捐款1.2万余元，为员工家属大病捐款9000余元，22名党员为新冠疫情防控捐款2050元。

【网络升级改造】 2020年，联通大田分公司推进2G网络向4G网络的升级改造，最后一批94个2G基站全部关停退网。通过自建或共建共享方式，新建4G基站41个。

（陈晓燕 章留玲 郭秀明 陈向民）

商业贸易

□编辑 潘 梅

商务工作

【概况】 2020年，县商务局围绕“五比五晒”竞赛活动、“项目攻坚年”、高质量发展落实赶超目标的要求，坚持稳中求进工作总基调，各项经济指标发展稳中向好，主要指标增速好于预期，呈现“内外贸齐头并进、各领域协同发展”的良好态势。全县社会消费品零售总额54.57亿元，新增限额以上企业25家和限上大个体46户，退出47家，共106家，其中批发企业32家、零售企业35家、住宿餐饮企业39家。全县城乡集市贸易市场总面积5.07万平方米，全年交易额4.89亿元，同比增长3.38%。商务指标在市“五比五晒”活动中获得招商引资、实际利用外资2项第一。

【城乡集市贸易】 2020年，城区有满田春市场、岩城新市场（好多多超市、农贸市场各占一半）2个市场，总面积1.2万平方米，新增凤山综合楼小市场257平方米、63个摊位，商贸中心市场2600平方米基本处于闲置状态。在城区白岩山南路（中段）、雪山南路（农行附近）、南山路（中段）桥头、桥山路1号临街、福田大道原纺织厂路口设5个农产品临时交易点，公园门口至鸿图中学路口设早市，宝山路司法局至民政局设果蔬批发早市。城区市场全年交易额2.14亿元，同比增长2.88%。济阳、梅山、华兴、建设（临时）、武陵、文江、前坪、太华、石牌、奇韬、湖美、屏山、吴山、上京、桃源（临时）15个乡镇建有农贸市场，总面积3.87万平方米，全年交易额2.75亿元，同比增长3%。满田春市场占地面积为7045.56平方米，实用面积5794.34平方米，市场分为干货区和鲜货区2个区域，全年交易额1.99亿元，同比上年增长0.51%。岩城新市场经营面积6229.88平方米，其中南侧为三明好多多超市，经营面积约3500平方米。北侧升级改造为农贸市场，经营面积约3114.54平方米，设固定店面18间、摊位150个，主要经营肉类、蔬菜、粮食、水果等行业，全年交易额376万元。位于县白岩山公园左侧地下商城的白岩商城面积约2300平方米，店面130间、经营户122户，均是原岩城新市场提升改造的搬迁户，全年交易额1055万元。

【国有企业管理】 2020年，县商业总公司职工21人，营业收入392.72万元，上缴税费64.53万元，利润61.72万元。食品公司职工25人，营业收入94万元，上缴税费1万元，利润47万元。饮服公司职工14人，营业收入188万元，上缴税费31万元，利润155万元。县市场服务中心干部职工4人、协管员8人，联防队队员9人，下辖满田春市场、岩城新市场、白岩商城3个市场，全年收入179.01万元，支出209.91万元。当年，县商业总公司（合并县饮食服务公司）、县食品公司整体划转入大田县国有资产投资经营有限责任公司。5月，县商务局下属的县市场服务中心划归为县住建局下属城管局管理。

【副食品基地建设】 2020年，全县省级副食品调控基地5个，分别为大田县昌荣畜牧有限公司、大田县昌裕畜牧有限公司2个生猪基地，福建省创辉农业开发有限公司（新增）、大田县米桶山禽业有限公司2个蛋禽基地，以及大田县桃源镇无公害蔬菜基地1个。福建省创辉农业开发有限公司被省商务厅列入省级重点副食调控基地。

【商务执法】 2020年，县商务执法大队对80家企业开展安全隐患检查，发现一般安全隐患15项，整改15项，联合相关部门对商贸企业、电商企业、成品油25家企业开展“双随机”（随机抽取检查对象、随机选派执法检查人员检查）检查工作。通过微信、横幅、LED显示屏等方式开展法律、诚信体系建设、安全生产、电信诈骗等宣传活动。

【外资利用】 2020年，全县实际利用外资2728万元，设立张庆泉福建茶叶有限公司、福建广建环保科技有限公司等9家外资企业；新批落地开工外资项目，大田县广建环保科技矿业与工业固体废弃物资源化再利用项目；新签约外资项目，大田县光纤通信无源产品生产项目，意向合同3500万元。

【外贸出口】 2020年，全县新增福建尧顺发体育用品有限公司、福建偌达药业有限公司等9家外贸出口企业，备案在册的外贸企业77家。

【电子商务发展】 2020年，全县新增电商企业42家。至年底，电商企业281家、网店1万余家，从业人员达1万多人，全年完成电子商务交易额16.16亿元、网络交易额6.53亿元，同比分别增长12%、10%；建成电商产业园、县级电商公共服务中心、电商孵化基地、电商物流集散中心。县商务局“搭平台强主体·带动稳定创业就业”典型做法被列入商务部电子商务进农村培训参考案例，被省商务厅评为“全闽乐购”促销费活动优秀组织奖。均溪镇被阿里研究院评为2020年度“淘宝镇”，福塘村被评为2020年度“淘宝村”。

【石油经营】 2020年，全县在营加油站有39座，其中中石化森美（福建）石油有限公司三明分公司大田加油站10座、高速石化有限公司大田加油站［原中石化（森美）高速加油站重组］4座、中国石油天然气股份有限公司大田加油站9座和民营加油站16座。当年新增英龙加油站（新汽车站旁）和翠岩贸易华兴加油站（华兴转盘处）2座。年度油源充沛、国际油价平稳，未出现市场紧张现象，全年加油站销售汽油2.08万吨、柴油2.30万吨，销售总额2.97亿元。

【直播带货系列活动开展】 2020年，受疫情影响，直播带货成为网络销售“新宠”，电商企业纷纷入驻抖音、淘宝、拼多多等直播平台，通过小视频和直播获得更多流量，增加销售量。5月，成功举办“县长带你买好货”网络直播活动；8月，参加首届“乐购三明”直播节活动；9月，参加“庆丰收·迎国庆”商务局长直播活动；11月，举办大田县2020硒望之田农产品线上线下展销活动。领导化身主播，宣传推介大田好物好景，为县优质农特产品代言，让产品更直观地展示在消费者面前，拓宽销售渠道，增加销量。

【“9·8”投洽会项目对接】 9月8—11日，县委、县政府组团赴厦门国际会展中心参加第二十二届中国国际投资贸易洽谈会，对接洽谈项目20个，其中，外资项目4个、内资项目16个，总投资27.98亿元。拟利用外资4762万美元，涉及文旅康养、服务业、通信技术等领域。

（林凤洁　廖生铖　叶五二　魏威　陈荣耿）

供销合作

【概况】 2020年，大田县供销合作社联合社（简称县供销社），下辖4个基层中心社和县供销贸易总公司、农业生产资料公司、县龙得宝农资有限公司（股份制）、县兴社物业服务有限公司4家直属企业，经营网点127个。全年商品购进总额36.4亿元，比上年增长36.89%，商品销售总额47.71亿元，同比增长38.57%，实现利润1331.17万元，同比增长51.97%。

【抗疫情保供应】 2020年，县供销社开展“抗疫情、保供应、稳物价、惠民生”行动。加强农资调运，采用微信、电话预定，送货到田间地头等无接触配送方式优化服务，有序推进春耕备供和“三夏”农资供应工作，确保全县农业生产不受疫情影响；全系统各经营服务网点克服疫情影响，不断货、不涨价，保障生活必需品供应。

【社有资产管理】 2020年，县供销社出台资产租赁、重点事项审批与备案等制度，完善内部管理，规范企业“三重一大”（重大决策、重要人事任免、重要项目安排和大额度资金的使用）、资产租赁、资金管理等程序，确保社有资产不流失；出台社有资产清理整顿具体工作方案，制定社有资产租赁办法，开展社有资产清理整顿，催收历年欠缴房租2万多元，并对长期占用不缴租金、不签订合同又不交房的5户住户启动法律诉讼程序清理腾退。

【基层社建设】 2020年，县供销社实施培育壮大工程，成立吴山镇吴山村村级供销社。实施《大田县供销社复制推广全国供销合作社综合改革试点经验工作方案》，打造“中村”模式新型供销合作社。领办、创办农民专业合作社12家，共建城乡社区综合服务社15个。在武陵、谢洋、济阳等6个基层社建设“惠农服务中心”，进行经营网点信息化改造，实现“惠农服务中心”乡镇全覆盖。大田桃源供销社被总社评为基层社示范社，对梅山供销社进行中华全国供销合作总社基层社标杆社提升改造。开办奇韬镇土地托管及农业社会化服务中心，开展农资、农机销售、农机综合维修以及进行土地托管业务签约服务。

【农村电商发展】 2020年，县供销社依托电商福建明恒电子商务（农易购）服务平台，在乡镇设立电子商务信息服务站18个，整合社有企业、基层社服务网点和农民专业合作社、农村综合服务社等资源，构建供销农村电商综合服务网，形成网上交易、仓储物流、终端配送一体化经营。通过“互联网+专业合作社+农户”方式，提供充足的优质货源，将大田特色农产品推向全国各地，全年农产品网上交易1250万元。

【烟花爆竹经营管理】 2020年，县供销社加强烟花爆竹安全经营管理，全县设烟花爆竹配送中心1个、经营网点48个，其中城区8个、乡镇40个，从业人员96人。与县公安局、应急局、市场监督管理局等部门联合执法，打击查处违规营运、假冒伪劣烟花爆竹，查扣烟花爆竹580件，实现烟花爆竹规范、安全、有序经营和管理。全年销售烟花爆竹180万元，实现利润30万元，上缴税收9万元。

【农资储备与服务】 2020年，县供销社农资储备2.81万吨，其中碳铵1.01万吨、磷肥7608吨、各种复合肥4199吨、尿素2283吨，钾肥1915吨、有机肥2030吨、储备农膜725吨、农药170.8吨，适时投放市场，维持农资市场价格平稳，确保农资供应不受疫情影响。开展稻田、茶园、果园、烟田半托管农机作业、无人机农药喷洒作业和病虫害防治，全年完成机耕作业、无人机农药喷洒作业各2.5万多公顷。

【农村人居环境整治参与】 2020年，县供销社推动经营网点店容店貌整洁行动，参与农业生产废弃物资源化利用、农村生活垃圾治理、农业绿色生产以及村容村貌提升行动，推进再生资源企业向农村环保行业转型。全年建成再生资源回收点22个，其中县级回收点6个、乡镇7个、村级9个，覆盖9%以上的行政村，回收农田残膜1350吨、废弃包装物80吨。

（颜琼洲）

专卖专营

【概况】 2020年，全县烟草、民爆物品、食盐等商品仍实行专卖经营。大田县烟草专卖局、三明市烟草公司大田分公司（分别简称县烟草局、县烟草分公司）合署办公，一套人马、两块牌子，履行全县烟草专卖管理、执法和卷烟、烟叶经营管理职能；当年，被县委县政府评为“2020年度大田县地方财政贡献大户企业”和“2020年度平安单位”。大田县永丰民爆器材专卖有限公司（简称永丰民爆专卖公司）加强企业管理，为工农业生产建设，特别是重点工程建设供应所需民爆物品，抓好企业安全生产标准化和对标管理、增收节支工作，确保国有资产保值增值。福建省盐业公司三明分公司大田支公司（简称县盐务局）负责辖区内食用碘盐、多品种盐、小工业用盐、农牧渔业用盐及其他用盐的供应工作，隶属于三明盐业公司。

【烟草专卖】 2020年，县烟草局坚持以烟叶市场需求为导向，落实烟叶生产各项工作措施。因遭受冰雹、根茎病害等自然灾害的影响，全县最终收购烟叶1430吨，完成计划合同量的91.08%；上等烟比例78.47%，其中4C烟叶比例40.62%；烟农户均售烟收入10万元，同比上年增长20.92%；实现烟叶税930.6万元，同比增长2.11%。县烟草专卖局围绕“总量控制、稍紧平衡、增速合理、贵在持续”十六字方针，推进市场化取向改革，做稳卷烟市场，夯实网建基础。全年实现销量1.2万箱，基本与上年持平；销售额3.67亿元，同比增长6.07%，卷烟条均价122.26元。市场状态保持良好，社会库存明显下降，稍紧平衡成为常态，零售户经营信心提振。年底，全县经营卷烟持证（烟草专卖零售许可证）户1870户，与2019年持平。

【民爆物品经营】 2020年，县永丰民爆专卖公司总资产2440.76万元，比上年增长3.69%；净资产2074.87万元，同比增长2.93%。全年销售工业炸药5057.52吨，同比下降10.99%；工业雷管399.4万发，同比下降7.61%；实现销售收入7485.48万元，同比增长1.03%；利税总额1379.45万元，同比下降7.98%。

【盐业专营】 2020年，县盐务局食盐供应网点36个，其中，城区6个（超市直供点3个），农村30个。全年销售各种盐928..32吨，比上年下降7.41%。其中，小包装口食碘盐810吨，同比下降3.87%；大包装盐（小工业用盐、食品加工用盐）118.32吨，同比下降26.05%。

【卷烟烟叶违法查处】 2020年，县烟草局依据《中华人民共和国烟草专卖法》《中华人民共和国烟草专卖法实施条例》《烟草专卖许可证管理办法》等烟草专卖法律法规履职尽责、依法行政、文明执法、规范服务。全年查办各类违法案件84起，其中5万元以上案件5起，共查获违法卷烟7773.8条，烟丝4.02吨，烟叶0.88吨，总价值260余万元，追究刑事责任13人、逮捕20人，罚没款4.75万元。

【食盐法律法规宣传】 2020年，县盐务局围绕工作目标，到社区、乡镇，走访食盐经销点、加工用盐户、消费者，开展现场咨询和国家盐业管理法律法规、非食用盐、假冒食盐危害群众健康等宣传教育，宣传18场次，发放告知书1000余份。

（林如馨 陈华贡 连期炽）

粮食和物资储备流通

【概况】 2020年，大田县粮食和物资储备局（简称县粮储局）履行粮食宏观调控与市场监管和服务职能，落实新冠肺炎疫情期间粮油市场稳价保供措施，维护粮油市场物价稳定、供应充足。县粮食购销公司代管各类应急储备物资，县地方储备粮库安全储存储备粮1.16万吨（稻谷）、大米360吨、储备油70吨，新增优质稻谷动态储备1400吨，国有粮食企业实现净利润29.16万元。固定资产原值8941.71万元（其中粮食企业1766.07万元），比上年增加6.33万元；粮食企业流动资产5578.44万元，同比增长25.75%。

【粮油产品确保供应】 1月26日，县粮储局针对疫情期间出现抢购大米的苗头和粮油价格将上涨的谣言，及时对各粮食供应网点排队购买粮油的消费者进行劝解。分2组每日到城区各骨干粮店调查粮油商品特别是大米的供应情况，提出落实粮油库存数量、保证市场供应的要求。在县有线电视和融媒体中心发布粮油产品库存情况，敦促广大居民合理采购，理性消费。2月9—16日，各粮油应急供应网点在交通管制期间加大粮油产品采购力度，发放运输粮油物资通告证19张，调动粮油物资420吨；1—6月，向省外采购大米1890吨、稻谷182吨、食油137吨，确保县粮油产品的正常供应。

【订单粮食收购】 6月，县发改局、财政局将4620吨的订单粮食收购任务分解到梅山等9个乡镇。县粮储局根据周边县市的粮食收购价格，结合大田县粮食市场的实际，制订合理的订单粮食收购价格。当年产国标中等晚籼稻收购价格为135元/50公斤。直接补贴标准保持12元/50公斤。县地方储备粮库收购订单粮食，收购晚谷1048吨。

【县级储备粮轮换】 6月，根据3年轮换周期要求，县地方储备库委托有资质的粮油检测机构对4620吨到期轮换粮进行质量检验，全部符合陈粮质量标准，委托“中国·闽赣网上粮食市场”竞价交易系统采用现场及互联网终端竞价的交易方式成功竞价销售。12月，通过订单粮食收购晚谷1048吨，网上公开采购晚谷3572吨，轮换储备粮食4620吨及时补库到位。

【粮食和物资储备宣传】 8月，县粮食局在县粮油储备库设点进行“健康饮食、科学消费”等科普知识现场咨询活动，悬挂宣传条幅20条，发放宣传单及册子300多份。到大田县福满仓米业有限公司等粮企宣传科普知识，促进科技与生产对接，提升粮企竞争力。10月，县粮储局联合农业农村局、教育局、科技局、妇联等部门在第40个世界粮食日开展以“齐成长、同繁荣、共持续，行动造就未来”“端牢中国饭碗·共筑全球粮安”为主题的宣传活动，向市民宣传爱粮节粮知识和“12325”全国粮食流通监管热线，发放宣传单及册子50多份，倡导市民从我做起，从小处做起，养成良好爱粮节粮习惯，杜绝“舌尖上的浪费”。

（张加泰）

个体私营商业

【概况】 2020年，县市场监督

管理局登记窗口对标审批最少、流程最优、体制最顺、机制最活、效率最高、服务最好的“六最”营商环境活动要求，持续推进市场主体登记便利化，当年，新登记的个体商业户和私营商业企业4.08万户，注册资金31亿元。其中，私营商业515户，注册资金17.78亿；个体商业4.03万户，注册资金13.22亿元。全县个体商业户和私营商业企业8.45万户，同比上年增长218.87%；注册资金116.27亿元，同比增长42.4%。

【批发零售业】 2020年，新登记企业批发零售业391家，注册资金8.86亿元；个体批发零售业3.97家，注册资金12.87亿元。全县个体私营批发零售业5.98万家，注册资金78.62亿元。其中，企业批发零售业1519家，注册资金56.73亿元；个体批发零售业5.83万家。

【住宿餐饮业】 2020年，新登记个体私营住宿和餐饮业544户，注册资金4187.58万元。全县个私住宿和餐饮业2336家，同比增长11.82%；注册资金2.77亿元，同比增长47.65%。其中，企业住宿餐饮业39家，注册资金1.52亿元；个体住宿餐饮业2297户，注册资金1.26亿元。

【药市情况】 2020年，全县有药品生产企业1家，批发企业1家，药品经营企业44家（零售连锁企业9家、单体药店35家），医疗器械经营企业56家（从事二类、三类医疗器械经营企业分别有52家、11家）。

（张秀莹　陈德薪）

房地产

【概况】 2020年，县住建局以落实宏观政策为重点，坚持“房子是用来住的，不是用来炒的”定位，加强商品房预售监管，引导开发企业合理定价和居民理性消费，加大保障性安居工程管理力度，促使房地产市场良性健康发展。

【房地产开发】 2020年，全县完成房地产开发投资12.61亿元，同比增长4.47%；房屋施工面积71.73万平方米，同比下降32.8%；竣工面17.88万平方米，同比增长5.72%；商品房销售面积27.71平方米，同比增长27.75%，销售额23.35亿元，同比增长70.56%；房地产期末从业人员1194人，同比增长12.54%，从业人员工资月平均工资4305.87元，同比下降6.16%。

【保障性住房建设】 2020年，县住建局续建保障性安居建设工程，改造闽通公司大田分公司综合楼项目（二期），建设套数12套（货币补偿8套、产权置换4套），主体工程已完工，并交房分配入住；改造原汽车站片区项目245套（货币补偿100套）安置房，仍处于建设阶段，9月，已完成安置房选房分配工作；改造原燃料公司棚户32户安置房（货币补偿14套、产权置换18套），安置房工程已完工；改造福塘桥头和火电厂片区项目，建设套数50套，分配给安置户自行建设，建成率100%，入住率50%。

【房地产登记管理】 2020年，全县完成商品房预售许可26宗、面积38.1万平方米，其中住宅2877套、面积31.7万平方米；商品房销售面积27.71万平方米，其中住宅2521套、面积25.27万平方米；存量房网签备案1146宗、面积16.46万平方米，住宅备案944套、面积11.4万平方米；住宅专项维修资金归集金额555.71万元，累计归集金额6377.33万元；房屋租赁备案106宗，面积1.98万平方米。

【住房公积金】 2020年，全县住房公积金进一步拓宽住房公积金归集覆盖面，为方便自由职业者缴存公积金，分别在建行和工行开设住房公积金自由职业者自愿缴存账户，当年新增缴存公积金自由职业者1900多人。为摆脱新冠疫情影响，缓解房地产企业资金困难和公积金缴存职工的购房资金需求，大田公积金管理部加强与房地产交易部门、商品房开发企业和委托银行的沟通，做好贷款发放。当年，为5693人、3877贷款户办理“逐月冲还贷”业务。当年缴存公积金3.37亿元，同比上年增9.12%；累计缴存总额24.19亿元，期末余额8.18亿元，比年初减少141万元。发放公积金贷款（含公转商贴息贷款1.65亿元）4.2亿元，历年累计发放公积金贷款23亿元，期末贷款余额15.02亿元，个贷率183.65%，居全市第一，比上年增长22.64%；累计为9539户职工办理购房贷款。

（廖士幸　陈进端）

财政工作

【概况】 2020年，县财政部门加强财源培植培育收入征管，统筹新冠肺炎疫情防控和经济社会发展，为新时代多彩大田建设提供坚实的财力保障。全县一般公共预算总收入11.47亿元，比上年增长3.78%。全县地方公共财政预算收入7.56亿元，同比增长4.8%，上级补助收入15.26亿元、债务转贷收入3.27亿元、政府性基金调入7.91亿元、国有资本经营预算调入234万元、其他调入6742万元、动用稳定调节基金6299万元、上年结余1.22亿元，总财力36.54亿元；全县一般公共预算支出30.05亿元，同比增长7.28%，体制上解支出4932万元，专项上解支出2134万元，债务还本支出3.86亿元，安排预算稳定调节基金2026万元，调出资金5714万元，结转下年支出1.16亿元。全县政府性基金预算收入10.81亿元，同比增长82.34%，省市补助9174万元，调入5714万元，上年结转5561万元，地方政府专项债务转贷收入2.06亿元，基金总收入14.91亿元；政府性基金预算支出6.41亿元，同比增长14.73%，政府性基金调出7.91亿元，债务还本支出1422万元，基金总支出14.16亿元。收支相抵，滚存结余4529万元。

2020年大田县财政收入情况表

表5

收入项目	决算数（万元）	比上年	
		增减额（万元）	增减幅度（%）
一、全县一般公共预算收入	75617	3469	4.81
1. 国内增值税	14986	-4643	-23.65
2. 改征增值税	8899	2319	35.24
3. 营业税	0	0	0
4. 企业所得税	7974	2450	44.35
5. 个人所得税	1259	-209	-14.24
6. 资源税	2794	-280	-9.11
7. 城市维护建设税	1896	-190	-9.11
8. 房产税	2601	1100	73.28
9. 印花税	726	133	22.43
10. 城镇土地使用税	635	-118	-15.67
11. 土地增值税	5609	2316	70.33
12. 车船税	846	55	6.95

续表 5

收入项目	决算数（万元）	比上年	
		增减额（万元）	增减幅度（%）
13. 耕地占用税	1161	154	15.29
14. 契税	3011	-127	-4.05
15. 烟叶税	931	20	2.20
16. 环境保护税	396	32	8.79
17. 其他税收	348	276	383.33
18. 专项收入（含教育费附加、残疾人就业保障金收入、提取的教育农田水利金、森林植被恢复费、水利建设专项收入、其他专项收入）	5485	126	2.35
19. 行政事业性收费收入	2559	382	17.55
20. 罚没收入	8748	1017	13.15
21. 国有资源（资产）有偿使用收入	4262	-755	-15.05
22. 政府住房基金收入	212	-727	-77.42
23. 其他收入	279	138	97.87
二、政府性基金预算收入	108062	48716	82.09
三、上划中央收入	39087	713	1.86

2020 年大田县财政支出情况表

表 6

支出项目	决算数（万元）	比上年	
		增减额（万元）	增减幅度（%）
一、一般公共预算支出	300492	20384	7.28
1. 一般公共服务支出	24544	3089	14.40
2. 国防支出	497	144	40.79
3. 公共安全支出	13690	2973	27.74
4. 教育支出	84916	3288	4.03
5. 科学技术支出	604	35	6.15
6. 文化旅游体育与传媒支出	6395	1453	29.40
7. 社会保障和就业支出	31206	7481	31.53
8. 卫生健康支出	23620	10401	78.68
9. 节能环保支出	14877	2176	17.13
10. 城乡社区支出	19804	-1275	-6.05
11. 农林水支出	35576	1059	3.07
12. 交通运输支出	13635	-15414	-53.06
13. 资源勘探工业信息等支出	1074	-1976	-64.79
14. 商业服务业等事务支出	3167	1865	143.24
15. 金融支出	34	34	100.00
16. 自然资源海洋气象等支出	12459	6578	111.85

续表 6

支出项目	决算数（万元）	比上年	
		增减额（万元）	增减幅度（%）
17. 住房保障支出	1284	-2290	-64.07
18. 粮油物资储备支出	473	42	9.74
19. 灾害防治及应急管理支出	3205	214	7.15
20. 债务付息支出	8387	444	5.59
21. 债务发行费用支出	38	15	65.22
22. 其他支出	1007	48	5.01
二、政府性基金预算支出	64096	8231	14.73
合计	364588	28615	8.52

【社会经济发展保障】 2020年，县财政保障重点项目建设，多渠道筹集资金，保障商住用地征迁攻坚会战资金需求；推进城区市政道路建设和兴泉铁路客运站站前路及站前广场等重点交通项目建设，拓展城市空间架构；实施闽江流域生态保护修复，争创全省山水林田湖草项目精品示范工程。落实积极财政政策，根据省、市、县出台企业稳增长促转型的有关优惠政策，及时拨付各项奖励补助资金，用好县企业应急转贷基金，促使实体经济良性发展，为中小微企业以及个体工商户承租国有资产类经营性用房减免租金597万元，降低企业运营成本。对县属国有企业产业相近、行业相关、主业相同的同类资产和业务，采取划转、合并、重组等，将23家整合重组为9家，使企业做强做优做大；完成国有企业退休人员社会化管理移交。

【财政增长推进】 2020年，县财政围绕“收入目标、存在问题、工作措施、工作责任”四张清单，做好税收与非税收入的分析、研判，将任务明细分解挂包到局各分管领导、股室，逐项分月抓好跟踪落实，确保各项收入任务的完成。策划税源性项目运作，盘活国有闲置、低原值资产，引进总部经济等，确保财政收入正增长。理顺节点抓收入，阅研上级相关财税政策，吃透政策用好政策，破除政策解读和理解障碍，加大力度争取资金、政策和信息。做好协税护税工作，落实县政府财源培植、增加财政收入的16条措施，与各牵头部门对接沟通，了解掌握收入进展情况，提出应对可能影响因素的措施，确保各项措施落到实处。

【民生事业发展保障】 2020年，县财政落实新冠肺炎疫情防控措施，筹集资金专项用于疫情防控设施设备、应急物资储备等；做好支持企业复工复产稳就业工作，保障疫情期间困难群众基本生活。加大“三农”支出，支持精准脱贫攻坚，当年安排各类扶贫资金6778万元，扶持产业发展、基础设施、民生事业等；推进乡村振兴战略，重点支持省级乡村振兴试点村。提升社会保障水平，实行城乡低保标准一体化，提高城乡低保标准；落实各项政策，发放义务兵优待金、重点优抚对象抚恤金和生活补助、重点优抚对象临时价格补贴；提高困难残疾人生活补贴和重度残疾人护理补贴标准并建立动态调整机制。加大医疗卫生投入，县级财政全年安排县级公立医院预算补助资金1662万元，用于购置医疗设备、贷款贴息、人才培养、重点专科建设、承担公共卫生服务任务等项目；基层医疗卫生机构基本公共卫生服务经费按上年常住人口每人65元安排。落实义务教育“两免一补”（免除中小学生学杂费、贫困家庭学生教科书本费和补助寄宿生生活费）政策；完善基础教育正向激励机制，及时兑现各项奖励性资金。

【财政资金管理加强】 2020年，县财政用好管好直达资金，统筹中央直达资金和自有财力，科学安排财政支出，加快资金拨付使用，发挥直达资金对“六保”特别是保就业、保基本民生、保市场主体的重要作用。进一步深化国库集中支付改革，完善预算单位财政授权支付运行机制，加强支付行为的监控管理；将所有预算单位的所有财政性资金全面纳入国库集中支付管理；逐步将专项资金、转移支付资金纳入国库集中支付范围，扩大国库集中支付改革资金的覆盖面。全面实施预算绩效管理，将绩效贯穿于预算编制、执行全过程，严格落实“花钱必问效、无效必问责”，完善财政绩效评价机制，出台预算收入及预算绩效管理考核办法，引导和规范第三方机构参与绩效管理。加强财政监督检查，开展会计信息质量检查，对福建兴田城市建设投资有限责任公司、大田县国有资产投资营运有限责任公司进行监督检查；开展财政扶贫资金使用管理专项检查、县级行政事业单位预决算公开存在问题整改情况检查和集中采购机构量化考核项目监督检查；进行疫情防控和经济社会发展有关政策落实情况自查。

（郑占泉）

税收工作

【概况】 2020年，大田县税务局发挥税收职能作用，围绕“六稳”“六保”，推进新冠肺炎疫情防控和服务经济发展各项工作，向党员发出投身抗疫倡议，组织“疫情防控·党员先行”活动，全局干部抗疫捐款2.88万余元，参与联防联控志愿服务290余人次。当年，县税务局通过省级文明单位复评。局干部撰写的论文《福建省宏观税负水平差异分析测算与影响机制探究》，获国家税务总局优秀税收科研成果评比二等奖；在全省税务系统获得二、三等奖论文各1篇。参与撰写的税收分析报告《税收数据看复工复产动态监测简报》，得到省长唐登杰批示肯定；2篇分析专报分别获市委书记林兴禄和市长余红胜批示。

【税费收入】 2020年，全县组织各项收入15.4亿元，比上年增收2748万元，增长1.8%。其中，税收收入9.87亿元（含免抵调库2150万元），同比增收5723万元，增长6.2%，增速居全市第四位；社会保险费收入4.73亿元，同比减收3831万元，下降7.5%；非税收入3453万元，同比减收283万元，下降7.6%；其他收入4530万元，同比增收1139万元，增长33.6%。组织县级收入5.65亿元，同比增收3173万元，增长5.9%。其中，税收收入5.41亿元，同比增收3312万元，增长6.5%；非税收入2413万元，同比减收139万元，下降5.4%。

【税费管征】 2020年，县税务局制定权责清单，全面推行行政执法公示、执法全过程记录、重大执法决定法制审核“三项制度”，持续进行“双随机、一公开”（随机抽取检查对象、选派执法人员，检查结果向社会公开）监管，执行税务行政处罚裁量权基准和适用规则，推送6批疑点数据核查；开展疫情防控税费优惠政策落实自查。征收855辆机动车车辆购置税（汽车787辆，摩托车68辆），入库1048.84万元，同比减收339.36万元，下降32.35%，减免车购税44.07万元；做好2户重点保障物资生产企业增值税增量留抵税额核实退还工作；加强增值税发票管理，异地核查增值税专用发票43份。做好出口货物退税管理，评定29户出口企业管理类别，其中二类5户、三类22户、四类2户。生产企业出口退（免）税业务全部无纸化申报，申报率100%，受理申报销售额377万美元，折合人民币2569万元；审核审批免抵退税额298万元，审核审批应退税额91万元，免抵税额207万元。企业所得税汇算清缴2985户，汇算面100%，补缴企业所得税5873.64万元。开展579个单位1.23万人个人所得税综合所得汇算，其中申报退税7116人，申请退税金额245.22万元。调整县城镇土地使用税征收范围、税额标准及存量房交易计税价格，抓好社保和非税收入征缴，水利建设基金等非税收入征收职责平稳划转。加强行业税收管征，跟踪煤炭、机砖行业和商贸企业税收管理，巩固行业治理的成果；开展部分行业税收专项整治，指导液化气行业1户、医药行业纳税人39户税收自查，发现有问题10户，补缴税款25万余元。与县矿业服务中心协作，定期取得全县各种矿产品流通的数量信息，将数据下发各税源管理分局，比对相关纳税人的申报数据，发现申报数量与实际交易数据不符的，通知相关纳税人整改及反馈，从源头上加强税源管理，堵塞漏洞。跟踪欠税纳税人的资产处置，与市中级人民法院、县法院协作配合进行欠税清理7户次，追缴欠税1040万元。开展水泥、铸造行业和商贸企业的税收风险调查。协查增值税专票110份，涉税金额1304.95万元，自然人异议申诉93户次。

【纳税服务】 2020年，县税务局以“战疫情促发展服务全面小康”为主题，第7年开展“便民办税春风行动”，推进“互联网+”办税缴费服务，依托电子税务局、手机App、自助办税终端，提高涉税事项网上办理覆盖面，拓展多元化办税缴费渠道；推行195项“非接触式”办税缴费服务，其中176项“全程网上办”，网上申报率97%，发票线上和自助申领户次比例高于90%；开展反向预约服务支持企业复工复产，8个分局分别成立纳税服务团队，每个税收管理员建立税企微信群，24小时全天候在线解答复工复产纳税人提出的问题。加强纳税信用管理，评定纳税信用等级3586户，其中A级194户、B级1125户、M级1535户、C级20户、D级712户。实行A、B级纳税人办税容缺受理，连续三年评定为A级的31户企业，推行“网上申领发票免费邮寄配送”服务。配合县信用办做好行政许可公示及行政处罚公示信息推送，其中，行政处罚信息（一般处罚）42条，行政许可（增值税发票最高开票限额）公示信息559条；并深化“银税互动”，帮助企业解决融资难题。做好税收宣传，举办纳税人学堂4期，参加500多人；以“减税费优服务　助复产促发展”为主题开展税收宣传活动，让各项税收政策到户，全年发放相关宣传册2000多份，为1000多户小微企业提供税收政策咨询。

【疫情防控】　2020年，县税务局落实新冠肺炎疫情防控工作党委领导、全员落实责任体系，建立防控机制，向党员发倡议书，组织开展“疫情防控·党员先行”活动，全体党员干部抗疫爱心捐款28835元，参与联防联控志愿服务290余人次，实现办公办税场所和工作人员“零感染”。

【税费改革推进】　2020年，县税务局推进税费改革政策落实。完成新修订的个人所得税法实施后全县首次个人所得税综合所得年度汇算；开展非税收入征管职责划转，接收5项非税收入划转；实施《中华人民共和国资源税法》，以“绿色税收体系”促进生态文明建设；做好增值税专用发票电子化试点前期工作，12月21日起接收试点地区的电子专票。

【减税降费政策落实】　2020年，县税务局落实新冠肺炎疫情防控7批28项减税降费政策和税费优惠政策，以“名单式”管理、“网课式”辅导、“网格式”跟踪，确保政策红利直达市场主体。全年新增减税降费1.19亿余元，其中，当年出台支持疫情防控和经济社会发展税费优惠政策减税降费9991.85万元；上年出台的政策在当年翘尾减税降费1932.82万元。

（练福平）

城乡建设

□编辑 潘 梅

城市建设

【概况】 2020年，县住建局以完善基础设施为重点，强化公共服务配套建设，全县城市污水和垃圾处理率分别达95%和100%，绿化覆盖率42.73%，人均道路面积10.11平方米，人均公园绿地面积14.73平方米。

【市政设施建设和维护】 2020年，县住建局对城市道路、人行道、护栏等设施进行日常巡查维护，完成道路修复750平方米，人行道修复900平方米，维修路面护栏430米，更换井盖67块，除线1300平方米及施划标志标线1.15万平方米，增设道路标志牌52块，修复破损污水井15座，清理污水井58座，暗沟清淤430米。

【城市美化亮化】 2020年，县住建局对城区的绿化植物、绿地、绿化带及时进行全面修剪、施肥、除草、病虫害防治，对枯死苗木进行补植，修剪行道树4000多株、地被9万多平方米、草坪5万多平方米，更新补植苗木8万多株，其中对苏区公园绿地补植8000多平方米。对城市夜景工程进行日常维护，全年更换护栏管680套、洗墙灯1009套、投光灯294套、线条灯303套、点光源2728颗、开关电源194个、控制器6台、空气开关32个、电缆723米、定时器13个。

【巷道改造及污水管网建设】 2020年，县住建局实施建山小区、锦绣福田小区、福裕名城周边（福田路124—150号）及福田路203—217号路段的巷道及雨污管网改造项目，硬化路面3650平方米，铺设雨污水管550米，投资约200万元。完成屏山溪（老厝片区）、大道山、龙宝新村雨污水管网建设项目，建设长度2200米，投资570万元。

【市政工程改造】 2020年，县住建局完成老煤厂后山边坡治理，投入约170万元；县一中背后（原活畜市场）边坡治理，投入约65万元；彩虹桥除锈加固改造，投入约50万元；白岩公园台阶维修加固，投入约260万元。

【老旧小区改造】 2020年，县住建局实施建山小区、牡丹新村、公安局宿舍楼等老旧小区改造工程，总投资650万元。当年完成建山小区及公安宿舍楼主体施工，完成牡丹新村小区改造80%工程量。

（廖士幸）

城市管理

【概况】 2020年，县城市管理综合执法局（简称县城管局）推进背街小巷整治，改善民生，推进停车难、如厕难、农贸市场整治难、背街小巷通行难、小区物业管理难等城市管理“五难”治理，依法行政、文明执法，坚持推进城市管理“721”（70%的问题用服务手段解决，20%的问题用管理手段解决，10%的问题用执法手段解决）工作方法，全年发出整改文书296份，立案查办案件数103件，行政罚款211.98万元，其中查处规划建房行政处罚30件、弃土（撒漏）行政处罚15件、市容和环卫行政处罚58件（简易处罚5件）。

【城市容貌整治】 2020年，县城管局出动3000多人次开展背街小巷整治，拆除乱搭乱建鸡鸭窝、猪圈、雨棚、杂物间等2765处，清理乱堆乱放杂物、建筑垃圾3886车，疏导沿街巷口和人行道占道经营摊点4000余摊，完成露天烧烤占道经营反复回潮、油烟污染环境、噪声扰民等问题整治100余起，拆除擅自设置广告招牌380块，清理主次干道广告横幅100余条、“牛皮癣”广告3万余张、乱喷涂1000余处。

【宣传工作开展】 2020年，县城管局印发防疫、创城及市容市貌攻坚战宣传材料9万多份，设置各类文明宣传牌300块；撰写图文宣传报道，发表在微信、微博、美篇、公众号82篇。

【扬尘监管及治理】 2020年，县城管局加强施工扬尘监管及道路扬尘治理，办理工程渣土准运手续46次，发放准运证154份，处理有关弃土举报21件；查处渣土违章23起，行政处罚15起，处罚8050元；处理运输车辆轻微撒落87起，责令施工单位整改33起。

【路灯维护】 2020年，县城管局对城区23条主次干道、居民小区、健身绿道、石牌镇和华兴镇街道等计1.19万盏路灯开展日常维护，路灯亮灯率98%以上，完成1.05万盏照明路灯（LED灯）节能改造任务。

【“两违”综合治理】 2020年，县城管局通过宣传、巡查防控、两违联审、严厉打击等举措，对新增违法占地、违法建设“两违”行为“露头就打、出土就拆”，实行零容忍，有效管控违法建设行为，全年及时发现并制止违建200余起（含福塘村、温镇村、郭村等），实现新增“两违”零增长。

（廖士幸）

村镇建设

【概况】 2020年，县住建局以“助力乡村振兴”为目标，围绕农村生活垃圾治理、农村生活污水处理、“厕所革命”、农村裸房整治、美丽乡村建设、传统村落保护等系列项目开展工作，提升乡村人居环境。

【农村生活垃圾治理】 2020年，县住建局继续建立完善农村生活垃圾转运系统，全年转运农村生活垃圾4.2万吨，整改完成简易填埋场2个、焖烧炉8个。完成建设镇建国村、桃源镇东坂村、吴山镇张坑村的农村生活垃圾干湿分类试点工作，购买垃圾桶355个、LED广告3块，投入75万元。利用LED显示屏滚动播放宣传标语每周3次，制作宣传横幅7条，发放宣传单750张。

【农村生活污水处理】 2020年，县住建局完成16个乡镇生活污水处理设施的进出水口水质、水量在线监测设备安装；修复完善桃源、上京、屏山、建设、奇韬、文江、梅山、武陵8个乡镇污水处理设施。

【农村“厕所革命”】 2020年，县住建局根据“厕所革命”三年行动工作计划，继续完成乡镇、村庄新建（改造）公厕任务40座（乡镇自筹9座），投入约300万元，获省级资金补助133万元；实现水冲式公厕266个行政村全覆盖（含村部、学校等）；落实农村公厕“一长两员”（公厕长、管理员、保洁员）、制度上墙272座。

【农村裸房整治】 2020年，县住建局全面推进农村裸房整治试点，以桃源、吴山2个乡镇作为试点，其他每个乡镇选择1个非集镇所在地的村作试点。全年完成裸房整治1060户，投资2755万元；完成祖房众房整治409座，投资1218.98万元。

【房屋安全隐患排查整治】 2020年，县住建局开展农村房屋安全隐患排查整治，对全县18个乡镇组织地毯式、全覆盖的拉网排查，并由县级技术服务人员深入乡（镇）、村进行技术指导服务，出动人员128人次，排查房屋9.36万栋（城市房屋8800栋、农村房屋8.48万栋）；重点排查“六大”类型房屋总数346栋，新增重大安全隐患房屋44栋（封房24栋、加固7栋、拆除13栋），均已完成整治。

【美丽乡村建设】 2020年，县住建局完成266个村庄房前屋后环境整治，完成率100%。建设完成每个乡镇镇区建成1条整洁有序“示范街”18条，创建美丽乡村特色景观带2条，即屏山吴山济阳景观带和上京太华建设景观带。综合整治高速公路、高铁沿线环境12处，面积7900余平方米，其中吴山2处、320平方米，石牌镇5处、6000余平方米，上京镇2处、530平方米，桃源镇3处、1050平方米。

【传统村落保护】 2020年，吴山镇张坑村、桃源镇东坂村被列入2020年重点改善提升“十镇百村”项目，分别投入800万元、650万元，完成保护规划编制和传统村落改善提升项目实施。

（廖士幸）

科学技术研究与开发

【概况】 2020 年，大田县科学技术局（简称县科技局）组织实施县级科技项目 7 项，其中，科技项目经费、科技特派员工作经费、高新技术企业认定奖励、企业研发经费投入分段补助奖励、鼓励创业、产学研项目各 1 项，其他类 1 项。下达科技经费 180 万元。

2020 年大田县科技项目情况表

表 7　　单位：万元

序号	项目名称	类别	研究开发内容	承担单位	经费
2020-1	2020 年度县级科技项目经费	科技项目	用于组织实施 2020 年度县级科技计划项目，发挥科技项目带动作用，助力企业开展研发创新转型升级	大田县科学技术局	90
2020-2	高新技术企业认定奖励	政策建立	根据《中共大田县委、大田县人民政府关于深化科技体制改革加快创新体系建设的实施意见》要求，对获认定的高新技术企业进行奖励，激发企业创新活力	大田县县科学技术局	25
2020-3	企业研发经费投入分段补助奖励	政策建立	用以根据《福建省企业研发经费分段补助实施细则（修订）》要求，对获得研发费用分段补助的企业给予县级配套奖励	大田县科学技术局	15
2020-4	鼓励创新创业发展	创新创业	用以包括孵化器的运营管理费用（含水、电、网络、卫生、场租、人员）以及创业辅导、人员培训、推广宣传等服务费用，鼓励支持县初创企业和个人创新创业工作	大田县科学技术局	15
2020-5	产学研对接	产学研	为县企业与国内高校科研院所对接“产、学、研”合作，为提高科技创新能力、优化创新环境、提升产业竞争力等提供科技创新服务	大田县科学技术局	20
2020-6	县级科技特派员工作经费	科特派	用以根据《大田县人民政府办公室关于深入推进科技特派员制度的实施意见》，对县级科技特派员每年每人给予 0.5 万元的工作经费补助	大田县科学技术局	10
2020-7	科技统计	其他	作为开展企业研发经费（R&D）投入统计和高技术产业产值统计工作经费，以支持企业及时上报数据	大田县科学技术局	5
合计			—		180

【科技项目立项】 2020 年，县科技局组织申报市级以上科技项目 5 项，其中福建山瓜瓜农业发展有限公司的“布福娜（黑老虎）优良株系筛选及高效栽培技术示范推广”项目获省级科技特派员后补助项目立项，补助 26 万元，“八月瓜高效栽培技术示范与推广”项目获市级科技特派员后补助项目立项，补

助 10 万元；福建硅光通讯科技有限公司的“基于薄膜技术的可调光功率分路器的研究与开发”项目获市级科技特派员后补助项目立项，补助 8 万元。

【高新技术企业认定】 2020 年，福建宝山机械有限公司、福建卫斯特环保科技有限公司、福建省大田金门油压机制造有限公司、大田县茂林林业有限公司、三明市菲得美机械有限公司、三明华腾光电科技有限公司、福建清航装备科技有限公司 6 家企业被省科学技术厅认定为国家级高新技术企业。福建山瓜瓜农业发展有限公司、福建省大田金门油压机制造有限公司、大田县茂林林业有限公司、三明市菲得美机械有限公司、三明华腾光电科技有限公司 5 家企业入省级高新技术企业备案库。

【科技型中小企业认定】 2020 年，全县被省科学技术厅认定为国家科技型中小企业 11 家，分别是福建卫斯特环保科技有限公司、三明市康华塑料科技有限公司、福建大联新型材料发展有限公司、福建宝山机械有限公司、福建秦朝木业科技有限公司、福建硅光通讯科技有限公司、大田伊鑫新型材料有限公司、福建山瓜瓜农业发展有限公司、福建清航装备科技有限公司、大田县茂林林业有限公司、大田食无优农场。

（连光毅）

科技推广与普及

【概况】 2020 年，县科技局做好科学技术培训和科技知识宣传解读，举办各类技术培训班，组织人员到乡镇开展科技服务及宣传，受惠群众 3500 多人次。

【科技培训】 2020 年，全县举办各类技术培训 20 期，参加培训 600 多人（次）。其中，企业专利知识、高新技术企业及项目申报等专题培训 4 场、150 人次。

【科技下乡】 2020 年，县科技局组织科技人员 100 多人次，到上京、均溪等乡镇开展科技咨询、义诊、农林技术支持等服务活动，展出科普、防震减灾、节约水资源、果树栽培等宣传挂图 300 余幅；赠送和发放农业实用新技术丛书、科技惠企政策等科普手册、书籍 2400 多册，分发科普宣传材料 4000 多份，科普知识咨询现场服务 2500 多人次。

（连光毅）

专业技术队伍与科学技术成果

【概况】 2020 年，县科技局实施创新驱动发展战略，营造有利于创新创业创造良好发展环境，鼓励科技成果转移转化，企业科技成果获省级奖励 1 项。全县有各类专业技术人员 5854 人，占全县总人口的 1.77%，其中，高级职称 881 人、中级 2755 人、初级 2218 人。

2020 年大田县各类专业技术人员情况表

表 8 单位：人

类别	合计	职称		
		高级	中级	初级
农林牧渔技术人员	275	86	116	73
卫生和社会事业技术人员	774	153	234	387
教育专业人员	4383	591	2235	1557
文化、体育和娱乐专业人员	61	7	21	33
公共管理专业人员	63	10	16	37
其他专业人员	298	34	133	131
总计	5854	881	2755	2218

【科技特派员选认】 2020 年，全县选认省级科技特派员 28 人、市级 6 人、县级 39 人，选任团队科技特派员 3 个。

【科技成果获省级奖励】 2020 年，福建省大田县鑫城水泥工业有限公司参与的“铝型材厂污泥和铅锌尾矿高值化利用”项目获省科学技术进步一等奖。

（连光毅）

气　象

【**概况**】　2020年，县气象局坚持以“监测精密、预报精准、服务精细”为工作目标，发布预报预警信息，提供气象决策服务，降低气象灾害对社会经济的不利影响。当年，启动气象灾害应急响应17次、冰雹天气过程4次；发布预警信号394期，发布各类预报预警短信70万余条次；制作各类气象决策服务材料288期，农业气象专题54期（茶叶专题8期）；针对上半年强对流天气频发，开展人工防雹作业15次，发射人影火箭弹112枚。

【**气象现代化建设**】　10月14日，县气象局完成14套区域自动气象站设备的升级换代。全县累计完成17个区域自动气象站落地和升级改造建设。

【**“中国天然氧吧”创建**】　2020年，县气象局以创建“中国天然氧吧”为契机，响应“生态游、慢生活、深呼吸”生态资源发展理念，完善县负氧离子、雾霾能见度等环保、气象要素的监测体系建设，提高生态环境气象监测预警、服务水平，为打响“清新福建自然大田”“最氧大田，世外桃源”等旅游品牌提供气象保障。11月24日，大田县被中国气象局公共气象服务中心授予“中国天然氧吧”称号，是全省第四个“中国天然氧吧”县称号。

【**通风廊道规划完成**】　2020年，县气象局和县自然资源局合作完成《大田县城关通风廊道规划项目》，该项目在城市规划中引入气候规划，将风廊建设纳入城市空间规划设计，通盘考虑城市立体气候环境。是全省首个通过研究当地风与街道、建筑群布设等相互影响规律的规划，为今后城市规划提供参考，具有开创性意义。

（周培　吴昱珊）

教 育

□编辑 郑祥果

综述

【概况】 2020年，全县幼儿园(班)125个，在园幼儿1.53万人；小学89所（完小27所、教学点62个），在校生3.64万人；中学23所（高中1所、完中4所、初中14所、九年一贯制学校4所），在校生1.7万人；职业中专1所，在校生1839人；特殊教育学校1所，在校生182人。全县共有留守儿童2365人，其中小学1410人、中学955人。全县教育系统干部职工5968人，其中，公办4459人，非公办1509人。公办教师中，研究生学历21人，大学本科2811人，专科1281人，中专303人，高中及以下43人；正高级职称4人，高级职称589人，中级职称2243人，初级职称1375人，未定级237人，其他11人。2020年，普通高等教育考试继续取得好成绩，全县本科上线1052人，上线率77.97%，居全市第二；杨欣以656分位居文史类全市第一、全省第十录取北京大学，张静娴理工类全县最高分674分录取中国人民大学，艺术类陈涛、严志焜录取中国美术学院。

【德育工作】 2020年，县教育局深入学习贯彻习近平总书记关于教育的重要论述，贯彻党的教育方针，落实立德树人根本任务，坚持把意识形态工作纳入德育工作重要内容，抓好各校课堂的管理，确保导向正确。明确各校支部书记为意识形态工作第一责任人，下发责任书51份，各学校党支部每月组织一次以上的集中学习，县教育系统机关委员会选送的8篇作品在市委教育工委“党员好故事书记好党课支部好案例一条好建议”评选中获奖。开展培育和践行社会主义核心价值观主题活动98场次，利用24字核心价值观上墙、国旗下讲话、校园广播站、板报橱窗、LED彩屏、主题班队会等阵地，做到全县各校社会主义核心价值观班班教室有，校园处处见，师生人人记。以“风展红旗如画”主题活动为载体，推动红色文化教育向纵深发展，厚植学生爱党、爱国、爱乡情怀。“学习强国”学习平台录用学生“爱国心·报国情·强国志”主题优秀征文60多篇。各学校宣讲红色大田故事260余场次，创作蕴含大田红色文化标志性元素和符号的文学、短视频、抖音作品80多个，县教育系统机关委员会获“小康生态茶·大田美人茶”故事宣讲比赛“优秀组织奖”。结合“6·1”《中华人民共和国禁毒法》实施纪念日、“6·3”虎门销烟纪念日和“6·26”国际禁毒日、“6·27”工程、“十百千万”工程组织各校开展内容丰富、形式多样的禁毒活动。各校开展“民法典”进校园宣传教育活动，六中、第三实小、五中、二中、建设中小、济阳学校等学校邀请专家、讲师开展民法典知识讲座，全县4000余名老师、5万多名学生聆听。县关工委到各校调研关心下一代工作，建立与留守儿童结对帮扶等工作机制，开展40余场专题报告会，发放“科技托起强国梦”5500册，开展专题读书活动30余场次。各学校、社区根据《2020—2021学年大田县家庭教育讲师团讲座菜单》进行“点菜”，局政教股组织家庭教育讲师团讲师到学校、社区开展宣讲活动，共举办70多场“家庭教育公益讲座”活动，听众1.36万人，县教育局制定《关于进一步推进家校共建工作实施方案》，在原有工作成效的基础上进一步加强家校共建工作。

【智育工作】 2020年，县教育局成立听课和巡课工作领导小组，组建队伍，健全“1+6”听课和巡课体系，对23所幼儿园、26所小学、

21所初中开展普查式听课和巡课视导，推动教学常规管理落到实处。在春季疫情防控期间，落实“停课不停研，停课不停训”要求，采用“线上与线下结合”培训新模式，共开展线上培训45场，线下培训60班次，参训人员分别为2313人次和3742人次。当年，37个名师工作室开展送教研训活动80场，参研教师2651人次；中学3个片际开展研训活动34场，参研教师1026人次；小学5个片际开展研训活动21场，参研教师985人次；幼教3个片际开展研训活动15场，参研教师408人次。当年市级立项课题结题21个，县级立项课题结题249个；8个省课题，7个市常规课题，9个市初中壮腰课题，3个新高考课题通过中期检查工作；8个省课题，11个市课题，302个县课题获得立项。实幼《幼儿园开放式户外体育活动有效开展的实践研究》，一中《高中地理微课程开发与应用》，五中《“十字教学法”的实践研究与运用》《无线电测向、定向越野》4个项目获市基础教育成果奖，其中实幼获一等奖。一中27名学生在全省高中五大学科竞赛获奖，5人获一等奖、10人获二等奖、12人获三等奖，金牌数位居全市第一、全省前列。50名中小学生优秀征文入编省《书香伴我行》《书香伴成长》作品集，居全省第一。114件师生作品在全国、省、市中华经典诵写讲大赛中获奖，其中，国赛获奖4件，陈敬之获小学组软笔一等奖、颜振涵获中学组软笔一等奖、颜建光获教师组软笔二等奖、范承锋获教师组硬笔三等奖；范承锋、邓招科获评“全国优秀指导教师”；省赛获奖9件（一等奖3件、二等奖2件、三等奖4件）；市赛获奖101件（一等奖20件、二等奖38件、三等奖43件）。

【体育工作】 2020年，县教育局以活动为载体，全方位、多角度加强学校体育工作，举办全县教育系统女教职工气排球联赛、全县中小学生篮球联赛、全县中小学生足球联赛，上京中小、城一小、上京中学 、实幼、城关幼儿园5（近视防控）所学校（园）获评2020年全国青少年校园足球特色学校、特色幼儿园。多措并举，统筹推进儿童青少年近视防控工作，成立大田县儿童青少年近视综合防控工作领导小组，出台《大田县推进全国儿童青少年近视防控改革试验区建设工作方案》，建立大田县总医院儿童青少年近视防控教育基地，80所学校和幼儿园开通企业微信，用于儿童青少年近视防控管理平台建设。

【教师队伍建设】 2020年，全县教师队伍建设持续推进，优质人才梯队不断壮大。委托三明学院定向培养中学公费师范生47人，公开招聘新任教师195人（紧缺急需专业教师27人）。小学组织语文、数学、英语、音乐等学科课堂教学比赛，86人次获奖；幼教组织案例评选活动，32人次获奖；6节课获省“一师一优课，一课一名师”评选活动省级“优课”，一中严志烨《硫的转化》被列为重点推广课例；11件作品获省级“优秀作业设计”奖，92件作品获市级“优秀作业设计”奖；各学科教研员指导教师参加省市各类赛事获奖50人次。全县有290个集体和个人获省市县表彰，其中，柯仁美等6人获评“省优秀教师”，李晓华获“省五一劳动奖章”，陈先华通过正高级教师评审，1人获评市名师，3人获评市名校长，5人获评“市教学能手”，5人获评“市师德标兵”，3个县级名师工作室入选第三批“三明市名师工作室”，41名教师被确认为县第一期学科带头人；第36个教师节期间，县委、县政府对教育系统集体记功1个（一中），集体嘉奖5个（六中、鸿图中学、石牌中学、城二小、实幼），个人记功6人（县教育局田剑锋、一中连青阳、陈美宽、教师进修学校林再生、五中陈长极、六中林晓华），一中颜建群等53名教师获县委、县政府嘉奖奖励。2020年，县认定教师资格240人，其中初中教师28人、小学教师154人、幼儿园教师58人；市认定高中教师资格35人、中职学校教师资格3人。

【教育投入保障】 2020年，县财政、发改、金融、教育等部门通力协作，当年争取省级专项资金3519万元，其中，校舍长效机制资金940万元，幼儿园建设资金1920万元，义务教育薄弱校资金569万元。在疫情冲击、经济下行的情况下，教育投入力度不减，全年教育支出8.41亿元，实施总投资2.3亿元教育补短板项目22个，第三实验小学、城关幼儿园赤岩分园、建设中心小学新校区等10个项目建成投入使用，新增学位7760个。投入421.6万元，对164个中考考场、20个高考考场空调安装实现全覆盖。投入近500万元用于第三实验小学、建设中小新校区信息化装备。

【办学体制改革】 2020年，县

教育局继续推进基础教育办学体制改革，在原有的“总校制”“总园制”办学改革基础上推进城乡“总校制”办学改革。学前教育共组建实验幼儿园、城关幼儿园2所总园，即“城关幼儿园+赤岩分园”，“实幼+第二实幼+玉山分园+京口分园”；义务教育共组建5所总校、含7所分校：“实小+第二实小+第三实小”“城二小+奇韬中小”“城三小+城南小学”“六中+华兴初中”“鸿图中学+屏山初中+谢洋初中”。通过强校带弱校，推进城乡教育帮扶，实现优质教育资源下沉，教学质量有效提升，改革成效得到市教育局充分肯定，大田县在全市总校制办学改革座谈会上作典型发言。

【扶贫助学工作】 2020年，县教育局全面落实教育扶贫政策，实现学前教育、义务教育、高中教育、中职教育、高等教育五个阶段全覆盖，当年累计发放各类扶贫专项资金1590.65万元，惠及学生11.24万人次。全年共接受社会团体、基金会、个人捐助35.8万元，受益学生151人。建立应急救助机制，从事业收入中提取3%—5%资金共130.13万元，对因病、因灾以及突发性事件导致生活困难的1.1万余名学生予以救助。开展建档立卡贫困家庭子女异地就学享受资助专项排查行动，共摸排73人次、发放助学金6.82万元，确保“一人不漏，一项不少”享受国家资助政策。春季新冠肺炎疫情防控期间，学生资助中心与县电信、移动、联通和广电等运营公司对接，为124名建档立卡贫困家庭学生免费安装宽带、送流量，确保“停课不停学”；启动“疫情防控期间生活困难”临时补助机制，为78名贫困生发放补助金1.56万元。县学生资助管理中心积极做好学生资助育人和宣传工作，向省级报道投稿67篇，被海峡导报录用3篇，教育局获评“省2020年度资助育人宣传工作优秀单位”。

【安全校园建设】 2020年，县教育局严格贯彻落实省市县关于新冠肺炎疫情防控工作的决策安排，挂校包干，联防联控，加强防疫教育、思政教育、专题教育，全面实施闭环管控，确保教育教学和疫情防控工作“两不误”。开通太华至魁城、梅山至龙口、梅山至西坑、铭溪至东景等4条学生周末班车线路，惠及3个乡镇5所学校500余名学生，学生乘坐2.36万人次，参与班车1606趟次，县财政补贴22.85万元。完善集中用餐陪餐制度，实现中小学、幼儿园食堂“互联网+明厨亮灶”覆盖率100%，学校食堂“一品一码”全过程追溯体系建设注册率、数据录入率均达99%以上。全县有115所学校分批次安装县地震预警信息发布终端系统，上京中学和广平中心小学建立防震减灾科普馆。县教育局摄制防溺水短片《夏日的诱惑》、防拐骗短片《为爱护航——千万别上陌生人的车》、防范校园欺凌短片《预防校园欺凌》等一系列安全教育视频，并在“平安三明”“大田融媒”等新媒体发表，累计阅读量10万人次以上。县教育局与县教师进修学校联合编写《防范电信诈骗宣传手册》和漫画宣传组图，作为全县中小学幼儿园安全教育校本教材以及进社区、进乡镇、进企业等宣传活动的宣传材料加以推广应用。创新开展校园安全工作典型经验，《平安校园建设，大田的范本来了！》《建设平安校园——家校携手 安全护学》等多篇文章在福建综合频道、《福建日报》、东南网、福建长安网、平安三明、《三明日报》等主流媒体报道。

【教育督导】 2020年，县教育督导部门根据教育事业发展规模，配备专职、兼职、特约三支督学队伍，实现各级各类学校挂牌督导全覆盖，建立健全具有本土特色教育督导体系，使教育督导成为推动教育改革发展的有力保障。不断创新挂牌督导方式，进一步深化大田“583”模式。继续推进“督学+”工作模式，坚持每月一期督导讲堂。以个人挂牌为主、交叉与联合督导为辅、城区学校聘请教师进修学校专家组团督导为特色，扎实开展经常性、专项性、综合性督导。责任督学扎实开展挂牌督导工作，人均听课45节，巡课25次，列席学校会议9次，开展各项问卷调查累计1.7万人次，电话访问1700余人次，做到督导8项任务全覆盖。开设“督导讲堂”11期、完成线上线下二级培训148人次，配合市级“两项督导”完成问卷调查5000余份，召开督导工作准备、布置、反馈会议33次。在每位督学完成每月督导报告基础上，督导评估中心撰写月督导总报告9份，遴选上送督导案例获市级二等奖2篇、三等奖1篇，获省级“义务教育管理标准化”优秀案例2篇，省教育督导优秀新闻1篇。开展幼儿办园行为督导评估，确定城关幼儿园办园行为督导评估为“优秀”等级；上京中心幼儿园、广平第三中心幼儿园、武陵中心幼儿园、建设第二中心幼儿园、太华第二中心幼儿园评估为“良好”等级。

【疫情防控停课不停学】 2020年，因新冠肺炎疫情防控，当年春季全县中小学、幼儿园延期开学。根据省、市疫情防控延期开学期间中小学"停课不停学"工作的指导意见，县教育局先后下发《关于做好疫情防控延期开学期间中小学教育教学管理工作的通知》《关于加强疫情防控延期开学期间中小学"停课不停学"工作的指导意见》等多个指导性文件，全力做好全县中小学"停课不停学"工作，确保延期开学期间学生居家学习生活健康、有序、有效。4月7日，高三年级返校复学；4月20日，九年级返校复学；5月11日，小学三至六年级、初中七八年级、高一高二年级返校复学；6月2日，小学一、二年级和幼儿园、特校返校复学。

【校外活动开展】 2020年，县青少年学生校外活动中心开设书法、美术、陶艺、民族管弦乐团等12类、43个课程项目共140个班次，招收学生1826人次，新增小腔戏、趣味实验室、洞箫等7个课程项目；县中小学生社会实践基地被确定为省级中小学生研学实践教育基地；第二集美学村、畲寨东坂、大仙峰•茶美人景区等6个研学旅行基地被确定为市级研学实践教育基地；第二集美学村、大仙峰•茶美人景区被评为市首批区域精品研学点。

【关爱计划实施】 6月，县教育局根据市 "雏燕"关爱行动和市教育局 "红烛暖心"关爱计划等有关文件精神，局印发《大田县教育局关于印发"红烛暖心"贫困留守儿童关爱计划工作方案的通知》（田教初〔2020〕51 号），全面启动贫困留守儿童关爱保护行动。

【连占斗入选语言文字专家库】 6月1日，县教育局干部连占斗经专家评审和会议研究，入选第一期福建省语言文字专家库，成为汉语文化推广类专家。

【"中国诗词大赛"选拔】 9月15日，第六季"中国诗词大赛"大田赛区选拔赛举行，5名教师和11名学生入围市级赛。

【"151"教育扶贫机制推广】 9月21日，县教育局召开全县中小学、幼儿、职专"151"困难学生资助机制培训会，推广"151"教育扶贫机制，即建立完善一生一档，覆盖学前教育、义务教育到普通高中教育、中职教育、普通高等教育五个阶段全覆盖，建立一个应急救助机制。

【消防安全现场推进会】 9月27日，县教育系统消防安全标准化管理试点现场推进会在城关幼儿园召开，县教育局、县消防救援大队及县各校负责消防安全工作管理人员计80余人参加。本次活动进一步规范消防安全标准化管理工作，推进学校消防安全标准化管理，按照"三自主两公开一承诺"方式，推动学校建立完善自评自查自改体系。

【"源昌杯"女教职工气排球联赛举办】 10月24日至11月1日，县教育系统"源昌杯"女教职工气排球联赛在县体育馆举行，全县中小学校37支代表队、400多名教师参加比赛，城二小、城一小、一中分获前三名。

【"雏燕"关爱行动工作联席会召开】 10月26日，县贫困留守儿童"雏燕"关爱行动工作联席会在县政府二楼会议室召开，县委常委、常务副县长陈剑生，县教育局党组书记、副局长涂建志，县公安局、民政局、司法局、团县委、妇联等联席会议成员单位分管领导，各乡（镇）分管领导参加。

【心理健康教育专题研训活动】 11月6日，县中小学心理健康教师"曼陀罗绘画心理辅导"专题研训活动在县教师进修学校举办，全县中小学专兼职教研员、心理教师近90人参加。

【禁毒防艾宣传进校园】 11月17日，团县委、县教育局、县公安局、县疾控中心、县禁毒办等多家单位共同开展"禁毒防艾健康生活，无毒青春"为主题的宣传活动，六中学生2300余人参加此次活动。

【"源昌杯"中小学生篮球、足球联赛举办】 11月20—29日，县教育局与文旅局联合举办"源昌杯"全县中小学生篮球联赛，59支代表队、600余名学生参加，广平中小、奇韬中小、实验小学获小学男子组前三名，广平中小、实验小学、城二小获小学女子组前三名，五中、石牌中学、六中获初中男子组前三名，六中、石牌中学、鸿图中学获初中女子组前三名，一中、五中、鸿图中学获高中男子组前三名，职专、五中、一中获高中女子组前三名。12月19—27日，举办足球联赛，37支代表队、580名运动员参赛，城一小、城三小、实小获小学男子组前三名，实小、城一小、城南小学获小学女子组前三名，六中、上京中学、五中获初中男子组前三名，五中、六中、鸿图中学获初中女子组前三名，职专、一中、五中获高中男子组前三名。

【防范邪教主题宣传日活动】 11月27日，市委政法委、市科协、市科技馆和县7个部门单位在均溪中心小学共同组织开展三明市“崇尚科学 远离病毒 防范邪教”主题宣传日暨科普大篷车“双汇双助”走基层活动。

【交通安全日主题教育活动】 12月2日，县“知危险会避险，安全文明出行”第九个全国交通安全日主题教育活动暨交通安全教育基地启动仪式在太华中心小学举行，副县长、公安局局长姜妍，太华镇党委书记陈建文，团县委、交通局、教育局、交警大队、三明高速交警上京中队等单位领导，学生、家长代表600余人参加活动。

【第八届中小学生围棋和中国象棋比赛举办】 12月4—6日，县第八届中小学生围棋和中国象棋赛在县青少年学生校外活动中心举行，全县28所中小学校代表队453名师生参加本次比赛。

【“铭记历史·锻铸师魂”师德教育宣讲】 12月5日，县教育局与集美大学诚毅学院联合开展“铭记历史·锻铸师魂”师德教育宣讲活动、集美大学诚毅学院、县教育局、县关工委和集美大学诚毅学院的31名辅导员、实小全体教师、“第二集美学村”部分志愿者参加。

【“风展红旗·如画三明”百人现场书画比赛】 12月26日，县青少年学生校外活动中心举办“风展红旗·如画三明”百人现场书法绘画比赛，200余名书法、绘画小选手同场竞技。

【素质教育督导评估】 12月21—25日，县政府教育督导室对文江中小、梅山中小、湖美中小、华兴中小、武陵中小及文江中学、梅山中学、湖美中学、武陵中学等9所学校开展新一轮实施素质教育督导评估工作，下发素质教育综合督导意见书9份，进一步规范学校办学行为，促进学校全面实施素质教育。

（章庆民）

学前教育

【概况】 2020年秋季，全县幼儿园（班）125所（个），在园幼儿1.53万人。全县有省级示范园1所，市级示范幼儿园7所，县级示范幼儿园20所（其中民办园3所）；普惠性幼儿园29所。学前三年幼儿入园率99.30%，幼儿在公办幼儿园就读率73.95%，在民办园幼儿人数3981人，其中在普惠性民办园就读人数3587人，普惠性学前教育资源覆盖率97.42%。各级示范性幼儿园在园幼儿比例66.20%。教职工1340人，其中公办教师433人、非公办907人。公办教师中大学本科218人、专科198人、中专17人，高级职称9人、中级98人、初级284人、未定级42人。当年，文江中心幼儿园被认定为“大田县示范幼儿园”，均溪温镇幼儿园、县城关幼儿园、太华中心幼儿园被认定为“三明市示范幼儿园”；认定乐迪、小京星、兴田幼儿园3所民办幼儿园为县普惠性民办幼儿园；认定伟才、小京星、兴田、乐迪、美迪等5所民办幼儿园为一级园；橄榄树幼儿园通过评估取得办学许可证，大森幼儿园、石牌盼盼幼儿园停止办园。

【线上教育教学指导】 年初，新冠肺炎疫情防控期间，全县各幼儿园通过推送防疫知识、亲子游戏、幼儿故事等资源开展线上育儿指导，指导家长在高质量亲子陪伴中引导幼儿关注疫情，学会感恩，敬畏自然，引导孩子养成良好习惯；指导幼儿学习科学作息，参与家务劳动，引导积极锻炼、快乐阅读。4—5月，学前教育5个片区共进行10场线上教研活动，参加380人次。

【片区招生听证】 4月10日，县教育局召开新建城关幼儿园、赤岩分园招生划片听证会，部分县人大代表、政协委员和均溪镇政府、城关派出所、各社区和学校代表参加。

【防控宣传月活动】 5月20日至6月20日，全县各幼儿园围绕“特殊时光，不一样的陪伴”开展防控系列宣传活动。通过班级微信群发送宣传资料、线上推送停课不停学课程和线上心理疏导等，让家长在特殊时期树立科学育儿理念，促进幼儿身心健康发展。

【深化学前教育改革】 10月，县教育局、财政局、人社局、住建局等7部门联合出台《大田县推进学前教育深化改革规范发展实施意见》（田教初〔2020〕194号），加快推进县学前教育普及普惠安全优质发展。

【常规管理指导】 11月，县教育局对全县公办幼儿园开展保育教育常规管理暨听课巡课指导，贯彻落实《大田县教育局落实听课和巡课工作实施方案（试行）》，加强课堂教学管理，帮助各园指导规范教育教学行为。

【教研活动】 2020年，县教育局开展全域性幼儿园开放活动4场次，片区教研活动14场次，1139人次参加片区各项活动。教研活动发挥省市级示范幼儿园的示范和辐射作用，通过园际交流合作、帮扶、带教、支教等形式开展丰富多彩的教研活动，促进保教工作水平的提升。

【名师工作室送教下乡】 2020年，县学前教育蔡茜名师工作室和郑碧华名师工作室成员分别到建设、桃源、文江、梅山、广平开展5次“音乐、语言”专题研训活动，15节活动课和5个专题讲座，名师工作室成员、各园教师等计260余人参加，助力乡镇幼儿园提升教育教学水平。

（张斌 吴春祥 潘丽清）

义务教育

【概况】 2020年，全县义务教育学校96所（点），在校生4.86万人。其中，小学89所（县直属小学7所，乡镇中心小学15所，村级完小5所，教学点62个），共933个教学班，在校生3.64万人，一年级新生6415人，毕业生4497人，适龄儿童入学率100%；初中22所（完中初中部4所，独立初中14所，九年一贯制学校初中部4所），在校生12171人，七年级招生4414人，九年级毕业生3456人。教职工3779人，其中，公办3247人、非公办532人。公办教师中，研究生学历6人、大学本科1876人、大专1057人、中专288人、高中及以下20人；高级职称318人，中级1800人，初级962人，未定级167人。

【城南小学纳入课外服务试点校】 5月，根据教育部、省教育厅、市教育局关于做好中小学生课后服务工作的指导意见，县教育局结合城区学校实际情况，将城南小学纳入课外服务试点校，开展学生自主阅读、完成作业、参与文体活动指导辅导等课后服务工作。

【英语口语信息技术考查】 6月18—19日，全县八年级3367名学生参加信息技术考查，九年级3918名学生参加理化生实验操作及英语口语考查。

【中招考试】 7月18—20日，全县举行中招考试。受新冠肺炎疫情影响，全市取消2020年初中毕业升学体育考试，考生体育与健康科目成绩按满分30分计入中招录取总分，等级评定为A。全县21所中学7040名考生在五中、六中、鸿图中学、一中4个考点考试，设考场235个，其中九年级考生3367人，设考场114个，八年级考生3673人，设考场121个。

【初中城区外来人员子女招生】 8月，县教育局完成城区外来人员（包括县乡镇及县外到城区务工、经商、购房、开办企业等各类人员）子女招生工作，以电脑分组、抽签录取的方式安排进城务工人员子女1162人到五中、六中、鸿图中学就读，其中外县户籍166人。

【县铭栋初级中学成立】 9月，原广平初级中学铭栋分校正式独立办学，校名为“大田县铭栋初级中学”，支部书记、校长涂振接。

【城区小学招生工作】 9月，县教育局完成城区各小学一年级新生招生工作。城区各校报名3410人，其中外来人员随迁子女（含县农村进城人员随迁子女）1766人。

【教改示范性中期绩效县级评估】 9月，县教育局根据省、市关于开展第二批省级义务教育教改示范性建设学校中期绩效评估的通知，组织专家成立评估组，对城关第二小学、城关第三小学和均溪中心小学开展义务教育教改示范性建设学校中期绩效县级评估工作。

【省级义务教育质量监测】 11月27日，省义务教育进行质量监测，全县12所小学和6所初中校被确定为省义务教育质量监测样本校，参测学生683人、校长17人、教师246人。

【市“乡村小规模标准化学校”确认】 12月，经市教育局专家组实地抽查、交叉评估认定，确认大田县奇韬文经小学等39所学校为“乡村小规模标准化学校”。

【义务教育标准化学校评估验收】 12月，经省教育厅组织专家审核和实地抽查，建设中心小学、奇韬中心小学、太华中心小学、吴山中心小学、大田二中、大田四中、文江中学、奇韬中学8所学校被省教育厅认定为“义务教育管理标准化学校”。

（张斌 苏世佳 吴春祥 林蓉 余孔值 郑联鸿 章选辉）

高中教育

【概况】2020年，全县有高中5所，其中独立高中1所，完中4所；高中在校生4885人，普通高中招生1753人，高中毕业生1442人；教职工610人，其中公办579人、非公办31人。公办教师中，研究生学历10人，大学本科539人，大专22人，中专4人，高中及以下4人；高级职称208人，中级252人，初级92人，未定级27人。7月，一中被教育部确定为普通高中新课程新教材实施国家级示范校；五中被三明市教育局确定为普通高中新课程新教材实施示范区市级实验校。12月10日，鸿图中学被福建省教育厅确认为“福建省三级达标高中”。

【“停课不停学”及“居家考试”】春季，全县教育因新冠肺炎疫情防控，高中延期开学，师生居家隔离。延期开学期间，全县高中学校开展“停课不停学”线上教学活动，教师通过微信、QQ、电话等通信工具和信息技术网络教学软件平台布置学习任务、指导学习、答疑解惑、批阅作业，学生居家学习、完成作业、上网交流。部分教师试行实时网络互动教学。3月28—29日，高三年级参加以“居家考试”的方式开展的全省质检考试。4月7日，高三年级返校复学。4月20日，高一、高二年级返校复学。

【高考顺利进行】 7月7—8日，在一中举行福建省普通高等教育学校招生全国统一考试。全县1483人参考，共设考场57个，其中文史类考生555人、理工类考生928人。高考结果本科上线1052人，上线率77.97%。

【普通高中实施新课程新教材】2020年，县普通高中起始年级全面实施《普通高中课程方案（2017年版2020年修订）》和配套课程标准，使用新教材，到2022年将实现高中所有年级全覆盖。

（余孔值 郑联鸿 章选辉）

职业教育

【概况】 2020年，全县职业中专（以下简称职专）1所，教职员工194人，其中公办教师172人。公办教师中研究生学历5人，高级讲师53人，双师型教师71人。52个教学班，在校生1839人。开办12个专业，其中：中草药种植为省级重点专业，电子技术应用为市级重点专业，茶叶生产与加工专业为三明市特色专业。当年，职专被省教育厅、财政厅终审通过评为“省示范性现代职业院校”，陈文颖等12名教师获市中职教师教学技能竞赛单项奖，教师共发表CN论文32篇，参与省级课题研究8个、结题3个。

【高等职业教育入学考试】2020年，县职专509人学生参加福建省高职招生考试，本科上线19人，上线率3.8%，专科上线率100%，上线率居市同类学校第一名。

【合作办学新进展】 2020年，县职专持续加强校企合作，深化产教融合，提升合作内涵，当年新增大田县翰霖泉休闲健身有限公司、福建瓦能科技有限公司、福建茶天下旅游开发有限公司等3家校企合作单位。学校发挥自身优势，扎实推进校企合作，与实验幼儿园、城关幼儿园、均溪中心幼儿园、厦门哈隆电子有限公司、冠捷显示科技（厦门）有限公司、厦门国际会议中心酒店、厦门宏发电力电器股份有限公司、福建福晶科技股份有限公司、福建捷联电子有限公司等公司开展校企合作，形成学校、政府、行业企业、社会协同育人的工作格局，增强学校办学活力，实现校企共赢局面。

【职业技能培训与鉴定】 2020年，县职专共组织职业技能培训3061人次，开展职业技能鉴定893人次，其中组织499名18级学生参加中级钳工、电工、汽车维修工、评茶员4个国家职业资格证书鉴定考试以及幼儿艺术教育、办公软件操作员、财务软件操作员3个专项职业能力鉴定考试，通过495人，通过率99.19%。

【办学硬件设施改善】 2020年，县职专投资 25.23 万元，添置美工实训室、画室、茶叶审评室、电子专业、旅游实训室等设备；投资49.45万元，建设口语语音实训室1间；投资112.8万元，完成智慧校园监控系统升级与改造。

【学生技能大赛获奖】 2020年，县职专组队参加各级职业院校技能大赛，在省赛（中职组）中获二等奖1人、三等奖3人、优秀奖7人；

市赛（中职组）中获一等奖10人、二等奖6人、三等奖17人、优秀奖49人。

【文体竞赛获奖】 2020年，县职专获省青少年航空航天模型锦标赛暨全国青少年“飞向北京 飞向太空”航空航天模型竞赛（福建赛区）总决赛中学团体二等奖、市航空航天模型锦标赛团体一等奖，市第七届艺术节合唱类现场比赛二等奖；获县中小学篮球联赛女子高中组第一名，县中小学足球联赛男子高中组第一名。

【高职分类招考】 2020年，全省首次组织高职分类考试招生录取，全县783人报名参加，其中普通高中考生203人（五中146人，鸿图中学52人，一中1人，社会14人）、中职考生580人（职专521人，卫校49人），参加全部10个类别考试。其中，农林类46人，制造类73人，电子信息类65人，汽车类49人，计算机类96人，财经管理类22人，旅游服务类17人，美术与设计类13人，教育类149人，医药卫生类50人。

（余孔值 郑联鸿 章选辉）

高等教育

【概况】 2020年，县电大工作站（社区学院）有专职教师8人，均为大学本科学历，其中高级职称3人、中级4人、初级1人。开办35个专业、75个班、学生723人，当年招生250人、毕业343人。其中，国家开放大学（中央广播电视大学）开放教育开设14个专业、62个班、学生574人，当年招生206人、毕业249人。本科有法学、汉语言文学、小学教育、会计学、行政管理、学前教育等6个专业，专科有法律事务、行政管理、会计、学前教育、小学教育、农业经济管理、行政管理（村镇管理方向）、林业技术等8个专业。奥鹏远程教育中心合作高校有东北师范大学、东北大学、大连理工大学等3所，开办数学及应用数学、计算机应用技术、土木工程、采矿工程、水利水电工程、机械工程及自动化、安全工程、机电一体化、电气工程及其自动化、金融学、心理健康教育、美术教育等本专科专业21个、13个班，学生149人，当年招生44人、毕业94人。

【电大办学评估】 12月9日，福建广播电视大学系统办学评估组到大田电大开展办学评估工作。依据《福建广播电视大学系统办学评估标准》，按照9个一级指标、27个二级指标和47个主要观测点，采取听汇报、实地察看、查阅资料等方式，进行全面评估。

【非遗微课获重点项目立项】 12月14日，由大田县社区学院（电大）、县文化馆选送的2门非遗微课《杂剧作场戏》《大田板灯龙》入选福建省教育厅公布第三批省终身教育重点项目立项名单。

【电大教师论文发表】 2020年，县电大教师俞建营撰写的论文《思想政治教育融入电大学生管理的实效性探析》，在CN刊物《青年与社会》（2020年5月上）上发表。

【县电大教师教学展示课获奖】 县电大教师陈玉妹参加省电大组织的国家开放大学思想政治理论课展示活动课预选赛，教学主题《认清制度优势 坚定制度自信》获优秀奖。

（郑祥全）

成人教育

【概况】 2020年，全县成人教育机构有教师进修学校、卫生进修学校、农业广播电视学校（简称农广校）。共有专（兼）职教师101人，其中，研究生学历5人、本科71人、专科22人、中专3人，高级职称学历49人、中级45人、初级5人，未评2人，特级教师1人。

【教师进修学校】 2020年，县教师进修学校在职教职工35人，其中在编29人，借用6人；本科32人、专科3人；高级教师21人、一级教师14人；特级教师1人，市教学名师1人。处室设校长室、办公室、培训处、中研室、小研室、幼研室、德研室、信研室。教师进修学校打造“山海协作·聚焦发展”办学特色，不断完善“五五”闭环工作运行机制，与福建师大、闽南师大、集美大学、泉州师院、三明学院、泉州幼高专、福建教育学院、三明教育学院、福建电大等9所院校建立战略协作关系。两名教师分获“个人记功”“个人嘉奖”。

【卫生进修学校】 2020年，县卫生进修学校有专业（兼）职教师25人，其中大学本科学历18人、大专5人、中专2人；高级职称6人、中级17人、初级2人。开办全日制中专学历护理专业班2

个、农村医学专业班1个，毕业2个班、58人。5月，17级护理专业、农村医学专业毕业统一考试，58名学生参加；6月，护理专业毕业生参加全国职业护士资格考试，合格率80%以上；9月，护理专业学生参加全省学业水平考试，合格率100%；9—10月，举办全县乡村医生规范培训，培训388人。

【农广校】 2020年，县农广校有专兼职教师41人，其中，取得正高级职称2人，副高级职称22人，中级职称（新型职业）14人，初级职称3人；研究生5人，本科21人，专科14人，中专1人。开展新型职业农民培训和认定工作。

【新型职业农民认定】 12月，县农广校组织农业专家开展高素质农民（新型职业农民）认定工作，对符合高素质农民（新型职业农民）标准的农业从业者进行评审认定，认定新型职业农民11人。

【卫校护理班学生获奖】 12月，县卫校18级护理班学生余梦婷参加市职业院校护理技能竞赛获二等奖，周佳玉获三等奖。

【教师队伍培训】 2020年，县教师进修学校针对防控新冠疫情的特殊情况，提出“停课不停研，停课不停训”工作要求，采用“线上与线下结合”培训模式，共组织线上专业培训45场，参训人员2313人次；线下专项培训60班次，参训人员3742人次；继续教育全员培训，参训人员2488人。培训对象涉及教育系统19类人员，培训内容涉及学校管理等10个方面工作。开展中小学、幼儿园教师研训活动共150场，上公开课370节，开讲座98场，参研教师5070人次。

【教研微言发表】 2020年，县教师进修学校编辑发表教研微言204篇，生动反映学校“教改实验、名师引领、帮扶指导、师生展示、成果推介”的工作情况。

【新型职业农民培训】 2020年，县农广校采取送教下乡培训和异地培训的模式开展新型职业农民培训，通过招投标的方式，由中标的培训机构——漳州市好未来职业培训学校承担培训任务。全年，完成培训6期11个班次，培训学员508人。有蔬菜、茶叶、养殖、新农商、农机等现代种养殖技术和现代营销模式培训班。授课教师着重讲解现代经营理念和在生产中要注意的关键环节。经过培训，学员掌握现代农业知识，提高综合素质。当年选送优质学员参加由省、市举办的高素质农民培训班67人，分类分批次参加农业经理人、师资班、粮食、水果、蔬菜、茶叶、农产品加工、休闲农业等培训班。

（郑祥旦 陈小忠 范双龄）

特殊教育

【概况】 2020年，全县有特殊教育学生448人，其中随班就读266人。县特殊教育学校设教学班11个（含1个幼儿班），在校生182人（幼儿2人，小学120人，初中60人，其中送教上门学生67人）。教职工48人，其中公办教师31人，非公办教师17人；专任教师25人，特教专业院校毕业16人；公办教师中本科学历14人、大专15人、中专2人；高级职称5人、中级9人、初级15人、未定级2人。当年，县特殊教育学校被市总工会评为“三明市五一先锋号”。

【规划建设】 秋季，县特校投入专项资金添置远程教学与考勤系统，加强特殊教育资源与指导中心建设，为教育教学、教育科研、师资培训、送教上门等各项工作提供优质服务，进一步提升办学水平。

【业务发展】 2020年，县特校学校继续践行“文化教学为奠基、康复指导为中心、实践训练为亮点”办学方向，通过“五位一体”网格化管理模式积极探索“教育、康复、职教”一体化办学格局，目前拥有花式馒头、花式饺子、花式蛋糕、康复推拿4个“小鬼当家”实训组并常规开展实训活动。学校加强“特校＋普校”送教上门师资队伍建设，对送教对象进行潜能开发和缺陷补偿，赠送学习用品和生活用品，对家长进行家庭教育指导，保障残障儿童的教育权利，培养残障儿童融入社会的意识和自尊、自信、自立、自强的精神。

（郭芳）

文化 旅游 体育

□编辑 潘 梅

文学艺术

【概况】 2020年，大田县文学艺术界联合会（简称县文联）组织各协会开展各项文学艺术活动，个人艺术品入选国家级展览2人次，内刊出版2部，个人文学作品集出版5部。12月，县美术工艺师周庆寨获省雕塑学会、省雕刻艺术家协会等单位联合授予的“爱心公益大使”称号。

【个人作品出版】 4月，桃源镇中心小学郑得泉散文集《隔着山的眺望》由团结出版社出版，全书177页，32开，18万字。7月，县新华书店林还城的诗词作品集《诗海寻踪》由福建海峡文艺出版社出版，全书收录200多首（阕），16开，20万字。9月，奇韬镇东佳村古稀老人郑祥钟的长篇小说《落红有色》由团结出版社出版，30余万字。12月，县城南小学叶建穗的诗词作品集《寻找另一处》由团结出版社出版，全书七印章，收录诗词200多首，32开；县教育局连占斗的诗词作品集《一湖之水》由团结出版社出版，全书9印章，收录诗词220多首，32开，获“福建省第四届好图书奖”。

【美术作品入展】 10月12日，县图书馆郑圣泉漫画《隔离就要多管齐下》入选中国美术家协会举办的“子恺杯·第十三届中国漫画大展”。10月，林联泰美术作品《南田山下——芭蕉精神之五》入选中国美术家协会主办的“悲鸿精神——第四届全国中国画作品展”。12月，林联泰美术作品《南田山下——芭蕉精神之三》入选决胜全面小康“意之大者——第七届福建省写意画大展”。

【《大田县当代文学作品选》出版】 10月，县文联编辑的《大田县当代文学作品选》由宁夏人民出版社出版，全书收录37名大田籍或在大田工作过的作家的小说、散文、现代诗歌等文学体裁的作品，16开，30万字。

【内刊《和春村史》出版】 10月，谢洋乡《和春村史》内刊出版，精装本，图文并茂，由范颖主编，张乃军作序，全书185页，32开，10万余字。

【梅岭采风活动】 11月，上京镇与三明市诗词学会组织30名诗人到“梅岭采风”活动，为时一天，创作诗词200多首。

【省协会会员加入】 12月，县作家王福校、林还城、郑得泉、郑祥钟加入省作家协会；张知松、范绍团、范代尺、余小妹加入福建省民间文艺家协会；刘其芝、林崇垣、郑祥果加入省诗词协会。县雕刻家周庆寨的大田县丰兴工艺品厂加入省雕刻家协会会员单位。

【周庆寨木雕作品获奖】 12月，县美术工艺师周庆寨的木雕作品《人生如意》参加福建省轻工业联合会、福建省雕刻艺术家协会等单位举办的第六届海峡两岸雕刻艺术大赛，获“福雕奖”最佳创意金奖；同月，木雕作品《母爱》在2020中国工艺美术精品博览会“云艺杯”云艺金鼎评审活动中，因作品精湛获得好评。

【内刊《凤凰山下诗花飞》出版】 2020年，县实验小学作为市教育局、关工委、诗词学会指定的大田县格律诗词启蒙教育试点校之一，实施格律诗词启蒙教育教学活动，成立“闽中·凤鸣”诗社，组织师生创作大量诗词作品。11月，择优出版内刊《凤凰山下诗花飞》，全书

152页，大32开，收录800多首（阕）诗词作品。

【苏玮登上浙江卫视音乐节目】 2020年，大田青年歌手苏玮在江卫视大型电视音乐综合节目《2020中国好声音》中成功晋级，并最终晋级全国九强。

（严垂壁）

群众文化

【概况】 2020年，大田县文化馆围绕元旦、春节、元宵节等节庆日，组织开展相关的群众文艺演出活动，活动内容精彩纷呈。在疫情防控允许的范围内，开展文化下乡、文化遗产日、先进事迹模范展览等活动。

【“三下乡”集中示范活动】 1月16日，大田县文化科技卫生“三下乡”集中服务活动启动仪式在建设镇建设村雅府广场举行。活动由市委文明办、县委宣传部、县委文明办、县科技局、县文旅局等10个单位联合主办，县政法委、县总工会、团县委、县妇联等36个县直单位联办，来自宣传、文化、卫生、科技、农业等数十个部门的工作人员组成的服务队参与，表演歌舞、旗袍秀等文艺演出及红色故事宣讲。并为当地农民提供政策宣传、农业技术服务、科普体验展示、健康医疗义诊、法律咨询和春联进万家等丰富的惠民服务。

【“文化和自然遗产日”活动】 6月13日，以国家第15个“文化和自然遗产日”为契机，由县文旅局主办，县文化馆、福建美之田文化传播有限公司承办的大田县2020年“文化和自然遗产日”活动“八闽非遗购物节”在闽中戏曲文化园开展。活动现场的各区摊位摆放商品形式多样，非遗手工“稀奇古怪”，本土地道美食吸引市民驻足观赏拍照，活动以“线上＋线下”相结合的方式举行，让市民在体验、品尝、互动中，多层面、多角度、全方位领略非遗的魅力。

【文旅创意集市活动】 7月24日至8月30日，由县文体和旅游局主办，县文化馆承办的文旅创意集市活动在闽中戏曲文化园开展。活动包括摊主招募和文艺演出招募，有20个摊主报名参加，展示大田县独特的美食文化、手工文创作品，进一步推进文旅元素与市集消费的有机融合，丰富群众精神文化生活。

【民间戏曲进大学校园活动】 7月31日，县文化馆和集美大学暑期社会实践队联合开展“大田戏曲进高校校园”实践活动。通过和戏曲专家、民间戏曲艺人座谈、实地参观、亲身体验等形式，让大学生详细了解大田县地方戏曲的种类、分布和传承情况，了解省级非物质文化遗产“杂剧作场戏”、市级非物质文化遗产“大田汉剧”的戏曲表演形式、戏曲剧目和生存现状。

【国画、线描画公益培训班】 8月5日至9月10日，县文化馆、胡上炬名师工作室、郑圣泉名师工作室在县文化馆开设国画、线描画公益培训班，为期一个月，培训学员20多人，传授学员国画、线描画的基础入门知识，培养绘画兴趣，提高绘画能力。

【“夜三明”百姓大舞台大田海选专场】 8月9日，“夜三明”百姓大舞台大田海选专场暨大田县创建文明县城广场音乐会活动在县文化广场举办，活动由市文旅局、县文旅局主办，市客家文化艺术中心、市三歌文化传媒总公司、县文化馆承办，采用“百姓擂台赛＋文艺节目”演出模式。参加本次海选赛的选手有在校学生和来自不同年龄、不同职业的音乐爱好者。通过海选赛，有12名选手获得擂台赛正赛直通卡，直通三明参加“夜三明”百姓大舞台。

【梅山香坪大腔戏演出活动】 9月4日，县文化馆在闽中戏曲文化园举办梅山香坪大腔戏演出。这次戏曲展演是梅山镇政府和县文化馆抢救性保护，扶持香坪村大腔戏班恢复演出后的首场演出，展演活动不仅能够保护大田县民间非物质文化遗产，还丰富了群众的文化生活。

【先进模范事迹专题展览】 9月24日，由县委宣传部、文明办、文旅局主办，县文化馆承办的2020年大田县先进模范事迹专题展览活动在县公共文化展厅开展，展出道德模范、抗疫先进、最美人物、美德少年等先进模范事迹，此次展览旨在推动社会形成知荣辱、树正气、促和谐的良好风尚，倡导群众积极践行和弘扬社会主义核心价值观。

【戏曲文化进校园活动】 9月27日，县文化馆联合县实验小学在实验小学校园开展戏曲文化进校园活动。国家二级演员孙惠惠老师现场表演京剧“丑”角，让学生体验戏服，戏曲展演一些简单动作的示范教学，同时在课堂观看杂剧作场戏的视频。系列活动不仅让学生体验戏曲文化的乐趣，也进一步感受中华优秀传统文化的魅力。

【大田特色汉剧展演】 10月2—7日，县文化馆在闽中戏曲文化园举行大田特色汉剧展演12场。汉剧、越剧、高甲戏轮番上演，《秦香莲》《戏路扯甲》《辕门斩子》等剧目精彩纷呈，让众多戏迷过一把戏曲瘾，展演场场爆满，备受好评。

【“重阳节”戏曲演出】 10月25日，县文化馆在闽中戏曲文化园举办“我们的节日·重阳节”戏曲演出。大田地方民间剧团接连上演4场经典戏曲选段，800多名老人观看演出。

【“119”消防安全宣传月启动仪式】 11月8日，大田县“119”消防安全宣传月“关注消防·生命至上”启动仪式在文化广场举办，活动由县消防救援大队、文旅局主办，县文化馆承办。副县长黄和新，应急局党组书记、局长魏初铭及文旅局、消防大队等领导出席活动，社会各界人士、新闻媒体记者及广大市民参加。

【"开元杯"少儿才艺大赛初赛活动】 11月14日，由县文化馆主办，开元国投承办，晟点文化传媒协办的“童梦飞扬，星耀大田”开元杯少儿才艺大赛初赛活动在岩城文化广场举办。经过评委评选，20名选手进入复赛。

【阔公戏出殿仪式】 11月17日，五年一次的朱坂丰场戏“阔公戏”出殿仪式在文江镇朱坂村阔公庙举行，村中的廖、余两姓子弟把封存五年的阔公面具“请”出来，为面具“洗面”。请神队伍一路从阔公殿到朱坂村戏台，所经之处鞭炮雷鸣，欢迎阔公神出殿，祈福禳灾。

【杨弋夫教授钢琴教学活动】 11月25日，由市钢琴协会、县文化馆主办的免费开放公益讲座——杨弋夫教授钢琴教学活动在县文化馆四楼举办，参加30人。省音乐家协会副主席、省钢琴协会会长杨弋夫教授通过通俗易懂的讲解，让学员们掌握钢琴知识。

（连福石）

文化市场执法

【概况】 2020年，县文化市场综合执法大队（以下简称县文化执法大队）根据疫情防控要求，落实安全生产主体责任，开展安全生产大检查和专项检查，督促经营单位隐患治理。开展“扫黑除恶”专项斗争、行业清源行动，对出版物市场、旅游市场、网吧和娱乐场所等三类行业存在问题，重点关注和跟踪，及时通报问题整改进展情况。

【新冠疫情防控】 1—3月，县文化执法大队根据疫情防控要求，对全县歌舞娱乐场所、网吧、景区、旅行社、星级宾馆等场所关闭工作进行传达、动员、部署、监督和检查。出动执法人员120人次，检查歌舞娱乐场所320家次、网吧80家次、印刷企业 12 家次、出版物零售店20家次、健身场馆30家次、影院10家次。加强疫情防控常态化的指导和服务，召开培训会、推进会，向经营单位传达和布置复工复产疫情防控工作精神；协调口罩、体温枪、消毒液等防疫物资，指导疫情防控扫码、登记、消毒等的工作。对防控措施落实不到位的1家歌舞娱乐场所、1家网吧责令停业1天，推进复工复产疫情防控，确保疫情防控常态化。

【违禁出版物监督检查】 6—12月，县文化执法大队出动20多人次重点对书店、书报亭、街头进行集中巡查，开展对出售宣扬自杀、教唆犯罪、渲染血腥暴力等内容的少儿出版物专项清查。11月，组织检查违规使用“教育部新课标”名义的出版物，及时登记上报有关信息。全年，县文化执法大队出动执法人员130人次，重点检查印刷企业、书店、书报刊亭、音像店、文具店、酒店、网吧等300余家次，发现并缴获各类侵权、盗版书籍260余册。在县中小学陆续有序复课之际，组织执法人员40余人次深入校园周边，重点检查是否有危害青少年健康成长的书籍和电子出版物，向经营单位宣传把好出版物进口关。

【网络监管】 2020年，县文化执法大队按照抓源头、打基础、切断利益链的要求，严厉打击利用互联网和手机媒体传播不良信息的违法犯罪行为，办理传播淫秽物品罪刑事案件1起；重点监测“邪典”动漫、猥亵性侵儿童视频、有害学习类App及网络短视频、网络游戏、网络文学、网络漫画等以未成年人为侵害对象的网络信息、网络应用等，发现问题及时查处。依法整治微信、微博及新闻客户端等领域自媒体违法违规传播有害信息等行为，全年删除封堵网上涉黄类信息170余条。县“扫黄打非”领导小组高度关注海际虚拟网商产业园注册的出版物零售店，召开专题会议，再次研究网上非法销售出版物的监管问题，要求市场监管局、文旅局密切配合，在审批和监管环节加强沟通，严把准入关；责成产业园业主认真清理有关商户，防患于未然。

【网吧和娱乐场所监管】 2月初，县文化执法大队在巡查过程中发现一处涉嫌违规经营网吧场所，立即联合县公安局网安大队出动执法人员15人当场给予取缔；对群众反映的3家酒吧违规营业性演出活动给予制止，并上门开展《营业性演出管理条例》宣传，引导业主合规经营。在暑假期间，加大对网吧和娱乐场所进行监督检查，重点是对违规接纳未成年人、未进行实名登记上网，以及落实安全生产措施情况等进行检查，发出责令整改通知书2份，落实问题整改2个；7月，对县人民检察院的检察建议书反映的内容立案调查，对建设镇朝歌KTV违规接纳未成年人入内的行为，依法处以没收违法所得2.3万元的行政处罚，并以案释法，向行业经营者通报情况并宣传教育。全年，县文化执法大队不放松对网吧、歌舞娱乐场所等的巡查，出动执法人员240人次，巡查网吧96家次，歌舞娱乐场所192家，发出整改通知书5份，并做好整改的跟踪落实。

【安全生产监管】 2020年，县文化执法大队坚持“管行业必管安全、管业务必管安全、管生产必管安全”的原则，采取重点时段专项检查和日常巡查相结合，开展安全生产大检查和专项检查，开展安全隐患排查，签订《隐患排查治理专项行动自查自改承诺书》，督促经营单位隐患治理，落实安全生产主体责任。召开文旅系统消防安全标准化管理现场会，以会代训，对网吧、歌舞娱乐场所、印刷企业、星级宾馆等消防安全管理人员现场讲解消防知识。对全县文物点进行安全大排查，重点对文物点消防器材有效配备和设施建设情况进行清查，督促整改和完善到位，确保各文物点安全。

【旅游市场监查】 2020年，县文化执法大队加强对旅游市场监督检查，全年派出执法人员120人次，检查AAA级景区60家次，旅行社144家次。

【“扫黄打非”青少年普法宣传活动】 2020年，全县各成员单位和乡镇陆续开展一系列宣传教育活动，县“扫黄打非”办印制1000张绿书签和30张宣传海报发放至城区重点中小学，张贴在社区、出版物零售店等，引导县青少年学生绿色阅读、文明上网、自觉抵制有害出版物和信息。在广大中小学生中开展“扫黄打非”护苗专项行动，在县中小学校、县图书馆开展读书讲座等宣传活动，发放主题海报，播放动漫公益宣传片、开授网络安全课、知识产权保护课170余场次。

【基层站点建设】 2020年，县“扫黄打非”办在上年的基础上，加强基层站点规范化标准化建设，完成18个乡镇、266个行政村、8个社区的站点建设，建立重点联系单位15个。加强对基层站点的指导，在达到规范化标准化要求的前提下，重点就如何履行工作职责，发挥职能作用，尤其在宣传群众、发现线索、及时接受举报、处置问题等方面进行探讨，推进“扫黄打非”进基层工作。

【卫星地面接收设施专项整治】 2020年，县文化执法大队开展非法安装和使用卫星电视地面接收设施专项整治行动，重点对城区学校、宾馆、居民区以及家用电器维修店等容易反弹的场所进行清理，出动执法人员20多人次，现场取缔设备21套。同时，深入开展有关法律法规的宣传教育，在玉凤社区、岩城文化广场、龙腾盛世等居民小区创建无“小耳朵”社区。在全国“两会”期间，对2家星级宾馆进行专项检查，对其他宾馆摸底排查，未发现非法境外卫星电视。

【社会艺术水平考级活动监管】 2020年，县文化执法大队在社会艺术水平考级开考期间到3家考级现场监督检查，做好考场的疫情防控；出动执法人员6人次，对艺术培训机构使用的教材等出版物进行专项检查，抽查有关出版物30册。

（范文革）

旅游经济发展

【概况】 2020年，县文体和旅游局（简称县文旅局）加快推进文旅融合，围绕“打造精致乡村体验游目的地”目标，重点发展乡村旅游、乡村休闲体验、研学旅游、乡村旅居、康养度假等新业态产品，利用“旅游+”“互联网+”的发展契机，形成文化旅游与传统产业深度融合发展的新亮点和新空间，构建以“文旅＋康养、休闲体验”为主线的“旅游＋”产业发展新格局，推动大田旅游市场的纵深发展。受新冠肺炎疫情影响，下半年全县接待游客101.37万人次，同比上年下降41.87%；旅游收入10.7亿元，同比下降38.68%。做好疫情防控工作，制定应对措施，全县旅游行业逐步恢复发展，当年共有国家AAAA级景区1个，国家AAA级景区4个。

【旅游企业创建】 4月，大田县福建茶天下度假旅游开发有限公司、福建好睡眠康养发展有限公司、大田县翰霖泉休闲健身有限公司等3家企业入选“2020年三明市森林康养产业重点企业”。7月31日，福建省大田县龙山宾馆有限责任公司经三明市旅游星级饭店评定委员会批准为“三星级旅游饭店”。

【景区荣誉获评】 7月，济阳乡济中村获评“全国乡村旅游重点村”。12月，桃源镇入选福建省“全域生态旅游小镇”；同月，经文化和旅游部中国旅游出版社推荐评选，大田县获“美丽中国魅力文旅目的地”荣誉称号。当年，大仙峰·茶美人景区入选“2020年度福建省级旅游示范基地”。

【旅游产品创意设计大赛获奖】 9月，大田县旅游产品在由省文化和旅游厅主办、省旅游发展集团、省旅游协会承办的2020年“全福游、有全福”最美福建·旅游产品创意设计大赛上获得佳绩。东坂畲寨、林深水美茶香之旅分别获旅游线路类最佳创意奖、优秀奖；大仙峰·茶美人景区获旅游景区类优秀奖；古堡客栈获旅游宿地类最佳创意奖。

【旅游项目建设】 2020年，“大仙峰·茶美人”景区新建大田美人茶主题馆、茶旅康养党建教育基地、网红秋千、中国天然氧吧景观石等项目。五彩大石景区新增灯光乐园夜游体验项目；花海乐园景区完成龙鳞坝、拦河坝建设，提升网红炫幻主题馆，植入名人喷泉、风情油纸伞等项目；灵动济阳景区新建问佛云宿景区。

【文旅发展规划编制】 2020年，县文旅局组织编制《大田县“十四五”文旅康养产业发展规划》《大田县“十四五”体育产业发展规划》《大田县红色旅游发展规划》等规划，当年完成初稿和征求意见稿。

【智慧旅游项目推广】 2020年，“e三明”服务号之大田智慧旅游推广项目以大田县旅游资源为载体，配合“e三明——三明旅游”智慧旅游建设，内嵌景区（点）720全景图片电子导览、语音讲解、视频、美图等应用和展示功能。至年底，已有39个大田景区（点）、10家住宿商家、8家旅行社（分社、营业部）入驻该平台。

【旅游宣传推介】 2020年，县文旅局发布旅游资讯及信息100多篇，宣传大田县旅游景区（点）、游览线路、旅游项目。先后安排旅游系统10多人参加尤溪侠客行、梅列清枫露营趣、三元万寿岩文化旅游节等宣传营销活动。组织旅游酒店和旅行社65人参加“闽西南e家人”旅游产品发布会、海峡旅博会、福建旅游生活展、闽宁特色产品展览展示等活动。

【旅游厕所建设】 2020年，县文旅局继续加强旅游基础设施建设，实施厕所革命工作。全年投入资金290万元（争取国家专项基金78万元），新建旅游厕所11座、改建4座，全县累计完成新建和改建旅游厕所83座。

（范姝丽）

旅游业服务与管理

【概况】 2020年，县文旅局加强旅游服务与管理，推广使用全国旅游监管服务平台，落实《加强旅游市场综合监管暨开展“放心游福建·满意在大田”旅游服务承诺实施方案》，加强旅游督导检查，对接“12315”旅游投诉服务平台、全国旅游监管服务平台，全年受理旅游质量监督服务投诉4件。

【旅游从业人员培训】 2020年，县文旅局安排旅游系统30人次参加旅游业务培训，参加2020年三明市“城市名片‘游’我来说”全市导游讲解员宣讲大赛，参加五地市导游培训，全省“放心游福建”服务承诺工作和“12315”旅游投诉服务平台培训，全省贯彻落实新版文化和旅游统计制度培训班。

【规范旅游市场秩序】 2020年，县文旅局在各旅行社继续推广使用全国旅游监管服务平台，督促县内各旅行社（分社、营业部）及时上报旅游团队信息，落实行前说明会制度，加强内部管理制度、应急机制建设，提升应急处置能力，保障旅游安全，严格把好旅游服务质量关，优化旅游服务环境。全年收到旅游质量监督服务投诉4件，均协调处理并答复。

【旅游安全管理】 2020年，县文旅局按照旅游安全管理“党政同责，一岗双责”实施细则，履行行业监管责任，强化隐患排查治理。加强旅游市场秩序管理，定期排查景区接待设施、警示标牌、路灯照明、引水管道、休闲栈道等安全隐患。疫情防控一级响应期间，立即关闭所有景区、星级宾馆、旅行社及分社，并进行安全巡查，劝退县外旅游团13个。当年，出动检查人员500多人次，排查并整改隐患6项。

【旅游行业文明创建】 2020年，县文旅局继续开展文明旅游进旅行社、星级酒店（含拟评星级饭店）、景区、社区宣传活动，宣传文明旅游，落实旅游法规和文明旅游制度，加强文明旅游督导检查；开展旅游志愿服务和帮扶共建活动，以旅游服务、经营管理、行业监管为重点，结合省级文明县城创建，开展旅游志愿服务和帮扶共建活动60多人次。

（范姝丽）

群众体育

【概况】 2020年，县文体和旅游局（简称县文旅局）加强群众体育设施建设，健全完善群众体育组织网络，组织开展新年登高活动、“开元杯”大田县第35届篮球赛比赛、“中国梦·劳动美”全县第三届职工运动会比赛、城区各所学校运动会等一系列活动赛事，推动全民健身活动开展。

【新年登高活动举办】 1月1日，由县文旅局、总工会、卫健局联合主办，马拉松协会协办的“三远大爱城杯”2020年新年登高活动在县体育中心启动，参与人数1500多人，分为三远方队、大爱方队、大智方队、大美方队4个方队。路线由体育场至三远大爱城，全程约10公里。

【第三届职工运动会召开】 4月20—30日，由县总工会主办，县乒乓球协会、冬泳协会、羽毛球协会承办的“中国梦·劳动美”大田县第三届职工运动在县体育馆举行，本次赛事设有乒乓球、游泳、羽毛球3个比赛项目，全县700多名职工参与。

【第35届县篮球赛举办】 8月8日至10月18日，由县文旅局、总工会、卫健局联合主办，县篮协承办的大田县第35届“开元杯”篮球赛在县体育中心举行。比赛设甲级、乙级、特邀组3组，全县37队、450人参加。经过角逐，甲级的消防队、电力队、教育系统队分获一、二、三名，乙级的鸳鸯金楼队、太华镇代表队、广平镇代表队分获一、二、三名，特邀组的篮协队、卡丁车队、开元友谊队分获一、二、三名。

【第六届自然资源杯篮球赛】 10月22—30日，由县自然资源局、篮球协会承办的大田县第六届“自然资源杯”篮球赛在县体育馆举行，8个代表队、112人参加。经过角逐，自然资源队获第一名，红色武陵队第二名，城市管理队第三名。

【女教职工气排球联赛】 10月24—25日，大田县教育系统2020年“源昌杯”女教职工气排球联赛在县第二实验小学艺体馆举行，联赛由县教育局、文旅局、教育工会联办，县气排球协会、第二实验小学承办，厦门源昌集团协办，全县中小学校37支代表队、400多名运动员参赛。城关二小代表队蝉联冠军，城关一小、大田一中、大田五中、第二实小、大田实小、均溪中小、石牌中学等7支代表队分别获得第二名至第八名。

【中小学生篮球联赛】 11月20—29日，大田县“源昌杯”中小学生篮球联赛分别在职专、城三小、第二实小室内体育馆举行。由县教育局、文旅局主办，县篮球协会承办，厦门源昌集团协办，全县中小学校59支代表队、600多名运动员参赛。广平中心小学获小学组男队、女队双冠军，大田六中、大田五中代表队分别获得初中女子组、男子组冠军，大田职专、大田一中代表队分获高中女子组、高中男子组冠军。

【中小学生足球联赛】 11月29日至12月13日，大田县“源昌杯”中小学生足球联赛分别在城二小、城一小、大田六中、鸿图中学球场举行，由县教育局、文旅局联办，县足球协会承办，厦门源昌集团协办。全县中小学校37支代表队、570余名运动员参赛。经过角逐，城关一小、大田实小分别获得小学男子组、小学女子组第一名；大田六中、大田五中分获初中男子组、女子组第一名；大田五中、大田职专分获高中女子组、男子组第一名；鸿图中学、大田六中、大田职专等获体育道德风尚奖。

（章美香）

体育训练与竞赛

【概况】 2020年，县文旅局致力提升县体育竞技水平，抓好竞技体育人才培养。向上级体校输送人才数量激增，全年向省体工队输送运动员2人、向省体校输送4人、向市体校输送11人。组队参加三明市《国家体育锻炼标准》达标赛，获团体第三名；组织县少体校羽毛球代表队参加 2020年全省U系列羽毛球选拔赛，获得6金、1银的佳绩。

【三明市达标赛组队参加】 10月31日至11月1日，县文旅局组队20人参加2020年福建省《国家体育锻炼标准》达标测验活动暨三明市《国家体育锻炼标准》达标赛在市体育中心体育场举行，获得团体第三名，林华妹、乐超寅获得个人前八名。

【全国赛事获奖】 2020年，大田籍运动员张翔在2020年全国皮划艇激流回旋秋季冠军赛暨全国皮划艇激流回旋青年锦标赛全国U系列皮划艇比赛中获男子丙组单人第一名；蒋文慧在2020年全国青少年蹼泳锦标赛暨全国中学生蹼泳比赛中获100米短双蹼第二名、200米双蹼第二名、400米双蹼第三名。

（章美香）

图书

【概况】 2020年，大田县图书馆馆舍面积为6600平方米，设有基本书库、辅助书库、储备书库、捐赠书库、过刊库，有专门的少儿阅览区、综合阅览区、书报阅览区、少儿绘本室、亲子活动室、少儿视频播放厅、电子阅览室、政府信息查阅室、特殊群体阅读区、音像资料室、国学馆、地方文献室、特藏室、24小时自助图书馆、VR、AR数字体验馆等多个功能室。配有RFID自助借还系统，全媒体触摸体验屏、文化一点通、VR等电子数字设备。持续提供书刊借阅、数字信息查询、电子阅览室及全馆无线上网服务，履行基层业务辅导、便民辅助性服务和延伸性阅读推广读者服务功能。县新华书店继续教材、教辅及一般图书发行，同时多元经营复印纸、新华眼镜、预包装食品等。当年县新华书店获主题出版物发行先进单位、“七进”活动先进单位和财务管理先进单位3项集团嘉奖。近三年均是全省新华系统学习的标杆，尤其是团队建设、经营管理经验和模式获全省推广。

【县图书馆】 2020年，县图书馆总馆有各类图书及报刊文献藏书45.78万册，分馆藏书31.29万册（18个乡镇村的农家书屋30.92万册、电力分馆1298册、残联分馆1146册、白岩分馆1182册）。当年，县图书馆新办借书证422张，图书借还2.46万册次，读者到馆人数近6万人次。“大田县图书馆”微信认证公众号对外发布馆内信息动态626多条，阅读5.42万人次，“岩城阅读圈”品牌获评2020年省级终身学习品牌项目；当年，接收19家单位报送的政府公开信息459条。受疫情影响，暂停线下聚集性阅读活动，改为线上数字资源推广，开展阅读推广活动54场，比上年的209场减少155场。

【县新华书店】 2020年，县新华书店实现销售码洋、营业收入、利润总额和人均工资4项指标同步增长，完成2020年集团预算的各项任务指标。全年销售图书2536.69万元，比上年增长25.89%，其中，教材及教辅资料销售1700.57万元，同比增长11.97%；一般图书销售744.31万元，同比增长61.66%；多元产品销售91.81万元，同比增加8.01%。营业收入2423.93万元，同比增长19.74%，其中，主营业务收入完成2333.67万元；其他业务收入完成100.26万元。利润232.23万元，同比增长12.29%。

【县图书馆分馆建立】 2020年，县图书馆完成“睡眠小镇——岩城书房”分馆、阳春村图书流通点建设。年底，全县有电力公司、白岩社区和残联、闽中戏曲产业园4个分馆，有上京镇城口村、赤岩社区、县武警中队、消防中队和“陌上期刊流通点”“大田县妇女儿童亲子阅读点”6个图书流通点。

【新冠疫情防控】 2020年，县新华书店在疫情期间开通电话购书热线，通过微信公众号、员工朋友圈转载出版社推出的公益读书在线讲座、免费网上教材、有声故事等；克服困难，因地制宜地采取不同措施将春季教材安全地送至学生手中，满足学生“停课不停学”的学习需求；开学初，邀请知名心理学老师李新华开展线上直播讲座“开学收心，家长必做三件事”，帮助孩子们尽快实现心理“复位”，回归正常的学习状态。

【“读一本好书”活动开展】 2020年，县新华书店联合县教育局、进修学校开展全县中小学“假期读一本好书”读书活动，推荐《三字经》《弟子规》《千家诗》《论语》《笠翁对韵》《经典诵读》等国学经典、中外名著，满足中小学生对传统文化读本的需求。开展征文比赛，490名学生征文获县级奖，20所学校获优秀组织奖，48篇优秀征文入选省级优秀作文汇编，获奖篇数居全省第一。

【文化流动服务】 2020年，县新华书店发动员工“走出去”，把服务“送出去”，开展流动服务进农村、进社区、进家庭、进学校、进机关、进企业、进军营“七进”活动24次，为群众提供文化阅读服务，将一批批优秀图书输送到读者手中。

【学校第二课堂打造】 2020年，县新华书店腾出二楼80平方米作为读者阅读区，新增阅读桌椅20多套，能满足80多名读者阅读需求，吸引众多学生利用晚上、周末、寒暑假前来写作业、整理资料、取书阅读，成为孩子们的第二学堂、学校的第二图书馆。周末、寒暑假开展各类手工、绘本故事等20多场读书公益活动，倡导孩子们多读书、读好书。

【赠书活动开展】 2020年，县新华书店从省内外出版社争取优秀图书赠予吴山阳春村、广平元沙村、实验小学、第三实小、城南小学、二中、县文联等，价值达25万元。其中，赠送吴山乡阳春村好书新书20万元，助力全省第一家书香村屋打造。

【“新华杯”县首届书法大赛举办】 2020年，县新华书店与县文联、县教育局、县书法家协会联合举办“新华杯”大田县第一届书法大赛评选活动，收到全县书法爱好者硬笔书法作品835件，毛笔书法作品232件，经过初评、终评两个评审环节，评选出特、一、二、三等奖作品80幅，并对获奖个人和指导老师进行表彰奖励。

（郑圣泉 吴颖）

文物

【概况】 2020年，县文旅局围绕“保护为主、抢救第一、合理利用、加强管理”的文物工作方针，全面保护和合理利用文物资源，加大《中华人民共和国文物保护法》《福建省文物保护管理条例》宣传力度，增强全社会爱护文物、保护文物的意识，发挥博物馆社会文化公共服务作用，加强文物管理，保障文物安全。

【琵琶堡考察】 2019年12月，县文旅局接待来自俄罗斯、美国、韩国、日本、南非、波兰、英国，以及中国社科院考古所、周口店遗址管理处、山西大学、吉林大学、浙江省文物考古研究所、内蒙古博物院等46名国内外的专家学者，对县第七批全国重点文物保护单位琵琶堡进行考察，交流、传播和弘扬福建土堡文化。

【领导调研】 3月5—6日，省文化和旅游厅党组成员、省文物局局长傅柒生，省文物局考古与文物保护处处长何经平一行到县调研，实地督察文物安全开展情况，副市长张文珍陪同调研。调研组一行到均溪芳联堡、太华泰安堡、广崇堡和桃源安良堡等全国重点文物保护单位进行调研，对安良堡的维修整改情况给予肯定；调研省级文物保护单位大田“第二集美学村”旧址群，傅柒生强调要发挥社会各界的力量，积极策划项目，共同保护好，利用好。10月30日，集美大学党委书记沈灿煌、省文物局局长傅柒生一行到县调研。调研组先后到省级文物保护单位大田“第二集美学村”旧址群和省级文物保护单位朱德率红四军第二、第三纵队出击闽中大田史迹群——屏山乡罗荣桓旧居（万应庙）进行实地调研。沈灿煌表示将继续深化合作，发挥集美大学综合性学府优势，共同将第二集美学村打造为国家级“爱国主义教育基地”“师德师风教育基地”。

【县文物保护中心设立】 8月24日，经县委机构编制委员同意，设立县文物保护中心，为股级事业单位，负责国家、省、县级文物保护单位的推荐申报和保护工作，组织实施大田县范围文物的调查、发掘、维修、工程实施等技术性、辅助性和事务性工作。

【“第二集美学村”入选国家级抗战纪念设施、遗址名录】 9月，经党中央、国务院批准，大田“第二集美学村”旧址被列入第三批国家级抗战纪念设施、遗址名录。

【省级文物保护单位新增】 11月19日，建设镇宫边红釉窑群遗址，朱德率红四军第二、三纵队出击闽中大田史迹群举人厝、玉润堂、蛇形厝，抗战时期大田“第二集美学村”旧址群后池祠、磐山祠、青松堂等，被省人民政府列入第十批省级文物保护单位名单。

【“章公祖师”追索案一审宣判】 12月4日，市中级人民法院对“章公祖师”肉身坐佛像追索案宣判，判令被告奥斯卡·凡·奥沃雷姆在判决生效之日起三十日内，向原告吴山乡阳春村民委员会、东埔村民委员会返还“章公祖师”肉身坐佛像。

【国家文物保护专项资金下达】 2020年，全县有12个文物保护项目获国家文物保护专项资金1555万元。用于红军北上抗日先遣队驻扎地旧址（种德堂），红四军第二、三纵队驻地旧址（福履堂），朱德率红四军第二、第三纵队出击闽中大田史迹群（盖山古道），红四军第二、三纵队和前委机关指挥部旧址（举人厝），红四军驻扎地旧址（玉润堂），红军北上抗日先遣队攻占大田旧址（南田祠），红军北上抗日先遣队宿营地旧址（桐林祠），中国工农红军第九军团驻扎地暨三民乡苏维埃政府旧址光裕堂，朱德率红四军第二、第三纵队出击闽中大田史迹群之均溪镇红四军指挥部旧址（官厅）修缮工程；朱德率红四军第二、第三纵队出击闽中大田史迹群——罗荣桓旧居（万应庙）等修缮工程及大田县博物馆可移动文物数字化保护，大田土堡群消防工程。

（郭善烨）

广播电视

【概况】 2020年，大田县融媒体中心以媒体融合发展为契机，加强广播、电视、报纸、网络等主流媒体意识形态主阵地建设，为新时代多彩大田高质量发展营造良好的舆论氛围。通过拍摄专题汇报片、联办栏目、直播、外包广告业务等形式创新运营方式，实现多渠道拓展和多业态运营，当年实现营运创收150万元。实现大田电视台《大田新闻》日播，全年播发309期、1342篇，新闻稿件被央视《新闻联播》《午间30分》等栏目采用7条、中央广播《新闻进行时》采用1条、《人民日报》通讯稿采用1条；在《福建日报》、福建电视台、《三明日报》、三明电视台等省、市主流媒体刊发新闻681条。在三明电视台三明新闻上稿量居全市第一、在《三明日报》上稿量位居全市前三；学习强国刊稿231篇，月排名位居全市前三。在2020年“福建新闻奖”评选中获得二等奖作品1件，在2020年“三明新闻奖”评选中获得一等奖作品3件。

【宣传报道】 3月2日，在央视午间新闻播出《大田：农机助力春耕备耕》；5月4日，在央视新闻直播间播出《全国各地五一出游——大田济阳别样的“风花雪月”》；5月22日，在央视新闻联播播出《习近平致信祝贺首个“国际茶日”》；6月25日，在央视4套中文国际《2020传奇中国节·端午》专题报道《大田美人茶开采——祈福茶叶丰收生活美好》；8月6日，在央视新闻联播播出《兴泉铁路（大田段）鸡冠山隧道顺利贯通》；12月16日，在央视新闻联播播出的《全面贯彻新发展理念的“三明实践”——老工业基地的新发展之路》；12月17日，在央视《焦点访谈》播出长篇报道大田县矿山治理成效；12月4日，在中央广播《新闻进行时》栏目播出《章公祖师肉身坐佛追索案在福建三明中院开庭宣判，村民盼速归还》。

【新媒体产品做强】 3月18日，“大田TV”微信公众号更名为“大田融媒”微信公众号，并实现“大田融媒”微信公众号一日多发、提高新闻时效性，抢占全县微信公众号信息发布制高点，形成官媒强大影响力。至年底，公众号关注人数突破4万，发布新闻信息2870条，总浏览量1670.2万人次；点击率突破5万人次微信文章有2条，突破1万人次以上的21条。“大田新闻网”网站全年编发稿件2750条，市级转载98条、省级转载20条；开设专题、专栏25个，更新常态化信息、专栏11个。音频广播“大田之声”专栏播出122期，点击浏览量“10万+”短视频69条。开设“主播说疫情”“主播说大田”栏目，由主播讲述老百姓关心的多彩大田故事，其中微电影《就地过年，寄爱回家》，浏览量139.5万人次。美人茶公众号发布茶文、短视频240条；头条号“遇见大田”发布新闻信息240条；学习强国上总台数量达32篇；在央视新闻移动网矩阵号发布视频361条。与省广电网络集团就“大田融媒”手机商户端平台进行内测开放，建设工作稳步推进。

【专题专栏报道】 2020年，县融媒体中心丰富电视、网站、微信专题专栏，在大田新闻、大田新闻网、大田融媒微信公众号先后开通25个专栏，其中“风展红旗如画”专栏发布红色名片99条、工业名片15条、绿色名片97条、满意大田340条；“新时代文明实践”专栏发布新闻127条，“五比五晒”专栏发布68条，“创城在行动”专栏发布51条，“走进我们的小康生活”专栏发布166条。重点聚焦跟踪全县开展的“十大攻坚会战”进展成果，宣传报道各条战线上为建设多彩大田奋发向上的典型事迹、典型人物，发布稿件1500余篇，其中《大田：让美丽在乡村绽放》点击浏览量174.2万人次。

【重点热点新闻发布】 2020年，县融媒体中心聚焦百姓关心关注的热点问题，会前、会中、会后持续关注综合报道，用文字、图像全面反映全县各项工作成绩。宣传报道新冠肺炎疫情防控，利用大田融媒微信公众号、头条号、大田新闻网、电视游走字幕第一时间发送县政府重要工作部署、部门相关信息发布、疫情防控知识、健康提醒、温馨提示等180条。新闻、短视频等融媒产品在各平台共发布信息1246条（次），总浏览量213.8万人次。先后制作《疫情面前·大田严阵以待》《大田集中医学观察点消杀》等短视频在央视新闻移动网播出64条、在抖音播出38条；在央视新闻移动网2月5日播出的《欢呼吧！解除医学观察了！！！》，浏览量16.8万人次；在央视新闻移动网2月9日播出的《24小时，我在岗位》，浏览量11万人次。对城区人居环境改造、茶产业、教育、交通等热点持续跟踪报道，以媒体监督形式，推动重点项目建设。

【专题视频制作】 2020年，县融媒体中心组织拍摄《守初心·茶为鉴》《大田美人茶·贵雅自天成》《让美丽在乡村绽放》以及直播带货等35个短视频，并向社会全媒体推送，其中文明创城公益广告《同心抗疫》《老师，您辛苦了》等短视频在央视移动网播放量1400万次。组织拍摄《红色岩城·多彩大田》《坚守初心使命·加快绿色发展》《养一缸清水·惠千家万户》《一片小茶叶托起致富梦想》《为了最美夕阳红》等20个专题汇报片。在“五湖四海大田人”栏目讲述天南地北大田人创业故事，播出6期。

【直播活动开展】 2020年，县融媒体中心参与《中国影像志》开机仪式暨大田县第三届油茶旅游文化节，参与省融媒体中心开展的县长带货直播、国际茶日直播活动。直播大田首届“大田美人茶”个人茶艺赛总决赛等直播活动35场；通过网络直播，助力梅山菇农、均溪果农、广平蔗农等疫情期间滞销农副产品促销。

【融媒体建设】 2020年，大田县融媒体中心组建编委会，新招录事业编制人员2人、政府购买服务人员5人、自聘人员5人。明确各部门的工作职责，实行定岗定责，在原来8个部门的基础上，组成新闻采编中心、新媒专题中心、营运推广中心、行政综合中心4大中心，推进主力军向移动互联网和新媒体转移。探索建立团队工作模式，现有采编人员70%以上深度参与融媒体产品制作。制定《大田县融媒体中心绩效考核奖励办法》，打破人员身份、职位限制，实行“多劳多得、优绩优酬”。

（郑畅）

综述

【概况】 2020年，大田县卫生健康局（简称卫健局）坚持惠民生、保健康，实施健康大田战略，完善紧密型医共体内涵建设，落实“三医联动”（医保体制、卫生体制与药品流通体制）改革，实施医防融合和疾控机构综合改革；完善医疗基础设施，更新医疗仪器设备；加强卫生人才队伍建设，提高医疗服务效率，突破重点专科建设，推进信息化建设；全面落实基本公共卫生服务项目，做好妇幼健康工作，有效防控重大疾病和传染病，开展爱国卫生运动；持续提高城乡居民健康水平，坚持补短板、强弱项，全县医疗服务卫生体系整体效能得到提升，群众看病就医状况有较大改善，患者就医负担逐步减轻，缓解群众“看病难、看病贵”问题；全力做好新冠肺炎疫情防控，县疾控中心被省委、省政府评为“福建省抗击新冠疫情先进集体”。

【医护人员到疫区驰援】 2020年，大田县派员参加新冠肺炎医疗救治援助工作。1月27日，县总医院副主任医师朱起储加入市医疗救治援助医疗队，参与三明市第一医院集中隔离治疗点新冠肺炎确诊病例医疗救治。2月4日，县总医院主管护师林笑容加入福建省第五批、三明市第二批支援武汉护理专业医疗队，参与武汉东西湖方舱医院新冠肺炎患者医疗护理。2月18日，县总医院ICU（重症加强护理病房）护士长、主管护师肖晓梅加入福建省第二批驰援宜昌、三明市第四批驰援湖北医疗队，在宜昌市第三人民医院参与新冠肺炎重症患者医疗护理。9月4日，疾控中心1人支援香港开展核酸检测。

【新冠肺炎疫情防控】 2020年，县卫健局通过微信群宣传防控措施、防控知识，开展监督检查新冠肺炎疫情防控工作。要求各单位做好场所的防控措施，严格人员出入管理，落实预检分诊工作，督促落实场所通风消毒，严格实行查验“健康码+测量体温”。与各项监督检查相结合，全年监督检查各类医疗机构512户次，疾控中心6次，学校126户次，公共场所286户次，其他机构135户次。下达卫生监督书59份，立案查处7家，处罚金额7000元。

发热门诊共诊治1163人次，留观7人，疑似病例5例，经核酸检测后均被排除。派出医护人员100余人次，在32个监测点，排查车辆万余辆，体温监测7.08万人，排查新冠肺炎接触可疑病例。

全县无报告新冠肺炎患者和无症状感染者，报告疑似病例6例（均排除），实施医学隔离观察94人，组织新冠肺炎疫苗接种400人次，“点对点”接驳境外回国人员48人。6月4日，县卫健局在总医院南院区开展“疾控大培训”实操训练。7月，县总医院南院区和疾控中心PCR实验室（基因扩增实验室）分别投入使用，共配置PCR扩增仪3台、自动PCR检测系统3套，取得PCR检测上岗证书22人，开展核酸检测4万人份及外环境样本2320份，检测结果均为阴性。

（廖美妹 蒋丽蓉）

人口与计生服务

【概况】 2020年，全县落实计生各项奖励优惠政策，扶助关怀计生特殊家庭，推进计生服务管理改革，促进人口计生工作与相关政策配套衔接。截至2020年12月，计生统计全县期末总人口43.72万人，期内出生4400人，政策符合率81.45%，出生人口性别比128.81，自然增长率6.02‰。

【计划生育奖励扶助】 2020年，全县奖励农村二女户1055户，二女户家庭子女就读高中免学费158人、升大学奖励34人，计生贡献奖励12人，城镇奖励扶助337人，农村奖励扶助292人，农村二女家庭建房补助9人，发放各类奖励金249.75万元。农村计划生育特殊家庭、独女户和二女等家庭成员2096人参加城乡居民医疗保险应缴纳的费用由政府补助52.4万元，参加城镇养老保险的居民7878人补助39.39万元（每人50元）。

落实计生特殊家庭扶助关怀工作。建立计生特殊家庭人员就医绿色通道和医疗保险救助制度，开展免费健康体检、送健康包、慢病补助、大病补助、签约服务、结对帮扶等“六大关怀服务”。走访慰问特殊家庭，组织特殊家庭人员37人在县医院免费体检一次(485元•人)，补助体检费1.79万元。发放慰问金4.5万元、计划生育特殊家庭就医服务证37张。做好计生失独家庭父母住院护理补贴保险工作，为计生失独家庭父母30人投保护理补贴保险9000元。

【计生服务】 2020年，全县开通网上办证、微信办证平台，指导督促乡镇卫生计生办规范网上办理服务证登记和再生育审批登记制度。全县办理线上生育证815条，办理线下手动录入生育平台549条，网上办证率59.8%。做好避孕药具服务管理，提高避孕药具可及率，推行避孕药具智能免费发放，全县避孕药具免费发放网点245个，发放避孕药具1218人份，其中短效药2人份、速效探亲药5人份、外用药（膜、栓、凝胶）55人份、避孕套1156人份。区域基本避孕药具发放覆盖率38.23%。

（廖美妹）

医药卫生管理

【概况】 2020年，全县各类医疗卫生机构429家，其中，县乡公立医疗卫生机构24家：县总医院、中医院、疾病预防控制中心、卫生计生监督所、妇幼保健院、卫生进修学校、社区卫生服务中心各1家，乡镇卫生院17家；民营医院5家（安康医院、民生医院、东南医院、平安医院、恒康医院），社会医疗机构14家（包括厂矿、学校及其他部门医疗室），社区卫生服务站8家，村卫生所（室）330家，个体诊所48家，乡村医生313人。全年发放在岗乡医养老保险补助及离岗乡医生活补助84.39万元。完成高等学校招生、义务兵征集和公务员录用等健康体检2828人次，选派医务人员参加县级各类重大活动医疗保障工作、紧急医学救援和公益宣传义诊等活动113人次。

全县卫技人员1575人，每千人4.92人；病床1443张，每千人4.51张。公立医疗机构在编人员770人，其中，卫生专业技术人员721人，其他专业技术人员31人，工勤人员18人。临时聘用卫生技术人员579人，个体医生58人，社区卫生服务站卫技人员57人、民营医院141人、社会医疗机构19人。

受新冠肺炎疫情影响，县乡两级公立医疗机构全年门诊70.36万人次，住院3.84万人次，同比增长3.78%。其中，县级医院门诊34.43万人次，同比下降1.99%，住院1.89万人次，同比下降15.63%；乡镇卫生院门诊35.93万人次，同比增长2.19%，住院1万人次，同比下降37.5%。公立医疗单位总收入3.44亿元（财政补助1.11亿元），同比增长15.05%，其中县级医院2.23亿元（财政补助4086.59万元），同比增长14.36%，乡镇卫生院总收入1.21亿元（财政补助7052.09万元），同比增长16.64%。医疗单位总支出2.97亿元，总结余4665.57万元，其中县级医院2亿元，收支对抵亏损2295.64万元（财政项目亏损2165.85万元），医疗盈余129.79元；乡镇卫生院总支出9713.68万元，业务收支对抵结余2369.93万元。

【县级公立医院改革】 2020年，县级公立医院实行药品零差率，县总医院、中医院药品耗材收入4555.13万元，药品收入占医药收入（1.62亿元）的28.15%；县级两家医院医保支付方式改革，按疾病诊断相关分组（C-DRG）收付费。县总医院全年住院患者1.89万人次，符合C-DRG入组1.56万人次，入组结算1.31万人次，入组结算率83.82%。

当年，县总医院采购中选药品25种36个品规、285.09万元，国家集采中选品种药品77种90个品规、140.26万元，福建省带量采购中选品种药品13种15个品规、95.17万元，三明联盟非过评药品带量采购项目药品5种7个品规、17.27万元，2019年6月1日至2020年年底，累计采购集中采购中选品种药品种120种148个品规、

537.79 万元．测算节省药品采购总经费 488.43 万元。

完善院长目标年薪制考核办法，落实“全员目标年薪制，年薪计算工分制”，经全市年终考核，县总医院核定工资总额1.01亿元，同比增长 2495.72 万元，实际发放 7816.65 万元，其中，总院区 5814.5 万元，县中医院 2002.15 万元，院党委书记、院长年薪 36.72 万元，县总医院总院区医生年人均工资 14.41 万元，最高年薪 32.02 万元，总会计师年薪 15.85 万元，县中医院医生年人均工资 12.85 万元，最高年薪 36 万元。

加强医联体建设，县总医院与福建医科大学附属第一医院、福建医科大学附属协和医院、厦门中山医院、省人民医院、省康复医院、晋江市中医院、三明市第二医院等 7 家医院搭建医联体单位或协作医院，开设康复科、骨外科、中医科、创面治疗科等名医工作室，全年上级医院专家 3 批次 17 人到大田援医，开展业务讲座 17 场次，远程会诊 111 人次。县总医院邀请在榕大田籍医学专家返乡义诊、开展“健康八闽行”大型义诊活动 2 场次，受益患者 500 余人；邀请上级医院专家开展手术 84 台，其中，总院区 43 台，南院区 41 台，让群众在家门口享受“名院名医”服务。县妇幼保健院与省妇幼保健院建立医联体关系，精准帮扶学科建设，并请专家来院长期或定期开展诊疗、举办学术讲座，引进新技术，提升诊疗能力。

【“村村通”医保开通】 2020 年，全县 266 个建制村开通医疗保险村 180 个，占 67.67%，其中贫困村 34 个，乡镇卫生院医保覆盖 35 个村，51 个村由周边已纳入医保定点的村卫生所提供巡诊服务，实现村卫生所医保服务全覆盖。

（廖美妹　蒋丽蓉）

公共卫生

【概况】 2020 年，大田县卫生健康局加强重点传染病的预防控制和公共场所、饮用水、食品安全等卫生监督，巩固卫生应急综合示范县创建和省级慢性病综合防控示范区成果，推进基本公共卫生服务项目，开展爱国卫生运动，保障人民群众身体健康。做好新冠肺炎疫情防控工作，10 月 16 日，在县体育馆进行应对秋冬季新冠肺炎疫情应急综合演练。

【基本公共卫生】 2020 年，全县新建立辖区内居民健康档案 1 万份，累计 27.53 万份，电子建档率 90.3%，健康档案合格率 85%；预防接种报告出生儿童 4442 人，建卡率 100%，免疫规划疫苗接种率 95%，推广流感疫苗、宫颈癌疫苗接种；全县 7 岁以下儿童 4.47 万人，儿童健康管理 4.06 万人，管理率 91.26%，新生儿访视 2945 人次，婴幼儿健康管理 15.3 万人次，4—6 岁儿童健康管理 2.4 万人次；全县孕产妇保健分娩活产 3028 人，产前检查 2732 人，产后访视 2795 人，访视率 92.31%；做好老年人和中医药健康管理工作，65 岁以上老年人健康管理 3.47 万人，管理率 73.37%，为 2.58 万人免费体检和健康指导，其中接受中医药健康管理服务 2.3 万人，管理率 66.2%；辖区内应管理 0—36 个月儿童 1.77 万人，按照月龄接受中医药健康管理服务 1.16 万人，管理率 65.33%；管理高血压患者 1.86 万人，其中按照规范要求管理高血压患者健康 1.54 万人，管理率 82.75%，最近一次随访血压达标 1.29 万人，血压控制率 69.74%，一体化管理 8090 人，纳入一体化管理率 43.6%；管理Ⅱ型糖尿病患者 5651 人，按照规范要求管理 4556 人，规范管理率 80.62%，年末最后一次随访血糖达标 3348 人，血糖控制率 59.25%，纳入一体化管理 1543 人，纳入率 27.3%；新增严重精神障碍患者 107 人，在册患者 1697 人，在管患者 1647 人，规范管理率 89.92%（1481/1647），规范服药率 64.64%（1097/1697）；健康管理肺结核病患者 122 人，管理率 100%，同期辖区内完成治疗的肺结核病患者 92 人，按照要求规则服药患者 87 人，规范服药率 94.57%；法定传染病疫情报告率和报告及时率均 100%，无突发公共卫生事件；卫生计生监督协管报告率 100%。

【疾病调查监测】 2020 年，全县报告法定传染病 13 种 1462 例，报告发病率 454.04/10 万，无死亡病例，无发生传染病暴发流行，无报告甲类传染病，报告乙类传染病 7 种 625 例，报告丙类传染病 6 种 837 例，计划免疫控制的相应传染病均控制在部颁标准以下。新增 HIV 感染者和病人 11 例，自愿咨询检测 462 人次、监管场所在押人员检测 179 份，检测结果均为阴性，高危人群干预 24 场次。新登活动性肺结核病人 116 例（含 1 例复治病人），任务完成率 87.12%，其中涂阳病例 52 例，任务完成率

78.78%，发现并处置学校结核病散发疫情4起。完成手足口病送检标本87份，疑似麻疹监测9例、甲胎蛋白（AFP）监测2例，上报疑似预防接种异常反应（AEFI1）病例8例。

6—10月，在华兴镇仙峰村开展按蚊种群密度调查，捕获各类蚊子1441只，其中中华按蚊17只，调查结果显示输入性疟疾在大田县的传播风险较低。11—12月，在均溪镇玉田村、桃源镇桃源村、屏山乡屏山村、广平镇广平村、梅山镇梅山村开展土源线虫病调查1077人（儿童229人），收集粪便标本1077份、肛拭标本229份，发现阳性标本34份（钩虫1份、鞭虫3份、蛲虫30份）。人群总感染率3.16%（34/1077），儿童蛲虫感染率13.1%（30/229）。

开展碘缺乏病病情监测，调查8—10岁儿童210人，甲状腺肿大3人。采集饮水型地氟病区（桃源镇桃源村）居民末梢水样本1份，检测结果氟含量每升0.18毫克；调查8—12岁学生105人，未发现氟斑牙患者。完成地方病防治专项三年攻坚终期评估。

全县各医疗卫生机构报告死亡病例1928例、新发恶性肿瘤病例271例、急性心脑血管病例1182例，其中死因监测常住报告死亡率5.99‰、死因诊断不明比例3.89%、户籍报告死亡率4.77‰。完成《2019年大田县死因监测分析报告》《2019年心脑血管疾病急性事件监测分析报告》《2019年肿瘤随访登记分析报告》。

【卫生监督监测】 2020年，全县新发卫生许可证公共场所90家，延续28家；发放放射工作人员证6本，新发放射诊疗许可证机构2家、校验8家、变更8家，放射诊疗机构预评价审核5家、竣工验收3家。立案查处25起，其中，公共场所5起，传染病防治9起，医疗8起，消毒产品1起，放射卫生1起，职业卫生1起。结案25起（含2019年立案未结案件2起），罚款金额3.83万元。没收违法所得604元。

全县21家医疗机构监测上报食源性疾病878例，未发现食源性聚集性病例和暴发线索。完成食品化学污染物和有害因素监测49份、食品微生物风险监测11份，未发现食品安全风险。

公共场所卫生监督，检查各类公共场所经营单位265家，监督覆盖率100%，立案查处1起。监督抽检公共场所21家，快速检测游泳池水样9份，合格率100%。公共场所公共用品监督抽检54份，合格率100%；游泳池水监督抽检33份，合格23份，合格率69.7%。

全年监督检查供水单位115家次，快速检测水样118份，全部合格。监督检查城区市政供水水样42份，全部合格，监测结果定期在县电视台公示。完成国家城乡饮用水卫生监测198份，合格141份，合格率71.21%，其中二次供水水样14份、乡镇集中式供水水样18份、农村学校自备供水水样4份的检测结果均合格。完成城市用户水龙头水监测56份，均合格。检测国家建档立卡贫困人口饮水安全水质646份，其中集中式供水379份、分散式供水267份。

放射诊疗单位卫生监督检查，从事放射诊疗工作人员63人均进行个人剂量监测和健康监护。组织执法人员专项治理辖区矿山、冶金、化工等行业领域的企业尘毒危害，纳入专项治理3个行业领域36家，其中培训覆盖率100%；职业病危害项目申报率100%；委托第三方检测机构定期检测存在职业病危害因素的作业场所，定期检测率97%（35/36）；接触尘毒危害的劳动者1096人中接受职业健康检查1057人，体检率96%。开展职业性尘肺病调查，确认中华人民共和国成立至2019年职业性尘肺病人1861人，其中存活1437人、死亡121人、失访303人。存活患者中，有工伤保险保障954人，用人单位赔付的562人，城乡居民基本医疗保险1414人，大病保险1414人，其他（医疗救助、扶贫救助等）108人。随访调查2020年诊断的286名患者，其中存活284人，死亡2人。根据病人现住址的分布情况确定康复站4个、康复点6个。抽样调查辖区130家企业的职业病危害现状，完成职业危害因素检测25家，从业人员健康体检9208人。

开展医疗机构医疗卫生督查930户次，立案查处6起并下达意见书。开展疫情防控互联网卫生监督检查专项行动，检查医疗机构26家，消毒产品生产企业4家、销售企业1家，立案查处无证行医1家、违法销售消毒产品企业1家。立案查处非法行医案件5起，没收药品器械3户，没收违法所得604元，罚款1.8万元；警告并当场行政处罚3家个体诊所执业助理独立执业行为。12月，驻点监督检查石牌镇卫生院和上京镇卫生院，抽检一次性卫生用品3份均合格；抽检集中消毒餐饮具120件全部合格。

开展59家医疗卫生机构传染病防治分类监督综合评价，优秀14家、合格45家；医疗废物处置专项监督检查380家，立案查处5起，罚款3500元。监督检查26家托幼机构冬春季传染病防治情况。预防接种专项监督检查20个预防接种点和4个产科门诊医疗机构。

【卫生应急】 2020年，县、乡两级医疗卫生机构储备应急设备、救治药品、消杀灭药品、个人防护物品、监测检验设备等卫生应急物资200万元。报告处置食源性疾病聚集事件4起，暴露219人，发病人数23人，患者痊愈，无死亡病例。报告传染病疫情苗头事件6起，疫情得到有效控制，患者均愈。县总医院急诊科接到各类急诊电话1893个，“120”救护车出诊1887车次，派出医护人员3774人次，接诊病员1887人，院前病人急救抢救成功率98.53%，各类意外伤害得到及时妥善救治。

【妇幼保健】 2020年，全县孕产妇分娩4402人，住院分娩率100%，其中剖宫产1000人、剖宫产率22.51%。高危产妇1979人、筛查率45%，高危产妇管理率100%，全部住院分娩。孕产妇死亡1人，死亡率22.51/10万。全县7岁以下儿童管理率91.26%；3岁以下儿童19275人，管理15617人，管理率94.1%。筛查出高危儿1218人，高危儿筛查率2.52%，高危儿专案管理率100%。5岁以下儿童死亡25人，死亡率5.63‰；婴儿死亡18人，死亡率4.05‰；新生儿死亡15人，死亡率3.38‰；死胎死产10人，早期新生儿死亡10人，围产儿死亡率4.49‰。

全县新婚夫妇2089对参加婚前检查174对，婚检率8.3%。其中，男性检出各类疾病8人，法定传染病1人，患病率4.6%；女性检出各类疾病12人，法定传染病1人，患病率6.9%。查出的各类疾病均给予相应的治疗及指导。

开展全县61所公、民办托幼机构儿童健康体检和眼保健、口腔保健。入托园儿童15795人，体检15091人，口腔防龋齿10002人，体检率98.6%。

实施妇幼重大公共卫生服务项目，农村孕妇和城市低保孕妇免费产前筛查诊断，怀孕15—206周的孕妇1706人采血筛查，血清检出高风险72人；孕妇超声排畸检查1257人，胎儿畸形11人、畸形率8.75‰，NT检查（胎儿早期的唐氏综合征评估）1117人，畸形率2.68‰（心脏畸形、无脑儿、颈部水囊瘤各1例），中孕Ⅱ级胎儿筛查1217人，胎儿畸形4人，畸形率3.28‰；为农村育龄妇女3252人增补叶酸预防神经管缺陷；免费检测地中海贫血症1102对（任务1100对），基因检测43对，产前诊断3例。检出地贫基因携带者43人，其中筛查出α地贫携带者32人，β地贫携带者7人。其中β地贫基因复合α地贫基因携带者4人，夫妇为同型地贫基因携带者4对；实施预防艾滋病、梅毒和乙肝母婴传播项目，检测产妇2417人，发现并跟踪随访梅毒感染产妇10人，乙肝表面抗原阳性孕产妇262人；免费筛查宫颈癌7064人，乳腺癌7244人，其中筛查出宫颈癌8人、乳腺癌1人；免费提供夫妻孕前优生检查1056对，检出高风险人群138人，高风险人群率6.53%，其中女性89人，男性49人；高危随访率100%，健康教育2400人次，覆盖率80%，咨询指导2112人。

【爱国卫生】 2020年，全县开展春季爱国卫生运动、疫情防控爱国卫生志愿服务活动、第32个爱国卫生月、除“四害”专项爱国卫生运动、环境卫生和消毒、夏季拉网式环境卫生整治和消毒、农贸市场环境卫生专项整治、冬春季爱国卫生运动助力常态化疫情防控活动等8个专项爱国卫生活动。6月、8月、11月，在城区开展大规模消杀蚊子、苍蝇、蟑螂和灭鼠等除“四害”活动，投放灭鼠毒饵3.63吨。实施农村改厕工作，新建、改造无害化厕所600户；申报创建省级卫生乡镇2个、省级卫生村35个。

【健康教育与宣传】 2020年，县卫健局与县电视台联办《健康大田》栏目，每半个月播出1期10分钟，全年播出24期。结合全民健康生活方式行动日、全国高血压日、世界糖尿病日、世界艾滋病日等活动日开展各类主题宣传活动113场次，其中多部门联合大型活动6次，印制发放新冠肺炎疫情防控等各类宣传单页（册）9.2万份，宣传品2万余份。更新乡村卫生健康宣传栏363个、投入41万元，在旅游景区、老年活动中心、集市、学校等人口集中处设立核心信息宣传横幅210条、广告牌150块。利用健康大田讲师团和各乡镇卫生院师资力量在乡村、社区、机关、学校等开展心理健康、口腔保健、合理膳食等主题系列宣讲、讲座644场次、受众2.8万人。调查居民健康素养水平1800份，数据显示县居民健康素质水平17.8%。妇幼健康教育活动16场次，妇女、儿童2000人受到教育，孕妇学校循环播放孕产保健宣教视频，孕妇及家属收看3000人次；新婚学校健康宣教348人次，宣教率100%。微信公众号发布妇幼健康教育知识297条，其中新冠疫情防控科普知识120条。设置“她健康家幸福妈妈书屋”，投放各类妇女儿童保健图书5000册供就诊者阅读。利用“大田疾控”“大田县总医院”“大田县妇幼保健院”等微信公众平台，普及健康知识，全年发文1100余篇。

【心血管病早期筛查与综合干预】 2020年，全县完成2019年度心血管病高危筛查项目初筛任务1209人，检出高危对象341人，高危对象调查及干预327人；短期随访及干预241人，长期随访及干预581人。连续三年累计初筛15271人，检出高危对象4076人，高危对象调查及干预3564人，短期随访及干预3257人，长期随访及干预2345人。

【医防协同融合】 10月10日，大田县医防协同融合办公室成立（临时机构），县总医院院长温春水任办公室主任，地点设在县总医院，负责进一步推进公立医院改革，全面落实医防融合；修订工作制度及工作方案，统筹推进和综合协调医防融合；发挥功能互补、资源整合作用，促进队伍、业务、资源、评价、分配等相互融合。相继出台《大田县医防协同融合工作实施方案（试行）》《大田县疾病预防控制中心综合改革方案（试行）》《大田县组建医防协同融合工作指导团队工作方案》等文件，确定8项重点任务和8个工作专班小组，抽调专业骨干合署办公，挖掘创新医防协同机制，树立工作融合、业务融合和成果融合理念，推动预防关口前移，突出预防与治疗并重，促进做好传染性与非传染性疾病防控、慢性病防控、健康科普等业务工作。

（廖美妹　蒋丽蓉　肖其富　林小红　陈亚周　林兴楼）

城乡居民医疗保险

【概况】 2020年，全县继续在县级及以上公立医院实行住院费用按疾病诊断相关分组（简称C-DRG）收付费，规范基金运行。执行市统一的基本医疗保险统筹基金报销补偿标准。城镇职工参加基本医疗保险的单位507户、2.66万人，其中在职1.67万人、退休9927人，赡养比1.68∶1；城乡居民参加基本医疗保险33.21万人，年人均筹资800元，其中，个人缴费250元，各级政府配套补助550元，全年筹集资金2.66亿元（农村低保、五保、重点优抚人员、持证残疾人、建档立卡贫困人员等特殊对象2.39万人，个人缴费部分由县财政支付）。城镇职工参加生育保险1.58万人。

【医疗和生育保险基金收支】 2020年，全县城镇职工基本医疗保险基金系统收入9999.61万元，其中，个人账户3986.86万元，统筹账户6012.75万元。系统支出8659.32万元，其中，个人账户支出3594.79万元，统筹账户5064.53万元；系统结余1340.29万元，其中，个人账户392.07万元，统筹账户948.22万元。

城乡居民基本医疗保险基金收入2.66亿元，其中，个人缴费8303.18万元，各级财政补助1.83亿元；支出2.39亿元，其中，住院补偿支出1.64亿元，特殊门诊4049.77万元，普通门诊1820.03万元，大病补充补偿1721.25万元。

城镇职工生育保险基金收入388.90万元；支出253.59万元，其中，生育报销48.33万元，计划生育1.62万元，生育津贴203.64万元。

【医疗保险基金报销补偿】 2020年，全县职工基本医疗保险受益16.09万人次，统筹基金支付3639.26万元，其中，住院费用报销4554人次、总费用4276.55万元，基金支付2241.7万元，实际支付比例52.42%。特殊病种门诊费用报销3.94万人次，总费用1181.23万元，基金支付862.79万元，实际支付比例73.04%。普通门诊就诊11.7万人次，总费用1667.78万元，基金支付534.77万元；定点药店刷卡23.18万人次，个人账户支付1849.64万元。

城乡居民基本医疗保险受益89.54万人次，统筹基金支付1.8亿元，其中，住院费用补偿4.32万人次，2.48亿元，基金补偿1.32亿元，实际补偿率53.07%；特殊病种门诊费用补偿20.59万人次，总费用4280.23万元，基金补偿3320.42万元，实际补偿率77.57%；普通门诊费用补偿64.44万人次，总费用5012.06万元，基金补偿1496.45万元；大病补充补偿1865人次，基金补偿1721.25万元，次均补偿9229.2元。

（郑启祥）

医院建设

【概况】 2020年，县政府完善基础设施建设，投入1042万元；更新添置医疗设备，县总医院添置、维保医疗设备投入660万元，乡镇卫生院、县妇幼保健院添置医疗设备分别投入405万元、124.2万元。改善县、乡两级医疗卫生机构服务环境，施行医疗12项新技术、新项目，提升医疗质量和服务水平。全县各医疗卫生单位加强卫生专业技术人员培养和公开招聘，委托省内医学高等院校定向培养医学本科生13人、专科生8人、农村医学专业中专生29人。公开招聘卫技人员49人。出院患者满意度县总医院90.11分、县中医院91.72分。

【医疗卫生项目建设】 1月，县总医院完成门诊综合楼8层血透中心改造并投入使用，总投资646万元，血透床位由33张增至50张，血透仪器设备由17台增至31台，缓解患者的血液透析需求。石牌卫生院新门诊综合楼落成揭牌，总投资100万元。4月，县总医院完成病理诊断中心场所改造并投入使用，总投资63万元。9月，湖美卫生院中医馆建设工程、梅山卫生院医疗废水处理项目验收，至此，除太华卫生院整体搬迁外，其余17个乡镇卫生院全部完成中医馆、医疗废水处理工程建设。10月，县总医院消化内镜室搬迁至门诊综合楼7层西侧，总投资54万元。当年，修缮济阳卫生院门诊和住院楼，吴山卫生院门诊楼，文江卫生院发热门诊和龙门医疗点，屏山卫生院职工食堂、护士站和输液厅，上京卫生院旧楼（公共卫生科），共投入143万余元。建设标准化一体化村卫生所18个、提升贫困村卫生所11个，总投资36万元。完成传染病防治综合楼项目设计方案规划审批，进入标前审计阶段。太华卫生院迁建项目完成土石方工程，进入主体工程招标公示阶段。

【重点学科建设】 6月，县总医院创面治疗科在省人民医院皮肤科主任王斗训专家团队的带领下正式开诊，施行手术10台，收治住院患者16人，门诊诊疗3127人次。9月，县总医院呼吸内科入选福建省县级医院临床重点专科培育单位。

【“六大中心”运营】 2020年，大田县消毒供应、心电诊断、临床检验、医学影像、病理检验、远程会诊等六大中心投入运营，全年远程医学影像诊断3312例、心电诊断2.76万例、医学会诊226例、临床检验67例、超声诊断81例，消毒供应中心协助乡镇卫生院清洗、消毒、包装、灭菌各类器械包800余包，灭菌处理寄消包300余包。

【胸痛中心、卒中中心建设】 2020年，县总医院胸痛中心、卒中中心通过中国心血管健康联盟、中国胸痛中心联盟、中国胸痛中心执行委员会、胸痛中心总部的资格审核，得到中国基层胸痛中心认证。10月27日，开展首例院前溶栓治疗。10月31日，省胸痛联盟到县总医院开展胸痛联盟预评审。全年接诊胸痛病人285人，其中12例溶栓成功，并转运上级医院进行冠脉造影或补救PCI（血管支架安放）；接诊脑卒中病人602例，溶栓36例，其中8例溶栓后转上级医院进一步治疗。

【新技术施行】 2020年，县总医院施行12项诊疗新技术、新项目，完成多导睡眠监测及压力滴定技术23例、听力检测（纯音测听+ABR+ASSR+声导抗）923例、急性心肌梗死溶栓治疗2例、宫腔镜刨削手术12例、鼓膜成形术4例、支气管肺泡灌洗128例、经鼻腔肠管置入术59例、一次性使用包皮切割吻合器、胸腔镜下肺癌根治术、无创分娩、白内障超声乳化联合房角分离术治疗白内障并发青光眼、无痛分娩。其中，“鼻内镜下泪囊鼻腔开放术”科技课题申报县级项目奖励资金。县总医院南院区（县中医院）开展脑瘫儿童康复治疗技术、疼痛康复治疗技术2项新技术新项目。9月11日，县总医院首例“麦默通乳腺微创手术”成功施行。

【森林康养建设】 2020年，县总医院依托桃源最氧睡眠小镇，和三明市第一医院协作，设立睡眠专科门诊同步开通“焦虑伴睡眠障碍”医保报销系统，引进睡眠/脑电监测系统，选派医护人员驻点，实现睡眠诊断、干预、康复；以基本公共卫生糖尿病患者管理服务项目为指导方案及省级创建森林康养中心精神，管理糖尿病患者，协助大田县翰霖泉森林康养基地通过省林业局、省民政厅、省卫生健康委员会、省总工会、省医疗保障局等五个部门组织的“省级森林康养基地”评估。

【分级诊疗实施】 2020年，县总医院组织县级专家423人次到基层医疗卫生机构诊治患者1387人次，查房带教52次，开展教学讲座31次，病案指导338份。总医院下转患者2521人次，其中门诊1887人次、住院634人次。分院上转患者1403人次，其中门诊1346人次、住院57人次。建立领导挂点联系分院制度，加强县、乡、村一体化管理，完善基层医疗卫生机构运行管理机制，调整优化工作考核方案，提升基层机构服务能力。基层医疗卫生机构门急诊95.25万人次，占辖区内门急诊总量的73.45%。

【医疗卫生信息化建设】 2020年，县总医院上报二级公立医院绩效考核、成本监测和国家公立医院医疗质量数据，改造HQMS（数据上报系统）等工作；市农行出资436万元搭建医院信息集成平台及互联互通四级建设；医院电子病历测评达到三级；建设县乡双向转诊、远程心电、远程影像、区域检验、基层电子病历等管理系统，远程心电管理系统的应用居全市第一。

【医养结合服务优化】 2020年，县总医院南院区医养服务中心突出“家庭化、亲情化、人性化”服务，为入住老人提供“云探视”“零褥疮”“中西医结合”等服务。全年，入院21人，出院13人，58张床位全部住满；医护人员8人，护理员16人，被全国老龄工作委员会办公室评为“敬老文明号”，被国家卫健委列为首批老龄健康医养结合远程协同服务试点机构。

【医患纠纷调处与保险理赔】 2020年，全县医疗机构参加医疗责任保险362家，投保率80.62%（362/449），其中公立医疗机构21家和民营医院5家投保率100%，村卫生所及个体医疗机构投保率75.85%（336/423）。当年发生医疗纠纷15起，申请医疗事故鉴定1起，向人民法院起诉4起，其中调解完成12起，调解补偿额58.8万元，保险公司理赔9起，赔付37万元。

（蒋丽蓉 廖乃基）

医学教育与科研

【概况】 2020年，县卫健局推动医学教育与科研工作，临床医护人员参加福建医学通讯继续教育531人，到上一级医院进修29人；参加各种短期培训、学术交流等103人次，乡村医生规范化线上培训310人次。取得执业资格护士21人、执业医师（含助理）资格49人；取得初级职称72人、中级职称31人、高级职称15人。县卫校2018级学员23人，招收2020级护理专业学生62人、农村医学专业学生42人，年底在校学生127人。8月，2017级毕业50人，其中护理班20人、农村医学专业30人。

【医师电子化注册管理】 2020年，县卫健局推行医疗机构、医师、护士电子证照申领工作，申领电子证照医疗机构420家、医师电子证照624份、护士电子证照855份，完成率97%。

（廖美妹）

人力资源和社会保障管理

【概况】 2020年，大田县人力资源和社会保障局（简称县人社局）围绕“人才优先、民生为本”抓好各项工作，健全多层次社会保障体系，建设人才队伍，构建和谐劳动关系。推进“放管服”（简政放权、放管结合、优化服务）改革，理顺权责关系，规范工作程序，提高工作效率和群众满意度。落实企业社保费减免政策，全县符合减半征收5个月政策的大型企业14家、民办非企业40家、社会团体4家，减征100.5万元；符合免征8个月政策的中小微企业515家，免征4500多万元。推广“福建社保”“闽政通”等手机App和“12333”“三明就业和人才公共服务”“微大田”等微信公众号，指导群众通过手机办理人脸识别认证、社保补贴申领、社会保险信息查询等各项业务。

【创业就业服务】 2020年，全县城镇新增就业931人，城镇下岗失业人员再就业510人，其中就业困难对象再就业58人；农村劳动力转移就业1826人。城镇登记失业率2.04%。新冠肺炎疫情防控期间，发放惠企惠民政策宣传单1500份，在微信平台发布《大田县人社局关于防控疫情期间惠企惠民政策》。调查全县171家规上工业企业和79家限上商贸企业用工情况，帮助企业制定招聘计划。组织现场招聘会4场，参加招聘企业51家，提供就业岗位2018个，达成就业意向113人；利用微信公众号、短信等方式发布140家企业1.06万个岗位招聘信息，达成就业意向593人。在企业招聘群发布云南省人社厅的劳务输出需求和招工奖补政策，征集企业招用云南籍员工需求。印发《大田县人社局致全县广大外出返乡务工者的一封信》5000份，并制作成微信美篇，倡议外出务工返乡人员返乡就近就业。设置育婴员、保育员、茶艺师等培训课程帮助城乡劳动者掌握职业技能，参训3031人，取得各类资格证书1937人。

【稳岗惠企政策落实】 2020年，县人社局落实稳岗惠企政策，稳定就业，帮助企业渡过难关。28家企业获一次性稳定就业补助、奖补等资金230.7万元，全额返还295家参保企业2019年度不裁员或少裁员失业保险费254.5万元，退回325家参保企业失业保险费7.97万元，为2019年度灵活就业困难人员802人发放社会保险补贴168.54万元，发放创业担保贷款334笔、4567.5万元。防控新冠疫情期间，鼓励各级工会发放返岗交通补贴；联系专车帮助企业“点对点”接回发生疫情地区新老员工，分59批次为永坤建材厂、宇隆超纤公司、新盈彩铝公司接回返岗员工273人；支持企业灵活用工。

【贫困人口技能培训】 2020年，县人社局动员有转移就业、培训意愿的脱贫人口参加就业技能和创业培训。举办摘帽贫困村创业致富带头人培训班2期、参训152人，创业农户培训班、参训60人，电子商务培训班参训25人。2017年起至2020年年底，全县参加培训贫困劳动人口累计1647人，培训率55.14%。

【人才队伍建设】 2020年，县人社局招聘事业单位工作人员284人（含教育系统岗位195人），其中紧缺急需专业49人。指导企事业单位专业技术人员申报职称610人，其中高级职称44人、中级62人、初级504人。解决应届毕业生就业设置非教育岗位20个。组织协调各乡镇安置“三支一扶”（大学生在毕业后到农村基层从事支农、支教、支医和扶贫工作）高校毕业生15人。完善收入分配，落实卫生、农业、林业等部门特岗津贴；管理事业单位绩效工资，核定绩效工资总量，缩小收入差距，进一步规范工资秩序。

【社保体系完善与发展】 2020年，县人社局统筹做好全民参保工作，推进法定人员养老保险全覆盖，印发《大田县人力资源和社会保障局关于做好2020年养老保险精准扩面工作的通知》（田人社〔2020〕78号），分解扩面任务，将责任落实至各乡镇，并督促检查工作进展情况。落实城乡居民养老保险扶贫政策，开展有针对性的专项扩面行动。继续实施“同舟计划”，煤矿、非煤矿山、冶金、建材等尘肺病重点行业职工全部纳入工伤保险，推动公路、水利、能源等建设项目参保。至年底，全县养老保险城镇企业职工参保3.27万人、机关事业单位0.81万人、城乡居民18.84万人，工伤保险参保4.63万人、失业保险参保1.62万人。全年发放养老保险费城镇企业职工2.54亿元、机关事业单位1.99亿元，城乡居民基本养老保险费8280万元、工伤保险费8637万元、失业保险费489.5万元。继续同步提高企业和机关事业退休人员基本养老金，建立城乡居民基本养老保险待遇确定和基础养老金正常调整机制，基础养老金提高至130元/人月，增加7元。加强养老保险基金管理，开展反欺诈冒领养老金专项行动，追回被冒领的企业退休职工养老金2700元、工伤伤残津贴8900元、抚恤金1200元、城乡居民基本养老金8.05万元。做好社保服务工作，社保新系统运行，实行一网通办，引导退休人员通过手机完成待遇领取资格年审认证。

【促进和谐劳动关系构建】 2020年，县人社局组织日常巡查和举报专查，开展农民工工资支付等劳动监察执法专项行动和预防欠薪隐患排查，协调劳资矛盾及时化解处置工资拖欠案件。开展根治欠薪百日攻坚行动，联合住建、交通、水利等行业主管部门联合检查实名制系统内的在建项目，履行属地责任，预防讨薪引发的极端事件和群体性事件。调处劳动争议，设立农民工维权岗，全年检查用人单位121家，处理群众投诉举报案件和突发案件388起，按规定预存工资保证金1914.5万元，追回拖欠克扣农民工工资3100余万元，受理工伤案件248件。全年处理各类劳动人事争议案件518件（审结509件、结案率98.26%），涉及劳动者521人、金额1711.6万余元。

【困难群体生活保障】 2020年，县人社局开展全县贫困家庭、低保家庭、零就业家庭和残疾未就业高校毕业生情况调查摸底，并建立台账。困难家庭29名未就业高校毕业生全部纳入公共就业创业服务范围。开发公益性岗位安置贫困家庭劳动力22个、就业见习岗位20个，安排10个高校毕业生参加就业见习。全年为799人发放失业金440.15万元，为278人代缴医疗保险金56.21万元；给646人发放价格临时补贴15.34万元。

（施发谱）

民政工作

【概况】 2020年，大田县民政局践行“民政为民、民政爱民”理念，做好养老服务、民生保障、儿童关爱保护、社区治理等工作，规范专项社会事务管理，养老服务工作走在全省前列，民生保障能力增强，儿童关爱保护加强，社区治理取得成效。经县编委批准，民政局成立大田县养老服务指导中心（加挂县社会福利院、县救助工作站、县未成年人保护中心、县光荣院牌子），股级事业单位，核定财政核拨事业编制7名。6月起，城乡低保和特困供养审批权限下放至乡镇和东风农场。11月起，各乡镇和东风农场可在“福农e政”平台发放城乡最低生活保障资金、特困人员救助供养资金、高龄补贴、特困护理费等扶贫资金。

2月25日，中共大田县民政局离退休干部支部委员会成立，党员15人。当年，县民政局在县政府绩效考评中获优秀等次，是县平安先进单位，获县脱贫攻坚工作先进集体嘉奖。

【新冠肺炎疫情防控】 2020年，县民政局在新冠肺炎疫情期间，封闭式管理县社会福利中心、敬老院等场所，殡仪馆暂停遗体告别仪式，印发《动员社会组织依法有序参与新型冠状病毒感染肺炎疫情防控工作的倡议书》，各类社会组织暂停举办活动，开通“8812349”服务专线，向县红十字会捐赠疫情防控资金5355元。清明节期间，县殡仪馆、骨灰楼、龙山公益性公墓、香山陵园暂停现场祭扫活动。

【福利彩票销售】 2020年，县民政局销售福利彩票732.44万元，比上年减少298.37万元。其中，电脑福利彩票521.62万元，同比增加112.57万元；刮刮乐48.15万元，同比增加15.2万元；“中福在线”，即视频型彩票162.67万元，同比减少426.14万元。

【城市精准扶贫】 2020年，县政府制定《大田县城市困难家庭精准帮扶实施方案》，成立县城市困难家庭精准帮扶协调领导小组，结对帮扶172户次、发放保障金193.48万元，临时救助83人次、12.49万元。

【社会救助】 2020年，全县临时救助资金筹集标准每人每年从7元提高至10元。全年临时救助4558户、412.45万元，其中，重大疾病救助632户、177.5万元，教育救助463户、150.3万元，突发意外事件救助34户、12.88万元，其他困难救助3429户、71.77万元（疫情期间生活补贴3397户次、64.97万元）。为流浪乞讨人员提供食宿、医疗80人次，帮助寻找亲人、购买车票或护送返回原籍，投入资金32.33万元，其中自主返乡64人次，异地护送3人次，安置流浪乞讨及易肇事肇祸重性精神病人到医疗机构治疗13人。

【城乡居民低保管理】 2020年，县民政局增加动态管理低保对象3666人。7月起，城乡低保标准从月人均538元提高至640元，特困人员分散供养标准月人均从700元提高至840元，集中供养标准月人均从840元提高至1170元。为城乡80周岁以上老年人低保对象发放高龄补助18.87万元，物价补贴204.89万元，电价补贴31.82万元。全县农村低保对象2661户6066人，发放低保金2909.11万元，人均月补助399.65元；城镇低保对象149户242人，发放低保资金137.39万元，人均月补助473.11元；特困供养对象921人，发放供养资金959.25万元，护理补助资金499.92万元，人均月补助1561元。

【基层组织建设】 2020年，县民政局依法指导村（居）委会做好缺额委员补选并发放当选证书，换发村（居）委会统一社会信用代码证书，更新统一社会信用代码赋码系统信息。总结桃源镇兰玉村、济阳乡济中村等5个省级农村社区建设示范单位及上京镇隆美村三星级农村幸福社区建设经验，形成可推广模式。在广平镇设立社工站，探索社工机构承接政府购买服务模式，助力乡村社区治理。

【殡葬管理】 2020年，县民政局整治殡葬流通领域乱象，治理违建、乱建坟墓，监督指导建设乡村公益性骨灰楼堂10座。继续推行惠民殡葬政策，全年境内火化遗体1922具，免除费用218.23万元。其中，免除基本殡葬费167.71万元（每具885元），困难对象83人（城乡低保47人、农村五保36人），财政物价差补50.52万元。

【社团管理】 2020年，县民政局新登记社会团体2家（屏山乡用水户协会、吴山镇商会）。注销社会团体4家（县档案学会、县外商投资企业协会、县教育学会、岩城书画院）。新登记民办非企业单位77家，含文江镇后洋村养老服务中心、明正社会工作服务中心和75家村级万寿延养老服务中心。年检社会团体93家、民办非企业单位41家，合格率98.5%。专项治理行业协会商会涉企收费，公示9家行业协会商会会费清单，接受社会监督。

【勘界区划工作】 2020年，县勘界工作站开展县乡两级行政区域界线联检，7月底，完成上京镇与石牌镇行政区域界线等7条乡级行政区域界线联检、界线总长73.7千米，完成大田县与沙县行政区域界线联检、界线总长度23.65千米，三角点界桩2个（大田—尤溪—沙县、三元—大田—沙县）。解决德化春美村在华兴镇杞溪村河道上修建拦河坝引发的两县界线纠纷。建立平安边界共建联谊互访和联席会议制度，建立健全重大事项报告制度，及时向县委、县政府报告界线管理工作中涉及影响边界地区稳定的重大问题。

【地名工作】 2020年，县地名办做好标准地名牌和楼门牌设置、维护管理工作。转化地名普查成果，加快《大田县地名志》编撰。配合做好《大田县区划图》校对、审核和《福建地名区划手册》核对工作。

【“阳光1+1+N”签约仪式举行】 6月23日，“阳光1+1+N”社会组织与老区村举行签约仪式，54家社会组织或成员单位对接29个革命老区村建设发展，省民政厅党组书记、厅长池秋娜，市委副书记王进足，县长林金龙等领导出席。省标识行业协会及会员单位、省职业经理服务行业协会、省专利代理人协会、省海峡茶文化与旅游研究院、福州市大田商会及会员单位以及桃溪村、科里村、百束村、和春村等22个革命老区村负责人参加。

【老区扶建】 2020年，县民政局向上争取老区专项扶贫发展资金60万元，其中，武陵乡百束村、石牌镇盖山村、谢洋乡仕福村道路建设项目资金分别20万元、15万元、15万元，桃源镇杨坑村老年活动中心项目10万元；中共闽中工委成立遗址建立林大蕃纪念馆革命老区发展专项资金30万元。革命“五老”人员（老地下党员、老游击队员、老交通员、老接头户、老苏区乡干部）生活定补标准从人均月1370元提高到1520元，革命“五老”遗偶定期生活补助标准人均每月475元。福建省职业经理服务行业协会在大田成立阳光壹加壹（福建）农业科技有限公司，助力革命老区村脱贫攻坚。

【儿童关爱保护】 2020年，县民政局做好孤儿、事实无人抚养儿童摸排、身份审核认定工作，并实行动态管理。向25名孤儿发放基本生活保障金39.52万元，111名事实无人抚养儿童发放生活救助资金49.21万元。做好“福彩圆梦·孤儿助学工程”项目有关工作，向9名在校大学生发放助学资金8万元。公开招投标购买农村留守儿童关爱服务项目25万元。安置流浪儿童2人。

【残疾人补助动态管理】 2020年，县民政局将领取困难残疾人生活补贴和重度残疾人护理补贴人员名单与火化、低保、五保人员名单数据变动进行比对，动态管理领取补贴人员数据。1月起，残疾人两项补贴发放标准为困难残疾人生活补贴80元／月；重度残疾人护理一级115元／月，二级85元／月。向4357名困难残疾人发放生活补贴411.53万元，向5566名重度残疾人发放护理补贴602.46万元。委托大田县社工协会购买残疾人服务工作。

【慈善救助】 2020年，县慈善总会开展助医、助老、助农、助学等慈善救助工作，发放救助款234.06万元。其中，春节期间走访贫困家庭73户、送慰问金3.8万元；“六一”儿童节期间奖励优秀教师和学生38人、2.9万元，助孤10人、1.2万元，资助村建设农村老年人活动中心和慈善幸福院83个、203万元。开展“金秋爱心助学”，资助低保、孤儿、二女结扎户、病残等贫困家庭大学生29人、14.5万元；开展情暖万家活动，慰问五保户和低保贫困户37人、1.11万元，发放“传递幸福简单”大礼包770个、价值7.55万元。

【婚姻登记】 2020年，县婚姻登记处继续实行周末无休制。全年，办理结婚登记2089对、离婚登记1072对，补发结婚证书476本、离婚证书49本。

（詹金花）

退役军人事务管理

【概况】 2020年，大田县退役军人事务工作围绕“让退役军人和其他优抚对象成为全社会尊重的人、让军人成为全社会尊崇的职业”工作目标，开展“思想政治工作年”和“基层基础基本建设年”活动，开创退役军人工作新局面。全年接收安置春季转业士官到县民政局等单位工作，为机关工勤事业编制；接收安置3名进藏（疆）退役士兵到国有企业工作。重点优抚对象享受免费体检。退役军人参加新冠肺炎疫情防控工作，其中，林佳山、林乐坚、连文枝等3人表现优异被县委、县政府通报表彰。

【走访慰问】 春节、“八一”建军节期间，县领导向13位立二、三等功的家属送去喜报和慰问金1.4万元，慰问军休干部、残疾军人等重点优抚对象。

【“送法进军营”活动】 12月4日，县退役军人事务局到武警大田中队开展“深入学习宣传习近平法治思想，大力弘扬宪法精神”主题活动。宣传《中华人民共和国宪法》《福建省拥军优属条例》，发放《军人抚恤优待条例》《福建省拥军优属条例》等法律宣传资料，解答官兵政策咨询125条。

【服务保障体系建设】 2020年，大田县建立健全退役军人服务网络，设置村（居）级退役军人服务站277个。推行由各乡镇武装部部长分管退役军人服务工作，武装部副部长或武装干事任乡镇退役军人服务站站长，民兵营长任村级退役军人服务站站长的服务保障体系。8月27日，乡镇退役军人服务站站长业务培训会在局会议室举行。

【退役军人就业创业】 2020年，县退役军人事务局制定退役军人就业创业工作实施方案，宣传相关政策，编印《退役军人安置和就业创业宣传材料政策问答》《退役士兵职业教育和技能培训招生指南》，制作宣传栏发布招聘信息。开通短信服务平台，向退役军人发送招聘活动信息短信。树立周承贤等创业典型。

【退役军人任村主干】 2020年，大田县鼓励退役军人回乡担任村主干，全县有××名退役军人担任村主干。退休军官大校林佳山回到前坪乡上地村任党支部书记，带领村民脱贫致富，推动乡村振兴发展。省退役军人事务厅厅长陈奕辉肯定退役军人回乡担任村主干的做法。

【退役士兵社保接续】 2020年，县退役军人事务局按县委、县政府要求，协同人社、税务、医保、财政等相关部门做好符合条件退役士兵社会保险接续工作，办结率100%。

【拥军优属拥政爱民宣传】 2020年，县退役军人事务局开展“拥军优属拥政爱民宣传周”活动。围绕“军民携手奋进、共铸百年梦想”主题，宣传军政军民团结在实现百年奋斗目标中的重要作用，悬挂宣传条幅12条，发放《军人抚恤优待条例》等宣传资料1500余份，向省市县有关媒体报送信息150余条，被省、市采用20余条。

【法律援助和宣传】 2020年，县退役军人事务局成立退役军人法律援助工作站。与律师事务所合作，由律师事务所派驻值班律师，为退役军人及其他优抚对象提供免费法律咨询、法律援助申请、矛盾纠纷调解等服务，定期组织律师开展法律知识讲座、法治宣传。有效化解矛盾问题50余件。

【补助和奖励金发放】 2020年，县退役军人事务局落实各项补助政策。提高残疾军人、烈属、老复员军人等定期补助金，向重点优抚对象发放抚恤补助资金；落实医疗救助、补助政策，为重点优抚对象报销医疗费，门诊医疗费补助费；发放2019年秋冬季自主就业退役士兵地方经济补助金、优秀士兵奖励金、义务兵家属优待金、进新疆地区服役一次性奖励金、2019年9月入伍的大学生一次性奖励金。

（陈开奖）

老龄工作

【概况】 2020年，大田县民政局学习贯彻习近平总书记关于老龄工作的重要讲话和重要指示批示精神，贯彻落实养老产业发展决策部署，立足山区实际，整合资源，提高养老服务能力，打造新时代山区养老产业“大田样板”，让老年人老有所养、老有所依、老有所乐、老有所安。《线上线下相结合，农村老人笑开颜》养老工作法入编民政部全国农村养老服务典型案例，农村居家养老服务规范省级地方标准立项。全省农村养老服务业推进会议在大田召开，大田在会上作交流发言。建立“党建+养老服务中心”工作机制，登记养老服务中心民办非企业74家。完善农村留守老年人关爱服务工作机制，持续推进养老院服务质量建设专项行动。年底，全县养老服务机构20个、社区居家养老服务照料中心5个、乡镇区域性养老服务中心3个、农村幸福院77个、慈善幸福院42个、老年人活动中心147家，养老床位2653张，平均每千名老人拥有养老床位35.95张。

【老年人口状况】 2020年，全县人口43万人，60周岁以上老年人5.7万人，占总人口的13.6%，其中，60—70周岁3.22万人，70—80周岁1.76万人，80周岁以上7590人；60周岁以上特困老人569人。

【养老服务队伍建设】 2020年，县民政局成立大田县养老服务指导中心（股级事业单位），工作人员7人，指导开展全县养老服务工作。18个乡镇全部配备专职养老救助协理员，并通过计生管理员兼任和公益性岗位开发等方式为全县266个建制村、8个居委会配备助老员274人。探索“学生社区志愿服务计学分”“时间银行”等志愿服务记录制度，壮大志愿者和医护人员组成的孝老员队伍和县、乡、村三级养老志愿者服务队，开展志愿服务1.54万人次。

【老年人高龄补贴发放】 2020年，大田县为80周岁以上老年人发放生活补贴，80—89周岁每人每月50元，90—99周岁每人每月100元，100周岁以上每人每月300元，全年发放高龄老年人生活补贴503.5万元。

【养老项目建设】 2020年，全县向上级有关部门争取城企联动普惠性等补助资金1583万元，10个省补助的农村幸福院项目完成主体建设，建设面积3050平方米。建设镇农村区域性养老服务中心增加居家、社区养老服务功能。建成玉凤社区日间照料中心和广平镇万筹村居家养老服务照料中心。湖美康养分中心投入使用。

【高龄老年人慰问】 重阳节，县委、县政府慰问90—94周岁老年人865人，发放慰问金8.65万元；慰问95—98周岁老年人165人，发放慰问金3.3万元；慰问100虚岁老年人13人，发放慰问金1.3万元；慰问100周岁以上老年人19人，发放慰问金2.85万元。县委书记陈文华走访慰问太华镇西埔村郑尚击、黄沙村林新枝和建设镇建爱村黄长沐。

【全省农村养老服务业推进会在大田召开】 12月9日，全省农村养老服务业推进会在大田召开，副省长郑建闽出席并讲话。民政部养老服务司副司长李邦华到会指导，省政府办公厅副主任林依钦，省民政厅厅长池秋娜、副厅长赵荣生，市长余红胜、副市长翟超，以及县委书记陈文华、县长林金龙，各设区市、平潭综合实验区分管民政领导及部门负责人等137人参加。池秋娜传达全国农村养老服务推进会议主要精神，漳州市、莆田市、永春县、大田县、宁化县和古田县在会上作开展农村养老服务交流发言。参会人员实地观摩考察大田县玉凤社区居家养老服务照料中心、大田县居家养老服务中心、华兴镇仙峰村万寿延养老服务中心、大田县闽中康养服务中心。

【全省城乡养老服务体系建设培训班在大田举办】 12月10日，全省城乡养老服务体系建设培训班在大田举办。民政部养老服务司副司长李邦华，省民政厅党组书记、厅长池秋娜，二级巡视员、养老服务处处长许胜和相关处室负责人，以及各市、县（区）民政局有关人员等130人参加。培训班由省民政厅副厅长赵荣生主持，李邦华作专题授课，池秋娜作讲话。

2020年百岁老人情况表

表9

序号	姓名	性别	出生年月	居住地
1	吴凤治	女	1914年12月	湖美乡林兜村
2	罗双娇	女	1918年11月	建设镇建爱村
3	林新枝	女	1920年1月	太华黄沙村
4	吴香娥	女	1920年11月	梅山镇沈口村
5	张新娥	女	1913年8月	广平镇栋仁
6	林新倍	男	1915年12月	广平镇苏桥村
7	郑美英	女	1917年10月	广平镇广平村
8	许万年	男	1918年2月	文昌社区
9	郑巧文	女	1918年9月	均溪镇上华村
10	陈克占	男	1918年11月	均溪镇福塘
11	林志批	男	1919年1月	武陵乡百束村135-1号
12	林英使	女	1919年8月	屏山乡玉屏村58号
13	张高时	男	1919年10月	石牌镇三坊村224号
14	郭良使	女	1919年11月	广平镇栋仁
15	温梅花	女	1920年8月	均溪镇福塘村105号
16	严啊梅	女	1920年9月	均溪镇建成村
17	余娟娥	女	1920年10月	广平镇栋仁
18	涂仁梯	男	1920年11月	桃源镇前厝村70号
19	廖首用	男	1920年12月	均溪镇城东村
20	黄长沐	男	1921年1月	建设镇建爱村295号
21	陈永兴	男	1921年3月	建设镇大同村626号

续表 9

序号	姓名	性别	出生年月	居住地
22	林新建	男	1921 年 1 月	奇韬镇奇韬村龙床 81 号
23	苏行生	男	1921 年 3 月	太华镇甲魁村
24	郑尚击	男	1921 年 4 月	太华镇西埔村
25	张中备	男	1921 年 5 月	太华镇黄沙村
26	陈联步	男	1921 年 6 月	均溪镇温镇村 324 号
27	林　糖	女	1921 年 6 月	吴山镇吴山村
28	陈明娣	女	1921 年 6 月	梅山镇西坑村 47 号
29	陈端使	女	1921 年 8 月	太华镇黄沙村
30	吴生灯	男	1921 年 10 月	均溪镇城东村
31	颜淑珍	女	1921 年 11 月	东门社区
32	陈孟宣	男	1921 年 11 月	梅山镇高泉村 75 号

（陈志斌）

社会新风

【春运志愿服务】 1月12—20日，中国共产主义青年团大田县委员会（简称团县委）组织开展青年志愿者到汽车站为群众春运出行提供咨询、秩序维护、重点帮扶、便民利民、应急救援等志愿服务。向乘客发放春运出行安全、防诈骗等宣传材料3000多份。提醒乘客提高警惕，避免人身伤害和钱财损失；引导旅客有序乘车，营造良好的乘车环境；为老弱病残孕拎包，减轻出行负担。

【防疫心理调适】 2月3日，团县委组织6位具有心理咨询资质的志愿者组成大田县防疫心理调适志愿队，缓解群众面对新冠肺炎疫情的焦虑心理，开展防疫心理援助21次，协助群众做好防疫工作。

【赴鄂医护人员家属关爱】 2月25日，团县委联合青晨社工中心开展关爱赴鄂医护人员林笑容、肖晓梅家属志愿服务活动，为其子女送去书包、绘本等价值1000元的慰问品和慰问金2000元，协调解决家中困难。

【中高考心理减压】 7月1日，团县委组织6位具有心理咨询资质的志愿者组成大田县中高考心理减压志愿队，为全县学生提供考前心理减压热线服务，缓解学生即将参加中高考的心理压力和紧张情绪，增强自信和勇气。

【青年职工交友活动举办】 9月25日，团县委、县总工会、县妇联联合开展“多彩青春，你我同行”青年职工交友活动，为单身青年职工提供互相认识的机会，解决青年职工“找对象难”的问题，共有50名青年男女参加活动，当场牵手成功3对，其余青年都互留联系方式，以在今后工作、生活中进一步了解接触，联系交流。

【受伤幼儿紧急救助】 10月7日，泉南高速B道127公里处发生交通事故，1名幼儿的额头和鼻子有碰伤痕迹，由于无法回答民警和医生的询问，表述自己的伤情，需送往医院进一步检查。时值中秋、国庆双节期间，高速公路上车流量大，为确保第一时间救治伤者，民警驾驶警车为运送受伤幼儿的救护车开道，并协调高速征管所为救护车开启专道，医院开启急救“绿色通道”，使其尽快得到救治。

【交通事故困难学生助学金发放】 12月23日，团县委联合县交警支队开展交通助学金发放活动，为交通事故造成生活困难的25名学生送上爱心款3.7万元，帮助他们完成学业，感受社会大家庭的温暖。

（陈敏敏、王尧钦）

乡镇（社区）概况

均溪镇

□ 编辑 陈妮

【概况】 2020年，均溪镇面积140.38平方千米，辖建制村23个，村民小组205个；总户数2.95万户，总人口8.18万人。镇财政收入6166.83万元（含上级各项补助资金4915.71万元），比上年增长58.65%。全镇城镇人均可支配收入3.77万元，同比增长6.35%；农民人均可支配收入2.2万元，同比增长10.3%。村民人均住房面积39.4平方米，居民34.6平方米。6月，省农业农村厅确定周田村、建成村为“省级乡村治理试点示范单位”。9月，厦门海洋职业技术学院将大田“第二集美学村”旧址列为“思想政治理论课实践教学基地”；“第二集美学村”旧址入选国务院“国家级抗战遗址”。10月，省人民政府授予红星村“省级文明村”称号；省关心下一代工作委员会将大田“第二集美学村”旧址列为“全省关心下一代传承红色基因教育基地”。均溪镇和福塘村分别被阿里研究所列入2020年淘宝镇、淘宝村名单。

【农业】 2020年，全镇耕地面积765.4公顷，其中水田612.32公顷、旱地153.08公顷。粮食总产量6772吨，同比增加4.9%。出栏生猪1.68万头、兔禽71万只（羽）。农机总动力2.08万千瓦。林地面积1.05万公顷，当年造林178公顷，森林覆盖率68.02%。农林牧渔业总产值5.7亿元，同比增长0.53%。家庭农场71个，专业合作社84个。

【工业】 2020年，全镇规模以上工业企业26家，同比减少1家，职工730人，工业增加值6.12亿元；新增固定资产投资5000万元以上项目9个，500万—5000万元项目6个；实施技改项目7项，投入资金6.26亿元。工业总产值78.85亿元，同比增长8.41%。

【第三产业】 2020年，全镇集贸市场面积1.32万平方米、摊位610个，集市贸易额2.03亿元，同比增长2.53%；社会消费品零售额41.78亿元，同比增长3.9%；流通领域的各类企业和个体工商户1.07万家，其中商业7010家、餐饮业3703家；运输企业42家，货车1390辆，其中挂车531辆；金融机构13家，服务网点37个；全年新注册第三产业企业284家，注册资本金26.54亿元；新增限上贸易企业9家。第三产业增加值2.21亿元，同比增长5.5%。新增规模以上服务企业1家。

【社会事业】 2020年，全镇教育事业投入1.2亿元，均溪中心小学教师287人，其中公办教师164人、代课教师123人；在校生2406人，均溪中心小学下属幼儿园3所（均溪中心幼儿园、温镇幼儿园、福塘幼儿园），幼儿教学点3个（周田、上太、东坑），入园幼儿1455人。县总医院均溪分院病床65张，医务人员66人。村卫生所、社区卫生服务中心51家，乡村医生、医护人员99人。

【社会保障】 2020年，全镇享受低保的村民235户520人，五保户78户80人，发放低保金270万元，五保供养金142万元；享受临时救助151人，救助金额39万元；享受护理补贴的困难残疾人1043人，发放补贴金额113万元；享受生活补贴的困难残疾人703人，发放生活补贴金额67万元。参加城乡居民社会养老保险1.46万人，参保率98.8%。享受基础养老金村民6298人，发放养老金1017万元。参加城乡居民医疗保险5.74万人，收取医保基金 1350 万元。养老院闽中康养中心建筑面积 1.63 万平方米，床位 740 张，当年均溪镇籍老人入住 21 人。

【许思坑溪治理】 6 月 5 日，均溪镇人民政府实施的“国家水土保持重点建设工程”许思坑溪小流域治理完工，总投资 449 万元，建设安全生态水系 2117 米，生态护岸 1625 米，新建汀步坝 1 座，加固两座等。

【天润现代农业项目一期投产】 6 月，位于均溪镇宋京村的天润现代农业项目一期投产，完成生产车间、培养房、出菇房建设，投产后年生产黑皮鸡枞 500 吨、海鲜菇 3000 吨。该项目由大田县天润现代农业有限公司投资，总投资 6600 万元，分两期建设，一期投资 3000 万元。

【城东小学、3 所幼儿园建设】 9 月，均溪镇在红星村黎坑垅建设的 1 所小学和 1 所幼儿园投入使用，总投资 1.08 亿元。其中，城东小学总投资 7800 万元，建筑面积 1.97 万平方米，建有教学楼、办公综合楼及配套设施，可开设 48 个班，新增学位 2160 个；赤岩幼儿园总投资 3000 万元，建筑面积约 5780 平方米，建有教学楼、办公综合楼及配套设施，可开设 18 个班，新增学位 540 个。12 月，福塘幼儿园完成主体结构封顶，城北幼儿园奠基开工。

【库区移民轻工业厂房主体完工】 12 月，由县库区移民局投入移民后扶资金 1000 万元建设的移民轻工业厂房主体完工，位于均溪镇城东村，占地 535 平方米。8 月开工建设，高 6 层，建筑面积 3553 平方米。

【弘一机械加工项目投产】 2020 年，大田县弘联机械厂在宋京村投资的弘一机械加工项目投产，占地面积 1.89 公顷，总投资 1.57 亿元，厂房、综合楼、仓库及配套设施等建筑面积 4.21 万平方米，矿山设备生产线 3 条、建设铸造配件、精密机械生产线 2 条，年产矿山设备机械 500 台套、铸造配件 3 万吨及精密机械。

【重点项目建设】 2020 年，全镇完成项目用地征迁 94 公顷，其中商住用地片区征迁收储 22.5 公顷。后坂洋、原石凤水泥厂二期、溪曲坂、肖垅、原罐头厂等宗地完成收储出让，一中东部校区、兴泉铁路、香山学村等重点项目持续推进。全年新增五个一批项目 26 个（谋划项目 7 个、签约项目 4 个、开工项目 10 个、投产项目 5 个）。

（王清涛）

华兴镇

□ 编辑 陈妮

【概况】 2020 年，华兴镇面积 92.86 平方千米，辖建制村 10 个，村民小组 107 个；总户数 3600 户，总人口 1.42 万人，其中流动人口 1439 人。镇财政收入 1908.62 万元（含上级专项补助资金 1320.59 万），比上年增长 30.7%。党支部 18 个，党员 477 人。列入中国传统村落 5 个，省级文物保护单位 3 个。“十三五”期间，2 个贫困村和贫困户 121 户 364 人全部脱贫，脱贫攻坚任务圆满完成。华兴镇政府被国家发改委地区振兴司评为“十三五”易地扶贫搬迁工作担当有为集体。

【农业】 2020 年，全镇耕地面积 419.2 公顷，其中水田 299.8 公顷、旱地 119.4 公顷。粮食总产量 7.33 万吨，同比增长 10%；油茶种植面积 1733.33 公顷、占全县 1/5，木薯 1275.4 公顷、产量 4311.2 吨，玉米 912.93 公顷、产量 3116.3 吨、产值 14.98 万元，花生 459.36 公顷、产量 1136.3 吨、产值 146.01 万元。出栏生猪 2127 头、兔禽 14.94 万只（羽）。林地面积 7435.33 公顷，当年造林 14.73 公顷，森林覆盖率 77.01%。农林牧渔业总产值 2.08 亿元，同比增长 17.51%。年底，家庭农场 14 个，当年新增 3 个；专业合作社 27 个，当年新增 4 个。

【工业】 2020 年，全镇规模以上企业 20 家。工业总产值 49.61 亿元，同比增长 11.91%；固定资产投资 7.11 亿元。主要企业有福建省华闽纸业有限公司，生产生活用纸、薄页纸、民俗用纸等 8800 吨；大田县山友机械有限公司，生产矿山破碎筛分、重力筛分一体机等设备 418 台。

【第三产业】 2020 年，全镇流通领域的国有、集体、私营企业和个体工商户 168 家，其中商业 99 家、餐饮业 15 家，其他服务业 54 户；各类机动车 585 辆（卡车 48 辆、小汽车 496 辆、农用车 17 辆、拖拉机 24 辆）；金融服务网点 2 家。社会消费品零售额 3966.97 万元，同比增长 4.76%。

【社会事业】 2020 年，全镇教

育事业投入12万元，辖区内初级中学1所，中心小学1所，初小3所，教职工52人，在校生195人。华兴卫生院病床10张，医务人员13人；乡村医生8人。

【社会保障】 2020年，全镇享受低保的村民109户255人、五保40户41人，发放低保金119.33万元，五保供养金61.85万元；参加城乡居民社会养老保险5416人，参保率99.3%，享受基础养老金村民2032人，发放养老金297.6万元，参加城乡居民医疗保险1.19万人，参保率99.5%。

【福建名镇名村影像志拍摄】 5月16日，福建省委党史研究和地方志编纂办公室与福建省广播影视集团联合摄制的《中国影像志·福建名镇名村影像志》第三季·决胜小康开机仪式，在华兴镇仙峰村福平堡举行。该片采用影像形式展现福建省国家级历史文化名镇名村的“名”“特”风采，从地方志的角度讲述福建名镇名村的历史，将历史智慧和方志典籍通过影像形式“立”起来、“活”起来。省委党史研究和地方志编纂办公室、省广播电视局、省广播影视集团领导和县委书记陈文华等参加活动。油茶、花生、地瓜、百香果等华兴农特产品在现场展示，数千名游客观光体验。10月，《中国影像志·福建名镇名村影像志》第三季·决胜小康的华兴篇在福建电视台综合频道、东南卫视、海峡卫视、海博TV、“学习强国”等平台播出，节目全面记录和展示华兴镇的历史文化和当代面貌。

（刘晓松）

石牌镇

□ 编辑 陈妮

【概况】 2020年，石牌镇面积129.52平方千米，辖建制村16个，村民小组136个；总户数5135户，总人口2.07万人。镇财政收入1483.05万元，比上年下降7.92%。财政预算总支出1347.72万元。农民人均可支配收入1.9万元，同比增长1.2%。兴泉铁路小湖货运站征迁房屋132座，征地42公顷，征迁企业2家。落实产业扶贫项目7个，带动贫困人口就业150人，发放小额信贷11户51.77万元，造福工程易地搬迁15户55人，发放补助款133.9万元。受理政务网平台信访件25件，“12345”平台70余件，全部按时回复，满意率96%；处理各类矛盾纠纷122起，化解率100%。

【农业】 2020年，全镇耕地面积976公顷，其中水田555公顷、旱地421公顷。粮食种植面积628.6公顷、总产量3818吨，同比增长16.19%；种植蔬菜660.53公顷、产量1.82万吨；种植中药材15.5公顷、产量10吨；种植烟叶14公顷，产量253担。出栏生猪8575头、牛羊1436头、禽兔55.48万羽（只）。林地面积1万公顷，林木蓄积量94.4万立方米，森林覆盖率74%。全镇农林牧渔业总产值2.82亿元，同比增长15.57%。农民专业合作社24个、社员590户。

【工业】 2020年，全镇工业企业38家，职工2886人，产值40.3亿元，同比增长19.23%，其中规模以上11家、产值30.31亿元，同比增长21.34%；全镇完成固定资产投资7.01亿元。主要产品矿山机械500台套，铸件和硅锰合金各5万吨，家具5000件，编织袋2.5亿个，各类糖果200吨。福建瓦能科技有限公司，总投资6320万元，生产硅、硅铝、氧化铌、氧化锆、氧化钛等靶材，产量266吨，产值2140万元；昇辉建筑材料有限公司，总投资7036万元，年产煤矸石矿渣页岩综合利用机制砖1.8亿块，产值5410万元。

【第三产业】 2020年，全镇集贸市场面积2000平方米、摊位45个，社会消费品零售额1.4亿元，同比增长25%；新引进腾睿物流、乐顺物流等项目14个；集市贸易额3453万元，同比增长11.1%；流通领域的国有企业3家、私营企业104家及个体工商户1015户。金融服务网点农村信用社1家；第三产业增加值6.09亿元，同比增长22.29%。

【社会事业】 2020年，石牌小学（含幼儿园）教师187人，在校小学生1723人、入园幼儿660人；石牌中学教师63人，在校学生634人。卫生院医护人员25人，其中中、高级职称13人，初级12人；病床35张；设有临床科室5个，医技科室4个。卫生所（室）17家，乡村医生17人。新建和改扩建三坊村乡村道路4.36千米、1.19万平方米。

【社会保障】 2020年，全镇享受低保的村民122户319人，发放低保金237.1万元，五保户65人发放生活及护理补贴102.3万元，享受残疾人两项补贴392人次、发放补贴金67.5万元。参加城乡居民社会养老保险5414人，参保率82.19%；享受养老金村民2821人，发放养老金421.8万元。参加城乡居民医疗保险1.7万人，参保率99.5%，收集医保基金398.5万元。石牌镇村民9人入住闽中康养服务中心养老院。

【特色农业发展】 2020年，石牌镇改造提升三坊、桃山、龙坑、长溪等村油茶林100公顷，发展标准化生产基地66.67公顷，油茶籽产量405吨，产值186万元。新建芙蓉李标准化生产基地13.33公顷。发展林下养蜂业，在拱桥、石坑、桃坑等村养蜂1000箱，产蜜30吨，产值180万元。

【红湖新村安置项目推进】 2020年，石牌镇做好小湖村红湖新村安置地项目建设，总投资1.06亿元，占地面积10.6公顷，计划建设房屋247幢，建筑面积8.96万平方米，其中，完成基础浇筑184幢（一层以上主体完成140幢，三层主体建成136幢），入住41户。

【人居环境整治】 2020年，石牌镇拆除违章建筑1.75万平方米、搭盖物21座、鸡鸭舍680处、废弃旱厕45座、灶台19个、水泥池17个，整理乱推乱放180处，清除杂草垃圾280吨，清理河道垃圾120吨。

【新冠疫情防控】 2020年，石牌镇做好新冠肺炎疫情联防联控、群防群控工作，开展公众健康教育宣传，入户走访5000余户，发放《致全镇人民的一封信》《致湖北省返乡人员的一封信》等宣传资料万余份，张贴宣传海报500余份。

（张瑜琼）

吴山镇

□ 编辑 陈吉浣

【概况】 2020年，全镇辖9个村、31个自然村、92个村民小组，户数3423户，人口10888人。土地总面积83.55平方千米，其中耕地面积469公顷，林地面积6675.07公顷，森林覆盖率74.36%；茶园面积1200公顷，人均1.7亩，是大田美人茶主产区。镇财政收入1348.31万元。当年做好新冠肺炎疫情防控，各项事业稳步发展。在县综合绩效考评和“五比五晒”竞赛活动中获得全县农业类乡镇一等奖，是市级文明单位。镇“氏大人评理室”被市信访局推荐为“省级十佳评理室”。

【农业】 2020年，全镇造林面积21.93公顷，拥有农机总动力1.23万千瓦；粮食总产量4511吨，比上年增长4.1%；生猪出栏6676头。农林牧渔业总产值2.91亿元，同比增长3.8%。茶园改植换种43.33公顷，当年入选三明市十佳制茶大师2人；东埔生姜产业扩大规模，种植13.33公顷，产值150万元；梓溪新奇特瓜果苗木基地6600多平方米温控大棚投入使用；阳春村围绕产业发展、项目提升等，打造成“省级乡村振兴实绩突出村”，实施认养农业，村财增收8万元，农户平均增收6500元。

【工业】 2020年，全镇“五个一批”谋划项目8个，转开工6个，完成投资额4.68亿元，固定资产投资项目入库6个、完成投资3.2亿元，科研投入1000万元，协税护税367万元，完成率134%。规模以上工业企业7家，新增1家（三明万盈新材料科技有限公司），完成工业总产值27.6亿元。大田县机械铸造吴山集中区项目投产，总投资2.17亿元；艾佩克斯项目动工建设，岩兴气体二期项目完成前期规划设计。

【第三产业】 2020年，全镇新增规模以上服务业1家、限额以上贸易企业2家。集贸市场面积1100平方米，固定摊位46个，年交易额109.3万元，比上年增长23.78%。个体工商户1868户，其中餐饮业62户；金融机构服务网点2个，运输车辆11辆，社会消费品零售额7338.4万元。以铜盘盂国家级生态茶园为核心，引进国家茶叶公园项目，涵盖茶园观光、茶文化体验、森林康养等功能，由厦门爱滴达公司投资5亿元，年底完成签约及选址，进行规划设计。

【社会事业】 2020年，镇内学校3所，大田第四中学学生192人、教师38人，吴山中心小学学生625人、教师45人，吴山中心幼儿园有入园幼儿271人、教师19人。大田四中学生中考被大田一中录取7人、大田五中18人。大田四中运动场提升工程完成投资125万元。吴山中心小学六年级毕业考成绩位列全县同类小学中上水平。吴山卫生院建筑面积1600平方米，设有内科、外科、儿科、妇产科、中医馆、防疫科、公共卫生科、心电图室、放射科、B超室、化验室等，病床20张，配备卫技人员12人。村卫生所9个、乡村医生8人。茶文化公园、农贸市场竣工投入使用。

【社会保障】 2020年，全镇低保户64户167人、五保户20人，发放低保金141.7万元，五保金36.44万元。参加新农保5662人，缴费113.2万元，为1437人发放基础养老金227.8万元。当年参加新农合8524人，缴交医保金213.1万元。全镇幸福院5所，床位14张，主要设施有休息室、棋牌室、观影室、健身房、阅览室等。

【脱贫攻坚成绩显著】 2020年，吴山镇开展贫困户动态调整，核查梳理贫困户信息，做到扶贫基础工作精准，争取国家项目扶贫资金181.23万元，在基础设施、茶产业深加工、种植养殖等领域，发挥党建“红色引擎”作用，支部推动，党员示范引领，深化党员互动、特色茶产业带动、农业综合开发带动、电商产业平台舞动、光伏发电项目推动、社会力量参与促动等“六大帮扶举措”，发展茶产业、生姜种植、特色瓜果培育等，为93户293人建档立卡贫困户稳定脱贫成果。年末，吴山镇党委被省委推荐为“全国脱贫攻坚先进集体”。

【城区饮用水源地保护】 2020年，吴山镇将河长制工作纳入《二级绩效考评方案》，按月考评，督查通报，提高爱河护河水平。新购置垃圾转运车辆2辆，提高全镇垃圾转运能力。依法打击水洗砂、水洗矿等违法行为，开展环保专项整治6次，关停、搬迁违规企业、小作坊5家。

【人居环境整治】 2020年，吴山镇在和洋村实施鸡鸭上山、消灭旱厕及污水管控、新型社区建设等，打造省级乡村振兴试点村；阳春村实施智慧村部、裸房整治、河道治理，投资49.5万元；集镇800余米旧街实行统一商店招牌，家禽上山等举措使人居环境明显改善；街道重新画线，摆放花箱350个、砖砌花带166个，种植茶花1300余株，安装太阳能路灯119盏，拆除彩钢瓦、雨棚和违规搭盖、鸡鸭舍等208处、面积3000余平方米，提升集镇环境绿化美化亮化水平。

【基础设施完善】 2020年，吴山镇投资1866万元，改造阳春、张坑、锦山、科山、东埔5个村道路15.9千米；投资150万元完成梓溪村旅游基础设施建设项目。开通大田—吴山城乡客运一体化线路，实行两种票价，大田至吴山（吉州），6元／人次；吴山至济阳，3元／人次，让群众得到更多实惠。投资121万元，完成吴山镇集镇供水提升改扩建项目，集镇供水得到进一步保障。

（巫振震）

桃源镇

□编辑 陈妮

【概况】 2020年，桃源镇面积219.08平方千米，辖建制村13个，村民小组83个；总户数5718户，总人口2.18万人。镇财政收入1914.69万元（含上级专项补助资金730.06万元），比上年增长64.14%。6月，桃源镇、前村村、东坂村被省委农村工作领导小组办公室、省委组织部、省委宣传部、省农业农村厅、省民政厅、省司法厅评为省级乡村治理试点示范单位；10月，兰玉村被国家林业和草原局生态保护修复司评为全国绿化美化典型案例村；11月，兰玉村被中央文明办评为全国文明村；12月，翁厝村被省绿化委员会命名为福建省森林村庄。桃源镇被福建省文化和旅游厅评为福建“全域生态旅游小镇”，桃源最氧睡眠小镇被三明市林业局评为市森林康养基地。

【农业】 2020年，全镇耕地面积1411公顷，其中，水田1005公顷，旱地406公顷。粮食总产量8125.5吨，同比增加12.61%；烟叶种植面积196公顷、产量7851担、产值1286万元，马铃薯28.3公顷、产量117吨、产值24.22万元，玉米270公顷、产量1162吨、产值377.04万元，甘薯91.7公顷、产量522吨、产值625.19万元，花生3.5公顷、产量9吨、产值8.78万元，大豆33.1公顷、产量66.4吨、产值51.87万元；出栏生猪1.95万头，全镇农林牧渔业总产值4.31亿元，同比增长39.03%。林地面积1.88万公顷，当年造林100公顷，森林覆盖率79%。当年新增插秧机、联合收割机、无人植保机等农机具80余台。全镇良种率及农业机械率85%。五兴肉兔生态养殖项目建成兔舍8间、16笼，年出栏27万只，完成饲料仓库、管理房建设和水泥道路硬化，饲养设备安装。

【工业】 2020年，全镇企业508家（集体11家，私营66家，个体429家），职工1599人，规模以上企业9家，工业总产值22.74亿元，同比下降9.19%，销售收入22.8

亿元，固定资产投资2.96亿元。引进企业3家，其中晟兴机械铸造生产中高端铸件及机械加工，项目总投资2.05亿元，占地面积4公顷；福建九超生物科技有限公司生产岜峰谷小分子矿泉水109吨，产值38万元；佳创箱包生产箱包60万件，产值100万元。

【第三产业】 2020年，桃源镇集贸市场建成并投入使用，面积3000平方米、固定摊位112个；社会消费品零售额7549.31万元，同比增长0.04%；流通领域的各类企业和个体工商户571家，其中商业456家、餐饮业71家，其他服务业44家；金融服务网点2家；第三产业增加值1.79亿元，同比增长0.56%。

【社会事业】 2020年，全镇教育事业投入2197万元，辖区内初级中学、中心小学各1所，教职工169人，在校生1921人，同比减少214人；民办、企业办幼儿园2所，入园幼儿436人。桃源卫生院建筑面积约2000平方米，病床30张，医务人员25人；村卫生所13家、乡村医生13人。投入700万元新建东坂村至东风农场混凝土公路3.46千米，宽6米。356国道路面改善提升10千米，新建、改建村级道路20多千米。

【社会保障】 2020年，全镇享受低保的村民146户268人、五保户32人，发放低保金121.53万元，五保户生活费34.29万元、护理费27.2万元，为特困供养人员32人发放生活费33.06万元、护理费27.71万元。参加城乡居民社会养老保险10803人，缴费金额270.2万元，参保率96.1%。享受基础养老金村民2789人，发放养老金473.4万元。参加城乡居民医疗保险1.36万人，缴费金额381.3万元，参保率99.2%。敬老院建筑面积773.1平方米，床位36张、当年入住33人。

【环境综合治理】 2020年，桃源镇政府开展“清沟扫地摆整齐、清清爽爽过日子”为主题的村庄清洁行动9次，集中清理村道两旁沟渠5千米、河溪3.5千米，新配垃圾桶60个，补植茶花200余株，新村四周绿化带建设围栏2千米。做好兰玉村乡村振兴建设产业发展、文化发展、生态建设“三规合一”一体规划，面积1133.3公顷；完成“紫藤之恋”长廊260米、335米河堤护岸栽种三角梅、立仿古路灯20盏；桃农源生态农业有限公司使用流转土地1公顷建设金丝皇菊基地；第二期整治农房35座。将人居环境整治与星级文明户、最美庭院、文明家庭评比挂钩，鼓励村民上山养殖牲畜签订“家禽上山圈养承诺书”400多份，粪便回田循环利用；协助200余户村民整治房前屋后，拆除违章搭建25处。打好蓝天、碧水、净土保卫战，提升河长制管理，修复集镇污水处理厂，治理污水，735户完成厕所改造。关闭石材加工作坊1家，1家废塑料再生厂停产整改，街道路面整治提升1.2千米。

【文明乡镇创建】 2020年，桃源镇推进省级文明乡镇创建工作，成立镇党委书记任组长的创建工作领导小组，制定责任清单，全面整合各类资源，细化工作措施。建成兰玉村国家级生态村和兰玉村、东坂村2个美丽乡村精品示范村。成立后生仔调解队，调处矛盾纠纷85起，调处率100%；完善文化服务活动中心、新时代文明实践站所建设，评选文明家庭、平安家庭示范户19户，举办“风展红旗如画”专题演讲、文明讲座、农民春晚等10余次，参加听讲和观看演出3500人次。

（颜辰昱）

上京镇

□ 编辑 陈妮

【概况】 2020年，上京镇面积152.97平方千米，辖建制村16个，村民小组161个；总户数6035户，总人口2.39万人，其中，流动人口1356人，非农业1052户、2353人。镇财政收入2459万元（含上级专项补助资金769.79万），比上年下降13.7%。全镇农民人均可支配收入1.8万元，同比增长1.1%。村民人均住房66平方米、集镇居民55平方米。发放扶贫专项资金90.72万元（梅林村发放中央财政专项扶贫资金60万元）。提升桂坑村花椒、上平村蔬菜、黄城村苗木等产业扶贫基地。

【农业】 2020年，全镇耕地面积995.47公顷，其中，水田812.35公顷，旱地183.12公顷。粮食总产量7062吨，同比增长1.8%，其中，省中稻新品种新育和生产试验基地2.46公顷，产量9吨；烟叶种植面积184.66公顷，产量6894担；出售生猪2.35万头。全镇农林牧渔业总产值2.9亿元，同比增长3.57%。当年造林绿化63.27公顷，森林抚育57.73公顷，封山育林144.6公顷，林木采伐6640.4立方米，森林覆盖率73.7%。大田县森展林业有限公司万亩闽楠基地种植闽楠纯林 20 公顷、闽楠混交林 247 公顷；鼎农农业有限公司种植花椒 17 公顷、总投资 4358 万元，年内开花挂果。引进鑫丰蓬现代化生态养殖和锦晟生态养殖 2 家企业。

【工业】 2020 年，全镇企业 145 家（私营 53 家、个体 92 家），同比增加 2 家，职工 7315 人，固定资产 5000 万以下的 8 家、5000 万以上的 3 家，5 家企业技改投入 3.54 亿元，规模以上工业企业 11 家，工业产值 61 亿元，同比增长 10.3%。当年，引进企业 6 家（新岩水泥有限公司余热发电项目、协同处置固体废物项目、永明煤矸石页岩综合利用机制砖生产线项目、鑫丰蓬有机肥项目、梅洋干粉砂浆生产项目、三田机械维修建设项目），总投资 6.5 亿元。总投资 12.5 亿元的新岩水泥技改项目，完成窑尾预热器楼安装，安装完成回转窑、煤立磨、均化堆场等设备。

【第三产业】 2020 年，全镇集贸市场面积 2600 平方米、摊位 125 个，社会消费品零售额 8652.7 万元，同比下降 1.9%；集市贸易额 9023.15 万元，同比下降 0.97%；流通领域的国有、集体、私营企业和个体工商户 1085 家，同比减少 27 家；全镇有机动车 1275 辆（客车 12 辆、卡车 367 辆、小汽车 504 辆、农用车 133 辆、拖拉机 259 辆）；金融服务网点 3 家；第三产业增加值 3077.3 万元，同比下降 4.26%。规模以上服务业 8 家，限上贸易企业 3 家。

【社会事业】 2020 年，全镇教育事业投入 1700 余万元，辖区内初级中学 2 所，中心小学 1 所，初小 4 所，教职工 210 人，在校生 2053 人；民办、企业办幼儿园各 1 所，入园幼儿 292 人。绿化、硬化上京中心小学教学场地投入 30 余万元，改造提升上京中学和柯坑中心小学操场投入 160 余万元。上京中学 13 名学生考入大田一中、42 名学生考入二级达标校以上中学，中考量化考评居全县乡镇学校第二名，全县学校第五名。上京卫生院病床 30 张，医务人员 19 人；大田恒康医院病床 70 张，医务人员 36 人；村卫生所 14 家，乡村医生 14 人。

【社会保障】 2020 年，全镇享受低保的村民 106 户 291 人，发放低保金 158.4 万元，五保户 45 人生活及护理补贴 81.6 万元，残疾人 659 人次两项补贴 67.68 万元，重度残疾人 400 人护理补贴 38.54 万元，高龄老人 363 人补贴 86.3 万元。参加城乡居民社会养老保险 1.27 万人，参保率 95.89%。享受基础养老金村民 2898 人，发放养老金 451.79 万元。养老院建筑面积 975 平方米，床位 40 张，设有食堂、餐厅、卫生间、活动室、棋牌室、聊天室等设施，当年入住 14 人。

【机械铸造产业集聚区建设】 2020 年，福建（大田）机械铸造产业集聚区完成土地征收 30 公顷，总规划面积 681 公顷，东至梅林村 306 省道与 356 国道（由 307 省道提升）交叉口，南至三阳村，西至灵川村，北至隆美村。新岩水泥、清航无人机、展辉机械等 18 家企业入驻园区。

【乡村振兴试点村建设】 2020 年，梅林村入选省级乡村振兴试点村，投入 370 余万元，完成古寨旅游基础设施建设、文化服务活动中心提升、自来水网管改造，整治裸房 35 座、铺设混凝土路面 2.6 千米、修复河堤 1 千米、安装栈道路灯 158 盏；隆美村搭建“数字隆美”平台，整治裸房 3 座，铺设混凝土路面、修复水渠各 1 千米，建设河堤栈道 570 米。

【“一事一议”项目实施】 2020 年，上京镇投入 117.9 万元，实施上京、赤水、溪尾、南坑等 7 个村“一事一议”项目。完成隆美栈道 500 米、下溪口自来水工程（惠及 1500 人）、上平仙亭公园栈道 300 米、桂坑自来水管网改造 2000 米、黄城村道硬化 2.1 千米等项目建设。

【美丽乡村建设】 2020 年，上京镇投入 1000 余万元实施上平村仙亭公园、三阳村党建文化长廊、桂坑村部修缮、黄城村烧民岬至厚德垅村道路混凝土硬化，及溪口村和下溪口村饮用水提升工程等 50 多个项目。新建农村公厕 4 座，完成裸房整治 54 座、祖房众房 22 座、畜禽舍拆除 23 户，改造户厕 20 户、拆除旱厕 53 户，农村人居环境得到进一步改善。投入 72 万元，完成改造错车道 45 个、赤水临水临崖波形护栏 130 米、城口岬山自然村大桥波形护栏 130 米，赤水溪底桥基桥墩修复 100 米、边沟修复 2100 米。

（陈首道）

太华镇

□ 编辑 陈妮

【概况】 2020 年，太华镇面积

245.54 平方千米，辖建制村 24 个，村民小组 280 个；总户数 8895 户，总人口 3.62 万人。镇财政收入 685.38 万元，比上年增长 5%。全镇农民人均可支配收入 2.01 万元。温坑村、小华村建成全县首批“数字乡村”示范村。获县“五比五晒”活动考评三等奖，被评为全县脱贫攻坚工作先进集体。开展招商引资活动 22 场次，签约 10 家，其中投资亿元以上项目 4 个，6000 万元以上项目 5 个。落地项目 18 个（开工 15 个，竣工 11 个），总投资 19.03 亿元。红狮水泥有限公司的熟料干法水泥生产线节能减排技改、红狮垃圾飞灰资源化、福建岩彩建材有限公司年产 15 万吨重质碳酸钙、福建仲荣冶金材料有限公司仲荣石墨新材料生产等项目落户太华。

【农业】 2020 年，全镇耕地面积 2809.5 公顷，其中水田面积 2358.61 公顷；种植水稻 1943.02 公顷、产量 1.03 万吨，同比增长 22.81%；烟叶种植面积 172.4 公顷，产量 5097.31 担，产值 725.11 万元；蔬菜 916.9 公顷，产量 5.83 万吨；柑橘 491 公顷，产量 8207 吨。出栏生猪 2.69 万头、禽兔 9.24 万羽（只）。林地面积 1.95 万公顷，当年造林 109.2 公顷、森林覆盖率 67.15%。农林牧渔业产值 8.48 亿元、同比增长 37.44%；农机总动力 2.87 万千瓦。大田昌华槐猪养殖专业合作社获市人力资源和社会保障局等五部门联合举办的市级优秀创业创新资助项目三等奖。昊华白槿花茶有限公司获市第五轮农业产业化市级重点龙头企业称号、第十五届海峡两岸（林业）博览会森林饮品金奖。

实施农业综合开发项目，太华镇 2019 年度高标准农田建设（高效节水灌溉）项目，总投入 362 万元，面积 133.33 公顷；绿肥示范推广 466.67 公顷，其中冬种紫云英面积 66.67 公顷（魁城村示范片 1 片 6.67 公顷）；采取施用土壤调理剂、推广优质水稻品种、施用叶面调节剂等措施改良万湖村、玉井村、温坑村等 20 个行政村的土壤 565 公顷，建设西埔村污染耕地安全利用核心示范区 0.8 公顷，提升耕地环境质量。完成农村土地确权登记颁证和农村集体产权制度改革股权颁证。引进大田县翰福养殖（年出栏槐猪 1.5 万头、产值 5400 万元）、海臻湖羊养殖基地建设（当年养殖鳗鱼 400 吨、产值 2100 万元）项目。

【工业】 2020 年，全镇企业 240 家，其中集体企业 5 家、私营企业 235 家。固定资产投资新增项目入库 11 个，总投资额 5.75 亿元；当年，固定资产投资 5.6 亿元。规模以上企业 12 家，工业生产总值 61.67 亿元。实施技改项目 12 项，投入资金 1.63 亿元。全年生产铁矿入选矿 14.2 万吨，低品位矿 24 万吨，原煤 37.2 万吨，石英石矿 7 万吨，石灰石矿 41 万吨。罗丰工业园区一期以 PPP 模式（政府和社会资本合作）开发建设，总投资 2.4 亿元。9 月，福建科华石墨科技有限公司投资建设的科华石墨负极材料生产项目投产，总投资 3.47 亿元，占地面积 12.8 公顷，9—12 月产量 5983 吨。

【第三产业】 2020 年，全镇集贸市场面积 6600 平方米，固定摊位 449 个。集市贸易额 8735.33 万元；社会消费品零售额 6577.14 万元，同比增长 4.18%。个体工商户 438 户，其中，商业 240 户，餐饮业 55 户，其他服务业 143 户。全镇布设金融网点 3 个。

【社会事业】 2020 年，全镇教育事业投入 50.2 万元，太华第二中心幼儿园主体工程建设完成，完善太华中心幼儿园办园条件，通过市级示范幼儿园评估验收。辖区内初级中学 1 所，中心小学 1 所，小学教学点 5 个，教职工 363 人，在校生 2865 人；公办幼儿园 2 所，5 个教学点设有幼儿班，入园幼儿 870 人。太华卫生院病床 40 张，医务人员 28 人；村卫生所 31 家，乡村医生 29 人。太华镇卫生院迁建项目动工，总投资 7600 万元，建筑面积 8589 平方米。晋级提升小华、汤泉、魁城、黄沙村等农村道路 15.66 千米，投入 2033 万元；西埔、华溪、潘车、魁城等 12 个村路面板块置换 846.5 平方米、新建水沟 1.44 千米等项目投入 819.16 万元；生态治理华溪村良溪水源地；新建集镇停车场 3 处，新增停车位 200 个。

【社会保障】 2020 年，全镇享受低保的村民 536 人，发放低保金 289.51 万元，享受特困人员 65 人，发放补助金 73.04 万元；临时救助 69 人，发放补助款 23.9 万元。参加城乡居民社会养老保险 1.56 万人，收取基金 279 万元。享受基础养老金村民 5084 人，发放养老金 794 万元。参加城乡居民医疗保险 3.08 万人，收集医保基金 861 万元（政府补助 2068 人、57.9 万元）。太华敬老院实行社会化运营模式，建筑面积 785.6 平方米，床位 40 张，当年入住21人。新增高星村、潘车村2个规范化幸福院，温坑村、甲魁村康乐家园被省体育局、省委文明办、省卫生健康委员会、省民政厅、省老年人体育协会评为“省级老年人健身康乐家园”，配有活动室、棋牌室、阅览室、网络室、休息室、厨房等设施。

【脱贫攻坚】 2020年，太华镇331户980人（动态调整后）建档立卡贫困人口实现稳定脱贫，贫困户人均收入1.35万元。58户63人贫困人口实现家门口就业。开展“两不愁三保障”（不愁吃、不愁穿，保障其义务教育、基本医疗和住房安全）及饮用水安全大排查12次，摸排问题46个，并全部对账销号。发放产业补助资金62.19万元、贫困村扶贫政策补助金147万元；实现光伏发电181.5万千瓦时，电费收益178.3万元。

【农村人居环境整治】 2020年，太华镇实施农村住房风貌管控，制定《太华镇农村住房建设实施方案》，人居环境整治工程项目一期投入370万元。整治裸房245座，拆除重大安全隐患房屋4座、旱厕194座，安装三格式化粪池50个，在集镇、万湖村新建生态公厕2座，无害化户厕普及率95.45%，清理镇、村存量垃圾20万吨，铺设集镇生活污水管网615米。

【生态保护修复项目验收】 2020年，太华镇闽江流域山水林田湖草生态保护修复项目（大田县废弃矿山）规划治理项目通过县级初验，总面积883.22公顷，投资1.8亿元。其中太华涉及锭岬矿区B标段（治理面积72.57公顷）、马头岬矿区（治理面积28.32公顷）、崩额前矿区（治理面积34.64公顷）。

【旧村复垦项目验收】 10月，太华镇21个村实施的2019年旧村复垦项目通过市自然资源局验收，项目总投资929.46万元，规模13.75公顷，产生耕地增减挂钩指标12.44公顷。

【安全隐患点整治】 2020年，太华镇整治市级安全生产红色隐患点，在217省道K28+333.1（原省道S306线K234+400—K238+600）处增设紧急停车处，全长247.5米，总投资406万元；在玉井村路段S217路段增设人行道长400米、宽2米，新建钢筋混凝土防撞墙260米、护栏220米，增设60米警示标志和交通安全警示标语；在张地路口—玉井村村部路段实行双实线管理，人行道安装太阳能警示灯。

（廖丽燕、朱明珠）

建设镇

□编辑 郑祥果

【概况】 2020年，建设镇镇域面积68.59平方千米，辖行政村12个，村民小组105个，户籍数7683户，总人口3.13万人。镇财政收入1819万元，比上年增长8.4%。11月“宫边红粬窖群遗址”被列入第十批省级文物保护单位；12月“大田建设红粬”被列入2020年全国乡村特色食品名单。当年，建设镇政府被省第一护林联防区委员会评为2020年度护林联防工作先进单位，被三明军分区评为2020年度基层武装部规范化建设先进单位；建设镇建忠村被省实施乡村振兴战略乡村生态振兴专项小组列入第一批高级版“绿盈乡村”名单；建国村被市委文明办列入新一届省级精神文明建设各类先进候选名单，被住房和城乡建设部授予“中国传统村落”称号；建设村党支部被县人武部评为“规范化建设先进单位”。

【农业】 2020年，建设镇农林牧渔业产值3.92亿元，比上年增长5.67%。耕地面积916.14公顷，其中水田面积785.04公顷；农作物播种面积800公顷，全年完成春季蔬菜种植199公顷，瓜果9.53公顷，三宝雪蔗103.33公顷，集中连片种植特色果蔬（甜瓜、西红柿等）5.33公顷，晒粬150万千克，总产值3.27亿元。雪蔗深加工产品“生姜红糖”获得SC认证，正式“上网”“入超”销售。农业合作社33家，社员425人，推动雪蔗、红粬、果蔬等农产业发展，社员人均增收2.01万元。林地面积4765公顷，当年造林面积20公顷、森林覆盖率69.47%；生猪存栏5143头，家禽存栏11.23万羽，畜牧业总产值8357.5万元。

【工业】 2020年，建设镇工业企业29家（集体2家，私营27家），职工总数4309人，其中规模以上工业企业16家、总产值59.6亿元，比上年增长15.2%，主要工业产品有煤、锰、建材、木材、石材、陶瓷、空心砖等。新增固定资产投资5000万元以上项目10个、5000万以下项目3个，总投资9.6亿元，总投资1.42亿元的恒右实铸件制造项目、1.1亿元的恒普铸件制造项目拟列入2021年市重点项目。

【第三产业】 2020年，建设镇社会消费品零售额1.83亿元。集镇市场面积1.53万平方米，店面210个、固定摊位数量400个、流动摊位312个，实现年集市交易额1.73亿元。个体工商户数1758家，其中专卖店154家、餐饮业45家、中小超市14个；金融网点2个，快递服务网点3个；全镇机动车1812辆（其中客车58辆，农用车45辆，拖拉机16辆，卡车146辆，小汽车1547辆）；建忠村笔架山景区完成三期登山步道、古迹寨修复建设，全年累计接待游客2.8万余人次。

【社会事业】 2020年，全镇学校9所（中学1所、中心小学1所、教学点5个、中心幼儿园2所），专任教职工252人，在校学生4559人，其中，幼儿入园983人，小学入校2827人，中学入校749人。当年，大田二中学生参加中考被省一级达标校录取25人；建设籍学生参加高考本科录取87人。总投资742万元的建设镇建乐小学扩容项目1月正式投入使用，总投资1.18亿元的建设中心小学新校区项目8月正式投入使用。建设卫生院建筑面积1506.06平方米，主要诊疗设备有彩超、生化机、五分类血球仪、DR机、心电图等，病床20张，配备卫技19人。全镇共有村医所数20所，村医在岗21人。建设民生医院建筑面积1.2万平方米，主要设备有先进的GE螺旋CT、CR630MA遥控X线机及摄片机、EUB-5500心腹两用彩超、三星四维彩超、全自动血液生化分析仪、五分类血球分析仪、电子胃肠镜、阴道镜、宫腔镜、体外震波碎石机、麻醉机、呼吸机、多功能监护仪等，病床100张，配备卫生技术人员69人。大田县鸿晖养老服务中心建筑总面积4228.63平方米，是一所集医疗、养老、托管、照料、康复、护理等多功能为一体的综合性养老服务机构，服务中心入住老年人108人，其中特困供养老年人21人。

【社会保障】 2020年，建设镇加强疫情期间建档立卡贫困户的生活保障，发放临时生活补贴3.66万元，新增公益性岗位7个，全镇195户702人建档立卡贫困户稳定脱贫，并通过省验收。全镇新型农村合作医疗参保率100%；城乡居民养老保险参保率90%，完成参保缴费7945人，全年新增城乡居民养老参保扩面人数1693人。做好残疾人、五保户、低保户等困难群体帮扶，发放低保金308.71万元，发放残疾人两项补贴45.46万元，发放农村特困供养金74万元，发放80岁以上高龄人群各类补贴110万元，发放临时困难救助99人次、25.51万元。

【三宝农贸市场项目建设】 2月，总投资900万元的建设镇三宝农贸市场项目开工建设，5月建成投入使用，其中市场主体占地5500平方米，钢结构棚2300平方米，停车场6000平方米，新增固定摊位400个、流动摊位300个。

【集镇街道整治】 2月，建设镇组织队伍对集镇街道所有自行搭建物、占道经营的摊位等进行集中清理。先后出动工作人员200余人次，拆除占道摊位90余个、水泥墩100余个、矮墙5处、固定构筑物800余平方米，在街道两侧规定区域划定标准停车位372个，摩托车位332个，完善集镇交通标识，加强对街道车辆停放管理。

【中心小学新校区投入使用】 7月，建设中心小学新校区项目竣工验收，8月举行揭牌仪式，正式投入使用。该项目总投资1.18亿元，建筑面积2.19万平方米，其中，教学楼建筑面积1.41万平方米，宿舍楼建筑面积5538平方米，艺体馆建筑面积2250平方米，绿地面积6238.30平方米，可容纳48个教学班2160个学生就学。

【县道717文西线建设】 12月，文西线前坑至建设段公路建成并投入使用，该项目全长3.03千米，工程造价338.6万元；文西线前坑至后洋段公路正在进行主体工程建设，该项目全长3.11千米，工程造价354.54万元。

【“一事一议”奖补项目实施】 2020年，建设镇实施村级公益事业建设一事一议财政奖补项目5个，投资120万元。其中上级财政补助110万元，硬化村道4.1千米、安装路灯75盏、新建公共场所2处。

（郑雪萍）

广平镇

□编辑 郑祥果

【概况】 2020年，全镇面积171.58平方千米、辖行政村15个、村民小组数190个、户数8852户、人口数4.43万人。镇财政收入1284万元，比上年增长8.35%。当年，莆炎高速、国道534线、广平溪河道治理、集镇供水提升、万筹日间照料中心以及广平中学教学楼、中心幼儿园改扩建等项目有效推进。城镇基础设施和公共服务设施持续改善。

【农业】 2020年，全镇耕地面积1743.37公顷，其中水田面积1541.73公顷。粮食总产量1.1万吨，同比增长18%。蔬菜产量2.22万吨、柑橘产量5580吨、玉米产量631吨、甘蔗产量1.32万吨、烟叶产量149吨，竹笋产量448吨。全镇茶叶种植面积746.67公顷，产量650吨，产值1.2亿元；林地面积1.35万公顷，当年造林81.47公顷、森林覆盖率76.15%；农林牧渔业总产值8.42亿元，同比增长4.41%。专业合作社45个、社员1306人，人均收入1.83万元。

【工业】 2020年，全镇企业47家，其中规模以上企业15家、产值33.64亿元，主要产品有石灰石、水泥、机制砖、煤、碳化木。完成招商引资项目17个，总投资19.8亿元，金石钙业、云悦源、五龙山AAA级景区提升以及鑫城水泥技改等项目开工建设；完成闽鹭矿业股权重组、采矿权证办理以及矿石专用传送通道备案等工作。

【第三产业】 2020年，全镇集贸市场面积4200平方米，固定摊位225个，实现年交易额9365万元；个体工商户676家，新办83户，其中商业户65家、餐饮业户18家；银行金融网点3个、快递服务网点9个；全镇机动车1262辆，其中客车33辆、卡车135辆、农用车165辆、拖拉机96辆、小汽车833辆。

【社会事业】 2020年，全镇有中心园幼儿园3所、独立园2所，附设幼儿园4所，村级2所，民办1所。幼儿园共有44个班级，在校生1048人；小学9所，其中中心校1所、完小4所，教学点4个，小学共有105个班级，在校生3759人；共有专任教师231人，临时后勤人员123人。卫生院建筑面积2800平方米，主要诊疗设备有低压机1台、彩超1台、心电图1台、血常规1台、尿常规1台、化验机1台、病床40床，配备卫技人员27人（含借用3人、规培1人）。村卫生所40所、乡村医生40人。

【社会保障】 2020年，全镇享受低保261人，保障金发放573人、金额274.39万元。参加新农保9801人，基金缴交220.1万元，当年享受9801人、金额220.1万元。参加新农合3.48万人（含政府补助1946人），基金缴交975.66万元，当年支付补偿3.48万人次，金额975.66万元；敬老院建筑面积500平方米，住五保户15人、低保户2人，工作人员3人，房间内设有床铺、热水器、柜子、床头柜、桌子等。幸福院建筑面积5000平方米，主要设施有娱乐室、阅览室、餐厅、休息室、操场等。

【新冠疫情防控】 2020年，广平镇组建疫情防控“党员志愿者服务队”70支，划分党员责任区54个，参与志愿服务党员550人。党员捐款7.32万元，助力疫情防控。全镇涉武汉重点管控人员共289人，未出现确诊病例。

【庆丰收赏金叶扬孝行系列活动】 11月21日，元沙村和万宅村共同主办庆丰收·赏金叶·扬孝行系列活动，其中包括三明大田晒秋节系列活动、广平镇第三届银杏文化节活动、广平镇第三届“孝老爱亲”道德模范表彰活动，表彰“孝老爱亲”道德模范9人。

【中央媒体集中报道五龙山生态茶园】 11月27日，中央、省级媒体集中到广平镇五龙山生态茶园开展采访活动。记者走进茶园近距离了解大田生态茶的种植、加工、制作等技艺，详细听取有关人员回忆时任福建省省长的习近平总书记到茶园视察时的场景。

【裸房整治】 2020年，广平镇列入全市农村住宅规划建设管理工作试点镇，根据“县统筹、乡统管、地统筹、事统管”要求，以加强农村村民建房管理，改善农村人居环境为目标，制定《广平镇加强农村村民住宅规划建设管理工作八条措施》，分3期推进裸房整治规范农村建房管理，整治元沙、铭溪、栋仁、东景村公路沿线，实行“两扶持一奖励三不补”和五龙山景区核心区“裸房”283座。

【工业项目引进】 2020年，广平镇盘活利用闲置土地13.33公顷，引进鑫岩城固废处理、冠耀新型建材、铭腾建材以及鑫城水泥、宏岩建材技改等项目17个，总投资19.8亿元。“五比五晒”成绩全县工业组排名第三。

【综治平安视联网平台建设】 2020年，广平镇创新治安综合治理“智慧广平”和“挂图作战”管理模式，投入26.9万元完善综治平安视联网平台建设，完成1个镇级、3个村级平台试点推进工作，实现区域内24小时全程可视化管理。

（陈曦）

奇韬镇

□ 编辑 郑祥果

【概况】 2020年，奇韬镇总面积70.74平方千米，全镇辖12个行政村71个村民小组，总户数4505户，总人口1.61万人。镇财政收入1759.45万元，比上年增长12.59%。当年，全镇抓好工农业生产、集镇改造、疫情防控、新型社区、社会保障等工作，完成“十三五”发展目标。

【农业】 2020年，全镇耕地面积882公顷，其中，水田725公顷，旱地157公顷；拥有农机总动力7602千瓦；粮食总产量4007吨；生猪出栏9206头。当年造林12公顷，森林覆盖率72.31%。全镇农林牧渔总产值3.81亿元，同比增长7%。

【工业】 2020年，全镇企业192家，其中集体12家、私营28家、个体152家，工业固定资产2.3亿元；完成工业总产值14.16亿元，同比增长7.58%；销售收入12.65亿元，实现利税3983万元，完成固定资产投资新增项目入库6个。

【第三产业】 2020年，全镇社会消费品零售额4486.41万元，比上年增长7.1%；现有农贸市场固定摊位132个，实现集市贸易额4350.17万元，同比增长7.2%；流通领域有国有、集体、私营企业及个体工商户404家；金融服务网点1个。全镇拥有机动车1106辆，比上年增加32辆；固定电话机1420部，同比增加37部，移动电话机1.02万部，同比增加402部；第三产业增加值2742.94万元，同比增长6.11%。

【社会事业】 2020年，全镇教育事业投入162万元，学校9所，在校学生864人，教师90人，其中高级教师8人。全镇闭路电视用户1916户，同比增加125户。镇卫生院面积1300平方米，病床30张，医务工作人员13人。村卫生所6个，乡村医生13人，老年人活动中心5个；全镇90%以上饮用自来水。

【社会保障】 2020年，对全镇低保人员进行重新核查，发放城乡低保补助110户、257人、118.68万元；发放特困供养27户、28人、32.84万元；发放高龄补贴357人、23.41万元；发放残疾人户补贴158人、18.76万元；发放残疾人生活补贴113人、11.69万元。配合全县安全饮水和改厕工作专项核查，对全镇12个村安全饮水情况进行排查，并对反馈出来的问题全部进行整改。贫困人口医保参保率和贫困边缘户医保、参保率100%。

【集镇改造】 2020年，奇韬镇投入资金260万元，完成集镇改造提升，安装店招700平方米、路灯100盏，铺设人行道及护栏4000米，绘制人行道、指向标、停车位等各类交通标示3000米。

【疫情防控工作】 2020年，为防控新冠肺炎疫情，镇政府启动突发公共事件应急处置机制Ⅰ级响应，落实挂包责任，深化排查防控，严防疫情输入，投入资金48万元，配备口罩、“84”消毒液、测温仪等防疫物资；全镇安装使用智慧音箱60个，宣传防疫知识60余条。安排卡口值班及省外人员摸排工作，落实核酸检测56人次。做好企业复工复产，协助7家企业办理复工复产手续，实地察看企业生产生活重点部位17处，检查防控措施及设备23处，切实保障企业生产与疫情防控“两不误”“两推进”。

【新型社区建设】 2020年，奇韬镇“五龙鼎珠”新型农村社区列入市级农村新型住宅小区建设试点的政策支持，争取各类资金补助366万元，总计投入3000万元，完成68户房屋主体统建和57户房屋外墙统装；完成强弱电下地、雨污管道分离等工程建设，安装小区路灯32盏，铺设混凝土路面2000米，铺设天然气管道256米，绿化面积1500平方米。

【教育事业成绩显著】 2020年，奇韬中学中考升学79人，升学率100%，其中考入大田一中9人，在乡镇中学中排名第三。镇党委、政府对5名优秀工作者及23名优秀教师进行表彰。

（廖永靖）

屏山乡

□ 编辑 陈吉浣

【概况】 2020年，屏山乡总面积106.34平方千米，辖村13个，村民小组150个，3981户、1.68万人。乡财政收入723.4万元，比上年增长3.7%。农村居民可支配收入人均1.63万元，同比增长3.16%。县年度绩效考评位居生态农业组第三、“五比五晒”位居第四，被评为平安先进乡镇。3月12日，开展“义务植树、党员先行”主题党日活动，540人参与植树5000多棵。9月1日，屏山村举人厝、玉润堂和杨梅村蛇形厝入选福建省文物局第十批省级文物保护单位公示，并获修缮补助资金100万元。9月10日，美阳村被市体育局、老体协评为“老年人健身康乐家园”。10月10日，大田县东方美人茶叶专业合作社茶叶加工班组，在2020年福建省五一劳动奖表彰会中获工人先锋号称号。11月12日，大仙峰·茶美人景区AAAA级景区被福建省“旅游+”质量等级评定委员会命名为福建省养生旅游休闲基地。

【农业】 2020年，全乡耕地面积628.53公顷，其中，水田578.73公顷，旱地49.8公顷；农机动力4602千瓦，粮食产量4792吨，同比增长0.21%；出售生猪2041头。茶叶种植面积1068.8公顷，年产毛茶803吨。农林牧渔业总产值3.2亿元，同比增长0.63%。林地面积8102公顷，当年造林22公顷，森林覆盖率77.19%；农民专业合作社63个，社员191人。9月10日，屏山村茶农郭守郡参加“三明市十佳制茶大师赛”，获得美人茶类制茶大师称号。11月6日，大田美人茶集中加工与研发中心建设项目，屏山乡政府与张庆泉（福建）茶业有限（外资）公司在第十六届海峡两岸（三明）林博会上签约。

【工业】 2020年，全乡有福建大田大方广茶业有限公司、大田县高峰茶业有限公司、福建省一方茶业有限公司规模以上农产品加工企业3家，职工1341人，固定资产10.5亿元，总产值6.58亿元，同比增长1.2%；销售收入3.62亿元。7月6日，由大田云韵茶业有限公司投资建设大田美人茶制作销售一体化项目在美阳村开工，计划总投资6600万元，建设标准化、清洁化加工厂房和农残实验室，改造茶园100公顷。9月25—26日，大田县总工会、屏山乡人民政府等4个单位在福建大方广茶业有限公司，联合举办“当好主人翁·建功新时代”“美人茶”制茶技能竞赛，18名制茶师傅参加，评出一、二、三等奖共6名。

【第三产业】 2020年，屏山乡集贸市场面积220平方米，固定摊位60个，集市贸易额850万元，同比下降5.87%，社会消费品零售额1815.7万元，同比下降6.22%；个体工商户401家，其中商业户385家、餐饮业14家；金融服务网点2个。第三产业增加值746万元，同比增长0.34%。福建茶天下旅游开发有限公司再投入350万元，打造网红一条街，新增浮桥、射箭、情侣合力桥、网红旋转秋千、网红鸟巢等体验项目，吸引游客3800人次，直接产生经济效益35万元。国庆、中秋双节期间推出中秋博饼、古堡赏月狂欢晚会、大田后生仔古堡联欢音乐节等5个特色项目，共接待游客3.2万多人次，同比增长7.1%，引导车辆8230部，住宿、餐饮总收入151.6万元，同比增长13.1%，民宿入住率97.5%，同比增长10.2%。5月21日，由省农业农村厅、三明市人民政府主办的首个国际茶日福建省系列活动暨三明“林深水美茶香”专场活动启动仪式在屏山举行。大仙峰·茶美人景区年接待游客25万人次，旅游经营收入270万元。

【社会事业】 2020年，全乡教育事业投入39万元，学校3所（幼儿园、小学、初中各1所），教职工62人，在校学生278人；闭路电视用户225户。乡卫生院病床15张，医务人员15人。村卫生所15个、村医15人；村道铺设混凝土路面17.2千米、拓宽8千米；93%以上的人口饮用自来水。发展红色旅游文化和民俗传统文化等投入17万元。投入231万元，修缮中央红军驻扎过的杨梅村时思堂、蒋山村凤乾堂两处省级文物保护单位。

【社会保障】 2020年，全乡享受低保村民96户、192人次，发放低保金98.57万元；给特困群众69人次发放特困金103.94万元。参加农保6600人，参保率86.9%，收集农保基金198万元，为符合条件村民4054人，发放养老金414.77万元。村民参加新型农村合作医疗1.21万人，参保率97.35%，收集医保基金340.09万元。幸福院建筑面积1200平方米，床位28张，入住19人。

【县长带货网络直播】 5月13日，县长林金龙参与福建省农业农村厅主办、福建省广播影视集团融媒体资讯中心承办的“县长带你买好货”网络直播走进大田活动，在屏山福建江山美人茶业有限公司茶园化身为“带货主播”，为大田美人茶、茶油、和财米粉、富硒大米等农副产品代言，向广大网友推荐“舌尖上的大田美食”，当天销售100多万元。

【茶产业实训基地挂牌】 6月25日，屏山乡茶产业实训基地在大仙峰·茶美人景区挂牌，县委书记陈文华和县委常委、组织部部长王怀斌等领导出席挂牌仪式。实训基地由福建茶天下旅游开发有限公司投资150万元，基地可同时容纳120人参训。基地建成后，将开展茶叶种植和加工技能培训，促进茶产业发展和农民增收。

【首届大田美人茶开茶节举办】 6月25日，大田县委、县政府和三明市农业农村局在屏山乡大方广茶业有限公司共同举办首届大田美人茶开茶节，开茶节以“大田美人·贵雅天成”为主题。美人茶制茶大师、部分茶企代表、媒体记者，以及海峡两岸茶叶交流协会会长张家坤、县委书记陈文华等500余人参加活动。开茶节开展茶艺表演，茶企、茶农现场推介高山美人茶等各类茶叶，广大茶友进行线上线下等活动。

【红色美丽村庄建设】 8月25日，屏山村被省列为红色美丽村庄建设试点村，获得修缮与建设补助资金200万元，建设朱德出击闽中纪念园广场、红军雕塑园、红军墓、红军桥亭等，推动红色文化的传承与保护。

【茶赛获奖】 2020年，屏山乡茶企、茶农在第九届海峡两岸茶文化季暨“鼎白”杯两岸春茶茶王擂台赛、海丝国际杯和三明市、大田县秋季茶王赛中有27个茶样获奖，其中，获茶王4个、金奖5个、银奖6个、铜奖8个、优质奖4个。

【屏山乡商会成立】 11月18日，大田县屏山乡商会在大仙峰·茶美人景区成立，吸收53名乡贤、企业负责人为首届会员，商会成立后将进一步推动屏山乡一、二、三产业快速融合，带动村民增收。

（施发墩）

济阳乡

□ 编辑 陈吉浣

【概况】 2020年，济阳乡面积66.43平方千米，辖村12个，村民小组113个，总户数2681户，总人口9333人。乡财政收入384.53万元，比上年增长5%。1月3日，三明市客家文化中心主办的“2020年三明市文化下基层巡演”在济阳乡演出，近千人观看。当年，济阳乡被评为省级文明乡镇，被省爱国卫生运动委员会评为省级卫生乡镇；济中村被文化和旅游部、发展改革委认定为全国乡村旅游重点村，济阳黄花菜被国家知识产权局批准为国家地理标志证明商标。

【农业】 2020年，全乡耕地面积447.73公顷，其中，水田377.33公顷，旱地70.4公顷。茶园面积526.24公顷，同比增长0.72%，产量4104吨，同比增加142吨；生猪出栏1.24万头，肉兔出栏5.6万只。全年造林绿化29.87公顷，森林覆盖率74.3%。成立大田县丰阳蔬菜种植专业合作社，种植高山优质蔬菜34.67公顷；扩大高山优质水稻种植33.33公顷，新增黄花菜种植40公顷。济阳蛋鸡产业化及生态种植综合开发项目总投资3.3亿元，至年底完成土石方工程和场地平整，进行地梁开挖。全乡农林牧渔业总产值3.15亿元，同比增长1.62%。

【工业】 2020年，全乡工业企业25家，其中规模以上5家，完成工业总产值17.24亿元，同比增长12.53%；固定资产投资2.1亿元，固定资产投资项目入库7个，引进港资170万港币。凯沃中高端铸件生产加工及整机装备项目完成厂房封顶。

【第三产业】 2020年，济阳乡集贸市场年交易额508.66万元，同比增长21.43%；个体工商户82家，其中，商业23家、餐饮业7家；金融网点1个；机动车281辆（客车2辆、卡车76辆、小汽车177辆、农用车15辆、拖拉机11辆），同比增加25辆；旅游业投资950万元，同比增长11.8%，年接待游客80万人次，营业收入510万元，同比增长7.4%。7月17日，与福建华清旅游开发有限公司签订旅游开发战略合作协议，建设问佛谷生态度假景区项目，总投资2.1亿元，年底完成方案设计及道路提升改造；引入泉州华光职业学院创建济阳研学基地，总投资6500万元，打造古村落文化创意产业园，培育文创、研学、康养等新兴业态；改造提升古厝胪都堂和问佛景区广场、护栏、停车场，投入80万元。

【社会事业】 2020年，济阳乡中小学、幼儿园各1所，在校学生315人，入园幼儿26人，教职员工60人（幼儿园11人）；济阳学校学生宿舍楼完工，建筑面积2400平方米，投资680万元；新建11人制国家标准足球场。修缮改造乡卫生院旧门诊楼，投资40万元；新购置DR机1台，价值48万元。改建德横线（济阳至上丰段）公路6公里，投资1400万元；实施大田—济阳城乡客运一体化项目，班车票价从15元降至8元。推进集镇水环境治理工程，清理集镇河道，铺设氧化塘管网2公里，投资50万元；改造提升济阳、济中、上丰村饮用水管道10公里，投资60万元。

【社会保障】 2020年，全乡享受低保的村民93户222人、五保32户33人，发放低保金109.6万元，五保金57万元，低保五保临时生活补贴1.8万元；享受重度残疾人护理和困难残疾人生活补贴117人，发放补贴金额25.9万元；为56户村民发放临时救助金14.5万元；为80周岁以上高龄老人211人发放生活补贴14万元；春节慰问困难群众33人，发放慰问金6600元。参加城乡居民医疗保险6737人，参保率96.3%，收集基金188.6万元；参加城乡居民社会养老保险5736人，收集基金62.5万元，享受基础养老金村民1425人，发放养老金217.8万元。发放贫困家庭产业发展补助资金11.85万元，实施6个产业扶贫项目，开发贫困人员光伏公益性岗位17个。

【济中村示范村项目实施】 3月，济阳乡整合各级项目资金近1300万元，实施省级乡村振兴示范村济中村古村落绿化提升、景区路灯亮化工程等12个项目。投入284.6万元，改造沿街道路两侧裸房29座，面积3500平方米和房屋雨披；投资500万元，提升火烧湖景区基础设施及景观，改造提升道路2公里、修建文化休息亭3个、新建观景台1处、安装休息座椅10处、建造摩崖石刻1处。

【跨村联合党组织成立】 9月，济阳乡济阳村、济中村、上丰村3个村党支部成立济阳片区联合党总支，党员148人，由邀请回村的2名乡贤分别担任党总支书记和副书记，通过整合资源、抱团发展，发挥其“1+1>2”的叠加效应，实现共商共议、共管共治、共建共享。

【晒秋节活动】 9月20日，福建省2020年中国农民丰收节系列活动—三明·大田“晒秋节”活动在灵动济阳凤阳堡举行，省农业农村厅二级巡视员林景元、计财处二级调研员陈斌，市政府副秘书长夏寿南、市农业农村局副局长杨敏和县委书记陈文华、县长林金龙等领导参加活动；18个乡镇各组织1支队伍共144人，参加“玉米归仓”“广场舞串烧”“小康金蛋”“丰收瓜果跑”等活动，营造喜庆热闹的丰收气氛，群众1000余人观看。

【济阳商会成立】 12月30日，济阳乡商会在济阳成立，会员57人，主要由济阳籍企业家、乡贤组成，涂进作当选为商会会长。

（陈祥灶）

谢洋乡

□ 编辑 潘梅

【概况】 2020年，全乡面积116.12平方千米，辖14个行政村，91个村民小组；总户数2055户、总人口8046人。乡财政收入1021万元，比上年下降1.29%。当年，谢洋乡坑口村被评定为省级乡村治理试点示范村。

【农业】 2020年，全乡耕地面积707.4公顷，其中水田面积524.8公顷。主要农作物水稻种植面积524.8公顷，产量3369吨；茶叶种植面积433.53公顷，年产量1212吨。出栏生猪1.05万头、鸡21.31万羽、鸭4.97万羽、兔11.02万只。林地面积1万公顷，造林绿化30.47公顷，森林覆盖率81.85%（全县首位）。农林牧渔业总产值3.04亿元，比上年增长5%。农业专业合作社35个，社员527人，经营性收入28.76万元。农民人均纯收入1.74万元，同比增长8.3%。

【工业】 2020年，全乡规模工业企业3家，铅锌矿产值3.93亿元。引进鑫协中高端铸件生产及机械加工建设、腾恒光通讯产品生产、三江源精制茶加工建设、碧旺有机肥料加工建设、鸿蒙蝴蝶云物联网建设、健养精制茶加工建设等项目。新培育炳川贸易为县首批4家限上贸易企业之一。

【第三产业】 2020年，全乡个体工商户124家，其中商业122户、餐饮业2户。金融网点数1个。

【社会事业】 2020年，谢洋乡教育投入761.3万元，教职工50人、在校生161人（小学生78人，初中生35人，幼儿生48人）。卫生院建筑面积1080平方米，病床数14张，医技人员8人，配备有大生化、心电图、B超、血常规、尿常规等诊疗设备。村卫生所8个，乡村医生4人。

【社会保障】 2020年，全乡低保户、五保户共248人，发放保障金210.04万元。参加新农保2501人，缴交基金70.98万元，1306人领取保障金213.89万元。参加新农合6467人，缴交医保基金181.08万元，参保率98%，1.04万人次获补偿金额46.18万元。幸福院4所，建筑面积2000平方米，床位40张，入住12人，主要设施有消防设备、厨房、卫生间、洗衣机、电视、床、柜子、茶桌、跑步机、踏步机、棋牌桌、乒乓球桌、按摩椅等。

【饮用水源保护区综合治理】 2020年，谢洋乡继续开展坑口水库饮用水源保护区综合治理及搬迁安置，截至年底，完成搬迁协议签订97.7%，拆除房屋51座。坝水一方文旅康养建设项目完成景区漫步道、木屋、垂钓中心、观光休闲屋、夜景灯、耕牛雕塑、“坝王别居”装修及其他基础配套设施建设，流转闲置土地1公顷，用于木槿花种植。

【基础设施建设】 2020年，谢洋乡对怀德、谢洋、草垄崎、仕福等4个村进行高标准农田建设；实施“清沟扫地摆整齐”整治行动，新建公厕1座、三格化粪池35座；持续开展小流域综合治理工程，实施怀德、珍山生态护岸工程1.02公里；改造提升集镇、科里、白玉污水处理等环保设施；实施坑口水库生态修复项目；实施农村电网改造升级工程，谢洋35千伏变电站完成选址及征地前期工作；实施农村公路硬化项目，在珍山、上珍等村建设错车道61个；实施蕉坂村、珍山村、和春村、坑口村自来水改造工程；实施谢洋村文化长廊装修、仕福村机耕道硬化500米等“一事一议”项目；实施集镇饮用水工程，有效解决集镇饮用水供需矛盾。

【脱贫攻坚】 2020年，谢洋乡持续巩固脱贫成果，2个贫困村和250名贫困人口全部脱贫。争取中央和省市扶贫产业资金156.72万元，其中贫困村谢洋村、和春村基础设施工程140万元，到户发展产业55户共16.72万元，全部发放到位，帮助受疫情影响的贫困户发展产业、稳定脱贫。

【土地确权工作】 2020年，谢洋乡完成14个行政村农村承包地确权登记颁证工作，确权总面积675.25公顷，颁发经营权证书1679户，同时推进农村集体产权制度改革工作，完成14个村农村集体经济组织成员身份确认、股权量化、股权证书颁发。

【《和春村村史》出版发行】 2020年10月，由和春村党支部、村委会编写的《和春村村史》出版发行，全书12万字，印数1000册。和春是大田县革命基点村，地下党在这里坚持长期革命斗争，和春人民付出极大的牺牲。该书浓缩地理、经济、政治、文化、社会等各方面的历史和现实资料，客观反映和春的山水地貌、名胜古迹、物产资源、社会变迁和当今面貌；记载和春有史以来的文物古迹、民俗文化、英烈名人等珍贵资料。

（孙玛莉）

武陵乡

□编辑 潘梅

【概况】 2020年，全乡面积80.3平方千米，辖有9个行政村，村民小组94个；户籍数3706户，总人口1.34万人。乡财政收入1433.47万元，其中专项收入706.41万元。当年，武陵乡获三明市基层武装部规范化建设先进单位，获大田县脱贫攻坚工作集体三等功；大石村被评为福建省乡村治理示范村，河道治理案例入选《福建省乡村生态振兴案例选编（二）》。

【农业】 2020年，全乡林地面积6270.84公顷，当年造林98.07公顷，森林覆盖率71%。耕地面积829.74公顷，其中水田面积483.5公顷。农作物播种总面积1468.18公顷，其中，种植谷物445.34公顷、产量2887吨，薯类143.13公顷、产量656吨，烟叶47公顷、产量73吨，蔬菜752.13公顷、产量3.23万吨。主要特色产品有雪山萝卜、食用菌，年产量分别为1.9万吨、361吨。出栏生猪5328头，出栏肉兔17.98万头，出栏牛186头、羊999头。农林牧渔总产值2.92亿元、比上年增长4.2%。拥有农机总动力6200千瓦，机耕面积占85%，2020年获得国家和省农机购机补贴5.6万元。农民专业合作社30个，社员186人，经营性收入258万元。

【工业】 2020年，全乡企业35家，工业总产值25.26亿元（其中规模以上企业5家，产值14.94亿元），完成固定资产投资2.11亿元。

武陵乡大石铸造产业集中区规划面积13.33公顷，入驻博实铸造、恒通机械、岩盛铸造、宏盛铸造、龙田机械、升文机械、国新机械等铸造企业7家，主要生产有汽车配件、体育健身器材、船舶配件、水暖设备等产品。当年，引进涌趯水泥制品生产建设项目，建设水泥制品生产线，年可生产混凝土结构构件、建筑模板等水泥制品20万平方米，已完成1#厂房、办公楼建设并投产；引进年产1.2亿块（折标）煤矸石页岩等综合利用生产机制砖技改项目、大田上铁铸件生产加工及整机涂装建设等项目。

【第三产业】 2020年，全乡集贸市场面积2000平方米，固定摊位30余个，年交易额2566.74万元，同比增长2.6%。社会消费品零售额5171.4万元，同比增长3.4%；金融机构服务网点1个。运输车辆42辆。第三产业增加值4070.1万元，同比增长5.3%。

【社会事业】 2020年，全乡学校5所（中学1所、小学3所、幼儿1所），教职工101人、在校学生793人。全乡教育事业投入86.99万元，其中教育基金会投入78.49万余元。武陵卫生院建筑面积1289平方米，病床数16张、卫技人员11人；配备血生化仪、血常规、尿常规、电解质分析仪、心电图、B超、自动洗胃机、健康体检一体机等诊疗设备；村卫生所（室）10个、乡村医生11人。根据一事一议财政奖补政策，完成4个村77万元的道路硬化及周边基础设施建设等项目；持续对接总投资6467万元的雪山水库建设项目，省烟草局于7月将雪山水库列入项目库。

【社会保障】 2020年，全乡低保户97户217人，发放补贴近108万元；全年临时救济33户35人，发放临时救助金8.69万元；自然灾害救助2户，发放救助金2000元；核报享受重度残疾人生活补贴149人、护理补贴190人，发放补贴40.53万元；参加新农保3566人，缴交基金74.57万元，1776人领取基础养老金277.39万元；参加新农合1.08万人，缴交基金303.29万元。

【集镇污水处理工程建设】 2020年，武陵乡建设集镇污水处理工程，新建污水处理厂2座，投资1980万元。集镇污水处理厂一期工程动工建设，新铺设污水管网1.03公里，日处理污水能力130吨。

【乡村旅游项目完善】 2020年，武陵乡持续做好“五彩大石”AAA景区创建后管理工作，投入25余万元，利用大石村空闲墙面，绘制农耕文化、红色文化等题材壁画12幅；新建公厕1座；引进渔家晚霞灯光项目，国庆期间吸引观光游客10万人次。

【红色文化遗址保护】 2020年，实施大田县武陵乡红色旅游基础设施及配套设施建设项目，委托第三方整合收集桃溪、武陵、红君、百束等4个村红色文化资源。申报“十四五”规划项目，新建革命历史纪念馆、红军广场，迁建烈士陵园，配套建设旅游公厕3座，新建生态停车场2处，武陵乡申报国家AAA级红色生态旅游景区。

（罗程）

文江镇

□编辑 潘梅

【概况】 2020年，文江镇总面积112.71平方千米，辖村20个、村民小组122个；总户数4992户、总人口2.30万人。镇财政收入840.02万元，比上年增长5.1%。争取上级扶贫资金58.95万元，用于贫困户发展产业182人次。

【农业】 2020年，文江镇耕地面积2187公顷，其中水田1082公顷。水稻种植685.25公顷、产量4632吨，甘薯种植216.33公顷、产量937吨，马铃薯种植123.53公顷、产量289吨，黑米种植21.23公顷、产量92吨，蔬菜种植845.9公顷、产量2.6万吨。出栏生猪7350头，出栏肉兔22.03万头，出栏鸡12.12万羽、鸭7.83万羽。林地面积8930公顷，造林130公顷，森林覆盖率79.03%。农林牧渔业总产值5.51亿元，同比增长12.22%。拥有农机总动力1.23万千瓦。农民专业合作社44个，社员288人，经营性收入363万元。

【工业】 2020年，文江镇企业63家，其中，私营企业49家、内资企业14家，比上年增加3家，职工总数1163人，固定资产13.3亿元。工业总产值5.63亿元，实现利税4530万元，其中规模以上企业有振鸿煤矿和兆丰矿业，完成工业产值5.62亿元。当年引进三明华腾光电科技项目、青筑水泥预制品生产项目、永岩建材贸易和爱玛电动车专卖店等4家企业，总投资额1.86亿元。

【第三产业】 2020年，文江镇社会消费品零售额1.82亿元，同比增长8.33%；集贸市场面积2800平方米，固定摊位78个，实现年交易额1.35亿元，同比增长3.05%；个体工商户282个，其中商业271户、餐饮业11户；金融机构1家、服务网点2个；第三产业增加值9906万元，与上年度基本持平。

【社会事业】 2020年，文江镇有初中1所、小学4所、幼儿园4所，教师121人、学生773人、幼儿入园283人；卫生院建筑面积2600平方米，病床30张，配备卫技人员17人。村卫生所20所、乡村医生20人；群众（老年人）活动场所面积2800平方米。

【社会保障】 2020年，文江镇低保户161户、403人，发放低保金185.63万元；五保户56人，发放五保金47.23万元。参加新农保1.5万人，基金缴交302万元，3873人领取基础养老金643.92万元；参加新农合人数2.2万人，基金缴交270万元，支付1.6万人次医疗补偿费142万元。养老院1所，建筑面积450平方米，床位26床、入住9人。

【林票制度改革】 6月，文江镇与市农林发展集团合作协议推行林票改革，以空壳村和贫困村作为试点，是三明市首个整镇推进林票制度改革的乡镇。

【朱坂作场戏被列入国家级非物质文化遗产】 12月，文江镇朱坂村的“朱坂作场戏”被文化和旅游部列入第五批国家级非物质文化遗产代表性项目名录。

【文江镇纳入新阳中心片区】 12月，根据《三明市人民政府关于新阳中心片区经济社会发展规划的批复》，文江镇纳入新阳中心片区发展乡镇之一。该片区发展将按照“区域发展，基础先行”的思路，“尽力而为、量力而行”的原则，优先策划生成一批可落地、易实施的教育、交通、医疗发展项目，推进片区教育、交通、医疗事业先行发展。

（程楠）

梅山镇

□ 编辑 林生钟

【概况】 2020年，全镇总面积192.08平方千米，辖村21个，村民小组187个，户籍数5975户，总人口2.57万人，其中非农业户282户，415人；镇财政收入1738.28万元，比上年减少25.74%。

【农业】 2020年，全镇耕地面积1163.7公顷，其中，水田940公顷，旱地223.7公顷；粮食播种面积1227.47公顷，总产量9030吨，与上年持平；农机总动力8856千瓦；生猪出栏6524头；农林牧渔业产值5.1亿元，同比增加21.42%。

【工业】 2020年，全镇工业企业180家，职工总数1304人；固定资产5.01亿元，其中规模以上企业3家，完成工业总产值1.8亿元，同比减少64.74%；固定资产投资8795万元。

【第三产业】 2020年，全镇社会消费品零售额3014万元，与上年持平；集市贸易额1510万元，比上年下降11.79%；流通领域的国有、集体、私营企业115家；金融服务网点2家；全镇机动车392辆（客车35辆、卡车47辆、小汽车143辆、农用车105辆，拖拉机62辆）；固话电话1615部，移动电话1.6万部；第三产业增加值3836万元，与上年持平。

【社会事业】 2020年，全镇初级中学、中心小学各1所，初级小学6所；在校生1034人，其中中学生294人、小学生740人，同比减少40人；小学义务教育入学率100%，初中巩固率99.2%，梅山初中考上大田一中8人，录取率36.76%；镇卫生院病床17张，医务人员19人；农村居民人均住房49平方米，集镇居民32平方米；97%人口饮用自来水。

【社会保障】 2020年，全镇村民享受低保202户、430人，发放低保金231万元；享受基础养老金村民3971人，发放养老金671.67万元；参加新农合2.15万人，参合率99.61%；收缴医保基金498.3万元，为1.68万人次支付医疗补偿费182万元；参加新农保9981人，收缴城居保保费215.8万元，参保率91.7%。

【生活污水处理项目动工】 10月，梅山镇郭井村、梅山村生活污水收集处理项目动工，项目总投资624万元，其中上级补助574万元。项目规划新建污水管网7.96千米、新建污水检查井、沉泥井314座。

【梅山溪生态治理】 10月，梅山镇梅山溪生态治理项目建设完工，生态护岸建设10.17钱，河道清淤12.65千米，河岸绿化12.13千米，投资3025.71万元。其中，中央预算内补助资金640万元，省市县财政补助920.79万元，其余部分为镇自筹。

【纳入新阳中心片区发展规划】 2020年，梅山镇纳入《新阳中心片区经济社会发展规划》，片区涵盖尤溪县新阳镇、管前镇、八字桥乡和大田县广平镇、奇韬镇、文江镇、梅山镇等7个环闽湖西侧乡镇，面积约1071平方千米，人口近20万人。梅山镇谋划形成融入新阳中心片区建设项目41个，涉及农林水利、交通、教育、卫生医疗、产业等内容。

【集镇建设】 2020年，梅山镇完成农户厕所无害化改造215座，配备垃圾车46辆、果皮箱268个、垃圾桶1200个，安装河边休闲道路路灯220盏、村道路灯150盏，投入资金1480万元。

【植树造林】 2020年，梅山镇造林更新面积82.1公顷、幼林抚育面积788.5公顷，沧洲村种植珍贵树种13.4公顷，投入资金42万元。

（李丽娟）

前坪乡

□编辑 林生钟

【概况】 2020年，全乡总面积45.86平方公里，辖村11个，村民小组55个，户籍数2244户，总人口8419人；乡财政收入871.22万元，同比下降5.5%。获评省级精神文明单位、大田县平安先进乡（镇），商贸经济类乡（镇）综合考评良好；前坪卫生院获评县平安先进卫生院、前坪中心小学获评县平安校园，上地村、前坪村万寿延养老服务中心获市级“老年人康乐家园”称号。

【农业】 2020年，全乡耕地面积532.4公顷，其中水田208.27公顷、旱地324.13公顷；粮食播种面积816.7公顷，总产量3227吨，同比增长2.18%；果树种植面积61.46公顷，产量1082吨；生猪出栏3245头；农机总动力6415千瓦；拥有手扶变型机械21辆，微型耕整机82部；全乡农林牧渔总产值1.52亿元，同比增长3.4%；主要农产品有优芬鸡蛋、高峰金姜、生态油茶、大田美人茶等。

【工业】 2020年，全乡企业324家（集体企业1家，私营企业60家，个体企业263家），新增2家，职工总数2386人。工业固定资产5.02亿元，工业总产值59亿元，其中规模以上企业15家，总产值52.18亿元，同比增长6.65%；销售收入23.5亿元，实现利税8153万元。引进奇义金属制造、广建环保、超越科技等项目12个，总投资16.07亿元；6000万元以上开工项目7个，签约亿元以上项目3个；新增规模以上企业1家、限上贸易企业1家，培育规模服务业企业2家；实际利用外资1400万元，是全县第一个超额完成县里下达任务的乡镇。菲得美机械被认定为省部级高新技术企业；广建环保科技项目在2020年“9·8”投洽会上签约，并作为全县第四季度集中开竣工活动的主会场。

【第三产业】 2020年，全乡社会消费品零售额661万元，集市贸易额887万元，均与上年基本持平；流通领域的国有、集体、私营企业130家；金融服务网点1个；卡车86辆，农用车48辆，拖拉机12辆；移动电话5424部，同比增加188部；第三产业增加值5102万元，同比增长0.2%。

【社会事业】 2020年，乡财政教育事业投入6.5万元，中心小学（含附设初中、幼儿园）1所、完全小学1所、初级小学1所，教职工66人，在校学生321人、幼儿入园81人；闭路电视用户394户；乡卫生院建筑面积1150平方米，病床6张，医务人员8人；村卫生所5个，乡村医生8名；新建、改建乡村道路14.6公里；群众（老年人）活动场所面积1468平方米；村民人均住房面积82平方米，集镇居民30平方米；每百户拥有洗衣机81台；全乡共有电视机1012台，电冰箱463台，摩托车932辆；92%以上的农户用上液化气、电磁炉。

【社会保障】 2020年，全乡居民参加基本养老保险3264人，参保率99.7%；60周岁以上村民1029人，发放基础养老金160.5万元；村民参加新型农村合作医疗6724人，参合率100%；收集医保基金181.1万元，为6868人次支付医疗补偿费32.36万元；享受低保46户123人，五保3户3人；幸福院建筑面积680平方米，床位7张；敬老院建筑面积300平方米，床位8张，入住人数8人。

【创辉农业蛋鸡产业化项目竣工投产】 9月，福建创辉农业蛋鸡产业化项目在山川村竣工投产，存栏蛋鸡50万羽，日产鸡蛋20吨；饲料加工厂、蛋品库、有机肥加工厂、千吨玉米罐、职工食堂和宿舍投入使用。

【鑫鹭峰实业股份有限公司破产重整推进】 2020年，前坪乡成立鑫鹭峰实业有限公司破产重整项目推进领导小组，敦促鑫鹭峰主动对接法院核清债务；成立鹭坪科技有限公司，帮助协调解决富锰渣环评等手续办理，推进富锰渣项目试生产工作，推动传统产业“老树发新枝”。

【基础设施建设】 2020年，投入42万元实施路灯亮化工程2个、路灯亮化200盏；投入280万元完成电网建设与改造；投入120万元完成河堤护栏工程6个、建造小河坝32个、饮用水蓄水池8个；投入260万元完成机耕道及路面水泥硬化工程5个、农村公路路面水泥硬化5.2千米、休闲步道1.2千米，小型停车场1个、党建公园1座、桥亭2座、新建公厕3座；投入100万元完成屋顶坡面、裸房、旧木屋修缮等项目，疏通沟渠18.5千米，拆除乱搭建160余处，清理垃圾120余吨；投入6000多万元完成山水林田湖草银锭岬态A标段生态修复项目。

【脱贫攻坚成果】 2020年，前坪乡累计发放扶贫小额信贷320万元，发放产业扶贫资金113.52万元，同比增加率195%，带动贫困村和贫困户增收39万元；建成造福工程易地搬迁新房20座，发放建房补助150.9万元；投入396万元发展“屋顶”光伏业，实现户年均增收7000元。

（严振达）

湖美乡

□ 编辑 林生钟

【概况】 2020年，全乡总面积138.47平方千米，辖村16个，村民小组107个，户籍数3643户，总人口1.41万人；乡财政收入1048.92万元，比上年增长29.1%。

【农业】 2020年，全乡耕地面积432.6公顷，其中水田302公顷、旱地132.6公顷；粮食总产量4520吨，同比增长0.53%；全乡农林牧渔总产值1.98亿元，同比增长4.7%。

【工业】 2020年，全乡企业35家（集体企业4家，私营企业31家），职工总数817人。工业固定资产1.09亿元，工业总产值7.3亿元，同比增长75.9%；销售收入2.49亿元，实现利税3500万元；全乡三资企业4家，总投资1.67亿元；对接招商项目落地7个，其中“五个一批”项目谋划5个、签约5个、开工2个、增资2个、投产3个；固定资产投资入库5000万以上项目4个，5000万以下项目2个，新培育限上贸易企业2家、规模服务业企业1家。

【第三产业】 2020年，全乡社会消费品零售额994.3万元，比上年增长1.0%；集市贸易额6000.35万元，同比增长0.12%；流通领域的国有、集体、私营企业及个体工商户286家；金融服务网点1个；客车3辆，卡车31辆，小汽车346辆，农用车52辆，拖拉机13辆；固定电话156部，同比增加40部；移动电话7916部，同比增加15部；第三产业增加值2958万元，同比增长0.44%。

【社会事业】 2020年，乡财政教育事业投入1000万元，各类学校6所，在校学生600人；闭路电视用户449户；乡卫生院病床12张，医务人员10人；村民人均住房面积52平方米，集镇居民33平方米；每百户拥有洗衣机89台，自行车33辆，电视机169台，电冰箱78台，摩托车100辆；98%以上的农户用上液化气、电磁炉、沼气池；100%人口饮用自来水。

【社会保障】 2020年，全乡居民参加基本养老保险4449人，参保率82.33%；60周岁以上村民1029人，发放基础养老金160.5万元；村民参加新型农村合作医疗10414人，参合率102%；享受低保137户327人，发放低保金14.53万元；扶持成立村级教育基金会4个，发放助学金2.7万元；夕阳红闽中康养湖美分中心二期项目竣工投入使用，新增床位36张；建成湖上、林兜、元安、宏才等村老年人活动中心、幸福院6个；大田至湖美城乡客运一体化线路开通运营，票价降至5元，辖区内2元。

【生态综合治理】 8月，整合河道专管员、环保网格员、道路协管员、护林员、土地协管员等“五大员”职能，在全县率先建立生态综合管护队伍，探索“多长合一”的基层生态综合治理办法，切实打通环境监管“最后一公里”。

【水生态修复】 9月，闽湖（大田）流域环境综合治理项目实施，总投资1120万元，国控高才断面水质稳定达到Ⅰ类。

【美丽乡村建设】 2020年，投入900万元做美做亮集镇，投入300万元建设“风展红旗 如画三明”红色主题公园、农耕园，整治裸房24座、装修祖房15座，拆除旱厕59座、改造户厕35户，新建集镇和西燕、高才、仁美等村公厕4座。

（肖玲）

县城社区

□ 编辑 陈妮

【概况】 2020年，县城社区面积12平方千米，县城区办辖白岩、文昌、玉凤、仙亭、南街、赤岩、东门、镇东8个社区居委会，辖区单位168个，城镇居民4.34万户，常住人口15.2万人，户籍人口6.68万人。社区共有基层党支部22个，党员794人，党建工作规范开展，党务管理扎实有效，开展“送春联、传家风、廉家风，廉洁文化进家庭”及“庆党建99周年”等系列活动。县社区工作者46人，大学生志愿者3人，开展疫情防控，党员志愿者劝导活动。县城区办坚持以人为本，创新社区管理工作，建设和谐、活力社区，全面完成社区建设各项任务。

【社区服务】 2020年，县城区办严格实行“政策公平、程序透明、操作规范、支付到人、打卡发放”原则，及时准确发放各类补助资金；关注弱势群体生活，加强特殊困难群众社会救助工作力度。当年新增就业1286人，养老保险扩面新增358人，参加城镇居民医保1.59万人，开展低保核查3次，取消9户、新增5户；享受城乡最低生活保障155户243人，发放低保金134.74万元；特困供养人员9人，发放生活费9.07万元、护理费7.03万元。大病医疗救助128人，办理低保家庭大学生16人学费补助。

【社区稳定维护】 2020年，县城区办针对网络诈骗的方式、特点制作各类宣传单3万余份，采用街边巷口海报、入户点对点案例相结合的方式开展宣传活动，提高居民“防范电信诈骗”知晓率和普及率。摸排滞留境外人员，了解出境人员的生活工作状况、职业类别、出国理由等情况，教育辖区居民不能参与诈骗。开展以“防激化”为重点的人民调解工作，宣传申诉、信访等合法解决纠纷方法，维护社会稳定。

【疫情防控】 2020年，县城区办联合辖区共建单位、产权单位和志愿服务队伍做好新冠肺炎疫情防控，将城区划分为157个路段，摸底排查居民、单位房屋出租情况，探索推行县外人员入田个人信息二维码登记制度，排查县外人员承租户574人，签订省内返田承租户无湖北及外省旅居史承诺书175份，沿街商铺签订承诺书323份。建立外省返田人员信息登记表，坚持村医定期上门服务，以片警、社区干部入户、电话、微信视频随访随查方式，不定时跟踪检查287名外省返田人员隔离观察情况，确保管控及时、到位。

【省级文明县城创建】 2020年，县城区办开展环境整治，协同共建单位集中整治辖区内乱贴小广告（牛皮癣）、占道堆放、违章搭建、饲养家禽等问题，拆除鸡鸭舍117处、清除小广告8500多处、整治乱堆乱放物品252处，整理卫生死角清运垃圾539车；摸排造册登记辖区内“僵尸”车，协调交警大队统一清理清除各类自行车、摩托车等2230余辆。经整治，辖区内居住环境大为改观。

【第七次全国人口普查登记完成】 2020年，县城区办按照县人普办的统一部署，绘制城区343个普查小区，采用社会招聘和单位借调两种方式，选聘普查员343名，普查指导员56名，短表登记133376人，长表登记8049人，完成第七次人口普查任务。

（章开苗）

人物

先进人物

苏秀琴 大田县司法局法制科科长。2020 年 1 月，被司法部评为“全国公共法律服务先进个人”。

连 峰 大田县工业和信息化局副局长。2020 年 11 月，被福建省委省政府评为“福建省抗击新冠肺炎先进个人”。

吴伟建 大田县市场监督管理局党组成员。2020 年 11 月，被福建省人民政府评为“GB/T370722018 美丽乡村建设评价项目”标准贡献二等奖。

（章庆明 王翀 乐首装）

逝世人物

郑清华（1946—2020）女，大田均溪镇人。1966 年 8 月参加工作，1979 年 10 月参加中国共产党。1966 年 8 月至 1983 年 12 月历任太华中心小学教师、县实验小学教师、副教导、副校长。1983 年 12 月至 2001 年 7 月，历任县妇联主席、县环保局支部书记、主任科员。2001 年 8 月退休。

郑钟选（1920—2020）男，大田均溪人。1949 年 8 月参加工作，1952 年 9 月至 1958 年 7 月，历任桃源中心小学、武陵学区赤水小学、前坪学区下坑小学教员。1958 年 7 月因历史问题被处理回家；1981 年 12 月，落实政策办理退休；1984 年 9 月改办离休。

林克春（1927—2020）男，大田武陵人。1949 年参加工作。1955 年 6 月复员回乡。1955 年 9 月至 1987 年 1 月，历任谢洋乡象山初小、中心小学、谢洋公社扫盲干部、大田一中总务处副主任。1987 年 11 月离休。

黄在琼（1942—2020）男，福建南安市人。1958 年 8 月参加工作，1960 年 6 月加入中国共产党。1958 年 8 月至 1961 年 7 月，国营福州制药厂任学徒、组长、副工段长。1981 年 12 月至 2002 年 5 月，历任大田县粮食局副经理、县纪委纪检员、县纪委副书记、监察局局长、县政协党组成员、文史办主任、主任科员。2002 年 6 月退休。

（县委组织部．老干部局）

中共大田县委 大田县人民政府
大田县应对新型冠状病毒感染的肺炎疫情工作领导小组（指挥部）工作方案

田委办〔2020〕6号

根据党中央、国务院和省委、省政府、市委、市政府部署，为切实做好新型冠状病毒感染的肺炎防控工作，制定《大田县应对新型冠状病毒感染的肺炎疫情工作领导小组（指挥部）工作方案》（以下简称《方案》）。

一、组织机构及职责分工

（一）领导小组（指挥部）组成

县委书记陈文华，县委副书记、县长林金龙任组长（指挥长）；连仁魁、黄芳、黄家发、陈剑生、茅有温、王怀斌、余维语、涂林瑢、涂剑峰、吴文旗、詹冬华、刘阳辉、林永田同志任副组长（副指挥长），涂林瑢同志负责常务工作；相关部门主要负责同志为组成人员。下设综合协调组、疫情防控及学校组、医疗救治组、交通检疫组、宣传舆情组、医疗物资保障组、市场供应保障组、社会安定稳定组、监督检查组等9个工作组。各工作组的组长由相关县领导担任。

（二）领导小组（指挥部）职责

认真贯彻习近平总书记重要讲话、重要指示批示精神，按照党中央、国务院和省委、省政府、市委、市政府部署，在县委领 导下，统一指挥全县应对新型冠状病毒感染的肺炎疫情应急处置工作；督促各级各部门按应急工作方案开展工作，组织检查应急工作的全覆盖抓落实情况。

（三）各工作组的组成与工作职责

1. 综合协调组

组　　长：连仁魁、涂林瑢

牵头单位：县委办公室、县政府办公室

成员单位：县委宣传部、网信办、台港澳办，县科技局、工信局、人社局、商务局、文旅局、卫健局、红十字会等

工作职责：负责协调各乡（镇）、县直各部门、省、市驻田单位和指挥部各工作组按照职责落实新型冠状病毒肺炎疫情防控工作；负责按照国家卫健委要求，细化工作规程，明确工作责任；负责领导小组（指挥部）相关会议组织和重要工作督办；负责收集、整理、上报疫情防控工作情况及信息；负责总体防疫 医治能力的统筹调度，包括设施、设备、物资和医治、留置观察点的总体安排，适时发布政府通告，公布疫情防控有关情况；负责防控疫情所涉及的外事及港澳台地区防控疫情有关事务；跟踪研究疫情对我县经贸、旅游和人员往来的影响；负责对外援助及接受捐赠；完成指挥部交办的其他任务。

2. 疫情防控及学校组

组　　长：黄　芳、涂林瑢

牵头单位：县卫健局、教育局

成员单位：县发改局、科技局、公安局、司法局、

财政局、交通运输局、农业农村局、商务局、文旅局、应急局、林业局、市场监管局、气象局、大田生态环境局、闽通长运大田分公司等

工作职责：负责组织实施新型冠状病毒肺炎疫情相关预案及预防控制技术方案，对全县疫情监测、报告（网络直报）、流行病学调查标本采集和检测、疫情处置等工作提供指导；落实重点人群全覆盖健康管理，督促指导各地运用信息化等手段，加强对重点区域返乡人员、流动人员、密切接触者的疫情监测和防控，做好排查管理服务；严格对疫区、疫点实施网格化、全覆盖的防控、隔离，严格隔离确诊患者，对疑似病例和密切接触者要按照医学要求进行隔离和检查；根据疫情防控工作需要，选派医护人员赴重点区域协助开展疫情处理工作；提出完善疫情防控工作的策略、措施建议，负责制定疫情防治技术研究方案；研究推广好的疫情防控、治疗技术和经验做法，推介好的中西医结合治疗技术；及时收集、分析和报送最新科研进展等信息；制定和组织实施学校应对疫情防控工作预案；完成指挥部交办的其他任务。

3. 医疗救治组

组　　长：涂林瑢

牵头单位：县卫健局

成员单位：县发改局、财政局、大田医保局等

工作职责：负责组织实施新型冠状病毒感染的肺炎疫情相关诊疗技术方案，做好相关培训，并组织对落实情况进行督导检查；指导各乡（镇）做好疫情医疗救治和医疗保障工作，为医疗救治所需诊断试剂、药品等提供保障；根据疫情防控工作需要，选派专家赴重点区域协助开展医疗救治工作；提出完善医疗救治工作的策略、措施建议；加强医护人员安全防护工作；完成指挥部交办的其他任务。

4. 交通检疫组

组　　长：吴文旗、刘阳辉

牵头单位：县交通运输局

成员单位：县公安局、商务局、卫健局、闽通长运大田分公司等

工作职责：严格落实防控措施，设立留验站，配备必要工作人员、设备和条件并制定留验方案，在汽车站实施公共卫生检疫；落实对汽车等密闭交通工具采取通风、消毒、体温监测等必要措施；在汽车等交通工具发现疑似病例要立即采取防控措施，对密切接触者进行排查，并及时通报卫生健康部门；在汽车站等相关场所严格落实旅客体温筛检等防控措施，及时发现疫情，配合卫生健康部门全力做好留验观察和隔离治疗，最大限度防止疫情蔓延；完成指挥部交办的其他任务。

5. 宣传舆情组

组　　长：黄 芳

牵头单位：县委宣传部

成员单位：县委网信办、县政府办、教育局、科技局、工信局、交通运输局、卫健局、融媒体中心、闽通长运大田分公司等

工作职责：负责新型冠状病毒感染的肺炎疫情与防控工作动态发布，通报县内外疫情防控好经验好做法；负责组织协调新闻媒体及时报道新型冠状病毒感染的肺炎疫情变化信息和疫情联 防联控工作机制主要工作进展，积极正确引导舆论；加强网上新闻发布的管理和引导；协助相关部门宣传新型冠状病毒感染的肺炎防病知识，提高人民群众自我保护能力；及时收集、整理和报送舆情监测等相关信息；宣传我县疫情防控工作好人好事；完成指挥部交办的其他任务。

6. 医疗物资保障组

组　　长：陈剑生

牵头单位：县工信局

成员单位：县发改局、财政局、交通运输局、商务局、卫健局、市场监管局、大田医保局、红十字会、闽通长运大田分公司等

工作职责：负责统筹防控应急物资保障工作，研究并综合协 调防控保障中的重大问题；全面掌握保障工作的综合情况，及时了解防控应急物资需求动态和流通、库存及资源保障情况，协调防控应急物资供需、储备、运输等方面事宜；协调安排防控应急物资（含仪器设备）采购（进口）、储备等专项资金；督促各乡（镇）、各部门落实各项保障措施，并密切跟踪保障工作进展情况；监测与群众基本生活密切相关的生活必需品和卫生清洁用品的市场动态及供给保障工作，遇有问题，研究采取相关应对措施；及时反馈保障工作信息，及时汇总整理；完成指挥部交办的其他任务。

7. 市场供应保障组

组　　长：余维语、涂剑峰

牵头单位：县农业农村局、市场监管局

成员单位：县发改局、财政局、工信局、商务局、粮储局等

工作职责：加强市场供给保障和市场监管工作，保障粮食、肉禽、蔬菜等农产品市场供应；加强对重点场所，特别是农贸市场、集贸市场、超市的禽类、野生动物等交易的监管和卫生学处置力度；加强价格管理，稳定物价，查处哄抬物价、违规经营等违法行为，打击假冒伪劣产品，维护市场秩序；完成指挥部交办的其他任务。

8. 社会安定稳定组

组　　长：茅有温、刘阳辉

牵头单位：县委政法委、县公安局

成员单位：县法院、检察院、司法局、应急局、信访局等

工作职责：全面加强疫情防控期间社会面治安管控工作，加大对商贸市场、汽车站等人员密集场所的巡逻防控力度，及时发现、依法打击制造传播谣言等扰乱公共秩序行为；积极运用信息技术手段，及时掌握重点区域信息，有针对性地落实防控措施；排查防范因疫情导致的社会群体性事件，加强群众心理疏导、政策解读，积极提供法律咨询服务，确保苗头性问题早发现、早处理；加强高速公路互通口等重点区域车辆的检查核查，协助卫生健康部门做好人员体温检测、确诊和疑似病人的治疗和隔离等工作；完成指挥部交办的其他任务。

9. 监督检查组

组　　长：黄家发、王怀斌

牵头单位：县纪委监委、县委组织部

成员单位：县政府办、卫健局等

工作职责：检查各地疫情防控工作责任及各项防控措施落实情况，在急难险重工作中识别干部，了解掌握党员干部现实表现情况。重点了解掌握在防控工作不畏艰险、敢于担当、决策果断和狠抓落实等表现突出的干部，以及履职不力、推诿塞责和擅自离职、失职、渎职等表现较差的干部。完成指挥部交办的其他任务。此外，根据疫情发展情况，在疫情发生重点区域，县卫健局可视情会同有关乡（镇）和部门成立前方工作组。

二、工作制度

（一）工作协调调度制度。

各工作组在应对新型冠状病毒感染的肺炎疫情工作领导小组（指挥部）领导下，建立成员单位例会和工作组例会制度，研究防控工作中的具体问题。各工作组可抽调必要工作人员集中办公，及时处置相关事项，及时通报工作进展，加强相互衔接，研究解决存在问题，切实有效推进职责范围内各项防控工作。

（二）信息通报发布制度。各工作组牵头单位根据职责分工，指定专人负责每日收集、整理、汇总和分析各自的疫情信息和最新工作进展，并以书面形式于每日 16 时前将当日工作信息和工作情况报综合协调组。综合协调组负责整理疫情变化和工作进展等相关信息，于每日 17 时汇总报领导小组（指挥部）。各工作组和成员单位之间要加强协调沟通，确保信息通畅，遇重要情况应随时通报。

（三）督办检查制度。为了保证各项防控措施落到实处，县各套班子成员挂钩联系各乡（镇），协调帮助、督促推进防控工作。各工作组要建立督办检查制度，定期检查日常工作开展情况，通过检查及时发现存在的不足和需要改进的问题，要重点督办县委和县政府领导批示事项及会议议定的各项工作，综合协调组加强对各工作组的督查督办。

三、有关要求

（一）加强组织领导。各乡（镇）党委和政府要成立应对新型冠状病毒感染的肺炎疫情工作领导机构。各级各有关部门要充分认识做好新型冠状病毒感染的肺炎防控工作的重要性和紧迫性，严格实行县、乡党政同责，村居两委负责，全力以赴抓好各项防控措施落实，切实保障人民群众健康安全，维护社会和谐稳定。

（二）突出重点任务。紧紧围绕“外防输入、内防扩散”，紧盯防控重点对象、关键环节，及时采取果断有力措施，统筹谋划，提前做好各项应对准备，并根据疫情发展态势的变化，及时调整防控措施。

（三）凝聚工作合力。疫情防控工作涉及面广、头绪多，各工作组要积极参与会商，主动加强沟通，密切配合，形成合力，确保应对新型冠状病毒感染的肺炎疫情联防联控工作机制有效运转。

（四）务实管用高效。提倡开短会、开小规模会，提倡特事特办，减少办事环节，切实运用信息化手段推动工作，防止过度检查、报送材料，防止形式主义、官僚主义。

（五）落实安全防护。在疫情防控工作中，要强化自身安全防护，为医务人员和一线防控人员配备防护物资和装备，加强防控队伍防疫工作培训，保障防控队伍健康安全，更好地开展疫情防控工作。

2020 年 1 月 29 日

中共大田县委 大田县人民政府
大田县打击治理电信网络新型违法犯罪整治工作实施方案

田委办〔2020〕22号

为深入贯彻落实习近平同志重要指示精神，落实中央、省、市打击治理电信网络新型违法犯罪工作部署要求，从根本上遏制电信网络新型违法犯罪蔓延势头，推进打击治理电信网络新型违法犯罪工作，防范和打击大田籍人员输出参与电信网络犯罪，切实维护人民群众财产安全和合法权益。根据国务院打击治理电信网络新型违法犯罪有关工作部署和省、市政府联席会议及县委、县政府的决策部署，特制订本实施方案。

一、指导思想

以习近平新时代中国特色社会主义思想和党的十九大、十九届四中全会精神为指导，贯彻落实习近平总书记“抓早抓小、不能蔓延，查清内幕、依法处理”的重要指示精神，强化“党政主责、公安主力、综合治理、全链打击”的治理格局，继续深化我县打击治理电信网络新型违法犯罪整治工作，切实维护群众财产权利，切实维护党和政府的形象，切实维护国家政治安全和社会稳定。

二、工作目标

通过开展打击治理电信网络新型违法犯罪重点整治攻坚行动，实现“人人防诈骗、全民不参骗、全民反诈骗”的目标。达到“一减两控”（减少滞留和频繁出境东南亚八国人员、控住新办护照人员出境参与电信网络犯罪、控住各乡镇流出人员在境内参与电信网络犯罪）和“两降两升”（发案数明显下降、人民群众财产损失明显下降、抓获违法犯罪嫌疑人数量明显上升、破案数明显上升）工作实效。

第一阶段 三个月实现宣传防范工作全覆盖，辖区发案同比下降，重点列控人员基本劝返：（至4月底）滞留和频繁出入东南亚八国人员明显减少，出境人员回国明显增多，滞留和频繁出入东南亚八国人员得到有效管控，规劝率达85%以上。

第二阶段 半年实现宣传防范氛围浓厚，辖区群众防诈意识普遍提高，辖区发案大幅下降，重点列控人员劝返100%：（至7月底）以深度研判大田籍人员在境内外参与电信网络犯罪为突破口，重拳出击、主动进攻、循线追踪、深挖彻查、全链条打击，以“除恶、打伞、抓蛇、治乱”为主攻方向，坚决将电信网络犯罪打深、打透、打彻底，不仅要严惩大田籍人员输出参与电信网络犯罪，同时要依法打击在本辖区发生的电信网络诈骗犯罪，使我县电信网络犯罪案件破案明显上升，人员输出犯罪明显减少，整体情况出现好转。

第三阶段 全年实现“两升两降”“一减两控”指数全面落实，打击治理工作综合评估成效优秀：（至12月底）实现“两降两升”和“一减两控”，大田籍人员输出参与电信网络犯罪同比明显下降。完成年底“脱帽、降档、见成效”的工作目标。同时，建立长效机制，巩固整治成果。

三、工作措施

1. 强化宣传教育

（1）以打击治理电信网络新型违法犯罪宣传为主线，以防止大田籍人员在境内外参与电信网络犯罪和防范辖区居民被电信诈骗为重点，组织开展形式多样、内容丰富的宣传活动，实现“八个有”，即有目标、有类型、有场所、有阵地、有资料、有渠道、有方式、有创新。深入开展进社区、进乡（镇）、进企业、进校园、进车站、进宾馆、进快递餐饮配送企业的“七进”宣传活动，通过采取粘贴海报、分发防范手册、现场案例讲解等方式，强化社会面宣传。依托大田 TV 微信公众号、电视台等媒体，大力宣传县委、县政府打击电信网络新型违法犯罪的决心、县有关部门打击电信网络新型违法犯罪好的做法和成效、防范和打击电信网络新型违法犯罪的措施等。

（2）团县委、县妇联等部门发挥职能，加强打击电信网络新型违法犯罪法律宣传，强化乡镇孤寡老人、留守妇女、儿童电信网络新型违法犯罪教育，让老人、妇女、儿童充分了解电信诈骗的特点和危害，增强风险意识和识别能力。

（3）采取微信、短信提醒等方式，向广大群众普及电信网络新型诈骗常识，研究开发对呼入可疑号码的智能识别和主动阻断程序，实现即时提醒用户防范诈骗。

（4）通过柜面业务办理“友情提示”、张贴海报、滚动字幕等形式，提醒提示大额转存款群众防止上当受骗，引导金融部门工作人员主动参与防范阻截诈骗，提升资金拦截实效。

（5）要加大对学生群体的防诈、反诈宣传教育，发挥与学生家长的联动渠道，建立多角度、多样式的反诈宣传模式，例如“学生与家长反诈合影”等，持续将宣传作用巩固、扩大。县公安局要将各乡（镇）参与电信网络犯罪在逃人员进行梳理，制作悬赏公告，张贴在每个村（居）的公示栏上。

（6）县联席办、各乡（镇）要设立奖励举报经费，鼓励广大人民群众积极举报电信网络新型违法犯罪线索，调动社会力量参与反诈骗斗争的积极性。群众举报线索查证属实的，对举报人予以适当奖励，并依法对举报人信息保密。

2. 强化打击治理

（1）县公安局反诈专班要实行全链条侦查经营，以“立足本地、向外延伸、摸清架构、主动打击”为出发点，运用公安部大数据等平台资源，加强情报收集、信息研判、案件串并， 查清电信网络犯罪的人员流、资金流、信息流，为打击提供研判基础；县公安局出入境部门要实现信息联动，定期预判风险，对护照办理中有犯罪的比例、出境犯罪和频繁出入境人员的各方面数据进行比对，及时推送反诈专班，为打击提供信息支撑。

（2）电信网络运营商要配合公安机关查清收集办理、邮寄、贩卖身份证和提供手机恶意程序、木马病毒、公民个人信息、“伪基站”、窃听窃照专用器材、无线屏蔽器、“黑广播”等设备的企业和个人，切断电信网络新型违法犯罪产业链，斩断电信网络新型违法犯罪源头，重点逐层追查提供电话线路落地、服务器租赁的非法线路运营商。各商业银行大田分行要协助公安机关查清案件涉案资金流向，对前期掌握和新发现的涉案银行账号，按照相关程序依法予以冻结，终止涉案银行账号境内外汇、转、取款业务，并及时将相关账号纳入银行系统黑名单。

（3）以“除恶、打伞、抓蛇”为主攻方向，结合扫黑除恶专项斗争，深挖彻查“保护伞”，揪出骨干，查处一批为电信网 络犯罪提供帮助的公职人员，扩大打击成果，始终保持严打电信诈骗高压态势。

（4）及时依法对涉及电信网络犯罪的案件予以审查批捕、提起公诉。提前介入重大电信网络犯罪案件侦查活动，提出补充、完善证据的意见和建议。加强电信网络犯罪案件的审判，注重证据审查，第一时间冻结电信网络犯罪的资金链，对涉及的案件快审、快判，及时返赃。

（5）对参与电信网络犯罪人员较多、输出犯罪呈逐年上升的乡镇进行挂牌整治，确定均溪镇为重点关注乡（镇），广平镇、太华镇为关注乡镇，桃源镇、石牌镇、梅山镇为提醒乡镇；被挂牌整治乡镇应及时开展入户宣传，减少参与电信网络新型违法犯罪的人员输出，营造防范电信网络新型违法犯罪宣传和打击氛围。

（6）加快三明市网络生态治理中心项目建设，以侦查打击互联网领域违法犯罪、净化治理互联网生态为宗旨，融合公安网络侦查力量和互联网专业技术公司资源，精细公安类案侦查工作机制，为全县打击治理电信网络新型违法犯罪建立技术支撑、奠定基础保障

3. 强化监督管控

（1）持续按照重点人员分色管理办法，对重点列控人员予以建档排查、信息采集、定期跟踪、护照收管，要求管控工作效率达到 100%。对于重点列控人员采取强硬措施，严格执行国务院联席办、省联席办下达的对前科人员、高危人员护照注销的通知，尽早达到注销率 100%。

（2）制定出台县级行政强制措施，对参与电信网络新型违法犯罪的人员、子女、所在村居进行整治处理。

（3）做好未成年人犯罪防治工作，检察院、关工委、公安局、教育局要联合开展对未成年人诈骗犯罪的防治策略研究，从宣传教育、提醒防治、重点跟踪、建章立制的递进层次，制定一系列未成年人防诈、反诈有效措施。

（4）做好前科人员重新犯罪防治工作，要对涉诈前科人员予以重点跟踪、持续矫正，继续掌握其刑满释放后的动态轨迹，持续帮扶教育，深入改造转型。

（5）严格落实银行账户实名制，整顿代办银行卡、乱开卡、批量开卡等，建立涉案银行卡黑名单制度和涉案账户电子化查询平台，严格执行银联卡境外取款限制的规定，切断赃款流出境外的通道。督促包括第三方支付企业在内的非银行支付机构严格按照规定，在开户、POS 机申领等环节实行实名登记，快速查询资金流向及各类电子交易数据。封停非实名登记银行账户、第三方支付账户、人卡分离境外使用的账户。

（6）加强本地籍人员管控，强化诈骗土壤治理，以“做诚信大田人·行最美大田事”为主题，举办诚

信晚会、演讲会等系列活动，敦促诈骗逃犯投案自首，发动群众检举揭发，提供破案线索，动员社会各界力量规劝更多滞留境外人员主动回国转型就业。

四、工作要求

1. 强化组织领导。成立由县委书记任组长的县打击治理电信网络新型违法犯罪联席会议领导小组，强化对打击治理电信网络新型违法犯罪工作领导，统筹协调全县打击治理电信网络新型违法犯罪工作。领导小组下设办公室，依托在县扫黑办，负责处理打击治理电信网络新型违法犯罪日常工作。

2. 强化责任落实。严格落实属地管理责任，乡镇党委书记、成员单位“一把手”为本辖区打击治理电信网络新型违法犯罪工作的第一责任人，成立工作领导小组，下设办公室（联席办），乡（镇）、成员单位配备专职人员不少于 1 人，挂牌整治乡（镇） 配备专职人员不少于 2 人。乡（镇）主要领导、县公安局挂所领导、派出所所长、村（社区）支部书记捆绑责任制，制定工作方案，明确工作目标，层层压实责任。

3. 强化经费保障。建立经费保障机制，县财政每年拨付 100 万元用于打击治理电信网络新型违法犯罪专项经费。各乡（镇） 要将打击治理电信网络新型违法犯罪工作经费列入本级财政预算，一般乡镇不少于 3 万元，挂牌整治乡（镇）不少于 5 万元，保障各项打击治理电信网络新型违法犯罪工作有序开展。

4. 强化督导问责。县联席会议领导小组成立督导组，定期对成员单位治理情况开展督导检查。对未完成阶段性任务的单位和个人，由纪委（监委）对相关责任人进行提醒谈话、函询、诫勉谈话；对未完成年度任务的单位和个人，按规定实行综治问责，取消单位班子和个人年度综治考评奖励，降低年度综合考评等次，并对个人采取组织措施，降职、降级直至免职、调离岗位等。对市属驻田有关单位不配合重点整治工作的，县委、县政府将行文函告其上级主管单位和派驻纪检组，取消地方综治平安单位考核资格，并与文明单位创建考评挂钩，直至取消文明单位、服务地方经济发展先进单位的评选资格。

5. 强化信息报送。县打击治理电信网络新型违法犯罪联席会议各成员单位结合实际，制定具体可行的打击治理电信网络 新型违法犯罪实施方案，并于 4 月 10 日前将实施方案纸质版加盖公章后送至县联席办（扫黑办）。同时各乡（镇）、县打击治理电信网络新型违法犯罪联席会议各成员单位要及时将半年小结、年终总结通过政务网报送至县联席办。

2020 年 3 月 26 日

大田县人民政府
大田县人民政府工作规则

田政〔2020〕1号

第一章 总则

一、根据《中华人民共和国宪法》和《中华人民共和国地方各级人民代表大会和地方各级人民政府组织法》，参照《福建省人民政府工作规则》《三明市人民政府工作规则》，结合实际，制定本规则。

二、县人民政府工作的指导思想是，在以习近平同志为核心的党中央坚强领导下，高举中国特色社会主义伟大旗帜，坚持以马克思列宁主义、毛泽东思想、邓小平理论、“三个代表”重要思想、科学发展观、习近平新时代中国特色社会主义思想为指导，认真贯彻党的基本理论、基本路线、基本方略，坚持和加强党的全面领导，坚持和完善中国特色社会主义行政体制，严格遵守宪法和法律，全面正确履行政府职能，建设人民满意的法治政府、创新政府、廉洁政府和服务型政府。

三、县人民政府工作的准则是，执政为民，依法行政，实事求是，民主公开，务实清廉。

第二章 组成人员职责

四、县人民政府组成人员要旗帜鲜明讲政治，增强“四个 意识”、坚定“四个自信”、做到“两个维护”，模范遵守宪法和法律，认真履行职责，为民务实，勇于担当，勤勉廉洁。

五、县人民政府实行县长负责制，县长领导县人民政府的工作。副县长协助县长工作。

六、县长召集和主持县人民政府全体会议和常务会议。县人民政府工作中的重大事项，必须经县人民政府全体会议或者常务会议讨论决定。

七、副县长按照分工负责处理分管范围内的工作。受县长委托，可牵头负责协调跨分管范围的工作和其他专项任务。对于重要情况，要及时向县长报告；对于带政策性问题，要认真调查研究，向县长提出解决问题的建议；涉及其他副县长分管的工作，要同有关副县长商量决定。

八、县长离田出差、出访期间，受县长委托，由负责常务工作的副县长主持政府工作。

第三章 全面正确履行政府职能

九、坚持新发展理念，坚持高质量发展落实赶超，建设现代化经济体系，加强和完善经济调节、市场监管、社会管理、公共服务、生态环境保护职能，深化简政放权、放管结合、优化服务改革，全面提高政府效能，创造良好发展环境，提供基本公共服务，维护社会公平正义，努力建设新时代多彩大田。

十、认真贯彻国家宏观调控政策，加强经济发展趋势研判，完善政策措施，加强预期引导，主要运用经济、法律手段并辅之以必要的行政手段引导和调控经济运行，促进经济持续健康展。

十一、依法严格市场监管，推进公平准入，加强信用体系建设，强化事中事后监管，健全综合执法体系，规范市场执法，规范行政裁量权，维护市场的统一开放、公平诚信、竞争有序，促进大众创业、万众创新，激发市场活力和社会创造力。

十二、坚持和完善共建共治共享的社会治理制度，加强和创新社会治理，完善党委领导、政府负责、民主协商、社会协同、公众参与、法治保障、科技支撑的社会治理体系，确保人民安居乐业、社会安定有序，建设更高水平的“平安大田”。

十三、坚持和完善统筹城乡的民生保障制度，满足人民日益增长的美好生活需要，更加注重公共服务，完善公共政策，健全政府主导、社会参与、全民覆盖、普惠共享、城乡一体、可持续的基本公共服务体系，增强基本公共服务能力，加快推进基本公共服务均等化。

十四、践行绿水青山就是金山银山的理念，坚持节约资源和保护环境的基本国策，深入推进生态文明建设，加强生态环境保护，实行最严格的生态环境保护制度，构建政府为主导、企业为主体、社会组织和公众共同参与的环境治理体系，推进绿色发展，建设美丽大田。

十五、坚持“马上就办”，持续深化“放管服”改革，加强机关效能建设，深入推进“数字大田”建设，优化“互联网 +政务服务”，完善办事流程，创新服务方式，提高行政效率，打造一流营商环境，便利企业和群众办事。

第四章 坚持依法行政

十六、县人民政府及各部门要履行推进全县法治政府建设主体责任，带头维护宪法和法律的权威，建设职能科学、权责法定、执法严明、公开公正、廉洁高效、守法诚信的法治政府，依法行使权力、履行职责、承担责任。

十七、县人民政府及各部门要加强推进依法行政工作的领导，将推进依法行政工作纳入年度工作安排，有计划、有重点地推进，并加强推进依法行政工作的监督检查。

十八、县人民政府根据社会主义市场经济发展、社会全面进步的需要，适时制定规范性文件，修改或废止不相适应的规范性文件，并报市人民政府和县人大常委会备案。

十九、各部门制定规范性文件，必须符合法律法规和国家政策及上级规范性文件精神。涉及两个以上部门职权范围的事项，应由县人民政府制定规范性文件，或由有关部门联合制定规范性文件。严格合法性审核，规范性文件不得设定行政许可、行政处罚、行政强制等事项，不得减损公民、法人和其他组织 合法权益或增加其义务。部门规范性文件要依法及时报县人民政府备案，由县司法局定期向社会公布目录，对违反宪法、法律、法规、规章或者规定不适当的部门规范性文件，要依法责令制定部门纠正或由县人民政府予以改变、撤销。

二十、县人民政府各部门要严格规范公正文明执法，健全规则，规范程序，落实责任，强化监督，做到有法必依、执法必严、违法必究，维护公共利益、人民权益和社会秩序。

第五章 实行科学民主决策

二十一、县人民政府及各部门要完善公众参与、专家论证、风险评估、合法性审核和集体讨论决定作为重大决策的法定程序，增强公共政策制定透明度和公众参与度，推进行政决策科学化、民主化、法治化。

二十二、国民经济和社会发展规划、财政预决算、城市总体发展战略、宏观调控和改革开放的政策措施、社会管理重要事务、重大项目投资建设等重要事项，在提交县委决策、提请县人民代表大会及其常务委员会审议或县人民政府作出决定前，应经县人民政府全体会议或常务会议充分讨论。

二十三、各部门提请县人民政府讨论决定的重要事项，必须经过深入调查研究，进行合法性、必要性、科学性、可行性和可控性评估论证；涉及相关部门的，应充分协商；涉及乡（镇）的，应事先征求乡（镇）政府的意见；涉及重大公共利益和公众权益，容易引发社会稳定问题的，要进行社会稳定风险评估，并采取听证会等多种形式听取各方面意见。在重大决策执行过程中，要跟踪决策的实施情况，了解利益相关方和社会公众对决策实施的意见和建议，全面评估决策执行效果，及时调整完善。

二十四、县人民政府在作出重大决策前，应及时向县委报告。对依法应由县人民代表大会及其常务委员会讨论决定的事项，要及时向县人民代表大会及其常务委员会报告，主动提请讨论决定。就全局性的工作和政协委员普遍关心的重要问题，主动与县政协协商。并根据需要通过多种形式，直接听取民主党派，社会团体、专家学者、社会公众等方面的意见和建议。

二十五、县人民政府领导同志要亲力亲为抓落实，主动谋划政策举措，解决矛盾问题，加强工作推进，确保政令畅通。县人民政府各部门必须坚决贯彻落实党中央、国务院的方针政策和省委、省政府及市委、市政府的工作部署，部门主要负责同志是第一责任人。要细化任务措施，层层压实责任，加强政策配套，强化督促指导，及时跟踪和反馈执行情况。涉及多部门参与的工作，牵头部门要发挥主导作用，协办部门要积极配合，形成工作合力。县人民政府办公室要完善督查机制，改进督查方法，健全督促整改、情况通报等制度，加强对各乡（镇）各部门的督查，推动党中央、国务院和省委、省政府、市委、市政府以及县委、 县政府的工作部署贯彻落实。

第六章 推进政务公开

二十六、县人民政府及各部门要把公开透明作为政府工作的基本制度，坚持以公开为常态，不公开为例外，全面推进决策、执行、管理、服务、结果公开。

二十七、县人民政府全体会议和常务会议讨论决定的事项，县人民政府及各部门制定的政策，除依法要保密的外，应及时公布。

二十八、凡涉及公共利益、公众权益，需要广泛知晓的事项和社会关切的事项，以及法律法规和县人民政府规定需要公开的事项，均应通过政府网站以及报刊、广播、电视、网络、新媒体等方式，依法、及时、全面、准确、具体地向社会公开。

二十九、县人民政府及各部门要加强政策解读，准确传递政策意图，重视市场和社会反映，及时回应公众关切，解疑释惑，稳定预期。

第七章 健全监督制度

三十、县人民政府要自觉接受县人民代表大会及其常务委员会和市人民政府的监督，认真负责地报告工作，接受县人大及其常委会的询问和质询，依法备案县人民政府规章和规范性文件；自觉接受县政协的民主监督，虚心听取意见和建议。 县人民政府各部门要依法认真办理县人大代表议案建议和县政协提案，要加强与代表委员沟通，严格责任，限时办结，依法依规公开办理结果。

三十一、县人民政府及各部门公职人员要依照有关法律的规定自觉接受国家监察机关的监督。县人民政府及各部门要依照有关法律的规定接受人民法院依法实施的监督，做好行政应诉工作，尊重并自觉履行人民法院的生效判决裁定，同时要自觉接受审计等部门的监督。县人民政府各部门对监督中发现的问题，要认真整改并向县人民政府报告。

三十二、县人民政府及各部门要加强行政系统内部监督，健全政府层级监督制度，严格执行行政复议法，认真履行行政复议职责，加强行政复议监督指导，纠正违法或不当的行政行为，依法及时化解行政争议。

三十三、县人民政府及各部门要自觉接受社会公众和新闻舆论的监督，认真调查核实有关情况，及时依法处理和改进工作。重大问题要向社会公布处理结果。

三十四、县人民政府及各部门要重视人民群众来信来访来邮及网上信访工作，进一步完善信访工作制度，畅通和规范群众诉求表达、利益协调、权益保障渠道；县人民政府领导及各部门负责人要亲自批阅重要的群众来信，督促解决重大信访问题。

三十五、县人民政府及各部门要严格执行工作责任制，强化绩效管理和行政问责，加强对重大决策部署落实、部门职责履行、重点工作推进以及自身建设等方面的监督检查和考核评估，建立健全重大决策终身责任追究制度及责任倒查机制，完善正向激励和容错纠错机制，严格责任追究，提高政府公信力和执行力。

第八章 会议制度

三十六、县人民政府实行县人民政府全体会议和县人民政府常务会议制度；根据需要召开县人民政府专题会议。

三十七、县人民政府全体会议由县长、副县长和县人民政府组成部门的局长（主任）组成，由县长召集和主持。县人民政府全体会议的主要任务是：（一）贯彻党中央、国务院和省委、省政府、市委、市政府的部署以及县委的决议、决定和重要指示；（二）讨论决定县人民政府工作中的重大事项；（三）部署县人民政府的重要工作。县人民政府全体会议根据需要可安排其他有关部门、单位负责人列席会议。

三十八、县人民政府常务会议由县长、副县长、县政府党组成员组成，由县长召集和主持。根据需要可安排县人民政府办公室副主任，其他有关部门、单位主要负责人列席会议。一般每月召开一至两次，如有需要可临时召开。县人民政府常务会议的主要任务是：（一）讨论决定县人民政府贯彻党中央、国务院、省委、省政府、市委、市政府和县委的重大决策、部署，以及县人民代表大会及其常务委员会决议、决定的措施和意见；（二）分析经济、社会发展态势，研究对策措施；（三）讨论决定县人民政府工作中的重要事项；（四）讨论提请县人大及其常委会审议的议案，讨论制定县人民政府规范性文件和以县政府名义下发的重要文件；（五）讨论需要提交县人民政府全体会议研究和其他需要县人民政府常务会议决定的重要事项。

三十九、县长、副县长根据工作需要召开县人民政府专题会议，研究协调、推动落实县人民政府工作中的专门问题。

四十、提请县人民政府全体会议、县人民政府常务会议讨论的议题，由县人民政府分管领导同志协调或审核后提出，报县长确定；会议文件由县长批印。专题会议的议题由县长或副 县长确定。会议的组织工作由县人民政府办公室负责，文件和议题一般应于会前送达出席会议的人员。

四十一、县人民政府领导同志和有关部门主要负责同志应提前做好工作安排，确保按时参加县人民政府全体会议和县人民政府常务会议。除特殊原因外，原则上不得请假。县人民政府领导同志不能出席的，向县长请假；其他参会人员请假，由县人民政府办公室汇总后向县长报告。县人民政府领导同志因故不能参加其分管工作的相关议题，应在会前提交对该议题的书面意见。

四十二、县人民政府全体会议、县人民政府常务会议的纪要由县人民政府办公室起草，按程序报县长签发。县人民政府专题会议纪要由县长或副县长签发。县人民政府全体会议和县人民政府常务会议讨论通过决定印发的文件，原则上须在会议结束后 7 个工作日内印发。

四十三、县人民政府及各部门召开的工作会议，要减少数量，控制规模和时间，严格按程序审批。

第九章 公文审批

四十四、各乡（镇）人民政府和县人民政府各部门向县人民政府报送的公文，应当符合《党政机关公文处理工作条例》的规定，严格遵循行文规则和程序。行文应当确有必要，讲求实效；未经批准不得越级行文，不得多头报文；请示应当一文一事，报告不得夹带请示事项；报送县人民政府的公文，由主要负责人签发。除县人民政府领导同志交办事项和必须直接报送的绝密级事项外，一般不得直接向县人民政府领导同志个人报送公文。

四十五、各部门报送县人民政府的请示性公文，凡涉及其他部门职权的，必须主动与相关部门充分协商，由主办部门主要负责人与相关部门主要负责人会签或联合报县人民政府审批。部门之间有分歧的，主办部门主要负责人要主动协商；协商后仍不能取得一致意见的，主办部门应列明各方理据，提出办理建议，与相关部门会签后报县人民政府决定。部门之间征求意见或会签文件时，除主办部门另有时限要求外，一般应在 7 个工作日内回复；特殊情况不能按期回复的，应主动与主办部门沟通并商定回复时限及方式，逾期不回复视为无不同意见。

四十六、对各乡（镇）人民政府和县人民政府各部门报送县人民政府审批的公文，县人民政府办公室要切实履行审核把关责任，提出明确办理意见。对部门之间有分歧的事项，县人民政府分管领导同志应主动加强协调，取得一致意见或提出倾向性建议。

四十七、县人民政府发布的重要决定、向县人民代表大会 及其常务委员会提出的议案、人事任免文件，由县长签发。以县人民政府名义发布的重要公文，经县人民政府分管领导同志审核后，由县长签发。以县人民政府办公室名义发文，属办公室日常工作的，由县人民政府办公室主任签发。业务工作，按程序报县人民政府分管领导同志签发或报县长签发。县人民政府及各部门要加强发文统筹，从严控制发文数量、发文规格和文件篇幅。

第十章 工作纪律

四十八、县人民政府组成人员要坚决贯彻执行党的路线方针政策，认真贯彻党中央、国务院以及县委、县政府的工作部署，严格遵守纪律，严格执行请示报告制度，有令必行，有禁必止。

四十九、县人民政府组成人员必须坚决执行县人民政府的决定，如有不同意见可在县人民政府内部提出，在没有重新作出决定前，不得有任何与县人民政府决定相违背的言论和行为。

五十、县人民政府领导同志代表县人民政府在媒体上公开发表讲话或文章，事先须经县人民政府同意，并按规定报县委批准；县人民政府其他组成人大代表县人民政府发表讲话或文章，个人发表涉及未经县人民政府研究决定的重大问题及事项的讲话或文章，事先须按程序报县人民政府批准。

五十一、县人民政府组成人员要严格执行请销假制度。副县长离田出差或出访、休假，应事先报告县长，由县人民政府办公室通报县人民政府其他领导同志。

五十二、县人民政府各部门发布涉及政府重要工作部署、经济社会发展重要问题、与群众利益密切相关事项的信息，要经过严格审定，重大情况要及时向县人民政府报告。县人民政府各部门收到党中央、国务院和省委、省政府、市委、市政府领导同志批示、讲话以及国务院各部门、省市人民政府各部门下发的重要政策性文件，要及时向县人民政府报告。

五十三、县人民政府组成人员要严格遵守保密纪律和外事纪律，严禁泄漏国家秘密、工作秘密或者因履行职责掌握的商业秘密等，坚决维护国家的安全、荣誉和利益。

第十一章 廉政和作风建设

五十四、县人民政府及各部门要在深入学习贯彻习近平新时代中国特色社会主义思想上作表率；在始终同党中央保持高度一致上作表率；在坚决贯彻落实党中央各项决策部署上作表率；建设让党中央放心、让人民群众满意的模范机关。

五十五、县人民政府及各部门要认真贯彻全面从严治党要求，严格落实中央八项规定及其实施细则精神和省、市、县实施办法，严格执行廉洁从政各项规定，切实加强廉政建设和作风建设。

五十六、县人民政府及各部门要从严治政。对职权范围内的事项要按程序和时限积极负责地办理，对不符合规定的事项要坚持原则不得办理；对因推诿、拖延等官僚作风及失职、渎职造成影响和损失的，要追究责任；对越权办事、以权谋私等违规、违纪、违法行为，要严肃查处。

五十七、县人民政府及各部门要严格执行财经纪律，艰苦奋斗、勤俭节约，坚决制止奢侈浪费，严格执行住房、办公用房、车辆配备等方面的规定，严格控制差旅、会议经费等一般性支出，切实降低行政成本，建设节约型机关。严格控制因公出国（境）团组数量和规模。严格规范公务接待工作，不得违反规定用公款送礼和宴请，不得违反规定接受送礼和宴请。严格控制和规范会议、论坛、庆典、节会等活动。各类会议活动经费要全部纳入预算管理。

五十八、县人民政府组成人员要廉洁从政，严格执行领导干部个人有关事项报告制度，不得利用职权和职务影响为本人或特定关系人谋取不正当利益；不得违反规定干预或插手市场经济活动；加强对亲属和身边工作人员的教育和约束，决不允许搞特权。

五十九、县人民政府组成人员要强化责任担当，勤勉干事创业，真抓实干、埋头苦干，不能简单以会议贯彻会议、以文 件落实文件，力戒形式主义、官僚主义、享乐主义和奢靡之风。

六十、县人民政府领导同志要大力弘扬“四下基层”的优良作风，深入基层，调查研究，指导工作，研究解决问题。要改进调查研究，注重实际效果，减少陪同人员，简化接待工作。

六十一、县人民政府领导同志出席会议活动、考察调研等的新闻报道和外事活动安排，按有关规定办理。除县委统一安排外，县人民政府领导个人不公开出版著作、讲话，不发贺信、 贺电，不题词、题字、作序。

第十二章 附则

六十二、本规则由大田县人民政府办公室承担具体解释工作。

六十三、本规则自发布之日起施行。国务院和省市政府另有规定的，从其规定。县人民政府有关工作规定与本规则不一 致的，按照本规则执行。

2020 年 1 月 21 日

大田县人民政府
关于认真做好第七次全国人口普查工作的通知

田政文〔2020〕3号

各乡（镇）人民政府，县直各单位，东风农场：

为贯彻落实《国务院关于开展第七次全国人口普查的通知》（国发〔2019〕24号）和《福建省人民政府关于开展福建省第七次全国人口普查的通知》（闽政〔2019〕11号）、《三明市人民政府关于认真做好第七次全国人口普查工作的通知》（明政文〔2019〕92号）精神，切实做好我县第七次全国人口普查工作，现将有关事项通知如下：

一、加强领导，确保普查工作顺利实施

第七次全国人口普查是中国特色社会主义进入新时代后的一次重大国情国力调查。各乡（镇、场）及各单位要按照“全国统一领导、部门分工协作、地方分级负责、各方共同参与”原则，认真抓好工作落实，对普查工作中遇到的困难和问题，要及时采取措施予以解决。县委、县政府高度重视第七次全国人口普查工作，决定成立大田县第七次全国人口普查领导小组，负责全县人口普查工作的组织与实施。领导小组办公室设在县统计局，具体负责人口普查的日常组织和协调。各乡（镇、场）、各村（居）要及时成立普查机构，切实落实人口普查主体责任，领导小组各成员单位要按照职能分工，各负其责、通力协作，特别是公安、卫健、民政、医保等应积极做好配合协作工作。

各乡（镇、场）的普查领导机构要在2020年3月底前组建完成，负责本乡（镇、场）的人口普查各项工作，领导小组组长由乡（镇、场）主要负责人担任；各村（居）的普查小组要在2020年5月底前设立，负责本辖区人口普查的宣传、动员和登记等工作。

二、依法普查，确保人口普查数据质量

各乡（镇、场）及县直各单位要严格执行《中华人民共和国统计法》《中华人民共和国统计法实施条例》《全国人口普查条例》等法律法规要求，把依法行政落实到普查工作的全过程各方面，坚决抵制在普查中弄虚作假和干预普查数据的行为。各级普查机构及其工作人员必须严格履行保密义务，严禁向任何机构、单位、个人泄露或出售公民个人信息。普查取得的数据，严格限定用于普查目的，不得作为任何部门和单位对各级行政管理工作实施考核、奖惩的依据。普查中获得的能够识别或者推断单个普查对象身份的资料，不得作为对普查对象实施处罚等具体行政行为的依据。各级普查机构要严格执行全国人口普查方案和全省全市实施方案，切实加强普查业务培训和检查指导，强化普查全过程质量控制，建立普查数据质量追溯和问责机制。

三、强化保障，确保人口普查工作条件

一要落实好普查经费保障。根据《全国人口普查条例》和《国务院关于开展第七次全国人口普查的通知》（国发〔2019〕24号）精神，第七次全国人口普查所需经费，由中央和地方各级人民政府共同负担，并列入相应年度的财政预算，按时拨付、确保到位。县财政局要确保普查经费的落实并列入相应年度财政预算，重点保障设备购置、业务培训、宣传动员、“两员”劳动报酬及补贴等经费需要。各乡（镇、场）要确保人口普查工作条件落实和普查补贴发放到位。各级普查机构要厉行节约，精打细算，专款专用，提高资金使用效率，杜绝浪费和违规使用。

二要加强普查队伍建设。各级普查机构要精心选配普查指导员、普查员，加强培训和管理工作，组建一支思想好、素质高、责任心强的普查队伍，确保普查人员胜任普查要求。各级各单位要确保聘用普查指导员、普查员的劳动报酬足额发放，村（居）“两委”兼任普查指导员、普查员的，应按当地工资水平和承担的普查工作量给予相应的劳动报酬。

三要加大普查宣传力度。各级普查机构要广泛开展宣传动员，会同宣传部门制定普查宣传工作方案，主动向新闻单位提供情况。要采用多形式、多渠道特别是新媒体宣传平台进行宣传，通过报刊、广播、电视、互联网等新闻媒体和横幅、海报、临街LED屏等户外广告，充分利用微博、微信、短视频等新媒体传播手段，深入开展普查宣传动员，引导广大普查对象依法配合普查，如实申报普查项目，为普查工作顺利实施营造良好舆论环境。

四、完善机制，确保普查制度落实落细

为保证第七次全国人口普查各项工作的顺利开展，县人口普查领导小组要加强制度建设，制订普查的奖惩制度、督查制度和通报制度，确保各项制度落实落细。

（一）奖惩制度。各级普查机构要制定相应的考评办法，

表彰普查进度快、质量高的乡（镇、场）和优秀组织者、先进个人，对完成目标任务的给予一定奖励；对普查工作责任目标完成不好的，追究因工作不力而影响普查的主要负责人和相关人员的责任，造成严重后果的，将向有关部门建议给予党纪政纪处分。

（二）督查制度。县人口普查领导小组和办公室要结合日常抽查和定期检查的形式对各乡（镇、场）进行巡回检查，县人口普查领导小组实行成员单位下挂制度，在普查的准备阶段和入户登记阶段对所挂钩的乡（镇、场）实行定点跟踪督查。督查内容包括普查机构、人员、经费、办公场所的落实情况，普查指导员、普查员的抽调和培训情况，摸底工作开展情况，现场登记情况和普查宣传情况等。

（三）通报制度。县人口普查领导小组将就人口普查的总体进展情况和质量进行定期和不定期的通报。通报内容包括督查情况，普查的先进事迹和先进集体、个人，工作进展情况，工作成效和工作经验。各乡（镇、场）普查机构也要制订各类检查督查制度，确保第七次全国人口普查工作的顺利开展。

附：大田县第七次全国人口普查领导小组组成人员名单

组　长：余维语　县政府副县长
副组长：范承妙　县政府办副主任
魏祥强　县统计局局长
林凤都　县委宣传部副部长
涂爱华　县发改局副主任科员
王国泰　县公安局副局长
李丽玉　县卫健局副局长
林开斌　县勘界办主任
叶继樟　县自然资源局副局长
范德学　县住房和城乡建设局副局长
成　员：廖新淼　县委网信办
黄　坤　县委台港澳办
陈光养　县教育局
邱　娟　县民族宗教局
范爱金　县司法局
肖明朗　县财政局
高秋香　县人社局
林联毕　县农业农村局
陈美琴　县市场监督管理局
张春珍　县文旅局
刘志龙　县城管局
林春旺　县医保局
刘奋华　县税务局
林美华　县城调队
黄初齐　县农调队
林　桢　县武装部
刘俊杰　县武警中队
高景灏　县消防大队
傅国杰　福建省永安煤业有限责任公司

领导小组下设办公室，办公室主任由县统计局党组成员、县城调队队长林美华兼任。

2020 年 1 月 15 日

大田县人民政府
大田县河道专管员队伍管理办法（修订）

田政办〔2020〕12号

第一章 总则

第一条 按照习近平总书记“绿水青山就是金山银山”和省委书记于伟国“当好施工队长”的指示精神，根据《福建省河长制规定》《福建省河道专管员队伍建设管理指导意见》《河道专管员省级资金奖补实施办法（试行）》《大田县全面深化河长制实施方案》和《大田县河道问题闭环管理工作办法（试行）》等相关文件要求，为提升河道专管员队伍的工作实效，实现“河畅、水清、岸绿、景美”目标，结合我县实际，制定本办法。

第二条 本县行政辖区的河道专管员（以下简称专管员）的推荐、选聘、考核、监管，适用本规定。

第二章 专管员的设置与管理

第三条 专管员队伍实行“县指导、乡聘乡管、村使用”的管理模式，由县河长办指导建设，乡（镇、场）河长办负责聘用管理。原则上以村为单位，每村配备1名专管员。

第四条 鼓励各乡（镇、场）结合实际，采取“多员合一”“多村合一”的方式，整合专管员、环保网格员、卫生保洁员和林业员等，实现资金、人力等资源利用最大化、最优化。

第五条 鼓励各乡（镇、场）通过购买服务、承包河道（段）等方式，由专业公司、专业队伍承担河道保洁、河道疏浚和岸线绿化等工作，享有经营开发等权利，实现企业化管理、社会化服务。

第六条 鼓励各乡（镇、场）打破行政区域界线，统筹协调上下游，建立流域共管机制，实施交界河道联合保洁。

第七条 选聘标准

（一）原则上要求为男性，年龄在18周岁以上、59周岁以下，身体健康、责任心强且无不良嗜好的当地常住居民。

（二）原则上具有初中以上学历，能够熟练掌握运用移动终端等电子设备。

（三）优先考虑本地常住的精准扶贫对象、退伍军人等。

（四）原则上在职村主干（含主持工作的村委会副主任）不得招录。

（五）尚未解除纪律处分或者正在接受纪律审查的人员、刑事处罚期限未满或者涉嫌违法犯罪正在接受调查的人员，不得招录。

第八条 县河长办管理职责

（一）指导专管员队伍建设。

（二）统筹专管员资金保障工作。

（三）开展业务培训和技术指导。

（四）开展督导考核，对河道管护情况进行督促检查，并依据检查结果，核拨乡（镇、场）专管员工资。

（五）开展综合协调，解决跨乡（镇、场）河道问题。

（六）组织开展河湖长制工作的宣传教育。

（七）履行上级河长、河长办交办的任务。

（八）其他应当履行的职责。

第九条 乡（镇、场）河长办管理职责

（一）负责专管员选聘、培训、督查考核、保险、工资、档案管理等。

（二）负责制定实施细则，划定专管员管护河段。

（三）接受河长协会等社会组织和群众的监督，解决辖区河道问题。

（四）负责河湖长公示牌的维护、更新及巡河设备管理。（五）组织开展河湖长制工作的宣传教育。

（六）履行上级河长、河长办交办的任务。

（七）其他应当履行的职责。

第十条 村级河（段）长管理职责

（一）对专管员的日常履职和河道保洁情况进行督促检查。

（二）对所辖河道每周巡查不少于1次；协调、督促处理巡查中发现的问题或者相关违法行为；协调、督促处理无效的，应当向该水域的乡级河长或河长办报告。

（三）引导公众参与河道管护工作。

（四）履行上级河长、河长办交办的任务。

第三章 专管员的职责与权利

第十一条 专管员的主要工作职责

（一）负责所辖河道的日常保洁工作，确保河道清洁、无垃圾。

（二）开展每日巡河工作，巡查河湖长公示牌、饮用水源地警示牌等，确保无破损、变形、老化；若发现公示牌破损、水质变化、倾倒垃圾、占河、填河、挖河、排污、毒电炸鱼、非法涉砂或其他破坏水环境等问题，应及时上报河（段）长、河长办或有关部门。

（三）对辖区内水电站每周巡查不少于两次；若存在库面垃圾淤积、未按要求落实最小下泄流量等问题，应及时上报河（段）长、河长办或有关部门。

（四）对发现的环境污染问题，要及时溯源查因；对水质不达标、问题较多的河道应加密巡查频次。

（五）配合相关部门现场执法和涉河涉水纠纷调处等工作。

（六）引导全社会参与河道管护，自觉接受河长协会等社会组织和群众的监督。

（七）完成河（段）长、河长办交办的其他任务。

第十二条 专管员的权利

对倾倒垃圾、占河、填河、挖河、排污、毒电炸鱼、非法涉砂、未按要求落实最小生态下泄流量等破坏水环境行为的单位或个人，专管员有权制止，并报上级河（段）长、河长办或有关部门。

第四章 经费运用及奖惩办法

第十三条 工资拨付

（一）专管员工资必须专款专用，不得截留、挪用，不得用于设施设备购置、会议、宣传、培训等。

（二）专管员工资实行一季度一核拨。各乡（镇、场）河长办应依据实际工作量和履职考核结果核算专管员月实际工资。工资应直接打入专管员个人账户。

（三）各乡（镇、场）要根据实际财力，配套相应资金。

第十四条 保险费用

县河长办按每人每年100元核拨，作为专管员保险费用，由乡（镇、场）河长办负责投保，专管员发生人员变动时需及时为新聘专管员投保。

第十五条 专管员工资

（一）原则上按每村每人每月500元核拨，应有不少于20%作为当月绩效。

（二）各乡（镇、场）河长办应制定月绩效考核细则，每月对专管员履职情况进行考核，依据考核结果发放专管员工资及当月绩效。

第十六条 年终绩效

年终绩效资金来源为上一年度省、市河长制奖补资金结余。依据上一年度各乡（镇、场）河湖长制工作责任目标年终考评结果，按排名分为三个档次， 第一档系数1.2（排名第1—4名），第二档系数1.0（排名第5—14名），第三档系数0.8（排名第15—19名）。年终绩效奖励视考核结果以一个村为一个计算基数，加权合计出总基数，结合可用资金情况分配安排给各乡（镇、场）。各乡（镇、场）河长办依据河道专管员年度履职情况予以兑现。具体如下表：

年终绩效发放标准表

档次分类	一档	二档	三档
系数	1.2	1.0	0.8
名额	4	10	5

第十七条 专管员奖惩办法

（一）因河道保洁不力、四乱等问题被国家、省、市、县发现的，每例每次分别扣300元、200元、150元、100元。

（二）专管员当月巡河频次未达标的，每人每日扣30元。

（三）其他履职不力的情形，每次扣50元。

（四）原则上每年进行“十佳河道专管员”评选，当选者每人一次性奖励1000元。

第十八条 专管员在聘用期间有下列情形之一

的，予以解聘：

（一）月累计3次及以上、年累计15次及以上，被各级河（段）长、各级河长（办）和相关管理部门督导检查发现未履行职责，或履职不力的。

（二）巡河、晒河弄虚作假累计3次及以上的；每月旷工超过10个工作日的；连续2个月或年累计3个月考核不合格被通报的。

（三）因履职不力且造成较大负面影响的；多次被举报，且没有按照《大田县河道问题闭环管理工作办法（试行）》进行上报并及时处置的。

（四）不配合相关部门现场执法和涉水纠纷调处等工作的。

（五）未落实上级河（段）长工作部署或河长办督促检查提出的整改措施和整改要求的。

第五章 督查考核

第十九条 县河长办采用“四不两直”的方式对专管员履职情况进行现场察看，结合巡河App系统对专管员履职情况进行督导检查。检查内容：

（一）是否存在漂浮物、垃圾等，做到河面无漂浮物、河岸无垃圾。

（二）是否按规定巡河、晒河。

（三）是否及时上报和处理河湖“四乱”问题。

（四）是否配合执法部门现场执法和涉河涉水纠纷调处等工作。

（五）是否服从统一安排和调度，配合做好日常性保洁工作。

第二十条 督查考核结果与专管员的绩效奖励挂钩。任务完成较差、考核排名靠后的专管员，由乡（镇、场）河长办或乡级河长进行约谈；在保证工作不间断的基础上，对于严重失职或考核不合格的专管员予以解聘。

第二十一条 各乡（镇、场）河长办每月应对专管员履职情况进行督促检查，建立辖区河道问题台账，督促专管员做好日常河道保洁工作。

第六章 附则

第二十二条 本办法由县河长制办公室负责解释。

第二十三条 各乡（镇、场）要根据本办法制定实施细则。

第二十四条 本办法自发布之日起施行。

2020年3月17日

大田县人民政府
关于进一步促进茶产业高质量发展的意见

田政办〔2020〕25 号

根据《中共三明市委、三明市人民政府关于抓好“三农”领域重点工作确保如期实现全面小康的实施方案》（明委发〔2020〕1 号）和《中共三明市委办公室、三明市人民政府办公室关于印发〈三明生态茶产业发展实施方案〉的通知》（明委办发明电〔2020〕26 号），明确以大田美人茶为全市茶产业发展主导品牌，全力助推大田美人茶品牌发展。围绕“中国绿都·最氧三明”品牌创建，发挥我县“林深水美茶香”优势，加快转变茶产业发展方式，全面推进绿色发展，实现质量兴茶、品牌强茶，特制定如下意见：

一、开展大田美人茶文化“五进”活动

大力推进大田美人茶文化“进机关、进学校、进企业、进社区、进家庭”五进活动，聘请台湾、省茶科所等专家到大田进行宣讲、授课、培训等，在县职业中专学校开设茶学专业，在县委党校干部教育培训课程中列入茶文化相关内容，引导全县人民学会品茶、评茶，形成全县上下讲茶、喝茶、爱茶，人人都是“大田美人茶”代言人的良好氛围，共同推进大田美人茶走出大山，走出大田。全县各机关事业单位要派出 1～3 人参加茶文化培训，鼓励参加茶艺大赛。

二、开展大田美人茶斗茶赛系列活动

为进一步鼓励茶农切磋交流制茶技术，提升大田美人茶制茶水平，除举办县级斗茶赛，在春节期间引导产茶乡（镇）、村举办民间斗茶赛，并结合当地民俗活动，为县、乡、村级茶王及获奖者宣传造势，增强茶农荣誉感，营造全县良好的茶叶发展氛围。

三、开展大田美人茶茶艺大赛

为传播和普及大田美人茶特色茶文化，倡导绿色、生态、健康生活方式，并通过活动培养一批大田区域内优秀茶艺师，培育一批茶行业爱好者，助推大田美人茶产业健康发展，每年举办大田美人茶茶艺大赛，评出十佳茶艺师，并由县总工会授予县级“五一劳动标兵”“五一劳动能手”称号或由县妇联授予县级“三八红旗手”称号（不重复授予荣誉称号）。

四、鼓励参加评茶员、茶艺师职业资格考评

鼓励机关事业单位工作人员自愿参加评茶员或茶艺师培训，对取得评茶员或茶艺师国家职业资格证书的干部，每人奖励 0.1 万元，资金从县级茶产业专项资金中列支。

五、强化市场渠道，提升产销衔接

大力挖掘县内茶叶市场潜力，支持茶叶企业产品进入机场、高速服务区、旅游景区、宾馆酒店、餐馆、超市、茶叶市场等销售，利用网络多媒体平台，拓展茶叶销售渠道。引导机关企业事业单位办公用茶、会议用茶采购县内企业产品，鼓励机关企业事业单位干部职工消费本地茶叶产品。

2020 年 5 月 10 日

经济统计资料

【概况】 2020 年，大田县在抓好疫情防控的同时，也保证了经济社会秩序加快恢复。全县国民经济运行相对平稳，多项主要经济指标逐步回稳，其中城镇居民人均可支配收入、农村居民人均可支配收入增幅居全市第 1 位，规模以上工业增加值、全社会消费品零售总额、全县第三产业增加值增幅居全市第 2 位，全县地区生产总值、农林牧渔业总产值、固定资产投资和增幅居全市第 3 位，本外币金融机构贷款余额增幅居全市第 4 位，全社会工业用电量、全县公共财政总收入和金融本外币存款余额增速居全市第 5 位，地方公共财政收入增幅居全市第 6 位。

【国民经济和社会发展情况】

2020 年大田县国民经济和社会发展情况表

表 10

项　　目	单 位	2020 年	增长（%）
一、综合	—	—	—
大田县生产总值（GDP）	亿 元	228.72	5.1
其中：第一产业	亿 元	45.11	4.4
第二产业	亿 元	115.26	4.5
第三产业	亿 元	68.35	6.9
人均生产总值	元	76187	6.1
第三产业占全县生产总值比重	%	29.9	—
二、农业	—	—	—
农林牧渔业总产值	亿 元	76.06	4.5
其中：农业产值	亿 元	53.10	3.9
林业产值	亿 元	6.35	0.5
牧业产值	亿 元	14.59	9.6
渔业产值	亿 元	1.52	2.9
农林牧渔服务业	亿 元	0.49	3.7
谷物产量	吨	67532	1.4
薯类产量	吨	18955	7.8
豆类产量	吨	2084	6.6
甘蔗产量	吨	33822	2.9
烟叶产量	吨	1633	4.6

续表 10

项　　目	单 位	2020 年	增长（%）
蔬菜产量	吨	496925	3.5
瓜果	吨	24799	4.4
油料作物产量	吨	1089	5.3
水产品产量	吨	8355	2.9
其中：淡水养殖	吨	8355	2.9
肉蛋总产量	吨	27751.43	5.8
生猪出栏数	万 头	15.20	—
羊出栏数	万 头	5.45	—
家禽出栏数	万 只	373.66	—
农村居民人均可支配收入	元	19682	7.5
三、工业	—	—	—
1. 规模以上工业增加值	亿 元	—	4.0
规模以下工业增加值	亿 元	—	—
2. 规模以上工业产值	亿 元	—	4.0
四、邮政业务总量	万 元	3429	-1.8
五、固定资产投资（不含农户）	亿 元	—	6.0
六、社会消费品零售总额	亿 元	54.57	2.4
七、财政、金融	—	—	—
（一）地方公共财政收入	亿 元	7.56	4.8
（二）地方公共财政支出	亿 元	30.05	7.3
（三）本外币存款余额	亿 元	138.27	9.1
（四）本外币贷款余额	亿 元	112.50	17.3
八、文化、教育、卫生	—	—	—
小学在校学生数	人	—	—
普通中学在校学生数	人	—	—
医院床位数	张	—	—
卫生技术人员	人	—	—
九、劳动工资	—	—	—
单位从业人员	人	16106	-9.9
单位从业人员全年平均劳动报酬	元	77012	6.5
十、人口	—	—	—
总 户 数	户	106360	1.0
总 人 口	人	414797	-0.3
其中：城镇人口	人	138454	0.4
非城镇人口	人	276343	-0.7
出生人数（以计生为准）	人	4400	—
出生率（以计生为准）	‰	—	—
死亡人数（以计生为准）	人	—	—
死亡率（以计生为准）	‰	—	—
自然增长率（以计生为准）	‰	6.02	—

（黄钟煊）

2020年党政社团组织机构及其领导人名录

【中共大田县委员会】

电话 7222097　邮编 366100　地址 凤山西路40号

书　记　陈文华（2018年4月—）
副书记　林金龙（2016年4月—）
　　　　夏寿南（2020年12月—）
常　委　施正立（2016年4月—）
　　　　黄　芳（女，2016年7月—）
　　　　黄家发（2016年4月—）
　　　　蔡兴山（2016年7月—）
　　　　茅有温（2016年7月—）
　　　　黄春明（2020年8月—）
　　　　蔡　健（2020年10月—）
　　　　王怀斌（2016年7月—2020年11月）
　　　　陈　磊（2020年12月—）
（其中书记、副书记为常委不重列）

【大田县人大常委会】

电话 7222223　邮编 366100　地址 凤山西路40号

主　任　陈汉良（2011年2月—）
党组副书记　余维语（2020年10月—）
副主任　章　玲（女，2016年12月—2020年8月）
　　　　张爱兰（女，2013年12月—）
　　　　刘永生（2011年12月—）
　　　　郑宜堆（2011年12月—）

【大田县人民政府】

电话 7222168　邮编 366100　地址 凤山西路40号

县　长　林金龙（2016年5月—）
副县长　陈剑生（2016年7月—2020年12月）
　　　　余维语（2009年10月—2020年10月）
　　　　涂林瑢（女，2016年7月—2020年4月）
　　　　涂剑峰（2015年1月—2020年12月）
　　　　吴文旗（2016年12月—）
　　　　詹冬华（2016年12月—）
　　　　刘阳辉（2019年9月—2020年7月）
　　　　姜　妍（2020年7月—）
　　　　陈博天（2020年8月—）
　　　　黄和新（2020年10月—）
　　　　陈秀达（2020年12月—）

【政协大田县委员会】

电话 7220099　邮编 366100　地址 凤山西路40号

主　席　余真华（2016年5月—）
党组副书记　陈剑生（2020年10月—）
副主席　陈庆建（2013年12月—2020年10月）
　　　　陈钦梅（女，2016年12月—）
　　　　杨兴和（2016年1月—）
　　　　阮　芳（女，2016年12月—）
党组成员　林宗镇（2020年10月—）

【中共大田县纪委】

电话 7222226　邮编 366100　地址 凤山西路40号

书　记　黄家发（2016年4月—）
副书记　黄丽玲（女，2016年7月—）
　　　　许志鹏（2017年12月—）

【大田县监察委员会】

电话 7222226 邮编 366100 地址 凤山西路 40 号

主　任 黄家发（2017 年 12 月— ）

副主任 黄丽玲（女，2018 年 1 月— ）

许志鹏（2018 年 1 月— ）

【县委工作部门及直属单位】

办公室

电话 7222097 邮编 366100

地址 凤山西路 40 号

主　任 黄和新（2016 年 7 月—2020 年 10 月）

黄春明（兼，2020 年 10 月— ）

组织部

电话 7222096 邮编 366100

地址 凤山西路 40 号

部　长 王怀斌（2016 年 7 月—2020 年 11 月）

陈　磊（2020 年 12 月— ）

县委非公有制企业和社会组织工委

电话 7222550 邮编 366100

地址 凤山西路 40 号

书　记 黄圣洁（2013 年 11 月—2020 年 6 月）

常务副书记 陈新彬（2018 年 8 月— ）

宣传部

电话 7222093 邮编 366100

地址 凤山西路 40 号

部　长 黄　芳（女，2016 年 7 月— ）

统战部

电话 7222413 邮编 366100

地址 凤山西路 40 号

部　长 施正立（2016 年 4 月— ）

政法委

电话 7222001 邮编 366100

地址 凤山西路 40 号

书　记 茅有温（2016 年 7 月— ）

群众工作部

电话 7332970 邮编 366100

地址 龙山路 4 号

部　长 茅有温（兼，2016 年 7 月— ）

编办

电话 7267897 邮编 366100

地址 凤山西路 40 号

主　任 陈汝传（2013 年 11 月— ）

县直机关党工委

电话 7222228 邮编 366100

地址 凤山西路 40 号

书　记 王怀斌（兼，2016 年 7 月—2020 年 11 月）

陈　磊（兼，2020 年 12 月— ）

常务副书记 甘满香（女，2015 年 10 月— ）

巡察办

电话 7332005 邮编 366100

地址 凤山西路 40 号

主　任 叶玉成（2019 年 7 月— ）

巡察一组

电话 7332006 邮编 366100

地址 凤山西路 40 号

组　长 叶玉成（2017 年 3 月—2019 年 7 月）

高忠怀（2019 年 7 月— ）

巡察二组

电话 7332007 邮编 366100

地址 凤山西路 40 号

组　长 叶德镇（2016 年 7 月— ）

巡察三组

电话 7332008 邮编 366100

地址 凤山西路 40 号

组　长 章鹏程（2020 年 7 月— ）

老干部局

电话 7223291 邮编 366100

地址 白岩山南路 1 号

局　长 张春艳（2019 年 8 月— ）

文明办

电话 7222255 邮编 366100

地址 建山路 46 号

主　任 方来银（2019 年 7 月—2020 年 6 月）

陈震阳（2020 年 6 月— ）

党史和地方志研究室

电话 7222086 邮编 366100

地址 文山路 9 号

主　任 卢作福（2018 年 12 月— ）

党校（行政学校）

电话 7222094 邮编 366100

地址 文山路 12 号

校　长 王怀斌（兼，2016 年 7 月—2020 年 11 月）

陈　磊（兼，2020 年 12 月— ）

常务副校长 张景程（2019 年 7 月— ）

档案馆
电话 7222183 邮编 366100
地址 银山北路 2 号
馆 长 丁梅芳（2020 年 7 月— ）
融媒体中心
电话 7222562 邮编 366100
地址 银山北路 2 号
主 任 颜全飚（2019 年 9 月— ）

【县人大常委会工作机构】

办公室
电话 7222223 邮编 366100
地址 凤山西路 40 号
主 任 涂振鹏（2015 年 5 月— ）
内司委
电话 7225117 邮编 366100
地址 凤山西路 40 号
主 任 林起严（2019 年 8 月— ）
财经委
电话 7225117 邮编 366100
地址 凤山西路 40 号
主 任 李方广（2017 年 4 月— ）
教科文卫委
电话 7226151 邮编 366100
地址 凤山西路 40 号
主 任 郑小玲（女，2016 年 7 月— ）
人事代表工作室
电话 7320987 邮编 366100
地址 凤山西路 40 号
主 任 章宗炼（2013 年 12 月— ）
环城委
电话 7223423 邮编 366100
地址 凤山西路 40 号
主 任 程美花（2019 年 8 月— ）
侨台委
电话 7335665 邮编 366100
地址 凤山西路 40 号
主 任 林雁强（2019 年 8 月— ）
农工委
电话 7335665 邮编 366100
地址 凤山西路 40 号
主 任 黄军晖（2017 年 4 月— ）

【县政府工作部门及直属机构】

办公室
电话 7226582 邮编 366100
地址 凤山西路 40 号
主 任 陈有明（2016 年 7 月— ）
发展和改革局
电话 7223188 邮编 366100
地址 建山路 20 号
局 长 温如凤（2019 年 1 月— ）
教育局
电话 7222064 邮编 366100
地址 建山路 190 号
书 记 黄 芳（女，兼，2019 年 7 月—2020 年 6 月）
涂建志（2020 年 6 月— ）
局 长 涂林瑢（女，兼，2017 年 8 月—2020 年 7 月）
范承妙（2020 年 7 月— ）
科学技术局
电话 7222139 邮编 366100
地址 凤山西路 40 号
局 长 林奕明（2016 年 7 月— ）
工业和信息化局
电话 7222048 邮编 366100
地址 建山路 27 号
局 长 杨维瓦（2019 年 1 月— ）
公安局
电话 7230909 邮编 366100
地址 建山路 1 号
局 长 刘阳辉（2016 年 7 月—2020 年 7 月）
姜 妍（2020 年 7 月— ）
政 委 倪 明（2020 年 10 月— ）
指挥中心
电话 7230904 邮编 366100
地址 建山路 1 号
主 任 余建载（2011 年 12 月— ）
国内安全保卫大队
电话 7230909—3128 邮编 366100
地址 建山路 1 号
大队长 余新荣（2017 年 6 月— ）
公共网络安全监察大队
电话 7230904 邮编 366100
地址 建山路 1 号
大队长 吴 欣（2019 年 9 月— ）

刑侦大队

电话 7223325 邮编 366100

地址 白岩山北路 5 号

大队长 郑乾智（2011 年 4 月— ）

出入境管理大队

电话 7230906-3136 邮编 366100

地址 建山路 1 号

大队长 空缺

治安大队

电话 7230909 邮编 366100

地址 建山路 1 号

大队长 陈长裕（2017 年 4 月— ）

经侦大队

电话 7230909—3143 邮编 366100

地址 建山路 1 号

大队长 涂红彤（2017 年 9 月— ）

交警大队

电话 7222013 邮编 366100

地址 兴田路 9 号

大队长 苏 炉（2017 年 6— ）

法制大队

电话 7230906—3126 邮编 366100

地址 建山路 1 号

大队长 谢志峰（2015 年 4 月— ）

拘留所

电话 7222068 邮编 366100

地址 白岩山北路 5 号

所 长 林 清（2019 年 10 月— ）

看守所

电话 7222067 邮编 366100

地址 白岩山北路 5 号

所 长 陈大吉（2017 年 4 月— ）

民政局

电话 7222101 邮编 366100

地址 雪山南路 2 号

局 长 黄桂珍（女，2015 年 10 月— ）

司法局

电话 7222107 邮编 366100

地址 南山路 253 号

局 长 肖长祥（2016 年 7 月— ）

财政局

电话 7223376 邮编 366100

地址 凤山西路 40 号

局 长 林永田（兼，2019 年 8 月—2020 年 4 月）

郑丁炫（2020 年 7 月— ）

人力资源和社会保障局

电话 7222150 邮编 366100

地址 赤岩山路 2 号福万通大厦 8 楼

局 长 吴高勇（2019 年 8 月—2020 年 7 月）

温秀梅（女，2020 年 7 月— ）

自然资源局

电话 7223527 邮编 366100

地址 建山路 11 号 2 楼

局 长 林宗镇（2011 年 7 月— ）

住房和城乡建设局、人民防空办公室

电话 7222155 邮编 366100

地址 建山路 24 号

局长、主任 刘传贵（2019 年 8 月— ）

交通运输局

电话 7222028 邮编 366100

地址 凤山中路 209 号

局 长 郑际楷（2012 年 3 月— ）

水利局

电话 7222063 邮编 366100

地址 建山路 23 号

局 长 林建明（2019 年 8 月— ）

农业农村局

电话 7223311 邮编 366100

地址 凤山中路 219 号

局 长 郑成鑫（2015 年 5 月— ）

商务局

电话 7223022 邮编 366100

地址 建山路 188 号

书 记 周万裕（2019 年 8 月— ）

局 长 苏祎群（女，2019 年 8 月— ）

贸促会（国际商会）

电话 7221796 邮编 366100

地址 凤山西路 40 号

会 长 周万裕（2019 年 12— ）

文体和旅游局

电话 7222157 邮编 366100

地址 建山路 14 号

局 长 叶增稳（2019 年 1 月— ）

卫生健康局

电话 7222116　邮编 366100

地址 建山路 174 号

局　长　陈永晶（2015 年 5 月— ）

退役军人事务局

电话 7220016　邮编 366100

地址 雪山南路 2 号

局　长　施正钻（2019 年 1 月— ）

应急管理局

电话 7220737　邮编 366100

地址 福田路 216 号

局　长　魏初铭（2019 年 1 月— ）

审计局

电话 7222268　邮编 366100

地址 建山路 31 号

局　长　严建忠（2011 年 7 月—2020 年 7 月）

　　　　肖明朗（2020 年 7 月—）

林业局

电话 7222185　邮编 366100

地址 雪山南路 3 号

局　长　肖宏强（2016 年 7 月— ）

市场监督管理局

电话 7221113　邮编 366100

地址 福田路 230 号 1 幢

局　长　林春忠（2019 年 1 月— ）

统计局

电话 7222284　邮编 366100

地址 建山路 20 号

局　长　魏祥强（2019 年 8 月— ）

信访局

电话 7222117　邮编 366100

地址 龙山路 4 号

局　长　罗　浩（2016 年 7 月— ）

经济开发区管委会

电话 7326776　邮编 366100

地址 文山路 9 号

主　任　蔡兴山（兼，2017 年 5 月— ）

行政服务中心管委会

电话 7233100　邮编 366100

地址 赤岩山路 2 号福万通大厦 3 楼

主　任　郭秀完（2015 年 11 月— ）

生态综合执法局

电话 8736356　邮编 366100

地址 赤岩山路 2 号福万通大厦 6 楼

主　任　林芳庆（2019 年 8 月— ）

公安局森林分局

电话 7222058　邮编 366100

地址 雪山南路 3 号

局　长　卢有明（2017 年 6 月— ）

教导员　林建楠（2017 年 6 月— ）

供销合作社联合社

电话 7222051　邮编 366100

地址 雪山南路 5 号

主　任　陈占对（2016 年 7 月— ）

城镇集体工业联合社

电话 7222089 邮编 366100

地址 宝山路 35 号

主　任　空缺

水利水电工程移民发展中心

电话 7243595　邮编 366100

地址 宝山路 107 号

主　任　林玉温（2011 年 7 月— ）

旅游发展中心

电话 7260655　邮编 366100

地址 白岩山南路 1 号

主　任　廖舒静（女，2019 年 9 月— ）

农业发展促进中心

电话 7223311　邮编 366100

地址 凤山中路 219 号

主　任　空缺

机关事务保障中心

电话 7223202　邮编 366100

地址 凤山西路 40 号

主　任　陈生炫（2020 年 7 月— ）

国土资源执法监察大队

电话 7263163　邮编 366100

地址 建山路 11 号 2 楼

大队长　廖生抬（2016 年 7 月— ）

农村社会经济调查队

电话 7222260　邮编 366100

地址 建山路 20 号

队　长　黄初齐（2016 年 10 月— ）

城市社会经济调查队
电话 7222260　邮编 366100
地址 建山路 20 号
队　长　林美华（女，2010 年 3 月—2020 年 7 月）
　　　　苏立荣（2020 年 7 月— ）

文体和旅游市场综合执法大队
电话 7222157　邮编 366100
地址 建山路 14 号
大队长　范文革（2019 年 3 月— ）

运输发展中心
电话 7222110　邮编 366100
地址 凤山中路 213 号
主　任　郑一刚（2011 年 6 月—2020 年 10 月）
空缺

交通运输综合执法大队
电话 7280909　邮编 366100
地址 建山路 210 号
大队长　张　文（2011 年 12 月— ）

坑口水库服务中心
电话 7236870　邮编 366100
地址 谢洋乡坑口村
主　任　范明铁（2013 年 12 月— ）

勘界工作站
电话 7230016　邮编 366100
地址 雪山南路 2 号
主　任　林开斌（2011 年 6 月— ）

教育督导室
电话 7243345　邮编 366100
地址 建山路 190 号
主　任　吴成本（2017 年 8 月—2020 年 7 月）

机关事业社会保险中心
电话 7222126　邮编 366100
地址 赤岩山路 2 号福万通大厦 4 楼
主　任　陈志清（2010 年 3 月— ）

林业科技推广中心
电话 7335989　邮编 366100
地址 雪山南路 3 号
主　任　陈秉宇（2019 年 8 月— ）

大仙峰省级自然保护区管理处
电话 7266191　邮编 366100
地址 雪山南路 3 号
主　任　高上尧（2019 年 8 月— ）

消防救援大队
电话 7222118　邮编 366100
地址 建山路 178 号
副大队长　谢晓锋（2018 年 3 月—主持工作）

【县政协工作机构】

办公室
电话 7222099　邮编 366100
地址 凤山西路 40 号
主　任　陈德强（2010 年 3 月— ）

文史学习和民族宗教委
电话 7223628　邮编 366100
地址 凤山西路 40 号
主　任　陈新镇（2019 年 8 月— ）

经济和港澳台侨委
电话 7223628　邮编 366100
地址 凤山西路 40 号
主　任　田　勇（2016 年 7 月— ）

提案和法制委
电话 7223628　邮编 366100
地址 凤山西路 40 号
主　任　蔡建峰（2019 年 8 月— ）

社会事业委
电话 7220193　邮编 366100
地址 凤山西路 40 号
主　任　易清花（女，2019 年 8 月— ）

农业和农村委
电话 7223628　邮编 366100
地址 凤山西路 40 号
主　任　池乃国（2019 年 8 月— ）

【县人民法院】

电话 7222232　邮编 366100
地址 凤山西路 30 号
院　长　杨绍东（2016 年 12 月— ）
副院长　史小闽（1995 年 10 月— ）
　　　　陈　晶（女，2002 年 5 月— ）
　　　　肖雄忠（2002 年 5 月— ）
　　　　刘涌泉（2020 年 3 月—挂职）

【县人民检察院】
电话 7223609 邮编 366100
地址 福田路 231 号
检察长 张春明（2016 年 1 月—2020 年 12 月）
副检察长 蒋原成（1999 年 10 月— ）
吴明华（2002 年 5 月— ）
郑向阳（2011 年 7 月— ）

【群团组织】
工商联
电话 7222472 邮编 366100
地址 凤山西路 40 号
主 席 涂志敏（兼，2016 年 12 月— ）
常务副主席 李建政（2016 年 12 月— ）
总工会
电话 7222039 邮编 366100
地址 凤山西路 73 号
主 席 施正立（兼，2016 年 7— ）
常务副主席 林廷灶（2016 年 7—2020 年 6 月）
黄圣洁（2020 年 6 月— ）
团县委
电话 7222227 邮编 366100
地址 白岩山南路 1 号
书 记 黄璟頔（2017 年 3 月—2020 年 9 月）
妇联
电话 7222522 邮编 366100
地址 白岩山南路 1 号
主 席 林爱红（女，2013 年 12 月— ）
科协
电话 7222154 邮编 366100
地址 凤山西路 40 号
主 席 田仁芳（2019 年 7 月— ）
残联
电话 7222902 邮编 366100
地址 建山路 231 号
理事长 施发烧（2015 年 11—2020 年 6）
周茂座（2020 年 6 月— ）
侨联
电话 7222549 邮编 366100
地址 凤山西路 40 号
主 席 连宝聪（2019 年 10 月— ）
文联
电话 7222157 邮编 366100
地址 建山路 14 号
主 席 张知松（2019 年 9 月— ）
社科联
电话 7222093 邮编 366100
地址 凤山西路 40 号
主 席 乐成春（2020 年 6 月— ）

【其他事业单位】
农科所
电话 7248935 邮编 366100
地址 赤岩山路 2 号
所 长 章赞德（2019 年 8 月— ）
良种场
电话 7382115 邮编 366100
地址 桃源村 308 号
场 长 黄志金（2010 年 3 月— ）
总医院
电话 7222137 邮编 366100
地址 雪山北路 180 号
书 记 吴红女（2020 年 7 月— ）
院 长 林其汉（2017 年 7 月—2020 年 7 月）
温春水（2020 年 7 月— ）
疾病控制中心
电话 7222017 邮编 366100
地址 香山路 181 号
主 任 郑雪珍（女，2013 年 9 月— ）
卫生计生监督所
电话 7238288 邮编 366100
地址 南山路 150 号
主 任 苏启睿（2019 年 3 月— ）
妇幼保健院
电话 7222038 邮编 366100
地址 建山路 69 号
院 长 吴红女（2019 年 3 月—2020 年 7 月）
林其汉（2020 年 7 月— ）
市场监管综合执法大队
电话 7226800 邮编 366100
地址 福田路 230 号 1 幢
大队长 吴长相（2017 年 4 月— ）

不动产登记中心

电话 7233878　邮编 366100

地址 赤岩山路 2 号福万通大厦 3 楼

主　任　郭景盛（2017 年 4 月— ）

石牌超限运输检测站

电话 7275003　邮编 366100

地址 石牌镇长溪村梅溪路 76 号

站　长　涂双锋（2015 年 5 月— ）

教师进修学校

电话 7222197　邮编 366100

地址 玉山路 12 号

校　长　林再生（2013 年 9 月— ）

一中

电话 7222167　邮编 366100

地址 文山路 17 号

校　长　连青阳（2017 年 8 月— ）

五中

电话 7222613　邮编 366100

地址 天山路 43 号

校　长　廖明昶（2017 年 8 月— ）

福建电大大田工作站

电话 7222266　邮编 366100

地址 玉山路 12 号

站　长　俞建营（2011 年 6 月— ）

职业中专

电话 7223634　邮编 366100

地址 福田路 160 号

校　长　杨生强（2019 年 7 月— ）

二中

电话 7408219　邮编 366105

地址 建设镇建设街 272 号

校 长　刘永志（2020 年 8 月— ）

三中

电话 7382819　邮编 366101

地址 桃源镇西街 85 号

校　长　颜全圣（2020 年 8 月— ）

【乡镇党委、人大、政府】

均溪镇

电话 7223419　邮编 366100

地址 凤山中路 156 号

党委书记　林永田（2016 年 5 月—2020 年 3 月）

黄永强（2020 年 3 月— ）

人大主席　林永田（2016 年 12 月—2019 年 8 月）

田美颂（2019 年 8 月— ）

镇　长　郑丁炫（2016 年 12 月—2020 年 6 月）

廖正楼（2020 年 6 月— ）

石牌镇

电话 7224731　邮编 366100

地址 石牌村 1 号

党委书记　陈结章（2019 年 7 月— ）

人大主席　林芳炳（2019 年 8 月— ）

镇　长　陈开尧（2016 年 12 月— ）

华兴镇

电话 7229968　邮编 366100

地址 兴田路 301 号

党委书记　颜佳秀（女，2015 年 5 月— ）

人大主席　郑开京（2015 年 5 月— ）

镇　长　林起洲（2019 年 8 月— ）

屏山乡

电话 7308238　邮编 366116

地址 兴屏街 1 号

党委书记　林生长（2016 年 5 月— ）

人大主席　吴绍锯（2016 年 12 月— ）

乡　长　柳书报（2019 年 8 月— ）

吴山镇

电话 7328063　邮编 366118

地址 吴山新街 48 号

党委书记　黄永强（2016 年 5 月—2020 年 3 月）

廖卉喆（女，2020 年 6 月— ）

人大主席　陈振宋（2019 年 8 月— ）

镇　长　廖卉喆（女，2016 年 12 月—2020 年 6 月）

黄　坤（2020 年 7 月— ）

济阳乡

电话 7348850　邮编 366117

地址 济阳新街 007 号

党委书记　杨道成（2016 年 5 月— ）

人大主席　余有龙（2016 年 12 月— ）

乡　长　范清玲（2019 年 8 月— ）

谢洋乡

电话 7338115　邮编 366119

地址 复兴路 1 号

党委书记　张乃军（2015 年 5 月— ）

人大主席　田首道（2010 年 3 月— ）

乡　长　罗春苗（2019 年 8 月— ）

武陵乡

电话 7358088　邮编 366121

地址 宏图街 001 号

党委书记　廖正楼（2015 年 5 月—2020 年 6 月）

陈如双（2020 年 6 月—）

人大主席　林玉华（女，2016 年 12—2020 年 6 月）

方　亮（2020 年 7 月— ）

乡　长　陈如双（2015 年 5 月—2020 年 6 月）

林惠萍（女，2020 年 7 月— ）

桃源镇

电话 7382210　邮编 366101

地址 桃源村 1 号

党委书记　范德溥（2016 年 5 月— ）

人大主席　陈首光（2019 年 8 月— ）

镇　长　陈建伟（2016 年 12 月— ）

上京镇

电话 7363205　邮编 366102

地址 上京南路 1 号

党委书记　林世畅（2016 年 5 月— ）

人大主席　方来炽（2014 年 2 月— ）

镇　长　廖上培（2016 年 12 月— ）

太华镇

电话 7391020　邮编 366103

地址 太华村 35 号

党委书记　陈建文（2016 年 5 月— ）

人大主席　张正春（2016 年 12 月— ）

镇　长　涂育严（2014 年 2 月— ）

建设镇

电话 7408018　邮编 366105

地址 建设街 001 号

党委书记　乐永权（2016 年 5 月— ）

人大主席　林玉安（2016 年 12 月— ）

镇　长　陈建锋（2016 年 12 月— ）

广平镇

电话 7416237　邮编 366107

地址 广平村 325 号

党委书记　陈秀达（2016 年 5 月— ）

李序扶（2021 年 1 月— ）

人大主席　陈文校（2019 年 8 月—）

镇　长　周茂座（2016 年 12 月—2020 年 6 月）

柯永晋（2020 年 6 月— ）

奇韬镇

电话 7438026　邮编 366108

地址 奇韬村 372 号

党委书记　黄兴烈（2016 年 5 月— ）

人大主席　陈世忠（2014 年 2 月— ）

镇　长　涂锦发（2019 年 8 月— ）

文江镇

电话 7458028　邮编 366109

地址 文江路 161 号

党委书记　陈庆进（2016 年 5 月— ）

人大主席　张兆钡（2019 年 8 月— ）

镇　长　连华状（2016 年 12 月— ）

前坪乡

电话 7478134　邮编 366112

地址　前坪村 1 号

党委书记　田起杨（2019 年 7 月— ）

人大主席　陈文集（2016 年 12 月— ）

乡　长　陈光伟（2016 年 12 月— ）

梅山镇

电话 7468028　邮编 366114

地址 梅山村 036 号

党委书记　吴善寨（2019 年 7 月— ）

人大主席　柯春艳（2019 年 8 月— ）

镇　长　林昌儒（2012 年 1 月— ）

湖美乡

电话 7488011　邮编 366115

地址 仁美村 1 号

党委书记　李序扶（2019 年 7 月— ）

黄春明（2021 年 1 月— ）

人大主席　徐成章（2014 年 2 月— ）

乡　长　陈志堂（2016 年 12 月— ）

【部分省、市属单位】

永安煤业公司

电话 7366699　邮编 366102

地址 上京镇京仙路 1 号

党委书记、董事长　陈荣万（2018 年 3 月— ）

生态环境局

电话 7222081　邮编 366100

地址 建山路 76 号

局　长　林起雄（2019 年 4 月— ）

医疗保障局
电话 7236079 邮编 366100
地址 建山路 75 号
局 长 周家好（2019 年 7 月— ）

国家税务总局大田县税务局
电话 7230399 邮编 366100
地址 建山路 193-1 号
局 长 华 富（2018 年 7 月—2020 年 10 月）
黄茂萌（2021 年 1 月— ）

国网大田县供电公司
电话 7241888 邮编 366100
地址 均溪镇后坂洋 1 号
总经理 尤国荣（2018 年 11 月— ）
书 记 林昌熔（2018 年 11 月—2020 年 12 月）
张智敏（2021 年 1 月— ）

三明银保监分局大田监管组
电话 7261696 邮编 366100
地址 建山路 18 号
组 长 乐光锻（2011 年 6 月— ）

人行大田县支行
电话 7222372 邮编 366100
地址 建山路 18 号
行 长 刘善鹏（2017 年 4 月— ）

工行大田县支行
电话 7227688 邮编 366100
地址 凤山西路 36 号
行 长 曾钦略（2017 年 8 月— ）

农行大田支行
电话 7222358 邮编 366100
地址 雪山南路 1 号
行 长 黄长福（代理行长）
（2019 年 7 月—2020 年 1 月）
魏丽金（女，2020 年 1 月—2020 年 12 月）

建行大田支行
电话 7238579 邮编 366100
地址 建山路 51 号
行 长 邱保洪（2016 年 6 月—2020 年 5 月）
苏树友（2020 年 5 月— ）

中行大田支行
电话 7320993 邮编 366100
地址 建山路 195 号
行 长 林国莹（2019 年 2 月—2020 年 9 月）
姜丽华（女，2020 年 9 月— ）

邮政储蓄大田县支行
电话 7221298 邮编 366100
地址 建山路 99 号
行 长 游敏奇（2018 年 9 月— ）

农村信用联社
电话 7232683 邮编 366100
地址 赤岩山路 2 号
理事长 廖世星（2015 年 9—2019 年 5）
钟先礼（2019 年 11 月— ）

中国财产保险股份有限公司大田支公司
电话 7222241 邮编 366100
地址 凤山中路 156 号
经 理 曾 涛（2018 年 1 月— ）

中国人寿保险股份有限公司大田县支公司
电话 7229767 邮编 366100
地址 建山路 10 号
经 理 杨卫国（2020 年 11 月— ）

中国邮政集团公司分公司
电话 7222178 邮编 366100
地址 宝山路 111 号
总经理 黄荣生（2017 年 7 月—2020 年 4 月）
张高伟（2020 年 4 月— ）

中国电信股份有限公司大田分公司
电话 7239599 邮编 366100
地址 凤山西路 44 号
经 理 林科翰（2018 年 6 月— ）

公路事业发展中心大田分中心
电话 7222076 邮编 366100
地址 雪山北路 210 号
局 长 刘文锦（2016 年 12 月—2020 年 4 月）
王龙辉（2020 年 5 月— ）

气象局
电话 7222077 邮编 366100
地址 建山路 20 号
局 长 高青芳（女，2017 年 5 月— ）

烟草专卖局
电话 7239668 邮编 366100
地址 建山路 37 号
局 长 叶建如（2017 年 4 月—2020 年 7 月）
柯旗炎（2020 年 7 月— ）

水文局

电话 7222115　邮编 366100

地址 均溪镇福塘村 226 号

局　长　周铮宏（2014 年 2 月— ）

桃源林场

电话 7382198　邮编 366101

地址 桃源镇桃源村 559 号

副场长　林华章（2017 年 12 月— ）

梅林林场

电话 7365345　邮编 366102

地址 上京镇梅林村 93 号

场 长　叶远昌（2017 年 11 月— ）

福建新华发行集团有限责任公司大田分公司

电话 7223017　邮编 366100

地址 建山路 6 号

经　理　林还诚（2013 年 12 月— ）

（林建发）

教育 文化 卫生单位名录

〔主要教育单位名录〕

2020 年大田县主要教育单位一览表

表 11

名 称	类 型	地 址	电 话	负责人
大田一中	高中	均溪镇文山路 17 号	0598-7223612	连青阳
大田二中	完中	建设镇建设村 272 号	0598-7408219	刘永志
大田三中	完中	桃源镇桃源街 108 号	0598-7382819	颜全圣
大田四中	初中	吴山乡吴山新村 161 号	0598-7328007	池上裕
大田五中	完中	均溪镇天山路 43 号	0598-7266826	廖明昶
大田六中	初中	均溪镇白岩山南路 116 号	0598-7335006	陈育海
大田县鸿图中学	完中	均溪镇白岩山南路 118 号	0598-7320099	郭传曙
石牌初级中学	初中	石牌镇石牌村 46 号	0598-7249666	陈宗冠
上京初级中学	初中	上京镇上京村京南路 4 号	0598-7363103	郑上森
太华初级中学	初中	太华镇太华街 1 号	0598-7391133	林永界
广平初级中学	初中	广平镇五峰村 151 号	0598-7416386	何加钎
铭栋初级中学	初中	广平镇铭溪村 728 号	0598-7410852	涂振接
奇韬初级中学	初中	奇韬镇奇韬村 399 号	0598-7438122	张乃洪
文江初级中学	初中	文江乡文江村 162 号	0598-7458005	叶聿江
梅山初级中学	初中	梅山乡龙际路 003 号	0598-7468005	陈春买
湖美初级中学	初中	湖美乡湖美街 22 号	0598-7488013	余志味
武陵初级中学	初中	武陵乡宏图街 44 号	0598-7358023	章赞扬
实验小学	小学	均溪镇文山路 8 号	0598-7240909	张江梅
第二实验小学	小学	均溪镇象山路 52 号	0598-7220036	林芳锃
第三实验小学	小学	均溪镇栋山支路 1 号	0598-7260196	柯传琦
城关第一小学	小学	均溪镇雪山北路 58 号	0598-7226693	杜肆贰
城关第二小学	小学	均溪镇玉山路 22 号	0598-7322688	吴生煌
城关第三小学	小学	均溪镇福田路 103 号	0598-7333189	苏元炜
城南小学	小学	均溪镇福塘村 285 号	0598-7321928	叶建穗
均溪中心小学	小学	均溪镇温镇村 53 号	0598-7201999	徐明煦
石牌中心小学	小学	石牌镇石牌村 061 号	0598-7242939	郑超盛
上京中心小学	小学	上京镇京南路 8 号	0598-7363027	郑得星
桃源中心小学	小学	桃源镇桃源村 4 号	0598-7382961	廖明嵩
太华中心小学	小学	太华镇太华村 36 号	0598-7391131	陈仁稳
建设中心小学	小学	建设镇建设村 274 号	0598-7408112	林其渊
广平中心小学	小学	广平镇广平村 133 号	0598-7416838	郭守寨

续表 11

名称	类型	地址	电话	负责人
奇韬中心小学	小学	奇韬镇奇韬村 399 号	0598-7438133	涂全民
文江中心小学	小学	文江乡文江村 175 号	0598-7458977	吴同炼
梅山中心小学	小学	梅山乡梅秀新街 246 号	0598-7408612	陈兴栋
前坪中心小学	九年一贯制	前坪乡黎明村 8 号	0598-7478596	程传章
湖美中心小学	小学	湖美乡湖美街 19 号	0598-7488016	施生劲
华兴中心小学	小学	华兴乡华安村 4 号	0598-7232212	叶聿祥
屏山中心小学	九年一贯制	屏山乡屏山村兴屏路 2 号	0598-7308256	郭育贵
吴山中心小学	小学	吴山乡吴山村 163 号	0598-7328001	章进锋
济阳中心小学	九年一贯制	济阳乡济阳村 14 号	0598-7348820	郑徽勇
谢洋中心小学	九年一贯制	谢洋乡谢洋村文兴路 14 号	0598-7338158	朱成灯
武陵中心小学	小学	武陵乡宏图街 11 号	0598-7358033	吴昌琦
柯坑中心小学	九年一贯制	上京镇京仙路 5 号	0598-7366278	郑宝珍
特殊教育学校	特殊教育	均溪镇玉山路 12 号	0598-7335399	林幼春
教师进修学校	教研培训	均溪镇玉山路 12 号	0598-7237838	林再生
电大工作站	大学	均溪镇玉山路 12 号	0598-7233968	俞建营
大田职专	职业教育	均溪镇福田路 160 号	0598-7223634	杨生强
实验幼儿园	学前教育	均溪镇前山路 33 号	0598-7226966	田尾香
第二实验幼儿园	学前教育	均溪镇福田大道福滨东三路 1 号	0598-5032988	蔡　茜
城关幼儿园	学前教育	均溪镇福田路 50 号	0598-3509003	李幼贞
红星幼儿园	学前教育	均溪镇雪山南路 26 号	0598-7227402	柳　琳
中小学生社会实践基地	校外教育	华兴乡华兴街 6 号	0598-7232212	章志钢
青少年学生校外活动中心	校外教育	均溪镇玉山路 12 号	0598-7333180	林青珠

（陈吉胜）

〔主要文化单位名录〕

2020 年大田县主要文化单位一览表

表 12

名称	类型	地址	电话	负责人
大田县文体和旅游局	文化	大田县建山路 14 号	0598-7222157	叶增稳
大田县文化市场综合执法大队	文化	大田县建山路 14 号	0598-7222157	范文革
大田县文化馆	文化	大田县建山路 14 号	0598-7222012	连福石
大田县博物馆	文化	大田县银山北路 2 号	0598-7230968	陈其忠
大田图书馆	文化	大田县银山北路 2 号	0598-7222216	郑圣泉
大田县少体校	文化	大田县银山北路 2 号	0598-7222215	陈继棉
大田县影剧院	文化	大田县建山路 14 号	0598-7226211	林乐朝
大田县文联	文化	大田县文山路 9 号	0598-7222157	张知松

（严序雄）

〔主要卫生单位名录〕

2020 年大田县主要卫生单位一览表

表 13

序号	机构名称	类型	详细地址	负责人	联系电话
1	大田县卫生健康局	卫生	大田县均溪镇建山路 174 号	陈永晶	0598-7222132
2	大田县总医院	卫生	大田县均溪镇雪山北路 180 号	温春水	0598-7222137
3	大田县中医院	卫生	大田县均溪镇福田路 179 号 1 幢	温春水	0598-7222047
	大田县卫生进修学校	教育	大田县均溪镇福田大道 160 号	陈小忠	0598-7222312
4	大田县妇幼保健院	卫生	大田县均溪镇建山路 69 号	林其汉	0598-7222038
5	大田县疾病预防控制中心	卫生	大田县均溪镇香山路 181 号	郑雪珍	0598-7222017
6	大田县卫生计生监督所	卫生	大田县均溪镇南山路 150 号	苏启睿	0598-7238288
7	大田县均溪社区卫生服务中心	卫生	大田县均溪镇建山路 17 号	施发权	0598-7222085
8	大田县石牌镇卫生院	卫生	大田县石牌镇街道 62 号	肖佳篇	0598-7242970
9	大田县桃源镇卫生院	卫生	大田县桃源镇桃源村西大街 81 号	陈瑞华	0598-7382377
10	大田县上京镇卫生院	卫生	大田县上京镇京南路 5 号	詹光治	0598-7363105
11	大田县太华镇卫生院	卫生	大田县太华镇太华村 42 号	杨连熠	0598-7391350
12	大田县建设镇卫生院	卫生	大田县建设镇建设村建槐路 27 号	蒋联义	0598-7408159
13	大田县广平镇卫生院	卫生	大田县广平镇五峰村 148 号	林生军	0598-7416368
14	大田县奇韬镇卫生院	卫生	大田县奇韬镇奇韬村 77 号	高加垒	0598-7438113
15	大田县文江镇卫生院	卫生	大田县文江镇街道 40 号	涂黎明	0598-7458095
16	大田县梅山镇卫生院	卫生	大田县梅山镇龙际路 20 号	陈之耀	0598-7468008
17	大田县华兴镇卫生院	卫生	大田县华兴镇兴田路 320 号	施发钰	0598-7335769
18	大田县吴山镇卫生院	卫生	大田县吴山镇陈吴路 187 号	林起庙	0598-7328191
19	大田县前坪乡卫生院	卫生	大田县前坪乡红坪街 15 号	吴志愿	0598-7478178
20	大田县湖美乡卫生院	卫生	大田县湖美乡湖美街 55 号	刘朱远	0598-7488008
21	大田县屏山乡卫生院	卫生	大田县屏山乡屏山村 120 号	苏庆棋	0598-7308224
22	大田县济阳乡卫生院	卫生	大田县济阳乡济阳村新街 9 号	乐士酬	0598-7437120
23	大田县谢洋乡卫生院	卫生	大田县谢洋乡谢洋村文兴路 16 号	郑启红	0598-7338008
24	大田县武陵乡卫生院	卫生	大田县武陵乡鸿图街 10 号	郭建统	0598-7338008
25	大田民生医院	卫生	大田县建设镇建设村 680 号	黄建国	0598-7409066
26	大田安康医院	卫生	大田县均溪镇建山路 206 号	张裕治	0598-7222088
27	大田平安医院	卫生	大田县均溪镇建山路 231 号	林泽锋	0598-7229979
28	大田东南医院	卫生	大田县均溪镇凤山东路 80 号	季建娥	0598-7231938
29	大田恒康医院	卫生	大田县上京镇京东路 1-1 号	廖　伟	18950929897

（郭曾荣）

企业名录

〔部分工业企业名录〕

2020 年大田县部分工业企业一览表

表 14

登记名称	法定代表人 / 负责人	注册资本（万元）	经营范围	成立日期	住所
三明市交发龙韬建材有限责任公司	陈燕贺	5000	机制砂生产，水泥制品制造及类似制品制造；普通货物道路运输；建材、非金属矿及制品的销售。（依法须经批准的项目，经相关部门批准后方可开展经营活动）	2020 年 5 月 25 日	福建省三明市大田县奇韬镇龙坪村 70 号
福建省祥驰机械制造有限公司	程香华	1500	矿山机械制造。（依法须经批准的项目，经相关部门批准后方可开展经营活动）	2020 年 5 月 27 日	福建省三明市大田县上京镇机械铸造工业区 14 号
福建省源举农业发展有限公司	李晓斌	1500	许可项目：牲畜饲养；水产养殖；牲畜屠宰（依法须经批准的项目，经相关部门批准后方可开展经营活动，具体经营项目以审批结果为准）一般项目：食用农产品初加工（除依法须经批准的项目外，凭营业执照依法自主开展经营活动）	2020 年 6 月 5 日	福建省三明市大田县桃源镇上举村 89 号
三明广新石灰制造有限责任公司	林维山	500	一般项目：石灰和石膏制造（除依法须经批准的项目外，凭营业执照依法自主开展经营活动）	2020 年 6 月 3 日	福建省三明市大田县广平镇苏桥村葛浦 27-2 号
福建淇州实业有限公司	刘晓红	5000	一般项目：箱包制造；皮革制品制造；服装制造；服饰制造；日用品销售；针纺织品销售；家具销售（除依法须经批准的项目外，凭营业执照依法自主开展经营活动）许可项目：道路货物运输（不含危险货物）（依法须经批准的项目，经相关部门批准后方可开展经营活动，具体经营项目以审批结果为准）	2020 年 6 月 3 日	福建省三明市大田县均溪镇福田路 345 号 8 幢三层
福建腾强矿业有限公司	郑　楼	1000	一般项目：石灰和石膏制造；非金属矿物制品制造；非金属废料和碎屑加工处理；金属矿石销售（除依法须经批准的项目外，凭营业执照依法自主开展经营活动）	2020 年 6 月 4 日	福建省三明市大田县太华镇小华村 297 号
大田县佳创箱包有限公司	林仙花	800	皮箱、包（袋）制造；纺织品、针织品及原料批发；服装批发；鞋帽批发	2020 年 6 月 28 日	福建省三明市大田县均溪镇后坂洋 3-58 号 1 幢 3 层
福建省石九工贸有限公司	陈四九	1000	钢压延加工，木材加工；房屋建筑业，公路工程建筑，管道工程建筑，管道和设备安装，建筑物拆除活动；农产品、预包装食品、电子产品、五金产品、建筑材料、矿产品、家具、工艺品、日用品的销售（含网上销售）。（依法须经批准的项目，经相关部门批准后方可开展经营活动）	2020 年 5 月 28 日	福建省三明市大田县均溪镇宝山路 22-3 号 5 层

续表 14

登记名称	法定代表人 / 负责人	注册资本（万元）	经营范围	成立日期	住所
大田县灿涌工贸有限公司	吴枝勇	2000	一般项目：金属废料和碎屑加工处理；非金属废料和碎屑加工处理；机械设备销售；电子产品销售；专用化学产品销售（不含危险化学品）；五金产品零售（除依法须经批准的项目外，凭营业执照依法自主开展经营活动）	2020 年 6 月 8 日	福建省三明市大田县奇韬镇奇韬村 90 号
大田县乌石山工贸有限公司	林　春	500	一般项目：金属结构制造；非金属废料和碎屑加工处理；建筑材料销售（除依法须经批准的项目外，凭营业执照依法自主开展经营活动）	2020 年 6 月 9 日	福建省三明市大田县均溪镇香山路 17-2 号 2 单元 103 室
福建太宇阀门有限公司	陈建成	1288	一般项目：普通阀门和旋塞制造（不含特种设备制造）；阀门和旋塞销售；安全、消防用金属制品制造；消防器材销售；建筑装饰、水暖管道零件及其他建筑用金属制品制造；五金产品制造；五金产品零售；泵及真空设备制造；泵及真空设备销售；卫生洁具制造；卫生洁具销售；有色金属铸造；黑色金属铸造（除依法须经批准的项目外，凭营业执照依法自主开展经营活动）	2020 年 7 月 7 日	福建省三明市大田县上京镇机械铸造产业集聚区
福建省奇义金属制品有限公司	郭照义	1000	一般项目：有色金属合金制造；有色金属压延加工；模具制造；汽车零部件及配件制造（除依法须经批准的项目外，凭营业执照依法自主开展经营活动）	2020 年 7 月 7 日	福建省三明市大田县上京镇机械铸造产业集聚区
大田县奔达鞋业有限公司	叶德钦	1000	一般项目：鞋制造；服装制造；服饰制造；箱包制造；皮革制品制造；互联网销售（除销售需要许可的商品）（除依法须经批准的项目外，凭营业执照依法自主开展经营活动）	2020 年 7 月 13 日	福建省三明市大田县石牌镇老厝村 399 号
福建省旭阳机械有限公司	陈祉池	1000	矿山机械制造；通用零部件制造；机械设备、汽车零配件的销售；机械与设备经营租赁；工业设计服务。（依法须经批准的项目，经相关部门批准后方可开展经营活动）	2020 年 5 月 13 日	福建省三明市大田县均溪镇河滨西路 5-10 号
大田妙颖纸品有限公司	连廷跳	500	纸制品制造，服装、鞋帽、化妆品及卫生用品、日用品的销售（含网上销售）。（依法须经批准的项目，经相关部门批准后方可开展经营活动）	2020 年 5 月 11 日	福建省三明市大田县太华镇魁城村 723 号
福建品鸿家具有限公司	梁修品	1000	木质家具制造，木质装饰材料销售。（依法须经批准的项目，经相关部门批准后方可开展经营活动）	2020 年 5 月 15 日	福建省三明市大田县石牌镇上坡村 303 号
大田县任荣铸造有限公司	陈坚任	1000	铸造机械制造，通用零部件制造，黑色金属铸造；机械设备销售。（依法须经批准的项目，经相关部门批准后方可开展经营活动）	2020 年 5 月 22 日	福建省三明市大田县武陵乡大石村 249 号
福建岩彩建材有限公司	詹兰花	1000	石灰和石膏制造，轻质建筑材料制造，纳米材料制造；矿产品、建材的销售。（依法须经批准的项目，经相关部门批准后方可开展经营活动）	2020 年 4 月 8 日	福建省三明市大田县太华镇仕坑村 295 号

续表 14

登记名称	法定代表人 / 负责人	注册资本（万元）	经营范围	成立日期	住所
福建梅洋建材有限公司	田有乾	1000	水泥制品制造；建材、矿产品的销售，再生物资回收与批发。（依法须经批准的项目，经相关部门批准后方可开展经营活动）	2020 年 4 月 16 日	福建省三明市大田县上京镇梅林村 121 号
福建三明市旭尚建材有限公司	肖方旭	1000	轻质建筑材料制造，石灰和石膏制造，纳米材料制造；矿产品、建材的销售。（依法须经批准的项目，经相关部门批准后方可开展经营活动）	2020 年 4 月 28 日	福建省三明市大田县太华镇罗丰村 470-8 号
福建省腾恒光电有限公司	郑日堋	1000	一般项目：光电子器件制造；光通信设备制造；电力电子元器件制造；电子元器件制造；光电子器件销售；功能玻璃和新型光学材料销售；电子元器件批发（除依法须经批准的项目外，凭营业执照依法自主开展经营活动）	2020 年 8 月 20 日	福建省三明市大田县均溪镇湖山路 6 巷 11 号
三明市鑫京工程机械有限公司	黄宣传	1000	一般项目：建筑工程用机械制造；普通阀门和旋塞制造（不含特种设备制造）；黑色金属铸造；有色金属铸造（除依法须经批准的项目外，凭营业执照依法自主开展经营活动）	2020 年 9 月 1 日	福建省三明市大田县上京镇机械铸造产业集聚区
福建晟兴铸造有限公司	李炜涵	1000	一般项目：黑色金属铸造；有色金属铸造；铸造机械制造；建筑用金属配件制造；模具制造；高铁设备、配件制造（除依法须经批准的项目外，凭营业执照依法自主开展经营活动）	2020 年 10 月 20 日	福建省三明市大田县上京镇机械铸造产业集聚区
福建飞红酒业有限公司	吴学成	1000	许可项目：酒制品生产；食品小作坊经营；粮食加工食品生产；食品经营（依法须经批准的项目，经相关部门批准后方可开展经营活动，具体经营项目以相关部门批准文件或许可证件为准）一般项目：农副产品销售（除依法须经批准的项目外，凭营业执照依法自主开展经营活动）	2020 年 11 月 25 日	福建省三明市大田县建设镇建忠村 967 号
福建省亿泉山泉水有限公司	陈丽萍	1000	许可项目：饮料生产；食品经营（依法须经批准的项目，经相关部门批准后方可开展经营活动，具体经营项目以相关部门批准文件或许可证件为准）	2020 年 10 月 26 日	福建省三明市大田县梅山镇雄峰村姜坑山坪
福建省合鑫金属制品有限公司	陈　盈	1000	一般项目：金属结构制造；模具制造；建筑工程机械与设备租赁（除依法须经批准的项目外，凭营业执照依法自主开展经营活动）	2020 年 9 月 10 日	福建省三明市大田县华兴镇京口村 504 号
大田县鑫协机械铸造有限公司	王春福	1000	一般项目：建筑工程用机械制造；普通阀门和旋塞制造（不含特种设备制造）；黑色金属铸造；有色金属铸造；铸造用造型材料生产；模具制造；建筑装饰、水暖管道零件及其他建筑用金属制品制造；五金产品制造；铸造用造型材料销售；模具销售；阀门和旋塞销售；金属制品销售（除依法须经批准的项目外，凭营业执照依法自主开展经营活动）	2020 年 11 月 2 日	福建省三明市大田县上京镇三阳村机械铸造产业集聚区

续表 14

登记名称	法定代表人 / 负责人	注册资本（万元）	经营范围	成立日期	住所
大田县盛祥工贸有限公司	田增进	500	许可项目：城市生活垃圾经营性服务；城市建筑垃圾处置（清运）；各类工程建设活动；建筑劳务分包；住宅室内装饰装修（依法须经批准的项目，经相关部门批准后方可开展经营活动，具体经营项目以相关部门批准文件或许可证件为准）一般项目：金属废料和碎屑加工处理；非金属废料和碎屑加工处理；再生资源回收（除生产性废旧金属）；劳务服务（不含劳务派遣）；对外承包工程；承接总公司工程建设业务；机械设备销售；非金属矿及制品销售；金属材料销售；金属矿石销售；新型金属功能材料销售；建筑材料销售；轻质建筑材料销售；汽车零配件零售；五金产品批发；化工产品销售（不含许可类化工产品）；机械零件、零部件销售；城市绿化管理；城市公园管理；环境卫生管理（不含环境质量监测，污染源检查，城市生活垃圾、建筑垃圾、餐厨垃圾的处置服务）；农产品的生产、销售、加工、运输、贮藏及其他相关服务；林产品采集；非食用林产品初加工；日用品销售（除依法须经批准的项目外，凭营业执照依法自主开展经营活动）	2020 年 11 月 22 日	福建省三明市大田县谢洋乡坑口 24 号
福建省鑫跃机械制造有限公司	王思琳	2000	一般项目：纺织专用设备制造；有色金属铸造；黑色金属铸造（除依法须经批准的项目外，凭营业执照依法自主开展经营活动）	2020 年 8 月 3 日	福建省三明市大田县上京镇机械铸造产业集聚区
大田县锦顺机械制造有限公司	卓锦涛	500	一般项目：铸造机械制造；黑色金属铸造；通用零部件制造；有色金属合金制造；建筑用金属配件制造；五金产品制造；金属加工机械制造；金属废料和碎屑加工处理；非金属矿及制品销售；金属矿石销售（除依法须经批准的项目外，凭营业执照依法自主开展经营活动）	2020 年 7 月 30 日	福建省三明市大田县石牌镇桃山村 13-7 号
福建铁牛铸造有限公司	赵铁牛	1000	一般项目：黑色金属铸造；有色金属铸造；铸造机械制造；建筑用金属配件制造；模具制造；高铁设备、配件制造；通用设备制造（不含特种设备制造）；智能基础制造装备制造（除依法须经批准的项目外，凭营业执照依法自主开展经营活动）	2020 年 11 月 9 日	福建省三明市大田县上京镇机械铸造产业集聚区
福建省九福建材有限公司	林燕云	1180	一般项目：建筑用石加工；建筑材料销售；金属矿石销售；非金属矿及制品销售；金属材料销售；机械设备销售（除依法须经批准的项目外，凭营业执照依法自主开展经营活动）	2020 年 10 月 9 日	福建省三明市大田县太华镇万湖村 3 号

续表 14

登记名称	法定代表人 / 负责人	注册资本（万元）	经营范围	成立日期	住所
大田福达食品有限公司	宁金菊	500	许可项目：食品生产；食品经营（依法须经批准的项目，经相关部门批准后方可开展经营活动，具体经营项目以相关部门批准文件或许可证件为准）一般项目：食用农产品零售；食用农产品初加工；包装服务（除依法须经批准的项目外，凭营业执照依法自主开展经营活动）	2020 年 7 月 28 日	福建省三明市大田县石牌镇老厝村 383 号一层
福建省大田县恒普铸造有限公司	许秀端	1000	一般项目：有色金属铸造；黑色金属铸造；铸造用造型材料生产；模具制造；建筑装饰、水暖管道零件及其他建筑用金属制品制造；普通阀门和旋塞制造（不含特种设备制造）；五金产品制造；铸造用造型材料销售；模具销售；阀门和旋塞销售；金属制品销售（除依法须经批准的项目外，凭营业执照依法自主开展经营活动）	2020 年 8 月 3 日	福建省三明市大田县上京镇机械铸造产业集聚区
大田嘉景织造有限公司	叶新美	800	一般项目：产业用纺织制成品生产；面料纺织加工（除依法须经批准的项目外，凭营业执照依法自主开展经营活动）	2020 年 8 月 12 日	福建省三明市大田县均溪镇兴田路 11 号 301 室
大田县顺和木业有限公司	罗文清	500	一般项目：日用木制品制造；人造板制造；木制容器制造；软木制品制造；竹木碎屑加工处理；木材加工；建筑用木料及木材组件加工（除依法须经批准的项目外，凭营业执照依法自主开展经营活动）	2020 年 7 月 20 日	福建省三明市大田县建设镇建设村 624 号
冠耀（大田）建材有限公司	邱秀琴	1000	水泥制品制造、砼结构构件制造、轻质建筑材料制造；建材批发；工程和技术研究和试验发展。（依法须经批准的项目，经相关部门批准后方可开展经营活动）	2020 年 3 月 30 日	福建省三明市大田县广平镇铭溪村 810 号
福建恩典铸造有限公司	林恩典	1000	有色金属铸造、黑色金属铸造、锻件及粉末冶金制品制造、机械设备制造。（依法须经批准的项目，经相关部门批准后方可开展经营活动）	2020 年 1 月 8 日	福建省三明市大田县均溪镇凤山中路 100 号 5 幢 504 室
三明市伍和建材有限公司	陈文锋	1000	轻质建筑材料制造，石灰和石膏制造，纳米材料制造，非金属矿物制品制造；矿产品、建材的销售。（依法须经批准的项目，经相关部门批准后方可开展经营活动）	2020 年 3 月 23 日	福建省三明市大田县太华镇仕坑村 295 号
大田博昊伞业有限公司	许友斗	500	伞的制造	2020 年 3 月 23 日	福建省三明市大田县建设镇建设村 260 号
福建省壹萍日用品制造有限公司	张玉萍	1000	金属制日用品制造，金属家具制造，食品、酒、饮料及茶生产专用设备制造；日用品销售（含网上销售）。（依法须经批准的项目，经相关部门批准后方可开展经营活动）	2020 年 3 月 25 日	福建省三明市大田县石牌镇梅溪路 93 号一层
大田县三榆木业有限公司	俞建团	800	木材加工，人造板制造，木质制品制造；林产品销售。（依法须经批准的项目，经相关部门批准后方可开展经营活动）	2020 年 3 月 5 日	福建省三明市大田县太华镇仕坑村 295 号 8 幢

续表 14

登记名称	法定代表人/负责人	注册资本（万元）	经营范围	成立日期	住所
福建省大田县龙田机械制造有限公司	曾里娜	500	金属加工机械制造；铜压延加工。（依法须经批准的项目，经相关部门批准后方可开展经营活动）	2020 年 3 月 11 日	福建省三明市大田县武陵乡大石村 249 号
福建仲荣冶金材料有限公司	严志斌	3000	耐火材料制品及冶金辅助材料制造，石墨及其他非金属矿物制品制造，冶金专用设备制造；工厂生产设施设备的施工与安装；工程和技术研究和试验发展，新材料技术推广服务；金属材料及金属矿、非金属矿、建材、五金产品、电子产品、机械设备、化工产品（不含危险化学品及易制毒化学品）的销售，贸易代理；商务代理代办服务。（依法须经批准的项目，经相关部门批准后方可开展经营活动）	2020 年 3 月 11 日	福建省三明市大田县太华镇罗丰工业园 365-7 号
福建省吉田石英石制品有限公司	吴伟忠	2000	石英石制品制造；矿产品销售。（依法须经批准的项目，经相关部门批准后方可开展经营活动）	2020 年 3 月 12 日	福建省三明市大田县文江镇联盟村 41-1 号

（黄清渊）

村级 社区概况表

2021 年大田县村级概况一览表

表 15

	村别	村民小组(个)	户数(户)	人口(人)	耕地(亩)	村财收入(万元)	党支部书记	村委会主任
均溪镇	红星	19	1821	7199	656.68	503.3	杨善芬	杨善芬
	玉田	21	695	6380	334.8	257.65	范联中	范先佑
	福塘	18	1680	5429	260.12	261.93	陈有桂	陈上国
	金岭	4	237	805	832.21	141.83	陈其秘	陈其秘
	宋京	9	745	2660	918.18	142.36	范永烨	范祯照
	良元	6	347	1251	536.45	114.98	温如雕	温如雕
	郭村	5	287	868	361.63	55.42	柳书政	柳书政
	翰林	4	243	767	635.66	48.2	李勤寮	李勤寮
	温镇	8	1031	3325	694.02	59.75	叶壮秀	温春开
	周田	4	563	1901	589.14	57.19	茅有浪	李代列
	许思坑	5	297	968	516.99	30.24	周以际	周以际
	建成	4	284	939	565.9	212.1	柳传宁	柳传宁
	东坑	12	697	2227	814.24	53.12	郑善池	郑祥眺
	金山	6	343	1037	533.17	38	郑传宝	郑传宝
	上华	6	657	2177	1623.6	34.2	杨红专	杨宜淼

续表 15

	村别	村民小组(个)	户数(户)	人口(人)	耕地(亩)	村财收入(万元)	党支部书记	村委会主任
均溪镇	和丰	8	377	1211	797.07	34.08	周仲军	周仲军
	和丰坪	6	393	1238	982.8	85.42	周调汉	周调汉
	后华	6	326	1101	551.51	41.68	严昌垓	严昌垓
	华坑	6	421	1337	479.43	81.9	丁宜相	乐光回
	上太	10	577	2033	1045.08	34.14	严景朝	乐光邓
	太山崎	7	296	1151	819.17	31.52	林善孝	林贤款
	大道山	3	125	488	386.6	14.78	周细琴	周细琴
	城东	6	958	4706	282.09	101.73	廖明镜	刘文广
华兴镇	华安村	9	575	1823	816	182.07	郑新权	郑日炫
	仙峰村	12	626	2005	748	301.05	翁扬鑫	卢祥成
	早兴村	15	511	1592	779	85.38	卢开室	卢开室
	张乾村	10	349	1108	600	64.19	邱元增	邱元增
	杞溪村	7	234	742	326	114.5	陈捷选	陈捷选
	柯坑村	8	302	921	491	119.07	杨连怀	杨连怀
	横坑村	12	308	1001	570	108.42	杨国事	杨国事
	京口村	17	936	3022	875	142.45	叶玉团	叶玉团
	昆山村	15	593	1909	788	158.34	程作谦	程作谦
	洪坑村	2	124	420	295	36.2	颜和富	颜和富
石牌镇	石牌	6	627	1722	154.95	33.94	陈富	陈亨善
	老厝	10	467	2009	780.65	70.45	陈华坚	陈学创
	上坡	8	304	1268	641.75	63.32	郑大温	黄兴煖
	马山	6	187	807	493.35	9.00	陈永运	陈立慎
	盖山	6	149	629	496	46.12	苏启锭	陈永分
	拱桥	5	130	482	1005	139.52	苏亨武	苏亨龙
	石坑	7	191	730	986.62	52.86	陈祥碧	陈开法
	长溪	13	339	1444	542.78	100.35	李春华	李家棋
	小湖	13	467	2027	1380.36	43.42	乐善哲	乐发广
	桃山	8	363	1525	1170.28	121.77	杜明旗	杜生芽
	桃坑	8	317	1477	2113.2	40.08	乐见筹	乐志炳
	鳌江	14	529	2320	1575	100.89	吴文教	郑允般
	三坊	10	335	1406	1380	40.66	张见平	张来市
	下洋	10	292	1221	1020.14	151.18	魏起安	魏开仁
	龙坑	8	288	1196	465.17	15.63	李游燕	乐兴波
	京程	5	118	480	510.98	36.22	刘起生	刘起党
吴山镇	张坑	3	75	376	294	156.85	章德固	章得樑
	锦山	10	218	951	958	176.3	刘贵忠	刘贵忠
	科山	9	170	698	1042	100.3	刘珍珊	刘珍珊
	程堂	10	268	1319	594	64.37	陈兴繁	陈兴繁

续表 15

	村别	村民小组(个)	户数(户)	人口(人)	耕地(亩)	村财收入(万元)	党支部书记	村委会主任
吴山镇	吴山	21	780	2872	1414	110.45	陈生文	陈生文
	和洋	6	177	698	214	122.2	陈德书	陈德书
	阳春	17	586	1955	1387	586.5	林开坚	林开安
	东埔	4	89	338	502	60.7	林传丁	林传丁
	梓溪	12	280	1130	630	80.78	林芳梓	林芳梓
桃源镇	桃源	11	1181	3983	3504	66.72	张福财	林玉窗
	西安	10	452	1518	2589	18.15	郑和取	吴 嘉
	东坂	9	267	965	1823	59.73	张吉清	巫叶星
	桥山	6	224	781	925	7.4	郑得进	林传模
	翁厝	8	504	1704	2640	42.37	翁文普	翁文东
	前厝	3	359	1197	1368	7.6	郑英雄	郑烈垒
	前村	8	278	998	1130	48.11	张兆良	张成周
	广汤	7	741	2588	3280	18.99	俞上武	张钟伟
	杨坑	6	298	1001	1174	17.41	肖兆海	柯祖满
	上举	4	174	643	547	7.40	肖先锋	肖先钦
	兰玉	5	634	2303	2028	19.41	肖基武	肖锦进
	桃新	3	201	646	230	13.06	郑永田	苏桂明
	桃林	3	83	281	391	5.92	涂德热	涂景堤
上京镇	上京	18	730	3073	1427	145.51	陈天利	陈乘耿
	上平	16	525	2537	1406	50.23	吴义腰	吴元全
	黄城	13	556	2485	2126	36.52	曾垂贤	陈兆治
	桂坑	9	276	1201	1302	27.17	肖文强	肖文强
	城口	9	287	1305	1065	28.46	黄来樟	黄来樟
	丰田	10	259	1278	1187	49.03	朱升本	朱升本
	南坑	5	168	751	691	20.25	吴琴凤	吴琴凤
	溪尾	8	174	822	555	23.65	魏祥坪	魏祥坪
	下溪口	10	320	1458	912	55.24	刘美宾	刘美锦
	溪口	11	486	2135	996	36.21	刘美万	刘开远
	三阳	6	370	1682	278	26.37	叶一忍	叶长久
	赤水	13	185	1009	1091	133.1	魏祥胞	魏祥胞
	梅林	10	301	1623	675	107.76	田美依	田美依
	隆美	8	273	1236	473	157.69	田五九	田富量
	灵川	7	196	827	237	27.12	田民鑫	田民鑫
	延京	8	231	1045	511	62.45	陈初著	陈荣全
太华镇	群团	34	886	3478	2417	93.43	陈首烛	陈增旭
	太华	4	212	775	226	11.49	叶万新	田加坛
	华溪	7	310	1358	1567	13.94	陈传绍	陈首整
	高星	4	108	418	901	20.11	黄荣积	罗振忠

续表 15

	村别	村民小组(个)	户数(户)	人口(人)	耕地(亩)	村财收入(万元)	党支部书记	村委会主任
太华镇	小华	12	327	1327	838	11.16	林新登	林新标
	温坑	12	312	1171	672	65.56	连加益	陈兴泉
	仕坑	10	349	1370	1048	32.5	吴为堆	唐金湘
	魁城	18	895	3688	2154	90.22	连良钢	连佳接
	张地	6	212	934	749	13.28	连福朴	连宇体
	玉井	9	322	1249	1093	5.04	叶高专	黄春秀
	万湖	36	963	3882	2977	30.19	连仁昌	连广周
	西埔	10	395	1665	1200	16.66	乐忠维	郑正宦
	甲魁	8	211	881	946	48.11	苏进电	苏进燎
	大合	12	291	1315	1185	13.87	廖明斗	廖生湖
	莒坑	7	186	758	1181	27.85	连善石	连良诗
	坑头	9	223	1041	1384	14.81	周初柱	周初善
	汤泉	27	931	3555	2553	157.22	陈文峰	陈维善
	池元	8	239	1020	1189	5.22	陈代坦	苏立钗
	德安	8	305	1148	1870	68.7	陈开茂	陈克昌
	罗丰	14	496	2046	2150	62.7	高超广	方正焕
	黄沙	6	207	850	1234	18.43	张流龙	张善灿
	锦溪	5	115	469	413	29.05	周先继	周荣铭
	华山	8	258	1051	950	10.23	章国首	章先篇
	潘车	6	176	756	843	10.03	郑占龙	郑占彻
建设镇	建爱	12	880	3195	1069	68.63	黄文津	黄长造
	建忠	12	910	3706	1413	136	陈昌沐	陈昌沐
	建设	12	1874	5846	1764	110.96	李凤益	林起埜
	建强	7	516	2180	712	37.7	池瑞建	池瑞建
	建民	7	366	1793	733	34.77	郑宗分	李占在
	建丰	10	749	3765	1684	31.57	高锦栖	高孝泥
	建乐	9	561	2710	1185	28.8	高加禄	高加禄
	建国	5	342	1500	752	45.36	田生炳	田生炳
	和平	10	502	2243	1183	47.03	郑永镇	黄开座
	元山	8	322	1462	102	43.31	池上专	池上专
	大同	10	538	2392	1736	31.91	廖世连	吴作宪
	香浮	3	123	523	588	27.56	周文舍	周文舍
广平镇	广平	1129	24	5450	3433.8	35.53	林维河	郭兆开
	五峰	469	12	1939	1128.6	10.48	蒋联文	蒋联文
	万筹	600	15	2752	1786.8	47.28	郑宣斌	郑恢宋
	万宅	269	5	1174	1597.35	42.64	余文敏	余文敏
	元沙	1326	27	6709	4164.45	10.51	张乃善	张玉成
	苏桥	1454	23	7100	3044.85	55.71	詹恢显	廖新添

续表 15

	村别	村民小组(个)	户数(户)	人口(人)	耕地(亩)	村财收入(万元)	党支部书记	村委会主任
广平镇	铭溪	946	19	4477	1812.45	20.6	张裕森	池其胜
	栋仁	1176	29	6070	3008.55	20.97	郑新严	张玉吉
	岬头	173	4	873	596.1	11.01	林青奋	林青奋
	东景	148	5	704	952.2	14.22	李兴勇	李兴勇
	西园	322	8	1548	1243.65	8.33	王升平	王英珊
	丰庄	437	11	2140	2220.6	10.15	罗施秀	林潘德
	大吉	63	6	319	296.4	9.47	郭碧芳	郭碧芳
	兴埔	141	1	646	197.7	10.29	廖占锦	廖占锦
	龙宫	75	2	420	653.25	6.09	郑振广	郑振广
奇韬镇	奇韬	23	1460	4442	3254	203.98	郑上林	郑际厚
	东佳	11	470	1435	408	258.94	张春校	郑成溢
	丁华	3	117	362	975	14.03	谢宏壮	谢宏壮
	西韬	3	234	719	646	40.74	吴成贤	吴成贤
	文经	9	891	2740	532	41.13	方胥金	方胥坤
	桃东	3	415	1282	878	60.48	方来烧	方来烧
	桃舟	3	380	1161	437	33.66	黄其为	黄德云
	洋地	5	335	1015	456	21.05	胡上润	胡新勤
	龙坪	4	315	952	1061	27.08	黄其普	黄来尧
	金华	2	117	370	527	16.49	陈生干	陈生干
	龙溪	2	159	493	1580	118.8	吴美华	吴美华
	永德	3	168	509	117	37.48	刘思谨	刘思谨
	机关		115	326				
屏山乡	屏山	12	495	1270	728	25.04	郭守梆	张慧
	内洋	16	536	2371	1232	24.52	苏庆俊	苏庆烨
	溪头	15	284	1272	698	10.33	苏华隆	苏诗鑫
	玉屏	16	374	1670	939	17.46	陈文煌	陈文煌
	芹阳	9	170	722	416	5.85	陈吉尧	陈荣泰
	和坑	18	485	2240	1252	46.64	陈敬清	陈敬清
	美阳	15	506	2291	1246	10.54	郭文杰	郭天登
	瑞美	15	306	1333	743	24.33	郭盛理	郭传祖
	内山	6	144	679	422	10.66	郭传钦	郭传钦
	王坪	8	141	618	352	12.66	章选服	章选服
	杨梅	8	246	1040	621	10.44	章进电	章进电
	蒋山	5	139	598	356	10.22	章永伟	章永伟
	许坑	8	155	772	423	10.95	章盛权	章双标
济阳乡	济阳	17	456	1719	1131	15.13	涂振级	涂振级
	济中	11	286	998	853	29.53	涂志贤	涂志贤
	三扎	4	93	329	251	10.02	涂南田	涂南田

续表 15

	村别	村民小组(个)	户数(户)	人口(人)	耕地(亩)	村财收入(万元)	党支部书记	村委会主任
屏山乡	德仁	5	106	346	302	10.11	涂秋龙	涂秋龙
	芳林	6	148	345	353	10.17	章选煌	章选煌
	国庆	10	209	702	553	12.36	涂继星	涂继星
	上丰	13	289	1188	803	10.05	涂双跃	涂双跃
	泮林	8	146	518	321	10.09	涂志良	涂志良
	高升	10	158	604	428	10.01	涂德俊	涂德俊
	砚坑	4	93	311	218	13.18	章绍裕	章绍裕
	大儒	14	407	1304	816	16.55	章志雄	章志雄
	大乾	11	296	993	687	14.68	陈大军	陈大军
谢洋乡	谢洋	12	149	618	2019	11.35	林昌明	林玉添
	怀德	16	250	1023	1471.9	7.99	林起满	林凤约
	坑口	4	120	515	117	18.4	林开品	林启坛
	白玉	2	73	290	115.5	10.11	林起汉	林起汉
	象山	5	81	338	520.5	10.6	林凤枢	林起梁
	科里	11	285	1163	1099.5	7.78	林芳读	林芳读
	珍山	8	213	831	888	5.58	林芳进	林文进
	草垄崎	4	125	491	787	6.31	林昌多	林昌多
	三角尾	3	54	220	384	18.01	林起兴	林起兴
	上珍	4	66	253	454.5	5.33	陈春坦	陈春暖
	蕉坂	2	177	467	370.5	5.04	林凤禄	林凤禄
	和春	6	103	422	523.5	10.43	林永庆	林永庆
	碧山	4	81	310	628.5	5.11	林银香	林银香
	仕福	10	278	1105	1231.5	7.01	林起聪	林起聪
武陵乡	武陵	12	639	2068	1028	7.22	林其言	林美烘
	红君	11	374	1379	797	5.02	林振听	林振听
	桃溪	16	574	2031	1524	24.05	林共河	林元意
	上岩	12	380	1570	1134	11.72	叶一栽	叶一栽
	百束	12	452	1580	1133	10.08	林光灯	林发琳
	茶山	7	214	765	663	12.47	陈丁勇	陈建喜
	岬坪	7	164	592	581	11.73	陈进保	陈进保
	大石	14	765	2757	1657	22.01	林庆业	林庆业
	仕洋	3	87	281	310	8.71	陈进省	陈进省
文江镇	文江	13	640	3297	1723	31.32	陈汝治	余联瑞
	大中	11	453	1824	1289	79.05	李凤铨	蔡良亨
	民主	9	347	1469	821	78.31	叶德勇	吴高荣
	大文	6	380	1417	903	90.43	陈先仑	陈先安
	小文	4	136	668	531	81.41	余成碧	余成碧
	典坑	3	95	406	403	19.44	陈初溧	陈初溧

续表 15

	村别	村民小组(个)	户数(户)	人口(人)	耕地(亩)	村财收入(万元)	党支部书记	村委会主任
文江镇	朱坂	12	536	2300	1490	81.41	廖启赐	廖之燉
	琼口	8	406	1858	847	30.23	余联跃	余开科
	白沙	2	72	323	262	14.53	黄其政	黄其政
	大安	4	224	1062	473	58.23	廖尚堆	廖世前
	桥下	3	102	440	331	24.37	陈启土	陈福毅
	龙门	5	269	1193	670	35.52	周延炽	周延炽
	光明	6	220	1000	910	27.1	林启求	林廷田
	后洋	4	175	805	424	80.45	林朝湘	林朝湘
	温厝	3	190	945	595	16.78	张树学	邓招统
	花桥	3	119	602	534	24.72	王景行	王景行
	小芹	5	139	746	482	21.06	柯桂万	罗志味
	山芹	3	118	465	395	29.32	林志江	林志江
	昭文	13	234	1469	956	25.428	杨连秀	杨丰钤
	联盟	5	137	731	561	36.17	陈升彩	陈升彩
梅山镇	新楼	4	99	398	228.01	11	陈育苑	陈育苑
	梅山	16	678	2345	2108.55	16.42	吴同仲	吴联地
	郭井	14	396	1899	1294.52	10.35	吴占宝	吴英炳
	秀岭	16	416	1835	1818.56	10.83	詹宏天	陈清溪
	沈岭	9	362	1773	780.21	5.61	吴同针	吴同村
	沈口	9	265	1212	1311.69	12.1	陈长植	陈荣善
	雄锋	12	376	1613	1970.72	11.24	吴大增	吴秉浩
	盖竹	2	97	439	583.36	10.03	朱自城	吴秉团
	德州	3	79	365	283.57	10.42	黄初源	黄初源
	沧州	16	532	2267	3030.59	53.93	陈天湖	陈在灼
	璞溪	4	148	679	488.97	34	苏开照	苏开照
	西书	13	390	1831	1388.74	5.63	吴开炜	吴初辉
	西坑	7	256	1114	1307.02	31.62	叶清涵	叶清涵
	龙口	6	154	739	633.01	13.83	陈占柑	陈占柑
	岭后	5	212	883	1017.35	10.41	陈上华	陈开金
	金阳	14	402	1817	1824.98	10.7	林顺轮	林顺轮
	高泉	12	357	1555	1306.77	16.81	陈占地	陈高桥
梅山镇	长坑	8	195	880	1034.92	5.93	陈文炉	陈文炉
	长津	6	170	773	570.71	5.13	陈高建	陈高建
	香坪	7	259	1045	1177.42	12.34	叶聿淑	叶聿概
	黎坑	4	120	506	744.08	13.23	吴美园	吴美园
前坪镇	前坪	6	256	741	361	30.28	蒋加物	蒋加奋
	黎明	7	296	1024	431	38.27	蒋先斜	陈其余
	上地	4	195	735	416	46.61	林佳山	林初级

续表 15

	村别	村民小组(个)	户数（户）	人口(人)	耕地(亩)	村财收入(万元)	党支部书记	村委会主任
前坪镇	下坑	7	316	1207	415	49.02	廖青途	廖春跨
	下地	4	153	565	353	30.55	林绍作	林绍作
	山川	4	160	635	475	38.27	陈添斌	丁长远
	湖坪	7	256	1020	654	44.96	林英国	林青松
	黄龙	6	207	843	537	31.44	林建翁	林芳秋
	北坑	2	104	339	183	26.64	杨先修	杨腾艳
	福井	4	195	741	201	55.25	张春巍	张春巍
	吉坑	4	145	569	251	23.01	林廷昌	林廷殿
湖美乡	大尤	4	121	598	495	25.89	刘春坤	刘春占
	前进	5	965	682	682	42.69	林芳佤	林芳伦
	旺建	9	421	1905	651	42.19	廖新旭	廖应地
	西燕	5	291	1905	1089	41.77	张芳和	张钦琳
	元安	12	310	1288	916	107.12	颜全斌	刘全群
	仁美	10	354	1398	559	40.39	廖明炜	廖明金
	湖上	11	342	1355	577	33.46	施素梓	施生晖
	岬才	9	254	1041	336	159.25	施生塔	施正棚
	宏才	12	313	158	762	34.36	颜如修	施发众
	长坂	5	174	669	286	149.76	吴祥卢	吴仁调
	后坪	4	107	388	546	41.86	吴祥电	吴全友
	高才	4	90	308	236	31.09	刘长清	刘建叶
	后坑	4	104	352	365	18.59	施明沦	施生添
	林兜	6	274	985	358	20.96	林高善	林宗谭
	汉口	4	207	749	319	21.51	吴其灯	林文拱
	仁东	4	166	575	287	25.21	廖明塘	廖生维

社区居委会概况一览表

表 16

社区	常住人口（人）	公安户籍（户）	区域面积（平方公里）	党员数（人）	辖区单位（个）	支部书记	居委会主任	居委会电话
白岩	9832	4632	1.3	104	39	郑淑梅	兼	0598-72223124
文昌	8974	3779	0.82	49	16	唐清香	兼	0598-7236379
玉凤	21713	7406	0.86	151	21	张丽美	兼	0598-7223493
仙亭	32889	8077	3.25	98	22	陈玉音	兼	0598-7236397
南街	11204	5379	0.68	129	23	刘晓玲	兼	0598-7222123
赤岩	14525	4335	1.6	69	10	连荣诗	兼	0598-7236392
东门	12845	3856	1.73	81	20	林淑香	郑爱萍	0598-7222939
镇东	21394	4933	1.87	83	6	林开发	兼	0598-7236391
合计	133376	42397	12.11	764	157			

索引

说明

一、本索引采用主题词分析法，按主题词首字汉语拼音字母顺序排列。

二、栏目、分目标题用黑体字。“特载”“专文”“大事记”“人物”“重要文件选编”“统计资料”“附录”内容不作索引。

三、索引主题词后的数字表示页码。

D

E

F

H

J

K

L

M

N

P

Q

T

W

X

Z

图书在版编目（CIP）数据

大田年鉴. 2021 / 中共大田县委党史和地方志研究室编. -- 北京：方志出版社，2021.12
ISBN 978-7-5144-5137-5

Ⅰ. ①大… Ⅱ. ①中… Ⅲ. ①大田县－2021－年鉴
Ⅳ. ①Z525.74

中国版本图书馆CIP数据核字（2021）第275394号

大田年鉴（2021）

编　　者：中共大田县委党史和地方志研究室
责任编辑：刘方圆

出 版 者：方志出版社
地址　北京市朝阳区潘家园东里9号（国家方志馆4层）
邮编　100021
网址　http://www.zgfzcb.cn
发　　行：方志出版社图书经销中心
电话（010）67110500
经　　销：各地新华书店
印　　刷：福州报业鸿升印刷有限责任公司

开　　本：889×1194　　1/16
印　　张：22
字　　数：631千字
版　　次：2021年12月第1版　　2021年12月第1次印刷
印　　数：001～800册

ISBN 978-7-5144-5137-5　　定价：280.00元